중등 국어 임용
시험 대비

최병해 전공국어

문학
서답형 10개년 기출문제풀이

2014~2023 기출문제 풀이 및 배경지식

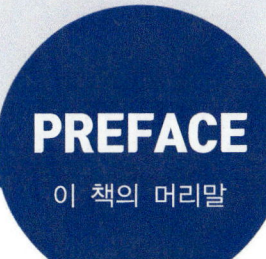
PREFACE
이 책의 머리말

모든 시험에서 기출문제에 대한 이해는 그 시험을 준비할 때, 방향타의 역할을 한다. 이것은 국어 교사 임용 시험도 마찬가지이다. 그런데, 교사 임용 시험은 답안을 공개하지 않아 기출문제를 이해하는 데 어려움을 겪는 경우가 많다. 이런 상황에서 교사 임용 시험이 서답형 시험으로 바뀐 지 10년이 지났다. 그동안 국어 임용 시험 기출문제를 다룬 여러 책이 있었으나, 현행 서답형 시험 문제만 따로 묶어서 답안을 제시한 경우가 없었다. 그래서 2014년부터 2023년까지 10년간의 서답형 기출문제를 모두 엮어 이 책을 펴내게 되었다.

이 학습서는 1권이 문학 영역, 2권이 국어교육 영역과 문법 영역을 담고 있다.

세 영역 모두 Ⅰ부에서는 각 영역의 기출문제 분석 및 학습 방법을 간략하게 제시했다. 문학은 Ⅱ부에서 먼저 기출문제의 유형을 파악하여 제시하고, 이어서 기출문제를 기입형, 서술형, 논술형 포함으로 나누어 시대순으로 제시했다. 국어교육은 Ⅱ부에서 기출문제를 화법, 독서 작문으로 나누어 문제 유형을 제시했으며, 과목별로 시대순으로 문제를 제시했다. 문법은 Ⅱ부에서 2014년부터 2023년까지 10년간의 기출문제를 음운론, 형태론, 통사론으로 나누어 문제 유형을 제시했으며, 분야별로 시대순으로 문제를 제시했다. 그리고 모든 기출문제는 예상 답안과 그 답안의 배경지식이 되는 자료를 제시하여 문제해결에 도움이 되게 했다.

필자는 매년 임용 시험 후 '참사랑 국어' 카페에 국어 임용 시험의 예상 답안을 가장 먼저 공개해 왔다. 그 결과를 하나하나 다시 검토하여 수정했고, 예상 답안을 쉽게 이해할 수 있게 근거 자료나 배경지식을 덧붙여 이 책을 만들었다. 그래서 이 책은 다음과 같은 특징이 있다.

첫째, 선택형 시험에서 현행 서답형 시험으로 바뀐 후, 10년간의 모든 문제를 담고 있어 현행 서답형 시험 준비에 많은 도움이 된다.
둘째, 각각의 문제에 대해 여러 번의 검토를 거쳐 최대한 정답에 가까운 답안을 제시하려고 노력했다.
셋째, 각 문제마다 그 문제를 풀어갈 때 도움이 되는 근거 자료나 배경지식을 충실하게 제시하려고 했다.
넷째, 문제 파악과 답안 쓰기를 강조하고 있어서 실제 임용 시험을 칠 때, 문제 파악과 답안 쓰기에 많은 도움이 된다.

필자 나름대로는 최선의 답안을 제시하려고 노력했지만 미흡한 부분이나 틀린 부분이 있을 수 있을 수 있다. 그런 부분이 있다면 열린 마음으로 소통을 하면서 바로잡아 나갈 것이다.

이 교재가 국어 교사 임용 시험을 준비하는 예비교사에게 많은 도움이 되기를 바란다.

CONTENTS
이 책의 목차

PART 01. 국어 임용 시험 문학 분야 학습 방법

CHAPTER 01. 문학 시험의 구성 및 세부 유형 ·········8
1. 국어 교사임용 시험의 배점 및 문항수 ·········8
2. 2023~2022년 문학 영역별 문항 분석 ·········9

CHAPTER 02. 문학 기출문제 학습 방법 ·········12
1. 문학 기출 문제 학습 방법 ·········12
2. 문학 기출문제 학습 방법의 적용 ·········13

CHAPTER 03. 문학 서답형 문제 - 문제파악 및 답안 쓰기 ·········17
1. 문학 기입형 문제의 출제 방향과 대응 방법 ·········18
2. 문학 서술형 문제의 출제 방향과 대응 방법 ·········23

PART 02. 문학 서답형 10개년 기출문제 풀이

CHAPTER 01. 문학 분야별 기출문제 유형 ·········30
1. 작품 관련 배경지식(문학·국문학일반) ·········30
2. 작품의 사회·문화 맥락 - 시대상황, 사회문화 배경 관련 ·········39
3. 작품 분석 및 감상 능력 관련 문제 ·········42
4. 작자 - 작품 - 독자의 소통 구조 / 작품내적 소통 구조 ·········56
5. 문학교육·기타 관련 문제 ·········58

CHAPTER 02. 문학 기입형 10개년 기출문제 풀이 및 배경지식 ·········61
1. 2014년 기입형 문제 ·········61
2. 2015년 기입형 문제 ·········74
3. 2016년 기입형 문제 ·········85
4. 2017년 기입형 문제 ·········91

5. 2018년 기입형 문제 ···98
6. 2019년 기입형 문제 ···105
7. 2020년 기입형 문제 ···114
8. 2021년 기입형 문제 ···121
9. 2022년 기입형 문제 ···124
10. 2023년 기입형 문제 ···128

CHAPTER 03. 문학 서술형 10개년 기출문제 풀이 및 배경지식 ·················133
1. 2014년 서술형 문제 ···133
2. 2015년 서술형 문제 ···140
3. 2016년 서술형 문제 ···149
4. 2017년 서술형 문제 ···165
5. 2018년 서술형 문제 ···182
6. 2019년 서술형 문제 ···203
7. 2020년 서술형 문제 ···219
8. 2021년 서술형 문제 ···243
9. 2022년 서술형 문제 ···262
10. 2023년 서술형 문제 ···281

CHAPTER 04. 문학 논술형 기출문제 풀이 및 배경지식 ·················306
1. 2014년 논술형 문제 ···306
2. 2015년 논술형 문제 ···313
3. 2016년 논술형 문제 ···319
4. 2017년 논술형 문제 ···325
5. 2019년 논술형 문제 ···331

PART 01

국어 임용 시험
문학 분야
학습 방법

chapter 01 | 문학 시험의 구성 및 세부 유형
chapter 02 | 문학 기출문제 학습 방법
chapter 03 | 문학 서답형 문제
　　　　　　　- 문제파악 및 답안 쓰기

CHAPTER 01 문학 시험의 구성 및 세부 유형

1 국어 교사임용 시험의 배점 및 문항수

1 영역별 배점 및 문항 구성 비율

구분	시간		유형	문항수	배점	총배점
교육학	1교시 (60분)	(09:00~10:00)	논술형	1	20	20
전공	2교시 (90분) 전공A	(10:40~12:10)	**기입형**	4	2	8
			서술형	8	4	32
			소계	12		40
	3교시(90분) 전공B	(12:50~14:20)	**기입형**	2	2	4
			서술형	9	4	36
			소계	11		40
전공 합계				23		80
전체 합계						100

2 2023년 시험의 영역별 문제 유형

구분	유형	배점	문항수	세부영역별 출제 현황		
				영역	문항수(배점)	영역별 배점
전공A	기입형	8(2)	4	국어교육학	1(2)	2
				국 어 학	1(2)	2
				국 문 학	2(2)	4
	서술형	32(4)	8	국어교육학	2(4)	8
				국 어 학	3(4)	12
				국 문 학	3(4)	12
	소계	40	12			
전공B	기입형	4(2)	2	국어교육학	1(2)	2
				국 어 학	1(2)	2
	서술형	36(4)	9	국어교육학	3(4)	8
				국 어 학	2(4)	12
				국 문 학	4(4)	16
	소계	40	11			
합계		80	23	국어교육학	7	24
				국 어 학	7	24
				국 문 학	9	32

3 2023년 시험의 영역별 비율 : 국어교육(24) / 문법 (24) / 문학 (32)

구분	전공A		전공B		전체	
	문항수	배점	문항수	배점	문항수	배점
국어교육학	3	10	4	14	7	24
국 어 학	4	14	3	10	7	24
국 문 학	5	16	4	16	9	32
합 계	12	40	11	40	23	80

2 2023~2022년 문학 영역별 문항 분석

1 2023년 문학 기출문제 분석

(1) 문학 영역의 문제 유형별 분석

구분	유형	영역	배점
전공 A	기입형	3. 현대시	2
		4. 현대시	2
	서술형	10. 고전시가	4
		11. 고전소설	4
		12. 현대소설	4
전공 B	서술형	7. 현대시	4
		8. 고전소설	4
		9. 고전시가	4
		11. 현대소설	4

과목	영역
고전시가	8
고전산문	8
현대시	8
현대산문	8
전체	32

(2) 문학 영역의 출제 분야 및 문제 유형

영역	문항	강의관련 교재	영역별 문제 유형	출제 작품	문제 내용
현대시	A3 (기입)	문학내용학 현대시	제재와 추체험	김춘수 「샤갈의 마을에 내리는 눈」, 설명 글	눈이 내려 대상 자체가 변화하는 제재 / 추체험
	A4 (기입)	현대시 문학내용학	시의 상황(내용 전개), 공간의 의미	노천명 「사슴」, 설명 글	시에서 슬픔의 근원적 원인 찾기 / 산의 공간적 의미
	B7	문학내용학, 현대시	문학의 기능 (인식적 / 윤리적, 미적)	이시영 「공사장 끝에」 문정희 「비망록」	인식적 기능 및 작품에 적용하여 파악하기 / 미적 기능 - 비유적 표현의 의미 각각 밝히기

영역	문항	강의관련 교재	영역별 문제 유형	출제 작품	문제 내용
현대 소설	A12	문학내용학, 현대소설	몽타주 구성 시점 교차의 특징	오상원 「유예」	몽타주 구성이 예문에 구현된 양상과 그 효과 / 시점의 교차 특징과 그 효과
	B11	문학내용학, 현대소설	인물의 상황과 주제	이무영 「제일과제일장」	인물에게 증오를 유발하는 존재 및 그 이유를 '수탈'과 관련하여 쓰기 / 제목이 함축하는 주제의식 - 흙이라는 말 포함하여 쓰기
고전 시가	A10	문학내용학 고전시가	함축적 의미 주제	이방원, 「하여가」, 정몽주, 「단심가」, 변안열(고려)의 시	**함축적 의미의 비교 / 두 작품의 주제 제시**
	B9	문학내용학 고전시가	시적화자의 상황, 함축적 의미 및 시적 화자의 심리	정철 「성산별곡」	시적화자의 상황 공간과 인물의 측면에서 파악 / 계절적 배경을 고려한 함축적 의미 및 화자의 심리
고전 산문	A11	문학내용학, 고전 산문	서술자 개입 부분 / 당대 부조리한 현실	「서대주전」(한문본)	서술자 개입 처음 나타나는 부분과 그 비판 대상 / 당대 사회 현실의 부정적 단면 2가지 찾기
	B8	고전소설, 문학내용학	고전문학사 열전의 특징	「온달전」(삼국사기) / 열전 설명 글	설명글에 열전의 일반적인 특성 2가지 작품에서 찾기 / 일반적인 열전과 다른 특성 2가지

2 2022년 문학 기출문제 분석

(1) 2022년 문학 문제 분야 및 배점

구분	유형	영역	배점
전공 A	기입형	4. 고전시가	2
	서술형	10. 현대시	4
		11. 현대소설	4
		12. 고전소설	4
전공 B	서술형	2. 고전시가	2
		8. 현대시	4
		9. 현대소설	4
		10. 고전시가	4
		11. 현대소설	4

과목	영역
고전시가	8
고전산문	8
현대시	8
현대산문	8
전체	32

(2) 2022년 문학 문제의 유형 및 문제 분석

영역	문항	강의관련 교재	영역별 문제 유형	출제 작품	문제 내용
현대시	A10	문학내용학 현대시 - 시적화자	시적화자의 정서	백석 「고향」	대비되는 시적 공간 - 화자의 정서와 연결 / 정서적 교감을 일으키는 소통 방식 2가지
	B8	문학내용학, 함축적 의미 현대시	시대적 의미 드러난 부분 및 함축적 의미 찾기	곽재구 「사평역에서」 김광균 「은수저」	시대적 의미가 나타난 부분 찾기, / 대합실(공간)의 분위기 / '눈물'을 흘리게 하는 대상에 주목하여 '눈물'의 의미 밝히기
현대 산문	A11	문학내용학, 함축적 의미 현대소설 - 소설의 모티프	모티프의 의미 표현(상징)의 의미	이청준 「잔인한 도시」	해방-구속의 모티프 및 그 예 찾기 / '가겟집 젊은이'와 '전짓불의 빛줄기'의 상징적 의미
	B9	문학내용학, 현대소설 - 인물	인물의 상황과 심리 /	이태준 「복덕방」	상황 및 대화에 나타난 인물의 심리 상태 / 특정한 부분 찾기 및 인물의 태도
고전 시가	A4 (기입)	문학내용학 고전시가 시어의 의미	상징(비유, 우의)의 의미 파악	허전의 「고공가」	국조 - 한어버이 외부세력 - 화강도
	B2 (기입)	문학내용학 - 고전문학사	작품의 관련성 특징의 계승	「해가」, 「정석가」, 작자미상 시조	**「정석가」와 「서경별곡」의 관련성** 시조에 나타난 표현의 계승
	B10	문학내용학 - 시적화자 고전시가	시적화자의 지향, 시적화자의 상황(과정) 이해	이이 「고산구곡가」 권호문 「한거십팔곡」	화자의 미래에 대한 삶의 지향을 드러낸 말 및 그 의미 / 화자가 삶의 지향을 확립하기까지 고뇌의 과정을 알려주는 시어 및 그 의미
고전 산문	A12	문학내용학, 고전 산문 - 인물의 의미	인물의 의미 / 갈등에서 인물의 입장(관점)	「정수정전」	가부장제 사회에서 뛰어난 여성 주인공의 의미 / 갈등에서 인물의 관점 - 남편과 아내, 대장과 부하
	B11	문학내용학, 현대소설 - 구조의 특징	작품에 나타난 구조의 특징	「흥부전」	지문을 대비하여 나타나는 구조 2가지 및 그것을 적용하여 설명

CHAPTER 02 문학 기출문제 학습 방법

1. 문학 기출 문제 학습 방법

어떤 시험이나 마찬가지이지만, 교사 임용 시험에서도 기출문제는 단순히 지난 시험을 돌아보는 일에 그치지 않는다. 기출문제에 대한 분석과 이해는 시험 준비의 출발점이다. 기출문제를 통해 중요한 내용과 그렇지 않은 내용을 구분할 수 있고, 문제의 유형과 문제의 흐름을 파악할 수 있으며, 최근의 문제 경향까지 파악할 수 있기 때문에 교사 임용 시험 공부를 할 때 방향타 역할을 한다. 그래서 기출문제를 먼저, 잘 살펴볼 필요가 있다.

교사임용 시험 기출문제를 공부할 때는 출제된 한 문제 한 문제에 대해 아래 표와 같은 3가지 질문을 염두에 두고 문제를 파악하고, 답을 생각하면서, 앞으로 출제될 가능성이 있는 문제에 대비해야 한다. 이 자료는 이러한 3가지 질문을 고려하여 기출문제를 분석한다. 그리고 그것을 문학의 모든 기출문제에 대해 아래와 같은 표로 만들어 제시하고자 한다. 그리고 각 표에는 다음과 같은 내용들을 제시할 것이다.

문제의 핵심 요소	문제 분석의 세부 내용
I. 문제 파악 – 어떤 요소가 어떤 문제로 출제로 출제	1. 문학 분야의 어떤 요소(문학 지식 및 문학 감상능력)에 관한 문제인가? 2. 문제 파악에서 주의해야 할 부분이 무엇인가? ① 최근 문제유형 - 기입형, 서답형, 논술형에서 특이한 점이 있는가, 있다면 무엇인가? ② 문제와 가지 문제를 함께 고려해야하는가 그렇지 않은가? / 단계형 문제인가 그렇지 않은가? ③ 조건이 어떻게 제시되어 있는가? ④ 반복되어 출제되는 유형을 알고 있는가?
II. 이 문제의 답안 쓰기	1. 중요하게 다룬 문학의 관점 파악하기 – 교육과정과 연관지어 파악하기(2012, 2015년 교육과정) 2. 문제의 답안 또는 오답에 대한 해설 : ㉠중요하게 다룬 문학사 및 문학적 사실, ㉡ 중요하게 다룬 작자 및 작품 등을 문제와 관련하여 해설하기 3. 기출문제에 대해 문제를 정확하게 파악하고 답을 효과적으로 쓰기 : 예상 답안으로 제시 4. 문제의 의의 또는 문제 자체의 논리적 결함 혹은 복수 답안의 가능성 생각하기 – 문제를 내려보기
III. 앞으로 이 분야에 대한 출제 예상과 대응방안	1. 출제된 분야의 문학지식 및 문학감상 능력은 잘 갖춰져 있는가? - 문학 용어, 교육과정의 관점이나 용어, 작품 관련 문학내용학 관련 지식 / - 문학 감상능력(문학능력) 2. 반복 출제되거나 앞으로도 출제될 가능성이 있는 문제 유형을 선별하여 효과적으로 대응할 수 있는가? 앞으로 이 문제와 관련하여 출제될 수 있는 부분은 무엇이며, 어떻게 대응해야 하는가?

2 문학 기출문제 학습 방법의 적용

2019년 A형 10번　시적 화자 관련 문제

10. 다음은 조선 시대 오륜시가를 탐구하기 위한 교수·학습 자료이다. 〈보기〉를 참고하여 오륜시가의 감상 내용에 대해 〈작성 방법〉에 따라 서술하시오. [4점]

(가)
아바님 날 나ᄒᆞ시고 어마님 날 기ᄅᆞ시니
父母옷 아니시면 ㉠내 몸이 업실랏다
이 덕을 갑ᄑᆞ려 ᄒᆞ니 하ᄂᆞᆯ ᄀᆞ이 업스샷다 〈제2수〉

동과 항것*과ᄅᆞᆯ 뉘라셔 삼기신고
벌와 가여미**아 이 ᄠᅳ들 몬져 아이***
ᄒᆞᆫ ᄆᆞ음매 두 ᄠᅳᆮ 업시 소기지나 마옵생이다 〈제3수〉

　　　　　　　　　　　　　　　- 주세붕, 「오륜가」

(나)
부모은덕 모로고셔 ㉡졔 몸만 즁이 알며
졔 몸의 의식지졀 먹고 입기 풍비ᄒᆞ되
부모의계 하올거슨 등한이 이져시니
부모의 훈계 칙망 디답의 블슌ᄒᆞ여
힝긔 갓치 디졉ᄒᆞ니 륜긔가 물너진다
사라셔 불효라도 그 부모 주거지면
남의 이목 ᄒᆞ여셔 삼연거상 이블젹의
실혼 우름 강잉ᄒᆞ고 읍난 졍셩 지여ᄂᆡ여
예졀를 아ᄂᆞᆫ 다시 졍찬으로 졔우한델
나무 이목 두려우니 그 놈 아니 주길손가
말 못하ᄂᆞᆫ 가마귀도 반포할 줄 아라거든
사람이라 명ᄒᆞ고 미물만도 못하여라
부모의계 득죄ᄒᆞ고 셰상의 엇지 용납ᄒᆞ리
명쳔이 미워ᄒᆞᄉᆞ 앙화가 일노나니
그 아니 두려우며 젼들 어이 죠흘손가
　　　　　　…(하략)…

　　　　　　　　　　　　　　　- 곽시징, 「오륜가」

* 동과 항것 : 종과 주인.
** 가여미 : 개미.
*** 아이 : 아니.

〈보기〉

　오륜시가는 조선 시대 반에 걸쳐 창작되었고, 여러 장르에서 다양한 표현 방식을 창출하면서 전개되었다. 조선 전기 악장 「오륜가」에서부터 주세붕의 시조 「오륜가」, 조선 후기 곽시징의 가사 「오륜가」 등이 그 라 할 수 있다.
　성리학 이념에 따라 건국된 조선은 윤리 교화로써 공동체의 질서를 세우고 보하는 것을 목적으로 오륜시가를 지어 보급하였다. 오륜 교화의 목적은 상하를 분별하여 낮은 위치에 놓인 사람이 높은 위치에 놓인 사람에 대해 오륜의 도리를 당위적으로 실천하게 하는 데 있다. 이러한 이유로 교화 대상자를 설득하기 위해 문학적 장치가 필요했다.
　오륜시가의 작가는 작품 속 인물에 따라 전달 방식을 달리 함으로써 독자는 의무적 수용 혹은 자발적·성찰적 수용 사이에 놓이게 된다.

〈작성 방법〉

○ ㉠, ㉡을 중심으로 (가), (나)의 전달 방식의 차이에 대해 서술할 것.
○ (가), (나)에서 각 작품과 관련된 오륜의 덕목을 드러내고 있는 자연물을 각각 찾고, 그 자연물을 끌어들인 이유를 서술할 것.

📝 예상 답안

　(가)에서 ㉠은 시적화자 자신인데, 시적화자는 ㉠에서 자기 자신과 동등한 인물을 독자(청자)로 설정하여 말하는 방식을 택해 자발적·성찰적 수용을 강조하고, (나)에서 ㉡은 제3자인데, 시적화자는 우월한 위치에서 자신보다 하위의 제3자를 독자(청자)로 설정하여 말하는 전달방식을 택해 의무적 수용을 강조한다.
　(가)에서는 (군신유의(君臣有義)의 덕목을) 벌과 개미(벌과 가여미)를 통해 드러내며, 벌과 개미의 충직한 습성을 통해 두 마음을 품지 않는 충이라는 주제를 효과적으로 드러낸다. (나)에서는 (효와 관련 있는 부자유친(父子有親)의 덕목을) 가마귀를 통해 드러내며, 가마귀가 반포 보은한다는 고사를 통해 부모에 대한 효라는 주제를 효과적으로 드러낸다.

문제분석

I. 출제된 분야 및 문제 파악
- 『문학내용학』 교재- 현대시 감상 - 내용 요소 : 시적 화자
- 『문학내용학』 교재- 국문학 일반론 : 한국문학과 자연
  → 이 부분이 중요하므로 실제 강의에서는 모든 문제에서 이 내용을 구체적으로 다룸
- 첫 번째 문제가 시가에 제시된 인물을 바탕으로 서정 갈래의 전달방식, 곧 시적화자와 청자의 관계를 묻는 문제이므로 인물이 누구인지 파악하여 시적화자와 청자를 파악한다. / 두 번째 문제는 최근 교사 임용 시험에서 단골로 나오는 문제로 시가에 나타난 자연물과 그 자연물을 사용한 이유를 묻는 문제인데, 시에 사용된 자연물의 맥락적 의미와 그것을 사용한 작자의 의도를 파악하도록 한다.

II. 주목할 내용(답안) 및 의의·한계
1. 시의 전달방식은 크게 '시인 - 작품 - 독자'로 나눌 수 있고, '작품'은 다시 그 내부에서 '시적화자'와 '청자'로 나눌 수 있다. 그리고 시적화자의 경우 현상적 화자인지, 숨은 화자인지 파악할 수 있고, 청자 역시 '형상적 청자'인지 '숨은 청자'인지 파악할 수 있다. ㉠, ㉡이 각각 누구인가, 화자가 자신에게 말하는가 제3자에게 말하는가, 화자가 청자와 동등한 위치인가 화자가 우월한 위치인가 등을 고려해야 한다. 그리고 〈보기〉에 제시된 '의무적 수용', '자발적·성찰적 수용'이란 용어를 제시할 필요가 있다. 자주 출제되는 좋은 문제 유형이다.
2. 2017년 문학 논술형에서도 고전과 현대의 자연물이 지닌 문제가 출제되었는데, 2018년에도 역시 자연물에 관한 문제가 출제되었다. 오륜과 관련 있는 자연물이지만 굳이 오륜의 내용까지는 요구하지 않고 있다. 오륜과 관련 있는 자연물을 제시하고 그 자연물과 오륜의 관계를 묻고 있으므로 각각 충, 효를 잘 드러낸다는 의미로 답을 하면 될 듯하다. 자주 출제되는 문제이고 익숙한 문제 유형이다.

III. 문제 해결에 필요한 요소 및 앞으로의 출제 예상
첫째 문제의 해결을 위한 배경지식은 『문학내용학』 교재에서 현대시의 내용 요소 중 '시적화자'와 관련된 내용이다. 아래에 그 부분을 제시한다. / 둘째 문제의 해결을 위한 배경지식은 『문학내용학』 교재 국문학일반론 중 '한국문학과 자연'이다. 『문학내용학』 교재의 내용이 기본이 되고 있음을 다시 한번 확인할 수 있다.
첫째 문제는 시적화자와 관련지어 다양한 문제가 출제될 수 있으므로, 시적화자와 청자의 개념, 시적화자의 유형, 전달 방식의 차이, 시적화자의 상황과 정서 등에 대해 고전시가 분만 아니라 현대시 작품을 통해 다양하게 연습할 필요가 있다. 둘째 문제 역시 한국문학과 자연의 관계가 중요하므로 자연물의 의미, 작자의 의도, 고전과 현대에서 의미의 공통점과 차이점, 자연물과 국문학의 전통 등에 대해 작품을 통해 이해하고 있어야 한다. 쉽지만 앞으로도 자주 출제될 수 있으므로 중요하다.

문제 관련 배경지식

■ **관련 배경지식 1** 『문학내용학』에서 현대시의 '3. 시적화자 및 화자의 상황 관련 내용' 부분

1. 시적화자
(1) 시 속에 나타난 목소리의 주인공을 '서정적 자아' 또는 '시적 화자'라고 한다. 시적 화자는 주제를 효과적으로 나타내기 위해 의도적으로 설정한다.
(2) 시인은 시에서 주제를 가장 잘 드러내기 위한 시적 화자를 설정한다. 그렇기 때문에 시적 화자를 파악하는 것은 가장 기본이 되며, 시적 화자가 누구인지에 따라 그 정서가 달라질 수 있다.
(3) 시에 나타나는 목소리의 주인공은 '탈(persona)'로서 시인과는 구별된다. 실제적 발화자가 아니라 시인의 제2의 자아, 허구적 자아이며, 시인에 의해 창조된 허구적 인물로 존재한다.
(4) 시적 화자는 작품 내의 존재이기 때문에 허구적이지만, 끊임없이 실제적 발화자인 시인과 동일화되고자 한다.
(5) 시인은 서정적 자아를 설정하여 세계에 대한 자신의 태도를 표명한다.

2. 시적화자와 청자
(1) 시 작품에서 시적 화자는 명시적으로 드러나는 경우가 있고, 그렇지 않은 경우가 있다. 드러나건 드러나지 않건 서정 갈래의 본질상 시적 화자는 모두 '나(우리)'이다. 명시적으로 드러나는 경우를 편의상 현상적 화자, 드러나지 않은 경우를 숨은 화자로 이해한다. 시점으로 접근하면 명시적으로 날 때는 1인칭 시점, 드러나지 않으면 3인칭 시점이 될 수 있다.
(2) 시 작품에서 청자의 경우도 명시적으로 드러나는 경우가 있고 그렇지 않은 경우가 있다. 명시적으로 드러나면 현상적 청자, 드러나지 않으면 숨은 청자로 이해한다.
(3) 위 (1), (2)는 다음과 같은 표로 제시할 수 있다.

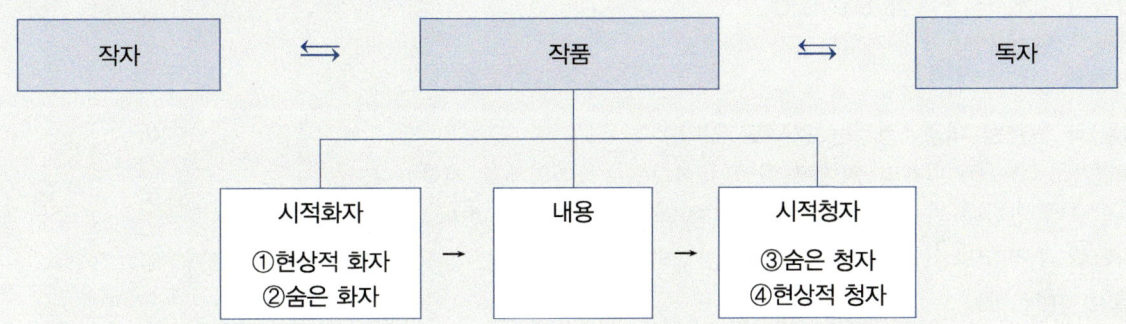

(4) 시는 보통 '① 현상적 화자 → ③ 숨은 청자'로 제시되는 경우가 일반적이지만 '① 현상적 화자 → ④ 현상적 청자', '② 숨은 화자 → ③ 숨은 청자', '② 숨은 화자 → ④ 현상적 청자'로 제시되기도 한다.
㉠ ① 현상적 화자 → ③ 숨은 청자
　예 김소월 '진달래꽃', 한용운 '님의 침묵', 신석정, '꽃덤불', 박남수 '종소리' 등
㉡ ① 현상적 화자 → ④ 현상적 청자   예 김광규 '상행', 박두진, '해', 박목월 '가정', 박두진 '도봉' 등
㉢ ② 숨은 화자 → ③ 숨은 청자
　예 박목월 '나그네', '청노루', 김기림 '바다와 나비' 김광섭, '성북동 비둘기', 박남수 '새', 기무영 '풀' 등
㉣ ② 숨은 화자 → ④ 현상적 청자   예 김수영 '눈'(2, 4연), 김현승 '나비의 여행'(3연), 신동엽, '껍데기는 가라' 등

3. 시적화자의 상황
(1) 시적 화자의 상황에서는 시적 화자가 어떤 시·공간 배경 속에 어떤 일을 겪고 있는가에 관한 내용을 이해해야 한다.
(2) 시적 화자가 처한 상황은 개인적 문제로 인한 상황일 수도 있고, 사회적 문제로 인한 상황일 수도 있다.
(3) 시적 화자가 처한 상황에서 어떤 태도를 보이는가에 따라 시적 화자의 태도 또는 현실 대응 방식이 드러나게 된다. 이것은 개별 작품에서도 물을 수 있지만, 두 작품을 비교하여 이러한 내용을 물을 수도 있다. 개별 작품에서 아래와 같이 3가지로 구분하여 인식하면 시험 문제에 효과적으로 대응할 수 있다.

```
┌─────────────┐        ┌──────────────────┐        ┌─────────────────────────┐
│   시적 화자  │        │ 시적 화자의 상황 및 대응 │        │  1. 시적화자의 정서      │
│             │        │                  │        │  2. 시적 화자의 태도 (대응 방식) │
└─────────────┘        └──────────────────┘        └─────────────────────────┘
       ↓                       ↓                              ↓
┌─────────────┐        ┌──────────────────┐        ┌─────────────────────────┐
│  누구인가?   │        │   어떤 상황인가?   │        │  1. 정서가 무엇인가?      │
│  기능 / 역할 │        │  일반적 : 화자의 상황 │        │  2. 대응 방식이 어떠한가?  │
│             │        │ 현실문제 : 시대 + 상황(문제) │  │                         │
└─────────────┘        └──────────────────┘        └─────────────────────────┘
```

(4) 위의 표는 시에서 시적화자 뿐만 아니라 시의 다른 인물, 소설의 주인공이나 인물 등에 적용하여 활용할 수 있다.
　📋 (2018년 기출문제 중 시적화자 관련 A형 7번, 13번 / 인물 관련 - B형 3번, 4번, 5번)

■ **관련 배경지식 2**『문학내용학』에서 국문학일반론 중 '6. 한국문학과 자연'

(1) **자연물의 시적 형상화 방식**
　① 자연물의 외형이나 속성에 인간적 가치를 부여하여 작자의 의도(주제)를 표현하는 방식이다.
　② 인간화된 자연으로 나타난다.

(2) **자연의 공간적 의미**
　① 강호한정하며 한가롭게 살아가는 삶의 공간
　② 학문을 닦고 심신을 수양하는 장소
　③ 생활의 터전, 노동의 현장인 공간
　④ 작자가 현실을 벗어나 지향하고자 하는 이상의 세계
　⑤ 민족적 삶의 터전

(3) **자연(물)과 관련된 내용** (겹치는 경우도 있다.)
　① 위 (2)의 ①~④ 내용의 의미에 대한 동화 또는 물아일체를 지향한다.
　② 자연물에 인간적 가치를 부여 - 긍정(지향)하거나 부정(비판)한다.
　③ 의미를 부여하여 신앙 또는 속신의 대상으로 여긴다.

(4) **자연물의 표현 방식**
　① 의인화, ② 우의 또는 우화, ③ 감정이입, ④ 비유, 상징 등이 다양하게 사용된다.

> ➕ **강호가도(江湖歌道)**
>
> 　조윤제(趙潤濟)가 처음으로 개념을 정립했는데, 조선시대의 시가 작품, 예컨대 <강호사시가>·<상춘곡>·<어부사시사>·<창랑곡滄浪曲> 등으로, 제목 자체부터 그 내용이 자연 예찬임을 알 수 있다. 자연 예찬은 조선시대 시가 내용의 주류를 이루고 있다. 이 문학 현상을 조윤제는 문학 사조로 파악해 '강호가도'라 부르고, 그 내용을 '자연미의 발견'이라 규정했다.
> 　강호한정(江湖閑情)과 거의 유사한 의미로 사용되며, 영남은 강호가도, 호남은 강호한정으로 나누는 것은 용어를 잘못 이해한 오류이다.

CHAPTER 03 문학 서답형 문제 – 문제파악 및 답안 쓰기

국어 교사 임용 시험을 준비할 때, 문제 파악과 답안쓰기가 중요하다. 교사 임용 시험을 준비할 때 실제 각 영역의 공부 내용이 60~70%라면, 문제파악과 답안 작성이 30~40%의 비중을 차지한다. 시험을 준비하면서 각 영역의 공부는 공부라고 생각하지만, 문제 파악과 답안 작성은 공부라고 생각하지 않는 경우가 많다. 2년 이상 열심히 공부했는데, 성적의 상승이 없다면 예외 없이 문제파악과 답안 작성 방법에 문제가 있다.

문제를 잘 파악해야 묻는 것이 무엇인지 핵심을 알 수 있다. 이것은 모든 시험에서 마찬가지이지만, 특히 서답형 시험에서는 스스로 답을 생성해서 적어야 하기 때문에 문제를 잘 파악할 필요가 있다. 문제에서 묻는 핵심이 무엇인지, 큰 문제와 작은 문제의 조건은 무엇인지, 지식을 제시하는 문제인지 적용을 필요로 하는 문제인지 등등 고려해야 할 점이 많다.

답안 작성은 공부한 내용을 문제에 맞게 정확하게 드러내는 작업이다. 답안 작성도 묻는 내용을 효과적으로 드러내기 위해 많은 연습이 필요하다. 비교·대조에서의 기준, 문제에서 요구하는 근거, 문제에 따라 어느 정도 구체적으로 적어야 하는지, 시간을 어떻게 조절할 것인지 등 실제로 공부하고 연습해야 할 부분이 많다. 2016~17년 시험을 치른 분들은 조건을 잘 고려하지 않고 답을 쓴 경우가 많았다고 한다. 2021년 시험의 경우도 역시 그러한 면이 있었다. 지문이 쉽더라도 조건을 잘 고려해야 답을 잘 작성할 수 있는 문제가 많았다. 2022년 시험의 경우 부여된 조건이 그리 까다롭지 않고 문제가 명확하여 문제 파악이 쉬웠지만, 시험 경향은 매년 다를 수 있으므로 문제파악과 답안쓰기는 평소에 꾸준하게 연습할 필요가 있다. 비슷하게 공부했다면 이 부분이 당락을 결정하게 된다는 점을 기억할 필요가 있다.

이 교재에서는 서답형의 2가지 시험 유형 - 기입형과 서술형 -을 문학, 문법, 국어교육의 영역별로 나누고, 자주 출제되는 문제 유형을 제시한 후, 그에 맞는 답안 방법을 제시하고 있다.

아래에서 서답형의 2가지 유형 - 기입형과 서술형에 대해 문제의 특징을 간략하게 파악하고, 이어서 기입형과 서술형의 출제방향과 대응 방법을 살펴보도록 한다.

	기입형	서술형
전체 배점	2점	4점
기본 문항 형태	빈칸 채우기 조건 내용(제시하기 / 핵심 설명)	조건(작성 방법)을 고려한 서술
가지 문항수에 따른 기본 배점	1문항 또는 2문항 각 문항당 1점 (문법, 국어교육의 경우 0.5점도 있음)	2문항(또는 그 이상) 각 문항당 2점 - 각 문항은 2가지 내용을 포함하여 다시 1점으로 단위로 나누어지는 경우가 많음
최소 채점 단위 (채점자 3인 평균)	1점이 기본(1 / 0.66 / 0.33 / 0)	1점이 기본(1/0.66 / 0.33 / 0) 2점(2 / 1.66 / 1.33 / 1 / 0.66 / 0.33 / 0)

1 문학 기입형 문제의 출제 방향과 대응 방법

1 문학 기입형 시험 이해

1. 기입형 문제란?

기입형은 국어에 대한 지식이나 이해의 수준, 적용 능력 등을 측정하는 문항 형식이다. 기입형은 문항에서 요구하는 답을 핵심어나 핵심 어구 등으로 작성하는 경우에 사용할 수 있다. 중등교사 임용시험에서는 완성형과 단답형을 기입형 문항으로 출제한다. 완성형이란 질문을 위한 문장의 처음, 중간 또는 끝에 여백을 두어 응답을 유도하는 문항 형식이며, 단답형이란 질문에 대해 짧은 단어, 구, 절 혹은 수, 기호 등 제한된 형태로 답하는 형식이다.

2. 기입형 문제에 대한 학습 방법

(1) 문제 파악 중요
 ① 출제자의 의도가 무엇인지, 출제자가 무엇을 묻는 건지 잘 고려해야 함
 ② 문제에서 제시한 조건을 잘 고려하여 거기에 맞게 대응
 ③ 표의 경우 위쪽이나 왼쪽에 제시된 의미를 잘 고려하여 답해야 함
 ④ 작품 전체인지, 제시된 예문인지, 아니면 특정한 부분(밑줄, 단락)인지 잘 고려해야 함

(2) 핵심어 제시
 기입형 문제에서는 길게 표현하지 말고 핵심어를 제시하며 간략하게 답해야 함.

(3) 자료에 제시된 내용을 고려해야 할 때가 많으므로, 자료의 위 아래 내용을 잘 살펴 답을 쓰도록 함

(4) 신중하게 접근
 점수 배점이 낮아 가볍게 생각하고 답을 쓰기 쉬우므로 정답을 쓰기 위해 최선을 다할 필요가 있음

(5) 문제에서 몇 가지 조건인지, 답을 쓸 때 몇 가지로 해야 하는지 잘 파악하여 답을 쓸 것

(6) 비워진 칸을 초과하지 말고 그것에 맞게 답을 쓰는 습관을 기를 것

3. 기입형 문제의 유형

(1) 써야 할 답안의 형태에 따라
 ① 단답형(단어형) : 하나의 단어로 간략하게 제시(괄호의 빈 칸 / 예문의 단어 / 해당하는 내용)
 ② 구절 혹은 문장 제시형 : 구절이나 문장으로 제시(예문 찾아 제시 / 의미 파악 / 핵심 파악 제시)
 ③ 간략한 설명 요구 또는 줄글 형태 : 조건에 맞는 설명 요구(2014년 제시 - 그 후에 사라졌음)

(2) 가지 문제의 상호 관련성에 따라
 ① 각 가지 문제 독립형 - 각 가지 문제가 서로 다른 내용 - 대부분의 문제
 ② 가지문제 연관형(단계형) - 앞의 문제를 바탕으로 뒤의 문제 답안을 제시하는 경우 - 드물게 나타남
  2017년 8번 / 뒤에 제시한 기입형의 예시 문제 1번, 7번 (앞 문제가 틀리면 뒤의 문제도 틀리게 됨)

(3) 예문 제시 여부에 따라
 ① 예문 제시형 - 하나의 단어 또는 구절, 문장(제목, 행, 연) 등을 조건에 맞게 예문에서 찾아 제시 - 2019년 기입형 4번 첫째, 5번, 6번
 ② 생성 답안형 - 문제 파악에 따라 답안 생성 - 2019 기입형 4번 둘째 문제, 2019 기입형 7번 둘째 문제

(4) 문제의 조건에 따라
 ① 감상능력 - 예문의 의미 해석 및 이해 관련 문제
 ② 감상능력 - 구성 요소의 개념, 원리 및 적용 문제
 ③ 문학 일반이나 국문학 일반 관련 문제(범위 넓음)
 ④ 문학사 또는 하위갈래, 문학 유파 등에 관한 문제
 ⑤ 기타 출제 예상 문제 (비교 및 대조 및 기준 제시 등)

 ◆ 기입형 문제는 보통 2점 배점이므로, 위의 ①~⑤ 문제들이 하나만 나올 수도 있지만, 2가지가 뒤섞여 나오는 경우도 많으므로 각각의 특징을 잘 고려하여 답할 필요가 있음

2 문학 기입형 시험 문제파악과 답안 평가의 예

2023년 기입형 A3번 | 감상 능력 - 제재 의미 찾기 / 추체험

3. (나)는 (가)에 대한 학생의 감상문이다. 괄호 안의 ㉠에 해당하는 시어를 (가)에서 찾아 쓰고, (나)의 밑줄 친 ㉡의 심미적 체험을 가리키는 용어를 1단어로 쓰시오. [2점]

(가)
샤갈의 마을에는 삼월에 눈이 온다.
봄을 바라고 섰는 사나이의 관자놀이에
새로 돋은 정맥이
바르르 떤다.
바르르 떠는 사나이의 관자놀이에
새로 돋은 정맥을 어루만지며
눈은 수천수만의 날개를 달고
하늘에서 내려와 샤갈의 마을의
지붕과 굴뚝을 덮는다.
삼월에 눈이 오면
샤갈의 마을의 쥐똥만한 겨울 열매들은
다시 올리브빛으로 물이 들고
밤에 아낙들은
그 해의 제일 아름다운 불을
아궁이에 지핀다.

- 김춘수, 샤갈의 마을에 내리는 눈 -

(나)
 나는 '눈'이 이 시에서 어떤 역할을 하는지에 초점을 두고 읽어 보았다. 찬찬히 살펴보니 '눈'으로 인해 존재들이 변화를 일으킨다는 점을 알 수 있었다. 우선 '눈'이 내리니 '사나이의 관자놀이에 새로 돋은 정맥이 바르르 떤다.'는 표현이 눈에 띄었다. 하늘에서 '눈'이 내리고 있는 모습과 어울려 시에서 어떤 동적인 분위기를 만들어 내는 것 같다. '눈'이 내림으로써 대상 자체가 변화함을 보여주는 시어에는 '(㉠)'도 있다. 여기서 '눈'은 이 마을에 봄의 생명력을 불러일으키는 것 같다. ㉡ <u>시의 장면을 구체적으로 상상하면서 마치 내가 '샤갈의 마을'에서 '눈'을 보는 경험을 한 듯한 심미적 체험을 할 수 있었다. 이 시를 읽은 경험이 내 마음에 오래 남을 것 같다.</u>

채점기준

• 2점 - ㉠, ㉡이 아래와 같이 맞으면 : 각각 1점

예상 답안

㉠ (겨울) 열매
㉡ 추체험

학생 예상 답안		최병해 예상 답안	
㉠ 정맥 (핵심부족)	×	㉠ 열매(겨울 열매)	1
㉡ 형상화 (틀림)	×	㉡ 추체험	1

| ㉠ 열매 | 1 |
| ㉡ 상상 (틀림) | × |

| ㉠ 겨울 열매 | 1 |
| ㉡ 형상화 | × |

| ㉠ 열매 | 1 |
| ㉡ 추체험 | 1 |

2021년 기입형 A3~4번

[3~4] 다음을 읽고 물음에 답하시오.

(가)
前腔 내 님믈 그리ᄉᆞ와 우니다니
中腔 산졉동새 난 이슷ᄒᆞ요이다
後腔 아니시며 거츠르신 둘 아으
附葉 잔월효성(殘月曉星)이 아ᄅᆞ시리이다
大葉 넉시라도 님은 ᄒᆞᆫᄃᆡ 녀져라 아으
附葉 벼기더시니 뉘러시니잇가
二葉 과(過)도 허믈도 천만 업소이다
三葉 ᄆᆞᆯ힛마리신뎌
四葉 ᄉᆞᆯ웃븐뎌 아으
附葉 니미 나ᄅᆞᆯ ᄒᆞ마 니ᄌᆞ시니잇가
五葉 아소 님하 도람 드르샤 괴오쇼셔

- 정서, 「정과정」 -

(나)
강천(江天)의 혼자 셔셔 디ᄂᆞᆫ ᄒᆡ를 구버보니
님다히 소식이 더욱 아득ᄒᆞ뎌이고
모쳠(茅簷) ᄎᆞᆫ 자리의 밤듕만 도라오니
반벽청등(半壁靑燈)은 눌 위ᄒᆞ야 볼갓ᄂᆞ고
오ᄅᆞ며 ᄂᆞ리며 헤쯔며 바니니
져근덧 역진(力盡)ᄒᆞ야 풋ᄌᆞᆷ을 잠간 드니
정성이 지극ᄒᆞ야 ᄭᅮ믜 님을 보니
옥 ᄀᆞᄐᆞᆫ 얼굴이 반이나마 늘거셰라
ᄆᆞ음의 머근 말ᄉᆞᆷ 슬ᄏᆞ장 ᄉᆞᆲ쟈 ᄒᆞ니
눈물이 바라 나니 말인들 어이 ᄒᆞ며
정(情)을 못 다ᄒᆞ야 목이조차 몌여ᄒᆞ니
오뎐된 계성(鷄聲)의 ᄌᆞᆷ은 엇디 ᄭᅢ돗던고
어와 허사로다 이 님이 어ᄃᆡ 간고
결의 니러 안자 창을 열고 ᄇᆞ라보니

어엿븐 그림재 날 조출 뿐이로다
출하리 싀여디여 낙월(落月)이나 되야 이셔
님 겨신 창 안히 번드시 비최리라
각시님 둘이야 코니와 구준비나 되쇼셔

- 정철, 「속미인곡」 -

(다)
님으란 회양(淮陽) 금성(金城) 오리남기 되고 나는 삼사월 츩너출이 되야
그 남긔 그 츩이 낙거미 나븨 감듯 이리로 츤츤 저리로 츤츤 외오 프러 올이 감아 밋븟터 끗신지 흔 곳도 뷘 틈 업시 주야장상(晝夜長常) 뒤트러져 감겨 이셔
동(冬)섯쯸 바람비 눈셔리를 아모리 마즌들 플닐 줄이 이시랴

- 이정보 -

---

1. 2021년 3번   감상 능력 – 전개 방식(시간) – 시간의 의미가 드러난 부분

3. 〈보기〉는 고전 시가에 나타난 시간 의식에 대한 설명의 일부이다. 괄호 안의 ㉠, ㉡에 해당하는 시어나 시구를 찾아 쓰시오. [2점]

〈보기〉

한국의 시가 문학에서 '과거-긍정적, 현재-부정적, 미래-부정적'인 시간 의식의 유형은 매우 보편적이다. 과거는 (가)에서 '님'과 '흔듸 녀'던 시간으로, (나)에서 '님'의 (㉠)을/를 가까이서 보았던 시간으로 나타난다. 이와 달리 현재는, (가)에서는 (㉡)에서 짐작할 수 있듯이 '님'에 의한 망각을 두려워하는 시간으로, (나)에서는 오직 꿈을 통해서만 '님'을 만날 수 있는 시간으로 나타난다. 미래에는 '님'과 '나'의 관계가 과거와 같이 회복되기를 바라지만 그것은 불확실하거나 실현되기 어려운 소망이다.

📝 예상 답안

㉠ 얼굴
㉡ 니즈시니잇가 / (그리스와)

학생 예상 답안		최병해 예상 답안	
㉠ 그림재 (틀린 내용)	×	㉠ 얼굴	1
㉡ 산 졉동새 (틀린 내용)	×	㉡ 니즈시니잇가	1
㉠ 님 다히 소식 (틀린 내용)	×		
㉡ 니미 나를 ᄒ마 니즈시니잇가	1		
㉠ 옥 フ튼 얼굴	1		
㉡ 산 졉동새 (틀린 내용)	×		
㉠ 옥 フ튼 얼굴	1		
㉡ 니미 나를 ᄒ마 니즈시니잇가	1		

2. 2021년 4번 | 고전 문학 : 고전문학사 – 변신모티프

4. 〈보기〉는 상호텍스트성을 중심으로 (나)와 (다)를 비교한 내용이다. 문맥을 고려하여 괄호 안의 ㉠, ㉡에 들어갈 말을 쓰시오.[2점]

> (나)와 (다)는 모두 변신 모티프를 시적 발상의 단초로 활용하여 남녀 간 애정과 관련된 정서를 표현하고 있다. 그런데 (나)에서 화자는 '님'과의 이별에서 오는 (㉠)이/가 현생에서는 해소될 수 없음을 직감하면서 전생(轉生)을 통한 변신을 바탕으로 그 해소를 추구하게 된다면, (다)에서는 '님'과의 사랑에서 느끼는 (㉡)을/를 극대화하고자 전신(轉身)을 통한 변신을 소망하게 된다. 이처럼 상반된 성격의 정서가 동일하게 변신의 소망으로 귀결된다는 점은 매우 흥미롭다.

📝 예상 답안

㉠ 한(정한, 슬픔)
㉡ 즐거움(쾌락, 기쁨)

학생 예상 답안		최병해 예상 답안	
㉠고독 (핵심부족)	×	㉠ 한(정한, 슬픔)	1
㉡화해 (틀림)	×	㉡ 즐거움(쾌락, 기쁨)	1
㉠슬픔	1		
㉡고뇌 (틀림)	×		
㉠슬픔	1		
㉡기쁨	1		
㉠정한	1		
㉡기쁨	1		

2 문학 서술형 문제의 출제 방향과 대응 방법

1 문학 서술형 시험 이해

(1) 서술형 문제란?

　　서술형은 문제 인식, 추리, 예상, 결론 도출, 인과관계, 상관관계, 문제해결 과정 등의 사고 능력을 측정하며 문장 형태의 답안을 요구하는 문항 형식이다. 서술형은 기입형 문항보다 심층적이거나 상세한 내용을 물을 때 사용할 수 있다. 중등교사 임용시험에서는 상기의 사고 과정을 바탕으로 한 응답 결과를 3~5문장 정도로 기술하는 문항을 서술형으로 출제한다. 분량을 고려할 때 간략하게 서술하는 약술형에 가까운데, 기입형에 비해 설명, 분석, 감상 등의 내용이 더 요구되며, 논술형보다는 분량이 적다는 점에서 차이가 있다.

(2) 서술형 문제에 대한 대응 방법

① 문제 파악 중요
　㉠ 출제자의 의도가 무엇인지, 출제자가 무엇을 묻는 건지 잘 고려해야 함.
　㉠ 문제에서 제시한 조건을 잘 고려하여 거기에 맞게 대응.
② 답안쓰기 방법 중요 – 감상, 분석, 의미 파악 / 공통점, 차이점 / 이론의 적용 / 틀린 이유 찾기 및 교정 등 다양한 문제 유형이 있으므로 문제에 맞춰 답안을 작성해야 함.
③ 핵심어를 포함하여 답을 쓸 것 – 핵심어를 사용하여 정해진 분량에 맞게 서술할 것.(핵심어를 모르면 그 내용을 보충할 수 있는 말로 바꾸거나 풀어서 서술)
④ 문제에서 몇 가지 조건인지, 답을 쓸 때 몇 가지로 해야 하는지 잘 파악하여 답을 쓸 것.
⑤ 배점이 보통 3~4점이므로 배점을 잘 고려하면서 정해진 분량을 지켜 답을 작성할 것.(출제위원들이 적당한 답의 양을 제시하므로 그에 맞춰 답을 쓰면 효과적임)

(3) 서술형 문제의 유형

① 전체 감상(구성요소 – 주제) 관련 문제
② 예문 중심 의미 파악 및 감상 문제
③ 문학일반론 / 국문학일반론을 바탕으로 한 감상 문제
④ 시 / 소설의 구성 요소 및 이론 적용 감상 문제
⑤ 사회·문화적 배경 관련 문제
⑥ 문학사 및 기본갈래·하위갈래 / 문학 유파 적용 감상
⑦ 내용의 비교(공통점)·대조(차이점) 문제
⑧ 감상 결과에 대한 교정 관련 문제
⑨ 문학교육론 / 문학 교육활동 관련 문제
⑩ 기타 출제 예상 문제

◆ 위의 ②~⑨의 문제들이 하나가 나올 수도 있지만, 2가지 이상 뒤섞여 나오는 경우도 많으므로 각각의 특징을 잘 고려하여 답할 필요가 있음.

2 문학 서술형 시험 문제 파악과 답안 평가의 예

2022년 B형 10번 | 시적화자의 상황 – 지향 및 고뇌의 과정 이해

10. 다음을 읽고, 화자의 삶의 지향을 이해하여 〈작성 방법〉에 따라 서술하시오.[4점]

> (가)
> 고산 구곡담(高山九曲潭)을 사름이 모로더니
> 주모 복거(誅茅卜居)ᄒ니 벗님ᄂᆡ다 오신다
> 어즈버 무이(武夷)를 상상ᄒ고 학주자(學朱子)를 ᄒ리라
>
> (제1수)
>
> 오곡(五曲)은 어듸ᄆᆡ오 은병(隱屏)이 보기 됴타
> 수변 정사(水邊精舍)는 소쇄(瀟灑)홈도 ᄀᆞ이업다
> 이 중에 강학(講學)도 ᄒ려니와 영월음풍(詠月吟風)ᄒ리라
>
> (제6수)
>
> – 이이, 〈고산구곡가〉 –
>
> (나)
> 생평(生平)애 원ᄒᄂ니 다ᄆᆞᆫ 충효쑨이로다
> 이 두 일 말면 금수(禽獸) ㅣ나 다ᄅᆞ리야
> ᄆᆞ음애 ᄒ고져 ᄒ야 십재황황(十載遑遑)ᄒ노라
>
> (제1수)
>
> 출(出)ᄒ면 치군택민(致君澤民) 처(處)ᄒ면 조월경운(釣月耕雲)
> 명철 군자(明哲君子)는 이룰사 즐기ᄂ니
> ᄒᄆᆞᆯ며 부귀위기(富貴危機) ㅣ라 빈천거(貧賤居)를 ᄒ오리라
>
> (제8수)
>
> – 권호문, 〈한거십팔곡〉 –

〈작성 방법〉

◦ (가), (나)에서 화자의 미래에 대한 삶의 지향을 드러낸 말을 각각 찾아 쓰고, 그 의미를 설명할 것.
◦ (나)의 화자가 삶의 지향을 확립하기까지 고뇌의 과정을 알려주는 시어를 (나)에서 찾아 쓰고, 그 의미를 서술할 것.

예상 답안

(가)에서 화자의 미래의 지향을 드러낸 말은 '강학(=학주자)'이다. 이는 자연 속에서도 학문에 정진하면서 후학을 지도하는 삶을 지향하는 것이다. (나)에서 미래의 지향을 드러낸 말은 '빈천거'이다. 이는 속세에 대한 미련을 버리고 자연 속에서 안빈낙도하는 삶을 지향하는 것이다.

(나)의 화자의 삶의 지향을 확립하기까지 고뇌의 과정을 알려주는 시어는 '십재황황(十載遑遑)'이다. 이것은 화자가 안빈낙도의 삶을 지향하기까지 십 년이나 방황하며 길을 찾아 헤매었다는 의미를 담고 있다.

학생 예상 답안		최병해 예상 답안	
(가)는 '영월음풍이다. 이는 자연 속에서도 한가로이 살아가는 삶을 지향하는 것이다. (나)에서 미래의 지향을 드러낸 말은 충효(치군택민)이다. 이는 벼슬에 올라 임금에게 충효를 다하는 도리이다.	× ×	(가)에서 화자의 미래의 지향을 드러낸 말은 '강학(=학주자)'이다. 이는 자연 속에서도 학문에 정진하면서 후학을 지도하는 삶을 지향하는 것이다. (나)에서 미래의 지향을 드러낸 말은 '빈천거'이다. 이는 속세에 대한 미련을 버리고 자연 속에서 안빈낙도하는 삶을 지향하는 것이다.	1 1
(나)의 화자의 삶의 지향을 확립하기까지 고뇌의 과정을 알려주는 시어는 '부귀위기'이다. 이것은 화자가 안빈낙도의 삶을 지향하는 갈등을 의미한다.	× ×	(나)의 화자의 삶의 지향을 확립하기까지 고뇌의 과정을 알려주는 시어는 '십재황황(十載遑遑)'이다. 이것은 화자가 안빈낙도의 삶을 지향하기까지 십 년이나 방황하며 길을 찾아 헤매었다는 의미를 담고 있다.	1 1
(가)에서 화자의 미래의 지향을 드러낸 말은 '강학'이다. 이는 자연 속에서도 학문에 정진하는 삶을 지향하는 것이다. (나)에서 미래의 지향을 드러낸 말은 충효이다. 이는 벼슬에 올라 임금에게 충효를 다하는 도리이다.	1 ×		
(나)의 화자의 삶의 지향을 확립하기까지 고뇌의 과정을 알려주는 시어는 '조월경운'이다. 이것은 화자가 안빈낙도의 삶을 지향하는 갈등을 의미한다.	× ×		
(가)에서 화자의 미래의 지향을 드러낸 말은 '강학'이다. 이는 자연 속에서도 학문에 정진하는 삶을 지향하는 것이다. (나)에서 미래의 지향을 드러낸 말은 '빈천거'이다. 이는 자연 속 한가로운 삶을 지향하는 것이다.	1 1		
(나)의 화자의 삶의 지향을 확립하기까지 고뇌의 과정을 알려주는 시어는 '명철 군자(明哲君子)'이다. 이것은 사대부 화자가 삶에 대해 고뇌를 해결하는 의미를 담고 있다.	× ×		
(가)에서 화자의 미래의 지향을 드러낸 말은 '학주자'이다. 이는 학문에 정진하는 삶을 지향하는 것이다. (나)에서 미래의 지향을 드러낸 말은 '빈천거'이다. 이는 자연 속에서 안빈낙도하는 삶을 의미한다.	1 1		
(나)의 화자의 삶의 지향을 확립하기까지 고뇌의 과정을 알려주는 시어는 '치군택민'이다. 이것은 화자가 안빈낙도의 삶을 지향하기까지 십 년이나 방황하며 길을 찾아 헤매었다는 의미를 담고 있다.	× 0/1		

8. 다음을 읽고, (가)와 (나)의 서사 전개에 대해 〈작성 방법〉에 따라 서술하시오. [4점]

(가)

세월이 여류하여 십오 세의 당하여는, 용모 화려하고 효행이 탁월하여 이러한 소문이 원근의 낭자하니, 뉘 아니 칭찬하리오? 일일은 심청이 저녁밥을 빌러 가서 일세가 저무도록 종무소식 감감하니 심봉사 홀로 앉아 기다릴 제, 배는 고파 등의 붙고 방은 추워 턱이 덜덜 떨리는데, 원사의 쇠북 소리 은은히 들리거늘 날 저문 줄 짐작하고, 혼잣말로

"우리 심청이는 무슨 일의 골몰하여 날 저문 줄 모르난고. 풍설의 막혀 그러한가, 강포한 사람을 만나 봉욕을 당하난가?"

- 작자 미상, 심청전 (경판본) -

(나)

세월이 여류하야 십오 세의 당하더니, 얼굴이 추월하고 효행이 탁월하고 동정이 안온하야 인사가 비범하니 천생여질이라, 가르쳐 행할소냐? 여중의 군자요, 새 중의 봉황이라. 이러한 소문이 원근의 자자하니, 일일은 월평 무릉촌 장승상 댁 시비 들어와 ㉠<u>부인</u> 명을 받아 심 소저를 청하거늘, 심청이 부친께 엿자오대,

"어른이 부르신즉 시비 함께 가 다녀오겠나이다. 만일 가서 더디어도 잡수시던 남은 진지 반찬 시저 상을 보와 탁자 위의 두었으니, 시장하시거든 잡수시요. 부디 나 오기를 기다려 조심하옵소서."

하고 시비를 따라갈 제

… (중략) …

심 소저 일어 재배하고 엿자오대,

"명도 기구하야 낳은 지 초칠일 안의 모친이 불행하야 세상 버리시매, 눈 어둔 나의 부친 동냥젖 얻어 먹여 겨우 살았으니, 모친 얼굴도 모르매 궁천지통 끊길 날이 없삽기로, 나의 부모 생각하야 남의 부모도 공경터니, 오늘 승상 부인께옵서 권하신 뜻이 미천한 줄 헤지 않고 딸을 삼으려 하시니, 모친을 다시 뵈온 듯 황송감격하와 마음을 둘 곳이 전혀 없어, 부인의 말씀을 좇자 하면 몸은 영귀하오나, 안혼하신 우리 부친 조석 공양과 사철 의복 뉘라서 돌보리까? 구휼하신 은덕은 사람마다 있거니와 나에게 있어서는 남다른지라. 부친 모시옵기를 모친 겸 모시옵고 우리 부친 날 믿기를 아들 겸 믿사오니 내가 부친곳 아니시면 이제까지 자랐으며, 내가 만일 업게 되면 우리 부친 남은 해를 마칠 길이 없사오며, 오조의 사정 서로 의지하여 내 몸이 맞도록 길이 모시려 하옵니다."

말을 마치매 눈물이 옥면의 젖는 거동은 춘풍세우가 도화의 맺혔다가 점점이 떨어지는 듯하니, 부인도 또한 긍측하여 등을 어루만지시며 가라사대,

"효녀로다 네 말이여, 응당 그러할 듯하다. 노혼한 나의 말이 미처 생각지 못하였다."

그렁저렁 날이 저물어지니 심청이 엿자오대,

"부인의 착하신 덕을 입어 종일토록 모셨으니, 연광이 만하기로 일역이 다하오니 급히 돌아가 부친의 기다리시던 마음을 위로코져 하나이다."

부인이 말리지 못하야 마음의 연연이 여기사, 채단과 피륙이며 양식을 후이 주어 시비 함께 보낼 적의,

"네 부디 나를 잊지 말고 모녀간 의를 두면 노인의 다행이라."

심청이 대답하되,

"부인의 장하신 뜻이 이같이 미쳤으니 가르치심을 받자오리다."

절하여 하직하고 망연히 오더니라. 이때의 심봉사 홀로 앉아 심청을 기다릴 제, 배 고파 등의 붙고 방은 추워 턱이 떨어지고, 잘 새는 날아들고 먼 데 절 쇠북 소리 들리니 날 저문 줄 짐작하고, 혼자 하는 말이,

"내 딸 심청이는 무슨 일의 골몰하여 날이 저문 줄 모르난고. 주인에게 잡히어 못 오난가, 저물게 오는 길의 동무의게 잠착한가?"

- 작자 미상, 심청전 (완판본) -

―――――〈작성 방법〉―――――
◦ (가)와 (나)의 서술 방식상 특성을 비교하여 서술할 것.
◦ (나)의 인물 관계를 기능 측면에서 분석할 때 ㉠의 역할을 쓰고, ㉠이 '심청'의 인물 형상화에 기여하는 바를 서술할 것.

학생 예상 답안		최병해 예상 답안	
(가)는 서술자의 개입이 있고, (나)는 서술자의 개입과 더불어 인물의 대사가 장황하고 과장되게 나열하고 있다.[(가)틀림/ (나) 핵심 부족]	× 0.5(0)	(가)의 경판본은 심청의 상황이나 심청의 효를 서술로 제시, 직접적으로 제시하고 (나)의 완판본은 장면 제시 혹은 장면의 극대화, 간접적으로 제시(장면 제시)했다. / ((가)의 경판본은 핵심 내용을 서술하는 고정체계면, (나)의 완판본은 고정체계면과 비고정 체계면을 함께 제시한 서술이다. / 비교 강조 - (가)와 (나)는 판소리 사설로서 리듬감을 살린 4음보 위주로 내용을 서술하고 있다.))	1 1 1
㉠의 역할은 심청이가 양녀를 거절하면서 아버지에 대한 효를 드러내게 하는 역할이다.(핵심 부족) ㉠은 심청의 효심을 강조하는 기능이 있다.(핵심 부족)	×(0.5) 0.5		
(가)는 심청보다 심청을 애처롭게 기다리는 아버지 심 봉사에 초점을 맞추고 있다.((가)틀림) 반면 (나)는 심 봉사의 처지보다 심청과 부인간의 대화를 (길게) 제시하여 인물과 사건을 제시하고 있다.	× 1	(나)의 인물 관계에서 '㉠부인'은 고난에 처해 있는 심청을 도와주는 조력자의 역할을 한다. '㉠부인'은 심청과의 대화와 장면을 통해 심청이 지닌 효를 직접 서술이 아닌 대화, 장면 등의 간접적 제시로 하여, 심청의 효를 구체적이고 생동감 있게 제시하는 효과가 있다.	1
(나)에서는 ㉠부인이 심청과의 대화에서 수양딸로 인연을 맺음으로써(설명 부족) 심청을 도와주는 '조력자' 역할을 하고 있다. 그리고 ㉠부인은 심청의 효심과 따뜻한 품성을 강조하는 인물이다.(핵심 부족)	1(0.5) 0.5		
(가)는 짧게 서술하는 방식이다. (나)는 길게 서술하는 방식으로 (가)와 달리 부인과 심청의 사건을 삽입하여 장면의 극대화가 이루어졌다.	1 1		
(나) 인물 관계를 기능 측면 ㉠의 역할은 심청이에게 제안을 하는 인물이다.(핵심 부족) ㉠부인의 제안을 거절하기 때문에 심청이의 효를 형상화하는 것에 기여한다.(설명·핵심 부족)	×(0.5) 0.5		

PART 02

문학
서답형 10개년
기출문제 풀이

chapter 01 | 문학 분야별 기출문제 유형
chapter 02 | 문학 기입형 10개년 기출문제 풀이 및 배경지식
chapter 03 | 문학 서술형 10개년 기출문제 풀이 및 배경지식
chapter 04 | 문학 논술형 기출문제 풀이 및 배경지식

CHAPTER 01 문학 분야별 기출문제 유형

1 작품 관련 배경지식(문학·국문학일반)

1 현대시 관련 배경지식(문학·국문학일반)

문제 유형	출제 연도	문제의 세부 내용	찾아가기
1. 문학사 관련 문제	2013년 35번	(가) 김소월 「왕십리」, (나) 심훈 「그날이 오면」 - (가), (나)의 문학사적 의미를 이해한 것으로 가장 적절한 것	
	2004년 10-2번	(가) 「꽃 두고」(최남선), (나) 「꽃밭의 독백-사소(娑蘇) 단장(斷章)」(서정주) 10-2. (나)와 비교할 때 (가)를 본격적 현대시로 보기 어려운 판단 근거를 작품의 관련 부분을 언급하며 3가지 서술(2점)(신체시와 현대시 차이)	
	1996년 모의시험 3	전통 계승의 측면에서 한국 문학사 기술상의 난점 / 외국 문학이 한국문학에 미친 영향 / 근대 문학 정립의 바람직한 방향	
2. 기본 갈래 / 문학의 기능	2010년 34번	「新婦」(서정주) - 시인의 갈래적 특성에 관한 수업 활동 계획으로 적절하지 않은 것	
	2023년 B 7번	이시영 「공사장 끝에」 문정희 「비망록」 - 인식적 기능 및 작품에 적용하여 파악하기 / 미적 기능 - 비유적 표현의 의미 각각 밝히기	p.292
3. 현대시의 경향(유파)	2021년 A 12번	이육사, 「노정기」, 이육사, 「광야」 - 이육사·윤동주 시의 개인적·저항시적 경향 / · 표현의 특징 - 표상해주는 표현(이미지(비유·상징) - 응집된 구절(원관념)	p.248
	2015년 B 3번	「모촌」(오장환), 「천변풍경」(박태원) - 1930년대의 문학적 경향 1. (가)와 (나)가 형상화하고 있는 현실의 모습을 각각 제시할 것. / 2. (가)와 (나)의 현실 제시 방식의 공통점을 제시하고, 이러한 현실 제시 방식이 1930년 문학의 경향과 어떻게 관련되는지 설명할 것.	p.143
	2011년 33번	김수영, 「시여, 침을 뱉어라-힘으로서의 시의 존재」 - 〈보기〉와 비슷한 시기에 발표된 작품으로 〈보기〉의 중심 주장을 가장 잘 구현하고 있는 시	
	2011년 36번	「호랑나비」(정지용) - 작가의 경향을 중심으로 시를 해석한 내용으로 적절하지 않은 것	

문제 유형	출제 연도	문제의 세부 내용	찾아가기
	2009년 모의 35번	「백조」 문예 동인지 창간호 목차 일부 - 이 문예지가 지향했던 문학적 성향과 가장 가까운 작품 고르기(낭만주의)	
	2001년 10-1번	(가) 「세계의 아침」, (나) 「바다와 나비」(김기림) 10-1. 1920년대의 시와는 경향을 달리하는 1930년대 모더니즘의 일반적 특성을, 내용, 표현 두 영역에서 각기 두 가지 이상 제시하여 4가지 이상 서술	
	1999년 8번	(가) 「민들레꽃」(조지훈), (나) 「순수시의 지향」(조지훈), (다) 「조선시의 반성」(정지용) 8-1. 抒情詩와 現實의 관계 설명 ① (가)의 시를 (나)의 주장을 바탕으로 해석하여 서정시의 일반적 특징을 설명 ② (가)의 시를 (다)의 논리로 해석하기 어려운 이유 제시 ③ 위 두 조건을 근거로 서정시와 현실의 관계 설명	
	1997년 10번	(가) 절정(이육사), (나) 통곡(이상화) ① (가)의 시적 경향과 형식상의 특징 설명	
4. 전통의 계승	2007년 21번	「이별가」(박목월) - 한국 시문학의 전통 계승이라는 맥락에서 감상할 때, 제시된 감상 초점에 맞춰 관련 작품을 들고 감상 내용 서술	
	1996년 모의시험 3번	고전 문학 전통이 근대문학에 계승된 실례	
5. 한국문학과 자연	2017년 논술형 8번	「오우가」와 「푸라타나스」에서 오우가의 주요 소재이 표사아는 인간의 덕목 / 푸라타나스가 시적 화자에게 어떤 의미인가 / 자연(물)에 대한 시적 화자의 인식의 공통점·차이점 「오우가」와 「푸라타나스」에 나타난 자연관을 중심으로 한국 문학의 특질 파악	p.325
	2023년 A 3번 (기)	김춘수 「샤갈의 마을에 내리는 눈」, 설명 글 - 추체험 / 눈이 내려 대상 자체가 변화하는 제재	p.128
6. 감상방법	2018년 A 7번 (기)	(가) 「너에게 묻는다」(안도현) (나) 학생 감상 학생 감상에 나타난 감상 방법 제시(효용론) / 시의 현상적 청자	p.100
	2009년 5월 논술형	(가) 김소월, 「길」, (나) 고은, 「문의 마을에 가서」, (다) 염상섭, 「만세전」 - 4-2 반영론, 표현론, 구조론, 수용론의 개념, 원리를 밝히고 (다)에 적용 (10점)	
7. 문학과 문화	1999년 5월 11-1번	(가) 「접동새」(김소월), (나) 문화로서의 국어 활동 원리, (다) 김흥규, 「문학 작품의 이해와 감상」에서 11-1. (나)의 '문화로서의 국어 활동 원리'라는 관점에서 (가) 시를 감상할 때, 감상의 내용이 될 수 있는 전통적인 요소 4가지 설명	

2 현대소설 관련 배경지식(문학·국문학일반)

문제 유형	출제 연도	문제의 세부 내용	찾아가기
1. 문학사 관련 문제	2020년 A 2번 (기)	1930년대 모더니즘 소설 최명익 「심문」에 나타난 모더니티의 요소 파악 - 지문에서 찾기	p.114
	2019년 A 13번	「레디메이드 인생」(채만식), 「날개」(이상) - 1930년대 소설의 문학사적 맥락 -㉠식민지 현실을 냉소적, 우회적으로 비판하는 소설 -㉡실험적인 기법으로 근대 문명에 대한 회의를 드러내는 소설 / (가)는 ㉠, (나)는 ㉡의 경향에 속하는 작품으로 볼 수 있는 근거를 서술할 것.	p.205
	2013년 401번	(가) 허준 '잔등', (나) 채만식 '미스터 방' - (가),(나) 작품이 창작된 시기의 소설사	
	2011년 37번	「무정」에 대한 문학사적 평가	
	2003년 10-2번	「무정」에 대해 제시된 관점에서 작품을 평가하고, 결과를 가르칠 때 유의할 점을 문학사적 연속성과 작품 자체의 평가 문제를 관련지어 기술(4점)	
	1998년 9-1번	(가) 최인훈, 「광장」, (나) 윤오영, 「부끄러움」 ① 소설 (가)의 시대적 배경과 이 작품이 발표된 시대의 특성을 연관시켜, 작품의 문학사적 의의를 50년대 전후 소설(戰後小說)의 일반적 성향과 대비하여 설명(400자 내외) / ② (가), (나)를 모두 민족 문학의 자산으로 인정한다면 (가)와 (나)의 민족 문학적 가치는 어떻게 대비되는지 설명(200자 내외)	
	1997년 9-1번	김동인, 「감자」 9-1. 제시된 작품을 문학교육적 시각에서 해석(8점) ① 작품이 지어진 시기에 나타난 문학사적 변화를 소설 중심으로 설명 / ② 작가가 제시한 소설론의 내용과 특징 요약 / ③ 이 작품을 형식주의적 문학 이론으로 접근하는 것이 적절한 이유	
	1996년 모의시험 3번	전통 계승의 측면에서 한국 문학사 기술상의 난점 / 외국 문학이 한국문학에 미친 영향 / 근대 문학 정립의 바람직한 방향	
	1996년 모의시험 4번	「태평천하」, 「탁류」를 중심으로 채만식의 소설 특징 논하기 ④ 소설사적 위치	
2. 기본 갈래 매체	2014년 A 15번	「국물 잇사옵니다」(이근삼) 서사극의 기법과 극적 효과를 이해하는 수업을 진행하려고 한다. 제시된 부분에서 주인공 '상범'이 일반 연극에서와 달리 수행하는 역할	p.71
	2012년 39번	(가) 황순원, (나) 함세덕, 「동승」 - (나)를 교육 연극으로 상연하기 위해 '도념'을 맡은 학생에게 연기 지도할 내용	
	2010년 38번	김동리, 「역마」 - [A] 부분을 희곡으로 바꿔 쓴 부분으로 적절하지 않은 것	
	2009년 모의 40번	천승세, 「만선」 - 제시된 작품을 1인칭 관찰자 시점의 소설로 재구성할 때, 서술 방법	
	2002년 8-3번	(가) 염상섭, 「표본실의 청개구리」(서술), (나) 채만식, 「역로」(대화) / 8-3. (나)가 (가)에 비해 훨씬 희곡적이라고 말할 수 있는 근거 3가지(2점)	

문제 유형	출제 연도	문제의 세부 내용	찾아가기
	2000년 11-1번	(가) 「봉산탈춤」에서 (나) 오영진, 「살아 있는 이중생 각하」에서 11-1. 두 작품을 공연할 경우 연극을 향유하는 관객의 위상을 중심으로 차이점 설명(3점)	
	1999년 5월 12-3번	김승옥, 「무진기행」 12-3. 자료를 연극이나 영화로 바꾸어, 표현 매체별 언어의 특성을 이해하기 위한 교수·학습 전략을 수립하려 한다. 이런 교수·학습의 중요성을 설명하고 (가) 단락을 연극이나 영화로 전환하는 전략을 제시(2)	
	1997년 9-2번	김동인, 「감자」 9-2. 위 작품의 장르와 대비적 관점에서 수필의 장르상 특징을 ① 작자와 독자 사이의 이야기 소통 구조, ② 이야기(내용)의 성격, ③ 서술의 태도 등을 중심으로 설명 (4점)	
	2020년 A 2번 (기)	1930년대 모더니즘 소설 최명익 「심문」에 나타난 모더니티의 요소 파악 – 지문에서 찾기	p.114
	2015년 B 3번	「모촌」(오장환), 「천변풍경」(박태원) – 1930년대의 문학적 경향 1. (가)와 (나)가 형상화하고 있는 현실의 모습을 각각 제시할 것. / 2. (가)와 (나)의 현실 제시 방식의 공통점을 제시하고, 이러한 현실 제시 방식이 1930년 문학의 경향과 어떻게 관련되는지 설명할 것.	p.143
	2009년 40번	「천변풍경」, 「날개」에 대한 제시된 글의 문학적 입장 – 유파의 특징 자료 통해 이해	
	2009년 5월 모의 37번	(가) 이상, 「종생기」, (나) 박태원, 「소설가 구보 씨의 일일」, (다) 이태준, 「까마귀」 (라) 최명익, 「심문(心紋)」 – (가)~(라) 중 같은 단체에서 활동했던 작가의 작품과 그 단체의 특성(구인회)	
3. 현대소설의 문학경향 (유파)	2005년 26번	(가) 현진건, 「할머니의 죽음」에서, (나) 이상, 「날개」에서 – 박교사는 (가)를 사실주의, (나)는 모더니즘 경향의 소설이라 언급한 뒤, (가)와는 구별되는 (나)의 모더니즘 소설 특징을 설명하고자 한다. ① 인물 묘사, ② 플롯, ③ 배경의 세 측면에서 서술(3점)	
	2004년 9-3번	(가) 염상섭, 「삼대」에서, (나) 김유정, 「산골 나그네」에서 9-3. (가)와 (나)가 발표된 시기의 문단은 프로 문학이 주류를 이루는 가운데, (가)의 작가가 속한 유파와 (나)의 작가가 속한 단체의 활동도 있었다. 이념의 문제를 중심으로 이들 세 부류의 관계를 설명(3점)	
	2000년 10-1번	(가) 박태원, 「소설가 구보 씨의 일일」, (나) 이상, 「날개」 10-1. 두 작품은 비슷한 시기에 창작되고 발표되었다. 두 작품이 지닌 소설사적 의의를 조건에 맞게 서술(3점) ① 창작 당시의 시대와 문단 상황을 밝힐 것 ② 외국 문학의 관계를 제시 ③ 우리 소설 발전에 기여한 의의 설명	
	1997년 9-1번	김동인, 「감자」 9-1. 제시된 작품을 문학교육적 시각에서 해석 (8점) ② 작가가 제시한 소설론의 내용과 특징 요약 / ③ 이 작품을 형식주의적 문학 이론으로 접근하는 것이 적절한 이유	

문제 유형	출제 연도	문제의 세부 내용	찾아가기
4. 전통의 계승	1996년 모의시험 3	고전 문학 전통이 근대문학에 계승된 실례	
	2010년 2차 논술형 2-3번	고전문학과 현대문학 - 김만중 「사씨남정기」를 읽고 고전문학 작품의 현대적 의미 발견하도록 하는데 적합한 학습과제 2가지 및 그 과제의 의의	
	2000년 11-2번	(가) 「봉산탈춤」에서 (나) 오영진, 「살아 있는 이중생 각하」 11-2. 그 정신이나 기법 등에서 두 작품의 연속성을 인정할 경우, 이를 근거로 기존 문학사 서술에서 비판받을 수 있는 대표적 이론을 구체적으로 들고 논박(2점)	
5. 골계 (해학과 풍자)	2000년 11-1번	(가) 「봉산탈춤」에서 (나) 오영진, 「살아 있는 이중생 각하」에서 11-1. 두 작품은 형성(창작) 시기가 서로 다르나, 부정적 인물에 대한 비판과 공격, 관객에게 즐거움을 주는 언어의 사용 등 서로 통하는 점이 있는데, 이러한 표현 방식의 기능과 효과를 설명.	
	1999년 7번	채만식, 「논 이야기」 자료를 바탕으로 소설에서 諷刺(풍자)가 이루어지는 원리를 설명하고, 풍자가 소설 방법론의 하나인 리얼리즘과 어떻게 관련되는가 하는 점을 서술 ① 풍자가 성립하기 위한 요건을 제시할 것 ② 한 생원의 성격과 행동 특징을 밝힐 것 ③ 작중 인물의 현실 인식 특성을 고려할 것 ④ 풍자 양식에서 주제를 해석하는 방법에 대하여 서술할 것	
6. 문학과 공동체	2021년 B형 4번	이효석 「산」, 이문구 「관촌수필」 - 공동체적 삶의 가치 파악 ; 사건·인물·관계의 파악, 사건 - 조건에 맞는 의미 파악	p.253
7. 문학과 한 (트라우마)	2020년 A형 5번	「엄마의 말뚝」(박완서) 작품에 나타난 트라우마의 상황 파악 및 특징을 예문에서 파악하기	p.219
8. 감상 방법	2009년 5월 모의 논술형	(가) 김소월, 「길」, (나) 고은, 「문의 마을에 가서」, (다) 염상섭, 「만세전」 - 4-2 반영론, 표현론, 구조론, 수용론의 개념, 원리를 밝히고 (다)에 적용 (10점)	

3 고전산문 관련 배경지식(문학·국문학 일반)

문제 유형	출제 연도	문제의 세부 내용	찾아가기
1. 문학사 관련 문제	2013년 31번	(가) 김시습, '이생규장전', (나) 작자 미상, '유충렬전' – 소설의 역사적 전개 과정	
	2011년 31번	(가) 김만중「구운몽」, (나)「춘향가」 – (가)와 (나)의 문학사적 의의	
	2009년 모의 30번	(가)「사씨남정기」, (나)「광문자전」 – (나)「광문자전」이 창작될 무렵의 문학사적 흐름	
	1999년 상반기 10-3번	구운몽 – 몽유형 소설의 문학사적 전개 과정을 작품을 예로 들어 설명	
	1997년 8번	(가)「이생규장전」, (나)「춘향전」 – ① 각 작품이 지어진 시대의 소설사적 성격 / ⑤ 각 작품의 소설사적 위상	
	1996년 모의시험 3번	전통 계승의 측면에서 한국 문학사 기술상의 난점 / 외국 문학이 한국문학에 미친 영향 / 근대 문학 정립의 바람직한 방향	
2. 고전산문의 하위 갈래	2013년 2차 논술형 2-3번	**기본갈래 교술과 서사** – 정훈의「우활가」와 박지원의「허생전」에서 작가가 현실에 대한 인식을 제시하는 방식을 갈래별 특징과 관련지어 서술	
	2020년 A형 3번 (기)	**마당극·인형극** – 인형극「꼭두각시 놀음」, 마당극「봉산탈춤」의 주제의 특징 / 대사의 특징	p.117
	2013년 29번 2009년 모의 31번	**가전** – 이규보의 '국선생전' –가전문학의 특성 탐구 결과 (가) 가전의 양식적 특성 – '가전' 양식을 활용하여 글쓰기	
	2023년 B 8번	**열전** –「온달전」(삼국사기) / 열전 설명 글 – 설명글에 열전의 일반적인 특성 2가지 작품에서 찾기 / 일반적인 열전과 다른 특성 2가지	p.296
	2011년 29번	**탁전** – '탁전' 설명을 바탕으로 한 최해의「예산은자전」파악	
	2019년 A 4번 (기)	**가전·탁전** –「국선생전」,「백운거사전」 – 가전과 탁전 구분	p.105
	2010년 32번 2009년 29번	**패관문학** – (가) 심수경의「견한잡록」, (나) 이인로(나)「청학동」–「청학동」잡기(고려 시대의 패관 문학)의 특징」/ 최자의「보한집」– 보한집'이 나타난 시기의 문학사적 경향	
	2009년 31번	**판소리계 소설** – 판소리 사설의 형성과정에서 사설의 모순이 나타나는 이유	
	2021년 B형 8번	**판소리계 소설** –「심청전」– 판소리계 소설 – 이본에 따른 서술 방식 차이(서술 – 장면 제시) / (인물의 역할 / 장면을 통한 인물의 형상화)	p.257
	2020년 B형 9번	**몽유록계 소설**「운영전」예문에서 김진사의 심리 및 상황 파악 / 환몽소설에서 꿈 관련 모티프의 서사적 기능 및 심리에 미친 영향	p.238
	2020년 B형 10번	**애정 전기 소설**「이생규장전」에서 애정전기 소설의 특징 /「운영전」에서 적강 모티프의 기능	p.241
	2012년 25번	**야담** – 『어우야담(於于野談)』 – 문학사적 맥락에서 볼 때 위 작품에 대한 설명	
	2009년 32번	**탈춤** – 봉산 탈춤의 현대적 적용	

문제 유형	출제 연도	문제의 세부 내용	찾아가기
3. 전통의 계승	1996년 모의시험 3번	고전 문학 전통이 근대문학에 계승된 실례	
	2010년 2차 논술형 2-3번	**고전문학과 현대문학** - 김만중「사씨남정기」를 읽고 고전문학 작품의 현대적 의미 발견하도록 하는데 적합한 학습과제 2가지 및 그 과제의 의의	
4. 설화 소설 관련	1997년 8번	(가)「이생규장전」, (나)「춘향전」 ② 각 작품의 결말에 나타난 주인공의 운명과 이들 작품의 바탕이 되는 설화의 성격과의 관련성	
	2018년 A 14번	최충전 - 설화와 소설의 관련성 ; 야래자 설화, 지하국 대적 퇴치 설화	p.187
5. 문학의 기능	2004년 8번	(가)「설씨녀(薛氏女)」에서 (가)를 "문학이 개인적 삶의 고양과 공동체 통합의 기능이 있음을 이해한다"라는 학습 목표 성취를 위한 제재로 활용 가능한 근거를 (가)의 내용과 (가)가 『삼국사기』〈열전〉에 수록된 점을 바탕으로 설명	
6. 미적범주	1997년 8번	(가)「이생규장전」, (나)「춘향전」 - ③ 각 작품의 중심이 되는 미적 범주	
	2017년 B형 7번	(가)「검녀」(안석경), (나) 임장군전 - (가)의 '아씨'와 (나)의 '임경업'이 맞이하는 결말을 중심으로 미적 특성의 공통점을 밝히고, 그것이 구현되는 양상의 차이점을 자아와 세계의 관계를 고려하여 서술	p.177
7. 골계 (해학과 풍자)	2009년 2차 논술 2번	김병연「과안락성-」, 사설시조「개를 여라믄이나 - 」,「박흥보가」- 골계의 개념, 문학적 발상과 주체의 태도를 중심으로 골계의 양상과 특성 이해 - 학습 활동 3가지 및 기대할 수 있는 학습 효과	
	2015년 A형 8번 (기)	시집살이노래, 심청가 - 비애감을 차단하고 새로운 국면으로 전환시키는 요소	p.77
7. 감상 방법	2000년 7번	「흥부전」- ① M.H. Abrams의 문학 작품을 보는 네 가지 관점 제시, ② 반영론적 관점의 의미와 그 성립 근거 제시, ③ 가난한 흥부가 박을 타서 부자가 되는 상황 설정을 반영론적 관점에서 설명	
9. 문학과 문화	1999년 9번 (가)「춘향전」, (나)「봉산 탈춤」- '文學과 文化의 關係'를 이해하도록 하는 학습 목표 설정의 근거 설명 ① (가), (나) 두 작품이 생성된 사회·역사적 배경 설명 ② 자료 (가)와 (나)에 나타난 당대의 언어문화 특징 설명 ③ 작품상에 나타난 계층의식의 공통점과 차이점 설명 ④ 문학과 문화의 관계를 전반적으로 포괄할 수 있도록 서술		

4 고전시가 관련 배경지식(문학·국문학일반)

문제 유형	출제 연도	문제의 세부 내용	찾아가기
1. 문학사 관련 문제	1996년 모의시험 3번	전통 계승의 측면에서 한국 문학사 기술상의 난점 / 외국 문학이 한국문학에 미친 영향 / 근대 문학 정립의 바람직한 방향	
	1997년 7-1번	「관동별곡」 끝부분 - 이 작품에 영향을 미친 작품과 이 작품의 영향을 받은 작품	
	2010년 선택형 26번	「원왕생가」, 길재의 「오백년 - 」, 사설시조 '귓도리 - 」 형식 측면의 문학사적 의의	
	2010년 2차 논술형 2-2번	「처용가」, 박인로 「선상탄」, 김만중 「사씨남정기」의 문학사적 위상 설명	
	2009년 선택형 27번 2011년 선택형 28번 2013년 선택형 27번	여러 시가 제시 - 역사적 전개 과정	
	2020년 A형 9번	이현보 「어부가」와 윤선도 「어부사시사」 전승 및 영향관계 - 공감적·비판적 수용 찾기	p.223
	2022년 B 2번 (기)	「해가」, 「정석가」, 작자미상 시조 / 「정석가」와 「서경별곡」의 관련성 / 시조에 나타난 표현의 계승	p.126
2. 고전시가의 하위갈래	2013년 2차 논술형 2-3	**기본갈래 교술과 서사** - 정훈의 「우활가」와 박지원의 「허생전」에서 작가가 현실에 대한 인식을 제시하는 방식을 갈래별 특징과 관련지어 서술	
	1998년 8-1번	**잡가** - 「유산가」 - 장르명과 향유계층 / 장르의 기능상 특징 / 민요, 시조, 가사, 판소리 등 다른 갈래와의 관련성	
	1999년 10-1번	**시조·가사** - 윤선도의 「어부사시사」와 박인로의 「태평사」의 장르상의 차이	
	2000년 8-1번	**가사·민요** - 「규원가」와 「시집살이 노래」 - 국문학상의 장르 명칭과 향유 계층	
	2016년 A 6번 (기)	**고려속요** - 「가시리」, 「정석가」를 통해 고려속요 갈래의 형성 배경 파악	p.85
	2009년 선택형 25번	**경기체가** - 갈래의 전개와 구현양상 중심으로 작품 설명	
	2012년 선택형 29번	**향가** - 향가 특징과 배경 설화를 고려하여 「서동요」, 「혜성가」 비교	
	2018년 A 6번 (기)	**향가** - 「도솔가」를 통한 향가의 주술적 특징 이해	p.98
	2018년 B 서술형 2번	**사설시조** - '어이 못 오던다'와 '천한코 설심한 날에'를 통해 사설시조 중장의 병렬(나열)의 차이	p.190
	2021년 B형 11번	**시조** -이황, 「도산십이곡」 - 사대부 시조의 내용 파악(언지-언학)	p.259

문제 유형	출제 연도	문제의 세부 내용	찾아가기
3. 전통의 계승	1996년 모의시험 3번	고전 문학 전통이 근대문학에 계승된 실례	
	2014년 A 10번 (기)	**시가 형식** – 사모곡을 통해 사뇌가(향가)-사모곡-시조의 형식 계승	p.61
	2010년 2차 논술형 2-3번	**고전문학과 현대문학** – 김만중「사씨남정기」를 읽고 고전문학 작품의 현대적 의미 발견하도록 하는데 적합한 학습과제 2가지 및 그 과제의 의의	
4. 한국문학과 자연	2004년 7-2번	「상춘곡」(정극인)과 「농가월령가」(정학유)의 자연에 대한 시각 비교 / 「상춘곡」에 나타난 조선 전기 사대부의 자연관	
	2005년 27번	가마귀 소재 시조 두 편에서 가마귀 인식 태도	
	2008년 15번	「면앙정가」, 「누항사」, 사설시조 「논밭 갈아 기음 매고」 등의 작품 – 시적화자에게 각 공간의 의미	
	2016년 서술형 12번	성혼과 위백규의 시조에서 공간(자연)의 성격	p.149
	2017년 기입형 7번 (기)	「면앙정가」를 통해 자연 속에서 풍류적 삶을 지향하는 화자의 태도 이해	p.93
	2017년 논술형 8번	「오우가」와 「푸라타나스」에서 오우가의 주요 소재이 표사아는 인간의 덕목 / 푸라타나스가 시적 화자에게 어떤 의미인가 / 자연(물)에 대한 시적 화자의 인식의 공통점·차이점 「오우가」와 「푸라타나스」에 나타난 자연관을 중심으로 한국 문학의 특질 파악	p.325
	2018년 서술형 13번	주세붕의 「오륜가」와 곽시징 「오륜가」에 나타난 자연물을 찾고, 그것을 사용한 이유 밝힐 것	p.184 (13)
5. 미적범주	2004년 7-3번	「정석가」와 사설시조 「님이 오마 하거늘-」의 미적범주 제시 / 시상의 전개방식을 중심으로 미적범주의 구현양상 비교	
6. 골계 (해학과 풍자)	2009년 2차 논술 2번	김병연 「과안락성-」, 사설시조 「개를 여라믄이나 -」, 「박흥보가」 – 골계의 개념, 문학적 발상과 주체의 태도를 중심으로 골계의 양상과 특성 이해 – 학습 활동 3가지 및 기대할 수 있는 학습 효과	
7. 문학과 문화	1998년 8-1번	「유산가」에 나타난 생활문화, 예술 문화	
8. 모티프	2021년 A 4번	정서, 「정과정」, 정철 「속미인곡」, 이정보 사설시조 – 변신모티프에 나타난 정서	
9. 배경 사상	2018년 6번 (기)	「도솔가」를 통한 향가의 주술적 특징 이해	p.98
10. 감상 방법 관련	2020년 A형 9번	이현보 「어부가」와 윤선도 「어부사시사」 전승 및 영향관계 – 공감적·비판적 수용 찾기	p.223
11. 기타		시조의 역사적 전개, 가사의 역사적 전개, 정약용의 한시 – 사회시, 조선시	

2 작품의 사회·문화 맥락 – 시대상황, 사회문화 배경 관련

1 현대시 관련 사회·문화적 맥락(시대상황)

문제 유형	출제 연도	문제의 세부 내용	찾아가기
1. 사회문화적 맥락 (=시대상황)	2023년 B 7번	이시영 「공사장 끝에」 문정희 「비망록」 – 인식적 기능 및 작품에 적용하여 파악하기 / 미적 기능 – 비유적 표현의 의미 각각 밝히기	p.292
	2022년 B 8번 서술형	곽재구 「사평역에서」 김광균 「은수저」 / 시대적 의미가 나타난 부분 찾기, / 대합실(공간)의 분위기 / '눈물'을 흘리게 하는 대상에 주목하여 '눈물'의 의미 밝히기	p.269
	2019년 A 7번 (기)	「저문 강에 삽을 씻고」, 「현실과 시인 의식」(정희성), 사회문화적 맥락과 작가적 맥락을 통한 시상의 전개 과정에서 의미가 드러난 표현을 찾거나, 전개과정의 의미 파악하기	p.111
	2015년 B 3번 서술형	「모촌」(오장환), 「천변풍경」(박태원) – 1930년대의 문학적 경향 1. (가)와 (나)가 형상화하고 있는 현실의 모습을 각각 제시할 것. / 2. (가)와 (나)의 현실 제시 방식의 공통점을 제시하고, 이러한 현실 제시 방식이 1930년 문학의 경향과 어떻게 관련되는지 설명할 것.	p.143
	2010년 35번	(가) 손창섭, 「비 오는 날」(1953), (나) 박봉우, 「휴전선」(1956) – (가) 전체와 (나) 작품에 반영된 시대 상황을 다양한 내용 요소에 적용할 때 적절하지 않은 것	
	2006년 23번	(가) 감상 지도의 유의점, (나) 「희미한 옛사랑의 그림자」(김광규) – 작품에 드러난 사회·문화적 상황과 작품의 창작 동기 – '이야기'와 '노래'를 단서로 삼아 작품 속 상황을 설명 / – 시어와 관련지어 시적 발상의 계기 설명 – 앞의 두 설명으로부터 작품의 창작 동기 추정 – 창작 동기와 사회·문화적 상황을 관련지어 제목의 함축적 의미 해석	
	2000년 9-1번	「껍데기는 가라」(신동엽) 9-1. 문학과 현실의 관계 지도 ① 창작의 시대적 상황과 작가 의식 제시 / ② 대표적인 표현상의 특징과 효과 제시 / ③ 문학의 사회적 기능 제시	
2. 문학사적 맥락 / 상호텍스트적 맥락	2019년 A 7번 (기)	「저문 강에 삽을 씻고」, 「현실과 시인 의식」(정희성), 사회문화적 맥락과 작가적 맥락을 통한 시상의 전개 과정에서 의미가 드러난 표현을 찾거나, 전개과정의 의미 파악하기	p.111
	2016년 A 8번 (기)	「산도화」(박목월) – 표를 만들어 사회문화적 맥락, 문학사적 맥락, 상호텍스트적 맥락 설명	p.89

2 현대소설 관련 사회·문화적 맥락(시대상황)

문제 유형	출제 연도	문제의 세부 내용	찾아가기
사회·문화적 맥락(=시대상황) 시대적 의미 / 근대성	2023년 B 11번	이무영 「제일과제일장」 - 인물에게 증오를 유발하는 존재 및 그 이유를 '수탈'과 관련하여 쓰기 / 제목이 함축하는 주제의식 - 흙이라는 말 포함하여 쓰기	p.302
	2022년 A 11번	이청준 「잔인한 도시」 / 해방-구속의 모티프 및 그 예 찾기 / '가겟집 젊은이'와 '전짓불의 빛줄기'의 상징적 의미	p.265
	2019년 B형 4번	「난·쏘·공」, 「내 그물로 오는 가시 고기」(조세희) - ㆍ㉠이 ㉡의 계층에 결여되었다고 생각하는 자질을 (가)에서 찾아 쓰고, ㉡이 ㉠의 계층에 결여되었다고 생각하는 자질을 (나)에서 찾아 쓸 것. / ㆍ가난에 대한 ㉠과 ㉡의 인식의 차이를 본문의 표현을 활용하여 서술할 것.	p.209
	2016년 A 14번	「모래톱이야기」(김정한), 「관촌수필」(이문구) - ㆍ(가)의 '건우 할아버지'가 ㉠의 현재 상황에 대해 느끼는 주된 정서와 그 정서가 생겨난 원인을 서술할 것. / ㆍ(나)의 '나'가 ㉡의 현재 상황에 대해 느끼는 주된 정서와 그 정서가 생겨난 원인을 서술할 것.	p.152
	2015년 B 3번	「모촌」(오장환), 「천변풍경」(박태원) - 1930년대의 문학적 경향 1. (가)와 (나)가 형상화하고 있는 현실의 모습을 각각 제시할 것. / 2. (가)와 (나)의 현실 제시 방식의 공통점을 제시하고, 이러한 현실 제시 방식이 1930년 문학의 경향과 어떻게 관련되는지 설명할 것.	p.143
	2015년 A 10번 (기)	「외딴 방」(신경숙) 조세희의 난쏘공과 연관성을 시대 차원에서 묻고 있음	p.83
	2005년 24번, 25번	(가) 현진건, 「할머니의 죽음」에서, (나) 이상, 「날개」에서 - 〈보기〉의 대화를 들은 최 교사는 학생들의 등장인물에 대한 평가를 지도해 주고자 한다. (가)를 근거로 지도할 내용을 구체적으로 서술(2점) - '중모'의 행위의 의미와 사회 세태에 관한 설명 포함 / 현대 사회의 인간 소외 문제가 (나)에서 어떻게 드러나는지 설명(2점)	
	2004년 9-1번	(가) 염상섭, [삼대]에서, (나) 김유정, 「산골 나그네」에서 9-1. (가) 부분에서 작가는 근대적 일상적 인간에 대한 통찰을 보여 주고 있다. 그것이 무엇인지 「삼대」의 중심 사건 축을 근거로 설명(2점)	
	2002년 8-1번	(가) 염상섭, 「표본실의 청개구리」(서술), (나) 채만식, 「역로」(대화) 8-1. 〈보기〉를 참고하여 (가)의 화자가 밑줄 친 ①의 생각을 품게 된 이유를 「만세전」의 내용을 근거로 120자 내외로 설명 (3점)	
	2001년 12-1번	(가) 「봄·봄」 (나) 「만무방」 12-1. 「봄·봄」, 「만무방」을 통해 살펴본 김유정의 현실 인식을 조건에 따라 설명(3점) - 작품에 반영되어 있는 농촌 사회의 계층, 경제, 풍속 등을 고려	

3. 고전산문 관련 사회·문화적 맥락(시대상황)

문제 유형	출제 연도	문제의 세부 내용	찾아가기
사회·문화적 맥락 (=시대상황) 시대적 의미 / 근대성	2023년 A 11번	「서대주전」(한문본) - 당대 사회 현실의 부정적 단면 2가지 찾기 / 서술자 개입 처음 나타나는 부분과 그 비판 대상	p.285
	2019년 B형 논술 8번	박씨부인전 - 작품에 반영된 역사적 상황과 실제상황 사이의 공통점·차이점 / 문학이 역사적 상황을 형상화한 방식 / 실제 지명을 드러낸 효과 / 박 부인을 초월적인 능력의 소유자로 형상화함으로써 얻는 효과를 역사와 문학의 관계에 대한 깊이 있는 이해	p.331
	2010년 논술형 2번	「처용가」, 박인로 「선상탄」, 김만중 「사씨남정기」에서 알 수 있는 사회적 문제를 작품 내·외적 근거로 해석할 것	
	2014년 논술형 2번	「사미인곡」과 「이춘풍전」에서 사미인곡의 시적화자와 '춘풍처'와 같은 인간형이 갖는 시대적 의미를 제시할 것.	p.306
	2013년 2차 논술형 2-3번	정훈의 「우활가」와 박지원의 「허생전」에서 작가가 현실에 대한 인식을 제시하는 방식을 갈래별 특징과 관련지어 서술	
	2008년 17번	「유충렬전」에서 〈보기〉에 따른 민중의식의 형상화와 근거	
	1998년 7번	(가) 「허생전」, (나) 「박씨전」 - ① 위 두 작품의 소설사적 시기와 각 작품이 지어진 시기의 구체적 배경 서술	
	1999년 9번	(가) 「춘향전」, (나) 「봉산 탈춤」 ① (가), (나) 두 작품이 생성된 사회·역사적 배경 설명	

4. 고전시가 관련 사회·문화적 맥락(시대상황)

문제 유형	출제 연도	문제의 세부 내용	찾아가기
사회문화적 맥락 (=시대상황)	2006년 17번	「우부가」에서 작중화자가 비판하고자 한 개똥이의 행위와 당시의 세태를 분석하고, 비판의 잣대로 삼은 것을 밝힐 것	
	2010년 논술형 2번	「처용가」, 박인로 「선상탄」, 김만중 「사씨남정기」에서 알 수 있는 사회적 문제를 작품 내·외적 근거로 해석할 것	
	2013년 2차 논술형 2-3번	정훈의 「우활가」와 박지원의 「허생전」에서 작가가 현실에 대한 인식을 제시하는 방식을 갈래별 특징과 관련지어 서술	
	2014년 논술형 2번	「사미인곡」과 「이춘풍전」에서 사미인곡의 시적화자와 '춘풍처'와 같은 인간형이 갖는 시대적 의미를 제시할 것.	p.306
	2020년 B형 5번	누항사의 사회문화적 상황이 드러난 부분과 그 의미 누항사에 나타난 화자의 의식 - 이상과 현실의 괴리	p.231

3 작품 분석 및 감상 능력 관련 문제

1 현대시 작품 분석 및 감상능력(구성요소의 의미·효과)

(1) 내용 요소

문제 유형	출제 연도	문제의 세부 내용	찾아가기
1. 시의 형상화	2014년 A 6번 서술형	「유리에게」(김기택) - '유리'를 두려워하는 이유를 찾아 쓰고, '유리'와 '유리에 대비되는 것들'의 내포적 의미를 각각 밝힌 후, 이를 토대로 이 시의 주제 제시	p.133
	1998년 10번	(가) 시에 대한 일반 이론, (나) 「풀」(김수영) ① (가)의 ①을 토대로 작품 (나)를 지도할 때, 구체적 지도 내용 두 항목 추출 / ② (가)의 ②를 토대로 작품 (나)를 지도할 때, 구체적 지도 내용 두 항목 추출 / ③ (가)의 ③을 이해시키는 것을 주된 목표로 작품 (나)를 지도할 때, 구체적 지도 내용 두 항목 추출	
2. 정서(주제)	2014년 A 6번 서술형	「유리에게」(김기택) - '유리'를 두려워하는 이유를 찾아 쓰고, '유리'와 '유리에 대비되는 것들'의 내포적 의미를 각각 밝힌 후, 이를 토대로 이 시의 주제 제시	p.133
	2003년 9-1번	(가) 「기항지 1」, (나) 「가난한 사랑 노래」(황동규) 9-1. 두 작품이 드러내는 시적 자아의 정서와 그러한 정서가 나타나게 된 까닭을 위 시를 인용하여 비교, 설명(4점)	
3. 시적화자 및 화자의 상황 / 화자의 대응 방법과 태도	1999년 5월 11-1번	(가) 「접동새」(김소월), (나) 문화로서의 국어 활동 원리, (다) 김흥규, 「문학 작품의 이해와 감상」에서 11-2. (가) 시를 (다)의 관점에서 분석한 내용 서술(단, 시의 화자의 역할과 기능에 대한 설명 포함)	
	2023년 A 4번 (기)	노천명 「사슴」, 설명 글 - 시에서 슬픔의 근원적 원인 찾기 / 산의 공간적 의미	p.130
	2022년 A 10번 서술형	백석 「고향」 / 시적화자의 정서 - 대비되는 시적 공간을 화자의 정서와 연결 / 정서적 교감을 일으키는 소통 방식 2가지	p.262
	2019년 B 5번 서술형	「푸른 하늘을」(김수영), 「누가 하늘을 보았다 하는가」(신동엽) : 문제 상황과 그에 대한 시적화자의 태도 - ·(가), (나)에서 시적 화자가 인식한 문제 상황이 무엇인지 각각 서술 / ·(가), (나)에서 문제 상황에 대한 시적 화자의 태도를 어조를 중심으로 서술할 것.	p.212
	2018년 A 7번 (기)	(가) 「너에게 묻는다」(안도현) (나) 학생 감상 학생 감상에 나타난 감상 방법 제시(효용론) / 시의 현상적 청자	p.100
	2018년 A 12번 서술형	「하급반 교과서」(김명수) 표현의도 이해 - '쓸쓸한'이라는 시어를 중심으로 1연과 2연의 분위기 차이를 서술할 것. / ·㉠에 나타난 화자의 태도를 서술할 것.	p.182
	2017년 A 13번 서술형	(가) 「산문에 기대어」(송수권), (나) 「봄 바다에서」(박재삼) - ㉠과 ㉢이 (가), (나)의 시적 화자에게 지니는 공통된 의미를 설명할 것 / ·㉡과 ㉣의 표현 효과를 고려하여 ㉤에 대한 시적 화자의 인식을 서술할 것.	p.165

문제 유형	출제 연도	문제의 세부 내용	찾아가기
	2016년 B 8번 논술형	「희미한 옛사랑의 그림자」(김광규), 「제3 인간형」(안수길)- ◦ (가)의 '넥타이'와 (나)의 '검정 넥타이'의 내포적 의미를 포함하여 (가)의 화자와 (나)의 '조운'이 자신의 삶에 대해 성찰하는 내용이 무엇인지 설명할 것.	p.319
	2018년 B 4번 서술형	「하나씩의 별」(이용악), 「별을 헨다」(계용묵) - ◦[A]의 '사람들'과 [B]의 '친구'의 삶의 방식을 비교하여 서술할 것.	p.195
	2015년 B형 논술 2번	「홍도」(유몽인), 「무정」(이광수), 남신의주유동박시봉방(백석) - (가)~(다)에서 '홍도', '영채', '나'가 처한 상황의 공통점을 파악한 후, 그 상황에 대한 인물의 대응 방식을 각각 서술할 것. / 문학 작품을 통해 다양한 인물의 삶의 방식을 이해하는 활동이 갖는 교육적 의의를 서술	p.313
	2012년 2차 논술	(가) 이용악, 「전라도 가시내」, (나) 염상섭, 「삼대」 - ③ (가)와 (나)에 대한 이해를 바탕으로 학습 목표의 달성을 위한 지도 내용 설계, 단, (가)의 '함경도 사내'와 (나)의 '조덕기'의 성격, 환경(상황) 및 대응 방식을 중심으로 서술	
	2009년 2차 논술형	(가) 한용운, 「꽃싸움」, (나) 양귀자, 「비 오는 날이면 가리봉동에 가야 한다」 (다) 안톤 슈나크, 「우리를 슬프게 하는 것들」 - 문학 작품의 말하는 이(화자/서술자)와 말하는 방식에 대한 이해 정도 평가 - ② 제재의 특성은 (가)~(다)의 말하는 이와 말하는 방식 분석하여 서술	
4. 시의 내용 전개	2018년 B 4번	「하나씩의 별」(이용악), 「별을 헨다」(계용묵) - ◦㉠, ㉡을 중심으로 (가)에서 별을 쳐다보는 행위와 (나)에서 별을 세는 행위가 갖는 의미의 차이를 서술할 것.	p.195
5. 작품 속의 갈등	2010년 2차 논술형	(가) 윤동주, 「길」, (나) 문순태, 「징소리」, (다) 학생의 반응 일지 - ② (가)와 (나)에 나타난 갈등 양상 분석하되 문학 소통과 관련지어 의미 해석	
6. 제재 관련	2023년 A 3번 (기)	김춘수 「샤갈의 마을에 내리는 눈」, 설명 글 - 눈이 내려 대상 자체가 변화하는 제재 / 추체험	p.128
	2023년 A 4번 (기)	노천명 「사슴」, 설명 글 - 산의 공간적 의미 /시에서 슬픔의 근원적 원인 찾기	p.130
	2020년 A형 12번	「바다와 나비」에서 공감각적 이미지 부분 찾기 / 「성에꽃」 작품 내용 및 이미지(제재)의 의미 파악	p.226
	2014년 A 6번 서술형	「유리에게」(김기택) - '유리'를 두려워하는 이유를 찾아 쓰고, '유리'와 '유리에 대비되는 것들'의 내포적 의미를 각각 밝힌 후, 이를 토대로 이 시의 주제 제시	p.133
	2000년 9-2번	껍데기는 가라」(신동엽) 9-2. 대조적 개념의 시어를 그대로 사용하여 주제를 만들고 그 시어의 의미를 설명	

(2) 형식·표현 요소

문제 유형	출제 연도	문제의 세부 내용	찾아가기
1. 비유, 상징 (이미지) 시어의 의미	2022년 B 8번 서술형	곽재구 「사평역에서」 김광균 「은수저」 / 눈물'을 흘리게 하는 대상에 주목하여 '눈물'의 의미 밝히기 / 시대적 의미가 나타난 부분 찾기 , / 대합실(공간)의 분위기	p.269
	2021년 A 12번	이육사, 「노정기」, 이육사, 「광야」 - · 표현의 특징 - 표상해주는 표현(이미지(비유·상징) - 응집된 구절(원관념) / (이육사·윤동주 시의 개인적·저항시적 경향)	p.248
	2021년 A 9번	「성숙」(고재종) - 3행으로 길게 이어진 표현의 함축적 의미 / / (운율 - 의성어·의태어 / 표현-음성상징어의 분위기 / 시의 내용 전개(관계 파악))	p.243
	2019년 A 5번 (기)	「나비」(윤곤강) 비유에 나타난 원관념을 작품에서 찾기	p.107
	2016년 B 8번 논술형	「희미한 옛사랑의 그림자」(김광규), 「제3 인간형」(안수길)- · (가)의 '넥타이'와 (나)의 '검정 넥타이'의 내포적 의미를 포함하여 (가)의 화자와 (나)의 '조운'이 자신의 삶에 대해 성찰하는 내용이 무엇인지 설명할 것.	p.319
	2015년 서술형 4번	상징 - 유응부 시조, 사설시조, 정호승 「맹인 부부 가수」 - 눈의 상징적 의미 / 개인적 상징과 구분되는 관습적 상징의 특징	p.140
	2014년 A 6번 서술형	「유리에게」(김기택) - '유리'를 두려워하는 이유를 찾아 쓰고, '유리'와 '유리에 대비되는 것들'의 내포적 의미를 각각 밝힌 후, 이를 토대로 이 시의 주제 제시	p.133
	2013년 2차 논술형	(가) 이호철, 「큰 산」 / (나) 이육사, 「교목」 - (가)에서 '고무신짝'과 '큰 산'이 갖는 상징적 의미를 서술하고, 각각이 주제를 어떻게 형상화하는지 구체적으로 밝혀 쓸 것. ② (나)의 2-3연을 활용하여 '문학 작품에 나타난 상징의 심미적 효과	
	2009년 35번	(가) 황동규, 「조그만 사랑 노래」, (나) 황동규, 「더 조그만 사랑 노래」 -시 전체의 의미 맥락에서 '눈'의 의미 비교·해석	
	2009년 모의 2차 논술형	(가) 김소월, 「길」, (나) 고은, 「문의 마을에 가서」, (다) 염상섭, 「만세전」 - (가)~(다)의 '길 모티프'를 각각 분석하여 '길'의 상징적 의미를 파악하고 모티프 중심 통합 수업의 의의를 '가치 있는 경험의 확장'이라는 문학 교육의 목적과 관련하여 논술	
	2008년 21번	(가) 「막차 갈 때마다」(이용악), (나) 「너를 기다리는 동안」(황지우) - 밑줄 친 부분과 관련해 공통 기능과 시적 의미 서술	
	2006년 23번	(가) 감상 지도의 유의점, (나) 「희미한 옛사랑의 그림자」(김광규) - 작품에 드러난 사회·문화적 상황과 작품의 창작 동기 - '이야기'와 '노래'를 단서로 삼아 작품 속 상황을 설명	
	2004년 10-1번	(가) 「꽃 두고」(최남선) , (나) 「꽃밭의 독백-사소(娑蘇) 단장(斷章)」(서정주) 10-1. (가)와 (나)의 '꽃'이 상징하는 바 쓰기(2점)	

문제 유형	출제 연도	문제의 세부 내용	찾아가기
	2002년 7-1 / 7-2번	(가)「불놀이」(주요한), (나)「漁浦」(오장환), (다)「장수산1」(정지용) 7-1. (가)의 '춤추는 불'의 이미지가 다른 형상, 내용의 불로 변용된 것을 (가)에서 4개만 찾아 서술 7-2. (나)의 '안개'가 상징하는 바를 50자 내외로 쓰기	
2. 이미지	2020년 A형 12번	「바다와 나비」에서 공감각적 이미지 부분 찾기 / 「성에꽃」작품 내용 및 이미지(제재)의 의미 파악	p.226
3. 다른 표현	2018년 A 12번 서술형	「하급반 교과서」(김명수) 표현의도 이해 - ∘ '쓸쓸한'이라는 시어를 중심으로 1연과 2연의 분위기 차이를 서술할 것. / ∘ ㉠에 나타난 화자의 태도를 서술할 것. / ∘ [A]에 담긴 의미를 서술할 것.	p.182
	2017년 A 13번 서술형	(가)「산문에 기대어」(송수권), (나)「봄 바다에서」(박재삼) - ∘ ㉡과 ㉢의 표현 효과를 고려하여 ㉣에 대한 시적 화자의 인식을 서술할 것.	p.165
	2014년 A 12번 (기)	(가)「인동차」(정지용), (나)「목계장터」(신경림) - 두드러진 표현상 특징 (가) 1930년대 - 회화성 / (나) 1970년대 - 음악성	p.65
	2011년 2차 논술형	(가) 이태준,「복덕방」, (나)「복덕방」비평, (다) 황동규,「즐거운 편지」(라)「즐거운 편지」비평 - ② 아이러니(반어)에 초점을 맞추어 (가), (다)를 구체적으로 해석 단, (가)와 (다)에 공통적으로 나타나는 아이러니 유형을 밝히고 (가)에 대한 해석의 경우 (나)를 활용하여 작품 전체를 대상으로 해석한 내용도 포함할 것	
	2007년 22번	「이별가」(박목월) - 위 시의 언어 표현 방식 중 시 창작 교수·학습에 활용할 수 있는 표현 방식 4가지 찾고 그 효과 서술	
	2005년 20번	(가)「동백닢에빗나는마음」(김영랑, 1930), (나)「끝없는 강물이 흐르네」(김영랑, 1935), (다)「오-매 단풍들것네」(김영랑, 1949) - (나)와 (다)의 시어·화자·대상 표현 방식 비교(3점)	
	2003년 9-2번	(가)「기항지 1」, (나)「가난한 사랑 노래」(황동규) 9-2. (나) 작품의 창작 방법을 추출하여 창작 수업을 할 때, 유의점과 이유 서술(3점)	
	2002년 7-3	(가)「불놀이」(주요한), (나)「漁浦」(오장환), (다)「장수산1」(정지용) 7-3. (다) 시의 시적 상황과 화자의 심리를 100자 내외로 설명	
	2001년 10-2번	(가)「세계의 아침」, (나)「바다와 나비」(김기림) 10-2.「바다와 나비」를 읽고 '바다'와 '나비'가 대립에서 조화의 관계에 이르는 부분을 찾아 시적 의미를 해석, 그리고 사물에 대한 시적 화자의 즉물적 표현을 제시하고 설명	
	2000년 9-1번	「껍데기는 가라」(신동엽) 9-1. 문학과 현실의 관계 지도 / ② 대표적인 표현상의 특징과 효과 제시	

문제 유형	출제 연도	문제의 세부 내용	찾아가기
4. 시어, 행, 연, 운율, 시상의 전개방식	2021년 A 9번	「성숙」(고재종) - 운율 - 의성어·의태어 / 표현-음성상징어의 분위기 / 시의 내용 전개(관계 파악) / 3행으로 길게 이어진 표현의 함축적 의미	p.243
	2020년 B형 6번	「벼」(이성부) 벼」의 2연에서 시상전개의 형식상 변화를 보이는 부분 / 1-3연과 4연 내용의 연관성 및 '벼'의 속성과 관련하여 성찰한 삶의 태도	p.233
	2015년 A 9번 (기)	「산유화」(김소월) - 행갈이 / 대칭적 구조	p.80
	2014년 A 13번 서술형	(가)「인동차」(정지용), (나)「목계장터」(신경림) - (나)를 시상 전개에 따라 세 부분으로 나눌 때 중간 부분의 처음과 끝 어절을 쓰고, 그 중간 부분에서 (가)의 화자에게 시의 공간적 배경인 '방 안'이 갖는 의미와 유사한 역할을 하는 시구 3가지	p.68

2 현대소설 작품 분석 및 감상능력(구성요소의 의미·효과)

문제 유형	출제 연도	문제의 세부 내용	찾아가기
1. 소설의 주제, 정서	2023년 B 11번	이무영 「제일과제일장」 - 제목이 함축하는 주제의식 - 흙이라는 말 포함하여 쓰기 / 인물에게 증오를 유발하는 존재 및 그 이유를 '수탈'과 관련하여 쓰기	p.302
	2016년 A 14번	「모래톱이야기」(김정한), 「관촌수필」(이문구) - ◦(가)의 '건우 할아버지'가 ㉠의 현재 상황에 대해 느끼는 주된 정서와 그 정서가 생겨난 원인을 서술할 것. / ◦(나)의 '나'가 ㉡의 현재 상황에 대해 느끼는 주된 정서와 그 정서가 생겨난 원인을 서술할 것. / ◦(가), (나)에서 이들의 정서를 나타낸 단어를 하나씩 활용하여 쓸 것.	p.152
2. 소설의 구성 (사건의 전개와 관련)	2023년 A 12번	오상원 「유예」 - 몽타주 구성이 예문에 구현된 양상과 그 효과 / 시점의 교차 특징과 그 효과	p.289
	2017년 B 4번 서술형	「원숭이는 없다」(윤후명) - 〈자료의 서사 구조〉 참고 - 서사 구조상 '그곳'의 공간적 특성, '그곳'에서 인물이 느낀 감정과 그 이유, 그리고 '그곳'에서 유발된 인물의 인식 변화를 작품에 나타난 표현을 활용하여 서술할 것.	p.173
	2009년 37번	「병신과 머저리」 교수·학습 설계 - 액자 구성의 특징 관련	
3. 소설의 인물 (인물(시적화자) 및 인물의 상황 / 인물의 대응 방법과 태도)	2023년 B 11번	이무영 「제일과제일장」 - 인물에게 증오를 유발하는 존재 및 그 이유를 '수탈'과 관련하여 쓰기 / 제목이 함축하는 주제의식 - 흙이라는 말 포함하여 쓰기	p.302
	2022년 B 9번	이태준 「복덕방」 / 상황 및 대화에 나타난 인물의 심리 상태 / 특정한 부분 찾기 및 인물의 태도	p.273
	2021년 B 4번	이효석 「산」, 이문구 「일락서산」 - ·공동체적 가치 - (가)자연과 인간, (나) 현대문명의 부정성 / (가)에서 대립되는 두 세계의 내용과 그에 대한 인물의 감정	p.252

문제 유형	출제 연도	문제의 세부 내용	찾아가기
	2020년 A형 5번	「엄마의 말뚝」(박완서) 작품에 나타난 트라우마의 상황 파악 및 특징을 예문에서 파악하기	p.219
	2019년 B형 4번	「난·쏘·공」, 「내 그물로 오는 가시 고기」(조세희) - ∘ ㉠이 ㉡의 계층에 결여되었다고 생각하는 자질을 (가)에서 찾아 쓰고, ㉡이 ㉠의 계층에 결여되었다고 생각하는 자질을 (나)에서 찾아 쓸 것. / ∘ 가난에 대한 ㉠과 ㉡의 인식의 차이를 본문의 표현을 활용하여 서술할 것.	p.209
	2016년 B 8번 논술형	「희미한 옛사랑의 그림자」(김광규), 「제3 인간형」(안수길)- ∘ (가)의 '넥타이'와 (나)의 '검정 넥타이'의 내포적 의미를 포함하여 (가)의 화자와 (나)의 '조운'이 자신의 삶에 대해 성찰하는 내용이 무엇인지 설명할 것.	p.319
	2018년 B 4번	「하나씩의 별」(이용악), 「별을 헨다」(계용묵) - ∘[A]의 '사람들'과 [B]의 '친구'의 삶의 방식을 비교하여 서술할 것.	p.195
	2017년 B 4번 서술형	「원숭이는 없다」(윤후명) - 〈자료의 서사 구조〉참고 - 서사 구조상 '그곳'의 공간적 특성, '그곳'에서 인물이 느낀 감정과 그 이유, 그리고 '그곳'에서 유발된 인물의 인식 변화를 작품에 나타난 표현을 활용하여 서술할 것.	p.173
	2015년 B형 논술 2번	「홍도」(유몽인), 「무정」(이광수), 남신의주유동박시봉방(백석) - (가)~(다)에서 '홍도', '영채', '나'가 처한 상황의 공통점을 파악한 후, 그 상황에 대한 인물의 대응 방식을 각각 서술할 것. / 문학 작품을 통해 다양한 인물의 삶의 방식을 이해하는 활동이 갖는 교육적 의의를 서술	p.313
	2012년 2차 논술	(가) 이용악, 「전라도 가시내」, (나) 염상섭, 「삼대」 - ③ (가)와 (나)에 대한 이해를 바탕으로 학습 목표의 달성을 위한 지도 내용 설계, 단, (가)의 '함경도 사내'와 (나)의 '조덕기'의 성격, 환경(상황) 및 대응 방식을 중심으로 서술	
	2009년 2차 논술형	(가) 한용운, 「꽃싸움」, (나) 양귀자, 「비 오는 날이면 가리봉동에 가야 한다」 (다) 안톤 슈나크, 「우리를 슬프게 하는 것들」 - 문학 작품의 말하는 이(화자/서술자)와 말하는 방식에 대한 이해 정도 평가 ② 제재의 특성은 (가)~(다)의 말하는 이와 말하는 방식 분석하여 서술	
	2001년 11번	(가) 주요섭, 「사랑 손님과 어머니」, (나) 채만식, 「치숙」 「사랑 손님과 어머니」와「치숙」에 나오는 화자 '옥희'와 '소년'의 공통점과 차이점을 주어진 조건에 따라 설명하고 이 소설을 읽을 때 화자의 특성으로 말미암아 독자에게 부여되는 해석적 과제 설명 ① 말씨, 인식 수준, 가치관 등 화자의 의식을 근거로 삼을 것	
	1999년 7번	채만식, 「논 이야기」 자료를 바탕으로 소설에서 諷刺(풍자)가 이루어지는 원리를 설명하고, 풍자가 소설 방법론의 하나인 리얼리즘과 어떻게 관련되는가 하는 점을 서술 ② 한 생원의 성격과 행동 특징을 밝힐 것 ③ 작중 인물의 현실 인식 특성을 고려할 것	

문제 유형	출제 연도	문제의 세부 내용	찾아가기
	2003년 10-1번	「무정」10-1. 작품의 구조가 작가 의식과 긴밀히 관련된다고 할 때, 작가 의식과 관련해 이 작품에 나타난 인물 관계의 구조적 특성을 예를 들어 서술(4점)	
	2004년 9-2번	(가) 염상섭, 「삼대」에서, (나) 김유정, 「산골 나그네」에서 9-2. (나)의 '술집 며느리'를 바라보는 작가의 시선이 어떠한지 밝히고, 그렇게 볼 수 있는 근거를 본문에서 찾아 제시, - '술집 며느리'를 바라보는 작가의 시선은 「감자」(김동인)에서 '복녀'를 바라보는 작가의 시선과 비교하여 설명	
	2005년 24번	(가) 현진건, 「할머니의 죽음」에서, (나) 이상, 「날개」에서 - 〈보기〉의 대화를 들은 최 교사는 학생들의 등장인물에 대한 평가를 지도해 주고자 한다. (가)를 근거로 지도할 내용을 구체적으로 서술(2점) - '중모'의 행위의 의미와 사회 세태에 관한 설명 포함	
	2006년 21번	황순원의 「삼포가는 길」에서 위 글의 서사 전개 과정에서 인물에 대한 호칭(또는 지칭) 변화가 어떤 의미를 갖는지 설명 (3점)	
4. 소설의 사건(구성과 관련)	2022년 A 11번	이청준 「잔인한 도시」/ 해방-구속의 모티프(사건) 및 그 예 찾기(/ '가겟집 젊은이'와 '전짓불의 빛줄기'의 상징적 의미	p.265
	2021년 B 4번	이효석 「산」, 이문구 「일락서산」 - ·공동체적 가치 - (가)자연과 인간, (나) 현대문명의 부정성 / (가)에서 대립되는 두 세계의 내용과 그에 대한 인물의 감정	p.252
	2019년 A 13번	「레디메이드 인생」(채만식), 「날개」(이상) - 1930년대 소설의 문학사적 맥락 -/ ·(가), (나)에서 인물을 성격화하는 데 '돈'이 어떤 기능을 하는지 각각 서술할 것.	p.205
	2019년 B형 4번	「난·쏘·공」, 「내 그물로 오는 가시 고기」(조세희) - ·㉠이 ㉡의 계층에 결여되었다고 생각하는 자질을 (가)에서 찾아 쓰고, ㉡이 ㉠의 계층에 결여되었다고 생각하는 자질을 (나)에서 찾아 쓸 것. / · 가난에 대한 ㉠과 ㉡의 인식의 차이를 본문의 표현을 활용하여 서술할 것.	p.209
	2018년 B 4번	「하나씩의 별」(이용악), 「별을 헨다」(계용묵) - ·㉠, ㉡을 중심으로 (가)에서 별을 쳐다보는 행위와 (나)에서 별을 세는 행위가 갖는 의미의 차이를 서술할 것.	p.195
	2018년 B 3번	「봄·봄」 - · '맥이 풀리고 짜증이 나는' ㉠의 이유를 [A]와 '나'의 처지를 관련지어 서술할 것	p.193
	2018년 A 8번	「자서전들 쓰십시다」(이청준) 작품에 대한 자료를 바탕으로 작품 속 내용 제시하기	p.103
	2014년 A 14번	「치숙」에서 '나'가 ⓐ의 실현을 보장해 주리라고 믿고 있는 대상 중 가장 근원적인 것을 찾아 쓰고, 그것에 기대를 걸고 있는 '나'의 태도에서 드러나는 문학적 표현 효과	p.69

문제 유형	출제 연도	문제의 세부 내용	찾아가기
	2012년 2차 논술형	(가) 이용악, 「전라도 가시내」, (나) 염상섭, 「삼대」 - ② (나)의 밑줄 친 부분('사당과 열쇠')이 '조의관'과 '조상훈'에게 각각 어떤 의미인지 소설 전편을 고려하여 서술, 단, 사회·문화적 의미도 포함	
	2004년 9-1번	(가) 염상섭, [삼대]에서, (나) 김유정, 「산골 나그네」에서 9-1. (가) 부분에서 작가는 근대적 일상적 인간에 대한 통찰을 보여 주고 있다. 그것이 무엇인지 「삼대」의 중심 사건 축을 근거로 설명(2점)	
	2002년 8-2번	(가) 염상섭, 「표본실의 청개구리」(서술), (나) 채만식, 「역로」(대화) 8-2. (나)의 두 인물은 어떤 문제에 대하여 대화하고 있다. ① 그 문제는 무엇이며, ② 그 문제에 대한 두 인물의 생각은 각각 문엇인지 쓰시오.(4점)	
5. 소설의 갈등	2010년 2차 논술형	(가) 윤동주, 「길」, (나) 문순태, 「징소리」, (다) 학생의 반응 일지 - ② (가)와 (나)에 나타난 갈등 양상 분석하되 문학 소통과 관련지어 의미 해석	
6. 소설의 배경	2021년 B 5번	이효석 「산」, 이문구 「일락서산」 배경 - (나) 외부성을 갖게 한 특정 공간의 의미, '타락한 동네' - '장소상실'의 의미 / 배경 -(나) 공간의 상품화 원인, 할아버지의 인식 변화	p.254
	2017년 B 4번 서술형	「원숭이는 없다」(윤후명) - 서사 구조상 '그곳'의 공간적 특성, '그곳'에서 인물이 느낀 감정과 그 이유, 그리고 '그곳'에서 유발된 인물의 인식 변화를 작품에 나타난 표현을 활용하여 서술할 것.	p.173
	2011년 38번	(가) 최인훈, 「소설가 구보 씨의 일일」, (나) 오정희, 「중국인 거리」 - (가), (나)에 제시된 공간의 의미를 해석한 것으로 적절하지 않은 것	
	2007년 23번	박완서, 「그 여자네 집」에서 - 위 소설의 배경을 지도하기 위한 교수·학습 자료의 빈칸 내용 기술(3점)	
7. 소설의 문체	2017년 A 5번 기입형	「무정」, 「마음이 여튼자여」(김동인), 「암야」 - 문어체에서 구어체의 변화 과정, 내면 고백체의 등장	
	1999년 5월	김승옥, 「무진기행」 12-1. 위 작품에서 구체적 예를 찾아, 소설에서 사용되는 언어의 유형과 특성 설명(4)	
	1996년 모의 4번	「태평천하」, 「탁류」를 중심으로 채만식의 소설 특징 논하기 ③ 판소리 문체와의 관련성	
8. 소설의 시점 서술자 관련 (개별 작품의 서술상 특징 / 작자의 개입)	2023년 A 12번	오상원 「유예」 - 시점의 교차 특징과 그 효과 / 몽타주 구성이 예문에 구현된 양상과 그 효과	p.289
	2020년 B형 2번 (기)	「소나기」(황순원)에서 일반적 시점 - 전지적 시점과 다른 시점의 특징	p.119
	2014년 B형 1번	「메밀꽃 필 무렵」, 「특별하고도 위대한 연인」(은희경) - 전지적 작가 시점 - 1. '서술자가 누구의 시각에 초점을 맞추어 이야기를 전달하는가'를 기준으로 (가)와 (나)의 차이를 밝힐 것. / 2. (나)의 이야기 전달 방식과 인물 간의 관계가 인물에 대한 독자의 공감과 정서적 거리를 어떻게 조절하는지 밝힐 것.	p.135

문제 유형	출제 연도	문제의 세부 내용	찾아가기
	2006년 21번	황석영, 「삼포 가는 길」에서 〈보기〉의 밑줄 친 부분과 같은 방식으로 서술된 문장을 (가)에서 찾아 첫 어절과 끝 어절을 쓰고 그 서술 방식과 그것이 독자의 감상에 미치는 효과 설명(2점)	
	2001년 11번	(가) 주요섭, 「사랑 손님과 어머니」, (나) 채만식, 「치숙」 「사랑 손님과 어머니」와 「치숙」에 나오는 화자 '옥희'와 '소년'의 공통점과 차이점을 주어진 조건에 따라 설명하고 이 소설을 읽을 때 화자의 특성으로 말미암아 독자에게 부여되는 해석적 과제 설명 ① 말씨, 인식 수준, 가치관 등 화자의 의식을 근거로 삼을 것 ② 화자에 대한 독자의 판단을 고려할 것	
	2000년 10-2번	(가) 박태원, 「소설가 구보 씨의 일일」, (나) 이상, 「날개」 10-2. 두 작품 모두 '나'라는 인물이 자신의 이야기를 하고 있는데 실제 서술 과정에서의 그 기능과 역할이 다르다. 두 작품의 서술상 차이 설명(2점) ① 제시된 자료는 작품의 일부이므로 작품 전체의 서술 형태 고려	
	2018년 B 3번	「봄·봄」 - ∘ '장인'에 대한 '나'의 이중적 태도를 작품에서 근거를 찾아 서술할 것.	p.193
	2017년 A 14번	「토끼 이야기」, 「해방 전후」(둘 다 이태준) - (나)에서 '현'이 '김 직원'을 바라보는 태도 - ∘ '김 직원'에 대한 '현'의 태도는 (나)에 나타난 표현을 활용하여 쓸 것.	p.169
	2004년 9-2번	(가) 염상섭, [삼대]에서, (나) 김유정, 「산골 나그네」에서 9-2. (나)의 '술집 며느리'를 바라보는 작가의 시선이 어떠한지 밝히고, 그렇게 볼 수 있는 근거를 본문에서 찾아 제시, - '술집 며느리'를 바라보는 작가의 시선은 「감자」(김동인)에서 '복녀'를 바라보는 작가의 시선과 비교하여 설명	
9. 소설 속의 표현(형식) -다양한 표현 요소 및 그 의미, 기능	2022년 A 11번	이청준 「잔인한 도시」 / 가겟집 젊은이'와 '전짓불의 빛줄기'의 상징적 의미 / 해방-구속의 모티프 및 그 예 찾기	p.264
	2016년 B 8번 논술형	「희미한 옛사랑의 그림자」(김광규), 「제3 인간형」(안수길)- ∘ (가)의 '넥타이'와 (나)의 '검정 넥타이'의 내포적 의미를 포함하여 (가)의 화자와 (나)의 '조운'이 자신의 삶에 대해 성찰하는 내용이 무엇인지 설명할 것.	p.319
	2017년 A 14번	「토끼 이야기」, 「해방 전후」(둘 다 이태준) - (가)의 '헌 책'의 함축적 의미- '헌 책'과 의미적 조응을 이루는 사물 4가지를 (나)에서 찾아 쓸 것. / ∘ '헌 책'의 함축적 의미는 (가)에 제시된 '사조'의 의미를 활용하여 서술할 것.	p.169
	2014년 A 14번	「치숙」에서 '나'가 ⓐ의 실현을 보장해 주리라고 믿고 있는 대상 중 가장 근원적인 것을 찾아 쓰고, 그것에 기대를 걸고 있는 '나'의 태도에서 드러나는 문학적 표현 효과	p.69
	2013년 2차 논술형	(가) 이호철, 「큰 산」 / (나) 이육사, 「교목」 - (가)에서 '고무신짝'과 '큰 산'이 갖는 상징적 의미를 서술하고, 각각이 주제를 어떻게 형상화하는지 구체적으로 밝혀 쓸 것. ② (나)의 2-3연을 활용하여 '문학 작품에 나타난 상징의 심미적 효과	

문제 유형	출제 연도	문제의 세부 내용	찾아가기
	2011년 2차 논술형	(가) 이태준, 「복덕방」, (나) 「복덕방」 비평, (다) 황동규, 「즐거운 편지」 (라) 「즐거운 편지」 비평 - ② 아이러니(반어)에 초점을 맞추어 (가), (다)를 구체적으로 해석 　단, (가)와 (다)에 공통적으로 나타나는 아이러니 유형을 밝히고 (가)에 대한 해석의 경우 (나)를 활용하여 작품 전체를 대상으로 해석한 내용도 포함할 것	
	2009년 모의 2차 논술형	(가) 김소월, 「길」, (나) 고은, 「문의 마을에 가서」, (다) 염상섭, 「만세전」 - (가)~(다)의 '길 모티프'를 각각 분석하여 '길'의 상징적 의미를 파악하고 모티프 중심 통합 수업의 의의를 '가치 있는 경험의 확장'이라는 문학 교육의 목적과 관련하여 논술	
	200년 10-3번	(가) 박태원, 「소설가 구보 씨의 일일」, (나) 이상, 「날개」 10-3. (나)의 밑줄 친 부분('이 때 뚜 하고 정오 사이렌이 울었다')에 대한 상징적 의미와 현실 세계나 문학 세계에서 유사한 것을 찾아 예시하여 설명(2점)	
	1999년 5월 12번	김승옥, 「무진기행」 12-2. 제시된 전체 줄거리를 참조하여 작품에서 '안개'의 의미를 구체적으로 설명(2)	
	2006년 22번	황석영, 「삼포 가는 길」에서 - 위 글에서처럼 비속한 표현이 사용된 작품에 대해 〈보기〉와 같은 의견이 제시되었다고 할 때, 이 의견을 〈조건〉을 고려하여 비판(3점) ① 위 작품과 관련지어 논의 / ② 문학의 본질적 측면과 수용적 측면에서 비판	
	2005년 31번	유치진, 「토막」에서 - (나)의 등장인물들 사이의 대화에서 두드러지게 나타난 언어적 표현의 특징과 효과(2점)	
	2001년 12-2번	(가) 「봄·봄」 (나) 「만무방」 12-2. 「만무방」에서 현실을 미학적으로 형상화하고 있는 원리를 위에 나타난 '응오(동생)'의 행위를 통해 설명(3점)	

3 고전산문 작품 분석 및 감상능력(구성요소의 의미·효과)

문제 유형	출제 연도	문제의 세부 내용	찾아가기
1. 소설 일반	1999년 10-1번	구운몽 - 이 작품을 바탕으로 호설의 허구성에 대해 설명	
2. 소설의 주제	2020년 A형 3번 (기)	인형극 「꼭두각시 놀음」, 마당극 「봉산탈춤」의 주제의 특징 / 대사의 특징	p.117
	1998년 7번	(가) 「허생전」, (나) 「박씨전」 - ② 작중 주동 인물을 통해 드러내려는 각 작품의 의도(시대 의식)을 해석	
3. 소설의 정서	2011년 2차 논술형	「제망매가」, 「논메기 노래」, 「숙향전」의 내적 근거를 바탕으로 정서를 설명 / 정서에 주목하여 위 3작품의 효용 설명하되, 당대 문학 향유 맥락과 관련지을 것	
4. 소설의 구성	2008년 18번	유충렬전의 '영웅의 일대기 구조'를 「주몽 신화」와 비교	
	1999년 10-2번 / 10-3번	몽유형 소설의 서술 구조를 설명하고 소설의 주제와 관련하여 의미 제시 / 구운몽 - 몽유형 소설의 문학사적 전개 과정을 작품을 예로 들어 설명	
	2016년 A 7번 (기)	조웅전 - 영웅소설의 특징	p.87
	2022년 B 11번	흥부전 / 지문을 대비하여 나타나는 구조 2가지 및 그것을 적용하여 설명	p.278
5. 소설의 인물(인물(시적화자) 및 인물의 상황 / 인물의 대응 방법과 태도)	2003년 8-1번	요로원야화기 - 글에서 알 수 있는 두 사람의 사회적 신분과 성격의 차이	
	2015년 B형 논술 2번	「홍도」(유몽인), 「무정」(이광수), 남신의주유동박시봉방(백석) - (가)~(다)에서 '홍도', '영채', '나'가 처한 상황의 공통점을 파악한 후, 그 상황에 대한 인물의 대응 방식을 각각 서술할 것. / 문학 작품을 통해 다양한 인물의 삶의 방식을 이해하는 활동이 갖는 교육적 의의를 서술	p.313
	2014년 논술형 2번	「사미인곡」과 「이춘풍전」에서 사미인곡의 시적화자와 (나)의 '춘풍 처'가 처한 상황과 둘의 문제 해결 방식 대비 서술	p.306
	2020년 B형 9번	「운영전」 예문에서 김진사의 심리 및 상황 파악 / 환몽소설에서 꿈 관련 모티프의 서사적 기능 및 심리에 미친 영향	p.238
	2021년 A형 11번	「전우치전」-인물의 대화에 나타난 평가의 관점 / ·문맥적 의미 / 서술자(인물)의 의도	p.245
	2021년 B형 8번	「심청전」 - 인물의 역할 / 장면을 통한 인물의 형상화 / (판소리계 소설 - 이본에 따른 서술방식 차이(서술 - 장면 제시)	p.257
	2022년 A 12번	정수정전 - 가부장제 사회에서 뛰어난 여성 주인공의 의미 / 갈등에서 인물의 관점 - 남편과 아내, 대장과 부하	p.267
6. 소설의 사건	2023년 A 11번	「서대주전」(한문본) - 당대 사회 현실의 부정적 단면 2가지 찾기 / 서술자 개입 처음 나타나는 부분과 그 비판 대상	p.285
	2021년 A형 11번	「전우치전」 - 문맥적 의미 / 서술자(인물)의 의도 (인물의 대화에 나타난 평가의 관점)	p.245

문제 유형	출제 연도	문제의 세부 내용	찾아가기
	2018년 B 5번	정을선전 - 유 소저가 원혼이 된 이유를 노씨의 행위, 정 시랑의 행위를 중심으로 각각 서술할 것.	p.199
	2012년 28번	「호원(虎願)」에 나타난 서사 구조와 인물의 특성	
	2004년 8-2번	(가) 「설씨녀(薛氏女)」에서, (나) 「조웅전」에서 (나) 유형 소설이 당시 독자층의 흥미를 끌 수 있었던 서사적 갈등의 특징	
	2002년 10-1번	(가) 「구운몽」에서 성진이 스스로 깨달았다는 내용과 육관대사의 비판 내용 설명	
7. 작품 속의 갈등	2009년 대비 논술형 모의 2-1번	「온달전」, 「이생규장전」, 「시집살이 노래」에 나타난 갈등의 양상과 그 성격 - 서사적 갈등은 '자와와 세계의 관계'를 중심으로 설명	
	2013년 2차 논술형 2-1번	권호문 「한거십팔곡」과 정훈 「우활가」에 형상화된 내적 갈등의 구체적인 양상과 이에 대한 화자의 태도 박지원 「허생전」에 드러나는 인물 간 대립의 구체적인 양상 및 그 의미를 당대 가치관의 변화와 관련지어 서술	
	2001년 9번	(가) 「사씨남정기」 (나) 「장화홍련전」 - 주요 인물들의 갈등 관계를 서술하고 (가), (나)가 이 갈등에서 어떤 역할을 하는지 설명	
8. 서술자 관련 (개별 작품의 서술상 특징 / 작자의 개입)	2004년 8-2번	(가) 「설씨녀(薛氏女)」에서, (나) 「조웅전」에서 - (나)의 서술자의 특징을 관련된 부분을 예로 찾아 기술	
	2002년 10-2번	(나) 「심청전」 - (나)의 ㉠, ㉡에 나타난 서술자의 특성과 그 특성의 유래 설명	
	2023년 A 11번	「서대주전」(한문본) - 서술자 개입 처음 나타나는 부분과 그 비판 대상 / 당대 사회 현실의 부정적 단면 2가지 찾기	p.285
	2017년 A형 8번 (기)	숙영낭자전 - 소설의 시점과 서술 - 작자의 개입 부분	p.95
9. 모티프	A형 기입형 11번	박지원, '민옹전' - 빈 칸에 들어갈 말을 찾고, 함축된 의미	
	2020년 B형 10번	**애정 전기 소설** 「이생규장전」에서 애정전기 소설의 특징 / 「운영전」에서 적강 모티프의 기능	p.241
10. 말하기 방식	2003년 8-2번	요로원야화기 - 두 인물의 우열 관계를 반전시키기 위해 '내'가 사용한 말하기 방식	
11. 삽입 한시의 기능	2015년 B형 4번	구운몽 - 고전소설에 삽입된 시가 어떤 사건의 계기가 되는지 밝히고 그 기능 2가지	p.146

4 고전시가 작품 분석 및 감상능력(구성요소의 의미·효과)

(1) 내용 요소

문제 유형	출제 연도	문제의 세부 내용	찾아가기
1. 정서	2011년 2차 논술형	「제망매가」, 「논메기 노래」, 「숙향전」의 내적 근거를 바탕으로 정서를 설명 / 정서에 주목하여 위 3작품의 효용 설명하되, 당대 문학 향유 맥락과 관련지을 것	
	2023년 A 10번	이방원, 「하여가」, 정몽주, 「단심가」, 변안열(고려)의 시 - 두 작품의 주제 제시 / 함축적 의미의 비교	p.281
	2019년 A 서술형 10번	「서경별곡」과 3연과 「만언사」에서 시적화자의 주된 정서, 그 정서를 표현하는데 현상적 청자가 어떤 역할을 하는지 각각 서술	p.203
2. 시적화자 및 화자의 상황 / 화자의 대응 방법과 태도	1999년 10-2번	윤선도의 「어부사시사」와 박인로의 「태평사」의 삶의 태도의 차이	
	2000년 8-2번	「규원가」와 「시집살이 노래」의 현실 대응방식의 차이 내적 근거로 서술하기	
	2003년 7-1번	「제망매가」, 「정과정」, 사설시조「나모도 바히돌도」에 나타난 이별의 내용과 화자의 태도	
	2011년 선택형 25번	박인로 「누항사」와 허전 「고공가」의 문제상황에 대한 문학적 해결 방안	
	2014년 논술형 2번	「사미인곡」과 「이춘풍전」에서 사미인곡의 시적화자와 (나)의 '춘풍 처'가 처한 상황과 둘의 문제 해결 방식 대비 서술	p.306
	2015년 기입형 7번	「견회요」와 「별사미인곡」에서 상황이 드러나는 작품의 의도 파악하기	p.74
	2016년 서술형 12번	성혼과 위백규의 시조에서 시적 화자가 지향하는 삶	p.149
	2017년 기입형 7번	「면앙정가」에서 강호한정의 삶과 다른 의도를 드러낸 부분 찾기	p.93
	2018년 B 서술형 2번	사설시조 '어이 못 오던다'와 '천한코 설심한 날에'에서 각 작품의 상황에 대한 화자의 태도 차이	p.190
	2020년 B형 5번	누항사의 사회문화적 상황이 드러난 부분과 그 의미 누항사에 나타난 화자의 의식 - 이상과 현실의 괴리	p.231
	2021년 B형 11번	이황, 「도산십이곡」 - 사대부 시조의 내용 파악(언지-언학)	p.259
	2022년 B 10번	이이 「고산구곡가」, 권호문 「한거십팔곡」 / 화자의 미래에 대한 삶의 지향을 드러낸 말 및 그 의미 / 화자가 삶의 지향을 확립하기까지 고뇌의 과정을 알려주는 시어 및 그 의미	p.276
	2023년 B 9번	정철 「성산별곡」 - 시적화자의 상황 공간과 인물의 측면에서 파악 / 계절적 배경을 고려한 함축적 의미 및 화자의 심리	p.299

문제 유형	출제 연도	문제의 세부 내용	찾아가기
3. 작품 속의 갈등	2009년 대비 논술형 모의 2-1번	「온달전」, 「이생규장전」, 「시집살이 노래」에 나타난 갈등의 양상과 그 성격 – 서사적 갈등은 '자와와 세계의 관계'를 중심으로 설명	
	2013년 2차 논술형 2-1번	권호문 「한거십팔곡」과 정훈 「우활가」에 형상화된 내적 갈등의 구체적인 양상과 이에 대한 화자의 태도 박지원 「허생전」에 드러나는 인물 간 대립의 구체적인 양상 및 그 의미를 당대 가치관의 변화와 관련지어 서술	
4. 기타	제재의 의미, 제재의 의미 관계 / 공감적, 비판적 감상 / 비판적 수용 – 비판하는 내용, 비판하는 방법 / 작품에 나타난 한		

(2) 형식·표현 요소

문제 유형	출제 연도	문제의 세부 내용	찾아가기
비유, 상징(이미지) 시어의 의미	2001년 8-1번	상징 – 「공무도하가」, 「송인」(정지상), 「서경별곡」 3연 – 물의 의미	
	2023년 A 10번	이방원, 「하여가」, 정몽주, 「단심가」, 변안열(고려)의 시 – 함축적 의미의 비교 / 두 작품의 주제 제시	p.281
	2023년 B 9번	정철 「성산별곡」 – 계절적 배경을 고려한 함축적 의미 및 화자의 심리 / 시적화자의 상황 공간과 인물의 측면에서 파악	p.299
	2022년 A 4번 (기)	허전의 「고공가」 / 대상의 의미 파악 / 국조 – 한어버이, 외부세력 – 화강도	p.124
	2015년 서술형 4번	상징 – 유응부 시조, 사설시조, 정호승 「맹인 부부 가수」 – 눈의 상징적 의미 / 개인적 상징과 구분되는 관습적 상징의 특징	p.140
후렴(운율)	2005년 23번	「청산별곡」의 가창방식과 후렴의 가창 효과	
	2007년 19번	「한림별곡」 후렴의 시적 기능 / 잔치 상홍에서 후렴의 역할을 어조와 어법을 중심으로 서술	
시상의 전개방식	1999년 5월 9-1번	「차마설」과 이황의 「청산은 어찌하여」의 시상전개 비교 – 문제오류 있음	
	2002년 9-1번	「제가야산 독서당」(최치원)의 시상 전개방식	
	2004년 7-3번	「정석가」와 사설시조 「님이 오마 하거늘-」의 미적범주 / 시상의 전개방식을 중심으로 미적범주의 구현양상 비교	
	2007년 18번	「한림별곡」 1장과 8장의 내용 차이 및 1장과 8장의 시상 전개 파악하기	
	2021년 A 3번 (기)	정서, 「정과정」, 정철 「속미인곡」, 이정보 사설시조 – 시상의 전개 방식 – 과거·현재 시간에 따른 시상 전개의 의미	p.121
기타	반어, 역설, 감정이입 / 개별 작품의 형식·운율 / 서술(표현)상의 차이		

4 작자 – 작품 – 독자의 소통 구조 / 작품내적 소통 구조

1 현대시 소통·유통 관련 문제

문제 유형	출제 연도	문제의 세부 내용	찾아가기
1. 작자 관련	2019년 A 7번 (기)	「저문 강에 삽을 씻고」, 「현실과 시인 의식」(정희성), 사회문화적 맥락과 작가적 맥락을 통한 시상의 전개 과정에서 의미가 드러난 표현을 찾거나, 전개과정의 의미 파악하기	p.111
	2011년 36번	「호랑나비」(정지용) - 작가의 경향을 중심으로 시를 해석한 내용으로 적절하지 않은 것	
2. 작품 내의 소통구조 (화자-청자의 소통 양상 / 화자-청자 관계)	2018년 A 7번 (기)	(가) 「너에게 묻는다」(안도현) (나) 학생 감상 학생 감상에 나타난 감상 방법 제시(효용론) / 시의 현상적 청자	p.100
	2009년 2차 논술형	(가) 한용운, 「꽃싸움」, (나) 양귀자, 「비 오는 날이면 가리봉동에 가야 한다」 (다) 안톤 슈나크, 「우리를 슬프게 하는 것들」 - 문학 작품의 말하는 이(화자/서술자)와 말하는 방식에 대한 이해 정도 평가 - ② 제재의 특성은 (가)~(다)의 말하는 이와 말하는 방식 분석하여 서술	

2 현대소설 소통·유통 관련 문제

문제 유형	출제 연도	문제의 세부 내용	찾아가기
작품 내의 소통구조	2007년 23번	박완서, 「그 여자네 집」에서 - (가)에서 두 사람의 연애에 대한 '나'의 감정이 드러난 문장 4개 찾고, '나'가 아래 표의 대화 상대자들에게 어떤 이야기를 하고 싶어 하는지 〈조건〉을 고려해 설명(4점) - 소설의 언어는 등장인물이나 독자와의 대화를 지향한다고 전제할 것	
	2005년 30번	유치진, 「토막」에서 - '구장'이라는 인물과 '신문'의 역할 설명하고, 이 텍스트가 연극이 아니라 일상의 의사소통 맥락에서 이루어진 담화라 할 때 '명서네'와 '구장', '신문'의 역할을 설명(4점)	

3 고전산문 소통·유통 관련 문제

문제 유형	출제 연도	문제의 세부 내용	찾아가기
1. 유통 관련	2013년 32번	(가) 서유영 '육미당기 소서', (나) 조수삼, '추재집', (다) 모리스 꾸랑 '한국서지' - 조선후기 서적의 유통방식	
	2011년 32번	박지원 「열하일기」, 「파수편」, 심노승의 「남천일록」 - 고전소설의 소통 방식 이해	
	2004년 8-2번	(가) 「설씨녀(薛氏女)」에서, (나) 「조웅전」에서 (나) 유형 소설의 주 독자층, (나) 유형 소설의 유통 방식	
2. 작품 내의 소통구조	2018년 B 5번	정을선전 - ⊙의 기능을 유 소저와 정 시랑의 입장에서 각각 서술하되, (나)에 제시된 등장인물의 말을 인용하여 쓸 것	p.199
	2006년 18번~19번	「운영전」에서 "소통 행위로서의 문학의 특성을 안다"는 학습목표를 성취하기 위한 교육 내용 제시 - ① 작품의 서사 구조적 특성과 관련지을 것 / '자란'의 초사(招辭) 내용을 목적, 대상(청자), 상황, 쟁점을 분석하여 제시	
	2005년 29번	시조 「가마귀 검다하고」, 시조 「가마기 싸우는 골에」의 화자 논쟁상황에서 박지원 「예덕선생전」 화자가 각 화자에 대해 어떤 입장 취하고 어떤 주장을 할지 추론하기	
기타		독자 입장에서 비판적 수용	

4 고전시가 소통·유통 관련 문제

문제 유형	출제 연도	문제의 세부 내용	찾아가기
작자 관련	1997년 7-1번	「관동별곡」 - 지어진 시기 작가의 전기적 사실 / 작가의 문학사적 위치를 박인로와 대비하여 서술	
	2019번 A 6번 (기)	안민가의 창작 의도를 파악해가는 사고 과정	p.109
작품 내의 소통구조 (화자-청자의 소통 양상 / 화자-청자 관계 / 화자의 대상에 대한 태도)	2006년 16번	「구지가」, 「훈민가」(오늘도 다 새거다), 「우부가」를 화자와 청자의 관계를 중심으로 비교	
	2019 서술형 A 10번	서경별곡 3연과 만언사에서 시적화자의 주된 정서, 그 정서를 표현하는데 현상적 청자가 어떤 역할을 하는지 각각 서술	p.203
	2018 서술형 A 13번	주세붕의 「오륜가」와 곽시징 「오륜가」에서 시적화자 또는 인물을 전달방식의 차이	p.184 (13)
	2005년 29번	시조 「가마귀 검다하고」, 시조 「가마기 싸우는 골에」의 화자 논쟁상황에서 박지원 「예덕선생전」 화자가 각 화자에 대해 어떤 입장 취하고 어떤 주장을 할지 추론하기	
독자 관련	2003년 7-2번	「제망매가」와 「정과정」 감상할 때, 작가, 제목, 배경설화 등과 같은 배경지식을 고려하는 경우와 그렇지 않은 경우 해석의 차이	
기타		독자 입장에서 비판적 수용	

5 문학교육·기타 관련 문제

1 현대시 문학교육 및 기타 문제

문제 유형	출제 연도	문제의 세부 내용	찾아가기
문학교육	2016년 B 7번 서술형	「꽃」(김춘수) - 대화중심 교수·학습 방법 - 교사의 종적 대화 - 부적절하게 해석한 부분, 의미를 잘못 이해한 부분 찾아 교사의 관점에서 지도하기	p.159
	2016번 B 8번 논술형	「희미한 옛사랑의 그림자」(김광규), 「제3 인간형」(안수길)- ◦(가)의 '넥타이'와 (나)의 '검정 넥타이'의 내포적 의미를 포함하여 (가)의 화자와 (나)의 '조운'이 자신의 삶에 대해 성찰하는 내용/ ◦(가)의 화자와 (나)의 '조운'의 삶의 태도를 평가하기 위한 독서 토의를 하려고 할 때, 설정할 수 있는 토의 주제 1가지를 의문문 형식으로 제시하고 그 이유를 밝힐 것. / ◦(가), (나)를 읽고 학습자가 자신의 삶을 성찰할 수 있게 하는 구체적 학습 활동을 1가지 제시하고 그 이유를 밝힐 것.	p.319
	2013년 37번	「새들도 세상을 뜨는구나」(황지우; 예문 없음) - 대화 중심 시 수업을 계획할 때, 활동으로 적절하지 않은 것	
	2013년 2차 논술형	(가) 이호철,「큰 산」 / (나) 이육사,「교목」- ③ 문학 작품 수용을 위한 교수·학습 상황에서 학생 토의 활동이 가지는 의미 2가지를 제시하고, (다)에서 학생이 부적절하게 해석한 내용 2가지에 대해 교사가 지도해야 할 내용	
	2012년 36번	김영랑,「끝없는 강물이 흐르네」- 〈계획〉에 따라 국어 교과서를 개발할 때 〈학습 활동〉에서 보완할 내용으로 적절하지 않은 것	
	2011년 2차 논술형	(가) 이태준,「복덕방」, (나)「복덕방」비평, (다) 황동규,「즐거운 편지」(라)「즐거운 편지」비평 - 비평문을 활용한 다양한 관점에서 작품 해석 ① '다양한 관점에서 작품 해석하기'의 문학 교육적 의의 2가지 서술 / ③ (다)에 대하여 자신의 관점으로 비평문 쓰기를 수행할 때 (라)의 문제점을 2가지 지적하고 교사의 지도 내용 서술	
	2010년 33번	(가) 이육사의「청포도」평가 계획 / (나) 발표 자료 - 발표 내용에 대한 평가와 피드백으로 적절한 것	
	2010년 2차 논술형	(가) 윤동주,「길」, (나) 문순태,「징소리」, (다) 학생의 반응 일지 - ① 문학을 소통으로 보는 문학 교육의 관점을 설명할 것 / ③ '작품 해석의 결과를 자기 삶의 문제에 적용할 수 있다'는 학습 목표로 (다) 글의 학생 지도 내용 2가지 선정하고 그 이유 제시	
	2009년 2차 논술형	(가) 한용운,「꽃싸움」, (나) 양귀자,「비 오는 날이면 가리봉동에 가야 한다」, (다) 안톤 슈나크,「우리를 슬프게 하는 것들」- 문학 작품의 말하는 이(화자/서술자)와 말하는 방식에 대한 이해 정도 평가 ① 평가 요소표의 평가 요소를 〈예〉를 참고하여 상세화 (단, 제시한 번호만큼 나열) / ③ 평가 시행 계획은 (나) 제재로 한정하여 '작가, 말하는 이, 등장 인물 구별하기'에 대해 서술 / ④ 평가 요소의 내용은 평가 영역별로 나열하고 제재의 특성과 평가 시행 계획은 10(±2줄)로 작성	

문제 유형	출제 연도	문제의 세부 내용	찾아가기
	2009년 모의 2차 논술형	(가) 김소월, 「길」, (나) 고은, 「문의 마을에 가서」, (다) 염상섭, 「만세전」 - (가)~(다)의 '길 모티프'를 각각 분석하여 '길'의 상징적 의미를 파악하고 모티프 중심 통합 수업의 의의를 '가치 있는 경험의 확장'이라는 문학 교육의 목적과 관련하여 논술	
	2009년 36번	「접동새」(김소월) - 시 이해를 위해 활동 중심 수업 구성, 각 활동의 취지를 잘못 설명한 것	
	2009년 모의	문학 교과서의 단원 구성 체제 - 이 단원의 구성 체제에 대해 바르게 이해하지 못한 것	
	2008년 22번	(가) 「막차 갈 때마다」(이용악), (나) 「너를 기다리는 동안」(황지우) - 학생 감상문을 통해 부적절한 2곳을 찾아 지도 내용 서술	
	2004년 10-3번	(가) 「꽃 두고」(최남선), (나) 「꽃밭의 독백-사소(娑蘇) 단장(斷章)」(서정주) 10-3. 학생 각각의 시 수용 양상에 대한 진단과 그에 따른 지도 방안 서술 (4점)	
	1997년 10번	(가) 절정(이육사), (나) 통곡(이상화) ① (가)의 시적 경향과 형식상의 특징 설명 ② 조건 ①에 근거하여 핵심적인 수업 목표 두 항목 설정 ③ (가)와 (나)를 연계하여 이해하기 위한 공통적 자질	

2 현대소설 문학교육 및 기타 문제

문제 유형	출제 연도	문제의 세부 내용	찾아가기
문학교육	2016번 B 8번 논술형	「희미한 옛사랑의 그림자」(김광규), 「제3 인간형」(안수길) - ◦(가)의 '넥타이'와 (나)의 '검정 넥타이'의 내포적 의미를 포함하여 (가)의 화자와 (나)의 '조운'이 자신의 삶에 대해 성찰하는 내용/ ◦(가)의 화자와 (나)의 '조운'의 삶의 태도를 평가하기 위한 독서 토의를 하려고 할 때, 설정할 수 있는 토의 주제 1가지를 의문문 형식으로 제시하고 그 이유를 밝힐 것. / ◦(가), (나)를 읽고 학습자가 자신의 삶을 성찰할 수 있게 하는 구체적 학습 활동을 1가지 제시하고 그 이유를 밝힐 것.	p.319
	2013년 2차 논술형	(가) 이호철, 「큰 산」 / (나) 이육사, 「교목」 - ③ 문학 작품 수용을 위한 교수·학습 상황에서 학생 토의 활동이 가지는 의미 2가지를 제시하고, (다)에서 학생이 부적절하게 해석한 내용 2가지에 대해 교사가 지도해야 할 내용	
	2011년 2차 논술형	(가) 이태준, 「복덕방」, (나) 「복덕방」 비평, (다) 황동규, 「즐거운 편지」 (라) 「즐거운 편지」 비평 - 비평문을 활용한 다양한 관점에서 작품 해석 ① '다양한 관점에서 작품 해석하기'의 문학 교육적 의의 2가지 서술 / ③ (다)에 대하여 자신의 관점으로 비평문 쓰기를 수행할 때 (라)의 문제점을 2가지 지적하고 교사의 지도 내용 서술	
	2010년 2차 논술형	(가) 윤동주, 「길」, (나) 문순태, 「징소리」, (다) 학생의 반응 일지 - ① 문학을 소통으로 보는 문학 교육의 관점을 설명할 것 / ③ '작품 해석의 결과를 자기 삶의 문제에 적용할 수 있다'는 학습 목표로 (다) 글의 학생 지도 내용 2가지 선정하고 그 이유 제시	

문제 유형	출제 연도	문제의 세부 내용	찾아가기
	2009년 2차 논술형	(가) 한용운, 「꽃싸움」, (나) 양귀자, 「비 오는 날이면 가리봉동에 가야 한다」, (다) 안톤 슈나크, 「우리를 슬프게 하는 것들」 - 문학 작품의 말하는 이(화자/서술자)와 말하는 방식에 대한 이해 정도 평가 ① 평가 요소표의 평가 요소를 〈예〉를 참고하여 상세화 (단, 제시한 번호만큼 나열) / ③ 평가 시행 계획은 (나) 제재로 한정하여 '작가, 말하는 이, 등장 인물 구별하기'에 대해 서술 / ④ 평가 요소의 내용은 평가 영역별로 나열하고 제재의 특성과 평가 시행 계획은 10(±2줄)로 작성	
	2009년 모의 2차 논술형	(가) 김소월, 「길」, (나) 고은, 「문의 마을에 가서」, (다) 염상섭, 「만세전」 - (가)~(다)의 '길 모티프'를 각각 분석하여 '길'의 상징적 의미를 파악하고 모티프 중심 통합 수업의 의의를 '가치 있는 경험의 확장'이라는 문학 교육의 목적과 관련하여 논술	
	1998년 9-2 / 9-3번	(가) 최인훈, 「광장」, (나) 윤오영, 「부끄러움」 9-2. ① 교육과정 내용 제시하기 ② 지문 (가) 부분에서의 인물을 중심으로 토론 주제 2개 제시 - 토론 주제는 의문형 문장 형식으로 진술 / - 두 개의 토론 주제는 서로 유기적 계열을 이루도록 한다.	

3 고전시가 문학교육 및 기타 문제

문제 유형	출제 연도	문제의 세부 내용	찾아가기
문학교육	2020년 A형 9번	이현보 「어부가」와 윤선도 「어부사시사」 전승 및 영향관계 - 공감적·비판적 수용 찾기	p.223

CHAPTER 02 문학 기입형 10개년 기출문제 풀이 및 배경지식

1 2014년 기입형 문제

2014 A (기) 　고전 문학 / 시가 하위 갈래 / 한국 문학의 구비 문학과 기록 문학

10. 다음은 고려가요의 문학사적 이해를 위해 수업에서 활용한 작품이다. 〈보기〉의 ㉠ ~ ㉢에 들어갈 말을 각각 쓰시오. [2점]

> 호미도 날히언마ᄅᆞᄂᆞᆫ
> 낟ᄀᆞ티 들 리도 업스니이다
> 아바님도 어이어신마ᄅᆞᄂᆞᆫ
> 위 덩더둥셩
> 어마님ᄀᆞ티 괴시리 업세라
> 아소 님하
> 어마님ᄀᆞ티 괴시리 업세라
>
> － 작자 미상, 「사모곡(思母曲)」

〈보기〉

　김 교사는 학생들이 문학 작품을 올바르게 감상하기 위해서는 통시적 안목을 갖추는 것이 중요하다고 생각한다. 문학사의 지속과 변이를 따라가며 작품을 감상할 수 있어야 그에 대한 더욱 깊은 이해가 이루어지기 때문이다. 「사모곡」이 그 좋은 예이다. 「사모곡」은 구조적인 측면에서 이전 시대의 (㉠)와/과 같이 (㉡)(으)로 나눌 수 있고, 마지막 단락의 첫머리에는 감탄사가 있다. 이러한 구조는 조선시대의 (㉢)에서도 지속적으로 나타나고 있다.

예상 답안

㉠ : 사뇌가 (또는 10구체 향가, 향가)
㉡ : '기·서·결'의 세 부분 (또는 세 단락)
㉢ : 시조

문제해설

　이 문제는 고전 문학사에서 시가 형식의 흐름을 묻는 문제이다. 고전시가의 형식과 그것의 전승 관계를 묻는 문제는 중요하며, 앞으로 시험에서도 계속 다루어질 것이기 때문에 시가 형식의 흐름 전반에 대해 잘 알고 있어야 한다.

문제 관련 배경지식

시가 형식의 전개(흐름)

(1) 고대가요
  ① 4구(=2행): 우리 시가의 기본 형식(原型)이자 민요의 형식이다.
  ② 민요로 볼 수 있다.

(2) 향가
  ① 고대가요의 영향: 4구의 형식으로 되어 있다.
  ② 민요의 영향: 「서동요」, 「풍요」에서 '요(謠)'는 민요의 의미를 담고 있다.

(3) 고려속요
  ① 민요의 영향
    ㉠ 민간의 민요가 궁중에 들어와 궁중 속악으로 개편되었다.
    ㉡ 4구의 형식이다.
    ㉢ 분절체, 3음보, 후렴 등이 나타난다.
  ② 향가의 영향
    ㉠ 향가계 여요: 「정과정」은 10구체 사뇌가의 영향을 받았으며, 「도이장가」는 8구체 형식과 향찰 표기의 영향을 받았다.
    ㉡ 고려속요: 「만전춘」, 「이상곡」, 「사모곡」, 「정과정」 등의 '결사' 부분은 향가 낙구의 영향을 받았다.
    ㉢ 「사모곡」은 사뇌가의 3장(세 단락)의 분절 구조의 영향을 받은 것으로 볼 수 있으며, 이것은 시조의 3장 형식에 영향을 미쳤다.
  ③ '소악부'는 민요를 한시화한 것으로, '민요'와 '한시'의 영향을 받았다.

(4) 경기체가
  ① 고려속요의 영향: 고려속요에 나타난 분절체, 3음보, 후렴 등이 나타난다.
  ② 민요의 영향: 고려속요가 민요의 영향을 받았으므로 민요의 영향을 받은 것으로 볼 수 있다.
  ③ 향가의 영향: 10구체 향가(사뇌가)에서 나타난 분절 구조(4구/4구/2구)가 경기체가의 분절 구조(4구/2구)에 영향을 미쳤다.

(5) 악장
  ① 경기체가와 향가의 영향: 일부 악장에서 나타나는 분절 구조는 경기체가나 10구체 향가(사뇌가)의 영향을 받았다.
  ② 고려속요와 민요의 영향: 일부 악장에서 나타나는 분절체, 3음보, 후렴의 사용 등은 고려속요나 민요의 영향을 받은 것이다.

(6) 시조
  ① 사뇌가(향가)의 영향
    ㉠ 시조의 3장 형식이 10구체 향가에서 세 개의 의미 단락(분절 구조)과 유사하다.
    ㉡ 시조의 종장은 10구체 향가에서 '낙구'의 영향을 받았고, 종장의 감탄사는 시조의 차사의 영향을 받았다.
  ② 고려속요의 영향
    ㉠ 일부 고려속요가 시조의 3장 6구의 형식과 유사하다.
      예 「정읍사」, 「사모곡」, 「만전춘」 2·5연 등
    ㉡ 사뇌가의 낙구와 차사가 일부 고려속요(「이상곡」, 「만전춘」, 「정과정」, 「사모곡」)에서 결사와 감탄사로 이어지고, 이것이 시조에 영향을 미쳤다.
    ㉢ 4구의 형식을 지닌 고려속요에 10구체 향가의 낙구가 결합한 것으로 보기도 한다.
  ③ 경기체가의 영향: 시조의 4음보는 경기체가에 일부 나타나는 4음보의 영향을 받았다.
  ④ 민요(무가)의 영향
    ㉠ 민요나 무가의 형식 중 3장 6구와 비슷한 형식이 있다.
    ㉡ 4음보 민요에 4음보 형식이 있다.
    ㉢ 고려속요가 민요를 바탕으로 형성되었으므로 시조도 민요의 영향을 받은 것으로 본다.
  ⑤ 한시의 영향: 한시에 토를 다는 것에서 나왔다고 본다.

(7) 가사
  ① 경기체가의 영향
    ㉠ 경기체가 후반부의 4음보 형식이다.
    ㉡ 교술 갈래의 특징을 지니고 있다.
  ② 시조의 영향
    ㉠ 4음보 형식이다.
    ㉡ 시조 종장의 형식(정격 가사)을 띠는데, 이는 향가의 낙구, 고려속요의 결사와도 연관된다.
  ③ 민요의 영향 : 4음보로 길게 이어지는 교술 민요의 영향(예 시집살이 노래)을 받았다.
  ④ 한시의 영향 : 한시에 토를 다는 것에서 나왔다고 본다.

(8) 잡가
  ① 민요의 영향 : 분절체이다.
  ② 사설시조의 영향 : 사설시조의 내용이다.
  ③ 가사의 영향 : 가사의 4음보와 내용에서 영향받았다.
  ④ 판소리의 영향 : 대화체이며, 판소리의 내용이다.

(9) 민요
  ① 구비 문학으로 기록된 시가의 근원이다.
  ② 다양한 고전시가 갈래에 영향을 미쳤다.
  ③ 구비 문학이 기록 문학의 원천이다.

(10) 두시언해
  ① 한시의 영향 : 중국 두보의 시를 우리말로 번역하였다.
  ② 조선시대 사대부들의 문학관과 한시에 영향을 미쳤다.

(11) 한시
  ① 중국 한시의 영향을 받았다.
  ② 다양한 한시의 형식을 수용하였다.

2014 A (기) 기타 특이한 문제 유형 – 빈 칸 채우기

11. 다음 작품을 읽고 내용으로 보아 [A]의 ㉠과 ㉡에 들어갈 말을 각각 찾아 쓰고, [A]에 함축되어 있는 의미를 쓰시오. [2점]

> 그는 어려서부터 영특하고 슬기로웠다. 특히 옛날 사람들의 기절(奇絶)과 위업을 사모한 나머지 강개발분해서 매양 그분들의 전기(傳記)를 읽고 곧잘 탄식하며 눈물을 흘렸다.
> 7세 때 방의 벽에다 크게 글씨를 쓰되,
> "항탁(項橐)이 스승이 되다.*"
> 라고 하였고, 12세에는
> "감라(甘羅)가 장수가 되다.*"
> 라고 쓰고
>   … (중략) …
> 40세에 이르러 더욱 이렇다 할 성취도 못하자, "맹자는 마음이 동하지 않았다[孟子不動心]."라고 더 커다랗게 썼다. 해가 바뀔 적마다 벽면에 쓰기를 게을리 하지 않아서 벽이 온통 까맣게 되었다.
> 나이 일흔이 되던 해에 그의 늙은 아내가
> "영감, 금년엔 까마귀를 안 그리우?"
> 하고 놀렸다. 민옹은 기쁜 듯이

"암, 써야지. 빨리 먹이나 가시오."
하고 드디어 커다랗게
"범증(范增)이 기묘한 계책을 좋아하다."
라고 쓰는 것이었다.
그러자 아내가 버럭 역정을 냈다.
"계책이 아무리 묘한들 장차 언제 써 볼 것이오?"
민옹은 허허 웃고 대답했다.
"옛날 강 태공(姜太公)은 팔십 세에 매처럼 떨치고 일어났다오. 지금 나는 강 태공의 어린 동생뻘밖에 안 되지."

··· (중략) ···

나는 민옹에게 뇌문(誄文)을 바쳐 슬퍼하노라.

아! 옹이시여.
기(奇)하고 괴(怪)하신 옹이시여.
우리를 경악(驚愕)케 하시고
우리를 웃고 성내게 하시고
또 얄밉기도 하던 옹이시여.
[A] 벽에 그린 (㉠)은/는 (㉡)이/가 되지 못하였네.

- 박지원, 「민옹전(閔翁傳)」

* 항탁이 스승이 되다 : 항탁은 7세에 공자(孔子)의 스승이 되었다.
* 감라가 장수가 되다 : 감라는 12세에 조(趙)에 사신으로 가, 조의 성(城) 다섯을 진(秦)에 바치고 진을 섬기게 했다.

📒 예상 답안

㉠ : 까마귀

㉡ : 매

🔷 [A]에 함축되어 있는 의미 : 뛰어난 재주와 큰 뜻을 품고 노력을 했지만, 그것을 현실에서 펼쳐보지 못했음을 의미한다.

문제해설

이 문제는 작품의 내용을 파악하여 빈 칸에 단어를 채우는 문제이다. 비교적 단순한 형태의 문제로, 작품을 충실하게 읽고 앞부분에서 찾아 대응할 수 있는데, 자주 반복되는 유형은 아니다.

📝 문제 관련 배경지식

문학의 언어

1. 문학은 언어 예술
① 문학은 언어를 매개로 한 예술이며, 인간의 언어활동의 하나이고 언어로 사연을 전달하고 느낌을 나타내는 활동을 기반으로 문학이 형성되었다.
② 문학을 생산하고 수용하는 과정에서의 언어활동은 인간의 여러 언어활동 중 예술로서의 언어활동으로, 예술로서의 언어활동은 함축적 의미로 언어를 형상화한 부분을 중심으로 이해할 수 있다. (창조적인 언어 사용, 문학적 관습, 언어의 함축적 의미 등과 같은 의미이다.)

2. 문학 언어의 함축적 의미

(1) 지시적 의미
① 단어의 가장 중심적인 의미로 사전적 의미를 지니는 언어이다.

② 실생활이나 실용문에 많이 사용되며, 일반적 진술로 나타난다.
(2) 함축적 의미
① 단어의 지시적 의미에 시인이 비유, 유추, 상징, 강조 등을 통해 새롭게 부여한 의미로 사용하는 주관적이고, 감정적인 언어이다.
② 문학이나 정서 표현에 많이 사용되며, 시적 진술로 나타나는 경우가 많다.
(3) 함축적 언어의 종류
① 비유, 상징, 반어, 역설, 감정이입, 객관적 상관물 등의 요소이다.
② 시의 구성 요소 중 '표현 요소'나 '시적 진술'에 의한 표현 등과 같은 요소를 의미하는 경우도 있다.
(4) 함축적 언어 사용의 효과
① 대상을 참신하고 새롭게 인식(낯설게 하기의 효과)하게 한다.
② 대상을 구체적이고 생동감 있게 느끼게 한다.
③ 문학적 형상화에 기여한다.
④ 주제 형성에 기여한다.
⑤ 독자에게 깊은 감동을 유발한다.
→ 시인의 사상이나 정서를 함축적 의미로 간접적으로 표현하여 독자가 공감을 하게 되면 객관적 상관물이 된다.

3. 문학어와 일상어의 관계
① 일상어 : 일상생활에서 의사 전달을 담당하는 언어이다.
② 시적 언어(시어 또는 문학어) : 언어의 분위기로써 연상적, 상징적, 다의적, 주관적인 뜻을 지닌다.
③ 일상어 사용의 효과
㉠ 내용을 사실적이며 구체적으로, 생동감 있게 드러낸다.
㉡ 일상어를 문학어로 사용함으로써 일상의 언어가 아름답게 순화된다.

4. 시어와 일상어의 관계 인식
① 예전에는 시어와 일상어를 전혀 다른 것으로 인식했지만, 시어는 일상어를 바탕으로 하여 문학의 양식과 관습에 의해 창조된 것이면서도, 일상의 언어와는 다른 원리를 바탕으로 조직되고 운영된다.
② 그렇기 때문에 시어를 일상어와 별개로 취급하는 것도 문제가 있고, 완전히 동일시하는 것도 적절하지 않다.
③ 시어의 특징을 잘 알기 위해 일상에서 친근한 노랫말의 가사를 활용하면 효과적이다.

2014 A (기) 　　현대문학사 / 작가적 맥락

12. 다음은 아래의 시들을 이해하기 위해 두 시인의 시 세계를 비교한 것이다. ㉠과 ㉡에 들어갈, (가)와 (나)의 두드러진 표현상의 특징을 쓰시오. [2점]

(가)
노주인(老主人)의 장벽(腸壁)에
무시(無時)로 인동(忍冬) 삼긴 물이 나린다.

자작나무 덩그럭 불이
도로 피어 붉고,
구석에 그늘 지어
무가 순 돋아 파릇하고,

흙 냄새 훈훈히 김도 사리다가
바깥 풍설(風雪) 소리에 잠착하다*.

산중(山中)에 책력(冊曆)도 없이
삼동(三冬)이 하이얗다.

- 정지용, 「인동차(忍冬茶)」

*잠착하다 : '참척하다'의 원말. 한 가지 일에만 정신을 골똘하게 쏟아 다른 생각이 없다.

(나)
하늘은 날더러 구름이 되라 하고
땅은 날더러 바람이 되라 하네.
청룡 흑룡 흩어져 비 개인 나루
잡초나 일깨우는 잔바람이 되라네.
뱃길이라 서울 사흘 목계 나루에
아흐레 나흘 찾아 박가분 파는
가을볕도 서러운 방물장수 되라네.
산은 날더러 들꽃이 되라 하고
강은 날더러 잔돌이 되라 하네.
산서리 맵차거든 풀 속에 얼굴 묻고
물여울 모질거든 바위 뒤에 붙으라네.
민물 새우 끓어넘는 토방 툇마루
석삼 년에 한 이레쯤 천치로 변해
짐부리고 앉아 쉬는 떠돌이가 되라네.
하늘은 날더러 바람이 되라 하고
산은 날더러 잔돌이 되라 하네.

- 신경림, 「목계장터」

구분	(가)	(나)
창작 연대	1930년대	1970년대
시인의 주요 관심 요소	회화성	음악성
관심 요소의 구체화	㉠	㉡

예상 답안

㉠ : 방 안의 붉은색·파릇한 색(생명, 정신)과 방 밖의 흰색(차가움, 일제하 현실)의 색채 이미지 대비에 의한 감각적 묘사
㉡ : 4음보 율격 및 각운의 요소

문제해설

이 문제는 1930년대 정지용 시인의 시와 1960~70년대 신경림 시인의 시를 제시하고, 각 작품에 나타난 특징적인 요소에 대해 묻는 문제이다. 각각 개별 작품의 특징만 물을 뿐 두 작품 간의 관련성을 묻는 텍스트 상호성의 원리가 적용되지 않아 좋은 문제로 보기 어렵다.

문제 관련 배경지식

정지용 「인동차」

1. 핵심정리
- 갈래 자유시, 서정시
- 성격 감각적, 회화적, 관조적, 탈속적
- 제재 인동차빼앗긴 땅에 찾아온 봄
- 주제 정신적 고결함을 지키면서 혹독한 현실을 견디는 삶의 자세
- 특징 ① 감정을 절제하여 대상을 객관적으로 표현함.
  ② 주로 시각적 이미지의 시어를 사용하였음
  ③ 색채의 대비가 돋보임 - 방 안의 붉은색·파릇한 색(생명, 정신)과 방 밖의 흰색(차가움, 일제하 현실)의 색채 이미지 대비에 의한 감각적 묘사.
  ④ 풍경을 회화적, 감각적으로 묘사하고 있으며, 대상을 관조적으로 바라보고 있음.

신경림 「목계장터」

1. 핵심정리
- 갈래 자유시, 서정시
- 성격 상징적, 관념적, 비유적
- 표현 ① 4음보의 민요조 가락
  ② 토속적 정취가 넘치는 시어를 구사함
  ③ 이미지의 대립을 통해 시상을 전개
- 제재 민중(떠돌이)들의 삶
- 주제 ① 삶의 갈등과 극복 의지
  ② 자연 속에서 지혜를 발휘하며 살아가는 민중들의 삶의 이어짐

2. 작품 감상의 구조

구성 요소	구성 요소의 파악	그것이 지닌 의미·효과	주제와의 관련성
내용 요소	① 소재	목계 장터라는 구체적 공간을 통해 서민들의 삶을 진솔하게 담아내고 있다.	삶의 갈등과 극복 의지, 자연 속에서 지혜를 발휘 하며 살아가는 민중들의 삶의 이어짐
	② 시적 화자 및 상황	시적 화자는 유랑하는 민중으로 자연 속에서 살아가며 갈등을 겪기도 하고 지혜를 발휘하기도 하는 삶을 드러냈다.	
	③ '장터'의 의미	㉠ 방황과 정착의 갈등이 있는 곳 ㉡ 민중들의 삶의 교류가 있는 곳 (활발한 삶이 있는 곳)	
형식 요소	① 4음보	민요조의 4음보 운율의 구사로 음악성을 살리고 있다.	
	② 각운	'- 하고', '- 하네', '- 라네' 등의 어미 반복을 통해 운율을 형성하였다.	
	③ 시상의 전개	'기 - 서 - 결'의 구조를 통해 내용을 설득력 있게 드러냈다.	
표현 요소	① 향토적 시어	토속적 정취가 넘치는 향토적 시어의 구사를 통해 주제를 형상화하고 있다.	
	② 이미지의 대립	대립적 이미지의 시어들을 통해 시상을 전개하여 내용을 효과적으로 드러내었다.	
	③ 반복	비슷한 구조의 반복을 통해 주제를 부각하고 시의 구조적 안정성에 도움을 주었다.	

| 2014 A (기) | 현대시 형식 – 시상 전개 방식 |

13. (나)를 시상 전개에 따라 세 부분으로 나눌 때 중간 부분의 처음과 끝 어절을 쓰고, 그 중간 부분에서 (가)의 화자에게 시의 공간적 배경인 '방 안'이 갖는 의미와 유사한 역할을 하는 시구 3가지를 찾아 쓰시오. [2점]

위 문제의 작품
(가) – 정지용, 「인동차(忍冬茶)」
(나) – 신경림 「목계장터」

예상 답안

- 첫 어절과 끝 어절 : 산은 ~ 되라네
- '방 안'이 갖는 의미와 유사한 역할을 하는 시구 : 풀 속, 바위 뒤, 토방 툇마루

문제해설

이 문제는 현대시의 형식 요소 중 개별 작품의 시상 전개에 대해 묻는 문제와 두 작품을 비교하여 공통적 공간을 찾는 문제이다. 시상 전개에 대한 문제는 최근 중요하게 다루어지고 있다. 그리고 두 작품을 비교하여 유사한 부분을 찾는 문제 역시 기입형에서 많이 출제되므로 이와 같은 문제 유형에 주목할 필요가 있다.

문제 관련 배경지식

1. (나) 작품의 짜임 분석
- 기(1 ~ 7행) - 방물장수의 떠돌이 삶 (자연의 의미를 배우며 떠도는 삶)
- 서(8 ~ 11행) - 정착을 강요받는 삶 (어려움 속에서 지혜를 발휘하는 삶)
- 결(12 ~ 16행) - 정착과 방랑 사이의 갈등 (자연 속에서 살아가는 민중의 삶의 이어짐)

2. 시상 전개방식(구성, 시의 짜임)
① 행이나 연의 배열에 의해 나타나는 짜임이다.
② 시인이 주제를 효과적으로 표현하기 위해 적절한 구조를 취하게 된다.
③ 형태는 형식 요소에 포함하지만, 내용이나 주제와 밀접한 관련이 있다.
④ 최근 시험에서 형태의 파악 및 그 의미를 주제와 관련지어 이해하는 활동이 강조되고 있다.

3. 시상 전개방식의 종류 – 둘 이상의 구조가 한 작품에 나타날 수 있다.
① 기승전결 - 이육사의 「절정」, 한용운의 「님의 침묵」
② 수미상관(처음과 끝이 조금씩 바뀌는 경우도 있음) - 조지훈의 「승무」, 김영랑의 「모란이 피기까지는」, 김광균의 「와사등」 등
③ 선경후정 - 이육사의 「광야」, 「절정」, 조지훈의 「봉황수」, 한시
  * 선정후경 – 김소월의 「가는 길」
④ 시간적 순서 또는 대비 : 순행적(추보식) 구성 - 이육사의 「광야」, 신석정의 「꽃덤불」, 이황의 「고인도 -」
  * 역순행적 구성 – 윤동주의 「서시」, 백석의 「여승」
⑤ 정서의 이동 - 유치환의 「깃발」, 이용악의 「우라지오 가까운 항구에서」
⑥ 시선의 이동(아래-위, 왼쪽-오른쪽, 먼 곳-가까운 곳) - 조지훈의 「고풍의상」, 박목월의 「청노루」
⑦ 공간의 이동 또는 대비 - 유치환의 「생명의 서」, 김종길의 「성탄제」
⑧ 점층적 구성 - 정일근의 「바다가 보이는 교실」, 김현승의 「눈물」 앞 부분
⑨ 변증법적 구성 - 강은교의 「우리가 물이 되어」, 유치환의 「생명의 서」
⑩ 열거(나열)에 의한 구성 - 백석의 「모닥불」, 「여우난곬족」, 정지용의 「향수」
⑪ 반복에 의한 구성 - 김동환의 「산 너머 남촌에는」, 한용운의 「알 수 없어요」, 「찬송」, 백석의 「여우난 곬족」 등

⑫ 대칭적 구성 - 행 배열의 대칭 : 한용운의 「나룻배와 행인」, 김소월의 「산유화」
  * 내용(제재)로 인한 대칭 : 이상의 「거울」, 김영랑의 「모란이 피기까지는」, 김소월의 「산유화」

2014 A (기) | 문학능력(감상 능력) / 소설의 사건 / 표현의 효과

14. 다음 작품에서 '나'가 ⓐ의 실현을 보장해 주리라고 믿고 있는 대상 중 가장 근원적인 것을 찾아 쓰고, 그것에 기대를 걸고 있는 '나'의 태도에서 드러나는 문학적 표현 효과를 쓰시오. [2점]

우리 아저씨 말이지요? 아따 저 거시키, 한참 당년에 무엇이냐 그놈의 것, 사회주의라더냐 막걸리라더냐, 그걸 하다 징역살고 나와서 폐병으로 시방 앓고 누웠는 우리 오촌 고모부(姑母夫) 그 양반…….

뭐, 말도 마시오. 대체 사람이 어쩌면 글쎄…… 내 원!

신세 간데없지요.

자, 십 년 적공, 대학교까지 공부한 것 풀어먹지도 못했지요. 좋은 청춘 어영부영 다 보냈지요. 신분에는 전과자(前科者)라는 붉은 도장 찍혔지요. 몸에는 몹쓸 병까지 들었지요.

이 신세를 해 가지골랑은 굴속 같은 오두막집 단칸 셋방구석에서 사시장철 밤이나 낮이나 눈 따악 감고 드러누웠군요.

… (중략) …

나라라는 게 무언데? 그런 걸 다아 잘 분간해서 이럴 건 이러고 저럴 건 저러라고 지시하고, 그 덕에 백성들은 제각기 제 분수대로 편안히 살도록 애써 주는 게 나라 아니오?

그놈의 것 사회주의만 하더라도 나라에서 금하질 않고 저희가 하는 대로 두어 두었어 보아? 시방쯤 세상이 무엇이 됐을지…….

다른 사람들도 낭패 본 사람이 많았겠지만, 위선 나만 하더라도 글쎄 어쩔 뻔했어! 아무 일도 다 틀리고 뒤죽박죽이지.

ⓐ 내 이상과 계획은 이렇거든요.

우리 집 다이쇼가 나를 자별히 귀애하고 신용을 하니까 인제 한 십 년만 더 있으면 한밑천 들여서 따로 장사를 시켜 줄 그런 눈치거든요.

그러거들랑 그것을 언덕 삼아 가지고 나는 삼십 년 동안 예순 살 환갑까지만 장사를 해서 꼭 십만 원을 모을 작정이지요. 십만 원이면 죄선 부자로 쳐도 천석꾼이니, 뭐 떵떵거리고 살 게 아니라구요?

그리고 우리 다이쇼도 한 말이 있고 하니까, 나는 내지인 규수한테로 장가를 들래요. 다이쇼가 다 알아서 얌전한 자리를 골라 중매까지 서 준다고 그랬어요. 내지 여자가 참 좋지요.

나는 죄선 여자는 거저 주어도 싫어요.

— 채만식, 「치숙(痴叔)」

예상 답안

- ⓐ의 실현을 보장해 주리라고 믿고 있는 대상 중 가장 근원적인 것 : 나라(내지)
  (다이쇼 - 일본 다이쇼(大正) 천황의 연호로 보면 다이쇼가 답이 될 수 있다.)
- 그것에 기대를 걸고 있는 '나'의 태도에서 드러나는 문학적 표현 효과 : '나'는 일제가 자신의 행복한 삶을 보장해 준다고 생각하며 믿고 있지만 그것은 식민지 상황에서 불가능한 일이기 때문에 반어로 볼 수 있다. 이러한 반어를 통해 일제에 기생하려는 '나'의 어리석음을 효과적으로 드러내고, 동시에 조선이나 조선인을 교묘하게 수탈하는 수탈자인 일제의 본질을 효과적으로 드러낸다. (이 부분은 '풍자'로 설명해도 답이 될 수 있다고 본다.)

> 문제해설

　작품에서 조건에 맞는 부분을 찾는 내용과 그것에 나타난 문학적 표현 효과가 무엇인지를 묻는 문제이다. 앞의 조건에 해당하는 것은 '나라', '내지' 외에 '다이쇼'까지도 답의 범위에 들 수 있다. 뒤의 조건에 해당하는 것은 '나'의 태도에서 드러나는 문학적 표현 효과라고 하여 '나의 태도' 및 '거기에서 드러나는 문학적 표현', 그리고 '그 효과' 등 세 가지 요소가 결합되어 문제의 초점이 모호한 측면이 있다.

> 문제 관련 배경지식

채만식, 「치숙」

1. 핵심 정리
- 갈래　단편 소설, 풍자 소설
- 성격　풍자적, 비판적
- 시점　1인칭 관찰자 시점
- 문체　반어적인 대화체, 독백체
- 어조　풍자적 어조, 칭찬 → 비난 : 역전적 기법
- 배경　① 시간 : 1930년대
　　　　② 공간 : 서울
- 주제　① 일제 강점기에 일제에 순응하려는 '나'와 사회주의 사상을 가진 아저씨의 갈등
　　　　② 일제강점 하에 순응하는 태도에 대한 비판과 풍자
　　　　③ 사회주의 지식인의 현실 무능력 비판
- 특징
  ① 개인과 개인의 갈등 : 일제에 영합하여 속물적 삶을 살아가려는 '나'와 대학을 나왔지만 사회주의 운동을 하다가 무기력하게 살고 있는 아저씨의 갈등이 드러난다.
  ② 아이러니 : '나'가 아저씨를 비판하지만, 후반부에 가면 '나'의 무식과 현실 영합의 속성이 드러나 독자가 '나'를 비판하고 아저씨를 긍정하는 데서 아이러니가 드러난다.

2. 「치숙」의 시점과 풍자 효과
　「치숙」은 1930년대 일제 강점기의 사회상을 비판하고 풍자한 것으로 '나'가 아저씨에 대해 이야기하는 1인칭 관찰자 시점을 취하고 있다. 그러나 독자는 '나'의 말을 전적으로 신뢰할 수 없는데, 그 이유는 '나'가 자신의 영달을 꾀하는 데만 관심을 가지는 친일적, 부정적 인물이기 때문이다. 따라서 독자는 '나'의 말을 의심하면서 오히려 아저씨에 대해 관심을 갖게 된다. 학력과 연령에 있어 크게 차이가 벌어지는 화자의 시점을 통해 실패한 지식인의 행적을 서술하고 있다. 일반적으로 전달되는 인물과 전달하는 인물 사이의 지식, 교양, 성격, 신분, 연령상의 격차가 클수록 더 강력한 해학적 내지 풍자적 효과가 발생한다. 지적으로나 신분적으로 우월한 위치에 있는 인물이 그보다 못한 인물에 의해 전달될 때 독자는 이러한 역전된 인물 설정을 통해서 지식과 신분이라는 것의 사회적 본질에 대해 새로운 깨달음을 얻게 된다. 그러나 이 작품에서는 전달되는 인물보다 전달하는 인물이 더 강하게 풍자되고 있다는 점이 차이라고 할 수 있다. 즉, '신뢰할 수 없는 화자'인 '나'가 아저씨를 비판하는 구조를 통해 일제 식민지에 대한 신랄한 비판을 풍자적으로 나타내는 효과를 거두고 있다.

3. 현실 영합의 속물적 삶의 비판과 지식인의 이상론 풍자
　이 작품에서 작가는 이중의 풍자를 통해 '나'와 '숙부'를 동시에 비판하고 있다. 앞부분에서는 내가 무능력한 삼촌을 비판하고 있어 풍자의 대상이 삼촌이 되지만, 삼촌과 문답을 나누는 부분에서는 나의 무식함이 탄로 나면서 삼촌에 의해 비판의 대상으로 전락한다.

조카의 경우		아저씨의 경우

• 보통 학교도 못 마침
• 일본식 법도를 따르고자 함
• 삼촌에 대한 시각
  - 은공을 모르는 자
  - 전과자 도장이나 찍힘
  - 무위도식함
  - 경제학을 전공했는데도 돈을 모름
  - 무목적인 삶을 살아감
	풍자(아이러니)
	조카와
	아저씨를
	이중 비판
		• 대학교를 다녔음
		• 신식 후실을 맞음
		• 병든 몸을 아주머니가 건사해 줌
		• 주체적 삶을 강조함
		• 사회주의로 감옥살이를 함
		• 경제학을 전공했는데 돈을 모름
		• 사회주의적 삶을 살려고 함

4. 「치숙」에 드러난 아이러니

이 작품에서는 표면상 긍정적 인물로 내세운 '나'의 생활 방식을 칭찬하고, 아저씨의 비현실적인 사고방식을 비난하고 있다. 그러나 사실은 '나'의 생활 방식을 은근히 비판하면서 아저씨에 대해서는 긍정적으로 평가한다. 작가는 칭찬과 비난을 상호 역전시키는 방법으로 자신의 세계관을 피력하고 있는 것이다. 즉 칭찬, 비난의 전도라는 아이러니에 의해 풍자의 실상을 구체적으로 보여 준다. '나'를 통해 비판하고자 하는 것은 일제의 우민화 정책이라고 할 수 있다.

전반부(표면)		후반부(이면)
직접 제시법(아저씨) : 서술자인 '나'가 아저씨의 무능력한 측면을 서술 • 대학 나왔으나 현실 무능력 • 아주머니를 고생시킴 • 경제학을 공부하고 돈도 못 벌음 • 감옥살이 함(전과자) / • 비현실적 사고방식	역전 →	간접 제시법(나) : 대화를 통해 '나'의 무식함이 폭로되어 긍정이 부정으로 바뀜 • 잘못된 삶의 방식 : 일본인 눈에 들어 행복하게 살아가려 함 • 무식함 : 사고가 단순, 반문맹 • 비판하는 인물 '아저씨'보다 나을 것이 없음
* 독자는 '나'에 대해 긍정하고 '아저씨'에 대해 부정적인 입장을 취한다.		* 보여주기 기법을 통해 독자의 상상에 맡김으로써 독자 스스로 인물에 대한 평가를 내린다.

2014 A (기)   희곡·시나리오 – 기본갈래 – 서사극

15. 다음 작품을 활용하여 서사극의 기법과 극적 효과를 이해하는 수업을 진행하려고 한다. 제시된 부분에서 주인공 '상범'이 일반 연극에서와 달리 수행하는 역할을 쓰시오. [2점]

[앞의 줄거리] 평범한 회사원 김상범은 주변 사람들에 의해 늘 이용만 당하면서 손해를 보고 산다. 우연한 계기로 사장에게 신임을 얻은 상범은 임시 사원에서 정규 사원으로 승진하고 박용자와 결혼을 결심하나 뜻밖에도 형이 박용자와 결혼하게 된 것을 알고 충격을 받는다.

상범 : 박용자 씨하고는 얘기가 다 됐어요?
상학 : 그럼. 인천에도 몇 번 놀러 왔었구. 약혼식은 생략하기루 했어. 결혼식도 간단히 하기로 하구. 그때 같이 영화 구경 간 것이 인연이 됐어. 그럼, 몸조심해라.
(상학이 걸어 나간다. 상범은 움직이지를 못한다. 잠시 그대로 서 있다.)
상범 : (체념하기에는 너무나 억울하다는 태도로) …… 이거 …… 결혼 상대자를 빼앗긴 데다가 아버지 환갑잔치 비용도 내가 주선해야만 하는 팔자입니다. 이젠 할 말이 없습니다. 저의 나이는 서른 한 살입니다. 앞으로 살아 봤자 한 20년…… 나머지 20년마저 밤낮 손해만 보는 세월일 것이라고 생각하니 앞이 캄캄해집니다. 저는 여태까지의

> 모든 생활을 제가 아는 상식의 테두리 안에서 해 왔습니다. … (중략) … 이 사회에선 저의 상식이 통용 안 되는 것 같습니다. 이제부터 물에 빠진 놈에겐 돌을 안겨 줘야겠습니다. 자리를 양보하느니 발로 걸어차 길을 터야겠습니다. 즉 기존 상식을 거부하는 겁니다. 우선 새 상식을 회사에서 한번 실험해 보았습니다.
> (무대 좌측 사무실에 불이 켜진다. 성아미가 소파에 앉아 화장을 고치고 있다. 상범이 엽총을 들고 들어와 손질을 한다.)
> 아미 : 조심하셔요. 총알은 다 빼고 하세요?
> 상범 : 네, 실탄은 다 뺐습니다.
>
> … (중략) …
>
> 상범 : 죄송합니다. 다시는 안 그러겠습니다.
> (전화벨이 울린다. 엽총을 쥔 채 상범이 받는다.)
> 네, 네? 성아미 씨요? 계십니다. (수화기 대신 엽총을 내밀며) 박 전무입니다. 아, 실례했습니다. (수화기를 준다.)
> 아미 : 네, 저예요. 그 분이요? 경리 보는 김상범 씨예요. 괜찮아요. 네? 지금요? 아직 사장님도 계시는데…… 알았어요. 그리로요? 혼자서 기다리게 하지 마세요. 네?
> (수화기를 놓고 시계를 본다. 상범을 힐끔 본다. 이어 사장실로 들어간다.)
> 상범 : (관객에게) 8개월 전에 죽은 남편을 잊을 수가 없다던 저 여자입니다. 박 전무가 전화를 하니까 대낮에 나갈 생각입니다. 내 상식으로는 도저히 이해를 할 수가 없습니다.
>
> - 이근삼, 「국물 있사옵니다」(1966)

예상 답안

주인공 상범은 두 번째 대사에서 일반 연극과 달리 청자(관객과 독자)에게 자신의 약혼자를 빼앗기고 잔치 비용을 부담해야 하는 상황을 직접 설명해 주고, 그에 따른 자신의 내면 심리나 의도를 직접 드러내고 있다. 또 마지막 대사에서 청자에게 '아미'라는 여인의 변심에 대해 알려주고 자신의 내면을 직접 드러내는 역할을 하기도 한다. 이것은 서사 갈래의 서술자(화자) 역할이며, 이를 통해 독자들이 사건 전개나 인물의 내면 심리 및 상황에 대해 쉽게 파악하게 하는 효과가 있다.

문제해설

이 문제는 희곡 부분에서 '서사극'에 관한 내용을 묻고 있다. 희곡에는 서술자가 없지만 서사극에는 특이하게 화자(서술자)가 나타난다. 제시된 작품인 이근삼의 「국물 있사옵니다」에도 이러한 화자가 나타난다. 갈래 측면에서 서사와 희곡을 비교할 수 있는 자료이다.

문제 관련 배경지식

이근삼 「국물 있사옵니다」

1. **핵심정리**
   - 갈래 희극, 풍자극, 서사극
   - 성격 풍자적, 반어적, 실험적
   - 배경 ① 시간 - 1960년대
           ② 공간 - 서울의 어느 회사 사무실
   - 제재 출세주의에 사로잡힌 어느 청년의 삶
   - 주제 현대인의 속물적인 욕망에 대한 풍자
   - 특징 ① 인물의 심리를 밀도 있게 묘사함.
           ② 다양한 실험적 방식을 활용함.
   - 출전 "신동아"(1966)

2. 상범의 해설자 역할

상범은 이 작품의 주인공이면서 해설자의 역할을 하고 있다. 해설자로서의 상범은 연극의 처음부터 끝까지 계속해서 등장하여 관객들에게 말을 하는 방백 형식을 통해 사건을 요약·전달하고, 인물의 심리를 드러내며 앞으로 전개될 사건을 안내하기도 한다. 상범은 해설자 역할을 통해 다른 등장인물보다 우월한 위치에 있으면서 극을 이끌어 나간다. 또한 무대 위에서 표현하기 힘든 것들을 설명으로 대신하기도 한다.

3. '국물 있사옵니다'의 형식

이 작품은 익살스러운 사회 풍자극으로 연극적인 즐거움이 충분하다. 특히 주인공은 자신이 굉장히 똑똑해서 출세를 했다고 생각하나, 독자의 입장에서는 그가 되려 성아미에게 이용당하는 등 사회의 부조리에 시달리고 양심에 어긋나는 행동을 하는 것을 보게 되는 극적 아이러니의 형식을 취하고 있다. 또한, 이 작품은 작가 특유의 우화적 시각과 희극적인 언어의 바탕 위에 서사극을 차용하여 연극적인 즐거움이 풍만한 풍자극으로 형상화되어 있다. 서구 연극 형식 가운데 서사극, 소극, 우화극이 갖는 장점을 취합하여 개방적이고도 익살스러운 사회 풍자극을 새롭게 만든 것이다.

4. '국물 있사옵니다'의 실험적 특징

이 작품은 다양한 실험적 방법을 사용하고 있다. 우선 무대 장치에서 상상적인 무대를 설정하고 있는데, 즉 사건 진행 과정에 따라 완성되어 가는 서사극의 형태를 취하고 있다. 또한 김상범과 해설자를 1인 2역으로 설정하였는데, 이는 관객이 사건에 감정이 이입된 상태로 몰입하지 않고 이성적이고 객관적인 거리를 유지한 상태에서 연극을 보며 사회 현실에 대해 비판적으로 접근하게 하는 효과를 얻기 위한 것이다. 주인공 김상범을 원래 성격에 의해 행동하는 것이 아니라 사회 환경의 변화를 반영하는 인물상으로 설정하여, 관객이 연극을 통해 사회 현실을 인식하게 한 것도 서사극으로서의 실험적인 방식이다.

5. 서사극 및 1960년대 이근삼의 서사극

서사극은 사회 비판과 개혁을 목표로 하는 희곡의 한 갈래이다. 관객에게 카타르시스를 경험하게 하는 아리스토텔레스의 연극론에 대한 대립 개념으로 생겨난 것으로, 사회적 인식을 일깨우는 연극의 교육적, 사회비판적 기능을 우선시하는 독일의 베르톨트 브레히트(Bertolt Brecht)가 제시했다. 따라서 극작품과 연출에서 관객의 감정이입을 막기 위해 여러 시도가 행해지는데, 배우들이 자신의 배역에서 이탈하기도 하며, 스크린 등을 이용해 인물이 상황을 객관적으로 설명하기도 한다. 이상의 모든 것은 관객의 무대와 동일시하지 않도록 하여 스스로 비판적 사고를 갖도록 하기 위해 고안된 것이다.

서사극은 사회 변화를 담아내는 데 유효한 양식이며, 사회의 모순과 실체를 찾는 데 초점을 맞추고 있다. 1960년대 한국의 상황을 풀어내는 데 적절했던 양식으로, 이근삼은 서사극적 양식으로 작품 활동을 한 우리나라 최초의 작가이다.

6. 이근삼의 작품 세계

1960년대 이근삼의 등장은 비교적 고루하고 무거웠던 극장 무대에 새로운 바람을 불러일으켰다. 미국 유학에서 돌아온 그는 정통 리얼리즘 극을 고수하고 있던 기존 작가들의 사실 집착에 반기를 들고 서사적 수법, 우화적 수법, 표현주의적 수법, 극적 아이러니의 수법 등 실험적 기법에 의한 다양한 형식의 참신성을 보여 주었다. 또한 과거의 희극 정신을 계승하면서도 전통적 희극 형식을 뛰어넘는 새로운 양식적 실험을 시도하였다. 그의 작품이 가진 특징은 왜곡된 구조 속에서 비정상적으로 발전하였던 우리 사회의 현실과 관련지을 수 있는데, 종횡무진 독설과 풍자성을 드러내고 있으며, 사회의 부조리 정치의 비리, 교육, 나아가서는 문명의 허구성까지 통렬하게 비판하였다.

2 2015년 기입형 문제

2015 A (기)   고전시가 내용 – 시적 화자 및 화자의 상황

7. 다음은 "작가가 처한 상황과 관련지어 창작 동기를 파악할 수 있다."를 학습 목표로 하는 수업의 자료이다. 〈보기〉의 ㉠, ㉡에 들어갈 말을 순서대로 쓰시오. [2점]

(가)
슬프나 즐거오나 옳다 하나 외다 하나
내 몸의 해올 일만 닦고 닦을 뿐이언정
그 밖에 여남은 일이야 분별할 줄 있으랴

내 일 망녕된 줄을 내라 하여 모를손가
이 마음 어리기로 님 위한 탓이로세
아매 아무리 일러도 님이 혜여 보소서

추성(楸城) 진호루(鎭胡樓) 밖에 울어 예는 저 시내야
무슴 호리라 주야(晝夜)에 흐르는다
│님 향한 내 뜻│을 좇아 그칠 뉘를 모르나다

— 윤선도, 「견회요(遣懷謠)」

(나)
이보소 져 각시님 설운 말삼 그만 하오
말삼을 드러하니 설운 줄 다 모를쇠
인년인들 한가지며 니별인들 갓탈손가
광한젼 백옥경의 님을 뫼셔 즐기더니
니래랄 하였거니 재앙인들 업살손가
해 다 저문 날의 가난 줄 설워마소
엇더타 니 내 몸이 격홀 대 젼혀 업내
광한젼 어디 머오 백옥경 내 아던가
원앙침 비취금의 뫼셔본 젹 바히 업내
내 얼골 이 거동이 무엇로 님 길고
질삼을 모라거니 가무야 더 니랄가
　　　… (중략) …
산호 지게 백옥함의 님 옷도 잇내 마난
뉘려셔 가저가며 가저간들 보실손가
내 하인 뉘라 하고 무산 말노 보내올고
스사로 면괴하니 남이 엇디 니루려니
누어도 생각이오 안자도 생각이라
아마도 이 생각은 일각을 못 이즐쇠
치운 밤 더운 낮과 죽됴반 조셕 딘디
님의 소식 듯자 하니 뉘라셔 전할손가

— 김춘택, 「별사미인곡(別思美人曲)」

〈보기〉

교수·학습 내용	교수·학습 활동
작가가 처한 상황 이해하기	윤선도와 김춘택의 전기적 사실을 조사하여 이 작품이 유배지에 있을 때 창작되었다는 점을 발표한다.
작품의 표현 의도 파악하기	표현 의도가 잘 드러나는 시어 및 시구를 중심으로 작품을 해석한다.
	(가)의 '님 향한 내 뜻'의 구체적인 내용은 자신의 충심(忠心)과 연정(戀情), (㉠)을(를) 알아주길 바라는 마음이다.
	(나)의 '나'는 '각시'처럼 임의 총애(寵愛)를 받아본 적은 없지만 자신도 (㉡)을(를) 마련할 정도로 임에 대해 정성스러운 마음을 가지고 있음을 강조한다.
작품의 창작 동기 추론하기	작가가 처한 상황과 표현 의도를 바탕으로 창작 동기를 추론하는 모둠별 토의를 한다.

예상 답안

㉠ : 결백함(억울함)
㉡ : 임의 옷

문제해설

이 문제는 고전시가에서 시적화자 및 화자의 상황을 묻는 문제이다. 작품의 기본 내용을 이해하고 숨은 의미를 파악할 수 있는 좋은 문제로 볼 수 있다. 기입형 문제를 쉽게 생각하는 경우가 많지만, 이 문제의 ㉠은 쉽지 않으며 고려해야 할 부분이 많다. 가장 가까운 답은 '결백(함)(억울함)'이라고 생각하고, 지조(절개) 등은 부차적인 답이 될 수 있다.

문제 관련 배경지식

윤선도 「견회요」

1. 핵심 정리
- 작자 윤선도(尹善道, 1587 ~ 1671) : 조선 선조 ~ 현종 때의 문신
- 갈래 연시조
- 배경 작자가 30세 때 간신 이이첨(李爾瞻)의 횡포를 상소하였다가 함경도 경원으로 유배되었을 때 지은 것
- 성격 우국가(견회 : 마음을 달램)
- 표현 반복법
- 제재 유배지에서의 정회(情懷)
- 주제 연군(戀君), 충의
- 특징 ① 감정이입(제3수의 '시내', 제4수의 '외기러기') / ② 대구법, 반복법
  ② 작자는 귀양간 상황에서 왕에 대한 자신의 충의를 드러내고, 모함당한 자신의 결백함을 호소함.

김춘택 「별사미인곡」

1. 핵심정리
- 작자 김춘택
- 화자 님을 그리는 여성화자(천상의 선녀)
- 갈래 유배가사 - 유배가사의 일반적 특징을 보임.
- 주제 임(임금)을 그리워하는 마음
- 특징 속미인곡과 유사한 대화체 구성

2. 감상

별사미인곡은 필사본 『가사』에 실려 있는데 북헌이 제주도에 귀양가서 1708년(숙종 34)에 지은 것으로 작품은 4음보 1행으로 계산하여 모두 79행이며, 율조는 3·4조가 가장 많이 활용되고 있다. 김춘택은 숙종 계비인 인현황후 김씨의 친정 조카인데 장희빈으로 인해 인현왕후가 폐비되었을 때, 글로 연좌 되어서 다섯 번이나 유배되고 세 번이나 옥에 갇혀 30여 년을 고생했는데 이 시기 그가 제주로 유배되었을 때 지은 것이다.

가사의 분량은 양미인곡을 모방하여 창작하였으나 구성은 「속미인곡」과 같이 대화체로 되어 있다. 또한 순 한글로 표현되어 있고 율조의 흐름과 언어구사가 평이하여 친근감을 갖게 하는 작품이라고 할 수 있다.

가사의 서두는 가사 중의 갑녀(甲女)라 할 수 있는 여인이 "이보소 저 각시님 설운말솜 그만ㅎ오."라고 시작하여 마치 앞에 어떤 하소연을 들은 듯한 분위기를 조성하고 있다. 이는 「속미인곡」을 연상하고 그렇게 한 것으로 볼 수 있다. 여기에 대하여 가사 가운데 을녀(乙女)라 할 수 있는 여인이 자기의 소회를 풀기 시작한다. 곧, 그는 자기가 광한전 백옥경에서 임을 뫼시다가 아양을 부려 그것이 재앙이 되어 이렇게 이별하게 되었음을 토로한다. 그리고 스스로 아무런 재주도 없어 임에게 사랑받을 수 없음을 말하고 임에 대한 자기의 사랑이 변할 수 없음을 강조한다. 그러면서 자기가 지은 죄를 스스로 모르니 그것이 더욱 큰 죄라 하며 자기가 지은 죄를 자기도 모르니 다른 사람이 어찌 알겠느냐고 하여 스스로의 허물에 대한 회의를 나타내고 있다. 또 임을 위하여 산호(珊瑚) 재기와 백옥함에 임의 옷을 간수하고 있지만 임에게 가져다 줄 사람이 없으며 혹시 가져간다 하여도 임이 보시거나 할 것인가라고 하여 자포자기하는 심정도 나타내고 있다. 그리하여 이생에서 임을 가까이 못하는 안타까움은 차라리 후생에서 구름이 되어 임에게 덮이고 싶다고 하였다. 그것을 임이 싫다고 하면 다시 바람이 되어 여름날 임을 부쳐주고 싶다고도 하고, 그것도 싫으면 명월(明月) 혹은 명산대천·노목·지초·오현금·말·새·짐승 등이 되어서라도 임에게 가까이 있고 싶다고 하소연한다.

이에 대하여 갑녀는 을녀가 이렇게 된 것은 팔자며 천명이니 구름이나 바람이 되면 무엇하겠느냐며 차라리 술이나 잔 가득 부어 마시고 한시름 잊으라고 권하는 것으로 끝을 맺고 있다.

대화체 구성이라는 점에서 「속미인곡」에 가까우나 내용에 있어서는 「사미인곡」의 영향도 보인다. 군주에 대한 원망은 거의 보이지 아니하고 간절한 충성을 읊었다는 점에서 연군가사의 면모가 두드러지며, 유배가사로서도 가사문학사상 중요한 위치를 차지하고 있다.

저자는 스스로 이 가사를 지어놓고, 정철의 가사에 비하여 그 말은 더욱 아름답고 그 곡조는 더욱 처량하다고 자부하고 있다. 그러나 언어의 구성은 능란하다 하여도 양미인곡에 비하여 정제되지 못한 점이 있다. 국문학사상 미인곡계 가사 가운데 한 부분을 차지하는 가사로서 의의를 지니며, 당쟁으로 얼룩진 조선조 역사의 반영으로서도 의미를 지니는 작품이다.

3. 유배 가사(연군 가사)의 특징

1) 정의
연군 가사는 군왕을 사모하는 마음과 충성을 맹세하는 것을 주제로 한 가사 작품들이다. 임금에 대한 충성을 강조한 가사는 주로 유배를 가서 지은 경우가 많기 때문에 유배 가사라고도 한다.

2) 연군 가사의 작품군
연군 가사에 속하는 작품으로는 정철의 「전후사미인곡(前後思美人曲)」, 김춘택의 「별사미인곡(別思美人曲)」, 이진유의 「속사미인곡(俗思美人曲)」 등 일련의 사미인곡계 가사들과 「만분가(萬憤歌)」, 「북천가(北遷歌)」, 「청년회심곡(靑年回心曲)」, 「사군은가(思君恩歌)」 등을 들 수 있다.

3) 주요 작품
① 정철의 「사미인곡」과 「속미인곡」: 이 두 작품은 우리나라 가사 작품 중 충신연군이 가장 잘 표현된 대표작으로 손꼽히는 작품으로, 비록 멀리 귀양을 가 있기는 하지만 임금에 대한 충성은 변함이 없다는 것을 강조한 충신연군의 가사이다.
② 조위의 「만분가」: 어느 누구에게도 호소할 길 없는 울분을 옥황(玉皇)에게 하소연하면서 임금에 대한 그리움과 충성을 강조한 노래이다.

4. 시적 화자의 상황 및 현실 대응방식
(1) 시적 화자의 상황에서는 시적 화자가 어떤 시·공간 배경 속에 어떤 일을 겪고 있는가에 관한 내용을 이해해야 한다.
(2) 시적 화자가 처한 상황은 개인적 문제로 인한 상황일 수도 있고, 사회적 문제로 인한 상황일 수도 있다. ⇨ **사회적 문제**일 경우 '**시대+현실 문제**'를 함께 묶어 제시한다.
(3) 시적 화자가 처한 상황에서 어떤 태도를 보이는가에 따라 시적 화자의 태도 또는 현실 대응 방식이 드러나게 된다.

이것은 개별 작품에서도 물을 수 있지만, 두 작품을 비교하여 이러한 내용을 물을 수도 있다. 개별 작품에서 아래와 같이 3가지로 구분하여 인식하면 시험 문제에 효과적으로 대응할 수 있다.

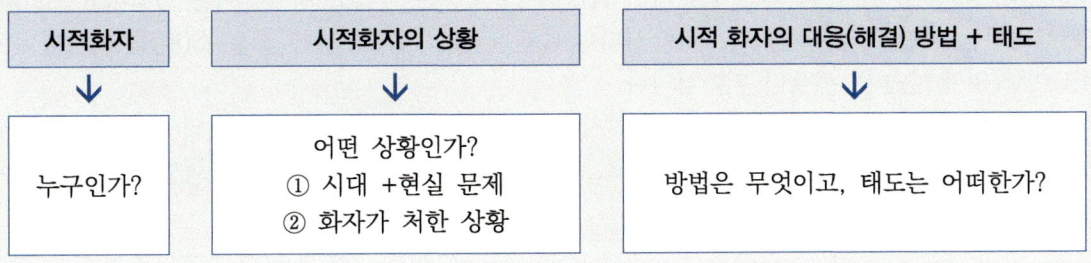

2015 A (기) 소설의 시점과 서술 / 한국 문학의 골계(滑稽) - 해학과 풍자

8. 다음은 역할극 활동에 활용한 작품과 학생의 역할극 대본이다. 〈보기〉의 ㉠, ㉡에 들어갈 말을 순서대로 쓰시오. [2점]

(가)
시아버지 호랑새요 시어머니 꾸중새요
동세 하나 할림새요 시누 하나 뾰족새요
시아지비 뾰중새요 남편 하나 미련새요
나 하나만 썩는 샐세
귀 먹어서 삼년이요 눈 어두워 삼년이요
말 못해서 삼년이요 석삼년을 살고 나니
배꽃 같은 요내 얼굴 호박꽃이 다 되었네
삼단 같은 요내 머리 비사리춤이 다 되었네
백옥 같은 요내 손길 오리발이 다 되었네
열새무명 반물치마 눈물 씻기 다 젖었네
두폭붙이 행주치마 콧물 받기 다 젖었네
울었던가 말았던가 벼개머리 소(沼)이겼네
그것도 소이라고 거위 한쌍 오리 한쌍
쌍쌍이 떠들어오네

- 「시집살이 노래」

(나)
　급히급히 돌아와서 사립 안에 들어서며, 아비 불러 하는 말이, "날은 춥고 방은 찬데 고픈 배 틀어 쥐고 오죽 고대(苦待) 하셨겠소." 심봉사 반겨하고, "애개, 내 딸 너 오느냐. 오죽이 춥겠느냐. 어서 급히 들오너라." 심청이 손을 불며 부엌으로 들어가서 물을 솥에 얼른 데워 빌어온 밥 데운 물을 아비 앞에 드리고서 반찬을 가리키며 "많이 많이 잡수시오." 심봉사 탄식하며 "목구멍이 원수로다. 선녀 같은 이내 딸을 내어놓아 밥을 빌어 이 목숨을 살자느냐. 너의 모친 죽은 혼이 만일 이 일 알았으면 오죽이 섧겠느냐." 심청이 여짜오되, "빌어 온 밥이나마 자식의 정성이니 설워 말고 잡수시오." 좋은 말로 위로하여 기어이 먹게 하니, 날마다 얻어온 밥 한 쪽박에 오색이라 흰밥 콩밥 팥밥이며, 보리 기장 수수밥이 갖가지로 다 있으니, 심봉사집은 끼니때마다 정월 보름 쇠는구나.

- 「심청가」

학생의 역할극 대본

며느리 : 시집온 지 벌써 십 년이 다 되어 갑니다. 여전히 시부모님은 어렵고 시집살이는 힘들어요. 그래도 미련스레 절 챙겨주는 남편만 믿고 삽니다. …… 서러워 흘린 눈물이 베갯머리에 작은 소(沼)를 이루었네요. 그것도 소라고 베갯잇에 수놓은 새들이 떠다닙디다.

심청 : 이제 저도 어느 정도 컸답니다. 제가 앞 못 보시는 아버지보다는 수월히 밥을 빌러 다닐 수 있지 않겠어요? 아버지는 제가 얻어 온 밥을 차마 못 드시네요. 그래서 제가, 우리는 매끼마다 오곡밥을 먹으니 얼마나 좋으냐며 위로해 드렸습니다.

〈보기〉

교사의 설명

역할극을 할 때에는 작품에 대한 올바른 이해가 중요합니다. '며느리'의 대본에서 '그래도'로 시작하는 문장은 며느리의 처지에 대한 잘못된 이해에서 비롯되었습니다. '심청'의 대본에서 (㉠)(으)로 시작하는 문장은 심청의 목소리와 서술자의 목소리를 구별하지 못한 것이지요.

그런데 작품에 그려진 인물의 삶은 눈물겹고 안타깝지만 우리가 작품을 감상할 때 꼭 그런 감정만 갖게 되는 것은 아닙니다. 비애감을 차단하고 새로운 국면으로 전환시키는 (㉡) 때문이지요. (㉡)은/는 서럽고 슬픈 삶을 견딜 만한 것으로 만들어 주는 전통적인 삶의 지혜와도 관련됩니다.

예상 답안

㉠ : 그래서
㉡ : 해학 (또는 골계, 눈물 섞인 웃음)

문제해설

이 문제는 고전시가와 고전산문이 결합된 문제로, 소설의 시점과 서술 그리고 한국 문학의 골계(해학과 풍자)와 관련된 내용을 묻고 있다. 위의 문제에서는 심청의 목소리와 서술자의 목소리를 구분하는 것이 중요하다. 아래의 문제는 골계와 해학 등을 바탕으로 하여 작품의 기본 내용을 이해하고 그것을 바탕으로 하여 역할극이라는 다른 매체(상황)에 적용하는 문제이다. 둘 다 좋은 문제라고 볼 수 있다. ㉡은 '해학' 외에 '골계', '눈물 섞인 웃음' 등도 답이 될 수 있다고 생각한다.

문제 관련 배경지식

시점과 서술

1. 시점과 서술자

(1) 시점(視點, Point of View)
① 시점이란, 소설의 진행 양상이 어떤 인물의 눈을 통해 보여지는가 하는 관찰의 각도와 위치를 말한다.
② 누가 어떤 위치에서 사건을 보고 이야기하는가 하는 화자의 위치와 시각을 시점이라고 한다.
③ 시점의 분류 기준은 서술자의 위치와 서술자의 태도이다. 한편 시점은 전체가 일치하는 경우가 있고, 그렇지 않은 경우가 있다.

(2) 서술자
① 서술자는 작가가 아니라 작가가 만들어 낸 허구적 대리인으로, 서사 내용과 독자 사이에 개입하는 화자이다.
② 1인칭 주인공의 경우 서술자와 인물이 일치하지만, 3인칭의 경우 서술자와 인물이 구분된다.
③ <u>서술자 개입이 많은 고전 소설 3인칭 위주인 경우 서술자의 목소리와 인물의 목소리를 구분하여 이해할 필요가 있다.</u>
④ 서술자의 관점에 따라 이야기의 서술 방식과 효과가 달라진다.
⑤ 시점과 서술 방법은 밀접한 관련이 있다. 누가 보는가에 초점을 맞추면 시점과 관련이 있고, 누가 어떻게 말하는가에 초점을 맞추면 문체 또는 서술 방법과 관련이 있다.

한국 문학의 골계 : 해학과 풍자

1. **골계(滑稽)**
   ① '우스꽝스러움', '유머(Humor)' 등을 이루는 미적 가치, 웃음을 자아내는 문학의 모든 요소에 폭넓게 적용되는 말이다.
   ② 주체가 객체보다 정신적, 도덕적으로 높이 위치하여 내려다 볼 때 발생한다.
   ③ 보통 비극미(비장)의 대립 개념으로 생각하고 있지만, 숭고의 대립 개념으로 여겨지는 경우도 있다.
   ④ 객관적 골계 : 대상 자체가 웃음의 성격을 지니는 것이다.
   ⑤ 주관적 골계 : 주체가 언어로 웃음의 요소를 형상화한 것으로 해학(諧謔, Humor), 풍자(諷刺, Satire) 등이 있다.

2. **해학과 풍자의 공통점과 차이점**

구분	해학	풍자
공통점	• 웃음을 유발함 • 주체가 정신적 우위에 있음 • 주체가 웃음을 형상화함	
차이점	• 대상에 대한 동정적 웃음 • 주체와 대상이 함께 웃는 웃음 • 시대와 관련성이 없음 • 대상의 부정적인 측면의 개선과 관련이 없음	• 대상에 대한 공격적·비판적 웃음 • 주체와 대상이 분리 • 혼란한 시대상(현실의 모순)과 관련됨 • 대상의 부정적인 측면의 개선을 의도함

3. **골계(해학)의 기능**
   골계(해학)를 통해 절망과 좌절의 상황에서 새로운 힘을 얻고 사회를 변화시키겠다는 에너지를 이끌어낸다.
   ① 해학은 실의나 좌절의 상황에서 그것을 극복할 수 있는 힘이 된다.
   ② 웃음은 약한 사람들의 무기로, 현실에 대한 비판을 우회적으로 드러낸다. 그 웃음 속에서 살아가는 힘을 얻는다.
   ③ 웃음은 관습화된 일상을 비틀고 고단한 현실을 웃음으로 만들어 감정의 정화를 가져온다.

2015 A (기) 현대시 형식 – 시어, 행, 연 / 시상 전개 방식

9. 다음은 "내용과 형식의 관계를 고려하여 작품을 이해하고 감상한다."라는 학습 목표를 구현하기 위해 집필 중인 교과서의 일부이다. 목표 활동 구안을 위한 집필자들의 토의 과정에서 〈보기〉의 ㉠, ㉡에 들어갈 말을 순서대로 쓰시오. [2점]

산유화(山有花)

김소월

산에는 꽃 피네
꽃이 피네
갈 봄 여름 없이
꽃이 피네

산에
산에
피는 꽃은
저만치 혼자서 피어 있네

산에서 우는 작은 새요
꽃이 좋아
산에서
사노라네

산에는 꽃 지네
꽃이 지네
갈 봄 여름 없이
꽃이 지네

──〈목표 활동〉──

활동 1. 다음 활동을 통해 이 시의 운율이 갖는 효과를 파악해 보자.
　　(1) ▓▓▓▓▓▓▓▓▓▓▓▓▓▓▓▓▓▓▓▓▓▓▓▓▓▓▓▓▓▓
　　(2) ▓▓▓▓▓▓▓▓▓▓▓▓▓▓▓▓▓▓▓▓▓▓▓▓▓▓▓▓▓▓
활동 2. ▓▓▓▓▓▓▓▓▓▓▓▓▓▓▓▓▓▓▓▓▓▓▓▓▓▓▓▓▓▓▓▓▓▓▓▓

──〈보기〉──

집필자 A	활동 1의 세부 활동 (1)로는 끊어읽기를 통해 음보율을 파악하는 활동이 먼저 제시되어야 하겠지요?
집필자 B	그러면 세부 활동 (2)에서는 음보율과 시의 의미 사이의 관계를 다루는 것이 좋지 않을까요? 가령 '산에 / 산에' 같은 표현은 (㉠)을/를 통해 음보율 실현에 변화를 줌으로써, 대상의 고립감을 부각시킨 것으로 볼 수 있어요.
집필자 C	활동 2는 형태상의 특징을 중심으로 내용과 형식의 관계에 주목하는 활동이 좋을 것 같습니다. 이 시는 (㉡) 구조를 통해 완벽한 균제미(均齊美)를 얻고 있어서, 자연의 조화로운 원리와 잘 어울리는 것 같아요.

예상 답안

㉠ : 행갈이 (또는 행 구분)
㉡ : 대칭(적) (또는 수미상관)

문제해설

이 문제는 현대시의 형식 요소 중 행 배열 관련 문제 및 시상 전개 방식에 관한 문제이다. 행 배열에서 특이한 행갈이가 나타나는 다른 작품들을 대상으로 하여 다시 출제될 수 있다. 시상 전개 방식에 관한 문제도 고전시가나 현대시에서 자주 출제될 수 있으므로 주의하여 볼 필요가 있다.

문제 관련 배경지식

1. 시의 형식 : 시어, 행, 연

(1) 시어(詩語)
시어는 음악적 효과를 드러내고 여러 가지 이미지를 이루어내며 정서적으로 연상을 하게 한다.
① 지시적 의미보다는 함축적 의미를 중시한다.
② 압축과 생략에 크게 의존한다.
③ 심상·비유·상징의 형성에 관여한다.

(2) 행(行)
① 운율의 속성을 계측할 수 있는 독립 단위이다.
② 한 개 이상의 음보가 나열되어야 리듬을 느끼게 되는데 이 단위를 행이라고 하며, 이를 통해 시의 율격이 드러난다.
③ 하나의 행이 운율의 기본 단위이므로 행을 통해 운율(음보)을 파악하는 것이 일반적이지만 예외가 있다.
  ㉠ 원래 하나의 음보 단위를 이룬 행을 특이하게 행갈이 하여 행이 나누어진다. 이 경우 여러 행이 모여 하나의 음보 단위를 이루게 된다. (행갈이)
    예 구별 배행 시조 – 이호우의 「개화」, 김소월의 「산유화」, 「진달래꽃」 등 다수
  ㉡ 하나의 행이 둘 이상의 음보 단위가 되는 경우
    예 김영랑의 「끝없는 강물이 흐르네」
  ㉢ 행갈이 : 원래 하나의 음보 단위를 이룬 행이었는데, 의미와 운율의 효과를 위해 특이하게 행을 구분한 것을 행갈이라 한다.
  ㉣ 시행 걸침(행간 걸침)
    • 위의 행과 아래의 행에 각각의 의미와 기능을 지니면서 특이하게 행갈이 된 경우이다. (행 구분에서 문법적 요소를 고려하여 이해할 필요가 있다.)
    • 시인의 유목적적인 의도(의미)를 강조하기 위해, 문법적 긴밀성을 고려하여 행갈이가 되지 않고, 위의 행과 아래의 행에 걸쳐 각각 다른 의미를 드러내는 경우(행간 걸침도 모두 행갈이 됨)나 아래의 2~3행은 문법적 긴밀성을 벗어나 행간 걸침이 나타나는 경우이다.
      예 그립다 / 말을 할까 / 하니 그리워

(3) 연(聯)
① 행의 상위 개념이면서 종합 개념이다.
② 연(Stanza)은 이태리어로 '방'이라는 뜻에서 유래한 것이다. 여기서 연의 독립성을 유추할 수 있으며 연이 시 작품의 한 단위를 이루면서 다른 연과 유기적 상관관계를 유지하는 것을 알 수 있다.
③ 몇 개 이상의 시행이 모여 이룬 의미의 결합이다.

2. 시상 전개방식(구성, 시의 짜임)

(1) 시상의 전개 방식
① 행이나 연의 배열에 의해 나타나는 짜임이다.

② 시인이 주제를 효과적으로 표현하기 위해 적절한 구조를 취하게 된다.
③ 형태는 형식 요소에 포함하지만, 내용이나 주제와 밀접한 관련이 있다.
④ 최근 시험에서 형태의 파악 및 그 의미를 주제와 관련지어 이해하는 활동이 강조되고 있다.

(2) 시상 전개 방식의 종류 – 둘 이상의 구조가 한 작품에 나타날 수 있다.
① 기승전결 – 이육사의 「절정」, 한용운의 「님의 침묵」
② 수미상관(처음과 끝이 조금씩 바뀌는 경우도 있음) – 조지훈의 「승무」, 김영랑의 「모란이 피기까지는」, 김광균의 「와사등」 등
③ 선경후정 – 이육사의 「광야」, 「절정」, 조지훈의 「봉황수」, 한시
  * 선정후경 – 김소월의 「가는 길」
④ 시간적 순서 또는 대비 : 순행적(추보식) 구성 – 이육사의 「광야」, 신석정의 「꽃덤불」, 이황의 「고인도 - 」
  * 역순행적 구성 – 윤동주의 「서시」, 백석의 「여승」
⑤ 정서의 이동 – 유치환의 「깃발」, 이용악의 「우라지오 가까운 항구에서」
⑥ 시선의 이동(아래-위, 왼쪽-오른쪽, 먼 곳-가까운 곳) – 조지훈의 「고풍의상」, 박목월의 「청노루」
⑦ 공간의 이동 또는 대비 – 유치환의 「생명의 서」, 김종길의 「성탄제」
⑧ 점층적 구성 – 정일근의 「바다가 보이는 교실」, 김현승의 「눈물」 앞 부분
⑨ 변증법적 구성 – 강은교의 「우리가 물이 되어」, 유치환의 「생명의 서」
⑩ 열거(나열)에 의한 구성 – 백석의 「모닥불」, 「여우난곬족」, 정지용의 「향수」
⑪ 반복에 의한 구성 – 김동환의 「산 너머 남촌에는」, 한용운의 「알 수 없어요」, 「찬송」, 백석의 「여우난 곬족」 등
⑫ 대칭적 구성 – 행 배열의 대칭 : 한용운의 「나룻배와 행인」, 김소월의 「산유화」
  * 내용(제재)로 인한 대칭 : 이상의 「거울」, 김영랑의 「모란이 피기까지는」, 김소월의 「산유화」

2015 A (기) 　문학 일반 – 사회·문화적 맥락 및 문학사적·작가적 맥락

10. 다음 작품을 읽고 〈보기〉의 (　　) 안에 들어갈 말을 쓰시오. [2점]

> 　그 오후 다섯시에 컨베이어 앞을 떠나기 위해 나머지 시간을 외사촌과 나는 벙어리가 되어 피브이시에 나사 박는 일에 몰두한다. 우리는 스테레오과 A라인의 1번과 2번이었으므로, 우리가 작업을 시작하지 않으면 생산이 이어지지 않았으므로, 우리가 학교에 가고 없는 동안에도 생산이 끊기지 않도록 3번 자리 옆에 우리의 작업을 마친 피브이시를 오후 다섯시가 되기 전에 충분히 쌓아놓아야 했으므로, 우리는 아침에 다른 사람들보다 삼십 분을 일찍 회사에 나온다. 점심만 먹고 곧 돌아와 컨베이어 앞에 앉는다.
>
> [중략 부분 줄거리] 구로 공단에서 일하며 '산업체 특별학급'에 다니고 있지만, 학교생활에 적응하지 못하고 있던 '나'는 최홍이 선생님으로부터 『난장이가 쏘아올린 작은 공』이라는 책을 선물로 받는다.
>
> 　주산시간에 국어노트 뒷장을 펴고 난장이가 쏘아올린 작은 공을 옮겨본다.
>
> ㉠ ……사람들은 아버지를 난장이라고 불렀다. 사람들은 옳게 보았다. 아버지는 난장이다. 불행하게도 사람들은 아버지를 보는 것 하나만 옳았다. 그밖의 것들은 하나도 옳지 않았다. 나는 아버지, 어머니, 영호, 영희, 그리고 나를 포함한 다섯 식구의 모든 것을 걸고 그들이 옳지 않다는 것을 언제나 말할 수 있다. 나의 '모든 것'이라는 표현에는 '다섯 식구의 목숨'이 포함되어 있다.

⌈ ……이제 열일곱의 나는 컨베이어 위에서도 난장이가 쏘아올린 작은 공을 노트에 옮기고 있다. 천국에 사는
│ 사람들은 지옥을 생각할 필요가 없다, 고. 그러나 우리 다섯 식구는 지옥에 살면서 천국을 생각했다, 고.
ⓒ 단 하루라도 천국을 생각해보지 않은 날이 없다, 고. 하루하루의 생활이 지겨웠기 때문이다, 고. 우리의 생
│ 활은 전쟁과도 같았다, 고. 우리는 그 전쟁에서 날마다 지기만 했다, 고. 그런데도 어머니는 모든 것을 잘
⌊ 참았다, 고.

최홍이 선생이 소설을 써보는 게 어떻겠느냐는 말 대신 시를 써보는 게 어떻겠느냐고 했으면 나는 시인을 꿈꾸었을 것이다. 그랬었다. 나는 꿈이 필요했다. 내가 학교에 가기 위해서, 큰오빠의 가발을 담담하게 빗질하기 위해서, 공장 굴뚝의 연기를 참아낼 수 있기 위해서, 살아가기 위해서.

소설은 그렇게 내게로 왔다.

- 신경숙, 「외딴 방」

〈보기〉

문학에서는 작가가 다른 작가의 작품을 자신의 작품 속에 인용하여 새로운 의미를 만들어 내는 경우가 있다. 신경숙은 「외딴 방」에서 조세희의 「난장이가 쏘아올린 작은 공」을 ㉠, ㉡과 같이 인용하고 있다. 그런데 ㉡은 ㉠과 달리 「난장이가 쏘아올린 작은 공」을 옮겨 적는 '나'의 행위가 함께 제시된다. '나'가 처한 사회적 상황을 고려해 볼 때, ㉡과 같은 인용 방식은 작가가 되기 위해 '나'가 소설을 필사하는 행위를 보여 준다는 의미 외에, 다른 측면으로 이해할 가능성을 열어 준다. ㉡은 「난장이가 쏘아올린 작은 공」의 '나'와 그것을 필사하는 '나'가 중첩되는 효과를 통해 (   )을/를 표현하는 것으로도 이해할 수 있다.

예상 답안

해결되지 않고 되풀이 되는 노동 착취 문제 (또는 노동 문제(착취)가 해결되지 않고 되풀이 되고 있는 현실) / (기법상 - 오버랩)

문제해설

이 문제는 문학 일반에서 문학사적·작가적 맥락에 관한 문제이다. 과거의 작품이 현재 작품 창작에 바탕이 되고 있으므로 '패러디'와 관련된 문제로 볼 수도 있다. 한 작품의 문학사적 배경에 관한 문제도 가끔 출제되므로, 중요한 작품의 경우 문학사적 배경을 주목하여 학습할 필요가 있다.

작품 관련 배경지식

신경숙 외딴방

1. 핵심 정리
- 갈래 장편 소설, 성장 소설, 노동 소설
- 성격 자전적, 회고적
- 시점 1인칭 주인공 시점
- 배경 ① 시간 : 1970년대 말, 1990년대 초
         ② 공간 : 농촌, 구로공단, 제주도
- 주제 ① 성장 과정의 자기 고백을 통한 내면적 성숙
         ② 어린 시절에 겪었던 삶의 아픔과 소설가의 자의식

2. 구성 방식

「외딴 방」은 현재의 '나'가 과거의 '나'를 회상하는 형식으로 이루어져 과거와 현재가 병치되는 구성을 택하고 있는데, 작가는 현재의 일은 과거 시제로 과거의 일은 현재 시제로 표현하고 있다. 이는 과거 노동 현장에서 일하던 '나'의 경험이 현재의 자아를 형성하는 데 큰 영향을 끼쳤고, 과거와 현재가 서로 밀접한 관련을 맺고 있음을 의미하는 것이다. 한편 현재와 과거의 시간의 간격 사이에 '글쓰기'라는 공통적 대상을 중심으로 하여 두 가지의 간극을 메우고 있다. 과거와 현재의 '나'가 만나는 접점이 글쓰는 이로서의 자기에 대한 인식인 것이다.

3. 서술자의 특징

① 이 작품의 서술자는 둘이면서 하나이다. 1인칭 주인공 '나'는 16살에서 19살에 이르는 '나'이면서 동시에 소설을 쓰고 있는 32살의 '나'이기 때문이다. 동일인이지만 병치 기법에 의해 표면상 과거의 '나'와 현재의 '나'로 분리되었다는 느낌을 주는 서술 방식을 취하고 있다. 현재의 서술자가 과거의 자신을 서술 대상으로 삼고 있는 것이다.

② 이 작품의 서술자는 서술 도중에 자신의 존재를 노출시키고 글쓰기에 관한 자의식을 드러낸다. 이 글을 쓰면서 평소 글을 쓰는 스타일을 버렸다고 말하는 부분이나 글을 씀으로써 자기 소외에서 벗어날 수 있을 것이라는 글쓰기의 의의를 되새기는 부분에서 이 점이 드러난다.

③ 이 작품은 부분적으로 조세희의「난장이가 쏘아올린 작은 공」을 인용하고 있다. 어떤 부분은 그냥 인용하고, 어떤 부분은 어떤 부분은 인용의 조사를 통해 옮겨 적는 '나'의 행위가 함께 제시된다. '나'가 처한 사회적 상황을 고려해 볼 때, 옮겨 적는 나의 행위까지 인용의 조사를 통해 제시한 부분은 작가가 되기 위해 '나'가 소설을 필사하는 행위를 보여준다는 의미가 있다. 또한 그것은 「난장이가 쏘아올린 작은 공」의 '나'와 그것을 필사하는 '나'가 중첩되는 효과를 통해 노동 문제(착취)가 해결되지 않고 되풀이 되고 있는 현실을 오버랩시켜 보여주는 것으로도 이해할 수 있다.

3 2016년 기입형 문제

2016 A (기) | 고전 문학사 / 고전문학의 하위 갈래(고려속요)

6. 다음을 읽고 〈보기〉의 ㉠, ㉡에 해당하는 말을 순서대로 한 단어씩 쓰시오. [2점]

(가)
가시리 가시리잇고 나ᄂᆞᆫ
ᄇᆞ리고 가시리잇고 나ᄂᆞᆫ
<u>위 증즐가 대평셩ᄃᆡ大平盛代</u>

날러는 엇디 살라 ᄒᆞ고
ᄇᆞ리고 가시리잇고 나ᄂᆞᆫ
<u>위 증즐가 대평셩ᄃᆡ大平盛代</u>

잡ᄉᆞ와 두어리마ᄂᆞᄂᆞᆫ
선ᄒᆞ면 아니 올셰라
<u>위 증즐가 대평셩ᄃᆡ大平盛代</u>

셜온님 보내ᄋᆞ노니 나ᄂᆞᆫ
가시ᄂᆞᆫ 듯 도셔 오쇼셔 나ᄂᆞᆫ
<u>위 증즐가 대평셩ᄃᆡ大平盛代</u>

— 「가시리」

(나)
딩아 돌하 당금當今에 계샹이다
딩아 돌하 당금當今에 계샹이다
<u>션왕셩ᄃᆡ先王聖代예 노니ᄋᆞ와지이다</u>
⋮
⋮
구스리 바회예 디신ᄃᆞᆯ
구스리 바회예 디신ᄃᆞᆯ
긴힛ᄃᆞᆫ 그츠리잇가

즈믄 ᄒᆡ를 외오곰 녀신ᄃᆞᆯ
즈믄 ᄒᆡ를 외오곰 녀신ᄃᆞᆯ
신信잇ᄃᆞᆫ 그츠리잇가

— 「정석가」

〈보기〉

고려속요는 구전되다가 조선 시대에 기록된 갈래이다. 고려속요의 형성 및 향유와 관련하여 다음 두 가지 가설이 있다. 하나는 애초에 (㉠)에서 불리던 노래들이 궁중으로 유입되었다는 것이고, 다른 하나는 (㉡)에서 향유되던 노래들의 일부가 궁중 바깥으로 퍼져 나갔다는 것이다. (가)와 (나)에서 밑줄 친 부분은 (㉡)의 노래로서 고려속요가 향유되었음을 보여 주는 근거가 된다.

예상 답안

㉠: 민간 (또는 서민 계층)
㉡: 궁중 (또는 궁중 속악)

문제해설

이 문제는 고전 문학사 중 고려속요라는 하위 갈래의 특징에 해당하는 문제이다. 현대문학에서는 유파의 특징이 중요하고, 고전문학에서는 하위 갈래의 특징이 중요하므로 이를 잘 알고 있어야 한다. 기입형 문제는 쉬운 문제일수록 주의해야 하는데, 이 문제의 경우도 쉽다고 생각하고 내용을 자세히 보지 않은 채 '㉠은 민요', '㉡은 속악' 등으로 답을 제시한 경우가 많았다. ㉠은 장소나 공간을 뜻하는 부분으로 답을 제시해야 한다.

문제 관련 배경지식

1. 고려 속요의 정의 및 형성 시기

(1) 고려속요의 정의

① 고려 때 평민들이 민간에서 구승(口承)시키던 민요를 궁중에서 일부 개편하여 궁중 속악으로 부른 노래의 가사이다.
② 속가(俗歌), 고려장가(高麗長歌), 고속가(古俗歌)라고도 부른다.
③ 고려 때는 구전되다가 조선에 가서 훈민정음의 창제 이후 국문으로 표기되어 전한다.

(2) 고려속요의 형성 시기

고려속요의 형성 시기는 명확하게 알 수 없으나 현존 작품의 구조와 음악과의 관련성을 고려하여 보면 고려 예종 11년(1116)의 송나라 대성악 수입 시기가 그 상한선이 될 것으로 추정된다.

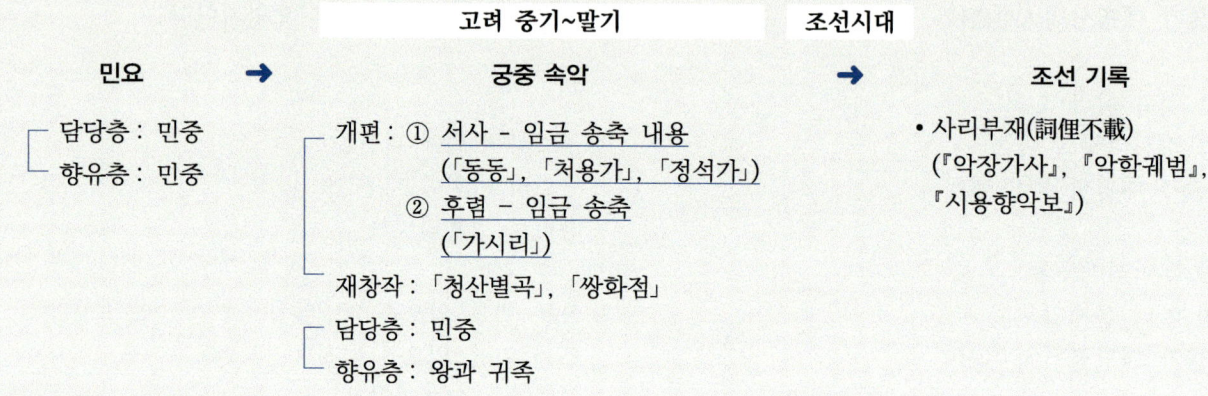

2. 고려속요의 형식과 내용

(1) 고려속요의 형식

① 국문으로 표기되었다.
② 전체 갈래에 공통되는 형식은 없지만, 분절체 작품의 경우 각 연들은 형식에서 공통성이 있다.
③ 형식
   ㉠ 분절체가 많고 단연체도 있다.
   ㉡ 3·3·2의 음수를 지닌 3음보가 많다.
   ㉢ 분절마다 후렴구가 붙는 것이 특징이다.
   ㉣ 다양한 작품에서 전대의 4구 형식을 그대로 계승하거나 변형하여 사용한다.

(2) 고려속요의 내용

① 남녀 간의 사랑, 자연에 대한 예찬, 이별의 아쉬움 등과 같이 평민들의 허식이 없고 진솔한 인간성을 담고 있다.
② 현세적, 향락적, 애욕적, 퇴폐적이다.
③ 그 중 남녀 간의 애정을 주제로 한 것은 조선조 학자들이 '남녀상열지사(男女相悅之詞)'라 하여 문헌에 사리부재(詞俚不載)하였다는 기록이 있다.

3. 고려속요의 특징

(1) 고려속요의 특성

① 향가에 뒤이어 나타난 고려의 평민 문학이다.
② 개인 창작의 시가가 아니라 민요에서 전승한 것으로 본다.
③ 서민들의 유동 문학으로 구비 전승되었으며, 서민들의 생활과 정서를 적나라하게 표출시켰다.
④ 고려속요의 원천은 민간의 민요에 있으므로 본래의 작자층은 민중층으로 볼 수 있고, 그것을 바탕으로 재창작하여 향유한 왕실과 그 주변 인물인 권문세족은 수용자층으로 볼 수 있다.
⑤ 민간의 민요가 궁중의 속악으로 들어오면서 '동동', '정석가', '처용가' 등은 서사에서 임금을 송축하는 내용을 담았고, '가시리'는 후렴에서 임금을 송축하는 내용을 담았다. 지식인들이 개입하여 정형적으로 개편한 흔적을 잘 보여주는 것은 '청산별곡'과 '쌍화점'이다.
⑥ 고려속요의 작자는 대부분 밝혀져 있지 않다. (예외 : 정서, 「정과정」)

⑦ 연마다 다른 내용을 담고 있는 경우가 많다. 이러한 점 때문에 고려속요는 시로서의 다양성과 정체성을 동시에 지닌다.
⑧ 한글 창제 이후에 『악학궤범』, 『악장가사』, 『시용향악보』에 기록되었다.
⑨ 분절체로 이루어진 경우가 많다.
⑩ 각 연 뒤에는 후렴구가 붙는데, 후렴구는 일정하지 않다.
⑪ 3·3·2조, 3·3·4조 등 3음보의 운율을 지녔다.
⑫ 남녀의 애정을 다룬 것은 '남녀상열지사'라 하여 대부분 조선 한학자들에 의해 사리부재(詞俚不載)의 대상이 되었다.
⑬ 고려 말에 형식이 완성된 시조 문학으로 발전하는 데 영향을 미쳤다.
  예 「만전춘」 2·5연, 「정읍사」, 「사모곡」 등
⑭ 『악학궤범』, 『악장가사』, 『시용향악보』, 『대악후보』 등에 실려 전한다. 이 밖에 가사는 전하지 않고 제목과 내용만 전하는 것이 『고려사악지』에 30여 편이 소개되어 있다.

2016 A (기) 고전소설 : 소설의 유형 – 영웅소설의 구성 : 이인 출현(천상계) 모티프

7. 다음을 읽고 <보기>의 ㉠, ㉡에 해당하는 말을 순서대로 쓰되, ㉡은 다음에서 찾아 쓰시오. [2점]

노인이 이윽히 보다가 웅의 손을 잡고 왈,
"그대 조웅이 아니냐?"
웅이 답 왈,
"어찌 알으시나니이꼬?"
노인 왈,
"하늘이 보검을 주시매 임자를 찾으러 두루 다니더니, 수월 전에 장성(張星)이 강호에 비치거늘, 이곳에 와 기다리되 종시 만나지 못하매 괴이히 여겨 다시 천문을 보니 장성은 떠나지 아니하나 행색이 곤핍하기로 개걸(丐乞)하는 줄 짐작하나 어찌 늦게 오뇨?"
하고 칼을 주거늘,
웅이 재배 왈,
"이런 보배를 주시되 값이 없으니 어찌하리이꼬?"
노인이 소 왈,
"어찌 값을 의논하리오?"
하고 당부 왈,
"그대는 진심갈력하여 광산 도사를 찾아 술법을 배우라."
하고 가거늘, 웅이 배별(拜別)하고 여러 날 만에 광산에 들어가 도사를 찾아 배례한대, 도사가 왈,
"그대 이 험로에 나를 찾으니 그 정성은 알거니와 무엇을 배우고자 하느뇨?"
웅이 재배 왈,
"배운 바가 없삽기로 의사(意思)를 열고자 하나니이다."
도사 웃고 왈,
"그대는 장부라 어찌 모르리오?"
하고 천문지리와 육도삼략을 가르치더라.
수년 내에 재주가 능통한지라. 일일은 벽력같은 소리가 들리거늘, 웅이 놀라 문 왈,
"이 무슨 소리니이니까?"
도사가 왈,
"수년 전에 망아지 하나를 얻으니 심히 사나워 근심하노라."
웅이 곧 가보니 과연 말이 모색(毛色)이 가을 물결 같은지라. 고삐를 이끄니 그 말이 오래 보다가 고개를 숙이거

늘, 웅이 반겨 말 값을 묻거늘, 도사가 왈,

"하늘이 용총(龍驄)을 내시매 자연 임자를 주나니 어찌 값을 말하리오?"

웅이 사례하고 다시 고 왈,

"소자 모친 슬하를 떠난 지 벌써 수년이라 다녀옴이 어떠하니이꼬?"

- 「조웅전」

〈보기〉

고전소설의 중요한 특질인 환상성은 태몽(胎夢), 적강(謫降), 이인(異人), 인귀교환(人鬼交歡) 등의 모티프를 통해 구현된다. 윗글에서는 이인들이 연달아 등장하여 주인공의 (㉠) 역할을 한다. 이인의 출현은 지상계에서 벌어지는 일에 (㉡)이/가 지속적으로 개입하고 있음을 시사한다.

예상 답안

㉠ : 조력자

㉡ : 하늘

문제해설

이 문제는 고전소설을 바탕으로 소설의 구성 중 영웅 소설과 관련된 내용을 묻는 문제이다. 고전소설을 공부할 때 유형을 나누어 그 특징을 중심으로 이해하면 효과적이다. 이 문제에서 주의할 것은 ㉡의 내용을 바로 '천상'이라 답하기 쉬운데, 자료에서 찾아 써야 하므로 '하늘'이 답이 된다. 교원임용시험에서 조금 조잡한 문제이지만 이렇게 조건을 고려해야 하는 문제가 있으므로 문제를 곰곰이 읽어야 한다.

문제 관련 배경지식

영웅 소설

1. 영웅 소설의 특징

① 영웅적 인물의 행위가 나타나거나 '영웅의 일생' 유형 구조를 지닌 소설이다.
② 주인공은 천상계와 연관이 있는 경우가 많으며, 주인공은 천상이나 이인들의 조력을 받는 경우가 많다.
③ 주인공이 뛰어난 능력(도술과 무예)을 지닌다.
④ 신성 소설의 대표적인 유형이다.

영웅의 일생 유형 구조
• 고귀한 혈통을 지닌 인물 • 비정상적으로 잉태되거나 출생 • 범인과는 다른 탁월한 능력을 타고 남 • 어려서 기아가 되어 죽을 고비에서 벗어남 • 구원자(양육자)를 만나서 죽을 고비에서 벗어남 • 자라서 다시 위기에 부딪힘 • 위기를 투쟁으로 극복해서 승리자가 됨

2. 영웅 소설의 특징을 지닌 작품

① 설화 : 「주몽 신화」, 「아기장수 우투리」
② 소설 : 「홍길동전」 이후, 아래와 같이 두 갈래로 나누어진다.
  ㉠ 역사 영웅 소설 : 「박씨전」, 「임경업전」, 「임진록」
  ㉡ 창작 영웅 소설 : 「유충렬전」, 「조웅전」, 「소대성전」 등

2016 A (기)	문학 교육 – 교육과정 – 문학의 맥락

8. 다음은 최 교사가 준비한 수업 자료이다. 괄호 안의 ㉠, ㉡에 해당하는 말을 순서대로 쓰시오. [2점]

학습 목표	다양한 맥락에서 작품을 이해하고 감상할 수 있다.
활동 제재	山은 九江山 보랏빛 石山 山桃花 두어송이 송이 버는데 봄눈 녹아 흐르는 옥같은 물에 사슴은 암사슴 발을 씻는다. - 박목월, 「산도화(山桃花) 1」

감상 맥락	활동 자료	중심 활동
사회·문화적 맥락	일제 강점기 말기의 사회상이 생생하게 드러난 사진 자료	이 시의 시적 공간이 갖는 (㉠)적(的) 성격과 당대 상황을 대비하여 창작 의도 추측하기
(㉡)적(的) 맥락	청록파 시인들의 시적 경향을 분석한 비평문	자신이 읽은 시 작품 중 이 시의 시적 경향과 유사한 작품을 찾아 계승 관계 파악하기
상호텍스트적 맥락	이백, 「산중문답(山中問答)」	두 작품에 공통적으로 나타난 '도화' 이미지를 중심으로 작품 감상하기

예상 답안

㉠ : 탈속 (또는 이상(향))
㉡ : 문학사

문제해설

이 문제는 문학 교육 중 교육과정과 관련된 문제이다. 2012 교육과정은 맥락을 '사회·문화적 맥락, 문학사적 맥락, 상호텍스트적 맥락' 등으로 나누고 있는데, ㉡은 이와 관련이 있다. 하지만 박목월의 이 작품을 바탕으로 사회문화적 맥락을 묻는 것이 적절한지 의문이 있다.

주의할 것은 2015 교육과정에서는 맥락을 '사회·문화적 맥락, 작가적 맥락, 상호텍스트적 맥락'으로 나누고 있으므로 이에 따르면 답이 '작가적 맥락'이 될 수 있다. ㉠의 경우에도 작품의 맥락을 직접 파악하는 것이 아니라 당대의 사회·문화적 맥락과 작품 속에는 그것이 드러나지 않은 점을 묻고 있다.

문제 관련 배경지식

문학의 맥락

1. 사회·문화적 맥락
① 문학 텍스트에 반영된 당대의 사회·문화적 요소를 말한다.
② 텍스트 내의 사회·문화적 맥락과 텍스트 밖의 사회·문화적 맥락은 다를 수도 있다.
③ 독자와 동시대의 작가가 쓴 문학은 작가와 독자가 사회·문화적 상황을 공유하지만, 지난 시대의 문학이나 고전문학은 사회·문화적 상황을 공유하기 어렵다.
④ 사실주의 문학론, 반영론 등과 관련이 있으며, 작품에서 파악할 때는 '시대 + 현실 문제'의 내용으로 제시해야 작품의 사회·문화적 맥락이 분명하게 드러난다.

2. 문학사적 맥락
① 텍스트 관련 전대 혹은 당대의 문학사 배경 : 문학사·시사·소설사를 구분하여 이해한다.
② 텍스트 관련 전대의 관련 텍스트 : 내용, 형식, 표현 면의 영향 관계, 공통점과 차이점, 비교할 때의 효과 등이 있다.
③ 갈래와 유파 관련 내용 : 갈래, 유파의 특징, 형성 배경, 영향 관계 등이 있다.

3. 작가적 맥락
① 문학론적 배경 : 표현론, 작가·전기적 배경과 관련된다.
② 작품을 지은 작가의 문학적 특성(개성)과 유파와 관련된다.
③ 작품을 짓던 시기의 작가의 상황, 작가의 의식 등에 관한 내용이다.

4. 상호텍스트적 맥락
① 하나의 텍스트와 작가, 구조(내용·형식·표현), 세계, 독자의 관점에서 주고받은 영향 관계로 주로 공시적 관점에서 접근할 수 있다.
② 시대 기준 : 고전 동시대, 현대 동시대, 고전과 현대를 기준으로 비교한다.
③ 기본 갈래 기준 : 서정, 서사, 극, 교술의 같은 갈래끼리 혹은 다른 갈래끼리 비교한다.
④ 하위 갈래 기준 : 같은 하위 갈래끼리, 다른 하위 갈래끼리 비교한다.

4 2017년 기입형 문제

2017 A (기) 소설의 시점과 서술 / 소설 서술 방법과 문체

5. 다음은 "근대 초기 우리 소설의 문체 변화를 중심으로 작품을 이해할 수 있다."라는 학습 목표를 달성하기 위해 선정한 작품들이다. 〈보기〉의 괄호 안 ㉠, ㉡에 해당하는 말을 〈작성 방법〉에 따라 순서대로 쓰시오. [2점]

(가)
　경성학교 영어 교사 리형식은 오후 두 시 사 년급 영어 시간을 마초고 나려쪼이는 륙월 볏헤 쏨을 흘니면셔 안동 김 장로의 집으로 간다. 김 장로의 쌀 션형(善馨)이가 명년 미국 류학을 가기 위ᄒᆞ야 영어를 쥰비홀 츠로 리형식을 미일 한 시간식 가뎡 교사로 고빙ᄒᆞ야 오날 오후 셰 시부터 슈업을 시작ᄒᆞ게 되엿슴이라. … (중략) … 뎜심 후에는 아직 담ᄇᆡ는 아니 먹엇건마는 ᄒᆞ고 손으로 입을 가리오고 입김을 후 ᄂᆡ어 불어 본다. 그 입김이 손바닥에 반ᄉᆞ되여 코로 들어가면 닝식의 유무를 시험홀 슈 잇슴이라.
　　　－ 이광수, 「무정」(1917)

(나)
　兄님 －
　마츰내 告白할 날이 왓슴니다.
　언제던지 兄끠서 直接으로나 或은 편지로 "무슨 번민이 잇거든 내게 다 말하라." 하셧지만 저는 죵내 못하엿서요. 제 性質 가운데 별한 것이 잇셔셔 이 事件을 다른 사람의게 알게 하려면 싀기의 불이 압셔셔 니러나는 고로 마츰내 못하였슴니다.
　그럿치만 지금은 쑴질거리고 잇지 못하게 되엿슴니다.
　마츰내 告白할 날이 왓슴니다.
　　－ 김동인, 「마음이 여튼 자여」(1919)

(다)
　요사히 彼의 또 한 가지 苦痛은, 意識的이 아니고는 사람을 사랑할 수 업는 것이다. 불상한 女子다, 自己의 不純으로 相對者 純潔을 더럽히는 罪惡의 代償으로라도, N을 사랑하여야 하겟다는, 意識이나, 條件이 업고는, 사람을 사랑할 수 업는 것이, 彼에게는 一種의 苦痛인 同時에 悲哀이엇다. 藝術이냐? 戀愛냐? 彼에게 對하야는 이 두 가지를 全然히 否定할 수도 업고, 全然히 肯定할 수도 업다. 그 一을 取하고 그 一을 버릴 수도 업다. 여기에 彼의 씌-렌마가 잇는 것이다.
　　－ 염상섭, 「암야」(1922)

〈보기〉

　염상섭의 소설 「암야」에서 쓰이는 문장 종결 표현을 '이다'체라고 한다면, 「무정」의 종결 표현에는 고전소설에서 쓰였던 '(㉠)'체가 여전히 남아 있다. 그러나 한편으로 「무정」에는 '-ㄴ다/-다'체 등 현대국어의 문장 종결 표현들도 나타나고 있다.
　한편 우리 근대 소설의 탄생을 가장 특징적으로 알리는 문체에도 주목할 필요가 있다. 「마음이 여튼 자여」에 적시된 "무슨 번민이 잇거든 내게 다 말하라."라는 명제는 이 문제를 잘 드러내 준다. 마음속에 숨기고 있는 것, 특히 시시콜콜한 일상의 고민을 다 말하고자 하는, 근대의 내면이 만들어 낸 문체, 이른바 '내면 (㉡)체'의 탄생에 의해 우리 근대 소설사는 새로운 단계로 진입하기 시작한다.

─────────────── 〈작성 방법〉 ───────────────
- ㉠은 (가)에서 찾아 쓸 것
- ㉡은 (나)에서 찾아 쓸 것

예상 답안

㉠ : 이라
㉡ : 고백

문제해설

이 문제는 소설의 문체(서술)에 관한 문제이다. ㉠은 문어체에서 구어체(언문일치체)로 변화하는 내용을 담고 있다. 문어체와 구어체는 종결어미 등을 통해 잘 이해할 필요가 있다. ㉡은 현대소설에서 인물의 내면 고백(심리)을 드러내는 부분과 관련이 있다.

문제 관련 배경지식

문체와 서술 방법

1. 소설의 문체

(1) 문체의 개념과 층위

문체는 문장에 나타나는 작가의 개성(Style), 문장의 개성적 특성을 말한다.
① 문학 작품에서만 사용되는 특수한 문장 표현으로, 문학적 언어, 시적 언어이며 넓은 의미의 문체이다.(= 문학적 진술)
② 어느 특정한 역사적 시기 또는 문화권에서 독특하게 사용되는 언어 체계나 표현 방식이다.
③ 작가가 언어를 선택하고 질서화하며 배열하는 개성적인 방식이다.
④ 하나의 작품에서 '서술, 묘사, 대화' 등 문체의 3요소에 의해 짜인 방식이다.

(2) 고전과 현대의 문체

① 고전소설의 문체는 문어체인데, 현대소설에 와서 구어체(언문일치체)로 나타난다.
② 언문일치체는 신소설에서 나타나며, 이광수의 「무정」을 거쳐 김동인의 소설에 와서 확립된다.
③ 문어체의 종결은 '-라(-니라, -이라, -더라)'로 끝나고, 구어체의 종결은 '-다(-ㄴ다/-는다, -었다/-았다'로 끝난다.
④ 근대소설에 와서 마음속에 숨기고 있는 것, 특히 시시콜콜한 일상의 고민을 다 말하고자 하는, 근대의 내면이 만들어 낸 문체, 이른바 '내면 고백체'가 나타난 우리 소설의 문체가 새로워졌다.

2. 소설의 서술 방법

(1) 직접적 제시 (해설적 방법, 분석적 방법)

① 서술자가 직접 사건이나 등장인물의 성격을 이야기(Telling)하는 방법이다.
② 사건의 전개나 인물의 외양·행동·성격적 특징을 나타내는 지배적 인상 등을 서술자나 다른 인물이 직접 설명·진술·논평한다.
③ 설화나 초기 소설에서 서술자가 사건 전개 위주로 설명하던 방식으로 볼 수 있다.
④ 편집자적 논평, 작자의 개입, 화자의 말하기, 사건 요약 등과 연관이 있다.

(2) 간접적 제시 (극적 방법 : 장면 제시, 보여주기)

① 서술자가 인물의 성격이나 외모, 사건의 전개 등을 직접 말하지 않고, 대화 또는 묘사 등으로 장면을 통해 나타내는 방법이다.
② 그림을 그리는 것처럼 묘사를 통해 드러내는데 풍경이나 외모 행위의 묘사는 쉽게 파악되지만, 내면 심리 묘사는 설명과 묘사로 쉽게 구분되지 않으므로 주의해야 한다.
③ 대화를 통한 장면 제시는 인물 관계를 분명히 드러내면서 인물의 성격을 분명하게 드러낸다.
　예 「옥상의 민들레꽃」 앞부분
④ 보여주기, 극적 제시, 장면 제시 등과 연관이 있다.

(3) 직접적 제시 방법과 간접적 제시 방법의 차이

직접적 제시 방법 (분석적 방법 : 서술)	간접적 제시 방법 (극적 방법 : 묘사, 대화)
설명적 → 말하기(Telling) : 편집자적 논평, 작자의 개입, 요약	묘사적 → 보여주기(Showing) : 극적 제시, 장면 제시
화자가 직접 인물의 성격이나 특성, 배경, 사건의 전개 등을 서술·설명·진술·분석함	• 묘사 : 인물의 성격이나 행동(사건)과 배경을 묘사 • 대화 : 인물의 성격, 사건의 전개, 인물의 행동이 드러남
• 인물 : 성격이나 심리에 대해 직접적인 분석과 설명 • 사건 : 사건의 전개를 요약하여 제시 • 배경 : 주로 시간적 배경을 설명	• 인물 : 외모나 내면에 대한 묘사 • 사건 : 사건의 전개를 그림을 그리듯이 장면을 제시함 • 배경 : 주로 공간적 배경을 묘사
추상적인 설명으로 흐르기 쉽다는 단점이 있음	작가의 견해를 나타내는 데는 불편함

2017 A (기) 국문학 일반 – 한국 문학과 자연 / 작품 전반의 감상

7. 다음 작품에서 화자의 태도를 탐색하는 과정을 〈보기〉와 같이 나타낼 때, 〈보기〉의 괄호 안 ㉠에는 해당하는 말을 쓰고, ㉡에는 해당하는 구절을 작품에서 찾아 쓰시오. [2점]

> … (전략) …
> ⓐ 人間을 떠나 와도 내 몸이 겨를 업다
> 니것도 보려 ᄒ고 져것도 드르려코
> ᄇᆞ람도 혀려 ᄒ고 ᄃᆞᆯ도 마즈려코
> 밤으란 언제 줍고 고기란 언제 낙고
> 柴扉란 뉘 다드며 딘 곳츠란 뉘 쓸려뇨
> 아춤이 낫브거니 나조ᄒᆡ라 슬흘소냐
> 오ᄂᆞ리 不足거니 來日이라 有餘ᄒᆞ랴
> 이 뫼ᄒᆡ 안ᄌ 보고 져 뫼ᄒᆡ 거러 보니
> 煩勞ᄒᆞᆫ ᄆᆞ음의 ᄇᆞ릴 일이 아조 업다
> 쉴 ᄉᆞ이 업거든 길히나 전ᄒᆞ리야
> 다만 ᄒᆞᆫ 靑藜杖이 다 뫼듸여 가노ᄆᆡ라
> ⓑ 술리 닉어거니 벗지라 업슬소냐
> 블닉며 ᄐᆞ이며 혀이며 이아며
> 온가짓 소ᄅᆡ로 醉興을 ᄇᆡ야거니
> 근심이라 이시며 시름이라 브터시랴
> 누으락 안즈락 구브락 져츠락
> 을프락 ᄑᆞ람ᄒᆞ락 노혜로 노거니
> 天地도 넙고 넙고 日月도 한가ᄒᆞ다
> 羲皇을 모을너니 니 적이야 긔로괴야
> 神仙이 엇더튼지 이 몸이야 긔로고야
> 江山風月 거ᄂᆞ리고 내 百年을 다 누리면
> 岳陽樓上의 李太白이 사라오다
> 浩蕩 情懷야 이예서 더ᄒᆞᆯ소냐
> 이 몸이 이렁 굼도 亦君恩이샷다
>
> – 송순, 「면앙정가(俛仰亭歌)」

〈보기〉

과정	내용
작품의 내적 문맥에 기반한 태도 탐색	'굽어보고(俛) 우러러보는(仰) 정자(亭)'라는 '면앙정'의 뜻과 ⓐ에서 확인되는 화자의 상황으로 보아, 이 작품에서는 정자와 그 근처에서 자연의 풍광을 완상하며 살아가는 (㉠)적 삶을 지향하는 화자의 태도를 확인할 수 있음
	그런데 ⓑ 장면 및 현실 세계의 이념적 윤리에 대한 의식을 보여 주는 '(㉡)'(이)라는 구절을 보면, 앞서 파악한 화자의 태도가 일관되게 유지되지 않음을 알 수 있음
작품의 외적 맥락에 기반한 태도 탐색	면앙정에 대한 송순의 다른 글에 있는 '俛有地 仰有天 亭其中 [굽어보니 땅이요 우러러보니 하늘이라, 그중에 정자 있어]'라는 구절과, 송순이 출사(出仕)를 했던 사대부라는 사실에서 화자가 자연 친화를 넘어서는 (㉠)적 삶과 현실의 이념적 윤리를 동시에 지향하는 이유의 단서를 발견할 수 있음
탐색 결과	이 작품에서 사대부인 화자는 스스로 자연에 조화되기를 바라는 한편, 천지의 섭리와 인간의 윤리가 조화되는 세상이 실현되기를 바라는 태도를 보여 주고 있음

예상 답안

㉠ : 풍류
㉡ : '이 몸이 이렁 굼도 亦君恩이샷다'

문제해설

이 문제는 국문학 일반에서 한국 문학과 자연 그리고 사대부가 그려낸 자연의 특징 등과 관련이 있다. 자연의 공간적 의미를 묻거나 사대부들의 자연관 등을 묻는 문제가 많이 나오므로 주의할 필요가 있다.
㉠의 경우 '풍류'라고 생각하지만, 의미상 '물아일체'도 답이 될 수 있다. 주의할 것은 '풍류'라고 하면 '노는 것(유흥)'의 의미로만 이해하기 쉬운데, 이것은 뒤 시대에 의미가 오염된 것이고, 작품이 지어진 당대에는 작품에 나열된 내용들이 사대부들이 강호한정하면서 살아가는 삶 그 자체이며 이것을 풍류로 볼 수 있다.

문제 관련 배경지식

풍류

속되지 않고 운치 있는 일이나 음악을 가리키는 예술 용어인데, 바람 '풍(風)'자와 물흐를 '유(流)'자가 합쳐져서 된 풍류라는 말은 단순한 바람과 물흐름이 아니라 사람과의 관계에서 파악되어야 하는 자연이기 때문에 매우 복합적인 의미를 가지고 있다. 그래서 '풍치가 있고 멋스럽게 노는 일' 또는 '운치가 있는 일'로 풀이한 사전이 있는가 하면, '아취(雅趣 : 아담한 정취 또는 취미)가 있는 것' 또는 '속(俗)된 것을 버리고 고상한 유희를 하는 것'으로 풀이한 학자도 있다.
풍류를 풍속의 흐름으로 보아 문화와 같은 뜻으로 보는 이도 있고, 풍월(風月)과 같은 뜻으로 보아 음풍농월(吟風弄月 : 맑은 바람과 밝은 달에 대하여 시를 짓고 즐겁게 놂)하는 시가(詩歌)와 관련짓기도 한다. 또한 풍류를 자연과 인생과 예술이 혼연일체가 된 삼매경에 대한 미적 표현이라고 하는 사람도 있다.
문인들은 좋은 자연경관 속에서 시·서·금·주로 노니는 것을 소위 풍류라 하여 생활의 주요 영역으로 삼았던 것이다. 그런데 이와 같은 문인들의 풍류생활은 단순히 즐기는 데에서 머무르지는 않았다. 이 풍류는 시나 문장의 형태로 전달되면서 문학적인 축적이 가능하게 하였고, 풍류생활의 주내용 중의 하나인 음악은 나름대로 뚜렷한 음악문화를 형성할 수 있게 하였다. 이 밖에도 풍류는 그림의 주요 소재가 되기도 하였다. 한편 문인들 스스로 그림 그리는 일을 풍류로 여겨 문인화(文人畫)라는 양식까지도 탄생시켰다. 즉, 풍류는 문인들의 생활문화로 음악과 시·그림 등을 하나로 연결지을 수 있게 하는 바탕을 제공한 셈이다.

한국 문학과 자연

(1) 자연물의 시적 형상화 방식
① 자연물의 외형이나 속성에 인간적 가치를 부여하여 작자의 의도(주제)를 표현하는 방식이다.
② 자연물에 인간적 가치를 부여하여 긍정하거나 비판한다.
③ 인간화된 자연으로 나타난다.

(2) 자연의 공간적 의미
① 강호한정하며 한가롭게 살아가는 삶의 공간이다.
② 학문을 닦고 심신을 수양하는 장소이다.
③ 생활의 터전이자 노동의 현장인 공간이다.
④ 작자가 현실을 벗어나 지향하고자 하는 이상 세계이다.
⑤ 민족적 삶의 터전이다.

(3) 자연(물)과 관련된 내용(겹치는 경우도 있음)
① 강호한정하는 삶
② 학문 수양
③ 생활(농사 또는 노동)의 터전
④ 이상 세계
⑤ 민족
⑥ 신앙 또는 속신의 대상

(4) 자연물의 표현 방식
① 의인화
② 우의
③ 감정이입
④ 비유와 상징 등

2017 A (기)   소설의 시점과 서술 - 서술자의 개입

8. 다음을 읽고 〈보기〉의 밑줄 친 ㉠에 해당하는 표현을 다음에서 찾아 쓴 후, 괄호 안의 ㉡에 해당하는 말을 쓰시오. [2점]

> 그늘붓터 낭ᄌ의 고은 양지 눈의 분명ᄒ고 맑은 소리 귀의 졍녕ᄒ여 욕망이 난망이오 불ᄉ이 ᄌᄉ라. 무어슬 닐흔 듯 여취여광ᄒ여 인ᄒ여 용뫼 초췌ᄒ고 긔식이 엄엄ᄒ거늘 그 부뫼 우려ᄒ여 문 왈,
> "네 병근이 심샹치 아니ᄒ니 무슨 소회 잇거든 브로 닐ᄋ라."
> 션군 왈,
> "별노 업ᄉ오나 ᄌ연 심긔 불평ᄒ므로 그러ᄒ오니 부모는 괴렴 마오소셔."
> ᄒ고 셔당으로 믈너와 고요히 누어 낭ᄌ만 싱각ᄒ고 만ᄉ 무심이러니 문득 낭지 압희 안즈며 위로 왈,
> "낭군이 날노 말미아마 져럿듯 셩병ᄒ여시니 쳡의 마음이 미안ᄒ고 가셰 ᄯ호 빈한ᄒ미 근심되는 고로 쳡의 화샹과 금동ᄌ 한 쌍을 가져와ᄉ오니 이 화샹은 낭군 침실의 두어 밤이면 안고 ᄌ고 낫지면 병풍의 거러 두시고 심회를 풀게 ᄒ소셔."
> ᄒ거늘 션군이 반겨 그 손을 잡고 말ᄒ고져 ᄒᄋ 즈음의 문득 간 듸 업고 ᄭᆡ여 본즉 화샹과 동지 겻히 노혓거늘 션군이 긔이 녀기며 금동ᄌᄂ 샹 우희 안치고 화샹은 병풍의 거러 두고 쥬야 십이시로 샹디ᄒᄂ지라. 각 도 각 읍 ᄉᆞ롬이 이 소문을 듯고 닐으되,
> "빅션 군의 집의 긔이한 보븨 잇다."

ᄒ고 각각 치 단을 갓초와 가지고 닷토와 구경ᄒ니 그러ᄒ므로 가셰 졈졈 요부ᄒᄂ 션군은 일거월져의 싱각ᄂ니 오직 낭지라. 가련타. 병입골수ᄒ여스니 뉘라셔 살녀닐고.

이 젹의 낭지 싱각ᄒ미,

"져 션군이 져갓치 심녀ᄒ니 안연부동ᄒ 길 업다."

ᄒ고 션군의게 현몽ᄒ여 왈,

"낭군이 쳡을 싱각ᄒ여 셩병ᄒ여스니 쳡이 가장 감격ᄒ온지라. 낭군 틱 시녀 믹월이 가히 건즐소임을 감당ᄒ 거시민 아직 방슈를 졍ᄒ여 젹막ᄒ 심회를 위로ᄒ소셔."

ᄒ거늘 션군이 ᄭ᠊다ᄅ니 침샹일몽이라.

— 「숙영낭자전」

〈보기〉

고전소설에서 서술자는 작품에서 형상화하는 세계를 전달하는 역할을 한다. 사건을 있는 그대로 전달하는 방식으로 말하기도 하고, 인물의 말하기를 통해 사건 전개를 설명하기도 한다. 때로는 ㉠인물이나 사건에 대한 관점 또는 평가를 드러내기도 하는데, 이는 고전소설이 향유된 방식을 고려할 때 향유자들이 서사 전개에 더 많은 관심을 갖게 하고 인물의 정서에 더욱 깊이 (㉡)하게 하는 효과를 지녔을 것으로 보인다.

예상 답안

㉠ : '가련타. 병입골수ᄒ여스니 뉘라셔 살녀닐고.'
㉡ : 공감 ('감응', '이입' 등도 답이 될 수 있음)

문제해설

이 문제는 소설의 시점과 서술에 관한 문제 중 작자의 개입과 관련된 문제이다. 고전소설에는 작자의 개입이 많이 드러나며, 자료를 읽을 때 작자가 개입한 부분과 그렇지 않은 부분을 명확하게 구분할 필요가 있다. 그리고 작자의 개입도 그 유형이 다양하므로 아래 배경지식에 제시한 자료를 통해 알아둘 필요가 있다.

문제 관련 배경지식

시점과 서술

1. **시점(視點, Point of View)**
   ① 시점이란, 소설의 진행 양상이 어떤 인물의 눈을 통해 보여지는가 하는 관찰의 각도와 위치를 말한다.
   ② 누가 어떤 위치에서 사건을 보고 이야기하는가 하는 화자의 위치와 시각을 시점이라고 한다.
   ③ 시점의 분류 기준은 서술자의 위치와 서술자의 태도이다. 한편 시점은 전체가 일치하는 경우가 있고, 그렇지 않은 경우가 있다.

2. **서술자**
   ① 서술자는 작가가 아니라 작가가 만들어 낸 허구적 대리인이다.
   ② 서사 내용과 독자 사이에 개입하는 화자이다.
   ③ 서술자의 관점에 따라 이야기의 서술 방식과 효과가 달라진다.
   ④ 시점과 서술 방법은 밀접한 관련이 있다. 누가 보는가에 초점을 맞추면 시점과 관련이 있고, 누가 어떻게 말하는가에 초점을 맞추면 문체 또는 서술 방법과 관련이 있다.

3. 서술자(제3자)에 따른 역할의 분류

서술자	시점	서술자 개입 여부 및 서술 방법		다루는 대상 및 특징
1인칭 서술자 ('나'가 등장)	주인공	서술자 개입 없음	모두 앎 (전지)	'나'가 '나'의 이야기를 제시
		서술자 개입 있음	모두 알며 직접 말 걸기 (현상적 청자 가정)	'나'가 사건 또는 심리에 대해 명령형·청유형·의문형으로 제시
			모두 알며 개입하여 알려줌	'나'가 사건 또는 심리에 대해 평서형으로 제시
	관찰자 (용어 주의)	(있음)	서술자 관찰 + 모두 앎	'나'가 타인의 이야기를 다룸 (관찰 + 인물의 심리를 '나'의 생각으로 제시 가능 - 3인칭 관찰자와 다름)
3인칭 서술자	관찰자	없음	관찰 위주	인물, 사건, 배경, 대화를 관찰하여 제시
	전지적	개입 없지만, 서술자가 알고 서술	선택적 전지	특정 인물(한 인물)의 심리를 앎
			전지적 시점	다양한(모든) 인물의 심리를 앎
			제한적 전지	일부 사건, 일부 정보
			전지적 시점	모든 사건, 충분한 정보
		서술자 개입 있음 (서술자 자신의 심리와 생각을 작품에 드러냄)	직접 말 걸기 (현상적 청자 가정)	인물 또는 사건에 대한 서술자의 해설, 판단, 생각(심리)을 명령형·청유형·의문형으로 제시
			개입하여 알려줌	인물 또는 사건에 대한 서술자의 해설, 판단, 생각(심리)을 평서형으로 제시
				자유 간접 화법
				서술자의 감정(심리)을 제시

5 2018년 기입형 문제

2018 A (기) | 국문학의 배경 사상 / 향가의 특징

6. 다음을 읽고 (나)의 괄호 안의 ㉠에 공통으로 들어갈 말을 쓰고, ㉡에 해당하는 것을 (가)에서 찾아 쓰시오. [2점]

(가)
　경덕왕 19년 경자 4월 초하룻날 두 해의 괴변이 10여 일간 없어지지 않았다. 일관(日官)이 아뢰기를, "인연 있는 중을 청하여 산화공덕을 드리면 재앙을 물리칠 수 있을 것입니다."라고 하였다. 이에 왕은 조원전에 단을 깨끗이 만들고 청양루에 행차하여 인연 있는 스님을 기다렸다. 그때 마침 월명사가 밭둑을 걷다가 마침 남쪽 길로 지나가고 있었다. 왕은 사람을 시켜 그를 불러와 단을 열고 계(啓)를 짓게 하였다. 월명사는 왕께 아뢰기를, "저는 국선의 무리에 속해 있으므로 오직 향가만 알고 범패 소리에는 익숙하지 못합니다."라고 하였다. 왕은 "이미 인연 있는 중으로 정하였으니 향가를 지어도 좋다."라고 하였다. 월명사는 이에 도솔가를 지어 불렀다. 그 가사는 다음과 같다.

　오늘 이에 '散花'를 불러
　뿌리온 꽃아, 너는,
　곧은 마음의 命을 부리옵기에,
　彌勒座主를 모셔라!
　　　　　　　　　　… (중략) …

　이 일이 있고 나서 곧 두 해의 괴변이 사라졌다.
　　　　　　　　　　　　　　　　　　　　　　　- 일연, 「삼국유사」

(나)
　「도솔가」의 창작 배경 및 과정, 기능 및 효과에 주목할 때, 산화공덕의 의례가 (㉠)와/과 관련되어 있기 때문에 종교로 보면 (㉠)적 성격을, 이 노래로 ㉡재앙이 소멸되었기 때문에 효과로 보면 주술적 성격을 가졌다고 할 수 있다.

예상 답안
㉠: 불교
㉡: '두 해의 괴변' (또는 '두 해')

문제해설
　고전시가의 하위 갈래인 향가의 특징을 바탕으로 「도솔가」에 대해 감상하는 문제이다. 이 문제는 국문학의 배경 사상과도 관련 있다. 향가는 불교 사상, 유교 사상 등을 바탕으로 하는데, ㉠의 경우, 불교 사상을 묻고 있다. 더 세부적으로는 미륵 사상(미륵불), 미타 사상(아미타불), 화엄 사상(석가모니불) 등으로 나누어진다. ㉡의 경우에는 향가의 주술적 성격을 묻는 문제이다. 어떤 문제나 요구하는 바에 대해 초자연적인 힘을 빌어 해결을 지향하는 것이 주술인데, 발생한 문제가 무엇인지 묻고 있다. ㉠에는 '불교', ㉡에는 '두해의 괴변'이나 '두 해' 모두 답이 된다고 생각한다.

문제 관련 배경지식

국문학의 배경 사상

1. 무속 사상
(1) 특징
① 원시 종교 이래 오랜 전통을 가진다.
② 무당이 외우는 무가는 청배, 찬신의 구실을 하면서도 민중의 오락에도 봉사했다.
③ 무당은 시대가 지나면서 광대의 역할을 하여 무가보다는 일반 민요나 가사를 불렀다.

(2) 우리 문학에 미친 영향
① 작품에 근본적이고 심오한 영향을 미치기보다 국문학의 주변과 밑바탕에 있으면서 민속 가요를 보존하고, 전파시키는 역할을 하였다.
② 현대문학에서는 김동리에 와서 무속이 중심적 주제로 부각되었다.

(3) 주요 작품
「구지가」, 「해가」, 「처용가」, 「바리공주」, 「제석본풀이」가 있다.

2. 불교 사상
(1) 특징
① 삼국시대부터 막대한 영향을 미친 대표적 사상이다.
② 신라와 백제를 중심으로 한 미륵 사상은 호국불교와 관련이 있으며, 미타 사상은 서민불교로 발전했다.

(2) 우리 문학에 미친 영향
① 국문학이 사상적 내용에 관심을 갖게 되었고, 그것을 심오한 사상으로 드러내게 되었다.
② 문학의 작자층이 폭넓어졌으며, 다양한 갈래와 작품에 영향을 미쳤다.

(3) 주요 작품
① 신라의 향가 : 불교의 미륵 사상, 미타 사상, 화엄 사상 등을 반영했다.
② 고려 한문학 : 작자가 승려이다.
③ 조선시대 : 「월인천강지곡」, 불교계 소설인 「안락국전」과 「금송아지전」, 김시습의 「금오신화」, 김만중의 「구운몽」, 「왕랑방혼전」, 「심청전」 등이 있다.
④ 현대문학 : 한용운과 고은의 시, 김성동의 소설이 있다.

3. 유교 사상
(1) 특징
① 유교는 철학화되고 이념화된 성리학적 유교 사상이 건너온 것으로, 유교인은 이러한 목적에서 문학을 가까이했다.
② 과거와 관련이 있었으므로 유학자는 늘 문학을 가까이 했지만, 유교 내용을 직접적으로 드러낸 경우가 많아서 형상화가 부족한 경우가 많다.

(2) 우리 문학에 미친 영향
① 문예 창작에 '권선징악'이라는 획일적인 기준을 삼게 하였다.
② 인간 성정의 적나라한 표현은 음란하다하여 배척하였다.

(3) 주요 작품
「죽부인전」, 천군 소설, 악장, 시조 「훈민가」와 「오륜가」, 가사 「오륜가」, 계녀 가사 등이 있다.

4. 도교 사상
(1) 도교
① 중국과 마찬가지로 우리나라의 내우가 계속되면서 도교 사상이 스며들었다.
② 현실에 적응하지 못했던 지식인들이 부귀공명의 현실적 불만에 대한 치유의 한 방편으로 수용한 경우가 많다.

(2) 우리 문학에 미친 영향
① 시대적 난관 앞에서 좌절당하는 지식인들의 문학에 영향을 미쳤다.
② 자연 친화, 신선 사상, 은둔(현실 도피), 풍류 사상 등으로 확대되어 우리 문학에 가장 폭넓은 영향을 미쳤다.

(3) 주요 작품
① 허무 사상 : 길재의 「회고가」, 임제의 시조, 조위의 「만분가」가 있다.
② 자연 친화(무위자연) 사상 : 송강·노계·고산 등의 시조와 가사가 있다.
③ 은둔 사상 : 강호 시가가 있다.
④ 신선 사상 : 조위나 송강 등의 작품을 들 수 있다.
⑤ 풍류 사상 : 김천택, 김수장의 시조를 들 수 있다.

> **주의**
> 1. 하나의 작품에 다양한 사상의 흔적이 나타나는 경우도 있다.
>   예 「구운몽」: 유·불·도 사상의 영향이 함께 나타난다.
> 2. 배경 사상에 대한 문제에서는 작품에 나타나는 다양한 사상을 파악하는 것인지, 그 중 가장 중심이 되는 것을 파악하는지에 따라 답이 다를 수 있다.

2018 A (기) — 에이브럼스의 문학 감상 방법 / 시적 화자와 청자(현상적 청자)

7. (가)는 한 학생이 시를 읽고 발표한 내용이고, (나)는 이에 대한 교사의 반응이다. (가)에 적용된 문학 읽기의 관점과, (나)의 괄호 안에 들어갈 말을 순서대로 쓰시오. [2점]

(가)
제가 제일 좋아하는 시는 안도현 시인의 「너에게 묻는다」입니다. 먼저 시를 읽어 보겠습니다.

연탄재 함부로 발로 차지 마라
너는
누구에게 한 번이라도 뜨거운 사람이었느냐

시가 정말 짧은데 저는 이 시를 읽고 깊은 감동을 받았습니다. 한마디 한마디가 저한테 하는 말같이 느껴졌거든요. 지금까지 살아오면서 연탄처럼 뜨겁고, 헌신적이고, 열정적이었던 적이 있었는지 스스로 돌아보게 되었습니다.

(나)
재호가 「너에게 묻는다」를 읽으면서 참 소중한 경험을 했네요. 그러면 재호가 이렇게 감동을 받을 수 있었던 것은 무엇 때문일까요? 우선 시의 제목에서부터 재호는 이 시가 자신에게 말을 거는 것처럼 느꼈나 봅니다. 1행의 명령문도, 그리고 2~3행의 의문문도 그런 느낌에 한몫한 것 같아요. 명령문과 의문문을 통해 이 시는 독자들을 시 속으로 끌어들여 시의 발화 상황 내에서 (   )(으)로 참여시키고 있거든요.
                              … (하략) …

예상 답안
㉠ : 효용론 (또는 수용론)
㉡ : (현상적) 청자

문제해설
시 감상에 적용된 방법과 시 감상에서 시적 화자 및 청자의 특징을 묻는 문제이다. 전자의 경우 M.H 에이브럼스의 작품 감상을 묻고 있고, 후자의 경우 시적 화자가 현상적 청자를 설정한 특징에 대해 묻고 있다. 이 문제는 2018학년도 교원임용시험의 서술형 13번의 두 번째 문제와 연관 지어 이해하면 좋다. ㉠의 경우 '효용론(또는 수용론)' 외에 '독자 반응', '독자 중심' 등도 답이 된다고 생각하며, ㉡의 경우 '현상적 청자'와 '청자' 모두 답이 된다고 생각한다. 이 부분 역시 이견이 있는 답으로 건의해 보면 좋을 듯하다.

문제 관련 배경지식

M. H 에이브럼스의 문학 비평의 4가지 방법

1. 문학 비평의 4가지 방법

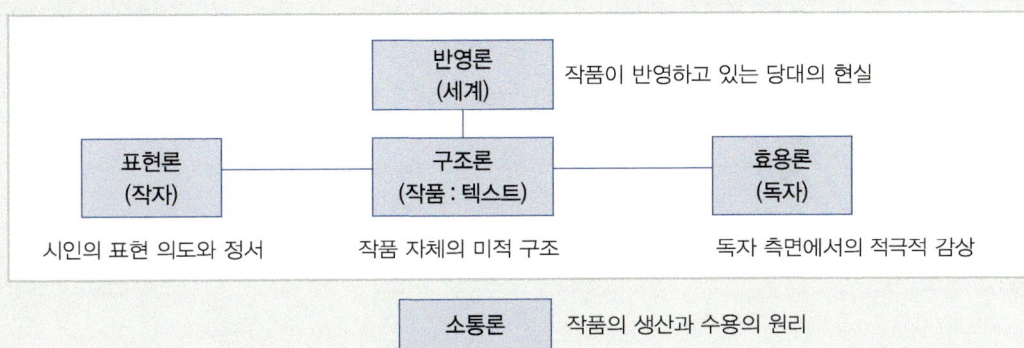

1) **표현론**: 작가의 의도 및 작가의 전기적 특징을 중심으로 접근하는 것이다.
   ① 작품을 창작한 작가의 창작 의도에 대한 연구이다.
   ② 작가의 환경, 가계, 학력, 취미, 교우 관계 등의 작가에 대한 전기적 연구이다.
   ③ 작가의 심리 상태에 대한 연구이다.

   > **주의** 작가의 삶이 현실 문제와 관련이 있고, 그 내용을 담아낼 때 표현론과 반영론의 내용이 유사하게 나타날 수 있다.
   > 예 이육사의 시

2) **반영론**: 작가가 반영하려 한 현실 문제로, 당대의 사회적 모순이나 부조리 등 생활(일상)의 내용과는 다르며, 현실을 담지 않은 순수 문학은 이러한 관점으로 접근하기 어렵다.
   ① 작품이 대상으로 삼은 현실 세계가 무엇인지 연구한다.
   ② 작품에 반영된 세계와 대상 세계를 비교한다.
   ③ 대상 세계를 전형적이고 객관적으로 반영했는지 검토한다.
   ④ 작품 속에서 현실 세계의 문제점과 그 해결책에 대해 탐구한다.

3) **효용론**: 작품이 주는 교훈적·쾌락적 효용 및 독자의 상황에서 성찰·내면화를 중심으로 접근하는 방법이다.
   ① 작품 내용이 어떤 효과를 주는지 탐구(교훈적, 쾌락적)한다.
   ② 능동적 참여자로서 독자의 역할을 강조한다.
   ③ 작품과 독자의 관계를 중시하는 관점이다.

4) **구조론(절대주의적 관점)**: 작품 자체의 내용(구성 요소)을 중심으로 접근하는 것으로, 다양한 내용이 있을 수 있다.
   ① 작품을 컨텍스트와 분리시켜 작품 자체를 가장 중요시하며 작품의 내적 의미를 탐구한다.
   ② 작품의 내용·형식·표현 요소와 그것이 지닌 의미를 탐구한다.
   ③ 구성 요소와 주제의 관계를 탐구한다.

2. 외재적 접근과 내재적 접근

1) **외재적 접근(컨텍스트 중심; 비본질적 접근)**: 반영론, 표현론, 구조론 중심의 접근 방법으로, 반영한 세계, 작가의 전기적 요소, 독자에게 주는 효용 등을 강조한다.
2) **내재적 접근(텍스트 중심; 본질적 접근)**: 구조론(작품 자체) 중심의 접근 방법으로, 작품 자체의 내용·형식·표현 등의 구성 요소를 강조한다.

3. 4가지 방법을 적용할 때의 유의점
① (1)의 4가지 방법이 모두 적용될 수 있는 작품과 그렇지 않은 작품이 있다. (순수 문학의 경우, 반영론의 요소가 부족하다.)
② 이육사의 저항시처럼 반영론과 표현론의 요소가 비슷하게 나타날 수도 있다.

시적 화자와 청자
① 시 작품에서 시적 화자는 명시적으로 드러나는 경우가 있고, 그렇지 않은 경우가 있다. 드러나건 드러나지 않건 서정 갈래의 본질상 시적 화자는 모두 '나(우리)'이다. 명시적으로 드러나는 경우를 편의상 현상적 화자, 드러나지 않은 경우를 숨은 화자로 이해한다. 시점으로 접근하면 명시적으로 드러날 때는 1인칭 시점, 드러나지 않으면 3인칭 시점이 될 수 있다.
② 시 작품에서 청자의 경우도 명시적으로 드러나는 경우가 있고 그렇지 않은 경우가 있다. 명시적으로 드러나면 현상적 청자, 드러나지 않으면 숨은 청자로 이해한다.
③ 위 ①, ②는 다음과 같은 표로 제시할 수 있다.

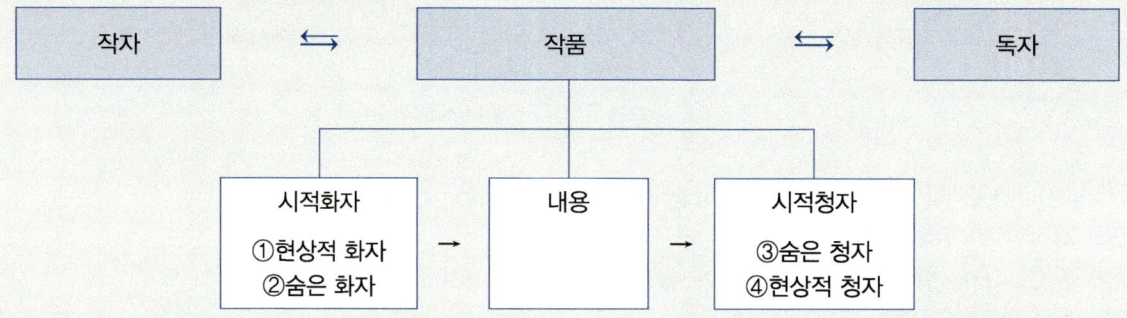

시는 보통 '㉠ 현상적 화자 → ㉢ 숨은 청자'로 제시되는 경우가 일반적이지만 '㉠ 현상적 화자 → ㉣ 현상적 청자', '㉡ 숨은 화자 → ㉢ 숨은 청자', '㉡ 숨은 화자 → ㉣ 현상적 청자'로 제시되기도 한다.

- ㉠ 현상적 화자 → ㉢ 숨은 청자
  - 예 김소월의 「진달래꽃」, 한용운의 「님의 침묵」, 신석정의 「꽃덤불」, 박남수의 「종소리」 등
- ㉠ 현상적 화자 → ㉣ 현상적 청자
  - 예 김광규의 「상행」, 박두진의 「해」, 박목월의 「가정」, 박두진의 「도봉」 등
- ㉡ 숨은 화자 → ㉢ 숨은 청
  - 예 박목월의 「나그네」, 「청노루」, 김기림의 「바다와 나비」, 김광섭의 「성북동 비둘기」, 박남수의 「새」, 기무영의 「풀」 등
- ㉡ 숨은 화자 → ㉣ 현상적 청자
  - 예 김수영의 「눈」(2·4연), 김현승의 「나비의 여행」(3연), 신동엽의 「껍데기는 가라」 등

| 2018 A (기) | 사건 또는 제재에 담긴 작자의 의도 파악(감상 능력) – 제재의 의미 |

8. 다음을 읽고 (나)의 괄호 안의 ㉠, ㉡에 해당하는 말을 (가)에서 찾아 각각 두 어절로 쓰시오. [2점]

(가)
　말들은 정처도 없었고 주인도 없었다.
　지욱이 꾸며 온 수많은 회고록과 자서전들에 동원했던 말들 역시 그러했다. 그가 써 온 원고지의 말들에는 애초부터 그것을 부리고 다스릴 수 있는 진짜 주인이 있을 수 없었다. 자서전의 주인공들은 애초부터 지욱이 동원해 온 말들과는 인연이 없는
　위인들이었다. 지욱이 그런 위인들을 위해 강제 봉사를 시켜 왔을 뿐이었다. 말들은 마침내 스스로의 성실성에 둔감해졌고, 스스로의 신뢰를 단념하기에 이르렀다. 말들의 슬픈 해방이었다. 지욱은 이제 고삐를 벗어 버린 말들의 유령을 부릴 수가 없게 되어 있었다. 피문오 씨의 일을 더 이상 계속해 나갈 수가 없었다.
　지욱은 초조했다. 그럭저럭 사오 년 가까이나 지탱해 온 호구지책이 속절없이 무너져 나가는 판이었다. 오접 통화극으로 인한 그 혹심한 자기 모멸감에도 불구하고 뭉그적뭉그적 며칠이 못 가 다시 원고지 앞으로 이끌려 가 앉아야 했을 만큼 지겨운 요즘의 생활이었다.
　하지만 지욱은 이제 단념을 하지 않을 수 없었다. 피문오 씨를 단념하고 나서 마지막으로 한번 더 최상윤 선생(충청북도 어느 산간 벽지에서 10만 평의 황무지 야산을 개간, 젖과 꿀물이 흐르는 옥토로 일궈 냈다는 그 의지의 사나이 말이다)에게나 기대를 걸어 보는 수밖에 없다고 생각했다. 최상윤 선생 —— 그 자기의 땅에서 자기 손으로 가꿔 얻은 감자만을 먹고 산다는 고집스런 사내에게서라면 그의 회고록의 대필자로서나마 어떤 구체적인 인간사의 알맹이를 체험할 수 있을 것 같았다. 피문오 씨의 경우에서처럼 공허한 말의 유희에는 심신을 덜 시달려도 될 것 같았다. 적어도 그 최상윤 선생에게만은 그에게 봉사시킬 말과, 그 말들을 거짓 없이 부릴 수 있는 소박하고도 떳떳한 삶의 실체가 여물어 가고 있을 것 같았다.
　최상윤 선생을 생각하자 지욱은 마침내 피문오 씨의 일을 단념할 용기가 생겼다.
　그는 자서전 원고지를 걷어치웠다. 그리고 기왕 결단이 선 김에 그의 일을 하지 않게 된 데 한 작자의 양해도 구할 겸해서 솔직한 해명의 글을 쓰기 시작했다.

－ 이청준, 「자서전들 쓰십시다」

(나)
학생 : 선생님, 이 작품에서 "말들은 정처도 없었고 주인도 없었다."라는 부분이 잘 이해가 안돼요.
교사 : 주인공은 자신이 쓴 자서전이나 회고록이 대상의 본질이나 의미를 왜곡하거나 제대로 드러내지 못한 채 (㉠)(으)로 전락하고 있다고 생각하는 거지요.
학생 : 그래서 주인공이 피문오 씨가 의뢰한 일을 포기하려고 하는 것 같아요. 그런데 왜 최상윤 씨의 회고록 대필에 대해서는 기대를 걸어 보려고 하는 거죠?
교사 : 주인공은 최상윤 씨가 힘겨운 노력을 통해 의미 있는 성과를 이루어 내고 있으므로 그에게서 (㉡)을/를 발견할 수 있으리라고 기대하는 것 같아요.

예상 답안

㉠ : '말들의 유령' (또는 '말의 유희', '공허한 말')
㉡ : '인간사의 알맹이' (또는 '삶의 실체')

문제해설

　작품 감상 능력을 묻는 문제이며, 작자가 드러내고자 한 원래 의도가 어떤 표현으로 제시되어 있는지를 묻는 문제이다. 여기서 ㉠과 ㉡의 내용이 대조적인 관계라는 점을 주목할 필요가 있다. 원래 ㉠에 올 말은 '거짓, 허구' 등으로 그것을 표현하는 두 어절의 말은 '말들의 유령, 말의 유희, 공허한 말' 등이 있고 모두 답이 될 수 있다고 생각한다. ㉡에 원래 와야 할

말은 '진실, 진짜' 등으로, 그것을 드러낸 두 어절의 표현은 '인간사의 알맹이', '삶의 실체'이고, 모두 답이 된다고 생각한다. 이 문제의 경우, 괄호 안의 말을 직접 제시하는 것이 아니라 작품에서 찾아서 제시하는 것이므로 복수 답안의 가능성이 많다.

문제 관련 배경지식

이청준, 「자서전들 쓰십시다」

1. 핵심 정리
- 성격 풍자소설
- 시점 제한적 전지 시점(초점화자)
- 등장 인물
  - 지욱 : 자서전 대필업자 - 자서전 쓰기의 의미를 생각함
  - 피문오 : 인기 코미디언. '지욱'이 자서전 쓰기를 거절했을 때 그의 집에 들어가 행패를 부린다.
  - 최상윤 : 충북 산간벽지에서 10만평 황무지를 개간한 농군.
- 주제 참된 글쓰기의 의미
- 특징 ① '나'가 안 나오고 3인칭으로 인물들이 서술 됨.
        ② '지욱'의 내면을 묘사하면서 사건(갈등) 상황을 제시함.
        ③ 교과서 소설 '비오는 날에는 가리봉동에 가야 한다.'와 같은 시점임.

2. 제목 〈자서전들 쓰십시다〉의 의미
- '피문오'가 '지욱'이 생각하는 자서전의 가치를 폄하하여 '지욱'을 우롱하는 말
- '지욱'의 환청 : 자서전 쓰기를 해 온 자신의 철학에 대한 회의

3. 감상
　이 작품은 남의 자서전을 대필해 주는 일을 하는 인물인 지욱을 통해 참된 글쓰기의 의미에 대해 탐색하고 있다. 지욱의 대필 행위는 말이나 글이 인간의 의도나 이념 실현과는 얼마나 동떨어져 있는가를 단적으로 보여 준다. 지욱은 자신의 과거 상처와 실패조차도 미화하고 싶어 하는 코미디언 피문오, 세상을 자신의 방법대로 외곬으로 이해하며 자신의 신념을 강요하는 최상윤에 대한 자서전 쓰기를 거부하고 있다. 이청준이 자신의 문학적 작업을 두고 '자기 구제의 한 몸짓'이라고 표현하였듯이, 이 소설에서도 참된 자서전 쓰기는 자신이 살아온 인생에 대한 반성과 참회를 행하는 일이며, 그 속에서 삶의 진정한 의미와 가치를 찾아내는 일임을 강조하고 있다.

6 2019년 기입형 문제

2019 A (기) 구절의 의미 파악 및 감상 / 고전산문 하위 갈래 – 가전과 탁전

4. 〈보기〉의 맥락에서 (가)와 (나)를 읽은 후 ㉠과 의미가 상응하는 구절을 (나)에서 찾아 쓰고, 괄호 안의 ㉡, ㉢에 해당하는 말을 순서대로 쓰시오. [2점]

(가)
성(聖)이 장성하자, 중산 땅의 유영(劉伶), 심양 땅의 도잠(陶潛)과 더불어 벗이 되었다. 어느 땐가 두 사람이 하던 말이 있었다.
"하루도 이 친구를 보지 못하면 속되고 쩨쩨한 마음이 슬며시 고개를 든단 말이야."
그래서 서로 만날 때마다 며칠 동안 피로함도 잊은 채 문득 마음이 황홀해져 돌아오곤 하였다.
고을에서 조구연(糟丘掾)으로 불렀으나 미처 나아가지 못하였더니 또 불러서 청주종사(青州從事)*로 삼았다. 공경(公卿)들이 번갈아 천거하니 임금이 공거(公車)에 명령을 내려 모셔오라 하였다.
이윽고 불러 보았는데 임금이 그윽이 눈여겨보고는 말하였다.
"이 사람이 주천(酒泉)의 국생(麴生)이란 말인가? 짐이 그대의 향기로운 이름을 들어온 지 오래도다!"

[중략 줄거리] 왕의 총애를 받으며 벼슬살이하던 국성(麴聖)은 아들들의 횡포로 탄핵되어 서인(庶人)이 되었다.

성(聖)이 벼슬을 벗고 나니, 제(齊) 고을과 격(鬲) 고을*의 사이에 도적이 떼로 일어났다. 임금이 토벌하려 했으나 그 일을 제대로 해낼 만한 적합한 인물이 쉽지 않자, 다시금 성(聖)을 기용하여 원수(元帥)로 삼았다.
성은 군사를 엄하게 통솔하고 병졸들과 함께 고락을 같이 하면서 ㉠<u>수성(愁城)에 물을 대어 단 한 판의 싸움으로 함락하고</u> 장락판(長樂阪)을 세운 다음 돌아왔다. 황제는 그 공로로 상동후(湘東候)에 봉하였다.
- 이규보, 『국선생전』 -

* 청주종사 : 좋은 술을 뜻함.
* 제 고을과 격 고을 : 배꼽과 가슴을 뜻함.

(나)
백운거사(白雲居士)는 선생의 자호(自號)이다. 이름을 숨기고 호를 드러낸 것이다. 자호를 지은 취지에 대하여는 선생이 쓴 백운어록(白雲語錄)에 자세히 기재되었다. 집에는 자주 식량이 떨어져서 끼니를 잇지 못하였으나, 거사는 스스로 유쾌히 지냈다.
성격이 소탈하여 단속할 줄을 모르며, 우주를 작게 여기고 천지를 좁게 여겼다. 항상 술을 마시고 스스로 혼미하였다. 초청하는 사람이 있으면 곧 반갑게 나가서는 잔뜩 취해서 돌아왔으니, 아마도 옛적 도연명(陶淵明)의 무리이리라. 거문고를 타고 술을 마시며 이렇게 세월을 보냈다. 이것은 그에 대한 사실의 기록이다.
- 이규보, 백운거사전 -

〈보기〉

고려 말에는 (㉡)와/과 (㉢)이/가 성행했는데, 모두 열전(列傳)의 형식으로부터 왔다. 전자는 사물이나 심성을 역사적 인물인 것처럼 구성하여 의인화의 방식으로 쓴 전기(傳記) 형식의 글이며, 후자는 작자 자신을 가상 인물에 빗대어 말하는 형식의 글을 말한다. 이규보는 자신의 술에 대한 관심을 반영한 두 종류의 작품을 지은 바 있는데, (가)는 전자에 해당하고 (나)는 후자에 해당한다.

📝 예상 답안

㉠ 술을 마시고(=술을 마시며)
㉡가전 / ㉢탁전

문제해설

이 문제는 '제시된 예문 구절의 의미 파악 및 감상'에 관한 문제와 '고전산문 하위 갈래 – 가전과 탁전'의 내용을 바탕으로 출제한 것이다.

이 문제는 밑줄 부분의 의미 대응이 명확하게 일치하지 않는 점이 있다. ㉠은 '수성에 물을 대어'(→근심이 있을 때 술을 마셔) '단 한 판의 싸움으로 함락하고'(→단번에 그것을 해결하고)의 두 가지 의미인데, 위의 두 가지 모두에 정확하게 대응되는 부분은 (나)에서 분명하지 않다. 밑줄이 앞부분만 그어졌으면 문제와 답이 더 분명하리라 생각한다.

최근 ㉠ 문제의 답이 '유쾌'라는 단어로 제시하거나 '유쾌히 지냈다'로 제시하는 경우가 있다고 한다. 이 부분이 답이 되려면 문제에서 '㉠과 정서가 상응하는'으로 제시되어야 한다. 그리고 한편으로 의미가 통한다고 하더라도 '유쾌'는 구절이 아니고(이 경우 문제에서 '단어'로 제시해야 함), '유쾌히 지냈다'는 술을 마신 후 이어지는 상황이어서 그 의미의 차이가 있다.

구절의 의미를 묻거나, 구절의 의미를 텍스트 상호성이 있는 작품과 연관 지어 출제하는 문제는 앞으로도 다양하게 출제되리라고 생각하고, 고전문학에서 하위갈래를 묻는 문제도 다양하게 출제될 수 있으므로 미리 대비하도록 한다.

문제 관련 배경지식

가전체(假傳體)

가전체(假傳體)는 신진 사대부들이 새 시대의 문제 의식을 표현하는 새로운 방식으로 발전시킨 양식이다. 고려 중기 이후 설화를 수집·정리하는 과정에서 의인체 문학인 가전체가 출현하게 되었다. 이러한 가전체 문학은 신진 사대부들이 객관적 관념론의 정신으로 사물에 대한 관심과 인간 생활의 합리적 구성 욕망을 구체화하면서 나타나게 되었다.

(1) 특징
① 고려 중기 이후, 고려 무신 정권 아래서 문신들이 쓴 작품이다.
② 우의성 : 사물을 의인화하여 계세징인(戒世懲人)의 목적으로 쓰였다.
③ 서사성 : 조선 소설의 기틀이 되었다.
④ 설화에 비해 창작성이 뛰어나고 허구성도 증가했다.
⑤ 작품은 『동문선』에 전한다. (『동문선』: 서거정의 문집, 조선시대)
⑥ 사기의 열전 형식을 흉내낸 글이다.
⑦ 교훈성 : 사회를 비판 풍자하면서 교훈을 주고자 하는 목적이 있다.

중국 사마천 『사기』 ⇩	〈열전(列傳)〉 : 전(傳)의 형식	① 가계와 신분 : 도입 ② 성품과 행적 : 전개 ③ 죽음과 평론 : 결말
고려 김부식 『삼국사기』 ⇩	〈열전(官傳)〉	
고려 후기	〈사전(私傳)〉	① 실전(實傳) : 실제 인물의 전기 ② 탁전(託傳) : 사물이나, 호에 빗대어 쓴 전기 ③ 가전(假傳) : 사물의 의인화 (문학성을 지님)

2019 A (기) 현대시 표현 요소 ; 비유와 상징

5. 다음 작품을 제재로 삼아 비유의 원리를 설명하고자 한다. 〈보기〉의 도해를 활용하여 원관념인 '노랑나비'가 '한숨'짓는 존재로 표현되는 과정을 보이려 할 때, 괄호 안의 ㉠, ㉡에 해당하는 말을 작품에서 찾아 순서대로 쓰시오. [2점]

> 비바람 험살궂게 거처간 추녀밑—
> 날개 찢어진 늙은 노랑나비가
> 맨드래미 대가리를 물고 가슴을 앓는다.
>
> 찢긴 나래에 맥이 풀려
> 그리운 꽃밭을 찾아갈 수 없는 슬픔에
> 물고있는 맨드래미조차 소태맛이다.
>
> 자랑스러울손 화려한 춤재주도
> 한옛날의 꿈쪼각처럼 흐리어,
> 늙은〈舞女〉처럼 나비는 한숨진다.
>
> — 윤곤강, 나비 —

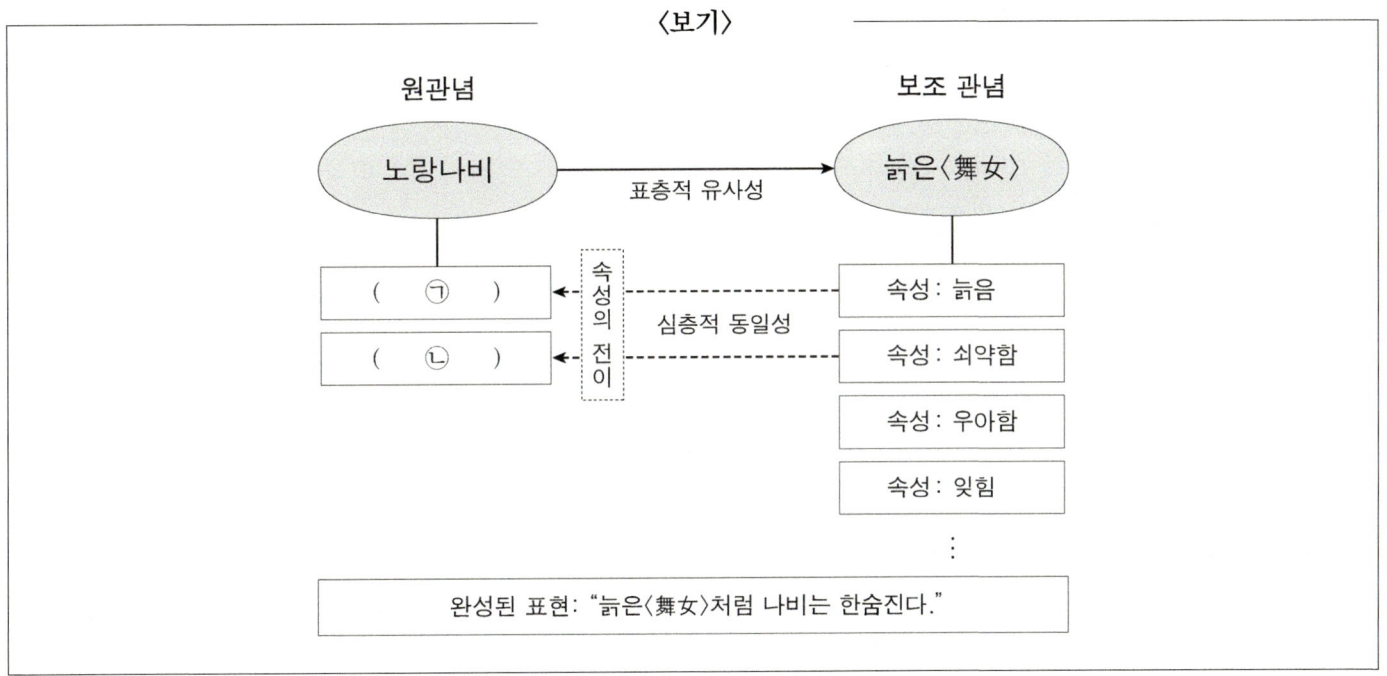

〈보기〉

예상 답안

㉠ 한옛날의 꿈쪼각
㉡ 찢긴 나래(=날개 찢어진) / 맥이 풀려

문제해설

이 문제는 현대시 표현 요소 '비유(상징)'에 관한 문제이다.
이 문제는 '비유'에 관한 문제이지만, 제시된 표에서는 '비유'와 '상징'의 내용이 함께 제시되어 있다. 즉, 도식에서 보조관념 아래 '늙은 무녀'의 속성으로 제시된 것은 '늙은 무녀'를 상징으로 보았을 때의 원관념이다. 이 둘은 최소한 문제 수준에서는 좀더 구분할 필요가 있다. 하지만 제시된 답안을 찾는 데는 장애가 되지 않으므로 수용할 수 있다.

이 문제와 같이 '속성'과 그 특징이 전이된 말을 찾는 경우 비유와 상징의 특성상 관점에 따라 답이 다양해질 수 밖에 없고 논란이 있을 수밖에 없다. 이 문제에서 ㉠의 답안은 '한옛날의 꿈조각'이 가장 적절하다 생각한다. 한편 '맥이 풀려'도 일부 타당성이 있다고 생각한다. 하지만 이것을 정답으로 하기는 어렵다고 생각한다. 전자가 후자보다 '늙음'의 의미가 더 강하다. '맥이 풀려'는 늙어서 맥이 풀리는(기력이 쇠한) 경우도 있지만, 실제로는 '기운이 빠진다'라는 의미로 사용되는 경우가 더 많으며 이 시에서도 늙음이 아니라 찢긴 나래 때문에 맥이 풀린 경우이다.

> 예 1) 2018 기출문제 B-03 : 김유정, 「봄·봄」
> 　이렇게 노래를 하며 소를 부리면 여느 때 같으면 어깨가 으쓱으쓱한다. 웬일인지 밭 반도 갈지 않아서 온몸의 맥이 풀리고 대구 짜증만 난다.

> 예 2) 김동환 「국경의 밤」 중에서
> 　밤 새가며 속태우는 젊은 아낙네,
> 　물래 젓던 손도 맥이 풀려서
> 　'파!'하고 붓는 어유 등잔만 바라본다.

　비유와 상징에 관한 문제는 앞으로도 다양한 유형으로 출제될 수 있으므로, 비유와 상징에 대해 그 원리와 종류(유형) 등을 명확하게 알아두어야 한다.
　한편 ㉡의 경우 쇠약함의 의미를 '찢긴 나래(=날개 찢어진)'로 제시했는데, '맥이 풀려'도 답이 될 수 있다고 생각한다.

문제 관련 배경지식

윤곤강의 「나비」

1. 핵심 정리
▷ 갈래　자유시, 서정시
▷ 제재　나비
▷ 표현　비유, 상징, 감정이입(나비 - 시적화자의 감정이입 대상)
▷ 주제　노인의 회오(悔悟)에 찬 인생의 반성과 현실의 절망감
▷ 특징　과거와 현재의 대조 / 나비와 시적화자의 대비

2. 감상
　이 시는 늙고 병든 나비의 형상을 통해 삶의 애상감과 시인이 처했던 당시 현실 상황을 암시적으로 나타낸 3연 9행의 간결한 이미지의 회화적 소품이다. 그러므로 제재인 나비는 단순한 시적 대상으로서가 아니라, 감정 이입의 방식에 의해 화자에 동화된 진술의 주체로서 형상화시키고 있다.
　현실의 모진 역경을 견디지 못해 추녀 밑 맨드라미 꽃 위에 앉아 '가슴을 앓'는 나비는 '그리운 꽃밭을 찾아갈 수 없는 슬픔'때문에 평소 즐겨 찾던 '맨드라미조차 소태 맛'이다. '화려한 춤 재주'를 자랑하던 젊은 시절은 어느덧 '옛날의 꿈조각처럼 흐리어' 가고, 이제 나비는 '늙은 무녀(舞女)처럼 한숨지고' 있을 뿐이다. 지난날의 영화롭던 나비와 현실의 비참한 나비를 대조하는 방법으로 비극적인 현재의 모습과 영락(零落)한 노경(老境)의 슬픔을 잘 나타내고 있다. 그러므로 이 시는 청춘의 활기찬 삶을 지나온 노인의 회오(悔悟)에 찬 인생의 반성과 현실에 대한 절망감을 표출하고 있으면서도, 화자가 단지 지나온 삶을 후회하는 개인적 감정의 표출만으로 그치지는 않음을 알 수 있다. 그것은 바로 화자 자신을 전면에 드러내지 않는 표현 방법에서 기인하는 것이다.

비유

1. 개념
① 비유란 어떤 사물이나 관념을 그것과 유사한 다른 사물이나 관념에 빗대어 표현하는 것
② 비유는 두 사물의 유사성에 근거하여 (類推관계), 원관념과 보조 관념의 결합으로 이루어짐

2. 종류
① 직유, ② 은유

③ 의인화 (감정이입의 경우 감정이 사물에 이입되면 모두 의인화가 된다.)
④ 대유법
  ㉠ 제유 : 어떤 사물의 일부분으로 전체를 대표하는 방법
  ㉡ 환유 : 어떤 사물을 그와 관련이 있는 다른 사물로 바꾸어 표현하거나, 그 성질로 사물을 표현하는 방법(넓은 의미의 은유에 속함)
    📄 보조 관념만 제시된다는 점에서 상징과 유사하지만, 환유는 원관념과 보조 관념이 주로 '사물 : 사물'의 관계이고, 상징은 '관념 : 사물'의 관계라는 점이 차이점이다.

3. 상징 - 상징의 의미도 출제자의 의도를 고려하여 파악해야 함.
  (1) 개념
    ① 인간의 내적 경험이나 감정, 사상 등의 추상적인 내용을 구체적인 대상으로 나타내는 방법. 즉, 상징은 어떤 단어(시어)가 그 자체의 의미를 유지하면서 추상적인 다른 뜻을 환기하는 것 / 추상적인 뜻을 환기하기 위해 구체적 사물을 제시하는 것(= 사상을 외면화)
    ② 원관념과 보조 관념의 관계에서 보면, 원관념은 배제되고 보조 관념이 독립되어 함축적 의미와 암시적 기능을 갖는다.
    ③ 유추 작용 : 상징에서의 유추란 비유의 경우보다 훨씬 우회적이고 거리가 멀다.
  (2) 종류 - 아래와 같이 3가지로 나누어지지만, 관습적, 원형적 상징이 개인적 상징으로 사용되기도 함
    ① 개인적 상징 : 시인 자신이 어떤 한 작품이나 또는 여러 작품에서 특수한 의미로 즐겨 사용하는 상징으로 의미의 폭이 넓고 암시적임
    ② 관습적(공중적) 상징 : 관례적이고 공공성을 띠어 타인과 공유할 수 있는 보편적 상징

    ➕ **관습적 상징의 개인적 상징과 다른 특징**
    첫째, 관례적이고 공공성을 띠어 공동체(대중)가 함께 향유한다는점.
    둘째, 널리 사용되어 그 의미를 쉽게 이해할 수 있다는 점.
    셋째, 표현면에서 새로움이나 참신함이 적고 상투적 표현이 된다는 점.

    ③ 원형적 상징 : 원형은 역사나 문학 속에서 수없이 되풀이된 이미지나 화소이다. 동시에 그것은 인류에게 꼭 같거나 유사한 의미를 지니고 있다.

2019 A (기) 작품 감상 ; 작자의 창작 의도를 파악하는 과정

6. (가)는 향가의 교수·학습 자료이고, (나)는 이를 학습하는 학생의 사고 과정을 정리한 것이다. 괄호 안의 ㉠, ㉡에 해당하는 말을 작품에서 찾아 순서대로 쓰시오. [2점]

(가)
경덕왕이 말했다.
"내 들으니 스님이 기파랑을 찬미한 사뇌가가 그 뜻이 매우 높다 하던데 과연 그러하오?"
"그렇습니다."
"그렇다면 짐을 위해 백성을 다스려 편안히 할 노래[안민가(安民歌)]를 지어 주오."
승려는 즉시 칙명을 받들어 노래를 지어 바쳤다. 왕이 그를 아름다이 여겨 왕사(王師)로 봉하니 충담사는 두 번 절하고 굳이 사양하며 받지 않았다. 「안민가」는 이렇다.

임금은 아비요
신하는 사랑하실 어미요

백성은 어린아이로다 하실진대
백성이 사랑을 알리라
꾸물거리며 살손 물생(物生)
이를 먹여 다스릴러라
이 땅을 버리고 어디 가리 할진대
나라 안이 유지될 줄 알리이다
아으 임금답게 신하답게 백성답게 할지면
나라 안이 태평하니이다

- 일연, 삼국유사-

(나) 안민가의 창작 의도를 파악해 가는 사고 과정

노래의 주제에 대해 의문 제기하기	이 노래의 3분절에 중심을 두고, 그 주제를 임금은 임금답지 못하고 신하는 신하답지 못하며 백성은 백성답지 못한 신라 사회의 난맥상에 대한 포괄적인 비판으로 파악하는 견해가 있다. 그런데 과연 임금, 신하, 백성을 모두 비판하고 있는 노래일까?
노래의 표현과 제목을 단서로 의문 해결하기	'이를 먹여 다스릴러라'와 함께 (㉠)(이)라고 표현하여 백성을 보살핌의 대상으로 간주한 점과 제목에 담긴 뜻으로 보아, 일단 백성을 비판하고 있는 것은 아닌 것으로 보여.
노래의 의도에 대해 또 다른 의문 제기하기	그렇다면 과연 임금과 신하를 같은 무게로 질책한 걸까?
노래의 표현을 단서로 의문 해결하기	(㉡)(이)라는 표현을 명시하여 신하의 역할을 특별히 강조한 것으로 보아 신하들에 대한 질책의 의미에 더 큰 무게를 둔 것 같아.
배경 설화를 함께 고려하여 노래의 심층적인 의도 이해하기	노래를 들은 왕이 충담사를 아름답게 여겼다는 배경 설화와 2분절의 내용을 함께 고려해 보면, 이 노래는 신라 사회의 어지러운 질서에 대한 책임을 결국 백성들의 삶을 제대로 보살피지 못하는 신하들에게 돌리려는 의도를 담고 있는 노래일 것 같아.

예상 답안

㉠어린아이 / ㉡사랑하실

문제해설

이 문제는 「안민가」를 바탕으로 작품 감상에 관한 문제이면서 작자의 창작 의도를 파악하는 과정을 드러낸 것이다. 「안민가」에 대해서 '신라 사회의 어지러운 질서에 대한 책임을 결국 백성들의 삶을 제대로 보살피지 못하는 신하들에게 돌리려는 의도'를 찾는 과정을 드러내었다. 이러한 의도는 안민가에 대한 전통적 이해가 아니라 새로운 관점의 이해라는 점을 먼저 인식해야 한다.

이 문제의 표에 제시한 「안민가」에 대한 이러한 해석의 이러한 의도를 먼저 이해해야 ㉠, ㉡의 답을 쉽게 찾을 수 있으므로 그 점을 유의한다. 이 문제는 작품 감상에 관한 기본적인 문제이다. 앞으로의 시험에서도 출제될 수 있으므로 문학 작품에 대해 구절의 의미를 주제나 관점과 관련지어 정확하게 이해하는 연습이 필요하다.

문제 관련 배경지식

안민가의 창작 의도를 파악해 가는 사고 과정

노래의 주제에 대해 의문 제기하기	이 노래의 3분절에 중심을 두고, 그 주제를 임금은 임금답지 못하고 신하는 신하답지 못하며 백성은 백성답지 못한 신라 사회의 난맥상에 대한 포괄적인 비판으로 파악하는 견해가 있다. 그런데 과연 임금, 신하, 백성을 모두 비판하고 있는 노래일까?	→ 임금, 신하, 백성을 모두 비판하는 것이 아니라 특정 대상을 비판하는 것이라는 의도 파악할 것.
노래의 표현과 제목을 단서로 의문 해결하기	'이를 먹여 다스릴러라'와 함께 (㉠)(이)라고 표현하여 백성을 보살핌의 대상으로 간주한 점과 제목에 담긴 뜻으로 보아, 일단 백성을 비판하고 있는 것은 아닌 것으로 보여.	→ 먹여 다스리다 어린아이 비유를 통해 백성 비판은 아닌 점 파악하기
노래의 의도에 대해 또 다른 의문 제기하기	그렇다면 과연 임금과 신하를 같은 무게로 질책한 걸까?	→ 임금, 신하 중 하나를 비판하는 것이라는 의도 파악할 것.
노래의 표현을 단서로 의문 해결하기	(㉡)(이)라는 표현을 명시하여 신하의 역할을 특별히 강조한 것으로 보아 신하들에 대한 질책의 의미에 더 큰 무게를 둔 것 같아.	→ 신하 관련 '사랑하실'이란 말을 통해 신하의 사랑이 부족하다는 의미를 강조함
배경 설화를 함께 고려하여 노래의 심층적인 의도 이해하기	노래를 들은 왕이 충담사를 아름답게 여겼다는 배경 설화와 2분절의 내용을 함께 고려해 보면, 이 노래는 신라 사회의 어지러운 질서에 대한 책임을 결국 백성들의 삶을 제대로 보살피지 못하는 신하들에게 돌리려는 의도를 담고 있는 노래일 것 같아.	→ 신라 사회의 어지러운 질서에 대한 책임을 결국 백성들의 삶을 제대로 보살피지 못하는 신하들에게 돌리려는 의도 파악

2019 A (기) 　　문학일반 – 작가적 맥락 / 사회문화적 맥락

7. (가)에 (나)의 작품 창작의 관점이 반영되었다고 할 때, 〈보기〉의 ㉠, ㉡에 해당하는 말을 순서대로 쓰시오. [2점]

(가)
흐르는 것이 물뿐이랴
우리가 저와 같아서
강변에 나가 삽을 씻으며
거기 슬픔도 퍼다 버린다
일이 끝나 저물어
스스로 깊어가는 강을 보며
쭈그려 앉아 담배나 피우고
나는 돌아갈 뿐이다
삽자루에 맡긴 한 생애가
이렇게 저물고, 저물어서
샛강바닥 썩은 물에 달이 뜨는구나
우리가 저와 같아서
흐르는 물에 삽을 씻고
먹을 것 없는 사람들의 마을로
다시 어두워 돌아가야 한다

　　　　　　　　　　　　– 정희성, 저문 강에 삽을 씻고 –

(나)

　시인은 다른 모든 사람들이 그렇듯이 그들이 몸담고 있는 시대적 현실 속에서 한 걸음도 물러설 수가 없다. 시인의 탐구의 대상은 바로 그 시대 현실 속에 도사리고 있다. 그들은 그 사회를 지배하는 어느 한 세계관으로 볼 때는 기지의 사실로서 매우 당연하고 정당한 것처럼 보이는 **일상적 현실** 속에서 그 모순을 발견하고 제시하여야 한다. 이러한 일상성에 신선미를 주고 경이감을 주고 호기심을 주는 원동력은 거의 전적으로 그 시인의 비판 정신에서 비롯된다. 시인은 경이를 일으키기 위해 어떤 특이하고 기이한 사건을 대상으로 삼아서는 안 된다. 시인에게 새로움이란 일상을 비일상으로 인식하는 능력에서 비롯하는 것이다. 시인에게 **새로운 대상의 발견**이란 그러므로 새로운 인식의 출발을 뜻하는 것이다.

- 정희성, 현실과 시인 의식

〈보기〉

◦ 작가(시인)의 맥락에서 작품 이해하기

(가)에 제시된 표현	(나)의 맥락	(가)에서의 의미
㉠	일상적 현실	고된 노동에서 벗어나지 못하는 농민의 삶
샛강바닥 썩은 물에 / 달이 뜨는구나	새로운 대상의 발견	㉡

예상 답안

㉠ 삽자루에 맡긴 한 생애
㉡ 절망 속에서 발견한 희망

문제해설

　이 문제는 '문학일반'에서 '작가적 맥락 / 사회문화적 맥락' 등과 관련된 문제이다. 「저문 강에 삽을 씻고」와 함께 동 시인의 문학에 관한 글을 제시하여 작가의 맥락과 그 맥락을 둘러싼 사회·문화적 맥락을 동시에 묻고 있다.

　이 문제에서 주의할 것은 ㉡이 '절망 속에서 발견한 희망'과 '노동자의 암울한 삶의 현실'이라는 상반된 두 가지 의미로 해석이 된다는 점이다. 그런데 제시된 지문 (나)의 끝부분에서 '새로운 대상의 발견이란 그러므로 새로운 인식의 출발을 뜻하는 것이다.'라고 했으므로 ㉠의 '고된 노동에서 벗어나지 못하는 삶'에서 '새로운 인식의 출발'이므로, '절망 속에서 발견한 희망'이 더 타당하다고 생각한다.

　이 문제와 같이 작자와 현실을 바탕으로 작품에 나타난 구절의 의미를 묻거나, 특정한 의미를 지닌 구절을 찾아내는 문제는 많이 출제되었고, 앞으로도 다양하게 출제될 수 있다.

작품 관련 배경지식

정희성 「저문 강에 삽을 씻고」

1. **핵심 정리**
   ▷ 갈래 자유시, 서정시
   ▷ 성격 성찰적, 회고적
   ▷ 어조 절제되고 단아한 어조
   ▷ 특징 구체적 삶의 경험을 자연물의 이미지와 결합시킴
   ▷ 제재 강물

▷ 주제 ① 강물에 삽을 씻으며 느끼는 인생의 의미
② 노동자의 삶의 애환과 그 속에서 희망을 찾는 의지
③ 삶의 애환이 되풀이 되는 노동자의 비참한 삶(상반된 의견)

2. 짜임 분석
- 1 ~ 4행 - 강물에서 인생 의미 발견
- 5 ~ 8행 - 삶의 무력감과 실의감
- 9 ~ 12행 - 어려운 현실 속 희망의 발견 / 헛된 희망이 되풀이 되는 노동자의 삶 (상반된 의견)
- 13 ~ 16행 - 희망을 안고 다시 삶의 현장으로 돌아감

3. 희망의 의미 강조
　이 시는 중년 노동자의 고단한 삶을 통해 인생의 궁극적 가치를 말하고 있음에도 불구하고, 시인은 자신의 감정을 철저히 통제하고 있을 뿐 아니라, 자기 스스로를 노동자의 처지에 밀착시킴으로써 민중시 계열의 많은 시들이 지닌 결함인 지식인 화자를 통해 목소리만 높이는 시적 어조의 불균형 문제를 말끔히 해소하고 있다는 점에서 주목된다. '샛강' 취로 사업장에서 날품을 파는 중년 노동자인 시적 화자는 하루분의 노동을 끝낸 저녁 무렵, '강변에 나가 삽을 씻으며' 인생의 의미를 발견하게 된다. 그는 '스스로 깊어가는 강'을 바라보며 '흐르는 것이 물뿐이' 아니라, 우리의 인생도 그와 같다고 생각한다. 쉼 없이 흐르는 강물처럼 잠시도 멈출 수 없는 것이 인생이라는 건강하고 활기찬 생각을 하면서도 그는 자신의 삶은 그러하지 못함을 깨닫는다. 보잘것없는 노동의 대가인 줄 알면서도, 또한 천대받는 일인 줄 알면서도 부양 가족들의 생존을 위해서는 어쩔 수 없이 이렇게 날품을 팔 수 밖에 없는 자신의 기막힌 삶을 돌아다보면서 그는 실의에 빠진다. 이렇듯 적극적인 현실 극복의 의지가 없는 그는 자신을 '삽자루에 맡긴 한 생애'라고 자학하며, 작업이 끝나면 그저 강가에 '쭈그려 앉아 담배나 피우고' 돌아가는 일이 전부이다.
　그러나 '샛강 바닥 썩은 물에' 떠오른 달을 새삼 발견하면서 그는 지금까지의 절망적인 자아 인식 태도를 버리게 될 뿐 아니라, 비록 '먹을 것 없는 사람들의 마을'이지만, 왜 그곳으로 '돌아가야' 하는지를 비로소 알게 된다. 썩은 강물 속에 떠오른 달이지만, 그 달빛의 휘황함에서 그는 절망 속에서 희망을 찾아내게 된 것이며, 나아가 건강성을 회복하고 결연한 의지를 가슴에 담아내게 되는 것이다. 그러므로 마지막 구절이 단순히 '돌아간다'가 아닌, '돌아가야 한다'라는 당위적 종지형으로 마무리되고 있는 것이다. 한편, '삽'을 '씻는다'는 것은 노동자인 화자 자신의 생계 수단인 삽을 날카롭게 하여 밝은 미래를 앞당기겠다는 의지적 표현이라고 볼 수 있으며, 그와 같은 맥락으로 '돌아갈 뿐이다'와 '돌아가야 한다'는 구절 역시 모순된 현실 속으로 과감히 뛰어들겠다는 현실 극복 의지의 적극적 표명이라고 할 수 있다.

4. 절망의 의미 강조
　1970년대 도시화, 산업화로 인해 소외된 도시 노동자의 삶을 차분한 어조로 노래하고 있다.
　중년의 노동자인 화자가 하루 일을 끝내고 흐르는 강물에 삽을 씻으며 인생의 의미를 성찰하는 내용인데, 1 ~ 4행에서 고단한 하루의 노동을 끝낸 화자는 강물을 보며 삶의 슬픔을 관조하고 있다. 그러나 힘든 노동의 대가는 언제나 보잘것없다. 육체적 노동은 항상 천시당하기만 하고 노동자에게 무력가과 실의뿐이다. 5 ~ 8행에서는 적극적인 현실 극복의 의지 없이 체념하는 화자의 모습이 나타난다. 무력감과 실의에 빠진 모습이 '스스로 깊어 가는 강에서', '쭈그려 앉아 담배나 피우고', '돌아갈 뿐이다'의 시구에 드러난다. 9 ~ 12행은 젊어서부터 중년의 나이까지 그의 노동자 생활이 아무런 발전 없이 반복되어 왔음을 말해 준다. '썩은 물'은 그 세월동안 세상은 계속 썩어 왔음을 의미하는 것으로, 화자가 처한 암담한 현실을 보여준다. 13 ~ 16행에서 화자는 그래도 시간이 되면 달은 어김없이 뜨고, 그 썩은 강 위에 뜨는 달과 같이 가난한 집으로 다시 돌아갈수밖에 없음을 깨닫고 먹을 것 없는 사람들의 마을로 다시 돌아가고 있다. 이런 시적 화자의 모습에는 자신에게 가난만 안겨주는 노동일지라도 그것을 포용하려는 태도가 드러나 있다.

7 2020년 기입형 문제

2020 A (기) 현대문학사 - 1930년대 모더니즘 소설에 나타난 모더니티의 요소 파악

2. <보기>는 다음에 대한 비평의 일부이다. 괄호 안의 ㉠, ㉡에 해당하는 단어를 다음에서 찾아 순서대로 쓰시오. [2점]

> 시속 오십 몇 킬로라는 특급 차창 밖에는, 다리쉼을 할 만한 정거장도 역시 흘러갈 뿐이었다. 산, 들, 강, 작은 동리, 전선주, 꽤 길게 평행한 신작로의 행인과 소와 말. 그렇게 빨리 흘러가는 푼수로는, 우리가 지나친, 공간과 시간 저편 뒤에 가로막힌 어떤 장벽이 있다면, 그것들은, 캔버스 위의 한 터치 또 한 터치의 오일같이 거기 부딪혀서 농후한 한 폭 그림이 될 것이나 아닐까? 고 나는 그러한 망상의 그림을 눈앞에 그리며 흘러갔다. 간혹 맞은편 플랫폼에, 부풀 듯이 사람을 가득 실은 열차가 서 있기도 하였다. 그러나 무시하고 걸핏걸핏 지나치고 마는 이 창밖의 그것들은, 비질 자국 새로운 플랫폼이나 정연히 빛나는 궤도나 다 흐트러진 폐허 같고, 방금 브레이크되고 남은 관성과 새 정력으로 피스톤이 들먹거리는 차체도 폐물 같고, 그러한 차창에 빈틈없이 나붙은 얼굴까지도 어중이떠중이 뭉친 조난자같이 보이는 것이고, 그 역시 내가 지나친 공간 시간 저편 뒤에 가로막힌 캔버스 위에 한 터치로 붙어 버릴 것같이 생각되었다.
>
> 이런 생각은 무슨 대단하다거나 신기로운 관찰은 물론 아니요, 멀리 또는 오래 고향을 떠나는 길도 아니라 슬픈 착각이랄 것도 없는 것이다. 그렇다고 내가 영전이 되었거나, 무슨 사업열에 들떴거나 어떤 희망에 팽창하여 호기와 우월감으로 모든 것을 연민시하려 드는 것도 아니다. 정말 그도 저도 될 턱이 없는 내 위인이요 처지의 생각이라 창연하다기에는 너무 실없고, 그렇다고 그리 유쾌하달 것도 없는 이런 망상을 무엇이라 명목을 지을 수 없어, 혹시, 스피드가 간질여 주는 스릴이라는 것인가고 생각하면 그럴듯도 한 것이다.
>
> — 최명익, 「심문」-

<보기>

> 속도는 모더니티의 핵심이다. 이 변화의 속도는 익숙하던 것을 불시에 먼 과거의 것으로 만든다. 최명익은 이러한 속도의 작용에 따른 당대의 정황을 인상적으로 드러낸다. 가령 「심문」에서 (㉠)은/는 돌이킬 수 없는 속도의 객관적 상관물로 설정된다. 일말의 주저나 두려움 없이 질주하는 속도는 눈앞에 닥쳐오는 모든 것을 저편으로 흘러가게 하여 낡은 것으로 만든다.
>
> 그런데 이러한 변화의 속도에 편승한 사람들조차 상대적 속도에 뒤처진 채 (㉡)와/과 같은 처지에 내몰린다면 어떻게 될까? 작가는 이러한 의문 속에 새로운 문명의 질주가 종내 파국에 이를지도 모른다는 생각을 드러낼 채비를 한다.

예상 답안

㉠ 열차(=특급)
㉡ 그림 / 조난자?

문제해설

최명익의 「심문」은 모더니즘 소설이고, <보기>에서 '모더니티'에 관한 내용이 제시되었다. ㉠은 모더니즘의 속도를 의미하는 것으로 '열차'가 답이라고 생각하고, ㉡에 대해서는 <보기>를 중심으로 보느냐, 예문을 중심으로 보느냐에 따라 답이 다를 수 있다고 생각한다. <보기>의 내용을 위주로 보아 인물이라고 생각하면 '조난자'가 답이라고 생각하지만, 제시된 예문의 내용을 자세히 읽어 보면 특급 열차의 속도에 상대되는 개념으로 멈추어버린 '그림'이 답이 될 수 있다고 생각한다.

문제 관련 배경지식

모더니티(modernity)
　예술 사조로서의 모더니즘에 드러나는 근대적인 특징이나 성향. 넓은 의미로는 봉건성에 반대하고 널리 근대화를 지향하는 것을 말하며, 좁은 의미로는 기계 문명과 도회적 감각을 중시하는 것을 말한다. ; 자본주의 발현과 연관된 사회적 관계들만을 가리키며, 지적 문화의 경향을 지님.

1930년대 문학
(1) 일제의 탄압으로 인하여 민족주의 세력은 순수 문학을 지향하게 되었으며 좌익 세력은 크게 위축되었다. (30년대 초의 문학적 특징과 30년대 중·후반의 문학적 특징 구분)
(2) 일제의 탄압으로 KAPF 해산과 구인회 형성 및 해외 문학의 영향으로 계급성이 퇴조하고, 순수성 옹호 분위기가 팽배했고, '무엇'에서 '어떻게' 문제로 관심이 이전되게 되었다.
　📄 문학이 언어예술임을 자각하여 「방법상 문제」임을 주장
(3) 1930년대에 이르러 다양한 조류로 문학적 경향이 분화되었다.　📄 문학의 현대성 확립
(4) 시의 음악성 강조 - 시문학파를 중심으로 하여 문학의 정치성이나 목적의식을 배제한 순수 문학의 본격적인 활동이 시작되었다.
(5) 주지주의 문학이론이 도입되었고, 김기림을 중심으로 한 모더니즘(modernism) 운동이 전개되었다. - 이미지즘, 모더니즘 시 창작
(6) 정세의 경화에 따라, 생명파와 청록파가 등장하였으며, 소설에서는 현실 도피적인 태도의 농촌 소설과 우리의 현실적 문제를 구체화한 다양한 소설이 등장했다.
(7) 소설의 내면 심리 발견 및 다양한 소설 출현 - 이상, 박태원, 이태준 등의 소설에서 내면 심리를 추구 ⇨ 소설의 현대성 확립에 기여했다.
(8) 현대극의 성립(「극예술연구회」) - 1920년대의 해외 문학파들을 중심으로 현대극 운동이 활발히 전개되었다. 사실주의 연극이 정립되었다.
(9) 본격적으로 수필 문학이 시작되었다.
(10) 일제의 지속적인 탄압으로 친일적 경향을 보이는 경우가 많았으며, 그 후 조선어의 폐지로 해방 시기까지 암흑기로 이어진다.

모더니즘 소설 (= 심리 소설 : 내성 소설)
① 문명사에 대한 위기의식(자본주의 또는 발달된 산업사회(도시문명)의 여러 가지 모순)에 대한 비판 등 지적 인식을 중시하며, 기존의 관습, 가치, 도덕, 신념 등 일체의 권위를 거부하고 새로운 미의식을 추구했던 예술적 경향
② 1930년대의 우리나라에서는 모더니즘이 지닌 위의 문제의식이 없었다.
③ 플롯을 중심으로 한 서사성이 약화되고, 주인공의 행동이나 의식이 환경과 단절된 채 상호작용하지 못하고, 개인의 심리나 내면 의식(위 ①의 내용)을 주로 드러내는 경우가 많음 : 심리주의 소설 → 플롯이 해체되고 내면 의식이 주도 (일반 소설은 외부 사건 위주, 그러나 모더니즘 소설은 내면 의식이 중심이 된다.)
④ 임화는 이러한 소설을 '내성 소설'이라고 하여 사실주의와 구분했다.
⑤ 기존의 전통적 문학 수법에서 벗어나 다양한 형식과 다양한 기법의 실험이 나타났다.
⑥ 외국 모더니즘 소설과의 차이
　㉠ 서구 모더니즘이 지닌 문제의식이 부족하다.
　㉡ 모더니즘 소설의 주인공은 외부 환경과 반응하지 못하고 내면의식에 집착하는데(외국도 마찬가지), 그 이유가 서양의 모더니즘은 발달된 산업 사회에서 나타난 삶의 양상을 드러낸 것인데, 1930년대의 우리 소설은 시대 상황(일제 강점기)으로 인해 외부 환경과 단절되었다(이상의 경우).
⑦ 이태준의 소설, 이상의 「날개」, 박태원 「소설가 구보씨의 일일」, 최명익의 「심문」, 손창섭, 장용학, 오상원, 최인훈의 「광장」, 김승옥의 작품, 이청준의 일부 작품, 조세희의 「난쏘공」 등

최명익의 「심문」

1. 핵심 정리
▷ 갈래 현대 소설, 중편 소설, 심리 소설
▷ 성격 심리적, 허무주의적, 의식의 흐름
▷ 시점 1인칭 관찰자 시점
▷ 배경 ① 시간 : 1930년대 중반
　　　　② 공간 : 만주
▷ 주제 ① 현실과 유리된 지식인의 내면적 갈등.
　　　　② 식민지 지식인의 무기력한 모습 (식민지 지식인을 허무와 타락에 빠지게 하는 부조리한 시대상 반영)
　　　　③ 일제하 지식인의 좌절과 허무주의
▷ 표현 ① 서술자의 내면 심리가 섬세, 과잉되게 표출된 심리주의 소설. 허무주의적 색채 강함
　　　　② 의식의 흐름 기법(끊임없이 흐르는 인간의 의식세계를 표현하는 기법) 보임
　　　　③ 사건 전개보다 작중 인물의 내면 심리에 초점을 맞추어 사랑과 이념, 그리고 좌절을 세밀하게 그리고 있음
　　　　④ 일제하 지식인의 이상과 고뇌, 좌절을 1인칭 주인공시점을 통해 표현
▷ 특징 ① 1930년대 후반 만주를 공간적 배경으로 하고 있으며, 일제 치하 지식인의 좌절과 허무가 잘 드러난 작품
　　　　② 정신적인 허무에 사로잡힌 생활 무능력자와 절망적인 인물들은 일제말기의 어둡고 암울한 시대 상황을 반영

2. 감상
　1939년 6월 ≪문장≫에 발표한 최명익의 단편소설, 심리소설이다. 이 작품은 1930년대 중반, 만주를 배경으로 서술자인 '김명일'의 여행기 형식으로 서술된다.(1인칭 주인공 시점) 이 작품은 구성, 기차 속에서의 의식의 흐름, '명일, 현, 여옥'의 심리 관찰이 탁월하다.
　이 소설은 명일을 화자로 하여 1인칭 시점으로 서술되어 있다. 이같은 시점의 채택을 통해 작자는 사건의 서사적 추이보다 화자의 자의식 표현에 훨씬 많은 관심을 기울이고 있다. 화자인 명일은 삶에 대한 별다른 의욕을 갖고 있지 않은 인물이지만, 자신이 관찰하는 사물과 사람, 사건을 쉴 새 없이 내면의식과의 긴장관계 속에 배치한다. 한편 이 소설에서 흥미를 끄는 등장인물은 현혁이다. 그는 과거에 명성 높은 좌익 투사였지만 수감생활을 겪은 후 형편없는 마약 중독자로 타락해 버린 인물이다. 사회주의 운동가의 전향과 전향문학이 하나의 문제로 떠올랐던 1930년대 후반의 현실에 비추어 볼 때 현혁과 같은 인물 형상은 주목해 볼만한 대상이다. 그는 여옥을 놓아주는 댓가로 마약을 사기 위한 돈을 받지만 그것은 철저하게 스스로를 모욕하는 방법이었다. '내 자신을 내가 철저히 모욕하는 것으로 받은 모욕감을 씻겠다'는 것이다. 자의로든 타의로든 신봉하던 이상을 저버릴 수밖에 없게 된 상황에서, 또 거기에서 비롯된 정신적 육체적 고통을 잊기 위해 빠져든 타락의 길에서, 철저한 자기 모욕을 통해 역설적으로 자존심을 지켜나가는 현혁의 모습은 전향자들의 내면을 치밀하게 형상화한 것으로 볼 수 있다.
　「심문」을 포함한 이 무렵 그의 작품들은 공통적으로 정신적인 허무에 사로잡힌 생활 무능력자이거나 절망적인 인간들이 등장한다. 그것은 일제 말기의 어둡고 암울한 시대 상황을 반영하고 있음을 의미하며, 그 같은 말기 문학의 특성 중의 하나가 심리적·사상적으로 허무적이고 절망적인 색채를 농후하게 담고 있기 때문인 것으로 보인다. 최명익은 1930년대 지식인 소설의 대표적 작가인 이상(李箱)과 1950년대 손창섭(孫昌涉)으로 이어지는 심리소설의 지평을 열어 놓은 작가라는 평가를 받고 있으며, 그의 작품은 암울한 식민지 시대의 말기적 증후를 드러내 주고 있다는 데서 문학사적인 의의를 지닌다.

2020 A (기)
하위 갈래 – 인형극·마당극의 주제의 특징 / 인형극·마당극의 대사의 특징

3. 다음을 읽고 〈보기〉의 괄호 안의 ㉠에 해당하는 말을 쓰고, ㉡에 해당하는 부분을 (나)에서 찾아 쓰시오. [2점]

(가)
생원 : 네 이놈, 양반을 모시고 나왔으면 새처를 정하는 것이 아니고 어디로 이리 돌아다니느냐?
말뚝이 : (채찍을 가지고 원을 그으며 한 바퀴 돌면서) 예에, 이마만큼 터를 잡고 참나무 울장을 드문드문 꽂고 깃을 푸근푸근히 두고 문을 하늘로 낸 새처를 잡아 놨습니다.
생원 : 이놈, 뭐야!

… (중략) …

ⓐ양반들 : (새처 안에 앉는다.)
말뚝이 : 쉬이, (음악과 춤을 멈춘다.) 샌님 새처 방이 어떻습니까?
생원 : 참 좋다.
말뚝이 : 만복이 들어오라고 사방 문을 활짝 열었습니다.
생원 : 야 이놈, 문을 열어야 복이 들어오느냐?
말뚝이 : 예, 그렇습니다. '개문이만복래'라 문을 열어야 복이 들어옵니다. 복이 들어오면 소인이 잡을라고 하니 샌님도 잡으시오.
양반들 : (일어서려고 한다.)
말뚝이 : 가만히 계시오. 소인이 복 들어왔다고 할 때 일어나 잡으시오.
말뚝이 : 복 들어왔소!
양반들 : (일어나서 복을 잡으려고 두 손을 벌려 들고 사방으로 돌아다닌다.)
말뚝이 : (이때 "복이야복이야" 소리치며 채찍으로 양반들을 때린다.)
양반들 : (쫓기며 퇴장한다.)

- 제6과장 양반춤, 「봉산탈춤」-

(나)
평양 감사 : 너희 고을 풍속이 사냥을 하면 강계포수(江界砲手)가 일등이라니 불일내(不日內)로 대령시켜라.
관속 : 네, 일변(一邊) 노문 놓아 대령하겠습니다.
　　(포장(布帳) 가로 빙빙 돌아다닌다.)
　　어, 길도 참 험하다. 별안간 사냥은 한다고 남을 이렇게 고생을 시키나. 관속인지 막걸린지 그만두어야지 이놈의 팔자는 심부름만 하고 오십 평생을 보내니 화가 나서 못 살겠군.

… (중략) …

포수 : 그럼 무엇이란 말이냐?
관속 : 감사께서 도임 후에 이 고을 백성을 잘 다스릴 생각은 꿈에도 않고 대번에 꿩사냥이다.
포수 : 평양 감사인지 모기 잡는 망사인지 그래 도임하면서 꿩사냥 먼저 한다니, 오는 놈 족족 그 모양이로구나. 그런데 무슨 큰일이란 말이냐?
관속 : 꿩을 못 잡으면 네 목이 간다 봐라. 그러니까 큰일이지 무엇이냐?
포수 : 이것 잘못 걸렸구나.
　　(관속이 일등 포수와 사냥 잘하는 매를 불러 온 후 감사에게 아뢴다.)
관속 : 아뢰어라. 여쭈어라. 안존 분부대로 강계 일등 포수와 산진이·수진이·날진이·해동 참보라매(해동청·보라매) 다 대령했습니다.

- 제6막 매사냥, 「꼭두각시놀음」-

─────────────────────────〈보기〉─────────────────────────
민속극에서 비판과 풍자를 직접적으로 할 수 있는 것은 가면이나 인형을 사용하여 가장(假裝)을 하기 때문이다. 등장인물의 명칭은 각 장면의 주제를 암시하고 있다. 특히 (가)에서 인물의 이름을 밝히지 않고 ⓐ로 지칭하는 것은 작품의 주제 면에서 개인의 문제가 아닌 (㉠)의 문제를 이야기하고 있다는 것을 의미한다. 또한 무대 배경이 바뀌지 않는 민속극의 특성상 극중 장소는 대사나 몸짓, 소도구 등을 통해 나타낸다. (나)에서도 ㉡장면의 전환이 대사나 동작에 의해 이루어지고 있음을 볼 수 있다.

예상 답안

㉠ 사회 / (제도)
㉡ 어 길도 참 험하다

문제해설

마당극과 인형극을 묶어 민속극의 풍자의 특징 및 인형극의 장면의 전환에 대한 문제이다.
㉠은 '개인'에 대응되는 '사회'가 답이라고 생각하지만, 당대의 양반 제를 고려하면 '제도' 역시 답이 되지 않을까 생각한다. ㉡은 평양 감사가 찾아온 '고을' 장면에서, 포수를 찾으러 가는 '험한 길' 장면으로 바뀐 부분인데, '어 길도 참 험하다' 부분에서 장면이 명확하게 바뀌었다. 그 앞의 '(포장(布帳) 가로 빙빙 돌아다닌다.)' 부분은 포장을 도는 것으로 장면 바뀐 부분이 드러나지 않았다고 생각한다.

문제 관련 배경지식

가면극의 양식적 특징

인물의 대화와 행동에 의해 갈등을 표현하는 극 갈래의 일반적인 양식적 특징 이외에 탈춤에서는 대화, 행동과 결합한 춤과 노래 등이 특수한 방식으로 존재하면서 양식화에 기여한다. 또 무대 배경이 바뀌지 않는 민속극의 특성상 극중 장소는 대사나 몸짓, 소도구 등을 통해 나타내는데, 장면의 전환이 대사나 동작에 의해 이루어지기도 한다는 사실도 주목할 필요가 있다. 그리고 악공이 인물의 대화 상대자가 되어 참여하거나, 관객이 극에 직접 참여하는 경우도 있다. 이러한 탈춤의 양식적 특징은 주제적 인식을 포괄하면서 미적 체험을 특수하게 규정하는 바, 이 역시 탈춤의 중요한 특성이라고 할 수 있다.

「봉산탈춤」의 경우 연행의 전 과장에 걸쳐 춤이 나타난다. 인물이 등장할 때, 극적 갈등이 전개될 때, 인물이 퇴장할 때, 본격적인 춤과 춤에 가까운 몸짓이 표현되고 있다. 이러한 춤은 매우 세련되게 양식화되어 있어 전체 연행 과정 속에서 독립적이라고 느껴질 정도로 비중 있게 확장된 경우도 있으며, 단순히 인물의 움직임을 보조해주는 수단으로 표현된 경우도 있다. 어느 경우에도 극적인 맥락과 상대적인 근원을 가지면서 일정한 기능을 하고 있다. 현실적 욕구에 대한 심리적 갈등을 드러내는 노장의 춤이나 노장과 취발이의 대결의 춤이나 양반의 우둔함을 확인케 해주는 양반과 말뚝이의 춤은 그 자체로 세련되게 양식화되어 있어 독특한 미적 체험을 불러일으키는데, 이러한 춤을 통한 미적 체험은 주제적 인식과 결합되면서 인식을 정서의 차원으로까지 고양하는 구실을 한다.

탈춤의 주제적 특성을 현실 모순에 대한 '비판성'이라고 요약한다면, 양식적 특성은 이를 정서의 차원으로까지 고양시키는 특수한 미적 체험으로서의 '신명성'으로 집약된다. 비판성과 신명성은 긴밀히 결합되어 있어서 서로가 서로의 계기를 확보해 주며 공존하면서도 또한 상대적으로 독자적인 표현과 형상의 영역을 차지하고 있기도 하다. 그리하여 연행의 매 시기마다 이 둘이 어떻게 결합하느냐에 따라 예술적 체험의 수준이 변화하기도 하는 것이다.

이러한 비판성과 신명성은 탈춤에만 고유하게 존재하는 특성은 아니다. 탈춤이 새롭게 확보한 비판성과 신명성의 수준은 물론 탈춤의 고유한 특성이라고 할 수 있겠지만, 비판성과 신명성의 계기는 이전까지의 민중 연희의 전통 속에 이미 내재되어 있던 것이다. 탈춤이 여러 계층에 의해 광범위한 호응을 얻으면서 성장할 수 있었던 이유는 비판성과 신명성이라는 민중 연희의 예술적 계기를 새롭게 계승한 데 있었던 것이다.

2020 B (기) 소설의 시점 – 「소나기」에서 일반 전지적 시점과 다른 시점의 특징 : 앞 자료 참고

2. (가)는 교사들 간의 대화이고 (나)는 「소나기」의 일부이다. (가)의 괄호 안 ㉠, ㉡에 들어갈 말을 순서대로 쓰되 ㉠은 첫 어절과 끝 어절을 쓰시오. [2점]

(가)

교사 A : 요즘, 소설의 시점에 대해 수업하는데 현대 소설에서는 기존의 시점 유형만으로는 설명할 수 없는 경우가 있어요.

교사 B : 「소나기」만 하더라도 학생들이 어떤 부분을 가리키며 시점이 어떻게 되느냐고 물으면, 시점의 유형을 감안해서 대답해 주기는 하는데 석연찮은 구석이 있어요.

교사 A : 특히 인물의 대화를 직접 인용한 대목이 아닌데도 인물의 감정이나 생각을 인물이 직접 전해 주는 것처럼 드러난 부분이 눈에 띄어요.

교사 B : 맞아요. 가령 (나)에서 (㉠) 같은 부분은 인물의 생각을 드러낸 방식이 독백에 가까워서 작은따옴표를 붙여도 좋을 것 같아요. 서술자의 목소리보다 인물의 목소리가 강하게 드러난다고 하겠지요. 이런 경우라면 시점의 유형을 일관되게 적용하기 어려워요.

교사 A : 그도 그럴 것이, 시점에 관한 개념으로 따지자면 (나)의 경우, 서술자가 사건에 대해서는 물론 인물의 심리에 대해서도 (㉡)적인 입장에서 이야기를 제시하고 있어요. 그런데 그렇지 않은 듯 이야기를 전하여 서사의 제시 양상을 조율하고 있는 점이 엿보여요. (나)에서 '중략' 이후를 보면, 인물 간의 대화를 통해서 '소녀'에 얽힌 사연이 밝혀지고 있어요. 그런데 인물의 목소리를 통해서이지만 마치 서술자가 개입하여 사건의 경과를 요약해서 제시하는 듯한 인상이 드는 것이 예사롭지 않아요.

교사 B : 서술자의 지위나 위치가 크게 바뀐 것은 아니지만 서술의 양상이 일정하지 않게 된 것이지요. 이를 서술 상황의 불확정성으로 설명하는 견해가 있더군요.

(나)

　어른들의 말이, 내일 소녀네가 양평읍으로 이사 간다는 것이었다. 거기 가서는 조그마한 가겟방을 보게 되리라는 것이었다.
　소년은 저도 모르게 주머니 속 호두알을 만지작거리며, 한 손으로는 수없이 갈꽃을 휘어 꺾고 있었다.
　그날 밤, 소년은 자리에 누워서도 같은 생각뿐이었다. 내일 소녀네가 이사하는 걸 가 보나 어쩌나, 가면 소녀를 보게 될까 어떨까.

… (중략) …

　남폿불 밑에서 바느질감을 안고 있던 어머니가,
　"증손이라곤 기집애 그애 하나뿐이었지요?"
　"그렇지. 사내애 둘 있던 건 어려서 잃구 ……."
　"어쩌믄 그렇게 자식 복이 없을까."
　"글쎄 말이지. 이번 앤 꽤 여러 날 앓는 걸 약두 변변히 못 써 봤다더군. 지금 같애서는 윤초시네두 대가 끊긴 셈이지. …… 그런데 참 이번 기집애는 어린것이 여간 잔망스럽지 않어. 글쎄 죽기 전에 이런 말을 했다지 않어? 자기가 죽거든 자기 입던 옷을 꼭 그대루 입혀서 묻어 달라구 ……."

- 황순원, 「소나기」-

예상 답안

내일 – 어떨까

전지

문제해설

황순원의 「소나기」를 통해 현대소설의 시점의 특이함에 대해 묻는 문제이다. ㉠의 에는 자유간접화법으로 볼 수 있는 부분이기도 하다. ㉡에는 예문을 고려할 때, '객관', '전지' 등이 올 수 있지만, ㉡의 바로 앞부분에 제시된 내용이 '시점에 관한 개념'이면서 또, '서술자가 사건에 대해서는 물론 인물의 심리의 의미를 고려'한다고 하므로 '전지'(전지적 시점)가 더 타당한 답이라고 생각한다.

문제 관련 배경지식

소나기에서 기존의 시점과 다른 점

- **소나기** : 일반적으로 3인칭 전지적 작가 시점임.

- **다른 특징**

  ① 인물의 대화를 직접 인용한 대목이 아닌데도 인물의 감정이나 생각을 인물이 직접 전해 주는 것처럼 드러난 부분

  내일 소녀네가 이사하는 걸 가 보나 어쩌나, 가면 소녀를 보게 될까 어떨까.

  → 서술자가 인물과 결합하여 그의 내면 생각을 드러낸 부분으로 자유간접화법으로 볼 수 있는데, 인물의 목소리가 강하게 드러남.

  ② 인물의 대화가 사건을 전지적으로 드러내는 부분

  "글쎄 말이지. 이번 앤 꽤 여러 날 앓는 걸 약두 변변히 못 써 봤다더군. 지금 같애서는 윤초시네두 대가 끊긴 셈이지. …… 그런데 참 이번 기집애는 어린것이 여간 잔망스럽지가 않어. 글쎄 죽기 전에 이런 말을 했다지 않어? 자기가 죽거든 자기 입던 옷을 꼭 그대루 입혀서 묻어 달라구 ……."

  → 서술자의 전지적 시점을 통해서가 아니라 인물의 대화가 서술자가 개입하여 제시하는 것처럼 사건의 경과를 드러내는 부분

  위의 ①, ② 모두 서술자의 지위나 위치가 크게 바뀐 것은 아니지만 서술의 양상이 일정하지 않아 서술 상황의 불확정성으로 설명함.

8 2021년 기입형 문제

[3~4] 다음을 읽고 물음에 답하시오.

(가)
　前腔 내 님믈 그리ᄉᆞ와 우니다니
　中腔 산졉동새 난 이슷ᄒᆞ요이다
　後腔 아니시며 거츠르신 둘 아으
　附葉 잔월효셩(殘月曉星)이 아ᄅᆞ시리이다
　大葉 넉시라도 님은 ᄒᆞᆫᄃᆡ 녀져라 아으
　附葉 벼기더시니 뉘러시니잇가
　二葉 과(過)도 허믈도 천만 업소이다
　三葉 ᄆᆞᆯ힛마리신뎌
　四葉 ᄉᆞᆯ읏븐뎌 아으
　附葉 니미 나ᄅᆞᆯ ᄒᆞ마 니ᄌᆞ시니잇가
　五葉 아소 님하 도람 드르샤 괴오쇼셔

　　　　　　　　　　　　　　　　　　　　　　　　　　　　　　　- 정서, 「정과정」 -

(나)
　강천(江天)의 혼자 셔셔 디ᄂᆞᆫ 힉ᄅᆞᆯ 구버보니
　님다히 소식이 더욱 아득ᄒᆞ뎌이고
　모쳠(茅簷) ᄎᆞᆫ 자리의 밤듕만 도라오니
　반벽쳥등(半壁靑燈)은 눌 위ᄒᆞ야 불갓ᄂᆞᆫ고
　오ᄅᆞ며 ᄂᆞ리며 헤쓰며 바니니
　져근덧 역진(力盡)ᄒᆞ야 풋ᄌᆞᆷ을 잠간 드니
　정성이 지극ᄒᆞ야 ᄭᅮ믜 님을 보니
　옥 ᄀᆞᄐᆞᆫ 얼굴이 반이나마 늘거셰라
　ᄆᆞᄋᆞᆷ의 머근 말ᄉᆞᆷ 슬ᄏᆞ장 ᄉᆞᆲ쟈 ᄒᆞ니
　눈물이 바라 나니 말인들 어이 ᄒᆞ며
　정(情)을 못 다ᄒᆞ야 목이조차 몌여ᄒᆞ니
　오뎐된 계셩(鷄聲)의 ᄌᆞᆷ은 엇디 ᄭᆡ돗던고
　어와 허사로다 이 님이 어ᄃᆡ 간고
　결의 니러 안자 창을 열고 ᄇᆞ라보니
　어엿븐 그림재 날 조츨 ᄲᅮᆫ이로다
　ᄎᆞ하리 싀여디여 낙월(落月)이나 되야 이셔
　님 겨신 창 안ᄒᆡ 번드시 비최리라
　각시님 ᄃᆞᆯ이야ᄏᆞ니와 구ᄌᆞᆫ비나 되쇼셔

　　　　　　　　　　　　　　　　　　　　　　　　　　　　　　　- 정철, 「속미인곡」 -

(다)
　님으란 회양(淮陽) 금셩(金城) 오리남기 되고 나ᄂᆞᆫ 삼사월 츩너출이 되야
　그 남긔 그 츩이 낙거믜 나븨 감듯 이리로 츤츤 저리로 츤츤 외오 프러 올이 감아 밋븟터 ᄭᅩᆺᄉᆞᆫ지 ᄒᆞᆫ 곳도 뷘 틈 업시 주야장상(晝夜長常) 뒤트러져 감겨 이셔
　동(冬)섯ᄃᆞᆯ 바람비 눈셔리를 아모리 마즌들 플닐 줄이 이시랴

　　　　　　　　　　　　　　　　　　　　　　　　　　　　　　　- 이정보 -

2021 A3 (기) 고전시가(현대시) 형식 – 구성요소 ; 시상의 전개 방식 / 시간의식 관련 단어

3. 〈보기〉는 고전 시가에 나타난 시간 의식에 대한 설명의 일부이다. 괄호 안의 ㉠, ㉡에 해당하는 시어나 시구를 찾아 쓰시오. [2점]

〈보기〉

한국의 시가 문학에서 '과거-긍정적, 현재-부정적, 미래-부정적'인 시간 의식의 유형은 매우 보편적이다. 과거는 (가)에서 '님'과 '흐듸 녀'던 시간으로, (나)에서 '님'의 (㉠)을/를 가까이서 보았던 시간으로 나타난다. 이와 달리 현재는, (가)에서는 (㉡)에서 짐작할 수 있듯이 '님'에 의한 망각을 두려워하는 시간으로, (나)에서는 오직 꿈을 통해서만 '님'을 만날 수 있는 시간으로 나타난다. 미래에는 '님'과 '나'의 관계가 과거와 같이 회복되기를 바라지만 그것은 불확실하거나 실현되기 어려운 소망이다.

문제분석

Ⅰ. 출제된 분야 및 문제 파악
1. 현대시나 고전시가의 형식(내용) – 시상의 전개 방식 중 시간 의식을 이해하고, 그와 관련된 단어를 찾는 문제.
2. 비교적 쉬운 문제이며, 〈보기〉의 내용을 잘 읽어보면 해당하는 답을 쉽게 찾아낼 수 있다. 오답을 적은 경우 〈보기〉를 주요하게 여기지 않은 경우가 많다.

Ⅱ. 주목할 내용(답안) 및 의의·한계
1. 최근 시험에서 시상 전개방식이 중요하다고 강조했는데, 2020년에 이어 다시 출제됨.
2. 예상 답안 참고
3. 시상전개 방식의 문제를 단어와 관련지어 새롭게 제시했음.

Ⅲ. 문제 해결에 필요한 요소 및 앞으로의 출제 예상
1. 시가나 현대시에서 시상 전개방식이 중요하므로 앞으로도 계속 출제될 수 있음
2. 문제 유형을 달리해서 다양하게 출제 가능
   – 기본적인 시상전개 방식을 익히고, 그것이 어떤 의미와 효과를 지니는지 작품에서 어떻게 적용하여 파악할 수 있을지 준비해야 함.

예상 답안

㉠얼굴
㉡니즈시니잇가 / (그리ᄉ와)

문제 관련 배경지식

시가의 시상 전개 방식
① '과거-긍정적, 현재-부정적, 미래-부정적' : 부정적 현실의 지속
   * 정과정, 속미인곡, 사미인곡 등 유배 시가에 많음
② '과거-긍정적, 현재-부정적, 미래-긍정적' : 부정에서 긍정으로 전환
   * 만전춘, 청춘과부가

| 2021 A4 (기) | 고전문학사 – 변신모티프 / 작품의 정서 파악 |

4. <보기>는 상호텍스트성을 중심으로 (나)와 (다)를 비교한 내용이다. 문맥을 고려하여 괄호 안의 ㉠, ㉡에 들어갈 말을 쓰시오. [2점]

> (나)와 (다)는 모두 변신 모티프를 시적 발상의 단초로 활용하여 남녀 간 애정과 관련된 정서를 표현하고 있다. 그런데 (나)에서 화자는 '님'과의 이별에서 오는 (㉠)이/가 현생에 서는 해소될 수 없음을 직감하면서 전생(轉生)을 통한 변신을 바탕으로 그 해소를 추구하게 된다면, (다)에서는 '님'과의 사랑에서 느끼는 (㉡)을/를 극대화하고자 전신(轉身)을 통한 변신을 소망하게 된다. 이처럼 상반된 성격의 정서가 동일하게 변신의 소망으로 귀결된다는 점은 매우 흥미롭다.

문제분석

Ⅰ. 출제된 분야 및 문제 파악
1. 고전문학사에서 변신 모티프에 관한 문제와 작품의 정서 파악에 관한 문제.
2. 문제 파악에서 주의해야 할 부분은 <보기> 자료인데, 그 끝부분에 '상반된 성격의 정서'라는 말이 있으므로, 답에서 상반된 정서를 찾아제시해야 함.

Ⅱ. 주목할 내용(답안) 및 의의·한계
1. 변신모 티프는 고전소설에서 많이 다루는데, 시에서 제시된 점이 의외이며, 정서는 계속 강조되고 되풀이되는 문제이다.
2. 예상 답안 참고

Ⅲ. 문제 해결에 필요한 요소 및 앞으로의 출제 예상
1. 고전문학사에서 변신 모티프에 관한 문제는 고전소설에서 다른 문제 유형으로 출제될 수 있어 계속 주목할 필요가 있음.
 – 고전소설이나 설화의 다양한 변신 모티프, 유형, 변화 방향, 변화가 지닌 의미 등을 주목
2. 정서의 경우 '시적 화자'와 '화자의 상황'을 고려하여 접근하면 쉽게 풀 수 있음. – 매년 반복되는 문제이고, 표현만 바꾸어 내년에도 이와 관련한 유사한 문제가 반드시 출제될 것으로 보므로 작품을 통해 계속 연습해야 함.

예상 답안
㉠ 한(정한, 슬픔)
㉡ 즐거움(쾌락, 기쁨)

문제 관련 배경지식

1. 변신 모티프
동서양의 서사물 속에 끊임없이 변주되어 나타나는 변신(變身)과 관련한 제재
단군신화, 호원, 구렁덩덩 신선비, 만분가, 사미인곡, 속미인곡 등 다양한 서사문학이나 시가 문학에서 다양하게 나타남.
① 변신 방향
 • 인간 → 동물 : 부정적 결말
 • 동물 → 인간 : 긍정적이고 행복한 결말
② 변신 과정
 • 전생(轉生)을 통한 변신(죽음 후 재생)
 • 전신(轉身)을 통한 변신(현생)
③ (나), (다)의 경우
 • (나)의 경우 – 인간 → 동물 : 부정적 / 전생(轉生)을 통한 변신 ;
 • (다)의 경우 – (다)전신(轉身)을 통한 변신

2. 시적화자와 화자의 상황을 통한 정서의 파악
 – 중복되어 생략

9 2022년 기입형 문제

2022 A 4 (기) | 상징(비유, 우의)의 의미 파악

4. (가), (나)를 읽고 ㉠, ㉡에 해당하는 말을 (가)에서 찾아 순서대로 쓰시오. [2점]

(가)
집의 옷밥을 언고 들먹는 져 고공(雇工)아
우리 집 긔별을 아는다 모로는다
비 오는 늘 일 업슬 직 숫 소면셔 니르리라
처음의 한어버이 사롬스리 흐려 훌 직
인심(仁心)을 만히 쓰니 사롬이 절로 모다
풀 베고 터을 닷가 큰 집을 지어내고
셔리 보십 장기 쇼로 전답(田畓)을 긔경흐니
오려논 터밧치 여드레 그리로다
자손에 전계(傳繼)흐야 대대로 나려오니
논밧도 죠커니와 고공도 근검터라
저희마다 여름지어 가음여리 사던 것슬
요스이 고공들은 혬이 어이 아조 업서
밥사발 큰나 쟈그나 동옷시 죠코 즈나
므음을 둣호는 듯 호슈*
을 식오는 듯
무슴 일 감 드러 흘긧할긧 흐느순다
너희닉 일 아니코 시절좃ᄎ 스오나와
ᄀ득의 닉 셰간이 플러지게 되야는듸
엇그직 화강도(火強盜)에 가산(家産)이 탕진(蕩盡)흐니
집 흐나 불타붓고 먹을 썻시 전혀 업다

— 허전, 고공가 —

* 호슈 : 공물과 세금을 거두어 바치는 일을 맡아 하던 사람.

(나)
〈고공가〉는 전란 직후 어려워진 현실의 문제를 비판하고 교훈하기 위해 창작된 작품이다. 작품 속에서 주인은 근검한 고공 덕분에 대대로 덕을 쌓은 과거 집안 내력을 얘기하면서, 요즘은 고공들의 올바르지 못한 처신에다 외부의 약탈까지 더해져 집안의 형편이 어려워졌음을 개탄하고 있다. 이를 작품 밖 정치 현실의 비유적 표현으로 본다면, 집, 고공, (㉠)은/는 각각 나라, 신하, 국조(國祖)를 빗댄 것으로 볼 수 있다. 또한 (㉡) 역시 나라를 어렵게 한 외부 세력으로 볼 수 있다.

예상 답안

㉠ 한어버이
㉡ 화강도

문제분석

Ⅰ. 출제된 분야 및 문제 파악
1. 함축적 표현 / 우의적 표현의 의미를 묻는 가장 기본적이고 단순한 문제면서 매년 2문제 이상 출제되는 유형
2. 작품의 시적화자와 시적 상황(내용 전개) 및 시대적 의미를 고려하여 문제를 풀어가야 함.

Ⅱ. 주목할 내용(답안) 및 의의·한계
1. 시가에서 함축적 표현 / 우의적 표현의 대상 및 그 의미
2. 예상 답안 참고

Ⅲ. 문제 해결에 필요한 요소 및 앞으로의 출제 예상
1. 출제된 분야의 문학지식 및 문학감상 능력
   - 비유 및 상징에 대한 이해 / 우의적 표현에 대한 이해 필요
2. 앞으로 이 문제와 관련하여 출제될 수 있는 부분 - 매년 유사한 형태로 많은 문제가 출제되고 있음

작품 관련 배경지식

허전 「고공가」

1. 핵심 정리
- 작자 허전(許㙉)
  진사(進士)를 했고, 무과(武科) 출신이었다는 기록이 『지봉유설(芝峯類說)』에 전함 혹은 함종현감(咸從縣監)을 지냈다고 함. 서울 천호동에 그의 묘가 있음
- 연대 선조 때(임진왜란 직후)
- 율격 3(4)·4조, 4음보
- 구성 '기 - 승 - 전 - 결'의 4단 구성. 전 52구(句)
- 성격 교훈적(敎訓的), 경세가(警世歌)
- 내용 농사로 나랏일을 비기어 백관들의 탐욕과 무능함을 개탄하면서, 파당을 버리고 협심하여 근검할 것을 은유적으로 표현
- 요지 한어버이(태조 이성계) 어진 마음으로 머슴들도 근검하더니, 요사이 머슴들이 반목만 일삼다 화강도(도적; 왜적, 임진왜란)의 침해를 받기도 했음. 힘겨운 상황에서 머슴들에게 근검할 것을 바라며, 새 살림할 머슴의 출현을 고대
- 주제 임진왜란 직후 백관들의 탐욕과 정치적 무능 비판
- 특징 ① 지은이를 이원익(李元翼), 또는 선조(宣祖)로 보는 견해도 있음
  ② 이 노래에 대한 답으로 이원익(李元翼)의 「고공답주인가(雇工答主人歌)」가 있음

2. 감상

「고공가(雇工歌)」는 한 어른이 비오는 날 새끼를 꼬면서 고공(雇工, 머슴)들을 깨우치고 경계하는 일종의 '교훈가'이다. 농부의 어려움을 국사(國事)에 비유하여 농가(農家)의 한 어른이 바르지 못한 머슴들의 행동을 나무라는 표현 형식을 취해, 정사(政事)에 게을리하는 조정 백관의 무능함을 꼬집은 글이다.

우리집의 지나온 내력 소개와 머슴들의 반목 끝에 도적의 침해를 입게 되었음을 나타내면서, 머슴들의 근검 정신을 일깨우고, 새 살림을 할 수 있는 청빈(淸貧)한 머슴(벼슬아치)이 나오기를 간절히 바라고 있다. 한어버이(태조 이성계)께서 살림을 시작하였을 때, 여드레 갈이나 되는 텃밭을 가지고도 모든 머슴들이 부지런하고 검소하더니, 요새 머슴들은 사려분별(思慮分別) 없이 밥그릇의 크고 작음이나, 동옷의 좋고 나쁨만을 다투어 화강도(火强盜 - 임진왜란의 왜적)에게 가산을 탕진하였다는 것으로, 이태조 건국 이후 당파 싸움에만 열을 올리다 왜적의 침입을 받게 되었음을 은유한 것이다.

왜적의 침입을 받고도 뉘우칠 줄 모르고, 사리사욕(私利私慾)과 당파 싸움에만 정신을 팔고 있는 벼슬아치들에게 협동과 근검 정신을 일깨우며, 참신하고 청빈한 벼슬아치의 출현을 희구하고 있다.

여기서 고공은 백관(百官)을, 한 어버이는 이태조를 은유한 것이다. 그가 살림살이를 열 때에 인심을 많이 써서 사람들이 절로 모여 큰 집을 짓고 전답을 경작하니 이것이 팔일경(八日耕: 팔도(八道))라 했다. 이것을 자손에 전할 때 머슴들도 근검하던 것이 요즘 머슴들은 밥사발과 옷의 좋고 낮음을 서로 다투는 듯 하고 있다. 이들만 아니라 '시절도 사나워 화강도 왜군(倭軍)가 쳐들어와 가산마저도 탕진했으니, 한 마음 한 뜻으로 나누어 일을 하자. 너희들도 먹을 일을 분별해라. 더구나 엊그제 왔던 도적이 멀리 가지 않았는데 화살은 얹어 두고 옷밥만 다투느냐.'하는 내용이다.

2. (가)~(다)를 읽고, 〈보기〉의 ㉠, ㉡에 해당하는 말을 순서대로 쓰시오. [2점]

(가)
거북아 거북아 수로를 내놓아라 　　　龜乎龜乎出水路
남의 부녀 뺏어간 죄 얼마나 큰가 　　　掠人婦女罪何極
네 만일 거역하여 내어놓지 않으면 　　　汝若悖逆不出獻
그물로 잡아 구워 먹으리라 　　　入網捕掠燔之喫

- 해가 -

(나)
구스리 바회예 디신들
구스리 바회예 디신들
긴힛둔 그츠리잇가
즈믄 히를 외오곰 녀신들
즈믄 히를 외오곰 녀신들
信잇둔 그츠리잇가

- 정석가 -

(다)
남의 님 향흔 뜻지 죽으면 엇더홀지
상전(桑田)이 변ᄒ여 벽해(碧海)는 되려니와
님 향흔 일편단심(一片丹心)이야 가실 줄이 이시랴

- 작자 미상 -

〈보기〉

　　한국 시가에서는 동일 어휘, 동일 어구, 동일 어법, 소재, 시적 발상 등이 반복 또는 변용되어 활용되는 특징이 있다. (가)는『삼국유사』'수로부인' 이야기에 나오는『해가(海歌)』로, '호명 – 명령 - 가정-위협'의 구성을 취한 고대가요『구지가』가 변이를 거쳐 후대로 전승된 것이다. (나)는 고려속요『정석가』의 제6연인데, 같은 노랫말이 고려속요 (『 ㉠ 』)에도 나타난다. (다)는 조선 후기 가집에 수록된 작자 미상의 시조로, '(㉡)'(이)라는 표현은 정몽주의『단심가』로부터 전승된 것으로 볼 수 있다. 이처럼 훌륭한 작품의 표현이나 기법은 반복 또는 변용의 방식으로 활용되는데, 주제나 정서의 전달과 공감의 확보 등 노래의 효용성을 극대화하는 데 효과적이다. 이는 한국시가의 표현이나 기법이 문화적으로 축적된 공동체 모두의 자산임을 보여 준다.

예상 답안

㉠ 서경별곡 / (서경별곡 2연),
㉡ 님 향흔 일편단심(一片丹心)이야 가실 줄이 이시랴

문제분석

I. 출제된 분야 및 문제 파악
1. 고전 시가에서 작품 간의 연관성이나 작품에 나타난 특징의 계승에 관한 문제 중 '관용구'와 관련한 문제임
2. 시가 작품 간의 관련성에 대해 이해할 필요가 있음

II. 주목할 내용(답안) 및 의의·한계
1. 시가 작품의 관련성(텍스트 상호성) / 시가 형식이나 표현의 계승
2. 예상 답안 참고

III. 문제 해결에 필요한 요소 및 앞으로의 출제 예상
1. 출제된 분야의 문학사적 지식
   - 시가 작품의 관련성(텍스트 상호성)
2. 앞으로 이 문제와 유사한 유형으로 다양한 문제가 출제될 수 있는데, 특히 고전시가의 형식의 사적 전개를 중심으로 한 문제가 출제될 수 있음.

문제 관련 배경지식

관용구
동일 어휘, 동일 어구, 동일 어법, 소재, 시적 발상 등이 반복 또는 변용되어 활용

① 구지가 - 해가(海歌) : 호명 - 명령 - 가정-위협 구조
② 서경별곡 2연 - 정석가 6연
③ 정과정 - 만전춘 3연
④ 하여가 - 도산십이곡 1수 : 이런들 어떠하며 저런들 어떠하리
⑤ 다양한 시집살이 노래 : 형님형님 사촌 형님 시집살이 어떱디까 :
⑥ 정몽주의 『단심가』 - 작자 미상의 시조 : 님 향흔 일편단심(一片丹心)이야 가실 줄이 이시랴
⑦ 면앙정가 - 감군은 : 역군은이샷다
⑧ 시조 - 가마귀 소재 다양
⑨ 무릉도원 / 누항, 단사표음 / 아황 여영의 절개 / 요임금과 소부, 허유 등 중국 고사

10 2023년 기입형 문제

2023년 A형 3번   변화함을 드러낸 시어 / 추체험

3. (나)는 (가)에 대한 학생의 감상문이다. 괄호 안의 ㉠에 해당하는 시어를 (가)에서 찾아 쓰고, (나)의 밑줄 친 ㉡의 심미적 체험을 가리키는 용어를 1단어로 쓰시오. [2점]

(가)
샤갈의 마을에는 삼월에 눈이 온다.
봄을 바라고 섰는 사나이의 관자놀이에
새로 돋은 정맥이
바르르 떤다.
바르르 떠는 사나이의 관자놀이에
새로 돋은 정맥을 어루만지며
눈은 수천수만의 날개를 달고
하늘에서 내려와 샤갈의 마을의
지붕과 굴뚝을 덮는다.
삼월에 눈이 오면
샤갈의 마을의 쥐똥만한 겨울 열매들은
다시 올리브빛으로 물이 들고
밤에 아낙들은
그 해의 제일 아름다운 불을
아궁이에 지핀다.

- 김춘수, 샤갈의 마을에 내리는 눈 -

(나)
　나는 '눈'이 이 시에서 어떤 역할을 하는지에 초점을 두고 읽어 보았다. 찬찬히 살펴보니 '눈'으로 인해 존재들이 변화를 일으킨다는 점을 알 수 있었다. 우선 '눈'이 내리니 '사나이의 관자놀이에 새로 돋은 정맥이 바르르 떤다.'는 표현이 눈에 띄었다. 하늘에서 '눈'이 내리고 있는 모습과 어울려 시에서 어떤 동적인 분위기를 만들어 내는 것 같다. '눈'이 내림으로써 대상 자체가 변화함을 보여주는 시어에는 '(㉠)'도 있다. 여기서 '눈'은 이 마을에 봄의 생명력을 불러일으키는 것 같다. ㉡ 시의 장면을 구체적으로 상상하면서 마치 내가 '샤갈의 마을'에서 '눈'을 보는 경험을 한 듯한 심미적 체험을 할 수 있었다. 이 시를 읽은 경험이 내 마음에 오래 남을 것 같다.

문제분석

Ⅰ. 출제된 분야 및 문제 파악
1. 시인의 의도(함축적 의미)를 지닌 시어 찾기 / 추체험
2. 시험에서 자주 다루지는 않는 작품이 출제되었는데, 시어를 찾는 문제는 익숙한데, 추체험이란 용어는 다루지 않은 학습자는 답을 모를 수 있음.

Ⅱ. 주목할 내용(답안) 및 의의·한계
1. 예상 답안 참고

Ⅲ. 문제 해결에 필요한 요소 및 앞으로의 출제 예상
1. 출제된 분야의 문학지식 및 문학감상 능력
   - 시어의 함축적 의미 / 추체험

2. 함축적 의미는 현대시, 고전시가, 현대소설 등에서 매년 1~2문제는 출제되는 문제임 / '추체험'에 대해서는 문학의 기본 용어에 대한 이해 필요

채점기준

- 2점 - ㉠, ㉡이 아래와 같이 맞으면 : 각각 1점

예상 답안

㉠ (겨울) 열매
㉡ 추체험

작품 관련 배경지식

샤갈의 마을에 내리는 눈

1. 핵심정리
▷ 갈래 자유시, 서정시
▷ 성격 감각적, 회화적, 환상적
▷ 주제 맑고 순수한 생명감
▷ 시적화자 시적 화자는 '3월의 눈 → 정맥의 떨림 → 올리브빛의 열매 → 아궁이의 불'로 이어지는 이미지를 통해 맑고 순수한 생명감을 그리고 있음

2. 작품감상의 구조

구성 요소	구성 요소의 파악	그것이 지닌 의미·효과	주제와의 관련성
내용 요소	① 시적 화자 및 화자의 상황	시적 화자는 샤갈이 그린 눈 내리는 그림을 보거나 혹은 샤갈의 마을에 내리는 눈을 상상하며 이미지를 통해 맑고 순수한 생명감을 드러내었다.	맑고 순수한 생명감
	② 소재	맑고 순수함, 정화를 상징하는 '눈'의 속성을 통해 맑고 순수한 생명감의 주제 의식을 효과적으로 표현했다.	
	③ 눈의 역할	봄을 바라는 사나이 - 새로 돋은 정맥을 떨게 함. 겨울 열매 - 올리브빛으로 물들게 함.	
형식 요소	① 단연의 형태	단연 형태로 쓰여 압축적인 구조 속에서 순수한 생명 의식을 효과적으로 드러냈다.	
	② 감각적 시어	시인이 샤갈의 그림을 보고 마음속에 떠오르는 순수한 심상들을 감각적인 언어로 형상화 하여 환상의 분위기를 부각시키고 있다.	
	③ 시상의 전개	'3월의 눈 → 정맥의 떨림 → 올리브빛의 열매 → 아궁이의 불' 등으로 이어져 맑고 순수한 생명력을 드러냈다.	
표현 요소	① 현재형 시제	현재형 시제를 사용해 생동감 있는 이미지를 표현했다.	
	② 대비적 이미지	'푸른색, 정맥과 흰색 눈, 올리브 빛 겨울 열매, 불' 등 대비적인 이미지를 통해 주제와 시의 인상을 더욱 부각시켰다.	
	③ 상징	'불'은 '아낙'들의 내면에서 솟아오르는 맑고 투명한 생명력을 뚜렷한 인상을 주며 상징적으로 드러낸다.	

3. 감상의 길잡이

이 작품은 하나의 연으로 된 순수한 생명 의식을 포착한 시이다. 물론 이 작품의 공간인 '샤갈의 마을'은 가공의 세계이다. 화가인 샤갈의 그림인 〈눈 내리는 마을〉이 연상이 되기도 하지만, 샤갈의 화풍인 초현실주의 경향의 작품 세계와도 연결이 된다. 시적 의미를 형상화한다기보다 그저 마음속에 떠오르는 순수한 심상들을 엮어 놓았는데, 이는 순수한 마음 상태를

표현하는 무의미시(혹은 절대시) 추구의 경향을 보인 김춘수 시인의 1960년대 작품 경향을 잘 드러내 준다고 하겠다.

이처럼 김춘수가 「꽃」 등과 같은 관념의 시를 쓰던 1950년대를 거쳐 1960년대에 이르면 관념과 의미를 해체하고 대상이 갖는 순수한 이미지만을 추구하는 무의미의 시를 쓰게 되는데, 바로 이 시가 그런 계열에 속하는 작품이다. 따라서 이 시의 각 행들은 하나의 의미를 전달하기보다는 자신의 마음속에 떠오르는 심상들을 감각적인 언어로 포착하였다고 하겠다. 가공적 환상의 세계를 배경으로 '눈'과 '새로 돋은 정맥', '열매(올리브빛)', '불' 등의 이질적인 시어들은 모두 독자적인 이미지를 가지면서도 순수하고 맑은 생명감이라는 공통적인 심상을 연상시켜 준다고 보인다.

추체험[追體驗]

문학이나 예술에서 작가 혹은 등장인물이 체험한 것을 마치 자기가 한 것처럼 느끼는 것. 추체험을 통해 그 인물에 감정이입 되는 경우가 많음.

2023년 A형 4번 | 본래성의 상실을 드러낸 시어 / 이상적 공간

4. 다음을 읽고, 괄호 안의 ㉠, ㉡에 해당하는 말을 순서대로 쓰시오. [2점]

(가)
모가지가 길어서 슬픈 짐승이여
언제나 점잖은 편 말이 없구나
관이 향기로운 너는
무척 높은 족속이었나 보다
물 속의 제 그림자를 들여다보고
잃었던 전설을 생각해 내곤
어찌할 수 없는 향수에
슬픈 모가지를 하고 먼 데 산을 쳐다본다

- 노천명, 사슴 -

(나)
사슴은 본래성을 잃어버린 존재의 슬픔을 표현하고 있는 작품이다. 이 시에서 사슴은 향기로운 관을 영화로웠던 과거의 흔적으로 지니고 있다. 슬픔의 근원적 원인에 해당하는 본래성의 상실은 '(㉠)'(이)라는 2어절의 시구에서 압축적으로 나타난다. 하지만 사슴은 '높은 족속'이었던 과거의 영광이 사라졌다고 해서 현실과 타협하지 않고, '언제나 점잖은' 고고함을 유지하고 있다. 타협을 거부하는 삶의 자세는 여전히 향기로운 관을 쓴 채 말없이 '모가지'를 들어 '먼 데 산'을 쳐다보는 행위로 드러난다. 이때 산은 사슴이 되돌아가고자 하나 그럴 수 없는 (㉡)적(的) 공간이라 할 수 있다. 이는 시 전체에서 향수와 슬픔의 정서를 강화한다.

문제분석

- I. 출제된 분야 및 문제 파악
  1. 함축적 의미를 지닌 시어 찾기 / 공간의 의미
  2. 익숙한 작품이지만 시험에서 자주 다루지는 않는 작품이 출제되었고, 시어를 찾고 공간의 의미를 묻는 쉬운 문제임
- II. 주목할 내용(답안) 및 의의·한계
  1. 예상 답안 참고

Ⅲ. 문제 해결에 필요한 요소 및 앞으로의 출제 예상
1. 출제된 분야의 문학지식 및 문학감상 능력
   - 시어의 함축적 의미 / 공간의 의미
2. 현대시, 고전시가, 현대소설 등에서 매년 1~2문제는 출제되는 문제이며, 앞으로도 이와 유사한 문제가 다양하게 출제될 수 있음.

채점기준
• 2점 - ㉠, ㉡이 아래와 같이 맞으면 : 각각 1점

예상 답안
㉠ 잃었던 전설
㉡ 이상

작품 관련 배경지식

사슴

1. 핵심정리
▷ 성격 감상적, 고답적, 관조적, 자기 응시적
▷ 표현 감정이입, 의인법, 공감각적 심상, 감정의 절제를 통한 언어의 절제
▷ 중요시어 및 시구풀이
  • 모가지가 길어서 슬픈 짐승 → 사슴의 외면을 통해 정서(슬픔) 표출, 슬픔의 원인은 '이상과 현실의 괴리감'에서 비롯
  • 관이 향기로운 → '관'은 사슴의 뿔에 대한 은유이며, '높은 긍지와 자존의식'을 상징함, 공감각적 심상(시각의 후각화)
  • 높은 족속 → 자아의 정신적 고고성과 귀족성 암시
  • 물 → 자아발견, 자아성찰의 매개체
  • 잃었던 전설을 생각 → 자아의 원초적 근원(예전에 누렸을 아름답고 고귀한 모습)에 대한 발견
  • 어찌할 수 없는 향수 → 전설은 생각만 할 수 있을 뿐, 다시 돌아갈 수 있는 것이 아니기에 향수에 잠길 수밖에 없음.
  • 먼 데 산 → '전설'과 동일한 의미를 지님, 이상, 동경, 영원한 정신적 세계를 가리키는 말
▷ 주제 : 현실에 적응하지 못하고 이상을 추구하는 고독한 자아
▷ '사슴'의 모습
  ㉠ 시인 자신의 고독한 자화상(평생을 독신으로 살았던 시인의 외로운 모습 연상)
  ㉡ 현실에 적응하지 못하고 자신의 고귀한 꿈을 지키며 외로이 살아가는 사람의 모습
  ㉢ 높은 긍지와 자존의식을 가지면서도, 어떠한 자기위로로도 치유되지 못하는 고독이라는 상처를 안고 사는 외톨이의 자의식
  ㉣ 현실의 속된 모습에 어울리지 못하여, 현실세계보다는 어떤 먼 이상의 세계를 그리워하면서 물 속의 제 그림자를 들여다보는 '자기애(나르시시즘)'에 잠기어 있는 자의 모습

2. 시상의 흐름(짜임)
• 1연 : 사슴의 외면적인 특성(귀족적 품위)
• 2연 : 사슴의 내면적인 특성(동경, 향수)

3. 감상
이 시는, 겉으로는 사슴을 가볍게 스케치한 한 폭의 작은 그림 같지만, 사슴에게 인격을 불어 넣고 감정을 이입(移入)시켜 어느덧 사슴은 시인 자신의 모습으로 변모되어 독자 앞에 나타난다. 불행한 현실은 그것을 극복하려는 의지가 없는 사람에게 하나의 질곡(桎梏)일 수밖에 없는 것이리라. 거기에 바로 노천명 시인의 '슬픔'이 자리잡고 있다.
두 연만으로 된 단순한 구도의 이 작품은 '모가지가 길어서 슬픈 짐승이여'라는 유명한 구절로 시작된다. 목이 긴 것과 슬픈 것과는 대체 어떤 관계가 있는 것일까? 대부분의 짐승들은 목이 짧다. 그런 가운데서 목이 길다는 사실은 그 자체가

남다른 모습이기에 홀로 외톨이가 되는 이유일 수 있겠고, 목이 길기에 높이 세운 머리가 더욱 오만하고도 고고한 외로움을 지니게도 할 듯하다. 이러한 사슴은 또한 다른 이들과는 어울리지 않고 혼자 말없이 점잖고 쓸쓸하게 살아간다. 이러한 모습에서 시인은 사슴의 먼 과거의 모습을 상상해 본다. 향기롭고 우아한 뿔이 있는 것을 보면 무척 고귀한 족속이었는지도 모른다고 한다. 그래서 사슴은 때때로 물 속의 제 그림자를 들여다보면서 과거의 본래성을 상실해버린 상황에서 그 잃어버린 전설을 떠올리며 향수에 잠긴다. 그가 향수에 잠겨 바라보는 곳이 '먼 산'인데, 산은 사슴이 되돌아가고자 하나 그럴 수 없는 이상적(的) 공간이다.

(자료 출처 : 청향문학https://cafe.daum.net/newstart9/JSsm/1612?q) : 일부 수정 보완

CHAPTER 03 문학 서술형 10개년 기출문제 풀이 및 배경지식

1 2014년 서술형 문제

2014 A 문학능력(감상 능력) / 현대시 표현 – 비유와 상징

6. 다음 시를 읽고 화자가 '유리'를 두려워하는 이유를 찾아 쓰고, '유리'와 '유리에 대비되는 것들'의 내포적 의미를 각각 밝힌 후, 이를 토대로 이 시의 주제를 서술하시오. [3점]

> 네가 약하다는 것이 마음에 걸린다
> 작은 충격에도 쉬이 깨질 것 같아 불안하다
> 쨍그랑 큰 울음 한번 울고 나면
> 박살 난 네 몸 하나하나는
> 끝이 날카로운 무기로 변한다
> 큰 충격에도 끄떡하지 않을 네가 바위라면
> 유리가 되기 전까지 수만 년
> 깊은 땅속에서 잠자던 거대한 바위라면
> 내 마음 얼마나 든든하겠느냐
> 깨진다 한들 변함없이 바위요
> 바스러진다 해도 여전히 모래인 것을
> 그 모래 오랜 세월 썩고 또 썩으면
> 지층 한 무늬를 그리며 튼튼하고 아름다운
> 다시 바위가 되는 것을
> 누가 침을 뱉건 말건 심심하다고 차건 말건
> 아무렇게나 뒹굴어다닐 돌이라도 되었으면
> 내 마음 얼마나 편하겠느냐
> 너는 투명하지만 반들반들 빛이 나지만
> 그건 날카로운 끝을 가리는 보호색일 뿐
> 언제고 깨질 것 같은 너를 보면
> 약하다는 것이 강하다는 것보다 더 두렵다
>
> – 김기택, 「유리에게」

 예상 답안

　시적 화자는 2행에서 유리가 쉽게 깨질 것 같고, 또 5행에서 그것이 깨어져 날카로운 무기가 되기 때문에 두려워한다. '유리'는 쉽게 깨어지는 것으로 '약한 존재' 또는 '깨어지며 위험을 내포한 존재', '물성이 쉽게 변하는 존재' 등의 의미이다. '유리와 대비되는 것들'은 '바위, 모래, 돌' 등이 있다. '바위'는 '강한 존재', '깨어져도 위험하지 않은 존재', '물성이 쉽게 변하지 않는 존재' 등을 의미한다. ('모래'나 '돌'은 바위가 깨어진 것으로 '단단하지만 위험하지 않은 존재'를 의미

한다.) 이를 토대로 이 시의 주제는 '약한 존재가 지닌 위험에 대한 경계와 강한 존재가 지닌 든든함에 대한 추구'로 볼 수 있다.

> **문제해설**
>
> 현대시 감상 능력을 묻는 문제인데, 상징의 의미를 먼저 파악한 후, 상징의 대립 관계 그리고 그러한 대립을 통한 주제 파악 등으로 이어지는 문제이다. 교과서에 수록되지 않은 낯선 작품을 제시하여 감상 능력을 묻기 때문에 감상 능력을 기를 필요가 있다.

문제 관련 배경지식

김기택 유리에게

- 갈래 자유시, 서정시
- 성격 사유적, 성찰적
- 제재 유리
- 표현 의인화, 상징, 대조, 가정, 역설
- 주제 약한 존재가 지닌 위험에 대한 경계 / 강한 존재가 지닌 든든함에 대한 지향
- 특징
  1. 유리를 너로 의인화하여 시상을 전개하고 있다
  2. 유리와 바위를 대비하여 약한 것의 위험함과 강한 것의 든든함을 강조했다.
  3. 유리라는 약한 존재가 위험하다는 역설로 표현했다.
  4. 다양한 가정을 통해 시상을 전개하고 있다.

문학의 형상화

1. 형상화의 개념

문학에서 형상화는 작자가 어떤 내용(주제)을 문학의 여러 구성 요소를 통해 실감 있는 모습(이야기 또는 정서 등)으로 바꾸어 놓은 것을 말한다. 작자의 상상(허구)에 의한 노력이 독자에게 실감 있는 모습으로 인식되어 감동을 줄 때, '형상화' 되었다고 한다.

① 형상화는 작자가 드러내려는 주제가 다양한 내용·형식·표현 요소들에 의해 잘 짜여 감동을 주면서 그 주제를 효과적으로 드러내는 것을 의미한다.

2. 형상화 요소 (구성 요소)

6차/2011 교육과정	7차/2009 교육과정	구성 요소 (형상화의 요소)
내용	내용	① 시적 화자, ② 시적 화자의 상황, ③ 시의 내용 전개, ④ 소재·제재, ⑤ 사회·문화적 배경, ⑥ 미적 범주, ⑦ 주제(= 정서) ⑧ 이미지(감각))
형식	표현	① 비유, ② 상징, ③ 반어, ④ 역설, ⑤ 감정이입, ⑥ 객관적 상관물, ⑦ 과장, (⑧ 이미지(표현 방법)), (⑨ 대구, ⑩ 반복, ⑪ 열거, (의미 강조)), ⑫ 언어유희, ⑬ 시적 허용, ⑭ 종결 표현 등
	형식	• 운율 요소 : ① 음보율, ② 음위율(각운), ③ 의성어·의태어, ④ 시행 배열, ⑤ 문장부호, (⑥ 대구, ⑦ 반복, ⑧ 열거(운율 형성)) • 시의 짜임 : ① 시어, ② 행과 연, ③ 시상 전개 방식(형태, 구성)

2014 B — 소설의 시점과 서술 / 문학능력(감상 능력)

1. 전지적 작가 시점을 취한다고 하더라도 서술자가 누구의 시각에 초점을 맞추는가에 따라 이야기 전달의 효과가 달라질 수 있음을 지도하고자 한다. 다음 작품을 학습 자료로 활용하여 지도할 내용을 〈보기〉의 지시에 따라 서술하시오. [5점]

(가)
  허 생원은 계집과는 연분이 멀었다. 얼금뱅이 상판을 쳐들고 대어 설 숫기도 없었으나, 계집 편에서 정을 보낸 적도 없었고, 쓸쓸하고 뒤틀린 반생이었다. 충줏집을 생각만 하여도 철없이 얼굴이 붉어지고 발밑이 떨리고 그 자리에 소스라쳐 버린다. 충줏집 문을 들어서서 술좌석에서 짜장 동이를 만났을 때에는 어찌된 서슬엔지 발끈 화가 나 버렸다. 상 위에 붉은 얼굴을 쳐들고 제법 계집과 농탕치는 것을 보고서야 견딜 수 없었던 것이다. 녀석이 제법 난질꾼인데 꼴사납다. 머리에 피도 안 마른 녀석이 낮부터 술 처먹고 계집과 농탕이야. 장돌뱅이 망신만 시키고 돌아다니누나. 그 꼴에 우리들과 한몫 보자는 셈이지. 동이 앞에 막아서면서부터 책망이었다.
  걱정두 팔자요 하는 듯이 빤히 쳐다보는 상기된 눈망울에 부딪힐 때, 결김에 따귀를 하나 갈겨 주지 않고는 배길 수 없었다. 동이도 화를 쓰고 팩하고 일어서기는 하였으나, 허 생원은 조금도 동색하는 법 없이 마음먹은 대로는 다 지껄였다.

                                      - 이효석, 「메밀꽃 필 무렵」

(나)
  여자는 갑자기 그 생각이 났다. 이제 나를 소유했다고 여기기 때문에 저이는 나를 소중히 하지 않는 거야. 그러기에 내 주름살 따위가 눈에 띄기 시작한 거라구. 여자는 남자의 피곤한 얼굴에 대고 까다로운 표정으로 맞선다.
  "차 뭘로 할래?"
  이 카페의 젊은 주인 남자가 옆에 다가와 서자 남자가 묻는다.
  "내가 좋아하는 게 뭔지 아직도 몰라?"
  "커피 마시지?"
  "무슨 커핀데? 나한테 관심 있다면 그 정도는 알아야지."
  남자는 여자의 난데없는 응석도 마땅찮거니와 무엇보다 주인 남자를 옆에 세워 놓고 자기들끼리의 감정을 노출하는 일 따위는 경박하다고 생각하여 얼굴을 찡그린다. 여자가 재촉한다.
  "응? 말해 봐. 내가 무슨 커피 좋아하는지."
  "피곤하게 그러지 마. 애들도 아니고, 어울리지 않게."
  여자의 표정이 대번 일그러지는 것을 보면서 남자는 그냥 커피와 녹차를 주문한다.

                                      - 은희경, 「특별하고도 위대한 연인」

〈보기〉

1. '서술자가 누구의 시각에 초점을 맞추어 이야기를 전달하는가'를 기준으로 (가)와 (나)의 차이를 밝힐 것
2. (나)의 이야기 전달 방식과 인물 간의 관계가 인물에 대한 독자의 공감과 정서적 거리를 어떻게 조절하는지 밝힐 것
3. 작품 전체를 고려하지 말고, 제시된 부분만을 대상으로 할 것

예상 답안

1.
  (가)는 서술자가 허 생원의 내면만을 서술하고 있는데 전지적 시점이면서 한 사람의 심리에 초점을 맞춘 선택적 전지, 내적 초점화의 고정형 또는 일원론적 시점이고, (나)는 서술자가 '여자'와 '남자'의 심리를 각각의 입장에서 서술하는 전지적 시점 또는 내적 초점화의 가변형 또는 다원론적 시점이라는 점에서 차이가 있다.

🚨 두 번째 문제 조건은 아래와 같이 두 가지 예상 답안으로 제시할 수 있다.

2.
(1) (나)는 서술자가 인물의 심리를 각각의 입장에서 모두 제시하는 전지적 시점이며, 인물인 남녀는 연인 관계로 내적 갈등을 겪는 상황이다. 등장인물의 심리를 모두 드러내는 전지적 시점에서 인물들이 내적 갈등을 보일 때 독자의 공감과 정서적 거리는 서술자가 인물에 대한 정보를 어느 정도 드러내는가에 따라 조절할 수 있다. (나)의 시점에서는 서술자가 남녀의 심리를 모두 드러낸다는 점에서 독자들에게 모든 정보가 제공되어 인물에 대해 공감할 수 있지만, 그 인물에 대한 상상과 관심이 적으므로 거리가 멀다. (반면에 인물에 대한 정보가 적으면 그 정보를 알기 위해 독자가 노력을 하므로 거리는 가깝게 된다.)

(2) (나)는 인물의 심리를 서술자가 각각의 입장에서 모두 제시하는 '전지적 시점'이며, 인물들은 연인 관계로 내적 갈등을 겪는 상황이다. 독자들이 인물인 남자와 여자에 대한 공감과 정서적 거리를 조절하기 위해 서술자는 각각의 입장에서 그들의 내면 의식을 제시하고 또 그것을 각각 현재형으로 제시하여 인물에 대해 공감하게 하고 정서적 거리를 가깝게 느낄 수 있게 했다.

문제해설

이 문제는 소설의 시점과 서술에 관한 문제이다. 문제에서 모두 지문만을 대상으로 한다는 점과, 전지적 작가 시점을 전제로 하고 있다는 점에 주목하여 설명해야 한다. 가장 적절한 답은 초점 화자에 의한 것이라 생각하는데, (가)의 경우 내적초점화의 고정형, (나)는 내적 초점화의 가변형으로 볼 수 있고, 다른 관점으로도 설명이 가능하다.

하지만, 〈보기 2〉의 조건 내용이 명확하지 않다. 문제가 어렵다는 것이 아니라 출제자의 의도가 무엇을 묻는 것인지 분명하지 않게 제시되어 있어 그것에 맞추어 답을 쓰기가 어려운 문제이다. 〈보기 2〉의 조건 내용을 만족하는 답안을 작성할 때는 다음 사항을 주의해야 한다. 첫째, (나)의 '이야기 전달 방식'과 '인물 간의 관계'가 묶어서 접근하는 것인지 각각 나누어 접근하는 것인지 분명하지 않다. 둘째, 뒷부분에서도 인물에 대한 '독자의 공감'과 '정서적 거리'를 묶어서 답해야 하는지 나누어 답해야 하는지도 분명하지 않다. 또 (나)와 같은 전지적 시점의 일반적인 '정서적 거리'를 묻기 위한 것인지, (나)의 시점에 나타난 '정서적 거리'의 특징적인 조절 방법을 묻는 것인지도 분명하지 않다.

그래서 위의 예상답안처럼 두 가지 방향의 답을 제시했다. 두 가지 답은 관점이 달라 반대의 의미를 지닌다. (1)이라고 생각하지만 문제가 모호하여 (2)의 답도 배제하기 어렵다고 생각한다. 저자 나름대로는 문제 파악을 위해 노력했지만, 이 문제의 정확한 의도에 따른 답인지는 불명확하므로 그 점을 참고하여 이해하기를 바란다.

문제 관련 배경지식

시점과 서술

1. 시점과 서술자

1) 시점(視點, point of view)
① 소설의 진행 양상이 어떤 인물의 눈을 통해 보여지는가 하는 관찰의 각도와 위치를 말한다.
② 누가 어떤 위치에서 사건을 보고 이야기하는가 하는 화자의 위치와 시각을 '시점'이라고 한다.
③ 시점의 분류 기준은 서술자의 위치나 서술자의 태도이다. 한편 시점은 전체가 일치하는 경우가 있고, 그렇지 않은 경우가 있다.

2) 서술자
① 작가가 아니라 작가가 만들어 낸 허구적 대리인이다.
② 서사 내용과 독자 사이에 개입하는 화자이다.
③ 서술자의 관점에 따라 이야기의 서술 방식과 효과가 달라진다.
④ 시점과 서술 방법은 밀접한 관련이 있다. 누가 보는가에 초점을 맞추면 시점과 관련이 있고, 누가 어떻게 말하는가에 초점을 맞추면 문체 또는 서술 방법과 관련이 있다.

3) 서술자(제3자)에 따른 역할의 분류

서술자	시점	서술자 개입 여부 및 서술 방법		다루는 대상 및 특징
1인칭 서술자 ('나'가 등장)	주인공	서술자 개입 없음	모두 앎(전지)	'나'가 '나'의 이야기를 제시
		서술자 개입 있음	모두 알며 직접 말 걸기 (현상적 청자 가정)	'나'가 사건 또는 심리에 대해 명령형·청유형·의문형으로 제시
			모두 알며 개입하여 알려줌	'나'가 사건 또는 심리에 대해 평서형으로 제시
	관찰자 (용어 주의)	(있음)	서술자 관찰 + 모두 앎	'나'가 타인의 이야기 다룸 (관찰 + 인물의 심리를 '나'의 생각으로 제시 가능 - 3인칭 관찰자와 다름)
3인칭 서술자	관찰자	없음	관찰 위주	인물, 사건, 배경, 대화를 관찰해 제시
	전지적	개입 없지만, 서술자가 알고 서술	선택적 전지	특정 인물(한 인물)의 심리
			전지적 시점	다양한(모든) 인물의 심리
			제한적 전지	일부 사건, 일부 정보
			전지적 시점	모든 사건, 충분한 정보
		서술자의 개입 있음 (서술자 자신의 심리와 생각을 작품에 드러냄)	직접 말 걸기 (현상적 청자 가정)	인물 또는 사건에 대한 서술자의 해설, 판단, 생각(심리)을 명령형·청유형·의문형으로 제시
			개입하여 알려줌	인물 또는 사건에 대한 서술자의 해설, 판단, 생각(심리)을 평서형으로 제시
				자유 간접 화법
				서술자의 감정(심리) 제시

4) 서술의 초점에 의한 구분 (제라르 주네트, 「서사담론(Narrative Discourse)」)

1) 초점 화자(내포 작가)의 설정
   ① 작가와 화자 사이에 내포 작가를 설정한다. - 초점화(Focalization)와 초점 화자(Focalizer)
   ② 초점 화자는 카메라의 렌즈와 같이 이야기의 초점을 맞춘 화자인데 보는 시점과 말하는 서술을 분리한 개념이다.

2) 초점 화자의 분류
   작가가 술자에게 부여한 능력에 따라 작중 인물과의 관계가 어떠한가를 기준으로 분류한다.
   ① 서술자 〉 작중 인물 : 서술자가 작중 인물보다 많이 이야기하는 경우 → 비초점(무초점) 서술 또는 제로 초점화(전지적 시점과 유사)
   ② 서술자 = 작중 인물 : 서술자가 아는 것만 이야기하는 경우 → 내적 초점화
      ㉠ 고정적 : 주인공의 시점에 고정시켜 서술하는 경우 → 선택적 전지 또는 전지적 시점과 유사
      ㉡ 가변적 : 인물이나 장면에 따라 변화시키거나 옮겨가는 경우 → 전지적 시점과 유사
      ㉢ 복합적 : 동일한 사건에 대해 많은 사람의 읽기나 편지를 모아 각 인물의 시각이나 견해를 복합적으로 보여주는 복수 초점인 경우 → 전지적 시점과 유사
   ③ 서술자 〈 작중인물 : 서술자가 작중인물보다 적게 이야기하는 경우 → 외적 초점화(3인칭 관찰자 시점과 유사)

초점 유무	외적 / 내적 여부	초점 변화 유무	특징
초점(특정한 한 인물) 없음 – 무초점, 비초점, 제로 초점	-	-	서술자가 작품의 인물보다 많이 이야기 함

초점 유무	외적 / 내적 여부	초점 변화 유무	특징
초점(특정한 한 인물) 있음	외적 초점화 (초점 화자 밖에)	-	서술자가 작품의 인물보다 적게 이야기 함
	내적 초점화 (초점 화자 안에)	고정형 (3인칭 전제로 하지만 1인칭 시점도 포함 가능)	서술자가 아는 것만 이야기 함
		가변형	
		복합형	

5) 김동인의 묘사 방법 (김동인, 「소설 작법」)

1) 4가지 묘사 방법
① 일원 묘사 A : 정서든, 경치든, 심리든 주요 인물의 눈에 비친 내용에 대해 서술하는 방법이다. (작자는 그 인물의 시각을 통해서만 사물의 모든 국면에 접근할 수 있고, 다른 인물의 심리나 그 주요 인물이 관여하지 않는 사물 등에 대해서는 서술할 수 없다.)
② 일원 묘사 B : 작품 전체를 절, 장 또는 여러 부분으로 나누고 각 부분의 주요 인물을 선택하는 묘사 방법이다.
③ 다원 묘사 : 작가가 때와 장소를 가리지 않고 작품 속에 나오는 어느 인물에 대해서나 묘사할 수 있는 방법이다.
④ 순객관적 묘사 : 작가가 절대 중립의 위치에서 등장인물의 행동만을 묘사하는 방법이다.

서술 방법	심리제시 인물 수	
순객관 묘사	-	-
(심리 묘사)	다원 묘사 (다양한 인물의 심리)	-
	일원 묘사 (한 인물(주인공) 위주 심리)	일원 묘사 A
		일원 묘사 B(장이나 절마다 인물 바뀜)

2) 2가지 기준이 적용되어 시점과 비교할 때 두 가지로 나타날 수도 있음
① 작자가 모든 사실을 알고 드러내는가, 중립의 위치에서 드러내는가에 따라 분류할 수 있다.

기준 1	분류
모든 사실을 알고 드러냄 (전지적, 선택적 전지, 1인칭 주인공, 1인칭 관찰자)	일원 묘사A, 일원 묘사B, 다원 묘사
중립의 위치에서 행동만을 묘사함 (3인칭 관찰자)	순객관 묘사 (순수하게 순객관 묘사를 취하는 것은 드문 편임)

② 위 ①에서 모든 사실을 알고 드러내는 경우에 작가가 주요 인물(한 인물)의 눈에 비친 내용으로 드러내는가, 작품 속에 나오는 다양한 인물에 대해서나 드러내는가에 따라 분류할 수 있다.

기준 2	분류	시점
주요 인물(한 인물)의 눈에 비친 내용을 드러냄	일원 묘사A 일원 묘사B	선택적 전지(전지적)
		1인칭 주인공
		1인칭 관찰자
작품 속 다양한 인물에 대해서나 드러냄	다원 묘사	전지적 시점

6) 시점, 초점화, 묘사 방법 비교

시점		초점화(제라르 주네트)		묘사 방법(김동인)	
1인칭	주인공	(내적 초점화(고정적))		심리	(일원 묘사A)
	관찰자	(내적 초점화(고정적))			(일원 묘사A)
3인칭	관찰자	외적 초점화		순객관 묘사(심리 없음)	
	선택적 전지	내적 초점화	고정적(선택적 전지, 1인칭 주인공, 1인칭 관찰자 / 일원 묘사 A, 일원 묘사 B)	심리	일원 묘사 A
					일원 묘사 B
	전지적		가변적(전지적 시점 / 다원 묘사)		다원 묘사
			통합적(전지적 시점)		
	전지적	제로 초점, 비초점, 무초점(초점 화자 없음)			다원 묘사

2 2015년 서술형 문제

2015 A   문학의 언어 / 현대시 표현 - 비유와 상징

4. 다음은 시의 상징을 이해하기 위한 수업 자료이다. 교사의 지도 내용을 〈보기〉의 지시에 따라 서술하시오. [5점]

(가)
간밤에 부든 브람에 ㉠눈서리 티단 말가
낙락장송(落落長松)이 다 기우러 가노미라
허믈며 못다 퓐 곳이야 닐너 무슴 ᄒ리요

- 유응부

천한(天寒)코 ㉡설심(雪深)ᄒᆫ 날에 님을 ᄯᅡ라 태산(泰山)으로 넘어갈 제
갓 버셔 등에 지고 보션 버셔 품에 품고 신으란 버셔 손에 들고 천방지방(天方地方) 지방천방(地方天方) ᄒᆞᆫ 번도
쉬지 말고 허위허위 넘어가니
보션 버슨 발은 아니 스리되ᄂᆞᆫ 여러 번 념믠 가슴이 산득산득ᄒᆞ여라

- 작자 미상

(나)
눈 내려 어두워서 길을 잃었네
갈 길은 멀고 길을 잃었네
눈사람도 없는 겨울밤 이 거리를
찾아오는 사람 없어 노래 부르니
눈 맞으며 세상 밖을 돌아가는 사람들뿐
등에 업은 아기의 울음소리를 달래며
갈 길은 먼데 함박눈은 내리는데
사랑할 수 없는 것을 사랑하기 위하여
용서받을 수 없는 것을 용서하기 위하여
눈사람을 기다리며 노랠 부르네
세상 모든 기다림의 노랠 부르네
눈 맞으며 어둠 속을 떨며 가는 사람들을
노래가 길이 되어 앞질러가고
돌아올 길 없는 눈길 앞질러가고
아름다움이 이 세상을 건질 때까지
절망에서 즐거움이 찾아올 때까지
함박눈은 내리는데 갈 길은 먼데
무관심을 사랑하는 노랠 부르며
눈사람을 기다리는 노랠 부르며
이 겨울 밤거리의 눈사람이 되었네
봄이 와도 녹지 않을 ㉢눈사람이 되었네

- 정호승,「맹인 부부 가수」

―――――――――――――――――― 〈보기〉 ――――――――――――――――――
1. (가)의 ㉠, ㉡이 공통으로 상징하는 의미와 (나)의 ㉢이 상징하는 의미를 밝힐 것
2. ㉠, ㉡을 관습적 상징, ㉢을 개인적 상징이라고 할 때, 개인적 상징과 구별되는 관습적 상징의 성격을 서술할 것

예상 답안

㉠, ㉡은 '시련, 고난, 어려움' 등의 의미가 있고, ㉢은 '타인에 대한 배려(사랑), 희망, 따뜻한 인정'의 의미가 있다. ㉠과 ㉡의 관습적 상징은 ㉢과 같은 개인적 상징과는 달리 첫째, 관례적이고 공공성을 띠어 공동체(대중)가 함께 향유한다는 점, 둘째, 널리 사용되어 그 의미를 쉽게 이해할 수 있다는 점, 셋째, 표현 면에서 새로움이나 참신함이 적고 상투적 표현이 된다는 점 등이 그 특징이다.

문제해설

이 문제는 시의 표현 요소 중 상징에 관한 문제이다. 상징의 개념과 종류를 알고 그것을 작품 감상에 적용할 필요가 있다. 상징의 종류를 묻는 문제는 자주 출제되지 않지만, 상징의 의미를 묻는 문제는 자주 출제되므로 주목하도록 한다. 그리고 이 문제는 고전시가와 현대시가 결합된 문제이다. 과거에는 고전시가나 현대시를 결합한 문제가 없었는데, 고전과 현대를 결합하여 제시한 것은 문학사의 연속성 이해를 위해 필요하다.

문제 관련 배경지식

정호승 「맹인 부부 가수」

1. 핵심 정리
- 갈래 자유시, 서정시
- 성격 낭만적, 애상적, 관조적, 성찰적
- 제재 맹인 부부 가수
- 주제 아름다운 세상에 대한 그리움과 희망을 잃지 않는 삶
  부정적 현실 속에서도 희망을 잃지 않는 삶의 모습
- 특징
  1. 감정을 절제한 차분한 어조가 드러나고, 관념적 시어를 구체적 사물로 나타냈다
  2. 시각, 청각, 촉각적 이미지를 사용하여 겨울 밤거리의 모습을 효과적으로 표현했다.
  3. 어미나 시구 등을 반복하여 음악성을 높이면서 애상적 정서와 기다림의 정서를 강조했다.
  4. 대립적 시어를 통해 주제를 효과적으로 높이고 있다.
  5. '기다림', '희망'과 같은 관념적 이미지를 '눈사람'이라는 구체적 사물에 투영시키고 있다.

2. 시의 짜임
- 1~2행 눈 내리는 밤, 길을 잃은 맹인 부부 가수
- 3~11행 사랑과 관용의 노래를 부르는 맹인 부부 가수
- 12~16행 아름답고 즐거운 세상에 대한 기대감
- 17행~20행 눈사람이 된 맹인 부부 가수

3. 감상

1970년대의 암울한 시대상을 드러낸 작품으로 춥고 힘겨운 현실을 살아가는 사람들의 고통과 슬픔을 희망에 대한 기다림으로 전환하는 모습을 보여 주는 시이다. 시인은 꿈과 희망을 잃은 암담한 현실 속에서 '어둠 속을 떨며 가는' 사람들에게, 맹인 부부 가수가 부르는 노래는 위안을 주고 갈 길을 열어 준다고 보았다. 즉 이 시에서 맹인 부부는 행인들에게 구걸하는 처지가 아니라 오히려 사람들을 깨우치고 인도하며, 고통에 시달리는 사람들에게 아름다움과 즐거움을 선사하는 존재로 그려져 있다. 그래서 시인은 맹인 부부의 모습을 '눈사람'으로 제시하고, 그것을 통해서 타인에 대한 배려(사랑), 희망, 따뜻한 인정의 의미를 드러내면서 아름답고 행복한 세상을 소망하고 있다.

문학의 언어

1. 문학은 언어 예술
① 문학은 언어를 매개로 한 예술이며, 인간의 언어활동의 하나이고 언어로 사연을 전달하고 느낌을 나타내는 활동을 기반으로 문학이 형성되었다.
② 문학을 생산하고 수용하는 과정에서의 언어활동은 인간의 여러 언어활동 중 예술로서의 언어활동으로, 예술로서의 언어활동은 함축적 의미로 언어를 형상화한 부분을 중심으로 이해할 수 있다. (창조적인 언어 사용, 문학적 관습, 언어의 함축적 의미 등과 같은 의미이다.)

2. 문학 언어의 함축적 의미
1) **지시적 의미**
   ① 단어의 가장 중심적인 의미로, 사전적 의미를 지니는 언어이다.
   ② 실생활이나 실용문에 많이 사용되며, 일반적 진술로 나타난다.
2) **함축적 의미**
   ① 단어의 지시적 의미에 시인이 비유, 유추, 상징, 강조 등을 통해 새롭게 부여한 의미로 사용하는 주관적·감정적 언어이다.
   ② 문학이나 정서 표현에 많이 사용되며, 시적 진술로 나타나는 경우가 많다.
3) **함축적 언어의 종류**
   ① 비유, 상징, 반어, 역설, 감정이입, 객관적 상관물 등의 요소이다.
   ② 시의 구성 요소 중 '표현 요소'나 '시적 진술'에 의한 표현 등과 같은 요소를 의미하는 경우도 있다.
4) **함축적 언어 사용의 효과**
   ① 대상을 참신하고 새롭게 인식(낯설게 하기의 효과)하게 한다.
   ② 대상을 구체적이고 생동감 있게 느끼게 한다.
   ③ 문학적 형상화에 기여한다.
   ④ 주제 형성에 기여한다.
   ⑤ 독자에게 깊은 감동을 유발한다.
   → 시인의 사상이나 정서를 함축적 언어로 간접적으로 표현하여 독자가 공감을 하게 되면 객관적 상관물이 된다.

3. 상징
1) **개념**
   ① 인간의 내적 경험이나 감정과 사상 등의 추상적인 내용을 구체적인 대상으로 나타내는 방법이다. 즉, 상징은 어떤 단어(시어)가 그 자체의 의미를 유지하면서 추상적인 다른 뜻을 환기하는 것, 추상적인 뜻을 환기하기 위해 구체적 사물을 제시하는 것이다. (= 사상을 외면화)
   ② 원관념과 보조관념의 관계에서 보면, 원관념은 배제되고 보조관념이 독립되어 함축적 의미와 암시적 기능을 갖는다.
   ③ 유추 작용 : 상징에서의 유추란 비유의 경우보다 훨씬 우회적이고 거리가 멀다.
2) **종류**(아래와 같이 3가지로 나누어지지만, 관습적, 원형적 상징이 개인적 상징으로 사용되기도 한다.)
   ① 개인적 상징 : 시인 자신이 어떤 한 작품이나 또는 여러 작품에서 특수한 의미로 즐겨 사용하는 상징으로 의미의 폭이 넓고 암시적이다.
   ② 관습적(공중적) 상징 : 관례적이고 공공성을 띠어 타인과 공유할 수 있는 보편적 상징이다. 관습적 상징은 개인적 상징과 달리 첫째, 관례적이고 공공성을 띠어 공동체(대중)가 함께 향유한다는 점, 둘째 널리 사용되어 그 의미를 쉽게 이해할 수 있다는 점, 셋째 표현 면에서 새로움이나 참신함이 적고, 상투적 표현이 된다는 점이 특징이다.
   ③ 원형적 상징 : 원형은 역사나 문학 속에서 수없이 되풀이된 이미지나 화소이다. 동시에 그것은 인류에게 꼭 같거나 유사한 의미를 지니고 있다.
3) **비유와 상징의 공통점과 차이점**
   ① 공통점
      ㉠ 언어의 함축적 용법에 의존한다.

ⓒ 원관념과 보조관념으로 나누어진다.
ⓒ 유추적 관계를 바탕으로 한다. (사상·정서·사물 등을 다른 사물에 빗대어 표현한다.)
② 차이점

비유	상징
보조관념은 원관념에 종속적 관계로 생략 가능 (은유와 직유는 생략 가능, 다른 것은 불가능)	보조관념은 독자적으로 사용되어 생략 불가
보조관념 : 원관념의 의미 대응이 1 : 1	보조관념 : 원관념의 의미 대응이 1 : 多로 해석
원관념과 보조관념이 유사관계	원관념과 보조관념은 이질적, 암시적 관계 (비유보다 거리가 더 멂)
시에서 일회적 사용	시에서 반복적으로 사용 가능
원관념 : 보조관념 = 사물(정서) : 사물	원관념 : 보조관념 = 관념 : 사물
은유, 직유 - 원관념과 보조관념이 함께 제시 (의인화, 대유(제유와 환유) - 보조관념만 제시)	보조관념만 제시

2015 B 문학능력 / 사회·문화적 맥락 / 현대 문학사 - 1930년대 문학 경향

3. 다음 작품을 1930년대의 문학적 경향과 관련지어 이해하려고 한다. 〈보기〉의 지시에 따라 서술하시오. [5점]

(가)
추레한 지붕 썩어가는 추녀 위엔 박 한 통이 쇠었다.
밤서리 차게 내려앉는 밤 싱싱하던 넝쿨이 사그라붙던 밤. 지붕 밑 양주는 밤새워 싸웠다.
박이 딴딴히 굳고 나뭇잎새 우수수 떨어지던 날, 양주는 새 바가지 꿰어 들고 추레한 지붕, 썩어가는 추녀가 덮인 움막을 작별하였다.

- 오장환, 「모촌(暮村)」

(나)
[앞부분 줄거리] 이발소에서 일하는 소년은 시간이 날 때마다 이발소 유리창을 통해 천변을 지나다니는 사람들을 바라본다.

소년의 관찰에 의하면, 그의 중산모는 그의 머리 둘레에 비하여 크도 작도 않은 것임에 틀림없었다. 그러나 신사는, 결코 그것을 보는 사람의 마음이 편안할 수 있도록 깊이 쓰는 일이 없었다. 그는, 문자 그대로, 그것을 머리 위에 사뿐 얹어놓은 채 걸어 다녔다. 어느 때고 갑자기 바람이라도 세차게 분다면, 그의 모자가 그대로 그곳에 안정되어 있을 수 없을 것은 분명한 일이다. 소년은 그것에 적잖이 명랑한 기대를 가졌다. 그러나 모든 기대가 그러한 것과 같이, 이것도 그리 쉽사리 실현되지는 않았다……
오늘도 소년은 신사의 뒷모양을, 그가 배다리를 건너 골목 안으로 사라질 때까지 헛되이 바라보고 나서, 고개를 돌려 천변 너머 맞은편 카페로 눈을 주었다.
밤이 완전히 이르기 전, 이 '평화'라는 옥호를 가진 카페의 외관은, 대부분의 카페가 그러하듯이, 보기에 언짢고, 또 불결하였다. 그나마 안에서 내비치는 전등불이 없을 때, 그 붉고 푸른 유리창은 더구나 속되었고, 창밖 좁은 터전에다, 명색만으로 옹색하게 옮겨다 심은 두어 그루 침엽송은, 게으르게 먼지와 티끌을 그 위에 가졌다.
소년은, 그러나, 이루 그러한 것에 별 느낌을 가지고 있는 것이 아니었다. 그는 지금, 바로 조금 아까부터 그 밖에 서서, 혹 열려 있는 창으로 그 안도 기웃거려보며, 혹 부엌으로 통 한 문의, 한 장 깨어진 유리 대신, 서투른 솜씨로

발라놓은 얇은 반지가 한 귀퉁이 쭉 찢어진 그 사이로, 허리를 굽혀 그 안을 살펴도 보며 하는, 이미 오십 줄에 든 조그맣고 늙은 부인네에게 호기심을 가졌다. 그이는 그 카페의 여급 '하나꼬'의 어머니다.

··· (중략) ···

소년은 눈을 돌려, 두 집 걸러 신전 편을 바라보았다. 이월이라, 물론 파리야 있을 턱이 없는 일이지만, 이를테면, 저러한 것을 가리켜 '파리만 날리고 있다'—그렇게 말하는 것일 게다. 아까부터 보아야 누구 하나 찾아들지 않는 쓸쓸한 점방에 머리 박박 깎은 큰아들이 신문만 뒤적거리고 있었다. 그것도 한약국 집에서 얻어온 어저께 신문일 것이다. 이 집에서 신문을 안 본 지도 여러 달 된다.

- 박태원, 「천변풍경」

〈보기〉

1. (가)와 (나)가 형상화하고 있는 현실의 모습을 각각 제시할 것
2. (가)와 (나)의 현실 제시 방식의 공통점을 제시하고, 이러한 현실 제시 방식이 1930년대 문학의 경향과 어떻게 관련되는지 설명할 것

예상 답안

(가)는 일제 강점기에 가난한 농민들이 삶의 터전을 잃고 유이민으로 떠돌게 되는 상황을 제시했고, (나)는 일제 강점기 도시의 주변부인 청계천변에서 살아가던 중산층과 서민의 세태와 풍속을 제시했다.

(가)와 (나)는 모두 1930년대 일제 강점기의 현실 문제를 깊이 있게 드러내지 못하고 제3자적 입장에서 피상적으로 관찰하여 제시한 것이 공통점이다. 이러한 경향은 (가)와 (나)가 지어진 시대에 일제의 강압 통치로 인해 '주제(현실)'에서 '방법(기법)'으로 문학관의 방향 전환이 있었기 때문이며, 이로 인해 일제 식민지의 본질적인 문제를 드러내지 못하고, 당대 현실을 피상적으로 관찰하거나 기법(방법)에 치중하는 경향을 보이는데, (가)와 (나)는 이러한 경향에서 나타난 작품으로 볼 수 있다.

문제해설

이 문제는 1930년대 문학의 전반적 특징을 설명하는 문제이다. 〈보기 1〉의 조건은 (가)와 (나)의 작품에 반영된 현실을 파악해야 하고, 〈보기 2〉의 조건은 1930년대 문학관의 변화(문학사)를 읽어낼 수 있어야 한다. 1920년대와 달리 1930년대는 일제의 강압 통치가 이루어지면서 '주제(현실)'에서 '방법(기법)'으로 문학관이 순수문학으로 전환되는 경향을 보여준다. ('모더니즘'으로 파악하는 것은 지엽적인 부분이다.)

(가)의 경우 '1930년대 유이민이 발생하는 비참한 현실'인데 제3자가 현상만 관찰하듯 제시하여 현실 모순을 심각하게 드러내지 않고 관찰하듯 드러냈으며, (나)의 경우 1930년대 도시 주변부의 생활을 카메라 아이 기법으로 현상을 관찰하듯 제시했다. 모두 1930년대 일제의 강압통치로 인한 문학관의 변화로 인한 영향으로 볼 수 있다.

문제 관련 배경지식

사회·문화적 맥락

1. **맥락의 개념**
   ① 말이나 글을 이해하고 표현할 때 고려해야 할 상황 요소나 사회·문화적 요소이다.
   ② 맥락은 텍스트의 표현과 해석에 관여해서 의미를 명확하게 함과 동시에 새롭게 텍스트의 의미를 형성하는 데에 관여하는 이론적이며 심리적으로 활성화된 지식이다.
   ③ 주체가 활용할 수 있는 물리적 환경에 대한 정보, 언어적·사회적·문화적·역사적 지식이나 요소의 관계에 대한 정보이다.

2. **맥락의 활용 방안**
   ① 맥락은 작품의 섬세한 읽기 과정에서 그 근거가 확보되어야 한다.

② 맥락 자체를 가르치기보다는 맥락을 활용하여 지식과 기능을 가르치게 된다.
③ 지식과 기능과 맥락의 관계 : 지식과 기능이 가르쳐야 될 핵심적 요소이고, 맥락은 이것을 지원하는 지식이다.

3. 문학 감상에서 고려해야 할 맥락의 하위 요소
1) **사회·문화적 맥락** : 문학 텍스트에 반영된 당대의 사회·문화적 요소를 말한다.
   ① 반영론과 리얼리즘이 문학론의 근거가 된다. (현실(문제)의 객관적 반영 / 현실(문제)에 대해 전형적 상황에서 전형적 성격의 창조)
   ② 텍스트 내의 사회·문화적 맥락과 텍스트 밖의 사회·문화적 맥락은 다를 수도 있다.
   ③ 독자와 동시대의 작가가 쓴 문학은 작가와 독자가 사회·문화적 상황을 공유하지만, 지난 시대의 문학이나 고전 문학은 사회·문화적 상황을 공유하기 어렵다.
2) **문학사적 맥락** : 하나의 텍스트가 나타나게 된 전시대의 문학사적 배경이나 당대의 문학적 배경, 작품 간의 영향 관계 등 주로 통시적 관점에서 접근할 수 있다.
3) **상호 텍스트적 맥락** : 하나의 텍스트와 작가, 구조(내용·형식·표현), 세계, 독자의 관점에서 주고받은 영향 관계이다.
4) **작가적 맥락** : 작품을 지은 작가의 문학적 특성(개성)이나 작품을 짓는 시기의 작가 상황과 작가의 의식 등에 관한 내용이다.

1930년대 문학

1. 1930년대 문학의 특징
(1) 일제의 탄압으로 인하여 민족주의 세력은 순수문학을 지향하게 되었으며 좌익 세력은 크게 위축되었음 (1930년대 초의 문학적 특징과 1930년대 중·후반의 문학적 특징 구분)
(2) 일제의 탄압으로 KAPF 해산과 구인회 형성 및 해외문학의 영향으로 계급성이 퇴조하고, 순수성 옹호 분위기가 팽배했고, '무엇'에서 '어떻게' 문제로 관심이 이전되게 됨 → 문학이 언어예술임을 자각하여 「방법상 문제」임을 주장
(3) 1930년대에 이르러 다양한 조류로 문학적 경향 분화 → 문학의 현대성 확립

2. 1930년대 시의 특징
① 일제의 탄압으로 인하여 민족주의 세력은 순수문학을 지향하게 되었으며 좌익 세력은 크게 위축되어 다양한 경향으로 분화하는 계기가 되었다.
② KAPF가 유명무실해지면서 문인들이 '무엇'에서 '어떻게'의 문제에 관심을 갖기 시작했다.
③ 문학의 목적성을 비판하면서 등장한 시문학파의 활동으로 문학의 언어미에 대한 자각이 있었다.
④ 1933년 모더니즘을 추구한 문인들에 의해 구인회가 결성되어 문학의 순수성 및 모더니즘 문학을 추구했다.
⑤ 시와 소설에서 모더니즘에 대한 논의가 있었고, 그것을 바탕으로 다양한 창작이 이루어졌다. (1930년대 전·중반)
⑥ 인생파나 전원파의 활동이 있었고, 풍자 소설, 농민 소설 논의와 함께 작품이 나타났다. (1930년대 중반)

3. 1930년대 소설의 특징
(1) 일제의 강압 통치 및 카프의 해체로 인한 소설관의 변화 - 주제 의식이 약화 되고 다양한 기법 추구
  : 풍자 소설 (채만식, 김유정), 세태 소설 (박태원, 채만식), 농민 소설 (이광수, 심훈, 이무영, 김유정, 김정한, 이기영), 역사 소설 (이광수, 박종화, 홍명희)
(2) 세태 소설 (= 풍속 소설) ; 천변풍경
  ① 1938년 임화가 「세태소설론」에서 지칭한 것으로 어떤 특정한 시기의 풍속이나 세태의 단면을 묘사하는 것을 목적으로 하는 소설이다.
  ② 인간 삶의 다양한 양상이나 풍속 등을 관찰하여 카메라처럼 보여준다. ('카메라의 눈' 기법)
  ③ 묘사되는 현실의 풍부함은 인정할 수 있으나, 소설을 세부 묘사의 부분적 집합체로 격하시킴으로써 전체성을 상실하고, 작가의 사상성과 미적 형식을 포기했다는 지적을 받는다.
  ④ 그래서 임화, 김남천 등은 사실주의 소설에 이르지 못한 부정적인 의미로 파악했다.
  ⑤ 작품 : 박태원 「천변 풍경」, 채만식 「탁류」의 후반부

2015 B
소설의 사건 - 고전소설의 사건전개(복선) / 서사에 삽입된 한시의 기능

4. 다음 작품을 읽고, 고전소설에 삽입된 시의 기능을 〈보기〉의 지시에 따라 서술하시오. [5점]

양생이 서동 한 사람과 나귀 한 필로 모친께 하직하고 여러 날 행하여 화주 화음현 땅에 이르니, 장안이 점점 가까워 오는지라 산천물색(山川物色)이 심히 화려하더라. 양생이 과거 기한이 멀었음을 인하여 하루 수십 리씩 행하여 산수를 찾고 고적(古跡)을 물어 나그네의 길이 적막치 아니하더니, 멀리 바라보니 버들 수풀이 푸르고 푸르렀는데 작은 누각이 그 사이에 비치어 가장 유아(幽雅)하여 뵈거늘, 채찍을 드리우고 말을 믿어 천천히 나아가니 버들가지 가늘고 길어 땅에 드리워 푸른 실을 풀어 바람에 부치는 듯하니 십분 구경함 직한지라. 양생이 생각하되, '우리 초 땅에 비록 아름다운 나무가 많으나 이런 버들은 보지 않았노라.' 하고, 양류사(楊柳詞)를 지어 읊으니 그 글에 일렀으되,

> 양류청여직(楊柳靑如織) 버들이 푸르러 베 짜는 듯하니
> 장조불화루(長條拂畵樓) 긴 가지 그림 그린 누각에 스쳤도다
> 원군근재식(願君勤栽植) 원컨대 그대는 부지런히 심으라
> 차수최풍류(此樹最風流) 이 나무 가장 풍류로우니라

㉠
> 양류하청청(楊柳何靑靑) 버들이 자못 푸르고 푸르니
> 장조불기영(長條拂綺楹) 긴 가지 빛나는 기둥에 스쳤도다
> 원군막만절(願君莫漫折) 원컨대 그대는 부질없이 꺾지 말라
> 차수최다정(此樹最多情) 이 나무 가장 정이 많으니라

읊는 소리 맑고 호상(豪爽)하여 금석(金石)에서 나는 듯한지라. 봄바람이 시 읊는 소리를 거두쳐 누상(樓上)으로 올라가니, 누각 가운데 옥 같은 사람이 바야흐로 봄잠을 들었다가 글소리에 깨어 창을 열고 난간을 의지하여 두루 바라보더니, 정히 양생으로 더불어 두 눈이 맞추이니, 구름 같은 머리털이 귀밑에 드리웠고 옥차(玉釵)가 반쯤 기울었는데, 봄잠이 족(足)치 못하여 하는 양이 천연(天然)히 수려하여 말로 형용하기 어렵고 그림을 그려도 방불(彷彿)치 못할러라. 두 사람이 서로 보기만하고 아무 말도 못하고 있었더니 양생의 서동이 따라와 부르되, "낭군아, 석식이 준비되었나이다." 미인이 문득 창을 닫히니 가만한 향내 바람에 날아올 뿐이라.

[중략 부분 줄거리] 이후 양소유는 진채봉과 혼인을 약속했으나 갑작스러운 난리로 헤어진다. 이로부터 양소유는 계섬월, 정경패, 가춘운, 적경홍 등의 여성들과 차례로 인연을 맺는 한편, 소년등과 후난을 평정하는 공을 세워 황상(皇上)의 총애를 입는다. 어느 날 황상이 양소유를 궁으로 불러 궁녀들에게 시 써 주기를 청했다.

이때에 모든 궁녀의 글을 모을새 모두 심히 사랑하여 상자에 감추었으되, 한 궁인이 글 쓴 부채를 가지고 제 방에 돌아가 가슴에 품고 종일토록 울고 침식을 다 폐하니 이 궁인은 다른 사람 아니라 화주 진 어사의 딸이라. 어사가 비명에 죽고 액정(掖庭)에 적몰(籍沒)되어 비자(婢子)가 되었더니, 이때 궁중 사람이 진씨의 얼굴 고움을 전하여 이르거늘, 천자(天子)가 불러 보시고 첩여(婕妤)를 봉코자 하시더니,
… (중략) …
글을 읽고 가로되, "글 뜻이 이렇듯 머니, 진실로 멀도다. 진실로 천리 같다." 하고 인하여, 집에 있을 제 양상서로 더불어 양류사 화답하던 일을 생각하고 정을 이기지 못하여 한 수 시를 부채에 이어 쓰고 다시 읊어 보더니, 홀연 태감(太監)이 상명(上命)으로 부채를 가지러 왔다 하거늘 진씨 대경하여 가로되, "내 이제는 죽으리로다." 하더라.
… (중략) …
상이 그 글을 다시 보시니, 하였으되,

┌ 환선단여추월단(紈扇團如秋月團) 깁부채가 둥글어 가을 달같이 둥그니
│ 억증누상장수안(憶曾樓上障羞顔) 일찍 누상에서 부끄러워하던 일을 생각하노라
ⓛ
│ 조지지척불상식(早知咫尺不相識) 일찍 지척에서 서로 알아보지 못할 줄 알았던들
└ 회불종군자세간(悔不從君仔細看) 그대로 하여금 자세히 보지 못하게 한 것을 뉘우치노라

상이 가라사대, "진씨 필연 사정(私情)이 있도다. 다만 알지 못하겠어라, 어느 땅에 가 누구를 보았단 말인고?" 다시 보시고 이르되, "진녀의 재주는 도리어 봄 직하도다." 태감으로 하여금 진씨를 부르라 하신대 진씨 들어와 계하(階下)에서 머리를 두드리고 죽기를 청한대 상이 가라사대, "바로 아뢰면 사죄(死罪)를 사(赦)할 것이니 어떤 사람으로 사정이 있더뇨?" 진씨 고하여 왈, "신첩이 어이 감히 은휘(隱諱)하리이꼬? 첩의 집이 망하지 않았을 제 양상서 과거 보러 경사(京師)로 올 제, 첩의 집 앞을 지나다가 마침 서로 보고 인하여 양류사를 지어 뜻을 통하여 언약이 있더니, 상이 봉래전(蓬萊殿)에서 양상서를 인견(引見)하실 제 첩은 양상서를 보되 상서는 첩을 모르는 고로, 옛 일을 생각하고 신세를 슬퍼하여 우연히 미친 글을 써 성상(聖上)이 보시게 하니 첩의 죄 일 만 번 죽음 직하나이다."

상이 자못 잔잉히 여기사 일러 가라사대, "네 이르되 양류사로 혼인 언약을 하였더라 하니 가히 기록할소냐?" 진씨 지필(紙筆)을 청하여 써 드리니 상이 보시고 놀라 가라사대, "진 씨의 죄 비록 중하나 재주 가히 아깝다." 하시고, 일러 가라사대, "너를 본디 사치 못할 것이로되 어매(御妹) 너를 사랑하는 고로 사하나니 네 마땅히 나라 은혜를 생각하여 어매를 모셔 정성을 다하여 섬기라." 하시고, 부채를 도로 내리오시니 진씨 고두사은(叩頭謝恩)하고 물러나니라.

- 김만중, 『구운몽(九雲夢)』

〈보기〉

1. ㉠과 ㉡이 각각 어떤 사건의 계기가 되는지 서술할 것
2. 1과 관련된 내용을 포함하여 고전소설에 삽입된 시의 기능을 2가지 제시하되, ㉠과 ㉡을 근거로 하여 서술할 것

예상 답안

㉠은 양소유가 미인(진채봉)과 만나 장래를 약속하는 계기가 되며, ㉡은 황상이 양소유와 진채봉의 과거 연분을 알고 양소유와 진채봉을 맺어주는 계기가 된다.

㉠에서는 양소유가 아름다운 봄 버들을 보고 풍류의 정서를 드러내었고, ㉡에서는 진채봉이 자신을 알아보지 못하는 양소유를 보고 그리움과 안타까움의 정서를 드러내었다. 이와 같이 고전소설에 삽입된 시는 인물의 심리를 묘사하고 작품의 분위기를 형성하는 기능이 있다. 또한 ㉠에서는 시를 계기로 하여 양소유가 진채봉과 만나게 되고, ㉡에서는 과거의 약속 이후 진채봉 자신은 양소유를 알아보는데 양소유가 자신을 알아보지 못하는 상황을 드러내었다. 이와 같이 고전소설에 삽입된 시는 사건을 전개하거나 사건의 진행(인물의 상황)을 알려주는 기능이 있다. (㉠은 심리 묘사 및 분위기 형성이 중심이 되며, ㉡은 사건 전개가 중심이 된다.)

문제해설

이 문제는 고전소설에 삽입된 시의 기능을 묻는 문제로 고전소설과 고전시가에 모두 관련이 있다. 고전 서사 문학에 포함된 한시는 향가나 「구지가」 등에서 그 연원이 깊다. 위의 문제를 통해서도 고전 서사에서 한시가 어떤 기능을 하는지 파악할 수 있으며, 다른 작품을 통해서도 서사 문학에 나타난 시(서정)의 특징에 대해서 이해할 필요가 있다.

문제 관련 배경지식

고전소설에 삽입된 시의 역할

시는 정서의 표출이고, 소설은 사건의 전개인데, 소설에 시가 삽입되면 사건의 전개 기능이 적어지고 정서 표출 기능이 많아진다. 즉, 시로 인해 소설의 서사성이 약화되는 단점이 있다.

하지만 삽입시는 다음과 같이 다양한 기능을 지니기도 한다.

1. 낭만적이고 아름다운 분위기 형성
2. 화답시 – 인물 간 주고받는 대화(의사소통)의 기능
3. 두 사람 간 약속이나 비밀의 증표 – 재회
4. 사건 전개에서 암시, 복선의 기능

3 2016년 서술형 문제

2016 A | 한국 문학과 자연 / 고전시가 내용 - 시적 화자 및 화자의 상황

12. 다음을 읽고 〈작성 방법〉에 따라 두 작품의 의미를 서술하시오. [4점]

(가)
말 업슨 청산(靑山)이오 태(態) 업슨 유수(流水) ㅣ로다
갑 업슨 청풍(淸風)과 임쟈 업슨 명월(明月)이로다
이 듕에 일 업슨 닉 몸이 ㉠분별(分別)업시 늙그리라

— 성혼

(나)
서산에 돋을볕* 서고 구름은 느긔로 낸다*
비 뒤 묵은 풀이 뉘 밭이 짙었던고
두어라 차례 지은 일이니 ㉡매는 대로* 매오리라

— 위백규

*돋을볕: 해가 뜰 때에 서녘 하늘에 되비치는 햇빛
*느긔로 낸다: 천천히 피어오른다.
*매는 대로: 김매는 대로

―――――――――――〈작성 방법〉―――――――――――
∘ (가), (나)에 표현된 공간의 성격을 각각 서술할 것
∘ ㉠, ㉡에 주목하여 (가), (나)의 시적 화자가 지향하는 삶을 각각 서술할 것

예상 답안

(가)의 공간은 사대부들이 자연 속에서 자연과 친하게 지내며 살아가는 강호한정의 공간이고, (나)의 공간은 농부들이 풀을 매고 농사를 지으며 살아가는 현실적인 노동의 공간이다.
(가)의 화자는 사대부인데 ㉠에서 보듯이 자연 속에서 강호한정하는 삶을 살겠다는 의지를 드러냈고, (나)의 화자는 농부인데 ㉡에서 보듯이 부지런히 농사를 지으며 살겠다는 의지를 드러냈다.

문제해설

이 문제는 고전시가에서 공간의 성격을 묻는 문제와 특정한 어구를 제시하고 시적 화자 및 화자의 상황을 묻는 문제이다. 이러한 두 가지 문제는 거의 매년 출제되는 중요한 문제이므로 개별 작품의 공간적 배경을 잘 이해하고 있어야 하며, 또한 시적 화자와 시적 화자의 상황을 파악하는 연습을 꾸준히 함으로써 대비해야 한다.
(가)는 아래 자연의 공간적 의미에서 '①강호한정하며 한가롭게 살아가는 삶의 공간, 자연 속에서 심신을 수양하며 살아가는 공간'이고, (나)는 아래 자연의 공간적 의미에서 '③생활의 터전 또는 노동의 현장인 공간'이다.

문제 관련 배경지식

한국 문학과 자연

1. 자연물의 시적 형상화 방식
① 자연물의 외형이나 속성에 인간적 가치를 부여하여 작자의 의도(주제)를 표현하는 방식이다.
② 자연물에 인간적 가치를 부여하여 긍정하거나 비판한다.
③ 인간화된 자연으로 나타난다.

2. 자연의 공간적 의미
① 강호한정하며 한가롭게 살아가는 삶의 공간, 자연 속에서 심신을 수양하며 살아가는 공간
② 유교에 바탕하여 학문을 닦는 장소
③ 생활의 터전 또는 노동의 현장인 공간
④ 유흥과 흥취의 공간(즐거움, 술, 유흥)
⑤ 작자가 현실을 벗어나 지향하고자 하는 이상 세계
⑥ 민족적 삶의 터전이다.

3. 자연(물)과 관련된 내용 (겹치는 경우도 있음)
① 강호한정하는 삶
② 학문 수양
③ 생활(농사 또는 노동)의 터전
④ 이상 세계
⑤ 민족
⑥ 신앙 또는 속신의 대상

4. 자연물의 표현 방식
① 의인화
② 우의
③ 감정이입
④ 비유와 상징 등

시적 화자 및 화자의 상황

1. 시적 화자
① 시 속에 나타난 목소리의 주인공을 '서정적 자아' 또는 '시적 화자'라고 한다. 시적 화자는 주제를 효과적으로 나타내기 위해 의도적으로 설정한다.
② 시인은 시에서 주제를 가장 잘 드러내기 위해 시적 화자를 설정한다. 그렇기 때문에 시적 화자를 파악하는 것은 가장 기본이 되며, 시적 화자가 누구인지에 따라 그 정서가 달라질 수 있다.
③ 시에 나타나는 목소리의 주인공은 '탈(Persona)'로서 시인과는 구별된다. 실제적 발화자가 아니라 시인의 제2의 자아, 허구적 자아이며, 시인에 의해 창조된 허구적 인물로 존재한다.
④ 시적 화자는 작품 내의 존재이기 때문에 허구적이지만, 끊임없이 실제적 발화자인 시인과 동일화되고자 한다.
⑤ 시인은 서정적 자아를 설정하여 세계에 대한 작가 자신의 태도를 표명한다.

2. 시적 화자와 청자
① 시 작품에서 시적 화자는 명시적으로 드러나는 경우가 있고, 그렇지 않은 경우가 있다. 드러나건 드러나지 않건 서정 갈래의 본질상 시적 화자는 모두 '나(우리)'이다. 명시적으로 드러나는 경우를 편의상 '현상적 화자', 드러나지 않은 경우를 '숨은 화자'로 이해한다. 시점으로 접근하면 명시적으로 드러날 때는 1인칭 시점, 드러나지 않으면 3인칭 시점이 될 수 있다.
② 시 작품에서 청자의 경우도 명시적으로 드러나는 경우가 있고, 그렇지 않은 경우가 있다. 명시적으로 드러나면 '현상적 청자', 드러나지 않으면 '숨은 청자'로 이해한다.
③ 위 ①, ②는 다음과 같은 표로 제시할 수 있다.

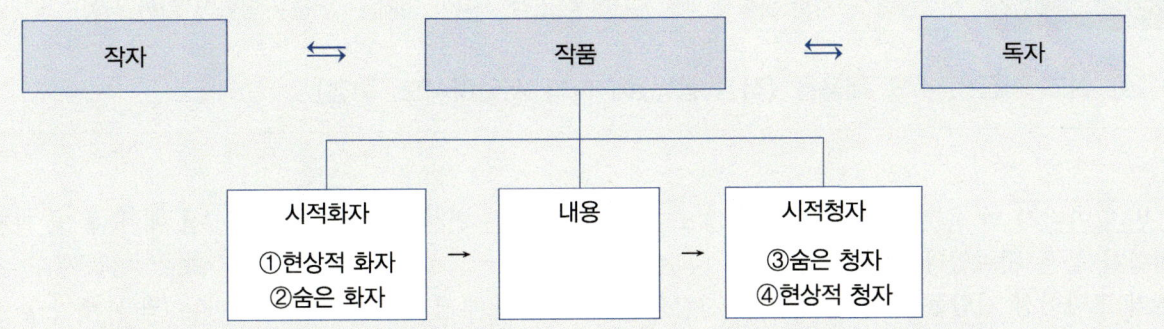

시는 보통 '㉠ 현상적 화자 → ㉢ 숨은 청자'로 제시되는 경우가 일반적이지만 '㉠ 현상적 화자 → ㉣ 현상적 청자', '㉡ 숨은 화자 → ㉢ 숨은 청자', '㉡ 숨은 화자 → ㉣ 현상적 청자'로 제시되기도 한다.

- ㉠ 현상적 화자 → ㉢ 숨은 청자
  예 김소월의 「진달래꽃」, 한용운의 「님의 침묵」, 신석정의 「꽃덤불」, 박남수의 「종소리」 등
- ㉠ 현상적 화자 → ㉣ 현상적 청자
  예 김광규의 「상행」, 박두진의 「해」, 박목월의 「가정」, 박두진의 「도봉」 등
- ㉡ 숨은 화자 → ㉢ 숨은 청
  예 박목월의 「나그네」, 「청노루」, 김기림의 「바다와 나비」, 김광섭의 「성북동 비둘기」, 박남수의 「새」, 기무영의 「풀」 등
- ㉡ 숨은 화자 → ㉣ 현상적 청자
  예 김수영의 「눈」(2·4연), 김현승의 「나비의 여행」(3연), 신동엽의 「껍데기는 가라」 등

3. **시적 화자의 상황**
   ① 시적 화자의 상황에서는 시적 화자가 어떤 시·공간 배경 속에서 어떤 일을 겪고 있는가에 관한 내용을 이해해야 한다.
   ② 시적 화자가 처한 상황은 개인적 문제로 인한 상황일 수도 있고, 사회적 문제로 인한 상황일 수도 있다.
   ③ 시적 화자가 처한 상황에서 어떤 태도를 보이는가에 따라 시적 화자의 태도 또는 현실 대응 방식이 드러나게 된다. 이것은 개별 작품에서도 물을 수 있지만, 두 작품을 비교하여 이러한 내용을 물을 수도 있다. 개별 작품에서 아래와 같이 3가지로 구분하여 인식하면 시험 문제에 효과적으로 대응할 수 있다.

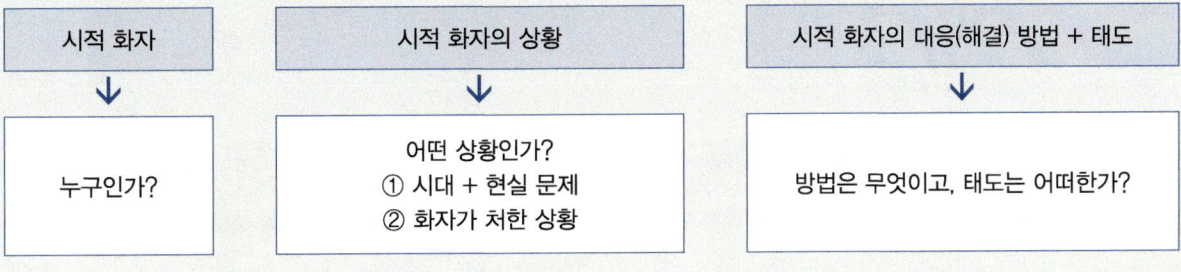

14. 다음을 읽고 작품의 주요 내용을 〈작성 방법〉에 따라 서술하시오. [4점]

(가)

　[건우 할아버지]와 윤춘삼 씨가 들려 준 ㉠조마이섬 이야기는 언젠가 건우가 써냈던 '섬 얘기'에 몇 가지 기막히는 일화가 붙은 것이었다.
　"우리 조마이섬 사람들은 지 땅이 없는 사람들이오. 와 처음부터 없기사 없었겠소마는 죄다 뺏기고 말았지요. 옛적부터 이 고장 사람들이 젖줄같이 믿어 오는 낙동강 물이 맨들어준 우리 조마이섬은……."
　건우 할아버지는 처음부터 개탄조로 나왔다. 선조(先祖)로부터 물려받은 땅, 자기들 것이라고 믿어 오던 땅이 자기들이 겨우 철 들락말락할 무렵에 별안간 왜놈의 동척(東拓)* 명의로 둔갑을 했더란 것이었다.
　"이완용이란 놈이 '을사 보호 조약'이란 걸 맨들어 낸 뒤라 카더만!"
　윤춘삼 씨의 통방울 같은 눈에도 증오의 빛이 이글거리기 시작했다.
　1905년 ― 을사년 겨울, 일본 군대의 포위 속에서 맺어진 '을사 보호 조약'이란 매국 조약을 계기로, 소위 '조선 토지 사업'이란 것이 전국적으로 실시되던 일, 그리고 이태 후인 정미년에 가서는 '한국 정부는 시정 개선에 관하여 통감의 지도를 수할 사'란 치욕적인 조목으로 시작된 '한일 신협약'에 따라, 더욱 그 사업을 강행하고 역둔토(驛屯土)*의 대부분과 삼림원야(森林原野)들을 모조리 국유로 편입시키는 등 교묘한 구실과 방법으로써 농민들로부터 빼앗은 뒤, 다시 불하*하는 형식으로 동척과 일인(日人)의 수중에 옮겨 놓던 그 해괴망측한 처사들이 문득 내 머릿속에서도 떠올랐다.
　"쥑일 놈들!"
　건우 할아버지는 그렇게 해서 다시 국회의원, 다음은 하천부지의 매립 허가를 얻은 유력자……. 이런 식으로 소유자가 둔갑되어 간 사연들을 죽 들먹거리더니,
　"이 꼴이 되고 보니 선조 때부터 둑을 맨들고 물과 싸워 가며 살아온 우리들은 대관절 우찌 되능 기요?"
　그의 꺽꺽한 목소리에는, 건우가 지각을 하고 꾸중을 듣던 날 "나룻배 통학생임더." 하던 때의, 그 무엇인가를 저주하는 듯한 감정이 꿈틀거리고 있는 것 같았다. 그들의 땅에 대한 원한이 얼마나 컸던가를 가히 짐작할 수가 있었다.

― 김정한, 「모래톱 이야기」

* 동척: '동양 척식 주식회사'의 줄임말
* 역둔토: 조선시대 역(驛)과 각 관청에 지급된 토지
* 불하: 국가나 공공 단체의 재산을 개인에게 팔아넘기는 일

(나)

　[나]는 한동안 두 눈을 지릅뜨고 빗발 무늬가 잦아 가던 창가에 서서, 뒷동산 부엉재를 감싸며 돌아가는 ㉡갈머리[冠村] 부락을 지켜보고 있었다. 마음이 들뜬 것과는 별도로 정말 썰렁하고 울적한 기분이었다. 내 살과 뼈가 여문 마을이었건만, 옛 모습을 제대로 지키고 있는 것이라곤 아무것도 없던 것이다. 옛 모습으로 남아난 것이 저토록 귀할 수 있을까.
　그중에서도 맨 먼저 가슴을 후려친 것은 왕소나무가 사라져 버린 사실이었다. 분명 왕소나무가 서 있던 자리엔 외양간만 한 슬레이트 지붕의 구멍가게 굴뚝만이 꼴불견으로 뻗질러 서 있던 것이다.
　그 왕소나무 잎새에 누렁물이 들고 가지에 삭정이가 끼는 걸 보며 고향을 뜨고 13년 만이니 그럴 만도 하겠다 싶긴 했지만, 언제 베어다 켜 썼는지 흔적조차 남아 있지 않은 현장을 목격하니 오장에서 부레가 끓어오르지 않을 수 없던 것이다. 4백여 년에 걸친 그 허구한 풍상을 다 부대껴 내고도 어느 솔보다 푸르던, 십장생(十長生)의 으뜸다운 풍모로 마을을 지켜 온 왕소나무가 아니었던가. 내가 일곱 살 나 천자문을 떼고 책씻이도 마친 어느 여름날 해설핀 석양으로 잊지 않고 있지만, 나는 갯가 제방둑까지 할아버지를 모시고 나와 온 마을을 쓸어 삼킬 듯이 쳐들어오던 바다 밀물을 구경한 적이 있었다. 댕기물떼새와 갈매기들의 울음소리가 석양놀에 가득 떠 있던 눈부신 바다를 구경했던 것이다. 방파제 곁으로 장항선 철로가 끝 간 데 없고, 철로와 나란히 자갈마다 보얀 신작로는 모퉁이를

돌았는데, 그 왕소나무는 철로와 신작로가 가장 가까이로 다가선, 잡목 한 그루 없이 잔디만 펼쳐진 평퍼짐한 버덩 위에서 4백여 년이나 버티어 왔던 것이다.

그날 할아버지는 장정 두 팔로 꼭 네 아름이라던 왕소나무 밑동을 조심스레 어루만지면서,

"이애야, 이 왕솔은 토정(土亭: 李之菡) 할아버지께서 짚고 가시던 지팡이를 꽂아 놓셨는디 이냥 자란 게란다. 그쪽에 그 할아버지 말씀은, 요 지팽이 앞으루 철마가 지나가거들랑 우리 한산 이씨 자손들은 이 고을에서 뜨야 허리라구 허셨다는 게여 .... 그 말씀을 새겨들어 진작 타관살이를 했더라면 요로큼 모진 시상은 안 만났을지두 모르는 것을......."

하던 말을 나는 여태껏 기억하고 있는 것이다.

... (중략) ...

그 왕소나무는 군 내에선 겨룰 데가 없던 백수(百樹)의 우두머리였고, 그 나무는 이제 자취도 없이 사라져 버렸으며, 나는 우리 가문의 선조 한 분이 그토록 우려하고 경계했다던, 그러나 이미 40여 년 전부터 장항선 철로를 핥아 온 철마를 탄 몸으로 창가에 서서, 지호지간의 그 유적지를 비껴가고 있었던 것이다.

- 이문구, 「일락서산」

―――――― 〈작성 방법〉 ――――――

◦ (가)의 '건우 할아버지'가 ㉠의 현재 상황에 대해 느끼는 주된 정서와 그 정서가 생겨난 원인을 서술할 것
◦ (나)의 '나'가 ㉡의 현재 상황에 대해 느끼는 주된 정서와 그 정서가 생겨난 원인을 서술할 것
◦ (가), (나)에서 이들의 정서를 나타낸 단어를 하나씩 활용하여 쓸 것

예상 답안

(가)에서 '건우 할아버지'는 '㉠ 조마이섬'의 현재 상황에 대해 '증오'와 '원한'을 주된 정서로 드러냈다. 선조로부터 물려받은 땅을 일제 강점기에는 일제에 빼앗겼으며, 해방 후에는 다시 국회의원 등의 유력자에게 빼앗겼기 때문이다. (나)에서 '나'는 '㉡ 갈머리 부락'의 현재 상황에 '울적한' 기분을 주된 정서로 드러냈다. 이러한 정서가 생겨난 것은 1960~1970년대 근대화·산업화의 물결 속에서 고향이 변화하면서 전통적 가치를 상실했기 때문이다.

문제해설

이 문제는 소설에서 정서를 묻는 문제인데, 그 정서를 드러내기 위해서는 사회·문화적 맥락에 대한 이해가 필요하다. 정서를 파악하기 위해서는 인물이 누구인지, 그리고 그 인물이 어떤 상황에 처해 있는지 이해할 필요가 있다. 그리고 그 상황은 '시대 + 문제(갈등)'의 내용으로 제시해야 정확하게 드러난다.

문제 관련 배경지식

사회·문화적 맥락

1. **맥락의 개념**
   ① 말이나 글을 이해하고 표현할 때 고려해야 할 상황 요소나 사회·문화적 요소이다.
   ② 맥락은 텍스트의 표현과 해석에 관여해서 의미를 명확하게 함과 동시에 새롭게 텍스트의 의미를 형성하는 데에 관여하는 이론적이며 심리적으로 활성화된 지식이다.
   ③ 주체가 활용할 수 있는 물리적 환경에 대한 정보, 언어적·사회적·문화적·역사적 지식이나 요소의 관계에 대한 정보이다.

2. **문학 감상에서 고려해야 할 맥락의 하위 요소**
   1) **사회·문화적 맥락**: 문학 텍스트에 반영된 당대의 사회·문화적 요소를 말한다.
      ① 반영론과 리얼리즘이 문학론의 근거가 된다. (현실(문제)의 객관적 반영 / 현실(문제)에 대해 전형적 상황에서 전형적 성격의 창조)

② 텍스트 내의 사회·문화적 맥락과 텍스트 밖의 사회·문화적 맥락은 다를 수도 있다.
③ 독자와 동시대의 작가가 쓴 문학은 작가와 독자가 사회·문화적 상황을 공유하지만, 지난 시대의 문학이나 고전 문학은 사회·문화적 상황을 공유하기 어렵다.

소설의 인물

1. 인물의 성격 파악
작품 속의 인물은 대개 욕망이나 욕구 또는 희망과 같이 자신이 추구하는 바를 갖고 있다. 이것이 개개인마다 다르기 때문에 개인의 성격을 나타낸다. 인물의 성격은 대화와 행동을 통해 드러나므로 인물의 성격을 파악하기 위해서는 대화와 행동을 주목할 필요가 있다.
① 인물의 대화는 어떤 상황(사건, 선행 대화)에 대한 인물의 반응이므로, 대화에서 성격을 파악하기 위해서는 그 상황(사건, 선행 대화)을 잘 파악해야 한다.
② 인물의 행동 역시 그것을 독립적 행위로 보지 말고, 사건의 전개 상황에서 그 행동이 어떤 의미를 지니는지 파악해야 성격이 드러난다.
③ 인물의 성격을 파악하면 다른 인물의 성격과 비교하여 인물 간의 관계를 드러낼 수 있다.

2. 인물의 현실 대응 방식 파악
인물의 현실 대응 방식은 인물에게 주어진 상황이나 문제 또는 갈등 등에 대해 인물이 어떻게 대응하느냐의 문제이며, 이러한 대응 방식이 작게는 인물의 성격을 드러내고 크게는 주제를 드러내게 된다.
① 상황이나 문제 또는 갈등 등에 대해 인물의 대응 방식은 기준에 따라 다양하게 파악될 수 있다.
② 적극적/소극적, 긍정적/부정적, 의지적/체념적 등으로 나타나며, 이러한 대응 방식은 인물의 성격 및 주제와 밀접한 관련이 있다.

시의 정서

1. 시의 정서
① 정서란 어떤 사물이나 상황에 부딪혀 일어나는 모든 감정과 상념 또는 그러한 감정을 불러일으키는 기분이나 분위기이다.
② 시는 개인의 체험과 생각, 느낌을 표현하는 방식에 있어서 주체의 정서적 측면을 강조하고 그것을 통해 인생과 자연에 대한 해석을 보여준다.
③ 정서를 드러나게 하는 것은 시적 화자의 목소리(어조)이다.

2. 시의 정서와 주제
① 시의 주제는 정서로 나타나며, 작품의 주된 정서가 곧 주제이다.
② 시인은 정서를 직접 제시하지 않고, 다양한 요소들을 통해 형상화하고, 독자는 역으로 다양한 구성 요소에 대한 감상을 통해 정서를 파악한다.

3. 시의 정서 파악
'시적 화자가 누구인가?, 그 화자가 어떤 상황인가?, 상황의 원인은 무엇인가? 그리고 어떤 내용 전개를 보이는가?' 등의 질문을 통해 시의 정서를 파악할 수 있다.

> 시적 화자 + 화자의 상황 (시대 + 현실 문제(원인)) + 내용 전개 → 정서(주제)

① 시적 화자 및 시적 화자의 상황을 파악한다.
② 시의 내용 전개(처음 – 결말)에 따른 화자의 태도를 파악한다.
③ 시적 화자의 어조 및 분위기를 통해 파악한다.
④ 비유, 상징, 반어, 역설 등의 표현 요소를 통해 파악한다.
⑤ 시어, 시의 형태, 운율 등의 형식 요소를 통해 파악한다.

김정한의 「모래톱 이야기」

1. 핵심 정리
- 갈래 단편 소설, 농민(농촌) 소설
- 경향 사실주의
- 성격 사실적, 저항적, 현실 고발적
- 시점 1인칭 관찰자 시점
- 어조 권력의 횡포에 대한 분노를 띤 어조
- 배경 ① 시간 : 일제 강점기 ~ 1960년대
         ② 공간 : 낙동강 하류에 있는 조마이섬
- 주제 소외 지대 인간의 비극적 삶과 부조리한 현실에 대한 저항
- 특징 ① 농촌이 삶의 실상을 사실적으로 묘사
         ② 부조리한 현실을 고발하려는 작가정신을 발휘

2. 이 작품의 사회적 배경
　이 작품은 일제 강점기로부터 1960년대까지의 긴 시간이 배경을 이루고 있다. 그러나 조마이섬 사람들에게 의미 있게 비추어진 시대적 상황은 권력을 쥔 자(가진 자)들이 못 가진 자를 핍박하는 부조리한 현실이다. 물론 과거를 회상한 부분을 제외한 시대적 배경은 1960년대, 어떤 권력자에 의해 섬 전체가 넘어갈 상황이 지배적이다. 부조리한 현실에 의해 약속된 낙토(樂土)가 거부되어 있기 때문에 갈밭새 영감으로 대표되는 섬사람들의 저항이 두드러진다.

　조마이섬의 주인은 섬을 힘들여 개척해 살고 있는 주민들이어야 할 텐데, 정작 그 소유권은 전혀 엉뚱한 사람들에게 넘어간다. 이를 주도한 일제, 해방 후의 한국 정부 모두 권력자들을 감싸는 세력이며, 경찰 혹은 관청 역시 주민들의 민생에는 관심이 없고 권력자들의 소유권으로 보호해 주기 바쁘다.

　부조리한 현실에 대한 주민들의 분노는 홍수를 계기로 하여 폭발한다. 조마이섬 사람들은 자신들의 생존권마저 유린하려는 부당한 권력에 과감히 맞서게 되는 것이다. 모순에 맞서 싸우는 용감한 삶을 보여주는 대표적 인물이 갈밭새 영감이다. 작가는 갈밭새 영감을 통해 부조리한 현실에 맞서는 정의로운 인간상을 창조하여 보여주고 있다.

이문구의 「일락서산」

1. 핵심 정리
- 갈래 연작 소설, 사실주의 소설
- 성격 회고적, 자전적
- 시점 1인칭 주인공 시점
- 배경 ① 시간 : 60년대
         ② 공간 : 산업 근대화의 미명 아래서 점차 무너져 가는 전통적 농촌
- 주제 근대화 과정에서 사라진 전통적인 농촌공동체에 대한 회고와 아쉬움

2. 이 작품의 사회적 배경
　1970년대부터 고향 상실과 회귀라는 모티프의 소설이 많이 나타나게 된다. 1960년대부터 진행된 근대화 정책과 산업화 현상은 농촌 인구의 도시 정착을 초래했고 농촌은 급속도로 붕괴되었기 때문이다. 이때 농촌을 떠나 도시로 이주한 이들은 산업화 이전의 농촌을 '고향'의 이미지로 각인하여 마음의 안식처로 삼게 된다. 그러나 이러한 고향은 실제로는 존재하지 않았다. 산업화라는 거대한 시대의 흐름 속에서 농촌도 옛 모습을 잃어 갔기 때문이다. 이러한 고향 상실 의식은 70년대 소설에서 두드러지게 나타난다. 이문구의 『관촌수필』이나 황석영의 「삼포 가는 길」 등이 그 예이다.

　특히 「일락서산」은 근대화 과정 중에 사라져 가는 전통적인 농촌의 모습에 대한 안타까움을 드러내고 있다. 상징적인 이미지를 통해 과거의 마을 모습과 현재의 마을 모습이 선명하게 대조되면서 사라져 버린 옛것에 대한 향수를 더욱 자극한다.

왕소나무		슬레이트 지붕의 구멍가게
고풍스러운 정신 상징 (풍요로웠던 농촌 공동체)	 대조	근대화·도시화로 인한 마을의 변화를 상징

4. 다음을 읽고 인물의 말과 행위가 갖는 의미를 〈작성 방법〉에 따라 서술하시오. [4점]

[이전 줄거리] 양반가 자제인 심생은 거리에서 본 여자를 뒤따라가 그녀의 집을 확인하고 여러 날을 방 밖에서 기다린다. 중인의 딸인 여자는 마침내 심생을 부모에게 소개하고 그와 인연을 맺는다.

심생의 집에서는 심생이 밖에서 자고 오래도록 돌아오지 않는 것을 의심하게 되었다. 마침내 심생은 산속 절에 가서 공부에 전념하라는 분부를 받았다. 심생은 불만스런 마음에 우울하게 집에 머물다가 벗들에게 이끌려 책을 싸 짊어 메고 북한산성으로 올라갔다.

선방에 머문 지 한 달이 가까워 올 즈음, 어떤 이가 찾아와 그녀가 쓴 한글 편지를 전했다. 뜯어보니 이별을 알리는 유서였다. 그녀는 이미 죽었던 것이다. 그 편지 내용은 대략 다음과 같았다.

"봄추위가 아직 매서운데 절에서 하시는 공부는 잘되시는지요? 늘 그리워하며 잊을 날이 없답니다. 낭군이 가신 뒤 우연히 병이 생겼어요. 병이 차츰 골수에까지 미쳐 약을 먹어도 소용이 없으니, 이제 곧 죽게 될 듯합니다. 저처럼 운명이 기박한 사람이 살아 봐야 무엇 하겠어요? 다만 세 가지 큰 한이 마음속에 구구하게 남아 있어 죽어도 눈을 못 감겠군요.

… (중략) …

만난 지 얼마 안 되어 급작스레 이별하고 병들어 누워 죽음이 가까워 오건만 낭군의 얼굴을 보고 마지막 작별 인사를 할 수도 없군요. 이런 아녀자의 슬픔이야 무슨 말할 만한 가치가 있겠어요? 생각이 여기까지 이르니 애간장이 끊어지고 뼈가 녹으려 해요. 연약한 풀은 바람 따라 흔들리고 시든 꽃은 흙이 된다지만, 아득히 깊은 이 한은 어느 날에야 그칠까요?

[A] ┌ 아아! 창을 사이에 두고 만나던 것도 이로써 끝입니다. 낭군께서는 천한 저 때문에 마음 쓰지 마시고 더욱
    └ 학업에 정진하시어 하루빨리 벼슬길에 오르시기 바랍니다. 부디 안녕히 계셔요. 부디 안녕히 계셔요."

편지를 본 심생은 울음이 터져 나오는 것을 참을 수 없었다. 그러나 소리 내어 통곡해 본들 이미 어쩔 수 없는 일이었다. 그 뒤 심생은 ㉠<u>붓을 던지고</u> 무과에 나아가 벼슬이 금오랑에 이르렀으나 그 또한 일찍 죽고 말았다.

매화외사(梅花外史)*는 말한다.

내가 열두 살 무렵 시골 서당에서 공부하던 시절에는 날마다 동무들과 옛날이야기 듣기를 좋아했다. 하루는 선생님께서 심생의 일을 매우 자세하게 이야기해 주시고는 이렇게 말씀하셨다.

"심생은 내 어린 시절의 동창생이다. 이 사람이 절에서 편지를 읽고 통곡할 때 내가 곁에서 지켜보았더랬다. 급기야 심생이 겪은 일을 듣게 되었고 지금까지 잊지 못하고 있다."

또 이런 말씀도 하셨다.

[B] ┌ "너희들더러 이 풍류스런 사내를 닮으라고 이 이야기를 해 준 게 아니다. 사람이 어떤 일에 대해서든 반드시
    │ 이루겠다는 뜻이 있다면 규방 여인의 마음도 얻을 수 있거늘, 하물며 글을 짓고 과거에 합격하는 일이 그보
    └ 다 어렵겠느냐?"

우리는 그때 이 이야기를 듣고 새로운 이야기라 여겼는데, 훗날 『정사(情史)』*라는 책을 읽어 보니 이와 비슷한 것이 퍽 많았다. 이에 ㉡<u>심생의 일을 적어 『정사』의 보유(補遺)*로 삼는다.</u>

- 이옥, 「심생전」

* 매화외사 : 작자인 이옥의 호
* 『정사』: 명나라 때의 문인 풍몽룡이 남녀 애정과 관련된 중국 역대의 이야기를 모아 엮은 책
* 보유 : 빠진 내용을 보충한다는 뜻. 『정사』의 몇몇 권 뒤에 '보유' 항목을 두고 추가 작품을 수록하였기에 한 말임

─────────────────────────── 〈보기〉 ───────────────────────────
「심생전」에서는 개인의 욕망과 사회적 관습(가치)이 충돌하는 사안을 두고 인물들이 다양한 반응을 보인다. 이러한 현상은 조선 후기의 세태 변화와 연관된다. 작자 이옥은 민요를 한시(漢詩)로 재창작한 작품집 「이언(俚諺)」의 서문에서 남녀의 정을 살피는 일이 세상의 모습을 관찰하는 좋은 수단이라고 하여 세태에 대한 관심을 표명하고 있다.

─────────────────────────── 〈작성 방법〉 ───────────────────────────
◦ [A]와 [B]에서 발신자의 공통된 요구가 무엇인지 쓸 것
◦ [A]에 대한 반응으로서 ㉠이 갖는 의미를 서술할 것
◦ 〈보기〉를 참조하여 ㉡이 갖는 의의를 서술할 것

발신자	전언	수신자	수신자의 행위
그녀	[A]	심생	㉠ 붓을 던지다
선생님	[B]	매화외사	㉡ 심생의 일을 적다

예상 답안

[A]와 [B]의 발신자는 학업에 정진하여 벼슬길에 오르는 일, 즉 입신양명을 공통으로 요구하고 있다. [A]에서 ㉠의 붓을 던지는 행위는 학업을 포기했다는 의미이며, 중세적인 제도나 풍습에 대한 저항의 의미를 담고 있다. 〈보기〉에서는 남녀의 정을 살펴 세태에 대한 관심을 표명한다고 했는데, 이 관점에서 ㉡의 심생의 일을 적는 행위는 남녀 관계에서 중세 가부장제를 벗어나 자유로운 사랑을 추구하는 변화된 세태를 드러냈다는 점에서 의의가 있다.

문제해설

이 문제는 문학의 소통 과정을 활용하여 작품의 특별한 사건이나 행위에 담긴 시대적 의미를 묻는 문제이다. 밑줄로 제시된 ㉠과 ㉡이 단순한 사건이 아니라 중세 사회 제도에 대한 반항의 의미를 지닌다는 점에 주목할 필요가 있다.

문제 관련 배경지식

문학 활동 – 소통 및 담화

1. 문학의 소통

1) 문학 작품을 통한 소통 : '작가 – 작품 – 독자' 층위의 소통 구조 강조
   ① 작자가 작품을 생산하고 독자가 작품을 읽음으로써 이루어지는 소통의 과정을 의미한다.
   ② 대화와 마찬가지로 서로 주고받는 상호작용을 강조한다.
   ③ 문학적 소통의 특수성 : 시간과 공간, 일치하지 않는 소통, 작품을 매개로 간접적으로 소통한다.
   ④ 작자가 무엇을 전하려 했는지, 작품에 그것이 어떻게 제시되었는지, 독자가 그것을 어떻게 수용하는지 그 과정 자체를 파악한다.
   ⑤ 작품 속 등장인물들의 대화 장면에서 소통 관계를 파악하는 문제가 제시될 수 있다.

사회·문화적 맥락

① 반영론과 리얼리즘이 문학론의 근거가 된다. (현실(문제)의 객관적 반영 / 현실(문제)에 대해 전형적 상황에서 전형적 성격의 창조)
② 텍스트 내의 사회·문화적 맥락과 텍스트 밖의 사회·문화적 맥락은 다를 수도 있다.
③ 독자와 동시대의 작가가 쓴 문학은 작가와 독자가 사회·문화적 상황을 공유하지만, 지난 시대의 문학이나 고전 문학은 사회·문화적 상황을 공유하기 어렵다.

소설의 사건

1. 사건의 개념과 기능

1) 개념

넓은 의미로 소설에 나타난 이야기의 전체 전개를 '사건'이라고 하며, 좁은 의미로 등장인물의 행위 하나하나를 의미한다. 즉, 인물의 행위 및 그 행위의 결과가 사건을 이룬다.

2) 중심 사건과 세부 사건

① 중심 사건은 가장 중심적인 갈등의 발생과 그것의 해결을 통해 드러나며 많은 세부 사건들로 이루어진다.
② 세부 사건은 인물의 구체적 행위이므로 단편에서도 많은 세부 사건이 있을 수 있다. 세부 사건은 더 작은 사건 또는 행위로 나누어질 수 있다.
③ 단편은 하나의 중심 사건으로 나타나고, 장편은 여러 개의 중심 사건이 있을 수 있다.
④ 세부 사건은 중심 사건으로 집약되고, 중심 사건은 주제를 잘 드러낸다.
⑤ 가장 작은 행위나 사건은 그보다 상위의 사건으로, 그리고 상위의 사건은 다시 중심 사건을 이루면서 전체 사건이 유기적으로 조기되어 주제를 실현한다.

3) 사건의 의미

① 사건 자체가 중요한 것이 아니라 그 사건을 통해 작가가 드러내려는 의미가 중요하다.
② 사건은 행위 그 자체로도 성립하지만, 갈등이 되려면 인물과 인물 간 또는 인물 내면의 대립적인 요소를 살펴야 한다.
③ 사건에 담긴 의미는 직접적으로 제시될 수도 있지만 함축적으로 제시될 수도 있으므로, 그 의미를 잘 파악하는 것이 중요하다.
④ 소설은 사건을 통해 의미를 실현하므로 사건의 연결 관계 및 복선, 시간적 순서, 작가가 의미를 둔 부분 등을 잘 고려하여 감상한다.
⑤ 소설에서 사건은 그 자체의 의미를 묻기도 하고, 인물과 결합되어 그 의미를 묻기도 한다. 사건에 대해 물을 때는 하나의 행위(가장 작은 사건)에 밑줄을 긋거나, 단락처럼 표시를 하거나, 전체 사건을 묻는 경우도 있으므로 문제 파악에 주의하도록 한다.

심생전

1. 핵심 정리

▷ 갈래 고전 소설, 한문 소설
▷ 성격 비극적, 애정적
▷ 출전 김려(1766 ~ 1822) 『담정총서(潭庭叢書)』
▷ 주제 신분제의 속박으로 인해 양반의 자제인 심생과 중인층 처녀의 사랑의 비극적 결말 (이 작품은 해피엔딩이라는 고전 소설이 대부분 가지고 있는 구성을 탈피하여 비극적 결말을 지닌 사랑 이야기라는 점에서 사실성이 드러남)

2. 감상

조선 정조·순조 때 활동하던 이옥(李鈺)이 지은 전(傳)이다. 작자 이옥의 절친한 친구였던 김려(金鑢, 1766 ~ 1822)가 편찬한 『담정총서(潭庭叢書)』에 실려 있다. 「심생전」은 양반가 자제인 심생과 중인 계층인 소녀, 즉 신분이 다른 두 남녀의 비극적인 사랑을 다룬 작품이다. 이 작품은 크게 심생과 소녀의 비극적인 사랑을 다룬 부분과 심생의 사랑에 대한 매화외사(작가)의 평이 담긴 부분으로 나눌 수 있다. 신분제의 속박으로 인해 양반의 자제인 심생과 중인층 처녀의 사랑이 비극적으로 끝나게 된다는 내용을 애틋하게 그렸다.

어느날 심생이 운종가(雲從街)에서 임금의 행차를 구경하고 돌아오다가 계집종에게 업혀가는 한 여자를 보았다. 아름다움에 반해 따라가 보니 중인의 딸이었다. 사랑하는 마음을 억누를 수가 없어, 밤마다 그녀의 집 담을 넘어가기를 20일 동안 계속했으나 좀처럼 만날 수가 없었다. 결국 심생의 진실된 사랑을 안 처녀는 심생을 자신의 방으로 불러들이고 자신의 부모를 설득시킨 뒤 동침했다. 그 뒤 심생은 밤마다 그녀를 찾았고 이를 눈치챈 심생의 부모는 절에 들어가 공부하도록 했다. 부모의 명을 거스를 수가 없어 절방에서 글공부를 하던 중 그녀가 보낸 유서(遺書)를 받았다. 자신의 처지를 한탄하는 내용이 담겨 있는 편지를 읽고 심생도 슬픔에 싸여 일찍 죽고 만다는 내용이다.

심생과 소녀의 사랑, 신분의 벽을 넘지 못한 데서 오는 이별, 이에 따른 소녀의 죽음을 통해 신분의 장벽에 따른 두 남녀의 비극적인 결말을 보여 줌으로써 당시 신분 제도에 대한 비판 의식을 드러내고 있다. 그리고 매화외사의 평에서는 심생의 태도에 대한 작가의 생각을 밝히고 있는데, 신분 제도라는 사회적 장벽에 초점을 맞추기보다 '사랑의 성취'라는 적극적인 행동에 초점을 맞추어, 어떤 일이든지 노력이 있으면 성취할 수 있을 것이라고 이야기하고 있다.

한편 「심생전」에 드러난 인물의 태도와 모습을 통해 조선 후기의 사회상을 엿볼 수 있는데 자유연애 사상, 여성 의식의 성장, 신분 질서의 동요, 중인층의 성장이 이에 해당한다.

2016 B | 문학 교육 – 학생들의 감상 결과 지도·교정 / 교수·학습 방법 – 대화중심 교수·학습 방법

7. 다음은 대화 중심 문학 수업의 한 장면으로, (가)는 횡적 대화 단계에서 이루어진 대화의 일부이며, (나)는 종적 대화 단계의 교사 발화이다. 교사의 지도 내용을 〈작성 방법〉에 따라 서술하시오. [5점]

〈수업 자료기〉

내가 그의 이름을 불러 주기 전에는
그는 다만
하나의 몸짓에 지나지 않았다.

내가 그의 이름을 불러 주었을 때
그는 나에게로 와서
꽃이 되었다.

내가 그의 이름을 불러 준 것처럼
나의 이 빛깔과 향기에 알맞은

누가 나의 이름을 불러다오.
그에게로 가서 나도
그의 꽃이 되고 싶다.

우리들은 모두
무엇이 되고 싶다.
너는 나에게 나는 너에게
잊혀지지 않는 하나의 눈짓이 되고 싶다.

- 김춘수, 「꽃」

(가)
형도 : 이 시는 내가 고등학교에 와서 읽은 시 중 제일 마음에 드는 시야. 나는 이름이 좀 어려운 편인 데다가 조용한 성격이어서 새 학년에 올라오면 내 이름을 기억해서 불러 주는 친구가 별로 없어. 가끔은 내 자신이 너무 존재감이 없다는 생각이 들어서 속이 상했는데, 이 시를 읽고 나니까, 내가 먼저 친구들의 이름을 불러 주어야겠다는 생각이 들었어. 그리고 "우리들은 모두 무엇이 되고 싶다."라고 해서 나 말고도 우리들 모두 서로에게 의미 있는 존재가 되고 싶어 한다는 걸 알게 되었어.

지우 : 나도 이 시가 마음에 들어. 그런데 의미 있는 존재라는 게 무언지는 좀 생각해 봐야 할 것 같아. 이 시의 마지막 부분이 원래는 "하나의 의미가 되고 싶다."라고 되어 있었는데, 나중에 시인이 "하나의 눈짓이 되고

싶다."로 고쳐서 발표했다고 선생님께서 알려 주셨잖아. 사실 이 시인은 누군가에게 의미가 된다는 것이 부담스러웠던 게 아닐까 싶어. 그래서 마음속으로는 서로가 서로에게 무언가가 되고 싶은 욕망이 있지만, 결국은 '꽃'이 되고 의미가 되는 건 부담스러우니까, '눈짓' 정도로 가벼운 관계에 만족하는 건 아닐까. 나는 이 시가 적당히 가볍고 일회적인 관계를 노래하는 것 같아서 좋아.

수경: 너희들은 모두 이 시를 좋아하는구나. 나는 이 시가 썩 좋지는 않아. 내가 시 쓰기를 좋아해서 그런지 몰라도, 나는 이 시가 시인이 시 쓰기 과정에서 고민한 내용을 담고 있는 것같이 느껴졌어. 시를 통해 세상에 존재하는 대상들의 이름을 불러 줌으로써 그것들의 참 의미가 드러난다는 것으로 읽혀. 그런데 나는 시를 쓰면서 대상의 빛깔과 향기에 알맞은 표현을 하려고 무척 애를 써도, 번번이 시를 완성하고 나면 '이게 아닌데……' 하는 생각이 들어. 참 의미에서 점점 멀어지는 느낌 때문이야. 하지만 시인은 이름을 불러 주면 의미 있는 존재가 된다고 너무 확실하게 말하는 것 같아서 마음에 들지 않아.

(나)
교사: 여러분 모두 시 작품을 적극적으로 감상했군요. 그런데 몇 명에게는 질문을 좀 하고 싶어요. 혹시 ⊙ 시어의 의미 관계는 충분히 살펴보았나요? 시어와 시어 사이의 수식 관계나 유의 관계 등에 주목해서 꼼꼼히 읽으면 시의 전체적 의미를 더 타당하게 읽어 낼 수 있습니다. 음…, 그리고 ⓒ 보조 자료로 배부해 준, 같은 시인의 「꽃을 위한 서시」도 읽어 보았나요? "나는 시방 위험한 짐승이다. / 나의 손이 닿으면 너는 / 미지의 까마득한 어둠이 된다."로 시작하지요.

───────────〈작성 방법〉───────────

• ⊙의 질문 의도를 고려하여 '지우'가 부적절하게 해석한 부분을 제시하고 타당한 해석과 근거를 서술할 것
• '수경'의 반응과 관련하여 ⓒ의 질문 의도를 서술할 것. 단, 교사가 제시한 보조 자료를 활용하여 그 근거를 밝힐 것

예상 답안

　⊙ 질문에서 시어의 의미 관계를 고려할 때, '지우'는 시어 '눈짓'을 잘못 해석했다. 이 시에서 '눈짓'은 시어의 유의 관계를 고려할 때, '꽃'과 같이 긍정적 의미를 지니고 있으며, 마지막 행에서 '잊혀지지 않는'이라는 수식 관계 및 시적 화자가 반복해서 '되고 싶다'는 지향 의지를 드러내기 때문에 '존재의 본질' 혹은 '의미 있는 존재'로 해석할 수 있다.
　'수경'의 말에서는 이름을 불러주어도 참 의미가 드러나지 않는 경우가 많은데, 시인은 이름을 불러주면 의미 있는 존재가 된다고 너무 확실하게(= 쉽게) 말하는 것 같다고 비판했다. 이에 대해 교사가 한 ⓒ의 질문은 수경이 제시한 비판이 잘못된 이해(= 오독)임을 지적하기 위한 의도가 있다. 「꽃을 위한 서시」의 인용 부분에서 '위험한 짐승'은 준비되지 않은 자세, '까마득한 어둠'은 존재의 본질에서 멀어진 상태를 의미하여 존재의 본질 인식이 결코 쉽지 않다는 점을 시인이 인식하고 있으므로 수경의 해석이 적절하지 않기 때문이다.

문제해설

　이 문제는 대화중심 교수·학습 방법을 바탕으로 하면서 문학 교육에서 학생들의 감상 결과에 대한 지도·교정에 관한 문제로 아주 좋은 문제 유형이다. 첫 번째 조건은 횡적 대화와 관련된 문제이고, 두 번째 조건은 종적 대화와 관련된 문제이다. 첫 번째 조건은 시어의 해석과 관련이 있는 단순한 문제이지만, 두 번째 조건은 김춘수의 「꽃」과 「꽃을 위한 서시」에 담겨 있는 의미를 고려해야 문제를 정확하게 풀 수 있다. 「꽃을 위한 서시」는 존재의 본질을 탐구하는 과정이 아주 어렵다는 내용을 담고 있는데, 「꽃」뿐만아니라 관련 있는 다른 작품에 대한 이해도 필요하다.

> 문제 관련 배경지식

시의 형식 - 시어, 행, 연

1. 시어(詩語)
시어는 음악적 효과를 드러내고 여러 가지 이미지를 이루며, 정서적으로 연상을 하게 한다.
① 지시적 의미보다는 함축적 의미를 중시한다.
② 압축과 생략에 크게 의존한다.
③ 심상·비유·상징의 형성에 관여한다.

> ➕ 시어의 특징
> ① 함축성 ② 다의성 ③ 애매성 ④ 응축, 간결성
> ⑤ 비약 ⑥ 운율성 ⑦ 이미지, 영상성 ⑧ 정서성

2. 대화 중심 교수·학습 모형 관련 문제

절차	주요학습 활동의 예
시를 이해하는 데 필요한 지식 이해하기	• 해당 시와 관련 있는 문학적 지식 이해하기 • 대화 중심 읽기 방식에 대한 안내
시 낭송하기	• 시의 분위기나 어조 파악하기 • 낭독자의 목소리를 선택하여 시에 맞게 낭송하기 • 시의 의미 예측하기
〈대화 1〉 독자 개인의 내적 대화 (내적 대화)	• 시 텍스트에 근거하여 시 이해에 필요한 질문을 스스로 생성하고 답하기 • 상호 경쟁적인 읽기 중 스스로 가장 타당한 근거를 제시할 수 있는 읽기(지배적 읽기)를 선택하기 • 독서 스토리 작성하기
〈대화 2〉 독자와 독자들 간의 대화 (횡적 대화)	• 타당한 근거를 내세울 수 있는 시의 해석과 다른 독자의 근거를 비교하며 대화 나누기 • 타당한 근거와 관련 있는 내용 찾아보기 • 모호한 내용을 명료화하며 각 근거의 설득력을 비교하며 타당한 해석 내용 판단하기
〈대화 3〉 교사(전문가)와 독자의 대화 (종적 대화)	• 그동안의 대화 과정에서 제시되지 않은 새로운 관점 제시하기(교사) • '대화 2'에서 오독이 발생한 경우 수정하기 • 여러 관점 간의 경쟁적 대화를 통해 좀 더 근거 있는 해석의 가능역 설정하기
시의 의미 정리하기	• 가장 타당하다고 생각되는 시의 의미 정리히기 • 모작, 개작, 모방 시 창작하기 • 독서 스토리 완성하기

> 참고
>
> **내적 대화를 활성화하기 위한 질문 목록**
> 내적 대화 단계에서 학생들은 자신의 내면에서 어떤 내적 대화를 나누어야 할지 잘 모를 수 있다. 다음 질문들을 통해 문학적 사유로 이어질 수 있도록 하되, 유의 사항이 무엇인지 분명하게 주지시킨다. 독자 스스로 내적 대화를 활성화 할 수 있는 방식을 교사가 시범을 보여줄 수도 있다.
>
> • '문학 텍스트는 나에게 무엇을 말하고 있는가?'
>   이 대담은 소재 차원의 답변이나 문학 텍스트에 대한 객관적인 설명을 요구하는 것이 아니다. 또한 해당 작품의 주제를 한 마디로 말하라는 것도 아니다. 작품을 읽으면서 느꼈던, 문학 텍스트가 독자에게 어떤 말을 걸고자 하는가를 중심으로 내적 대화를 시작하도록 돕는 질문이다.
>
> • '그것을 어떤 방식으로 말하고 있는가?'
>   이것은 시에 나타난 수사법을 단편적으로 생각해 보라는 의미가 아니다. 문학 텍스트가 독자에게 어떤 말을, '어떤 방식으로 걸고 있는가'를 중심으로 생각해 보라는 의미다. 그 대답을 수사법의 차원에서 할 수도 있겠지만, 그 경우에도

중요한 것은 그 수사법이 어떤 효과를 가지면서 텍스트의 의미 형성에 기여하는가 하는 점일 것이다.

- '왜 그렇게 생각하는가', '무엇이 그런 생각을 가능하게 했는가?'
  실질적인 근거를 만들기 위한 질문이다. 자신이 그렇게 생각하거나 해석한 이유에 대해 스스로 질문하면서 작품 해석의 근거를 정리해 보도록 한다.

김춘수의 「꽃」

1. 핵심 정리
▷ 갈래 자유시, 서정시
▷ 율격 내재율
▷ 성격 관념적, 주지적, 상징적
▷ 시적 화자 사물의 존재 의미를 평가하고자 하는 화자
▷ 시상 전개(형태) 의미의 점층적, 심층적 확대
▷ 표현 상징적인 시어의 사용
▷ 제재 꽃
▷ 주제 존재의 본질과 의미에 대한 탐구

2. 작품의 구조

구성 요소	구성 요소의 파악	그것이 지닌 의미·효과	주제와의 관련성
내용 요소	① 시적 화자 및 화자의 상황	'나'를 시적 화자로 하여 내가 타인을 인식하듯이 나도 타인에게 인식되고 싶은 마음을 통해 존재의 본질을 탐구하고 싶은 마음을 드러냈다.	존재의 본질과 의미에 대한 탐구, 존재의 본질 구현에 대한 소망
	② 시의 내용 전개	'나 → 너 → 우리'로의 관계가 확대되는 내용의 점층적 확대를 통해 공동체의 형성에 대한 인식을 효과적으로 드러냈다.	
	③ 명명의 의미	'명명 행위'는 존재의 본질을 밝혀 그것을 인식하는 행위로 존재의 본질과 의미에 대한 탐구에 대한 열망을 드러냈다.	
형식 요소	① 점층적 구조	'나 → 너 → 우리', '몸짓 → 꽃 → 눈짓'의 단계적인 의미의 심화 과정을 통해 주제 형상화를 이루었다.	
	② 반복	'- 되고 싶다'의 반복을 통해 작품의 통일성을 부여하고, 시의 리듬감을 느끼게 하며, 독자에게 선명하게 전달해주는 역할을 한다.	
표현 요소	① 상징	'꽃'은 존재의 본질 탐구 의지와 존재의 본질(상호 인식, 공동체)을 효과적으로 드러낸다.	
	② 대조	중요하지 않은 '몸짓'과 중요한 '꽃, 무엇, 눈짓'을 대조적 관계로 드러내어 존재의 본질 구현에 대한 소망을 효과적으로 드러냈다.	

3. 감상

제 4시집인 『부다페스트에서의 소녀의 죽음』(1959)에 수록된 비교적 초기에 속하는 작품이다. 전문 4연 15행으로 된 시다. 이 시의 제재는 꽃이라기보다 작가의 관념을 대변하는 추상적 존재라 할 수 있다.

1연에서는 구체적인 대상을 인식하기 이전의 존재에 대해 말하고 있다. 대상을 인식하기 전에 '그'는 의미 없는 무수한 사물들 중 하나였다. 여기서 '하나의 몸짓'이란 대상을 인식하기 이전에 '그'를 나타낸다. 2연에서 내가 대상을 인식하고 그의 이름을 불러줌으로써 비로소 '그'가 자신의 존재를 드러내며 '나'에게 다가온다. 존재의 본질을 인식하고 이름을 부를 때, 존재의 참모습은 드러나고 '꽃'이라는 의미 있는 존재로 나와 관계를 맺게 되는 것이다. 여기서 '꽃'은 의미 있는 존재를 상징한다. 3연에서는 존재의 본질 구현에 대한 근원적 열망이 나타나 있다. 인식의 주체인 '나'도 대상인 '너'에게로 가서 의미 있는 존재가 되고 싶다는 것이다. 4연에서는 시적 화자의 본질 구현에 대한 소망이 '우리'의 것으로 확산되고 있다. '나'와 '그'가 고립된 객체가 아니라 참된 '우리'로 공존하기 위해서는 서로의 이름을 불러 주어야 서로에게 '잊혀지지 않는

하나의 눈짓'으로 존재하게 되는 것이다. 즉, 우리 모두가 진정한 관계를 맺게 되기를 소망하고 있다.

이 시를 이해하기 위한 가장 기본적 문제는 '나'와 '그'의 관계이다. 그 둘의 관계는 처음엔 무의미한 관계였다가 상호 인식의 과정을 통해 서로에게 '꽃'이라는 의미 있는 존재로 변모하고, 마침내 오랫동안 잊혀지지 않는 의미를 지닌 존재가 될 수 있음을 보여 준다. 이 시에서 시적 화자는 '나'만 중심이 되거나 '너'만 중심이 되는 것이 아니라 '우리'로 합일(合一)되어 서로가 서로의 존개 근거가 되는 상호 주체적인 관계에서 본질적인 의미를 얻을 수 있다고 인식하고 있다.

김춘수의 「꽃을 위한 서시」

1. 핵심 정리
▷ 갈래 자유시, 서정시
▷ 율격 내재율
▷ 성격 관념적, 주지적, 상징적
▷ 시적 화자 존재의 본질 인식을 염원하는 화자
▷ 표현 비유적, 상징적 심상
▷ 제재 꽃
▷ 주제 존재의 본질적인 의미 추구의 어려움

2. 작품의 구조

구성 요소	구성 요소의 파악	그것이 지닌 의미·효과	주제와의 관련성
내용 요소	① 시적 화자 및 화자의 상황	존재의 본질을 탐구하려는 시적 화자가 '꽃'을 통해 그 본질에 대해 파악하려 하지만 실패하는 과정에서 본질적 의미 탐구의 어려움을 드러내었다.	꽃(사물)에 내재하는 본질적인 의미 추구와 그것의 어려움
	② 시의 내용 전개	'나'와 '너'의 관계를 통해 인식 주체와 인식 대상으로 '나'는 '너'의 실체를 알려고 하지만, 드러내지 않음으로써 본질 추구의 어려움을 느끼게 한다.	
	③ 제목에서 '서시'의 의미	존재의 본질 탐구를 위한 과정이 어렵기 때문에 본질 인식을 위한 마음가짐 또는 준비하는 마음의 의미로 이해할 수 있다.	
형식 요소	① 인식 과정에 따른 구조	'인식의 부재 → 인식에 대한 노력 → 인식 실패의 안타까움'의 구조를 통해 본질적인 의미 추구에 대한 노력을 드러내었다.	
	② 문장 부호	'말줄임표(……)'의 사용을 통해 시간의 경과와 깨달음에 이르는 시간의 추이, 깨달음 바로 그 자체이자 인식 주체의 침묵의 상황을 효과적으로 묘사했다.	
표현 요소	① 비유	'미지의 까마득한 어둠 = 존재의 흔들리는 가치 끝 = 무명의 어둠 = 얼굴을 가리운 나의 신부' 원관념을 다양한 보조관념으로 드러내어 표현미를 이루고 있다.	
	② 상징	'탑'은 너무도 견고하여 흔들리지 않을 것 같은 대상을 '금'은 찬란함, 불변, 영원한 가치를 상징하는 것으로 주제 형상화에 기여했다.	
	③ 대립 관계	'짐승' - '어둠', '가지 끝' - '이름 없음', '무명의 어둠' - '한 접시의 불', '울음' - '금'은 모두 '추상'과 '구상'의 대립 관계를 보여 주면서 감추기와 드러내기의 적절한 긴장을 유지하고 있다.	

3. 감상

'꽃'이 사물의 본질을 상징한다면, '미지', '어둠', '무명' 등은 사물의 본질을 깨닫지 못하고 있는 상태를 뜻하며, 화자는 그 무명의 세계에서 벗어나 사물의 본질, 즉 꽃의 의미를 파악하려고 몸부림치는 존재이다.

<u>1연에서 화자는 사물의 본질을 모르는 상태의 자신을 '위험한 짐승'이라 하여 무지에 대한 자각을 보여 주고 있으며 그 상태에서 본질을 인식하려다가 실패한다.</u> 2연에서는 자신의 자각 없이는 '꽃' 역시 불완전한 상태임을 드러내고 있다. 또

한, 3연에서는 '무명(無名)의 어둠'이란 존재의 의미, 본질이 드러나지 않은 상황을 말한다. 이 무명(無名)의 상태를 보다 못한 '나'는 의식을 일깨우는 불을 밝히고 인식을 위하여 혼신의 노력을 기울인다. '추억의 한 접시 불'이라는 모든 지적 능력과 체험을 다하여 존재의 본질을 파악하기 위한 화자의 몸부림과 절망을 '나는 한밤내 운다'로 표현하고 있으며, 4연에서는 비록 존재의 본질을 깨닫지는 못했어도 그것을 추구하기 위한 노력 '나의 울음' 그 자체가 아름다운 것이라는 역설적 깨달음을 보여 주는 한편, 마지막 연에서는 결국 존재의 본질을 파악하지 못하고 만 자신의 안타까움을 '얼굴을 가리운 신부' - 꽃을 통해 제시하고 있다.

사물의 본질적 의미를 파악할 능력이 없는 '나'(위험한 짐승)가 '너'(꽃)를 인식하려고 시도하면 '너'는 더욱 미지의 세계로 숨어 버린다. 그리하여 꽃은 아무런 의미도 부여받지 못한 채, 불안정한 상태에서 무의미하게 존재하고 있다.

2017 A 현대시 내용 – 시적 화자 및 화자의 상황 / 현대시 기타 표현

13. 다음을 읽고 작품에 대해 해석한 내용을 〈작성 방법〉에 따라 서술하시오. [4점]

(가)
누이야
가을산 그리메에 빠진 눈썹 두어 낱을
지금도 살아서 보는가
정정(淨淨)한 눈물 돌로 눌러 죽이고
그 눈물 끝을 따라가면
즈믄 밤의 강이 일어서던 것을
그 ⊙강물 깊이깊이 가라앉은 고뇌의 말씀들
돌로 살아서 반짝여오던 것을
더러는 물속에서 튀는 물고기같이
살아오던 것을
그리고 산다화 한 가지 꺾어 스스럼없이
건네이던 것을

누이야 지금도 살아서 보는가
가을산 그리메에 빠져 떠돌던, 그 눈썹 두어 낱을 기러기가
강물에 부리고 가는 것을
내 한 잔은 마시고 한 잔은 비워두고
더러는 잎새에 살아서 튀는 물방울같이
그렇게 만나는 것을

누이야 아는가
가을산 그리메에 빠져 떠돌던
눈썹 두어 낱이
지금 이 못물 속에 비쳐옴을.

— 송수권, 「산문(山門)에 기대어」

(나)
1
ⓒ화안한 꽃밭 같네 참.
눈이 부시어, 저것은 꽃핀 것가 꽃진 것가 여겼더니, 피는것 지는것을 같이한 그러한 꽃밭의 저것은 저승살이가 아닌것가 참. 실로 언짢달것가. 기쁘달것가.
거기 정신없이 앉았는 섬을 보고 있으면,
우리가 살았닥해도 그 많은 때는 죽은 사람과 산 사람이 숨소리를 나누고 있는 반짝이는 ⓒ봄바다와도 같은 저승 어디쯤에 호젓이 밀린 섬이 되어 있는 것이 아닌것가.
2
우리가 소시(少時)적에, 우리까지를 사랑한 남평 문씨 부인은, 그러나 사랑하는 아무도 없어 한낮의 꽃밭 속에 치마를 쓰고 ㉣찬란한 목숨을 풀어헤쳤더란다.
확실히 그때로부터였던가. 그 둘러썼던 비단치마를 새로 풀며 우리에게까지도 ㉤설레는 물결이라면
우리는 치마 안자락으로 코 훔쳐주던 때의 머언 향내 속으로 살달아 마음달아 젖는단것가.

*

돛단배 두엇, 해동갑하여 그 참 흰나비 같네.

- 박재삼, 「봄바다에서」

───────────── 〈작성 방법〉 ─────────────
◦ ㉠과 ㉢이 (가), (나)의 시적 화자에게 지니는 공통된 의미를 설명할 것
◦ ㉡과 ㉤의 표현 효과를 고려하여 ㉣에 대한 시적 화자의 인식을 서술할 것

예상 답안

1.
  (가)의 시적 화자는 ㉠의 '강물'에서 죽은 누이를 떠올리고, (나)의 시적 화자는 ㉢의 '봄바다'에서 죽은 남평 문씨 부인을 떠올린다. ㉠과 ㉢은 모두 과거 시인의 삶에서 겪은 사별과 그 한을 불러일으키는 공간의 의미를 지닌다.

💡 이 문제에서 두 번째 조건의 답은 아래와 같이 세 개의 예상답안으로 제시할 수 있다.

2.
  첫째의 경우, ㉡은 바다를 밝고 환한 이미지로 드러내었고, ㉤은 물결을 기쁜 이미지로 드러내었다. 이를 통해 시적 화자는 ㉣에서 죽음을 밝고 긍정적인 것으로 인식하고 있다.

  둘째의 경우, ㉡은 남평 문씨 부인이 죽은 장소를 아름다운 공간으로 그렸고, ㉤은 남평 문씨 부인의 죽음의 느낌을 설레는 마음으로 느끼고 있다. 이를 통해 시적 화자는 ㉣에서 죽음을 찬란하다고 여기는 역설적 인식(= 한을 밝고 아름다운 것으로 승화시켜 이중적 인식)으로 드러내고 있다. (첫째와 유사)

문제해설

  이 문제는 시적 화자 및 화자의 상황에 관한 문제와 현대시의 표현에 관한 요소가 결합된 문제이다. 그런데 〈작성 방법〉의 두 번째 조건은 ㉡과 ㉤의 표현이 무엇을 의미하는가에 따라 답이 달라질 수 있다. '화안한'은 시적 허용이 되지만, '설레는'은 시적 허용이 아니며, '설레는'은 감정이입이 되지만, '화안한'은 단어가 무엇인가에 따라 감정이입이 될 수도 그렇지 않을 수도 있다. 그래서 첫째, 표현의 의미를 단순히 '이미지'로 접근하거나, 둘째, 죽음을 아름답게 여기는 '역설적 인식'으로 접근할 수 있다. 이에 따라 답안이 달라질 수 있다고 생각하고 예상 답안을 2가지로 제시한 것이다.

문제 관련 배경지식

시적 화자 및 화자의 상황

1. 시적 화자
  ① 시 속에 나타난 목소리의 주인공을 '서정적 자아' 또는 '시적 화자'라고 한다. 시적 화자는 주제를 효과적으로 나타내기 위해 의도적으로 설정한다.
  ② 시인은 시에서 주제를 가장 잘 드러내기 위해 시적 화자를 설정한다. 그렇기 때문에 시적 화자를 파악하는 것은 가장 기본이 되며, 시적 화자가 누구인지에 따라 그 정서가 달라질 수 있다.
  ③ 시에 나타나는 목소리의 주인공은 '탈(Persona)'로서 시인과는 구별된다. 실제적 발화자가 아니라 시인의 제2의 자아, 허구적 자아이며, 시인에 의해 창조된 허구적 인물로 존재한다.
  ④ 시적 화자는 작품 내의 존재이기 때문에 허구적이지만, 끊임없이 실제적 발화자인 시인과 동일화되고자 한다.
  ⑤ 시인은 서정적 자아를 설정하여 세계에 대한 작가 자신의 태도를 표명한다.

2. 시적 화자의 상황

① 시적 화자의 상황에서는 시적 화자가 어떤 시·공간 배경 속에서 어떤 일을 겪고 있는가에 관한 내용을 이해해야 한다.
② 시적 화자가 처한 상황은 개인적 문제로 인한 상황일 수도 있고, 사회적 문제로 인한 상황일 수도 있다.
③ 시적 화자가 처한 상황에서 어떤 태도를 보이는가에 따라 시적 화자의 태도 또는 현실 대응 방식이 드러나게 된다. 이것은 개별 작품에서도 물을 수 있지만, 두 작품을 비교하여 이러한 내용을 물을 수 도 있다. 개별 작품에서 아래와 같이 3가지로 구분하여 인식하면 시험 문제에 효과적으로 대응할 수 있다.

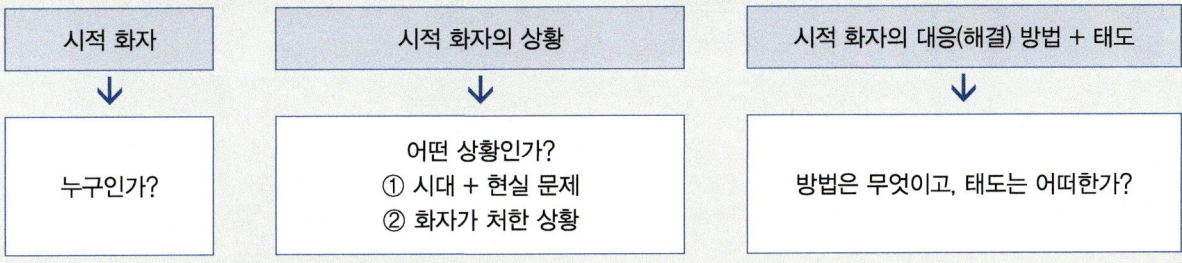

송수권 「산문에 기대어」

1. 핵심 정리

▷ 갈래 자유시, 서정시
▷ 성격 애상적, 회상적, 추모적
▷ 표현 대화의 형식으로 전개되지만, 내용상으로는 독백임
▷ 제재 죽은 누이에 건네는 말
▷ 주제 죽은 누이에 대한 그리움

2. 감상

구성 요소	구성 요소의 파악	그것이 지닌 의미·효과	주제와의 관련성
내용 요소	① 시적화자 및 화자의 상황	죽은 누이를 그리워하는 시적 화자가 절의 산문에 기대어 누이에 대한 그리움을 드러냈다.	죽은 누이에 대한 그리움
	② 불교의 윤회사상	㉠ 산문이란 시어가 불교와 관련있다. ㉡ 1연은 누이의 삶, 2연은 누나의 죽음(기러기가 강물에 부림)과 환생 (살아서 튀는 물방울)을 드러냈다.	
	③ '제망매가'와 유사	제재와 배경 사상의 측면에서 유사성이 있다.	
형식 요소	① 각운	'-을'을 반복하여 각운을 형성하고 있고, 여운을 강조했다.	
	② 시상의 전개	1연은 죽은 누이에 대한 한, 2연은 재회에 대한 기대, 3연은 재회에 대한 확신으로 되어있다.	
표현 요소	① 대화체	형식상 대화의 형식을 가지고 있으면서 내용상 독백의 형식을 가지고 있다.	
	② 상징	㉠ '가을 산 그리메에 빠진 눈썹 두어 낱'은 누이에 대한 그리움을 '잎새에 튀는 물방울'은 누이가 다시 나타난 모습을 의미하여 주제를 잘 드러냈다. ㉡ '돌'은 화자의 굳은 의지와 믿음이다. ㉢ 물은 3가지로 나타나는데, '눈물'은 누이의 죽음을, '강물'은 누이의 죽음과 재생을 연결하는 매개를 '못 물'은 누이의 소생에 대한 믿음이다.	

3. 감상

이 작품에서 시적 화자는 죽은 누이에게 말을 건네고 있다. 즉 대화의 형식을 가지고 있다. 그러나 내용상으로는 독백적인 성격을 띤다. 화자는 시각적 이미지를 통해 화자의 정서와 소망을 함축적으로 표현하고 있다.

1연과 2연에 반복되는 '가을산 그리매에 빠진 눈썹 두어 날'은 아련한 그리움을 불러일으키는 누이의 삶을 암시적으로 나타낸 이미지이며, 그것을 기러기가 강물에 빠뜨리고 갔다는 2연의 표현은 누이의 죽음을 의미한다. 그 반면, '잎새에 살아서 튀는 물방울'은 어느 날 다시 화자의 누이가 나타나는 이유를 윤회와 불교적 가르침에 대한 믿음에서 찾을 수 있다.

* '물'의 의미 – '물'의 이미지는 '눈물', '강물', '못물'로 전환되며 제시되고 있다. '눈물'은 누이의 죽음에 대한 비극적 현실 인식의 결과이며, '강물'은 눈물의 흐름이자 기러기가 눈썹을 떨어뜨려 흐르게 한 대상, 죽음과 재생 사이를 연결해 주는 희망이고, '못물'은 누이의 소생에 대한 믿음이 이미지화 된 것으로 새로운 생성의 상징이다.

박재삼 「봄바다에서」

1. 핵심 정리

- ▷ 갈래 자유시, 서정시
- ▷ 성격 전통적, 서정적
- ▷ 주제 ① 봄 바다에 얽힌 한과 인간애
      ② 봄 바다에 얽힌 한의 세계와 사랑 이야기
- ▷ 표현 ① 산문체의 시면서도 내재율을 살리고 있음
      ② 감각적이면서도 섬세한 언어를 사용하여 이미지의 재현에 성공

2. 감상의 구조

구성 요소	구성 요소의 파악	그것이 지닌 의미·효과	주제와의 관련성
내용 요소	① 시적 화자 및 화자의 상황	시적 화자는 해 지는(뜨는) 봄 바다를 바라보면서 그것을 꽃밭처럼 느끼고, 어린 시절 꽃밭에서 자진했던 남평 문씨 부인의 한을 떠올리고 있다.	봄 바다에 얽힌 한과 인간애, 봄 바다에 얽힌 한의 세계와 사랑 이야기
	② 제재	'봄 바다'를 '꽃밭'에 비유하고 저승살이에 비유하여 한의 이미지를 효과적으로 드러냈다.	
형식 요소	① 시의 짜임	1연은 봄 바다의 풍경을 드러냈고, 2연은 봄 바다에서 꽃밭을 연상하고 꽃밭에서 죽은 남평 문씨 부인의 한을 드러냈다.	
	② 반복	'- 것가'라는 표현을 통해 운율을 형성하고 있다.	
	③ 산문시	전체적으로 산문시의 리듬이면서도 내재율을 지녔다.	
표현 요소	① 비유	'- 같네'라는 직유법을 통해 주제를 형상화하고 있다.	
	② 이미지	이미지에 의한 감각적 표현을 통해 주제를 형상화한다.	
	③ 시적 허용	'환한'을 '화안한'으로 표현하여 시적 허용을 통해 운율감을 형성하고 의미를 강조하고 있다.	

3. 감상

3부로 나눌 수 있는 산문체의 시이다. 제1부는 2연으로 되어 있고, 제2부는 단연으로 되어 있다. 나머지는 부기 형식으로 되어 있다. 산문체의 시임에도 내재율을 살리고 있으며, 표현 기교가 뛰어나다. 감각적이면서도 섬세한 언어를 활용하여 이미지의 재현에 성공하고 있다. 제1부의 1연에서 '것가'를 네 차례, 2연에서 한 차례, 2부에서 한 차례 반복해서 사용하고 있다.

1부 1연에서는 봄 바다를 꽃밭에 비유하고 있다. 그런 후에 '피는 것가'와 '지는 것가', '저승살이가'와 '아닌 것가', '언짢달 것가'와 '기쁘달 것가'를 대비해 그 구별이 모호한 상태임을 제시한다. 2연에서는 바다에 자리를 잡고 앉아 있는 섬을 보고 있으면 산사람과 죽은 사람이 함께 숨소리를 나누고 있는 봄 바다가 저승과도 같아 보인다고 서술한다.

2부에서는 그 바다에 서정적 자아가 어릴 때, 자기까지를 사랑하던 남평 문씨 부인이 자살했고 그 때로부터 일렁이는

바닷 물결이 서정적 자아의 마음에 물결을 일으켜 어린 시절 코 훔쳐 주던 때의 먼 추억 속으로 빠져들게 한다고 하고 있다.

나머지 부분에서는 그 바다에 돛단배가 떠 있는 모양이 마치 나비를 연상시킨다고 서술한다.

「봄 바다에서」는 여러 면에서 「밤바다에서」와 유사하다. 서정적이면서도 주정적이고, 삶에서 우러나오는 비애와 한이 형상화되고 있다. 다만 「밤바다에서」에서는 육친인 누님의 한 맺힌 인생을, 이 작품에서는 남평문씨 부인의 한을 서술하고 있는 점이 다르고, 시 형태가 다를 뿐이다. 소박한 일상의 삶 속에서 소재를 구해서 여성적인 섬세한 가락으로 한국적 한의 세계를 읊고 있는 시이다.

2017 A 현대시 표현 – 비유와 상징 및 소설 서술 방법과 문체

14. 다음을 읽고 (가)의 헌 책 의 함축적 의미와 (나)에서 '현'이 '김 직원'을 바라보는 태도를 〈작성 방법〉에 따라 서술하시오. [4점]

(가)
많지는 못한 장서(藏書)나마 현은 한가히 책장을 쳐다볼 때마다 감개무량하기도 하였다. 일목천고(一目千古)의 감을 느끼는 것이다. 새 책은 날마다 나온다. 또 새 책은 날마다 헌 책 이 된다. 한때는 인류 사상의 최고봉인 듯이 그 앞에는 불법(佛法)도 성전(聖典)도 무색하던 것이 이제는 그 책의 뚜껑 빛보다도 내용이 앞서 퇴색해 버리고 말았다. 그 뒤에 오는 다른 새것, 또 그 뒤를 따른 다른 새것들, 책장 한 층에만도 사조는 두 시대, 세 시대가 가지런히 꽂혀 있는 것이다.

'지나가 버린 낡은 사조의 유물들! 희생된 것은 저 책들뿐인가? 저 저자들뿐인가? 저 책들과 저 저자들뿐이라면 인류는 이미 얼마나 복된 백성들이었으랴마는, 인류는 언제나 보다 나은 새 질서를 갈망해 헤매지 않으면 안 되었었다.'

새 사조가 지나갈 때마다 많으나 적으나, 또 그전 것을 위해서나 새것을 위해서나 반드시 희생자는 났다. 그 사조가 거대한 것이면 거대한 그만치 넓은 발자취로 인류의 일부를 짓밟고 지나갔다. 생각하면 물질문명은 사상의 문명이기도 하다. 한 사상의 신속한 선전은 또 한 사상의 신속한 종국을 가져오기도 한다. 예전 사람들은 일생에 한 번이나 겪을지 말지 한 사상의 난리를 현대인은 일생 동안 얼마나 자주 겪어야 하는가. 청(淸)의 시인 이초(二樵)가 일신수생사(一身數生死)라 했음은, 정히 현대의 우리를 가리킴이라 하고, 현은 몇 번이나 책장을 바라보며 쓴웃음을 지었다.

— 이태준, 「토끼 이야기」

(나)
그 후 한동안 김 직원은 현에게 나타나지 않았다. 현도 바쁘기도 했지만 더 김 직원에게 성의도 나지 않아 다시는 찾아가지도 못하였다.

탁치 문제는 조선 민족에게 정치적 시련으로 너무 심각한 것이었다. 오늘 '반탁' 시위가 있으면 내일 '삼상회담 지지' 시위가 일어났다. 그만 군중은 충돌하고, 지도자들 가운데는 이것을 미끼로 정권 싸움이 악랄해 갔다. 결국 해방 전에 있어 민족 수난의 십자가를 졌던 학병(學兵)들이, 요행 죽지 않고 살아온 그들 속에서, 이번에도 이 불행한 민족 시련의 십자가를 지고 말았다.

이런 우울한 하루였다. 현의 회관으로 김 직원이 나타났다. 오늘 시골로 떠난다는 것이었다. 점심이나 같이 자시러 나가자 하니 그는 전과 달리 굳게 사양하였고, 아래층까지 따라 내려오는 것도 굳게 막았다. 전날 정리로 보아 작별만은 하러 들렀을 뿐, 현의 대접이나 인사는 긴치 않게 여기는 듯하였다.

"언제 서울 또 오시렵니까?"

"이런 서울 오고 싶지 않소이다. 시골 가서도 그 두문동 구석으로나 들어가겠소."

하고 뒤도 돌아다보지 않고 분연히 층계를 내려가고 마는 것이었다. 현은 잠깐 멍청히 섰다가 바람도 쏘일 겸 옥상(屋上)으로 올라왔다. 미국 군의 짚이 물매미 떼처럼 서물거리는 사이에 김 직원의 흰 두루마기와 검은 갓은 그 영자 너무나 표표함이 있었다. 현은 문득 청조 말(淸朝末)의 학자 왕국유(王國維)의 생각이 났다. 그가 일본에 와서 명곡(明曲)에 대한 강연이 있을 때, 현도 들으러 간 일이 있는데, 그는 청나라식으로 도야지 꼬리 같은 편발(辮髮)을 그냥 드리우고 있었다. 일본 학생들은 킬킬 웃었으나, 그의 전조(前朝)에 대한 충의를 생각하고 나라 없는 현은 눈물이 날 지경으로 왕국유의 인격을 우러러보았다. 그 뒤에 들으니, 왕국유는 상해로 갔다가, 북경으로 갔다가, 아무리 헤매어도 자기가 그리는 청조(淸朝)의 그림자는 스러만 갈 뿐이므로, '綠水靑山不曾改, 雨洗蒼苔石獸間(녹수청산부증개, 우세창태석수간)'을 읊조리고는 편발 그대로 곤명호(昆明湖)에 빠져 죽었다는 것이었다. 이제 생각하면, 청나라를 깨뜨린 것은 외적(外敵)이 아니라 저희 민족 저희 인민의 행복과 진리를 위한 혁명으로였다. 한 사람 군주(君主)에게 연연히 바치는 뜻갈도 갸륵한 바 없지 않으나 왕국유가 그 정성, 그 목숨을 혁명을 위해 돌리었던들, 그것은 더 큰 인생의 뜻이요, 더 큰 진리의 존엄한 목숨일 수 있었을 것 아닌가? 일제 시대에 그처럼 구박과 멸시를 받으면서도 끝내 부지해 온 상투 그대로, '대한'을 찾아 삼팔선을 모험해 한양성(漢陽城)에 올라왔다가 오늘, 이 세계사(世界史)의 대사조(大思潮) 속에 한 조각 티끌처럼 아득히 가라앉아 가는 김 직원의 표표한 뒷모양을 바라볼 때, 현은 왕국유의 애틋한 최후를 연상하지 않을 수 없었다.

바람이 아직 차나 어딘지 부드러운 벌써 봄바람이다. 현은 담배를 한 대 피우고 회관으로 내려왔다. 친구들은 '프로예맹'과의 합동도 끝나고 이번엔 '전국문학자대회' 준비로 바쁘고들 있었다.

- 이태준, 「해방 전후」

〈작성 방법〉

- '헌 책'과 의미적 조응을 이루는 사물 4가지를 (나)에서 찾아 쓸 것
- '헌 책'의 함축적 의미는 (가)에 제시된 '사조'의 의미를 활용하여 서술할 것
- '김 직원'에 대한 '현'의 태도는 (나)에 나타난 표현을 활용하여 쓸 것

예상 답안

'헌 책'과 의미적 조응을 이루는 사물은 '흰 두루마기, 검은 갓, 편발, 상투' 등이 있으며, '헌 책'은 한 때 위세를 떨치며 사람을 희생시키기도 했으나 새 것에 의해 밀려나 그 수명이 다한 사상(사조)이나 가치 체계이다.

(아래 2가지 모두 답이 된다고 생각하며 이 두 가지를 결합해도 답이 될 수 있음)

현은 김 진사가 "세계사의 대사조속에 한 조각 티끌처럼 아득히 가라앉아 간다"는 표현을 통해 시대의 변화나 흐름에 적응하지 못하고 소외되어가는 인물에 대한 연민(안타까움)과 비판적 태도를 보인다.

현은 김 진사가 "혁명을 위해 정성을 다하지 못하고, 한 사람 군주(君主)에게 연연히 충성을 바친다"는 표현을 통해 시대에 맞지 않게 왕정복고를 주장하는 것에 대해 비판적 태도를 보인다.

문제해설

이 문제는 소설에 나타난 상징과 유사한 표현 찾기, 그것의 사회·문화적 맥락을 고려한 함축적 의미 그리고 서술자의 인물에 대한 태도 파악하기 등의 문제로 구성되어 있다. 두 문제는 별개의 문제이다. 두 문제 모두 자주 출제되는 유형으로 첫 번째 문제는 시 또는 소설에서 많이 출제되었고, 두 번째 문제인 서술자가 인물을 바라보는 태도를 묻는 문제도 많이 출제되고 있다. 앞으로도 출제될 수 있으므로 다양한 작품에 적용하며, 연습할 필요가 있다.

문제 관련 배경지식

이태준 「토끼 이야기」

1. 핵심 정리
▷ 배경 ①시간적 : 일제 강점하 암흑기(1940년대) / ②공간적 : 서울
▷ 시점 3인칭 전지적 작가 시점
▷ 주제 ① 생활 능력을 상실한 지식인의 자조(自嘲)
　　　　② 관념적인 틀에 갇혀 있던 지식인의 현실에 대한 자책과 반성
　　　　③ 식민지 시대 가난한 작가의 생활상
▷ 특징
　① 주인공 현이 나레이터로 등장하여 자신의 무기력함과 아내의 강인한 생활 능력을 토끼를 매개로 하여 대조시켜 보여 주고 있다.
　② 주인공의 시선을 통한 사건 전개는 주인공의 내면 심리가 그대로 투영됨으로써 독자에게 신빙성을 더해 준다.
　③ 이 작품에서는 '현'의 내면 의식을 제지하는 데 많은 부분을 할애하고 있다. 이를 통해 주인공의 내면 의식의 변화를 잘 이해할 수 있다.
　④ 이태준의 소설은 주인공이 자신의 한계를 깨닫고 반성을 통해 자기를 확인하는 과정을 그린 작품이 많은데, 이 작품도 이러한 경향을 띠고 있다.
▷ 인물
　• 현 : 경제적 형편 때문에 신문 소설을 쓰면서도 단편 소설과 명작을 쓸 날을 꿈을 꿈, 신문사가 폐간되고 퇴직금으로 토끼를 기르기 시작함. 잡지사의 청탁으로 '토끼 이야기'를 쓰려고 할 때 아내가 토끼를 죽이는 것을 보고 무력함을 느낌.
　• 아내 : M 여전 문과 출신. 딸 하나, 아들 둘, 만삭의 임산부, 가난한 신혼 때는 집안을 예쁘게 가꾸었으나 아이들이 태어나고 나서는 살림을 불려 나가는 재미에 빠짐. 현에게 토끼 기르기를 제안함. 신혼 때는 죽은 닭의 눈을 신문 지로 가려놓고야 썰었지만 경제적으로 궁핍해지자 토끼 가죽을 팔기 위해 토끼를 죽임.

2. 줄거리
① 현은 잠에서 깨어 신문사에서 일했던 때를 떠올리는데, 현은 매일신보에 글을 써서 하숙비를 냈는데, 현은 신문사가 폐간되자 잡문을 쓰고 틈틈이 대가의 명작을 읽고 지낸다. 그 후 현은 직업도 집 한 칸도 없이 장가를 들었다. 결혼 후 현은 동아일보에 연재소설을 쓰고 통신 번역을 하는데, 현은 일 년에 하나씩 신문소설을 쓰면서도 예술욕을 채울 수 있는 글을 써야 한다는 미련이 있다. 그 사이 땅값이 올라서 기와집을 짓고 현의 아내는 살림 불리는 재미에 빠진다.
② 그러던 중 현이 다니던 〈동아일보〉가 일제에 의해 폐간되어 실직하게 된다. '명랑하라, 건실하라'고 시대가 확성기로 외치는 가운데 현은 얼떨떨하여 정신을 수습하지 못하고 며칠째 술만 마신다.
③ 아내는 그러한 현에게 정신 바짝 차리라고 질책한다. 현은 아내의 권유로 토끼를 기르기로 하고, 토끼 사업으로 성공 한 아내의 동창에게 견학을 가는데, 그 동창의 남편은 동아일보에 사진을 이단으로 낸 유명한 피아니스트였다.
④ 현은 저녁때면 명작과 고서들을 음미하는데, 한 때 인류 사상의 최고봉이었던 서적들이 새로운 사조에 밀려 책꽂이 에 진열되어 있는 것을보고 사조의 흐름과 관련하여 허무함을 느낀다. 여기서 그는 근대 자본의 논리로 인해 현실로 뛰어들 수밖에 없는 구차한 삶을 생각하고, 또한 일제 식민지 체제를 뒷받침하고 있는 사상의 허무를 느낀다. 아무 리 위대한 사상도 새로운 시대의 물결이 흘러오면 이전의 것은 아무리 뛰어나더라도 밀려날 수 밖에 없는 것이다. 그런 면에서 식민지 조선을 억누르고 있는 일제의 만행도 언젠가 끝나리라고 생각한다.
⑤ 토끼가 40마리로 늘지만 토끼 먹이가 없어서 곤경에 빠지는데, 현과 아들은 M 여전에 클로버를 따라 가고 거기서 현은 클로버를 따는 여학생들을 보며 잃어버린 꿈에 대해 비애를 느낀다. 아내도 과거에는 작은 집이지만 꽃무늬 커튼을 달고, 그림을 전시하고, 아침저녁으로 화단을 가꾸었는데, 지금은 만삭의 몸으로 생존을 위해 동분서주하고 있다.
⑥ 현은 토끼를 팔아 보려고 하지만 뜻대로 되지 않는다. 현은 개체수가 많은 토끼를 죽이기로 하고, 토끼 죽이는 법에 관한 책을 빌려 읽고 준비를 한다. 토끼를 팔려면 가죽을 벗겨야 하기에 현은 토끼를 죽이려고도 해 보지만 토끼를 죽이는데 실패한다. 아내 뱃속의 아이와 토끼의 형상이 연결되었기 때문이다. 현은 어떻게 살아갈 것인가를 고민하 다가 토끼 기른 이야기를 소설로 써 보려고 한다.

⑦ 그런데 퇴직금이 얼마 남지 않은 날, 만삭인 아내가 두 손에 피를 묻히고 있는데, 아내가 토끼를 죽인 것을 보게 된다. 그러한 아내의 모습에 현은 충격에 빠지고 펄썩 주저앉을 듯이 산마루를 쳐다본다.

3. 일제 강점하 관념적 지식인의 자기 확인

시대는 '명랑하라, 건실하라'를 외치며 전시 총동원 체제로 몰아가는데, 이러한 현실에 대한 현의 반응은 '얼떨떨'이다. 현이 얼떨떨해서 정신을 수습할 수 없었다는 것은 그가 현실에 대해 깊이 생각해 보지 못했다는 사실을 말해 주는 것이다. 이때 현이 고민하는 것은 고작 통속소설이나 순수소설이냐 따위였기 때문이다. 그러던 그에게 현실을 일깨워 주는 역할을 하는 사람은 그의 아내이다. 아내는 현의 태도를 질책하고 있으며, 결말에서는 현실을 직시하지 못했던 현의 관념적 태도에 대해 뼈아픈 반성을 하도록 만든다.

4. 감상

일제 강점하의 현실을 깊게 고민하지 못하고 관념적인 틀에 갇혀 있던 한 지식인이 자신의 관념성을 뼈저리게 깨닫고 반성하는 모습을 보여 주고 있는 작품이다. 이 소설에서 중요한 것은 토끼 치기가 실패로 귀결되는 과정이 아니다. 현이 토끼 치기를 쉽게 포기하고 그것에 관한 이야기를 기껏 소설로 써 볼 궁리나 하는 반면에 아내는 몇 푼이라도 건지기 위해 피범벅이 되어 토끼 가죽을 벗기는 현실에 있다. 아내의 이러한 모습에 현은 커다란 충격을 받고 자신의 비현실적 관념성에 대해 반성한다. 비로소 시대의 현실을 자신의 실존적 문제로 받아들이는 것이다.

이태준 「해방 전후」

1. 핵심 정리
▷ 갈래 단편 소설, 자서전적 소설, 신변 소설
▷ 성격 사실적, 비판적
▷ 시점 3인칭 전지적 작가 시점
▷ 배경 ① 시간 : 해방을 전후한 1~2년
         ② 공간 : 서울 → 철원 → 서울
▷ 주제 민족 시련기(일제 강점기와 해방 후)의 한 지식인(문인)의 이념적 갈등
▷ 특징
  ① 8·15 해방을 전후한 작가 '현'의 기록인데, 여기서 작가 '현'은 바로 이태준 자신으로 볼 수 있다.
  ② 해방 전 자신의 작품과 삶의 태도에 대한 반성, 그리고 해방 후의 적극적 변화, 즉 좌익 계열의 문학 단체에 관여하고, 해방 전 그렇게도 존경해 마지않았던 김 직원의 설득에 대해 자신의 방향 전환을 옹호하고 있는 한 문학인의 모습을 보여준다.

2. 감상

'한 작가의 수기'라는 부제가 붙어 있는 「해방 전후」는 1946년 8월 문학가 동맹의 기관지였던 ≪문학≫ 창간호에 발표된 단편이다. 제목 그대로 8·15 해방을 전후한 작가 '현'의 기록이다. 여기서 작가 '현'은 바로 이태준 자신이기도 하다. 해방 전 자신의 작품과 삶의 태도에 대한 반성, 그리고 해방 후의 적극적 변화, 즉 좌익 계열의 문학 단체에 관여하고, 해방 전 그렇게도 존경해 마지않았던 김 직원의 설득에 대해 자신의 방향 전환을 옹호하고 있는 한 문학인의 모습을 볼 수 있다.

같은 해 좌익 계열의 문학가 동맹이 주관하는 해방 기념 조선 문학상에 지하련(池河蓮)의 「도정(道程)」과 함께 '구 문단의 지도적 작가의 한 사람이었던 작가 자신이 새로 문학 운동과 민주주의 운동에 가담하여 투쟁하는 가운데서 체험한 바 제 사실을 기록한 것'이란 이유로 수상작으로 선정되기도 했다.

이 작품을 끝으로 이태준은 북으로 향하고, 이후 그의 문학은 이전의 작품 경향과는 전혀 다른 목적 문학으로 바뀌고 있다.

3. '김 직원'에 대한 '현'의 평가

현은 김 직원을 청조 말의 학자 왕국유(王國維)에 비유하고 있다. 그는 일본에 있으면서 청나라식의 변발을 고집하였고, 청 왕조의 복위를 그리워하다가 청이 망한 사실을 깨닫고 곤명호에 빠져 죽었다. 왕국유의 죽음은 민족이나 인민의 행복과 진리를 위한 것이 아니라, 한 사람의 군주에 연연한 복고주의적인 죽음일 뿐이다. 현이 해방 전의 자신의 전력을 반성하면서 좌익으로 활동하며 새로운 시대에 적응하고자 했다면 이런 현의 입장에서 볼 때 김 직원은 과거지향적인 낡은 사상에

젖어있는 소지식인에 불과하다는 것이다.

한편 이 작품에서 김 직원이란 인물 유형은 현이란 인물의 실존적 선택과 자신에 대한 반성을 견제하는 역할을 하고 있으며, 일제 하 같은 압박에 시달렸으되 다른 정치적 노선을 선택하는 모습을 통해 해방정국의 다양한 사상적 갈등 양상을 보여주는 역할을 하고 있다.

2017 B   소설의 구성 및 소설의 배경 / 인물의 상황과 그 이유

4. 다음을 읽고 〈보기〉를 고려하여 그곳 의 의미를 〈작성 방법〉에 따라 서술하시오. [4점]

[앞부분의 줄거리] 아파트 정기 소독 날을 맞아 집에서 쫓겨 나온 '나'는 동네 주민인 '그'와 아파트 공원에서 무료하게 잡담을 나눈다. 이후 둘은 무료함을 달랠 요량으로 원숭이를 찾아 구경에 나선다. '나'와 '그'는 우여곡절 끝에 저녁 어스름에 이르러 서해안 개펄 부근의 어느 황량한 염전 마을에 도착한다. 그러나 그 마을에서도 끝내 원숭이를 찾을 수 없게 되고, 둘은 어느새 상대방이 원숭이로 변한 것은 아닌가 하는 의심을 하게 된다.

그때 나는 내 눈을 의심하지 않을 수 없었다. 그의 얼굴은 단순히 겁먹거나 화난 얼굴이 아니었다.
"아니, 그……."
나는 분명히 '그 얼굴이 도대체 뭐요?' 하고 물으려고 했다. 그러나 말이 이어지지를 않았다. 마악 밀려든 어둠 탓이려니 하려고 해도 헛일이었다. 나는 내가 잘못 보았나 해서 자세히, 그러나 그가 눈치 채지 않도록 살펴보았다. 틀림없었다. 옆에서 본 얼굴도 틀림없었다. 주둥이가 튀어나오고 가장자리가 털로 둘러져 있는 얼굴.
그랬다. 그것은 영락없는 원숭이의 얼굴이었다. 어찌 된 노릇이란 말인가. 나는 악 소리가 나오려는 것을 간신히 짓눌렀다. 무엇엔가 홀렸다는 생각이 들었다. 그렇지 않고서야 멀쩡한 사람 얼굴이 원숭이 얼굴로 보일 까닭이 없었다. 다리만 후들후들 떨리는 게 아니라 아래위 이빨이 서로 부딪치는 소리가 수차 소리처럼 들려왔다. 그는 자기가 원숭이로 변했다는 사실을 전혀 의식하고 있지 않은 듯 부지런히 걷고만 있었다. 나는 공포 때문에 온몸이 돌처럼 굳어 버릴 지경이었다. 그러나 어쩔 도리가 없었다. 내게 이미 사람으로서의 자유는 사라져 버렸다고 나는 느꼈다. 그러자 조금 앞서 가던 그가 내게로 얼굴을 돌린다고 생각되었다. 아마도 잘 걷고 있는지를 보려는 모양이었으나 나는 그 얼굴을 정면으로 쳐다볼 수가 없었다. 이런 일이 어떻게 일어났는지 끔찍한 노릇이 아닐 수 없었다. 그런데 난데없이 그의 비명에 가까운 목소리가 들려왔다.
"아니, 이게 어찌 된 일이람. 거기 있는 건 원숭이 아냐!"
나를 보고 하는 말이었다. 나는 소스라치게 놀랐다. 아니, 그렇다면 나도 어느새 원숭이로 변했단 말인가. 그가 그렇게 보았으니 어김없는 사실일 터였다. 어느 순간에 우리는 둘 다 원숭이로 변하고 만 것이었다. 왜, 무엇 때문에 그런 사태가 일어났는지 따진다는 것은 무의미한 일이었다.
"사실 아까부터 얘기하려고 했는데 우린 지금 무슨 마술에 걸렸나 봐요. 그래서 둘 다 원숭이가 됐나 봐요."
나는 그를 안심시켜야 한다고 생각했다.
"설마 그럴 리가?"
그는 곧이 듣지 않는다는 눈치였다. 그리고는 자기 자신은 아직 원숭이로 변했다고는 믿을 수 없다고 덧붙였다. 그것은 나도 마찬가지였다. 그가 나를 원숭이로 보았다고는 할지라도 나는 그렇게 여겨지지 않았다. 단지 그가 원숭이 몰골을 하고 있다는 것만은 내 눈을 믿어 의심치 않았다. 그러니까 우리는 서로 상대방만을 원숭이로 보고 있는 셈이었다. 해가 중천에 있을 무렵부터 원숭이 타령을 하고 있었던 결과 눈들이 어떻게 되었는지도 모를 일이었다. 아니었다. 갑자기 어둠 속에 수하를 받고 옆구리에 들어온 총부리 때문이었다. 그것도 아니었다. …… 하지만 그 전말에 대해 이러쿵저러쿵 따지고 있을 겨를이 없었다. 그것에 대해서는 서로가 상대방을 원숭이로 보고 있다는 것만으로도 충분했다. 다만 우리는 어쨌든 함께 그곳 을 빠져나가야 한다는 데는 의견의 일치를 보고 있었다.
"빨리 갑시다. 무서워서 견딜 수가 없어요."

"그래요. 서둘러야겠어. 이러다간 꼼짝없이……."

'꼼짝없이'라는 말 다음에 할 말이 죽는다는 것인지 원숭이로 영영 남게 된다는 것인지에 대해서는 나도 몰랐다. 그는 다시 휘청거리는 걸음으로 앞서 나갔다. 다른 말은 더 없었다. 개펄이 어둠 속으로 빨려 들어가고 있었다. 나는 그의 뒤를 따라 부지런히 걷기 시작했다. 죽은 땅 위로 바람이 무딘 쇠붙이 소리를 내며 불어왔다. 왔던 길이 맞는지 어떤지도 감을 잡을 수가 없었다. 나는 무슨 말인가를 하려고 했지만 머릿속까지 어둠이 들어와 꽉 차 버린 느낌이었다.

그렇다. 그것도 아니었다. 만약에 우리가 원숭이가 되어야 했던 까닭을 알 수 있는 자가 있다면 그것은 저, 해를 타고 앉아 광활한 우주 공간을 응시하는 거대한 원숭이뿐일 것이라고 여겨졌다. 그토록 우리는 어떤 힘에 의해 봉쇄되고 무력하게 되었으며 진실로부터 버림받았다……는 생각에 내 원숭이의 몰골은 더욱 볼썽사납게 보이리라 싶었다.

아무 말도 없이 우리는 앞을 향해 걸었다. 그가 몸을 앞으로 구부린 것처럼 나도 덩달아 몸이 앞으로 구부러졌다. 잘 보이지 않는 길을 더듬어 될수록 발걸음을 빨리하자니 자연 몸이 뒤뚱거릴 수밖에 없었다. 우리 둘은 극도의 공포에 쪼그라진 원숭이 얼굴을 하고 어둠 속을 허둥거리며, 그토록 우리가 벗어나고자 몸부림쳤던 일상을 향하여 거의 사력을 다해 달려가고 있었다.

- 윤후명, 「원숭이는 없다」

〈보기〉

윤후명의 작품 중에는 '일상으로부터의 탈출 – 여행 – 일상으로의 귀환'의 서사 구조를 갖는 이른바 '여행담(여로형)' 소설이 다수 존재한다. 이 작품들의 어떤 인물은 여행의 과정 중 흔히 '환각'을 경험한다. 그리고 '환각'의 부정적 특성을 경험한 인물들은 일상으로의 귀환 통로를 찾게 되고, 이로부터 '환각'의 세계로 진입하기 이전 세계의 가치가 긍정된다.

〈작성 방법〉

◦ 서사 구조상 '그곳'의 공간적 특성, '그곳'에서 인물이 느낀 감정과 그 이유, 그리고 '그곳'에서 유발된 인물의 인식 변화를 작품에 나타난 표현을 활용하여 서술할 것

예상 답안

'그곳'은 일상에서 벗어난 서해안의 황량한 염전인데, 무언가 가치를 찾기 위해 갔지만 죽은 땅 위로 바람이 쇠붙이 소리를 내는 마술의 세계 또는 환각의 세계이다. '그곳'에서 원숭이가 된 인물들은 무력감과 공포감을 느끼는데, 그 이유는 어떤 힘으로 인물을 봉쇄하고 있고 진실로부터 버림받게 한 어둡고 암담한 시대 현실과 마주하고 그 현실에서 벗어날 수 없기 때문이다. '그곳'에서 인물들은 지향하던 것이 없다고 좌절하면서 처음 벗어나고자 몸부림쳤던 일상의 세계로 다시 돌아가려고 하며 이전의 일상 세계의 가치가 긍정된다. 하지만 일상도, '그곳'도 어두운 시대 현실을 벗어날 수 없다는 더욱 절망적인 현실 인식을 보여준다.

문제해설

이 문제는 소설의 구성 및 소설의 배경에 관한 문제이다. 낯선 지문을 길게 제시하여 지문 자체에서 문제를 해결하도록 유도하는 문제이다. 수능 시험이 제시된 예문 속에서 문제를 해결하도록 유도하는데, 이 문제 역시 그러한 유형과 유사하다. 2017학년도 시험에 새롭게 시도된 유형이며, 앞으로도 이러한 유형이 한두 문제는 출제될 수 있으므로 주목할 필요가 있다. 이러한 문제를 해결하기 위해서는 평소 꾸준히 감상 능력을 길러갈 필요가 있다.

✎ 문제 관련 배경지식

소설의 구성

(1) 구성의 역할과 기능
① 한 작품의 구조에 통일성을 부여하거나 구성 요소를 연관 짓는 원리이다.
  ㉠ 인과 관계에 의해 사건을 전개하여 사건이 긴밀하게 짜인다.
  ㉡ 시간 순서를 재배열하여 긴장을 고조시키고 극적으로 느껴지게 한다.
② 독자에게 논리적·지적인 활동 및 상상을 유발하고 호기심과 흥미를 유발한다.
  ㉠ 지적 요소: '기억, 비약, 암시, 추론, 상상, 상징, 유머, 해학, 풍자'가 있다.
  ㉡ 낭만적 요소: '상상, 공상, 환상'이 있다.
③ 소설의 예술미를 형성한다.
④ 독자에게 깊은 감동을 준다.
⑤ 주제를 표현하는 중요한 기법으로, 작가의 개성과 작품화 능력(형상화)을 드러낸다.

(2) 구성의 단계
1) '문제(갈등)의 발생 – 문제(갈등)의 해결'에 의한 구성
  ① 구성의 단계에서는 갈등의 원인(발단)과 갈등의 해결(절정·결말)에 초점을 두고 사건을 이해한다.
  ② '문제(갈등)의 발생' 부분에서는 갈등의 원인을 정확하게 파악하고 갈등의 양상에 대해 이해할 필요가 있다.
  ③ '문제(갈등)의 해결' 부분은 그 문제의 해결과 관련하여 작자의 의도가 드러나므로 가장 중요한 부분이다. 이 부분을 통해 역으로 갈등의 원인을 파악할 수도 있다.

소설의 배경

(1) 시간
① 인물이 행동하고 사건이 일어나는 기간이나 시대를 말한다.
② 현실 문제를 다룬 소설에서 시간적 배경은 시대적·사회적으로 의미가 있는 시간이 되며, 그 의미는 인물, 사건, 주제 등과 밀접한 연관이 있다.

(2) 공간
① 행동과 사건이 일어나는 자연 환경이나 생활 환경을 말한다.
② 현실 문제를 다룬 소설에서 공간적 배경 역시 시대적·사회적으로 의미가 있는 장소가 되며, 그 의미는 인물, 사건, 주제 등과 밀접한 연관이 있다.

(3) 시간과 공간이 지닌 의미의 파악
배경은 시간이나 공간 그 자체보다 그것이 지닌 의미를 이해해야 주제와의 관련성을 쉽게 이해할 수 있다. 특히 현실 문제를 다룬 소설에서는 '어느 시대의 문제인가?, 어느 곳에서 일어난 문제인가?' 등의 질문이 갈등과 주제를 파악하는 데 중요하게 작용한다.

윤후명 「원숭이는 없다」

1. 핵심 정리
▷ 갈래 단편 소설
▷ 성격 현실 비판적, 상징적, 우의적
▷ 배경 서울 변두리 소도시, 1980년대 5월의 낮 ~ 해 질 녘
▷ 시점 1인칭 주인공 시점
▷ 인물 나, 연출가 김형, 배우 김형 – 경제적으로 무능력하고 현실의 벽 앞에 무기력한 인물
▷ 주제 소외되고 무기력한 인물들의 자아 탐색과 좌절
▷ 특징
  – 여로형 구조를 통해서 자아 탐색의 과정을 잘 보여줌

- 인물들의 행위에 상징적 의미를 부여함
- 인물의 심리가 주로 묘사를 통해 간접적으로 제시됨
- '나'가 떠올리는 다양한 원숭이를 통해 자아 탐색 과정을 간접적으로 드러냄
- 익명화된 인물과 상징적 소재 등을 활용하여 존엄성을 잃어버린 인간의 모습을 잘 드러냄

2. 줄거리

특별한 생업이 없이 아내의 경제력에 의지하여 살아가는 세 사람인 '나'와 연출가 김 형, 배우 김 형은 아파트 정기 소독날 원숭이 이야기를 한다. 원숭이를 보러 가자는 '나'의 충동적인 제안으로 '나'와 배우 김 형은 원숭이를 찾아 장터로 간다. 장터에 왔으나 원숭이도 약장수도 보이지 않자 분노를 느끼고, 장터 아주머니로부터 언덕 너머에 원숭이가 있다는 말을 듣고 또다시 원숭이를 찾아 나선다. 돌산을 지나 황량한 개펄에 도착했으나 한 사내가 여기는 위험한 곳이니 돌아가라는 위협을 하고, '나'와 배우 김 형은 서로가 원숭이로 변해 버린 사실을 알게 된다. 두 사람은 '어떤 힘에 의해 봉쇄되고 무력하게 되었으며 진실로부터 버림받았다"는 생각을 하며 그토록 벗어나고자 했던 일상으로 사력을 다해 발걸음을 옮긴다.

3. 감상

윤후명의 작품 중에는 '일상으로부터의 탈출 - 여행 - 일상으로의 귀환'의 서사 구조를 갖는 이른바 '여행담(여로형)' 소설이 다수 존재한다. 이 작품들의 어떤 인물은 여행의 과정 중 흔히 '환각'을 경험한다. 그리고 '환각'의 부정적 특성을 경험한 인물들은 일상으로의 귀환 통로를 찾게 되고, 이로부터 '환각'의 세계로 진입하기 이전 세계의 가치가 긍정된다.

이 작품은 '원숭이 찾기'를 통해 이러한 여로형 구조를 잘 보여주며, 일상에서 소외된 무기력한 사람들의 자아 찾기와 좌절을 담고 있는 소설이다. 등장인물들의 자아 찾기는 여로를 통해 구조화된다. 자본주의 사회에서 경제력이 없는 인물은 그 자체로 삶에 소외된 존재이다. 하지만 경제력이 인간 본연의 가치일 수는 없기에 일상에서 소외된 등장인물들은 참된 인간의 가치와 존재의 의미를 찾기 위한 여행을 떠나게 된다. 이 작품에서 '원숭이'는 이중적인 의미를 갖는다. 하나는 '해를 타고 앉아 광활한 우주 공간을 응시하는 거대한 원숭이'로 등장인물들에게 존재의 의미를 깨우쳐 줄 대상이다. 다른 하나는 약장수를 쫓아다니며 그에게 억압과 착취를 당하고 사람들의 구경거리나 되는 존재이다. 등장인물들은 전자의 원숭이는 결국 찾지 못한 채 스스로 후자의 원숭이처럼 되어 일상으로 복귀하면서 여로를 끝내게 된다. 다시 말해 이들의 자아 찾기는 실패하게 되는 것이다.

4. 원숭이의 의미

이 작품에 등장하는 '원숭이'는 크게 이중적인 의미를 가진다. 하나는 '해를 타고 앉아 광활한 우주 공간을 응시하는 거대한 원숭이'라는 서술에서 나타나는 의미로, '등장인물들에게 존재의 의미를 깨우쳐 줄 대상'이다. 다른 하나는 '어떤 힘에 봉쇄되고 무력하게 되었으며 진실로부터 버림받았다'라는 서술에서 나타나는 의미로, 현실에 억압당하고 일상에 무기력한 존재인 등장인물들을 비유한 것으로 볼 수 있다. 원숭이는 작품에서 아래와 같이 다양하게 그려진다.

① 월남에서는 원숭이의 두개골을 쪼개어 골을 꺼내 먹음
② 해를 타고 앉아 광활한 우주 공간을 응시하는 거대한 원숭이
③ 국민학교 때 곡마단의 천막 앞에서 본 원숭이
④ 장터마다 약장수의 손에 끌려 다니는 원숭이
⑤ 크메르 왕조 시기의 부처님 석상 위로 덩굴을 타고 다니는 원숭이
⑥ 봉산탈춤에서의 재수없는 원숭이 엉덩이 춤과 서유기의 손오공
⑦ 배우 김 형의 원숭이 얼굴

7. 다음은 문학 작품의 심미적 수용을 위한 교수·학습 자료이다. (가), (나)의 미적 특성을 〈작성 방법〉에 따라 서술하시오. [5점]

(가)

저는 아무 집의 노비였어요. 마침 주인댁 아씨와 같은 해에 태어났기에 주인댁에서는 특별히 아씨의 몸종이 되게 했고, 훗날 아씨가 시집갈 때 교전비*로 삼으려 하셨지요. 그런데 제 나이 겨우 아홉 살 때 주인댁은 세도가에게 멸망당해 토지를 모두 빼앗겼어요. 아씨와 유모만이 살아남아 타향으로 달아나 숨었는데 노비로서 따라간 건 오직 저 하나뿐이었어요.

아씨는 열 살을 갓 넘기자 저와 의논하여 남장을 하고 함께 먼 곳으로 떠나 검술 스승을 구하기로 했습니다. 2년을 찾아다녀서야 비로소 스승을 얻었어요. 검술을 배운 지 5년이 되니 공중에 몸을 날린 채 오갈 수 있게 되었어요. 우리는 큰 도시에서 검술 묘기를 선보인 대가로 몇천 냥을 벌어 보검 네 자루를 샀습니다. 그러고는 원수 집으로 가서 검술 재주를 보여 주는 체하며 달빛 아래 검무를 추다가 검을 날려 찌르니 순식간에 수십 명의 머리가 날아갔습니다. 원수 집의 안팎 사람들이 모두 붉은 피로 물든 채 죽었어요.

마침내 우리는 하늘을 날아 돌아왔습니다. 아씨는 깨끗이 목욕하고 여자 옷으로 갈아입더니 술과 음식을 마련하고는 선산에 가서 복수했노라 아뢰었습니다. 그리고 제게 당부했어요.

"나는 아들이 아니라서 세상에 산다 한들 아버지의 대를 이을 수 없는 운명이야. 8년 동안 남장을 하고 천 리를 돌아다녔으니, 비록 남의 손에 몸을 더럽히지 않았다만 이 어찌 처녀의 도리라 할 수 있겠니. 시집가고자 해도 갈 곳이 없고, 설령 갈 곳이 있다 한들 내 마음에 맞는 장부를 어찌 얻을 수 있겠니. 게다가 우리 가문은 외롭기 그지없어 가까운 일가친척이라곤 없으니 누가 내 혼사를 주관해 주겠니.

나는 지금 여기서 목숨을 끊으련다. 너는 내 보검 두 자루를 팔아 여기 선산에다 나를 묻어 다오. 죽어서나마 부모님 곁으로 돌아갈 수 있게 되었으니 나는 아무 한이 없다.

너는 노비 신분이니 처신하는 도리가 나와는 다르다. 그러니 나를 따라 죽을 필요가 없다. 나를 장사 지내고 난 뒤에 꼭 나라 안을 두루 돌아다니며 기이한 선비를 찾아서 그 사람의 아내나 첩이 되어라. 너도 기이한 뜻이 있고 호걸의 기운을 가지고 있으니, 어찌 평범한 사람 앞에서 평생 고분고분 사는 일을 달가워하겠니."

아씨는 즉시 검으로 목숨을 끊었습니다.

— 안석경, 「검녀」

* 교전비(轎前婢): 혼례 때에 신부가 데리고 가던 계집종

(나)

이때 김자점의 위세가 조정에 진동한지라. 경업의 돌아오는 패문(牌文)이 왔거늘, 자점이 생각하되, '경업이 돌아오면 나의 계교를 이루지 못하리라.' 하고 상께 주 왈,

"경업은 반신(叛臣)이라. 황명을 거역하고 도망하여 남경에 들어가 우리 조선을 치고자 하다가, 하늘이 무심치 아니하사 북경에 잡힌 바가 되어 제 계교를 이루지 못하매 하릴없어 세자·대군을 청하여 보내고 뒤쫓아오니 이런 대역을 어찌 그저 두리잇고?"

상이 대경 왈,

"무삼 연고로 만고충신(萬古忠臣)을 해하려 하난다?"

하시고 자점을 꾸짖어 물리치시고 참언(讒言)을 신청(信聽)치 아니시니, 자점이 나와 동류와 의논 왈, 경업이 의주까지 오거든 거짓 전교를 전하고 역적으로 잡으려 모계(謀計)하더라.

이때 경업이 데려갔던 격군과 호국 사신을 데리고 의주에 이르르는, 홀연 사자가 이르러 임경업을 나래*하라 하시는 상명(上命)을 전하고 길을 재촉하거늘, 경업이 의괴(疑怪)하나 상명을 위월*치 못하여 잡혀갈새, 백성 등이 울며 왈,

"우리 장군이 만리타국에서 이제야 돌아오시거늘 무삼 연고로 잡혀가는고?"

하거늘, 경업 왈,
"모든 백성은 나의 형상을 보고 조금도 놀라지 말라. 나는 무죄(無罪)히 잡혀가노라."
하니, 남녀노소 없이 아무 연고인 줄 모르고 슬퍼하더라.
… (중략) …
차시, 경업이 자점에게 매를 많이 받으매, 천명(天命)이 진(盡)하게 되매 분기대발(憤氣大發)하여 신음하다가 불승개탄(不勝慨歎)하다 졸(卒)하니, 시년(時年) 사십팔 세요, 기축(己丑) 구월 이십육일이라.

- 「임장군전」

* 나래(拿來): 죄인을 잡아 옴
* 위월(違越): 법률, 명령, 약속 따위를 지키지 않고 어김

〈작성 방법〉

○ (가)의 '아씨'와 (나)의 '임경업'이 맞이하는 결말을 중심으로 미적 특성의 공통점을 밝히고, 그것이 구현되는 양상의 차이점을 자아와 세계의 관계를 고려하여 서술할 것

예상 답안

(가)의 '아씨'는 뛰어난 검술(능력)을 지녔으나 여성이면서 가문의 몰락을 겪은 고아라는 점 때문에 스스로 죽음을 택하고, (나)의 '임경업'은 뛰어난 능력을 지녔지만 간신의 횡포에 의해 억울하게 죽음을 당하게 된다. 모두 뛰어난 능력을 지닌 인물이 세상에 쓰이지 못하고 죽게 되므로 '비장미'가 잘 드러난다.

(가)에서 자아(아씨)는 뛰어난 능력을 지녔지만 부모가 없는 여성이고, 세계는 여성은 능력을 발휘하기 어렵고 혼사도 가부장제에 따라야 하는 중세 제도이다. 이로 인해 개인과 사회의 갈등이 드러나며 결국 여성은 남녀차별과 신분제, 가부장제라는 중세 제도를 넘지 못해 스스로 죽음을 택하므로 '비장미'가 나타난다. (나)에서 자아(임경업)는 뛰어난 능력을 지닌 장수이고, 세계는 자신의 권력을 유지하기 위해 횡포를 부리는 간신 또는 그러한 간신이 권력을 지닌 세계이다. 이로 인해 개인과 개인의 갈등이 나타나며 충신 임경업은 결국 간신 김자점에게 억울한 죽음을 당하게 되어 '비장미'가 나타난다.

문제해설

이 문제는 한국 문학의 미적 특성(미적 범주)과 소설에 나타난 자아와 세계의 대립 관계를 중심으로 제시한 문제이다. 미적 특성이라는 용어가 낯선데 여기서는 미적 범주로 이해하여 답안을 제시했다. 사건이 전개되는 자아와 세계의 대립을 고려하여 미적 범주를 파악하는 연습이 필요하다.

문제 관련 배경지식

한국 문학의 미적 범주

(1) 4가지 미적 범주

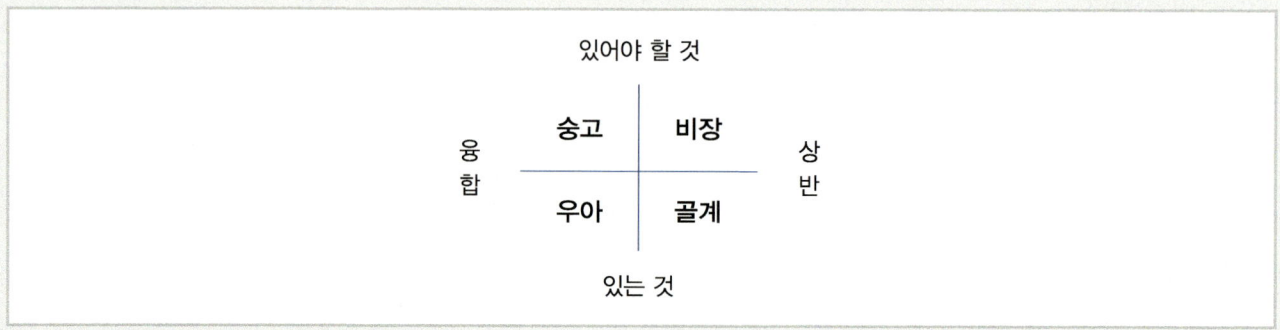

① 숭고미(종교적 및 경건한 내용, 위대한 인물의 업적) : 현재에 없는 가치를 지향하고 추구한다.
 = (자연을 인식하는) '나'가 자연의 조화를 현실에서 추구하고 실현하고자 하는 태도를 보일 때 나타난다.
  예 「님의 침묵」, 「제망매가」, 「진달래꽃」 등

② 우아미 (현재의 상태가 아름답고 화려한 것) : 현재 있는 가치를 수용(가치에 순응)한다.
 = (자연을 바라보는) '나'가 자연의 조화라는 가치에 순응하는 태도를 보일 때 나타난다.
  예 「어부사시사」, 「청노루」, 「면앙정가」 등

③ 골계미 (우스운 내용, 가치의 추락) : 현재 있는 가치를 추락시키고 희화화한다.
 = (자연을 바라보는) '나'가 자연의 질서나 이치를 존중하지 않고 추락시킬 때 나타난다.
  예 「동백꽃」, 「태평천하」, 「꺼삐딴 리」, 「봉산탈춤」 등

④ 비장미 (이별, 슬픔, 한 등으로 인한 결여 및 결핍의 상태) : 가치 추구의 노력이 좌절된다.
 = (자연을 인식하는) '나'가 자연의 조화를 추구하고자 하는 의지가 현실적 여건 때문에 좌절될 때 나타난다.
  예 「성북동 비둘기」, 현진건의 「고향」·「운수 좋은 날」, 「원생몽유록」 등

(2) 문학의 미적 범주 파악에서 주의할 점
① 미적 범주는 작품의 구체적 부분을 통해서 이해할 필요가 있다.
② 전체 작품에서 미적 범주를 파악하는 것도 중요하지만, 한 구절이나 작품의 일부에서도 미적 범주를 파악할 수 있다.
③ 한 작품에서 둘 또는 그 이상의 미적 범주가 나타날 수 있다.

안석경 「검녀」

(1) 핵심 정리
▷ 갈래 고전 소설, 한문 소설
▷ 성격 교훈적
▷ 주제 조선 후기 허식적인 사대부의 모습 비판과 선비로서 지녀야 하는 명분과 의리 강조
▷ 시점 외부 - 전지적 작가 시점 / 내부 - 1인칭 주인공 시점
▷ 특징 ① 고전 소설에서는 확인하기 어려운 액자식 구성 방식이 사용되었음.
        ② 여성이 주어진 상황을 적극적으로 해결해 나가는 모습이 나타남.
        ③ 인물에 대한 비판적 태도를 직접적으로 드러냄.
        ④ 남편을 받들며 살아야 한다는 기존 질서를 따르려고 했으나 결국 거부하고 속세를 떠나는 모습이 나타남.

(2) 감상
'검녀'는 조선 후기의 학자 안석경(安錫儆)의 문집 '삽교만록(霅橋漫錄)'에 수록된 한문 단편 소설이다. 원래는 제목이 없이 수록되어 있다. 안석경이 삽교로 들어간 것은 50세(1768년)로 1770년 ~ 1773년 경 저술된 것으로 추정된다.

'검녀'의 주인공은 당대 사회에서 낮은 신분의 여성이었지만 무엇보다 자신을 존중했고 제대로 된 실력을 갖추었기에 당당한 여자로서 독립할 수 있었으며, 그녀가 모시던 소저는 비록 자결을 택하지만 수년 간 검술을 익혀 집안의 원수를 갚고 자신의 소신을 지키는 의지적이고 주체적인 인간상을 보여 준다. 반면에 남성인 소응천은 가식적인 양반의 모습을 보인다.

이처럼 순종적인 여성을 이상형으로 생각하던 당시의 시대 분위기에서, 남자에게 예속되길 거부하고 한 인간으로서, 한 주체적 여성으로서 스스로 판단하고 자유롭게 행동하는 여성상을 묘사한다는 점은 이 작품이 갖는 매우 독특한 점이라 할 수 있다.

소설은 "단옹이 호남 사람에게서 들은 이야기다."로 시작하는데 여기서 이야기를 전해주는 화자 역할을 하는 단옹(丹翁)이라는 사람과 이야기 속에 등장하는 소응천은 실존 인물이다.

(3) 줄거리
삼남 지방에 재주 있기로 명성이 있던 소응천에게 한 여인이 찾아온다. 그녀는 양반가의 계집종이었으나 주인댁이 멸문 당하여 의지할 곳이 없다면서, 소응천의 명성을 듣고 스스로 첩으로 들어가길 원한다고 간청하였고, 소응천은 이를 받아들여 그녀를 첩으로 삼아 수 년을 함께 살았다. 그러던 어느 날 밤 그녀가 갑자기 술과 안주를 차려 그를 대접하면서 그녀의 평생을 이야기하기 시작한다.

그녀의 주인댁은 그녀 나이 아홉 살에 권세가에 의해 멸문지화를 당하는 바람에 그녀, 그녀와 동갑내기인 주인 아가씨, 유모, 이렇게 셋만 겨우 타향으로 도망가 숨어 살았다. 열 살이 되자 그녀와 주인 아가씨 둘은 남장을 하고 검술을 배울 스승을 찾아 떠돌아 다녔다. 2년이 지나 스승을 만나 무검을 배우고, 5년이 지나자 하늘을 날아 오갈 정도의 실력을 갖추게 되었다. 둘은 큰 도회지로 나가 사람들에게 재주를 보여주고 돈을 벌어 보검을 샀다. 이윽고 원수의 집으로 가서 재주를 팔아 온 것처럼 위장하여 검술을 선보이다가 검을 휘둘러 원수의 집안을 모두 도륙하였다. 돌아와서 주인 아가씨는 여장으로 갈아입고 술과 안주를 차려 선친의 묘 앞에서 복수를 완수했음을 고하는 제를 올렸다.

그리고는 주인 아가씨가 그녀에게 부탁하였다. "나는 할 일을 마쳤으니 자결할 터이니 너는 보검을 팔아 나의 장사를 지내고 나라 안에서 훌륭한 선비를 찾아 그의 처첩이 되거라." 주인 아가씨는 칼로 자결했고 그녀는 아가씨의 부탁대로 보검을 팔아 금자를 얻어 장사를 지내고, 남는 것으로 땅을 사서 제사가 끊기지 않게 한 후, 남장을 한 채 3년을 떠돌다 소응천에게 온 것이었다. 그러나 그녀가 소응천과 살면서 그의 재주를 살폈는데 자잘한 재주는 여러 가지가 있으나 큰 그릇이 되지는 못함을 깨닫게 되었다.

그녀는 소응천에게 충고하였다. "당신의 명성은 당신한테 과분한 것입니다. 본분을 넘는 이름은 태평성세라 할지라도 화를 입기 쉬운데 난세에 있어서는 더욱 아무 일없이 생을 마치기 쉽지 않을 것입니다. 지금부터 전주 대도회로 나가 벼슬아치의 자제나 가르치며 의식(衣食)을 충족하고 다른 욕심을 부리지 않아야 세상의 화를 면할 것입니다."

그녀는 소응천의 자질을 알았음에도 그와 계속 머문다면 그것은 자신의 뜻에 어긋나는 일일 뿐만 아니라 주인 아가씨의 부탁을 저버리는 것이 되므로 작별을 고하고 세상을 떠돌겠다고 말한다. 그러면서 마지막 이별의 예로 그동안 숨겨왔던 절예를 보여주겠다고 한다. 술기운에 의지하지 않으면 담력과 기백이 부족한 그가 상세히 보지 못할 것이라며 술을 권하여 거나하게 취하게 한 후 검술을 선보였다.

푸른 모전 두건, 붉은 비단 옷, 노란 수 허리띠, 하얀 비단능 바지, 얼룩 무소뿔 장식을 한 신, 빛나는 연화검 한 쌍이라. 여자의 저고리 치마 모두 벗어 홑겹으로 갈아입고 두 번 절하고 일어나는데 민첩함이 잽싼 제비와 같았다. 별안간 칼을 들고 몸을 세워 칼을 끼는데 처음엔 사방으로 뿌리니 꽃이 떨어지고 얼음이 부서지며, 중간엔 둥글게 맺으니 눈이 녹고 번개가 번쩍이며, 끝에는 고니처럼 선회하며 학처럼 높이 날아, 이미 사람이 보이지 않는데 또한 검이 보일 이유가 없었다. 다만 한 가닥 흰 빛이 동서로 부딪치고 남북으로 번쩍이며, 쏴아하고 바람이 일고 싸늘한 빛이 하늘을 서리었다. 곧 일성을 지르며 획하고 뜰의 나뭇가지가 잘리더니 검이 던져지고 사람이 서있으니, 남은 빛과 기운이 사람 곁에 두루 시렸다.

소응천은 처음에는 얼어 굳어 있다가 나중에는 쓰러져 거의 사정을 살피지 못할 지경이 되었다. 그녀가 검을 거두고 옷을 갈아 입고, 술을 덥혀 따르니 그제서야 회생할 수 있었다.

다음날 새벽에 그녀는 남장을 하고 떠났고 이후 그 행방은 알 수 없었다 한다.

작자 미상, 「임장군전」

(1) 핵심 정리
▷ 작자 미상
▷ 갈래 역사 소설, 전쟁(군담) 소설, 영웅 소설
▷ 배경 척외사상(斥外思想), 배청사상(排淸思想)
▷ 성격 영웅적, 비극적
▷ 시점 전지적 작가 시점
▷ 주제 민중적 영웅 임경업의 비극적 일생과 호국에 대한 정신적 승리감
▷ 특징 민중적 영웅으로서의 주인공의 모습 부각

(2) 「임경업전」에 나타난 두 가지 갈등
① 임경업과 호왕(胡王)의 갈등 : 임경업과 호왕은 처음에는 대립하지만, 사건이 진행됨에 따라 태도가 우호적인 방향으로 전환됨을 알 수 있다. 임경업의 소원대로 세자 일행의 귀환도 허락되고, 배신자 독보를 처단한 것 등은 호왕이 임경업의 의연함과 충절에 감복하여 동화되는 양상을 보여 준다.
② 임경업과 김자점의 갈등 : 김자점에게 일방적으로 당하기만 하는 임경업은 김자점의 음모로 인해 허망하게 죽고 만다. 민족과 나라를 구원할 만한 영웅 임경업이 김자점의 일방적 횡포에 희생되도록 표현한 것은 당대 조정의 간신에 대한 민중의 분노와 증오를 보여 준다.

(3) 민중적 분노의 표출

이 작품에서 김자점은 임경업을 죽인 뒤 곧 왕의 문초를 받고 처형된 것으로 되어 있다. 그러나 실제 역사는 다르다. 임경업을 살해한 뒤에도 김자점은 처형되지 않았다. 그런데 민중의 시각이나 논리에서는 이것을 수용할 수 없었다. 그리하여 작가는 영웅 임경업을 제거한 김자점이 즉시 처형된 것으로 변형 서술하였으며, 유례를 찾아보기 어려울 만큼 잔인하게 김자점에게 복수를 하는 것으로 허구화하였다. 이것은 민중의 꿈이요, 희망을 꺾어버린 자에 대한 강렬한 분노요, 무자비한 응징인 것이다. 그리고 조정에 김자점 같은 간신이 있어 임경업 같은 유능한 인물을 두고도 호란의 국치(國恥)를 당하였다는 의식, 즉 지배 계층에 대한 강한 비판 의식의 반영이라고 할 수 있다.

5 2018년 서술형 문제

2018 A — 시의 표현 – 표현의 의도

12. 다음은 작품의 표현 의도 이해를 한 교수·학습 계획의 일부이다. 교수·학습 내용을 〈작성 방법〉에 따라 서술하시오. [4점]

학습 목표	표현 의도에 주목하여 작품을 이해할 수 있다.
활동 제재	아이들이 큰소리로 책을 읽는다 ㉠ 나는 물끄러미 그 소리를 듣고 있다 한 아이가 소리내어 책을 읽으면 딴 아이도 따라서 책을 읽는다 청아한 목소리로 꾸밈없는 목소리로 [A] "아니다 아니다!" 하고 읽으니 　　"아니다 아니다!" 따라서 읽는다 　　"그렇다 그렇다!" 하고 읽으니 　　"그렇다 그렇다!" 따라서 읽는다 외우기도 좋아라 하급반 교과서 활자도 커다랗고 읽기에도 좋아라 목소리 하나도 흐트러지지 않고 한 아이가 읽는 대로 따라 읽는다 이 봄날 쓸쓸한 우리들의 책읽기여 우리나라 아이들의 목청들이여 　　　　　　　　　　　- 김명수, 「하급반 교과서」
활동	(1) 1연과 2연의 분위기 차이 파악하기 (2) 작품의 표현 의도 추론하기 (3) 표현 의도에 주목하여 작품 이해하기

〈작성 방법〉

- '쓸쓸한'이라는 시어를 중심으로 1연과 2연의 분위기 차이를 서술할 것
- ㉠에 나타난 화자의 태도를 서술할 것
- [A]에 담긴 의미를 서술할 것

📝 **예상 답안**

　1연에서는 아이들이 교실에서 한 목소리로 책을 읽는 모습을 밝고 명랑한 분위기로 드러냈지만, 2연의 '쓸쓸한' 이후에는 암울하고 부정적인 분위기로 드러냈다. (이를 통해 반어가 드러난다.)

　㉠을 통해 화자는 상황에 개입하지 않고 대상을 관찰하는 관조적 태도 및 객관적인 태도를 보여준다. (이것은 풍자에서 풍자가의 태도로 볼 수 있다.)

　[A]는 하나의 목소리를 맹목적으로 추종하는 것으로, 언론과 자유가 억압되어 획일화된 현실을 풍자, 비판하는 의미를 담고 있다.

> **문제해설**
>
> 이 문제는 시 감상에서 표현의 의도를 묻는 문제인데, 문제 구성이 좀 엉성한 면이 있다고 생각한다. 큰 문제에 제시된 '표현 의도'와 〈작성 방법〉의 문제가 유기적으로 짜이지 않은 느낌이다. 이 작품의 표현이라고 하면 가장 중요한 것이 풍자와 반어인데, 〈작성 방법〉의 문제는 그 점을 고려하여 답을 쓰기가 쉽지 않다. '풍자'나 '반어'가 아니라 일반적인 표현을 고려하여 답을 쓴다고 하더라도 학습 목표에서 표현 요소 중 중요한 부분을 다루지 않게 되는 단점이 있다. 이러한 문제점을 제외하면, 이 문제의 답안은 비교적 명료하게 드러난다고 생각한다.

작품 관련 배경지식

하급반 교과서

(1) 핵심 정리
- 갈래 자유시, 서정시
- 성격 풍자적, 비판적, 우의적
- 표현 반복법, 인용법
- 제재 ① 하급반 책 읽기
  ② 유신 시절의 강요된 획일주의
- 주제 표현의 자유가 억압되어 고통받던 현실을 비판

(2) 작품의 구조

구성 요소	구성 요소의 파악	그것이 지닌 의미·효과	주제와의 관련성
내용 요소	① 시적 화자 및 화자의 상황	하급반 아이들이 책을 따라 읽는 모습을 본 시적 화자가 그것을 강요된 획일주의가 판치는 정치 현실에 빗대어 드러냈다.	표현의 자유가 억압되어 고통받던 현실을 비판
	② 어조	발랄하고 명랑한 어조를 사용하여 풍자성을 강조한다.	
	③ 시대 상황	1970년대 말 박정희 집권 말기 언론과 표현의 자유가 억압된 속에서 강요된 획일주의 때문에 고통받던 현실을 담고 있다.	
형식 요소	① 통사구조의 반복	비슷한 통사구조를 반복하여 시의 운율을 형성한다.	
	② 4음보	민요조로 익숙한 4음보의 반복을 통해 하급반 아이들의 상황을 풍자적으로 표현했다.	
표현 요소	① 반어법	'청아한, 좋아라' 등의 반어법을 통해서 대상을 풍자하고 있다.	
	② 우의적	민중의 모습을 하급반 아이들의 책 읽기 모습에 빗대어 표현함으로써 우의적이며 풍자적이다.	
	③ '아니다'와 '그렇다'의 반복	거부와 수용의 기본적 가치 판단이며, 내려진 판단에 따라가는 것이므로 획일화된 사회의 모습을 잘 드러낸다.	

(3) 감상

박정희 대통령 집권 말기였던 유신 시절, 모든 언론과 표현의 자유가 억압된 상황 속에서 강요된 획일주의 때문에 고통받던 현실을 초등학교 하급반 아이들의 책 읽기를 통해 비판한 작품이다. 하급반 아이들의 따라 읽기처럼 오직 한 목소리로 같은 내용을 읊조려야만 하는 암담한 현실이 잘 드러나 있다.

'아이들'은 물론 민중이다. 그들은 책을 따라 읽는다. 스스로 읽는 것이 아니고, 다른 사람이 읽는 대로 똑같이 따라 읽는다. 이것은 통제 사회에서의 맹목적 추종을 뜻한다. '한 아이'는 물론 지도자를 말하는데 선도적 입장에 처해 있다. 그가 하는 대로 민중은 따르게 마련인 사회의 부정성을 청아하고 명랑한 목소리에 의해 드러냄으로써 그 풍자성을 강화한다.

'아니다'와 '그렇다'는 수용과 거부라는 기본적 가치 판단이다. 민중들은 자기 스스로 '아니다' 또는 '그렇다'를 표명하지 않는다. 그러니 권력자의 입장에서 보면 다스리기도 쉽고, 민중의 입장에서도 주체적으로 고뇌할 이유가 없어 편하다. '활자'도 커다랗게 제시되어 있듯이 목표도 단순하고 선명하다. 그저 따르면서 일사불란(一絲不亂)한 행동만 보이면 된다. 이것이 획일화된 사회, 전제성(專制性)이 여전히 지배 논리가 되는 사회의 실상이다. 그러니 사회 구성원 모두는 하급반 수준이며, 그들의 삶의 형태도 교과서처럼 단순한 규범에서 벗어나지 않는다.

(4) 풍자

이 시는 풍자적이면서 우의적이다. '하급반'은 질적으로 낮은 수준에 있는 민중이나 그 사회 계급을 의미하고, '교과서'는 하나의 전범(典範)으로서의 획일성, 권위 따위를 의미하게 되어 '하급반 교과서'는 질 낮은 사회의 획일성·전제성(專制性)을 상징하는 말이 된다.

지도적인 위치에 있을 것으로 보이는 한 아이가 책을 읽으면 다른 아이들은 그저 따라 읽기만 할 뿐인 책 읽기가 뜻하는 것은 무엇인가?

그것은 통제된 사회에서의 맹목적 추종을 뜻한다. '아니다'와 '그렇다'는 거부와 수용이라는 기본적 가치 판단이다. 그러나 통제된 사회에서의 의사 표명은 자유롭지도 않거니와 하급반 수준의 사회 구성원들은 맹목적으로 압제자가 제시하는 '교과서'를 따라 읽을 뿐이다. 이 때 '교과서'는 하나의 전범(典範)으로서의 권위와 획일성을 지닌 것인데, 이 시의 화자인 '나'는 각성된 눈으로 제가 살고 있는 사회 현실을 보지 못하는 '아이들'의 맹목성과 우매성을 안타까워하며 쓸쓸해하고 있는 것이다.

2018 A   시적 화자−청자의 전달 방식 / 자연물 및 이를 끌어들인 이유

13. 다음은 조선시대 오륜시가를 탐구하기 위한 교수·학습 자료이다. 〈보기〉를 참고하여 오륜시가의 감상 내용에 대해 〈작성 방법〉에 따라 서술하시오. [4점]

(가)
아바님 랄 나흐시고 어마님 랄 기르시니
父母옷 아니시면 ㉠내 몸이 업실랏다
이 덕을 갑프려 ᄒ니 하늘 ᄀ이 업스샷다〈제2수〉

동과 항것*과를 뉘라셔 삼기신고
벌와 가여미**아 이 ᄠ들 몬져 아이***
ᄒᆞᆫ ᄆᆞᄋᆞ매 두 ᄠᆞᆮ 업시 소기지나 마옵생이다〈제3수〉

— 주세붕, 「오륜가」

(나)
부모은덕 모로고셔 ㉡제 몸만 즁이 알며
졔 몸의 의식지졀 먹고 입기 풍비ᄒ되
부모의게 하올거슨 등한이 이겨시니
부모의 훈계 췩망 ᄃᆡ답의 불슌ᄒ여
횡긕갓치 ᄃᆡ겹ᄒ니 륜긔가 물너진다
사라셔 불효라도 그 부모 주거지면
남의 이목 위ᄒ여셔 삼연거상 이블젹의
실흔 우름 강잉ᄒ고 읍난 졍셩 지여ᄂᆡ여
예졀를 아ᄂᆞᆫ다시 졍찬으로 계우한덜
나무 이목 두려우니 그 놈 아니 주길손가
말 못ᄒᆞᄂᆞᆫ 가마귀도 반포할 줄 아라거든
사람이라 명ᄒ고 미물만도 못하여라

부모의게 득죄ᄒᆞ고 셰상의 엇지 용납ᄒᆞ리
명쳔이 미워ᄒᆞᄉ 앙화가 일노나니
그 아니 두려우며 견들 어이 죠흘숀가

　　　　　… (하략) …

　　　　　　　　　　　　　　　　　　　- 곽시징, 「오륜가」

* 동과 항것 : 종과 주인
** 가여미 : 개미
*** 아이 : 아니

〈보기〉

　오륜시가는 조선시대 전반에 걸쳐 창작되었고, 여러 장르에서 다양한 표현 방식을 창출하면서 전개되었다. 조선 전기 악장 「오륜가」에서부터 주세붕의 시조 「오륜가」, 조선 후기 곽시징의 가사 「오륜가」 등이 그 예라 할 수 있다.
　성리학적 이념에 따라 건국된 조선은 윤리적 교화로써 공동체의 질서를 세우고 보전하는 것을 목적으로 오륜시가를 지어 보급하였다. 오륜 교화의 목적은 상하를 분별하여 낮은 위치에 놓인 사람이 높은 위치에 놓인 사람에 대해 오륜의 도리를 당위적으로 실천하게 하는 데 있다. 이러한 이유로 교화 대상자를 설득하기 위해 문학적 장치가 필요했다.
　오륜시가의 작가는 작품 속 인물에 따라 전달 방식을 달리 함으로써 독자는 의무적 수용 혹은 자발적·성찰적 수용 사이에 놓이게 된다.

〈작성 방법〉

◦ ㉠, ㉡을 중심으로 (가), (나)의 전달 방식의 차이점에 대해 서술할 것
◦ (가), (나)에서 각 작품과 관련된 오륜의 덕목을 드러내고 있는 자연물을 각각 찾고, 그 자연물을 끌어들인 이유를 서술할 것

예상 답안

　(가)에서 ㉠은 시적 화자 자신인데, 시적 화자는 ㉠에서 자기 자신과 동등한 인물을 독자(청자)로 설정하여 말하는 방식을 택해 자발적·성찰적 수용을 강조하고, (나)에서 ㉡은 제3자인데, 시적 화자는 우월한 위치에서 자신보다 하위의 제3자를 독자(청자)로 설정하여 말하는 전달 방식을 택해 의무적 수용을 강조한다.
　(가)에서는 (군신유의(君臣有義)의 덕목을) 벌과 개미("벌과 가여미")를 통해 드러내며, 벌과 개미의 충직한 습성을 통해 '두 마음을 품지 않는 충'이라는 주제를 효과적으로 드러낸다. (나)에서는 (효와 관련 있는 부자유친(父子有親)의 덕목을) '가마귀'를 통해 드러내며, 가마귀가 반포보은한다는 고사를 통해 '부모에 대한 효'라는 주제를 효과적으로 드러낸다.

문제해설

　첫 번째 문제 조건은 서정 갈래에서 시적 화자가 청자에게 어떤 전달 방식을 드러내는가에 관한 문제로, 기입형 7번의 ㉡과 유사한 문제이고, 두 번째 문제 조건은 고전시가에서 주제를 제시할 때 사용한 자연물 제재와 그 효과를 묻는 문제이다. 첫 번째 문제 조건은 ㉠과 ㉡이 각각 누구인가, 화자가 자신에게 말하는가, 제3자에게 말하는가, 화자가 청자와 동등한 위치인가, 화자가 우월한 위치인가 등을 고려해야 할 듯하다. 그리고 〈보기〉에 제시된 '의무적 수용', '자발적·성찰적 수용'이란 용어를 제시할 필요가 있다. 두 번째 문제 조건은 오륜과 관련 있는 자연물을 제시하고 그 자연물과 오륜의 관계를 묻고 있으므로 각각 충과 효를 잘 드러낸다는 의미로 답을 하면 될 듯하다.

문제 관련 배경지식

시적 화자와 청자

① 시 작품에서 시적 화자는 명시적으로 드러나는 경우가 있고, 그렇지 않은 경우가 있다. 드러나건 드러나지 않건 서정 갈래의 본질상 시적 화자는 모두 '나(우리)'이다. 명시적으로 드러나는 경우를 편의상 현상적 화자, 드러나지 않은 경우를 숨은 화자로 이해한다. 시점으로 접근하면 명시적으로 드러날 때는 1인칭 시점, 드러나지 않으면 3인칭 시점이 될 수 있다.

② 시 작품에서 청자의 경우도 명시적으로 드러나는 경우가 있고 그렇지 않은 경우가 있다. 명시적으로 드러나면 현상적 청자, 드러나지 않으면 숨은 청자로 이해한다.

③ 위 ①, ②는 다음과 같은 표로 제시할 수 있다.

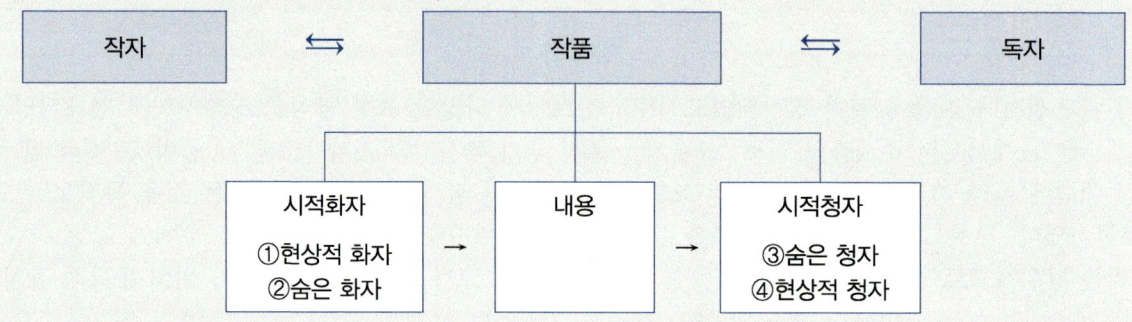

시는 보통 '㉠ 현상적 화자 → ㉢ 숨은 청자'로 제시되는 경우가 일반적이지만 '㉠ 현상적 화자 → ㉣ 현상적 청자', '㉡ 숨은 화자 → ㉢ 숨은 청자', '㉡ 숨은 화자 → ㉣ 현상적 청자'로 제시되기도 한다.

- ㉠ 현상적 화자 → ㉢ 숨은 청자
  - 예 김소월의 「진달래꽃」, 한용운의 「님의 침묵」, 신석정의 「꽃덤불」, 박남수의 「종소리」 등
- ㉠ 현상적 화자 → ㉣ 현상적 청자
  - 예 김광규의 「상행」, 박두진의 「해」, 박목월의 「가정」, 박두진의 「도봉」 등
- ㉡ 숨은 화자 → ㉢ 숨은 청
  - 예 박목월의 「나그네」, 「청노루」, 김기림의 「바다와 나비」, 김광섭의 「성북동 비둘기」, 박남수의 「새」, 기무영의 「풀」 등
- ㉡ 숨은 화자 → ㉣ 현상적 청자
  - 예 김수영의 「눈」(2·4연), 김현승의 「나비의 여행」(3연), 신동엽의 「껍데기는 가라」 등

한국 문학과 자연

(1) 자연물의 시적 형상화 방식
① 자연물의 외형이나 속성에 인간적 가치를 부여하여 작자의 의도(주제)를 표현하는 방식이다.
② 인간화된 자연으로 나타난다.
③ 자연물에 인간적 가치를 부여 – 긍정(지향)하거나 부정(비판)한다.

(2) 자연물의 표현 방식
① 의인화
② 우의 또는 우화
③ 감정이입
④ 비유와 상징 등

14. 다음을 읽고 〈보기〉를 참고하여 설화와 소설의 관련성에 대해 〈작성 방법〉에 따라 서술하시오. [4점]

> 최충이 좋은 날을 가려 발행(發行)하여 문창현에 이르러서 사무를 인계 받은 후에, 아전에게 붉은 실을 거둬들이라고 분부하였다. 그러고는 그 실을 무수하게 길게 이어, 한 끝을 아내의 몸에 매고 있었다.
> 하루는 구름과 안개가 사방을 에워싸고 바람이 천지를 진동하여 지척(咫尺)도 분간하기 어려울 정도였다. 이때 최충은 외당(外堂)에서 바야흐로 공무를 보다가 날씨가 크게 변하는 것을 보고 매우 놀랐다. 이윽고 날씨가 맑게 개이더니, 안에서 종들이 급히 나와 울면서 아뢰었다.
> "마님께서 비바람이 불던 중에 갑자기 사라져서 가신 곳을 모르겠습니다. 저희들이 모여 있삽다가 상전을 잃었으니, 죽을죄를 지었습니다."
> 최충이 이 말을 듣고 대경실색(大驚失色)하여 공무를 밀쳐 두고 급히 일어나 허겁지겁 들어가 보니, 과연 아내는 간 곳 없고 붉은 실만 뜰 가운데 늘어져 있었다. 최충이 망극하여 소리를 놓아 통곡하다가 하리(下吏)를 불러 의논하여 이르기를,
> "이런 요사스런 변괴를 가 알 수 있었겠는가? 다만 붉은 실이 들어간 곳을 찾아갈 뿐이다."
> 하고, 하리들 가운데 용력과 지식을 가진 아전인 이적을 데리고 칼을 손에 쥐고서 붉은 실을 따라갔다. 그 붉은 실이 북악산 꼭대기에 있는 큰 바위 틈으로 들어갔는지라. 최충이 크게 기뻐하며 살펴보니, 문이 큰 돌로 닫혀 있었다. 이적으로 하여금 그 돌을 치우게 하고 깊이 들어가니, 문득 일월이 명랑한 별천지였다. 단청을 한 누각이 영롱하며 문호가 엄숙하되, 인적도 없고 새나 짐승도 보이지 않았다. 문안에 들어가 몰래 창밖에 서서 동정을 살피며 창틈으로 엿보니, 절대가인(絶代佳人) 수십 명이 좌우에 벌여 앉아 있는데, 아내는 가운데 앉아 있고 한 금돼지가 아내의 무릎을 베고 누워 머리의 이를 잡게 하고 있었다. 최충이 아내가 살아 있음을 보고 기뻤으나 이러한 형상을 보니 간담이 떨어지는 듯 분노가 하늘 높이 치솟았다. 그러나 감히 일을 착수하지 못하고 다만 아내가 나오기를 기다리니, 부인이 창밖에 최충이 왔음을 알고 금돼지에게 말했다.
> "그에게는 세상에 무슨 두려운 일이 있겠습니까? 천 년이 지나더라도 늙지도 죽지도 아니하리라."
> 금돼지가 대답하였다.
> "세상에서 아무것도 두렵지 아니하나, 다만 두려운 것은 사슴 가죽이다."
> 부인이 물었다.
> "사슴 가죽이라는 것이 죽은 가죽에 불과하거늘, 어찌 능히 그대를 해칠 수 있겠습니까?"
> 금돼지가 말했다.
> "비록 죽은 가죽이나 사슴 가죽에 침을 묻혀 내 이마에 붙이면 한마디 말도 못하고 즉시 죽느니라."
> 부인이 마음속으로 은근히 기뻐하며 생각하니, 치마끈에 찬 열쇠끈이 마침 사슴 가죽인지라. 크게 기뻐하며 금돼지가 잠들기를 기다려 몰래 열쇠끈을 풀어 침을 묻혀 그 이마에 붙이니, 과연 금돼지가 잠에서 깨어나지 못하고 곧바로 죽어버렸다. 부인이 크게 기뻐하여 무릎을 빼고 일어나 창문을 열어젖히니, 최충이 밖에 서 있었다. 최충이 아내를 만나게 되자 자연히 두려움이 없어졌다. 그래서 몸소 방안으로 들어가 금돼지를 보니, 이미 죽어 있는데 생긴 모양이 아주 흉악하였다.
>
> – 「최충전」

〈보기〉

윗글은 최치원의 부친 최충과 관련된 부분으로 '야래자(夜來者) 설화', '지하국대적퇴치(地下國大賊退治) 설화'와의 상관성을 보여 준다. ㉠ 야래자 설화의 주요 내용은 '밤마다 누군가가 여인과 동침하고 간다. 바늘과 실을 따라가 그 정체를 확인한다. 비범한 인물이 탄생한다.'는 것이다. 지하국대적퇴치 설화는 대체로 '대적이 여인을 납치해 간다. ㉡ 남성 등장인물이 대적이 있는 곳으로 가서 대적을 퇴치하고 여인을 구출한다.'는 내용으로 이루어진다.

───────────────── 〈작성 방법〉 ─────────────────
- 윗글에서 확인할 수 있는 ㉠을 구체적 대상을 들어 설명하고, 그 내용이 윗글의 사건 전개상 어떤 기능을 하는지 서술할 것
- ㉡의 내용이 윗글에 수용되면서 달라진 점을 찾고, 그 차이가 지니는 의미를 서술할 것

예상 답안

「최충전」에서 '야래자'는 금돼지이며, 밤 대신 구름과 안개가 끼어 어두운 상황에서 최충의 아내를 잡아가고 최충이 그 정체를 밝히기 위해 찾아 나선다는 내용이어서 야래자 설화의 내용을 담고 있다. 여인이 야래자에게 잡혀간 것은 사건 전개에서 사건의 단초 혹은 실마리가 되며 이로 인해 다양한 갈등이 일어나게 된다.

이 작품에서는 문제 상황을 남성이 아닌 여성의 힘으로 해결한다는 점이 차이점인데, 이를 통해 첫째, 최충이 주인공이 아니라 최치원이 주인공이고 뒤에 부자간의 갈등도 나타나므로 최충의 역할을 약화시킨 의미가 있다. 둘째, 최충이 이미 결혼한 상황이어서 구원 후 보상에 의한 결혼이라는 요소가 필요하지 않게 한다는 의미가 있다. 셋째, 조선 후기 가부장권을 탈피한 진취적이고 능력 있는 여성이 등장했다는 의미가 있다.

문제해설

고전 소설사에서 설화의 소설화와 관련된 문제로 좋은 문제라고 생각한다. 첫 번째 문제 조건은 작품 내용에서 야래자 설화의 특징을 파악하여 제시하는 문제이며, 두 번째 문제 조건은 지하국대적퇴치의 내용이 어떻게 달라졌고 그 의미가 무엇인가를 묻는 문제이다. 설화의 소설화를 묻는 문제는 다양하게 출제될 수 있다.

첫 번째 문제 조건에서 야래자는 밤에 몰래 찾아와 동침하는 존재가 있고 그것의 정체를 찾아나서는 내용을 모티프로 한 설화이며, 금돼지를 중심에 두고 서술해야 한다. 두 번째 문제 조건에서 여성이 문제를 해결한다는 차이점은 같지만 그 의미에 대해서는 가부장권을 탈피한 진취적인 여성의 등장이라는 점이 있지만, 「최충전」(=「최고운전」) 전체에서 진취적 여성상의 등장이 드러나지 않는다. 작품 전체 내용을 고려하면 최충이 아닌 최치원이 주인공이어서 최충의 역할을 의도적으로 약화시킨다는 점, 이미 결혼한 여인이어서 구출 후 보상에 의한 결혼이라는 의미가 필요하지 않게 한다는 점 등도 답이 될 수 있다고 생각한다. 복수 답안 여부에 대해 이견을 올려보는 게 좋을 듯하다.

문제 관련 배경지식

설화의 소설화

① 김태준은 처음으로 소설사를 썼는데, 설화와 소설의 동질성에 주목해 양자를 뚜렷이 구별하지 않았다.
② 이희승은 설화와 소설을 구별하여 '설화 → 가전체 → 소설'로 설화의 소설화 과정을 제시했다. 그의 견해는 자료의 선후 관계에만 치중해 기계적으로 도식화했고, 가전체를 설화의 다음 단계로만 보았다는 한계가 있다.
③ 김동욱은 설화 정착계 소설을 중심으로 근원 설화에 대한 탐색 작업을 통해 이를 정리하고자 했다. 그는 「춘향전」이 '설화 → 판소리 → 소설'로 발전한다고 보았으며, 이 주장은 다른 연구자들에게 상당한 영향을 미쳤다. 하지만 소설과 유사한 설화가 한정된 것이 아니며, 근원 설화를 외국에서 찾으려 할 때 설화의 전파 방향에 대한 설득력이 취약하다는 결함을 가지고 있다. 또한 판소리 「적벽가」의 경우에는 거꾸로 소설을 판소리로 만든 것이어서 그의 도식이 모두를 포괄할 수 없다는 한계가 있다.
④ 김열규는 구조주의를 이용해 민담과 소설에 존재하는 반대에 의한 발전의 원리를 밝혔다. 즉, 강자와 약자, 선과 악 사이에 존재하는 긴장 관계가 발전된다는 원리를 말한다. 또한 그는 민담과 일부의 고전소설이 일정한 전기적 유형으로 이루어진다는 점을 밝혔다. 그의 견해는 작품을 하나의 유기체로 다룬 점에서 의의를 지니지만, 그 전기적 유형이 뚜렷한 논리적 질서를 갖추지 않은 점, 설화의 소설화 과정에서 일어난 구체적인 변모 양상을 밝히지 못한 한계를 가지고 있다.
⑤ 조동일은 고대 신화에서 신소설에 이르기까지 공통으로 존재하는 유형 구조를 '영웅의 일생'이라는 이름으로 정리했다. 그는 이를 통해 장르적·사상적·사회적 근거 및 작품 구조의 원리를 밝히려 했다. 그의 견해는 고전소설의 지속성을 해명한 점에서 의의를 갖고 있지만, 지나치게 단순 도식화한 것이어서 작품을 구체적으로 다루기에는 한계가 있다는 점을 지적할 수 있다.

⑥ 이강옥은 소설의 발전을 서술 시각에 의거하여 야담계 서사체와 소설 간의 장르적 교섭 관계를 규명하고자 했다. 여기서 일화나 다양한 단형 서사 장르를 서술 시각에 따라 나누고 이를 다시 당시의 계층적 시각과 연관시켜 문학 내·외적으로 검토하고 있다. 야담의 바탕은 야담계 일화인데, 신화, 전설, 민담, 사대부 일화, 평민 일화 등 전대와 당대의 단형 서사 중 일부가 조선 후기에 이르러 야담계 일화로 전환되었고, 야담계 일화가 다시 야담계 소설로 나아갔음을 밝혔는데, 일화에서 소설로 전승해 간 과정을 밝힌 것이 특징적이다.

야래자 설화

「야래자」형 설화는 처녀[혹은 과부 또는 유부녀]가 밤이면 찾아오는 정체모를 사나이와 동침하여 임신하는데 비범한 아이를 출산하였다는 내용의 이야기이다. 이는 한반도·중국 대륙·일본 열도와 베트남·몽골 등 동북아시아 지역에 널리 퍼져있다. 한국에서는 일명 '견훤식 전설', 일본에서는 '미와야마 전설'[혹은 실꾸리형 뱀사위담]이라고 부르며 중국에서는 보통 '노라치[수달]형 전설'이라 부른다.

『삼국유사(三國遺事)』「기이(奇異)」에 실린 〈견훤탄생담〉이 가장 오래된 문헌 자료이며, 『청구야담(靑邱野談)』 권1 속의 〈귀물매야색명주(鬼物每夜索明珠)〉도 이와 비슷한 내용을 보인다. 이 설화의 핵심은 '정체불명의 야래자가 밤에 여성(처녀)의 방에 들어가 관계하여 임신을 시키고 가족(부모 혹은 그녀 자신)들의 추궁과 교시를 통해 그녀가 야래자의 정체를 확인하며, 그녀가 낳은 2세가 훗날 뛰어난 인물이 된다'는 것이다. 이 설화는 '여성과 야래자 신격과의 성적(性的) 관계와 그 이세(二世)의 탄생'을 기본으로 삼는다는 점에서 이물교혼담의 하나로 간주되며, '부모의 신성혼(神聖婚)에 의해 탄생한 주인공이 건국시조(성씨시조)나 마을신이 된다'는 점에서 신화적 성격을 지닌다. 게다가 역사인물담, 지명유래담과 같은 전설적 성격뿐만 아니라 민담적 성격까지 보여 주는데, 이러한 다양한 모습은 이 설화가 오랜 기간 동안 전승해 왔음을 말해 준다.

최충전

(1) 핵심정리
▷ 갈래 설화 소설,전기 소설,영웅 소설,적강 소설,
▷ 성격 설화적,전기적,영웅적,도교적,민족주의적
▷ 시점 전지적 작가 시점
▷ 배경 통일 신라 시대, 신라와 중국
▷ 주제 ① 중국의 위협에 맞선 최치원의 비범한 능력
　　　　② 최치원의 일대기를 통해 우리 민족의 문화적 자긍심 고취
▷ 특징
　① 다양한 전래 민담 화소들의 복합적 구성
　② 한문 경구의 인용과 한시의 삽입
　③ 최치원의 저항,공격,승리를 통하여 우리 민족의 우월성을 드러내며 북방 민족에게당하는 시달림을 보상받으려고 한 소설
　④ 조선시대 군담소설로 전쟁을 소재로민족의 영웅 창조vs우리 민족의 뛰어난 문재를 과시하는 작품

(2) 감상

신라 때, 부임하는 신임현령마다 부인이 실종되는 문창에 현령으로 부임한 최충은 미리 부인의 손에 명주실을 매어 두었다가 부인이 실종되자 찾아 나선다. 실이 뒷산 바위틈으로 들어간 것을 확인한 최충은 부인을 잡고 있던 금돼지를 죽이고 부인을 구하여 온다.그후 부인이 아들 최치원을 낳자, 최충이 금돼지의 자식이라며 버렸더니, 선녀가 내려와 보호해 주고 천유(天儒)가 내려와 글을 가르친다.

최치원의 글 읽는 소리가 중국의 황제에게까지 들리자 황제가 두 학사를 보내 글을 겨루게 하나, 최치원을 당하지 못하고 두 학사는 중국으로 돌아간다.황제는 함 속에 물건을 넣어 신라에 보내며 맞히지 못하면 공격할 것이라고 협박한다. 최치원은 함 속의 물건을 맞히면 벼슬과 땅을 나누어 주겠다는 임금의 명령과 승상 나업의 딸 운영이 아름답다는 소문을 듣고 서울로 올라가 운영의 종이 된다. 최치원은 나업에게 물건을 맞히면 자신을 사위로 삼아달라고 하여 허락을 받고 그것이 계란에서 병아리가 된 것임을 맞힌다. 황제가 물건 맞춘 인재를 중국으로 들여 보내라고 하자 최치원은 중국으로 간다. 도중에 용자(龍子) 이목(李牧)을 만나고, 늙은 할미를 만난 후 그의 지시로 아름다운 여인을 만나 부적 세개를 얻는다. 중국

에서 최치원은 모든 재주 겨루기에서 부적 등을 이용하여 이기고, 과거에도 급제한다. 마침 황소의 난이 일어나자 문장으로 항복을 받는다.

그러나 치원을 시기한 중국 신하들이 그를 모함하여 외딴 섬에 유배시키고, 치원은 그곳에서 선유하다가 황제가 부르자 용으로 다리를 놓아 낙양으로 돌아온다. 그 후 치원은 청사자를 타고 조국 신라로 돌아온다. 신라의 왕은 최치원을 반가이 맞아들여 벼슬을 주려 하였으나 최치원은 사양하고 백발이 된 아내를 소녀로 만들고 가족과 함께 가야산에 들어가 신선이 된다.

[출처: 한국민족문화대백과사전(최고운전(崔孤雲傳))]

(3) 감상

이 작품은 이른바 '영웅의 일생'이라고 하는 줄거리를 지니고 있는 영웅소설에 속하며, 적강(謫降)·기아(棄兒)·글재주 다툼·알아맞히기·기계(奇計) 등 전래의 다양한 화소(話素)들이 복합되어 있다. 설화화된 역사적 인물 최치원이 작가의 탁월한 상상력에 의하여 소설의 주인공으로 형상화되었으나, 역사적 사실과 상당한 거리가 있다. 이 작품에는 금돼지의 최치원 어머니 납치, 늙은 할미[老姑]와 용의 아들인 이목과의 만남, 그들의 최치원에 대한 뒷바라지, 최치원과 선녀와의 노님 등 민담적 요소와 전설적 요소, 그리고 신화적인 요소가 꽤 많이 수용되어 있다. 이 소설은 당나라에 대한 최치원의 저항·공격·승리를 통하여 우리 민족의 우월성을 드러내고, 북방민족에게 당하는 시달림을 정신적으로 극복, 보상하고 있다. 그러나 이와 같은 것은 작품의 일면이요 일부일 뿐, 전면 혹은 전부는 아니다. 이 작품에는 외관상 혹은 형식상의 관계에서와는 달리, 실질적인 면에서는 임금보다는 신하가, 관리보다는 백성이, 그리고 주인보다는 종이 더 우월한 존재로, 또한 아버지보다는 어머니가, 혹은 아버지보다는 그 아들이나 딸이, 남자보다는 여자가 더 우월한 존재로, 그리고 중국의 선비보다는 신라의 선비가 더 우월한 존재로 그려져 있어서 흥미롭다. 「최고운전」은 강대한 것과 약소한 것의 형식적 관계와 내용적 관계가 반대로 되어 있는 것이 당시의 실상임을 보여줌으로써 존재와 당위가 무엇인가를 시사하고 있는 작품이다. 즉, 한결같이 명분·체면·나이·권위·신분·형식 등을 내세워 서사적 자아를 억압하는 세계의 부당한 횡포를 비판하고 고발함으로써 당대 중세적 질서의 위기를 문제삼고 있는 소설이다.

[출처: 한국민족문화대백과사전(최고운전(崔孤雲傳))]

2018 B 하위갈래 – 사설시조의 형식적 특성 / 상황에 대한 시적화자의 태도 차이

2. 다음을 읽고 사설시조의 형식적 특성과 화자의 태도에 대해 〈작성 방법〉에 따라 서술하시오. [4점]

(가)
어이 못 오던다 므스 일로 못 오던다
너 오는 길 우희 ㉠무쇠로 城을 쏟고 城 안헤 담 쏟고 담 안헤란 집을 짓고 집 안헤란 두지 노코 두지 안헤 櫃를 노코 櫃 안헤 너를 結縛ᄒ여 너코 雙ᄇᆡ목 외걸새에 龍 거북 ᄌᆞ믈쇠로 수기수기 ᄌᆞᆷ갓더냐 네 어이 그리 아니 오던다
ᄒᆞᆫ 둘이 셜흔 날이여니 날 보라 올 ᄒᆞ리 업스랴

(나)
天寒코 雪深ᄒᆞᆫ 날에 님 ᄎᆞᄌᆞ라 天上으로 갈제
신 버서 손에 쥐고 보션 버서 품에 품고 ㉡곰븨님븨 님븨곰븨 천방지방 지방천방 ᄒᆞᆫ번도 쉬지 말고 허위허위 올라가니
보션 버슨 발은 아니 스리되 념의온 가슴이 산득산득 ᄒᆞ여라

─────────────────────────── 〈보기〉 ───────────────────────────

사설시조의 형식적 특징 중 하나는 병렬을 통한 장형화라 할 수 있다. 병렬은 의미론적 지향이 동일한 두 가지 이상의 통사 형식이 나란히 놓이는 방식으로, 통합적 병렬과 계열적 병렬로 나눌 수 있다. 통합적 병렬은 의미상 또는 행위의 축에서 연쇄성을 지니거나 단계성을 가지는 것을 뜻하며, 계열적 병렬은 비슷한 의미를 가진 단어나 어구가 나열·반복되는 것을 뜻한다.

─────────────────────────── 〈작성 방법〉 ───────────────────────────

- 〈보기〉를 참고하여 ㉠, ㉡에 나타난 병렬의 차이점을 서술할 것
- (가), (나)의 상황에 대한 화자의 태도가 어떻게 다른지 서술할 것

예상 답안

㉠은 '무쇠 – 담 – 집 – 두지' 등에서 큰 것에서 작은 것으로 의미상 단계성을 지니므로 '통합적 병렬'의 성격을 지니고, ㉡은 '곰븨님븨, 쳔방지방' 등의 비슷한 의미를 지닌 단어를 앞뒤로 바꾸어 나열·반복하고 있으므로 '계열적 병렬'에 해당한다.

(가)의 화자는 임의 부재라는 상황에서 날 보러 오지 않는다며 원망하는 태도 및 소극적인 태도로 체념하고 있으며, (나)의 화자는 임의 부재와 나쁜 날씨 속에서도 경쾌하고 밝은 태도와 적극적인 태도로 임을 찾아가고 있다.

문제해설

고전시가 하위 갈래인 시조 중 사설시조의 형식적 특성과 시적 화자가 공통적으로 처한 상황에서 그 태도가 어떻게 다른지 묻는 문제이다. 첫 번째 문제 조건에 답할 때는 〈보기〉에 제시된 '통합적 병렬'과 '계열적 병렬'을 적용하여 답할 필요가 있다. 두 번째 문제 조건의 경우에는 시적 화자의 태도 차이를 묻는 것으로, 일반적으로 '원망 – 경쾌하고 밝음', '소극적 – 적극적'으로 제시할 수 있다고 생각하는데, 이견으로 올려보면 좋을 듯하다.

문제 관련 배경지식

사설시조의 형식과 내용

(1) 사설시조의 등장

사설시조는 대략 17세기 후반부터 등장하여 18~19세기를 겪으면서 놀라운 형상력을 과시한 조선 후기 시가의 주목받는 존재이다. 그 형식적 파격성과 내용의 다채로움은 봉건 해체기를 살아가는 시정인들의 자유분방한 체험을 담아내기에 모자람이 없었다.

(2) 사설시조와 평시조의 차이

사설시조는 우선 그 형식에 있어 평시조와 변별성을 보인다. 기본적으로는 3장 형식을 이어받고 있지만, 각 장이 자유롭게 음보가 확장될 수 있고 특히 중장은 크게 장형화하는 현상이 일어난다. 그렇게 됨으로써 4음보 규칙성을 지닌 평시조나 가사의 안정된 호흡이 파괴되면서 작품에 따라 각기 독특한 율격과 형식미를 창출할 수 있게 되었다.

(3) 사설시조 내용의 특징

① 민중적 양식과의 활발한 교섭

사설시조의 형식은 그 외연과 내포에 있어 여타의 형식들과 질적으로 구분된다. 민요, 판소리 등 민중적 양식과의 활발한 교섭도 사설시조 형식을 탄력적으로 만드는 데 작용했다. 물론 이것은 온전히 자유시의 호흡을 실현했다고는 보기 어렵다. 음악을 통한 존재 방식 그리고 유통 방식 등이 여전히 중세적 규정력을 행사하고 있던 까닭에 3장의 의미 단락이라는 평시조의 탯줄을 놓지 못하고 있는 점, 또는 음보 결합이 파격적일 경우 그에 걸맞은 적절한 내용을 담아내는 데 종종 실패하고 있는 점 등의 제한성은 부정할 수 없다. 그럼에도 불구하고 사설시조가 개척한 형식적 탐구는 시대의 호흡을 담아내고자 한 시적 대응력이라는 데 의의가 있다.

② 서민의 감정 표출

사설시조에서 드러나는 진솔한 서민의 감정 표출도 중요하다. 그 중에서 성적 욕망의 참을 수 없는 분출은 사설시조가 이룩한 새로운 지평으로서 의의를 지닌다. 사설시조가 구현한 건강한 본능과 치열한 열정은 중세적 이데올로기를 뚫고 나오는 무기였고, 민중의 변혁적 에너지를 담아내는 수단이었다.

(4) 사설시조의 형식적 특징
① 초, 중, 종장 중 어느 한 장의 길이가 4음보보다 길어짐
② 보통 중장의 길이가 가장 길게 나타나는 경우가 많은데, 중장의 경우 병렬을 통한 장형화가 나타남
③ 병렬은 통합적 병렬과 계열적 병렬로 나눌 수 있는데, 통합적 병렬은 의미상 또는 행위의 축에서 연쇄성을 지니거나 단계성을 가지는 것을 뜻하며, 계열적 병렬은 비슷한 의미를 가진 단어나 어구가 나열·반복되는 것을 뜻한다.
④ 종장의 경우도 길어져 4음보를 지키지 못하는 경우가 많으며, 종장의 첫 부분은 감탄사가 제시되는 경우도 많음.

(5) 사설시조의 의의와 한계
내용과 형식을 총괄해서 말한다면 사설시조는 모든 면에서 중세적 구속을 박차고 나오는 데 뛰어난 역할을 하였지만, 그 추동력을 새로운 것을 창출하는 방향으로 모아내는 데는 한계를 지녔다. 물론 그것은 사설시조의 주 담당층이라고 할 수 있는 도시의 중간 계층이 지닌 역사적 한계, 즉 봉건 해체를 기반으로 성장했으나 근대적 부르주아로 전환할 물적 토대를 일구지는 못했던 사회적 성격을 반영하는 것이기도 하다.

(6) 사설시조의 자유시 지향과 미달
① 자유시 지향 : 음보율에서 벗어난다. (정형성의 탈피)
② 자유시 미달 : 3장 형식이며, 종장의 첫 번째 음보가 3음절이라는 점이다.

(7) 사설시조의 미의식(골계미)
사설시조는 우아한 기품과 균형을 존중하는 평시조와 달리 거칠면서도 활기찬 삶의 역동성을 담고 있다. 사설시조를 지배하는 원리는 웃음의 미학이라 할 수 있다. 현실의 모순에 대한 날카로운 관찰, 중세적 고정관념을 거리낌 없이 추락시키는 풍자, 고달픈 생활에 대한 해학 등이 그 주요 내용을 이룬다. 아울러 남녀 간의 애정과 기다림이 많은 비중을 차지하며, 대개는 직설적인 언어를 통해 강렬하게 표현된다는 점도 주목할 만한 특징이다.

종래의 관습화된 미의식을 넘어서서 인간의 세속적인 모습과 갈등을 시의 세계 안에 끌어들임으로써 사설시조는 문학의 관심 영역을 넓히는 데에도 크게 기여한 것으로 평가된다.

(8) 사설시조의 작자층
사설시조는 귀족 시조로서의 평시조 형식이 파괴되고 적나라한 인간성을 표현하게 되는 임란 후 조선 사회의 사회적 변동과 결부되어 나타났다는 설이 지금까지의 일반론이었다. 이 논의에서는 숙종 대 평민층의 유락적인 창의 그룹을 사설시조의 생성 및 향유층으로 잡았고, 양반층에 대해서는 직접적인 참여를 인정하지 않았다.

물론 사설시조 작자층의 주류가 중서층, 그 중에서 평민 가객들이라고 하는 데는 어느 경우든 이론이 없다. 그러나 선조 대의 정철과 권호문을 사설시조 작가로 꼽고, 고응척을 사설시조 작가로 추가하게 됨으로써 숙종 대 이후 중서층 발생설을 부정할 수 있는 뚜렷한 근거를 세울 수 있게 되었다. 사설시조의 창작에는 평민 계층뿐만 아니라 양반 지배 계층의 참여가 있었다는 사실을 발견할 수 있기 때문이다.

시적화자 및 화자의 상황
- 앞부분 제시 : 생략

2018 B   인물에 대한 주인공의 이중적 태도 / 인물의 상황(처지)

3. 다음을 읽고 작품에 대한 이해를 〈작성 방법〉에 따라 서술하시오. [4점]

  이래서 나는 애초에 계약이 잘못된 걸 알았다. 이태면 이태, 삼 년이면 삼 년, 기한을 딱 작정하고 일을 했어야 원 할 것이다. 덮어놓고 딸이 자라는 대로 성례를 시켜주마, 했으니 누가 늘 지키고 섰는 것도 아니고 그 키가 언제 자라는지 알 수 있는가. 그리고 난 사람의 키가 무럭무럭 자라는 줄만 알았지 붙배기 키에 모로만 벌어지는 몸도 있는 것을 누가 알았으랴. 때가 되면 장인님이 어련하랴 싶어서 군소리 없이 꾸벅꾸벅 일만 해왔다. 그럼 말이다, 장인님이 제가 다 알아 차려서,
  "어 참 일 많이 했다. 고만 장가들어라."
  하고 살림도 내주고 해야 나도 좋을 것이 아니냐. 시치미를 딱 떼고 도리어 그런 소리가 나올까 봐서 지레 펄펄 뛰고 이 야단이다. 명색이 좋아 데릴사위지 일하기에 싱겁기도 할뿐더러 이건 참 아무것도 아니다.
  숙맥이 그걸 모르고 점순이의 키 자라기만 까맣게 기다리지 않았나.
  언젠가는 하도 갑갑해서 자를 가지고 덤벼들어서 그 키를 한번 재볼까, 했다마는 우리는 장인님이 내외를 해야 한다고 해서 마주 서 이야기도 한마디 하는 법 없다. 우물길에서 어쩌다 마주칠 적이면 겨우 눈어림으로 재보고 하는 것인데 그럴 적마다 나는 만치 가서,
  "제—미 키두!"
  하고 논둑에다 침을 퉤, 뱉는다. 아무리 잘 봐야 내 겨드랑(다른 사람보다 좀 크긴 하지만) 밑에서 넘을락말락 밤낮 요 모양이다. 개돼지는 푹푹 크는데 왜 이리도 사람은 안 크는지, 한동안 머리가 아프도록 궁리도 해보았다. 아하 물동이를 자꾸 이니까 뼈다귀가 움츠러드나 보다, 하고 내가 넌짓넌짓 그 물을 대신 길어도 주었다. 뿐만 아니라 나무를 하러 가면 서낭당에 돌을 올려놓고,
  "점순이의 키 좀 크게 해줍소사. 그러면 담엔 떡 갖다놓고 고사드립죠니까."
  하고 치성도 한두 번 드린 것이 아니다. 어떻게 돼먹은 킨지 이래도 막무가내니 ——
  그래 내 어저께 싸운 것이지 결코 장인님이 밉다든가 해서가 아니다.
  모를 붓다가 가만히 생각을 해보니까 또 싱겁다. 이 벼가 자라서 점순이가 먹고 좀 큰다면 모르지만 그렇지도 못한걸 내 심어서 뭘 하는 거냐. 해마다 앞으로 축 거불지는 장인님의 아랫배(가 너무 먹은 걸 모르고 내병이라나 그 배)를 불리기 위하여 심곤 조금도 싶지 않다.
  "아이구 배야!"
  난 몰 붓다 말고 배를 쓰다듬으면서 그대로 논둑으로 기어 올랐다. 그리고 겨드랑에 꼈던 벼 담긴 키를 그냥 땅바닥에 털썩, 떨어뜨리며 나도 털썩 주저앉았다. 일이 암만 바빠도 나 배 아프면 고만이니까. 아픈 사람이 누가 일을 하느냐. 파릇파릇 돋아 오른 풀 한 숲을 뜯어 들고 다리의 거머리를 쓱쓱 문대며 장인님의 얼굴을 쳐다보았다.
  논 가운데서 장인님이 이상한 눈을 해가지고 한참 날 노려 보더니,
  "너 이 자식, 왜 또 이래 응?"
  "배가 좀 아파서유!"
  하고 풀 위에 슬며시 쓰러지니까 장인님은 약이 올랐다. 저도 논에서 철벙철벙 둑으로 올라오더니 잡은참 내 멱살을 움켜 잡고 뺨을 치는 것이 아닌가 ——
  "이 자식아, 일허다 말면 누굴 망해 놀 속셈이냐? 이 대가릴 까놀 자식!"
  우리 장인님은 약이 오르면 이게 손버릇이 아주 못됐다. 또 사위에게 이자식 저자식 하는 이놈의 장인님은 어디 있느냐. 오죽해야 우리 동리에서 누굴 물론하고 그에게 욕을 안 먹는 사람은 명이 짧다 한다. 조고만 아이들까지도 그를 돌라세워 놓고 욕필이(본 이름이 봉필이니까) 욕필이, 하고 손가락질을 할 만치 두루 인심을 잃었다. 허나 인심을 정말 잃었다면 욕보다 읍의 배참봉 댁 마름으로 더 잃었다.

                … (중략) …

  이렇게 따져나가면 언제든지 늘 나만 밑지고 만다. 이번엔 안 된다, 하고 대뜸 구장님한테로 담판 가자고 소맷자락을 내끌었다.
  "아 이 자식아, 왜 이래 어른을."

안 간다고 뻗디디고 이렇게 호령은 제맘대로 하지만 장인님 제가 내 기운은 못 당한다. 막 부려먹고 딸은 안 주고 게다 땅땅 치는 건 다 뭐야 ──

　　그러나 내 사실 참 장인님이 미워서 그런 것은 아니다.

[A]　　그 전날 왜 내가 새고개 맞은 우리 화전밭을 혼자 갈고 있지 않았느냐. 밭 가생이로 돌 적마다 야릇한 꽃내가 물컥물컥 코를 찌르고 머리 위에서 벌들은 가끔 봉, 봉, 소리를 친다. 바위틈에서 샘물 소리밖에 안 들리는 산골짜기니까 맑은 하늘의 봄볕은 이불 속같이 따스하고 꼭 꿈꾸는 것 같다. 나는 몸이 나른하고 몸살(을 아직 모르지만 병)이 나려고 그러는지 가슴이 울렁울렁하고 이랬다.

　　"이러이! 말이! 맘 마 마 ──"

　　이렇게 노래를 하며 소를 부리면 여느 때 같으면 어깨가 으쓱으쓱한다. ㉠웬일인지 밭 반도 갈지 않아서 온몸의 맥이 풀리고 대구 짜증만 난다.

- 김유정, 「봄·봄」

〈작성 방법〉

- '장인'에 대한 '나'의 이중적 태도를 작품에서 근거를 찾아 서술할 것
- ㉠의 이유를 [A]와 '나'의 처지를 관련지어 서술할 것

예상 답안

🚨 첫 번째 문제 조건에 대한 답은 아래와 같이 두 가지 예상 답안으로 제시할 수 있다.

1.
(1) "장인님이 어련하랴 싶어서, 결코 장인님이 밉다든가 해서가 아니다, 우리 장인님" 등에서 나의 장인에 대한 믿음, 긍정적인 태도가 드러나며, "애초에 계약이 잘못된 걸 알았다, 두루 인심을 잃었다, 인심을 정말 잃었다면 ~ 배참봉 댁 마름으로 더 잃었다, 이놈의 장인님" 등에서 '나'의 장인에 대한 불신과 부정적인 태도가 드러난다. (각각의 문장)
(2) "이놈의 장인님" 부분에서 장인에 대한 '나'의 이중적 태도가 드러난다. '이놈의'에서는 장인에 대한 불만과 부정적인 태도가, '장인님'에서는 밉지만 그래도 장인임을 인정할 수밖에 없는 긍정적인 태도가 드러난다. (하나의 문장)

2.
　　[A]에서 묘사된 부분은 봄기운 속에서 야릇한 꽃 냄새, 꽃과 벌의 관계, 봄의 자연을 통해 사랑이 충만한 계절의 분위기를 드러내는데, 그와 대조적으로 나는 점순이와 사랑이나 결혼을 허락받지 못한 채 일만 하는 상황이기 때문이다.

문제해설

　　소설에서 인물에 대한 서술자의 태도를 작품 근거로 묻는 문제와 인물이 처한 상황을 파악하는 문제로 비교적 단순한 문제이다. 첫 번째 문제 조건은 이중적 태도를 하나의 발화에서 찾는가, 각각의 발화에서 찾는가에 따라 복수 답안이 있을 수 있다. 이 부분은 꼭 이견을 제시할 필요가 있다. 두 번째 문제 조건은 [A]에서 묘사된 내용이 봄이란 계절의 사랑의 분위기를 드러내는 점과 대조가 된다는 점을 설명할 필요가 있다.

문제 관련 배경지식

소설의 인물

(1) 인물의 성격 파악

　　작품 속의 인물은 대개 욕망이나 욕구 또는 희망과 같이 자신의 추구하는 바를 갖고 있다. 이것이 개개인마다 다르기 때문에 개인의 성격이 나타난다. 인물의 성격은 대화와 행동을 통해 드러나므로 인물의 성격을 파악하기 위해서는 대화와 행동을 주목할 필요가 있다.

① 인물의 대화는 어떤 상황(사건, 선행 대화)에 대한 인물의 반응이므로 대화에서 성격을 파악하기 위해서는 그 상황(사건, 선행 대화)을 잘 파악해야 한다.

② 인물의 행동 역시 그것을 독립적 행위로 보지 말고, 사건의 전개 상황에서 그 행동이 어떤 의미를 지니는지 파악해야 성격이 드러난다.
③ 인물의 성격을 파악하면 다른 인물의 성격과 비교하여 인물 간의 관계를 드러낼 수 있다.

(2) 서술자의 인물에 대한 태도 파악

독자들은 소설 속에 그려진 인물의 성격과 행동 방식에 관심을 갖는다. 그러다가 서술자에 관심을 갖게 되면 서술자가 인물에 대해 어떤 태도를 보이는지 파악할 수 있다. 서술자는 다음과 같은 내용을 통해 인물에 대한 태도를 드러낸다.

① 서술자가 주로 그려내는 사건이나 행위 (인물의 긍정적인 면 또는 부정적인 면)
② 인물에 대한 서술자의 정서적 거리 (가깝고 친근함 또는 멀고 비판적임)
③ 인물의 생각이나 행위에 관한 표현 (비유와 상징 / 반어 / 냉소·풍자 등)

인물에 대한 태도는 한 가지가 아니라 다양하게 나타날 수 있다.

2018 B 　　인물들의 상황과 삶의 방식 / 인물들의 유사한 행위의 의미 차이

4. 다음을 읽고 작품 속 인물들의 삶에 대해 〈작성 방법〉에 따라 서술하시오. [4점]

(가)
무엇을 실었느냐 화물열차의
검은 문들은 탄탄히 잠겨졌다
바람 속을 달리는 화물열차의 지붕 우에
우리 제각기 드러누워
한결같이 쳐다보는 하나씩의 별

[A]
　두만강 쪽에서 온다는 사람들과
　쟈무스에서 온다는 사람들과
　험한 땅에서 험한 변 치르고
　눈보라 치기 전에 고향으로 돌아간다는
　남도 사람들과
　북어 쪼가리 초담배 밀가루 떡이랑
　나눠서 요기하며 내사 서울이 그리워
　고향과는 딴 방향으로 흔들려 간다

푸르른 바다와 거리 거리를
설움 많은 이민열차의 흐린 창으로
그저 서러이 내다보던 골짝 골짝을
갈 때와 마찬가지로
헐벗은 채 돌아오는 이 사람들과
마찬가지로 헐벗은 나요
나라에 기쁜 일 많아
울지를 못하는 함경도 사내

총을 안고 뽈가의 노래를 부르던
슬라브의 늙은 병정은 잠이 들었나

바람 속을 달리는 화물열차의 지붕 우에
우리 제각기 드러누워
한결같이 쳐다보는 ㉠<u>하나씩의 별</u>

- 이용악, 「하나씩의 별」

(나)
　진고개 너머 어떤 일본집에 수속 없이 제 집처럼 들어 있는 사람이 있는데, 정식 수속을 밟아 내어쫓고 들어가게 해준다고 부디 오늘 오정 안으로 만나자는 친구가 있다. 집이 없어 한지에서 겨울을 날 생각을 하면 마음이 으슬하다가도 그러니 있는 사람을 내어쫓고 들다니 생각을 하면 내어쫓긴 사람이 역시 자기와 같은 운명에 놓여질 것이 아니 근심일 수 없다. 자기도 처음 서울에 짐을 푼 것은 한지가 아니었다. 푸진 것은 아니었으나 그래도 일본집 다다미방 한 칸이 베풀어지는 호의를 힘입어 겨울을 나게 되었음은 다행이었다 할까. 해춘도 채 못미처 수속이 없다 나가라 하여 쫓겨난 이후로 이래 아홉 달을 한지에서 산다. 남을 한지로 몰아내고 그 집으로 들어가겠다고 눈을 감을 염치가 없다. 이런 기회는 몇 번이고 있었다. 비로소 듣는 이야기가 아니요 받아 보는 호의가 아니다. 일언에 거절을 하였더니,

[B]
"이 사람아, 고양이 쥐 생각두 푼수가 있지 그런 맘 쓰다가는 이 세상에선 못 사네."
친구는 어리석은 생각임을 비웃는다.
"그런 얌전만 피다가는 자네 금년 겨울에 동사하네, 동사."
아닌 게 아니라 듣고 보니 그것이 말만이 될 것 같지도 않다.
"글쎄, 그 사람이 쫓겨 나왔어두 집을 잡을 수가 있어야 말이지……."
"흥, 아, 그럼 자네처럼 제 집 없으문 한디에서 겨울 날 줄 아나. 그저 별생각 말구 눈 딱 감구 내 말만 듣게. 집이 생길 게니."
친구는 승낙도 없는 상대방의 의견을 임의로 무시하며 혼자 약속을 하고 갔다.

… (중략) …

　낮의 거리는 여전히 사람들의 발부리에 닦인다. 거리가 비좁게 발부리를 닦는 무리들, 허구한 날을 이렇게도 많을까. 겨레도 모르고 양심에 눈감은 무리들은 골목마다에 차고, 땀으로 시간을 삭이는 무리들은 일터마다에 찼다. 차고 남아 거리로 범람하는 무리들이 이들의 존재라면 '반편이야 태만 길러서'의 축에 틀림없다.
　이 반편의 축들은 다들 밤이면 별을 세다가 오라는 데도 없는 걸음이 이렇게도 싱겁게 배바쁜 것일까. 언제까지나 ㉡<u>싸늘한 별</u>을 가슴에다 부둥켜안고 세어야 태 속에서 벗어나 거리에의 정리에 도움이 될까.

- 계용묵, 「별을 헨다」

〈작성 방법〉

- [A]의 '사람들'과 [B]의 '친구'의 삶의 방식을 비교하여 서술할 것
- ㉠, ㉡을 중심으로 (가)에서 별을 쳐다보는 행위와 (나)에서 별을 세는 행위가 갖는 의미의 차이를 서술할 것

📝 **예상 답안**

　[A]의 '사람들'은 유이민으로 극도로 힘겨운 상황인데 그 속에서 서로 음식을 나누어 먹는 '공동체적 삶의 방식'을 보여 주고, [B]의 '친구'는 한겨울 추위 속에 세 들어 있는 사람을 내쫓고 친구를 들이려 하는 상황에서 타인을 배려하지 않는 '이기적 삶의 방식'을 보여준다.
　(가)의 ㉠에서 하나씩의 별을 쳐다보는 행위는 각자 고향을 그리거나 새로운 삶을 꿈꾸거나 소망을 염원하는 등 힘겨운 상황에서도 밝은 전망을 드러낸다. (나)의 ㉡에서 싸늘한 별을 세는 행위는 해방 직후의 혼란하고 가난한 상황에서 노숙하는 삶이며, 그러한 현실 속에서 막연하고 희망을 찾기 어렵다는 의미를 드러낸다.

> 문제해설

　시와 소설을 상호 텍스트에 의한 접근 방법으로 제시하고 제시된 인물들의 특징을 파악하는 문제와 각 작품에서 유사한 상황을 제시하고 그것에 담긴 의미를 파악하는 문제이다. 첫 번째 문제 조건은 '공동체적 – 이기적' 방식이 중심이 되는 단순한 문제이며, 두 번째 문제 조건은 (나)의 행위는 해방 후 가난하여 노숙하는 현실, 희망이 없이 막연한 현실 등의 의미를 주의하여 드러낼 필요가 있다.

문제 관련 배경지식

소설의 인물

(1) 인물의 성격 파악

　작품 속의 인물은 대개 욕망이나 욕구 또는 희망과 같이 자신의 추구하는 바를 갖고 있다. 이것이 개개인마다 다르기 때문에 개인의 성격이 나타난다. 인물의 성격은 대화와 행동을 통해 드러나므로 인물의 성격을 파악하기 위해서는 대화와 행동을 주목할 필요가 있다.
① 인물의 대화는 어떤 상황(사건, 선행 대화)에 대한 인물의 반응이므로 대화에서 성격을 파악하기 위해서는 그 상황(사건, 선행 대화)을 잘 파악해야 한다.
② 인물의 행동 역시 그것을 독립적 행위로 보지 말고, 사건의 전개 상황에서 그 행동이 어떤 의미를 지니는지 파악해야 성격이 드러난다.
③ 인물의 성격을 파악하면 다른 인물의 성격과 비교하여 인물 간의 관계를 드러낼 수 있다.

(2) 인물의 현실 대응 방식 파악

　인물의 현실 대응 방식은 인물에게 주어진 상황이나 문제 또는 갈등 등에 대해 인물이 어떻게 대응하느냐의 문제이며, 이러한 대응 방식이 작게는 인물의 성격을 드러내고 크게는 주제를 드러내게 된다.
① 상황이나 문제 또는 갈등 등에 대해 인물의 대응 방식은 기준에 따라 다양하게 파악될 수 있다.
② 적극적/소극적, 긍정적/부정적, 의지적/체념적 등으로 나타나며, 이러한 대응 방식은 인물의 성격 및 주제와 밀접한 관련이 있다.

이용악, 「하나씩의 별」

(1) 핵심 정리
▷ 갈래　자유시, 서정시
▷ 성격　성찰적, 체험적, 사실적, 묘사적, 감각적
▷ 제재　귀향 열차
▷ 표현　역설적 발상 / 대상을 의인화 / 선경 후정의 시상전개 / 수미상관
▷ 주제　고국으로 돌아오는 유랑민의 고달픈 삶과 귀향의 기대감
　　　　희망을 가지고 귀환하는 유랑민의 삶의 비애

(2) 시의 구성
　1연 - 고국으로 돌아오는 유랑민의 모습
　2연 - 저마다 다른 곳에서 돌아오는 유랑민들
　3연 - 힘들었으나 희망을 잃지 않는 유랑민의 모습
　4연 - 고국으로 돌아오는 유랑민의 기대감

(3) 감상
　이용악의 '하나씩의 별'은 일제의 탄압을 피해 중국과 러시아 등지로 유랑할 수밖에 없었던 유랑민(우리 민족)이 해방을 맞이하여 각자의 희망을 품고 고국으로 돌아오는 모습을 그리고 있는 시이다. 수미 상관에 의한 시상의 적절한 배치와 어둠과 빛 유랑과 귀환의 이미지 대비, 감정의 절제를 통해 조국 해방의 감격 뒤에 놓인 유랑민의 비애를 탁월하게 형상화해 내고 있다. 그리고 수미상관의 구성으로 하나씩의 별을 쳐다보는 행위를 통해 각자 고향을 그리거나 새로운 삶을 꿈꾸거나 소망을 염원하는 등 힘겨운 상황에서도 밝은 전망을 드러내었다.

계용묵 「별을 헨다」

(1) 핵심 정리
▷ 갈래 단편 소설
▷ 배경 해방 공간의 서울
▷ 시점 전지적 작가 시점
▷ 성격 사실적, 현실 비판적
▷ 주제 해방 공간에 있어서의 실향민의 고난과 지식인의 내면 풍경
▷ 특징
  ① 이 글은 3인칭 전지적 시점으로 서술자가 이야기 바깥에 있지만, 중심 인물인 '자기'를 통해 마치 1인칭 시점인 것처럼 서술되고 있다.
  ② 상반된 성격의 대비('자기'는 아무리 살기 어려워도 기본적인 양심을 지키면서 살겠다는 생각을 하고 있다. 이에 비해 친구는 살기 위해서라며 시장에서 상대방을 위협하여 옷을 빼앗다시피 사는 행동을 일삼는 등 비양심적인 행동을 하는 인물이다.)로 주제를 부각하였다.

(2) 감상
 1946년 12월 〈동아일보〉에 연재된 단편 소설로, 해방 직후의 혼란스러웠던 사회 현실과 귀환한 해외 동포의 현실이 어떠했던가를 적나라하게 보여 주고 있다. 이 작품은 작가 계용묵이 전기에 보여 주었던 관조적 자세에서 벗어나 보다 적극적으로 살아가려는 시도가 잘 나타나 있다. 시대적 혼란 속에서 의분이나 정의감을 지니고 살아가고 있는 주인공은 혼란한 세태 속에 살아가기 위해 필요한 삶의 요령 따위를 부릴 줄 모르는 너무 양심이 바른 사람이다. 자기 앞가림도 못하면서 남의 걱정을 먼저 하는 양심가라는 점에서 비극적이다. 결국 이 작품은 한 양심적인 지식인이 부조리한 현실 속에서 어떻게 어려운 삶을 살아가는가를 보여 주는 하나의 보고서라고 할 수 있다.
 주인공은 해방이 되자 부친의 유골을 안고 귀국길에 오르지 만, 38선으로 인해 고향에 돌아가지 못하고 살아갈 주택조차 마련하지 못한 채 노숙하는 실향민이 되어 버린다. 따라서 작품의 제목인 '별을 헨다'는 난민이 되어 노숙 생활을 해야만 하는 귀환 동포들의 절박한 상황과 함께 남과 북의 분단에 의해 고향을 상실하게 되는 정신적 상처까지도 암시하고 있다고 볼 수 있다. 혼란기의 민족 현실을 사실적으로 묘사했다는 점에서 분단 및 해방기 문학으로 평가받는 작품이다.
 '해방 공간'은 정치적·사회적으로 혼란한 상황을 틈타 자신의 이익만을 챙기는 사람들 사이의 생존 경쟁이 치열하던 공간이었다. 이 작품은 이러한 '해방 공간'이라는 혼란한 사회에서 살아가는 지식인의 내면을 그리고 있다. 치열하고 냉정한 생존 경쟁의 혼란 속에서 인간이 가져야 할 기본적 양심이란 중요하게 인식되지 않는 다. 하지만 자신의 양심을 속이며 살아서는 안 된다는 평범한 진리가 주인공의 마음에 자리잡고 있다. 때문에 양심을 버리면서 생존 경쟁에 뛰어든 사람들의 눈엔 이런 지식인상은 나약함으로 비칠 수도 있으며, 이런 사회에서 양심적 지식인은 도태될 수밖에 없는 것이다. 주인공이 남한의 현실을 버리고 월북하려는 의도는 바로 여기에 있는 것이다. 작가는 이처럼 해방 공간을 정치적 혼란이 아닌 일반 민중의 윤리적 혼란성에 초점을 맞추어 현실을 비판하면서 이 공간에서 살아가는 양심적 지식인의 모습이 과연 어떠해야 하는가를 독자에게 묻고 있는 것이다.

(3) 줄거리
 만주에서 살다가 해방을 맞자 아버지의 유골을 파가지고 고국으로 돌아온 어머니와 주인공 '자기'는 일 년이다 되어 가지만, 집 한 칸 마련하지 못하고 초막에서 지내고 있다. '자기'는 어떤 일본 집에 수속도 없이 들어가 사는 사람을 내쫓고 정식으로 수속을 밟아서 살게 해 주겠다는 친구를 만나러 나선다. 그 친구는 만주에서 나올 때 배 안에서 우연히 사귄 친구로 혼란 상황을 요령 있게 적응하여 살아가고 있다. '자기'는 그 친구의 호의에 감사하지만 그것이 도리가 아니라 생각하며 거절하자 그렇게 살다가는 굶어 죽기 십상이라는 핀잔만 듣는다.
 '자기'는 겨울을 넘길 방을 구하려고 해도 구할 수 없자 차라리 고향인 이북으로 가 보는 것이 좋겠다는 생각을 한다. 담요를 팔아 여비를 마련해서 서울역으로 가 첨단까지 가는 차표를 들고 서 있는데 고향 마을의 사람을 만난다. 그들은 이북에서 이남으로 오는 길이라고 말하면서 이북은 살 곳이 못된다고 말한다. 그들은 이남에 잔뜩 기대를 하고 있었지만, 그들에게 이남도 마찬가지라고 하니 실망을 한다. 고향 사람을 만난 끝에 어머니와 아들(자기)은 북으로 가도 시원찮을 것 같다고 말하면서 서성거리는 동안에 승객들은 다 빠져 나가고 대합실 안에 한기가 떠돈다.

(4) 해방 공간극빈한 삶에 묻힌 사회의 구조적 모순

이 작품은 해방 직후 만주에서 귀국한 사람들이나 이북에서 월남한 사람들의 비애와 비참한 삶을 그리고 있다. 작가는 남북 분단에 따른 남북 왕래의 차단, 예기치 않았던 혼란과 무질서, 그리고 경제적 궁핍 상황을 개개인들이 일상적 삶에서 겪는 삶의 일면을 통해 사실적으로 전달하고자 했던 것이다. 이것은 대다수의 국민이 가지고 있는 절실한 문제다. 작가는 이 문제를 사실적으로 전달하는 데 이 소설의 목적으로 두고 있었던 듯하다.

그리고 이것은 이 소설의 성과라고 평가받게 한다. 하지만 당대 민족이 궁핍하고 방황할 수밖에 없었던 보다. 근본적인 원인이 이데올로기의 갈등에 의한 것임을 간과하고 있다는 점은 이 소설의 한계이다. 일제 강점기 민족의 궁핍은 일제 식민지 정책이 낳은 사회의 구조적 모순에 기인하는 것처럼, 해방 공간에서의 민족의 궁핍과 방황 역시 당대가 가진 사회의 구조적 모순에 원인이 있다는 점을 작가는 간과하고 있었던 것이다. 작가는 급박한 현실에서 역사적 현실에 대한 거시적 안목을 마련하지 못한 채 현실을 다루려고 했던 것인데, 이는 냉혹한 현실을 대하는 주인공의 감상적 태도와 흡사하다.

2018 B | 사건의 원인 파악 / 인물이 상황 파악 / 모티프(구슬)의 의미 서술

5. 다음을 읽고 작품에 대한 이해를 〈작성 방법〉에 따라 서술하시오. [4점]

(가)

노고(老姑)가 답 왈,

"상공이 이렇듯 물으시니 대강 고하리이다. 우리 상전은 유 승상이시니, 승상 노야가 황성에서 벼슬하시더니, 천자께 득죄하고 이곳에 오신 후에 정실부인 최씨 다만 일녀를 낳으시고 삼 일만에 기세하시니, 노야가 후실 노씨를 얻으시매, 노씨가 불인(不仁)하여 소저를 죽이려 하여 죽에 약을 주니, 천지신명이 도우사 홀연 바람이 일어나 죽에 티끌이 들매, 인하여 먹지 않고 개를 주니 그 개가 먹고 즉시 죽거늘, 그 후는 놀라 밥을 제 집에서 수건에 싸다가 연명하였으며, 길례(吉禮)날 밤에 노씨가 제 사촌 노태를 금을 주고 달래어 칼을 가지고 와 작란(作亂)하니, 정 시랑이 그 거동을 보고 의심하여 밤에 돌아갔으며, 소저가 분원(忿怨)하여 자처*하매, 염습코자 하나 사나운 기운이 사람을 침노하니 인하여 빈소에 가까이 가지 못하였더니, 그 후에 소저의 원혼이 공중에서 울매, 동리 사람들이 그 곡성을 들은 자면 병들어 죽으니 견디지 못하여 집을 떠나 타처로 거접(居接)하되, 우리는 관계치 아니키로 이곳에 있사온즉 소저가 밤마다 울고 오나이다."

하고 인하여 혈서 쓴 적삼을 내어 놓으니, 어사가 바라보매 놀라고 몸이 떨려 방성대곡하다가 이윽고 진정하여 주인더러 왈,

"내 과연 정 시랑이니, 사세여차(事勢如此)한즉 어찌 하리오? 내 불명하여 여자의 원(寃)을 끼치니 후일 반드시 앙화(殃禍)를 받으리로다."

유모 부처가 이 말을 듣고 반가움을 이기지 못하여 붙들고 방성대곡 왈,

"시랑 노야가 어찌 이곳에 오시니잇고?"

(나)

어사가 왈,

"어찌하면 낭자가 다시 살아날꼬?"

소저가 답 왈,

"첩을 살리려 하시거든 금성산 옥륜동을 찾아가 금성진인(金星眞人)을 보고 약을 구하여 오시면 첩이 회생하려니와 상공이 어찌 가 구하여 오심을 바라리잇고?"

어사가 기꺼 즉시 유모를 분부하여 행장을 차리라 하여, 유모 부처를 데리고 길에 올라 여러 날 만에 옥륜동에 이르러 기구한 산천을 넘어 도관을 찾되, 운무가 자욱하여 능히 찾을 길이 없는지라. 마음에 초조하여 두루 찾더니, 한 곳에 이르니 일좌(一座) 묘당(廟)이 있거늘, 들어가 보니 인적이 없어 티끌이 자옥하거늘, 두루 찾다가 하릴없어

도로 나오더니, 묘당 앞 큰 나무 아래 한 구슬 같은 것이 놓였으니, 빛이 찬란하고 향취가 옹비하거늘, 이상히 여겨 집어 몸에 감추고 이에 묘당을 떠나 유모 부처를 데리고 산과 고개를 넘어 두루 찾으니, 들어 갈수록 첩첩한 산중이요 능히 사람을 볼 길이 없는지라. 하릴없어 이에 산에서 내려와 촌점을 찾아 밤을 지내고, 익주로 돌아와 소저 빈소로 들어가니, 소저가 반겨 왈,

"상공이 약을 구하여 오시니잇가?"

어사가 답 왈,

"슬프다. 약도 못 얻어오고 다만 행력만 허비하니이다."

소저가 왈,

"상공의 몸에 기이한 광채가 비치니, 무엇을 길에서 얻지 아니하시니잇가?"

어사가 왈,

"이상한 ⊙구슬이 있기로 가져오니이다."

소저가 왈,

"그것이 회생하는 구슬이니 첩이 살 때로소이다."

하고 다시 말을 않으니, 어사가 그 구슬을 소저의 옆에 놓고 소저와 동와(同臥)하여 자다가 놀라 깨니 동방이 밝았는지라.

일어나 보니 구슬 놓였던 곳에 살이 연지빛같이 내살았거늘, 그제야 신기히 여겨 유모를 불러 뵈고, 구슬을 소저의 몸에 구을리니, 불과 하룻밤 사이에 살이 윤택하여 붉은 빛이 완연하고 옛 얼굴이 새로운지라. 반김을 이기지 못하여 익주자사에게 약을 구하여, 일변 약물로 몸을 씻기고 약을 먹이니, 자연 환생(還生)하여 인사를 차리는지라.

- 「정을선전」

* 자처(自處) : 자결(自決)과 유사한 의미임

―――――――――― 〈작성 방법〉 ――――――――――

○ (가)에서 유 소저가 원혼이 된 이유를 노씨의 행위, 정 시랑의 행위를 중심으로 각각 서술할 것
○ ⊙의 기능을 유 소저와 정 시랑의 입장에서 각각 서술하되, (나)에 제시된 등장인물의 말을 인용하여 쓸 것

예상 답안

1.
유 소저가 원혼이 된 이유는 노씨의 행위에서 유 소저의 행복을 시기하여 노태라는 인물을 매수해 혼사를 방해했기 때문이며, 정 시랑의 행위 면에서 노씨의 흉계를 모르고 유 소저를 오해하여 결혼 중에 돌아가 버렸기 때문이다.

🚨 두 번째 문제 조건에 대한 답은 아래와 같이 두 가지 예상답안으로 제시할 수 있다.

2.
(1) ⊙의 기능은 유 소저의 대화의 "그것이 회생하는 구슬이니 첩이 살 때로소이다."에서 유 소저에게는 회생하여 한을 푸는(= 사랑을 성취하게 하는) 기능이 있고, 정 시랑의 대화의 "어찌하면 낭자가 다시 살아날꼬?"에서 정 시랑에게는 유 소저를 살려 과거 자신의 잘못을 바로잡는 기능이 있다. (각각의 대화)

(2) ⊙의 기능은 유 소저의 대화의 "그것이 회생하는 구슬이니 첩이 살 때로소이다."에서 유 소저에게는 회생하여 한을 푸는(= 사랑을 성취하게 하는) 기능이 있고, 정 시랑에게는 유 소저를 살려 과거 자신의 잘못을 바로잡는 기능이 있다. (유 소저의 대화)

문제해설

고전소설에서 사건 전개 및 사건이 지닌 의미를 파악하는 문제와 문제 해결의 의미를 지닌 제재(모티프)의 기능을 파악하는 문제이다. 첫 번째 문제 조건은 지문 내용을 통해 파악하는 단순한 문제이다. 두 번째 문제 조건에서 ⊙의 기능을 파악하는 것은 두 인물의 말을 각각 제시하는지, 등장인물의 말을 하나만 제시하는지에 따라 복수 답안이 있을 수 있는데 그 기능은 같다. 이 문제도 이견으로 제시해 보면 좋을 듯하다.

작품 관련 배경지식

정을선전

(1) 핵심 정리
- ▷ **갈래** 고전 소설, 가정 소설(계모형 + 쟁총형)
- ▷ **성격** 통속적, 교훈적, 전기적
- ▷ **주제** 봉건 가족 제도의 구조적 모순으로 인한 가족 간의 갈등과 그 해결
- ▷ **특징** 정 소설로, 전반은 남녀 주인공들의 결연, 중반은 계모와의 갈등, 후반은 남편을 둘러싼 부인들의 쟁총(爭寵)으로 구성되어 있다.

(2) 줄거리

명나라 가정연간(嘉靖年間) 경상좌도 계림부 자산촌에 정진희라는 재상과 부인 양씨가 혈육이 없어 근심하던 중 을선이라는 아들을 낳으니, 용모와 재질이 뛰어났다. 또한, 익주 땅에 유한경이라는 재상이 노씨라는 후처와 딸 추연을 데리고 살았는데, 유 재상의 회갑 때 정 재상이 을선을 데리고 놀러왔다가 을선이 그네 뛰는 추연을 보고는 집에 돌아와 상사병이 든다. 이 사정을 안 정 재상이 청혼하니 유공 또한 기뻐하여 혼약하고, 을선은 과거에 나아가 장원급제한다. 드디어 추연의 집에서 혼례를 올리고 첫날밤을 맞게 되자 계모 노씨가 이를 시기한 나머지 자기의 사촌오빠를 시켜 추연의 간부(姦夫)로 자처하게 하였다. 을선으로 하여금 추연을 의심하게 하고는 그날밤으로 자기집으로 돌아가버리게 하였다.

아연실색한 추연이 변명도 못한 채 울다가 죽으니 근처에 가는 사람이 모두 죽고, 추연의 혼령이 나타나 울면 그 울음소리를 듣는 모든 사람이 죽었다. 유공 또한 죽고 그 마을은 폐촌이 되었으며, 오직 추연의 유모만이 남아 있었다. 익주가 폐촌이 되었다는 상소를 받은 상이 을선을 보내자, <u>을선이 유모에게서 자초지종을 듣고 그제야 자기의 불찰을 깨달았다. 을선은 추연의 혼령이 시키는 대로 금성산에 가서 신기한 구슬을 얻어와 방 안에 있는 추연의 시신에 놓아 그녀를 회생시켰다.</u> 을선이 추연을 충렬부인으로 봉하여 원비로 삼고 사랑하니, 을선과 먼저 혼인하였던 초왕 딸 정렬부인이 이것을 시기하였다.

을선이 출정한 사이에 정렬부인이 남장한 시비를 보내어 충렬부인을 오해받게 하니, 시어머니가 이를 알고 대노하여 충렬부인을 죽이려 하였다. 시비의 도움으로 겨우 살아난 충렬부인은 지함에서 혼자 아들을 낳고 사경에 이르게 되었다. 을선이 이 소식을 듣고는 황급히 돌아와 진상을 밝혀 내고, 정렬부인을 사사(賜死)하였다. 그리고 충렬부인과 아들을 구하여, 이후로 부귀영화를 누리게 되고 부부가 같은 날 같은 때에 죽었다.

[출처: 한국민족문화대백과사전(정을선전(鄭乙善傳))]

(3) 감상

작자, 창작연대 미상의 조선 시대 때의 계모형 소설로, 계모의 학대 속에서 고난을 겪는 유추연과 정을선의 파란만장한 사랑을 그린 작품이다. 지리적인 배경은 한국이지만 시대·관직명·지명 등이 중국과 혼동되어 전체적인 통일성이 없다. 경상좌도 계림부(鷄林府)에 사는 정재상의 만득자(晩得子) 을선과 익주(翼州) 출생으로 계모의 학대 속에 자라난 유상서(兪尙書)의 딸 추연(秋年)과의 파란 많은 애정을 그리고 있다. 여인들의 시기와 질투에서 빚어지는 비극을 묘사한 가정소설인데, 초반에는 계모의 학대를 그렸고, 후반에는 일부다처의 생활에서 파생되는 비극(유·조 두 부인의 쟁총(爭寵))을 다루고 있다.

이 작품의 구조는 [남녀 주인공의 결연-계모와의 갈등-남편을 둘러싼 부인들의 쟁총]으로 구성되어 있다. 특히 전처 소생과 후처 사이의 갈등과 처와 첩 사이의 갈등이라는 가정소설의 대표적인 갈등 구조를 모두 담고 있다는 점이 두드러지는 특징이다.

아울러 이 작품의 성격을 통속적 가정소설이라고 규정하기도 하는데, 이는 17세기 말에 등장한 흥미 중심의 가정 소설들을 통칭하는 말이다. 초기 가정 소설은 가문의 존속과 번영이라는 주제의식이 매우 강조된다(사씨 남정기, 창선감의록). 이러한 소설에서는 가문을 위협하는 상황이나 세력에 대항하고, 가문을 지켜나갈 가장의 능력을 문제 삼으며, 그들이 처첩 관계에서 지녀야 할 태도 등을 강조한다. 그러나 통속적 가정소설은 초기 가정소설에 비해 흥미 위주의 내용이 주를 이룬다. 비현실성이 강화되는 모습을 보이며, 인물의 행위가 구체적 원인 없이 이루어지거나 초현실적 경험이 부각된다. 아울러 충격적인 사건의 연결을 통해 독자에게 흥미를 주는 것을 목표로 삼는다.

〈정을선전〉은 조선조 후기에 쓰여진 소설이다. 분량으로 보면 단편 소설이면서도 스토리 전개와 내용의 다양함에 있어서는 장편 소설이 갖고 있는 복합적인 구성으로 짜여져 있다. 단편 소설은 흔히 단일 구조를 가지고 스토리가 전개되는데, 기승전단, 그리고 행복한 결단으로 맺어지는 것이 일반적이다. 이 소설이 장편 소설적인 구성으로 짜여져 있다는 것은 3대

에 걸쳐 등장 인물의 사건이 진행되고 있기 때문이다.

　주인공 정을선의 가정을 중심으로 부모, 주인공, 그리고 주인공의 아들 귀동과 중민 이렇게 3대에 이르러 입신 출세하고 혼인을 하는 내용을 담고 있다. 이에 따라 조연으로 등장하는 주변 인물들도 타 고소설에 비해 비교적 다수가 등장하고 있다. 대부분의 고전소설은 주인공의 출생담을 발단으로 하여 말년에 이르기까지의 일대를 서술한 전기적 구성으로 되어 있다. 〈정을선전〉은 여러 사건들을 연속적으로 합성시킴으로써 흥미 있는 이야기들을 종합적으로 수용하고 있으며, 이러한 합성적 성격에 대해서는 여러 논자들이 널리 인정을 하고 있다. 계모형에 처첩형 또는 쟁총형이라는 두 개의 다른 소재 유형이 결합된 것이라는 지적이 주를 이루고 있다. 그리고 〈정을선전〉의 갈래적 성격에 대해서는 다소 차이는 있지만, 계모형 소설의 성격을 가장 많이 가지고 있는 것으로 보는 경향이 지배적이다.

6. 2019년 서술형 문제

2019 A   감상능력 - 작품의 정서 / 작품 내의 소통구조 (화자-청자의 소통 양상)

10. (가), (나)의 시적 소통 구조의 특징을 〈작성 방법〉에 따라 서술하시오. [4점]

(가)
大同江 아즐가 大同江 너븐디 몰라셔
위 두어렁셩 두어렁셩 다링디리
빈 내여 아즐가 빈 내여 노흔다 샤공아
위 두어렁셩 두어렁셩 다링디리
네 가시 아즐가 네 가시 럼난디 몰라셔
위 두어렁셩 두어렁셩 다링디리
녈 비예 아즐가 녈 비예 연즌다 샤공아
위 두어렁셩 두어렁셩 다링디리
大同江 아즐가 大同江 건넌편 고즐여
위 두어렁셩 두어렁셩 다링디리
빈 타 들면 아즐가 빈 타 들면 것고리이다 나는
위 두어렁셩 두어렁셩 다링디리

- 서경별곡 -

(나)
어와 벗님네야 이 내 말삼 들어보소
인생 천지간에 그 아니 느껴온가
평생을 다 살아도 다만지 백년이라
하물며 백년이 반듯기 어려우니
백구지과극(白駒之過隙)이요 창해지일속(滄海之一粟)이라
역려건곤(逆旅乾坤)에 지나가는 손이로다
빌어온 인생이 꿈의 몸 가지고서
남아(男兒)의 하올 일을 역력히 다 하여도
풀끝에 이슬이라 오히려 덧업거든
어와 내 일이야 광음을 혜여보니
반생이 채 못 되어 육육(六六)에 둘이 업네
이왕 일 생각하고 즉금(卽今) 일 혜아리니 번복도 측량업다
… (중략)…
마른 섭흘 등에 지고 열화(烈火)에 들미로다
재가 된들 뉘 탓이리 살 가망 업다마는
일명(一命)을 꾸이오셔 해도(海島)에 보내시니
어와 성은이야 가지록 망극하다
강두(江頭)에 배를 대어 부모 친척 이별할 제
슬픈 눈물 한숨 소리 막막수운(漠漠愁雲) 머무는 듯
손잡고 이른 말삼 조히 가라 당부하니
가삼이 막히거든 대답이 나올소냐
… (하략)…

- 안도환, 만언사 -

―――――――――――――――――― 〈작성 방법〉 ――――――――――――――――――
◦ (가), (나)의 시적 화자의 주된 정서를 쓰고, 그 정서를 표현하는 데 현상적 청자가 어떤 역할을 하는지를 각각 서술할 것. (단, 각각의 현상적 청자를 명시할 것.)

예상 답안

(가)의 화자의 주된 정서는 '원망, 불신'이고, (나)의 화자의 주된 정서는 '후회, 반성'이다.
(가)의 현상적 청자 '사공'은 시적화자가 님에 대한 '원망, 불신'의 정서를 사공을 통해 우회적으로 드러내는 역할을 하고, (나)의 현상적 청자 '벗님네'는 시적화자가 자신이 저지른 잘못에 대한 '후회, 반성'의 정서를 같이 벼슬했던 사람들에게 더욱 호소력 있게(=간절하게) 전달하는 역할을 한다.

문제해설

이 문제는 문학 감상능력에서 작품의 정서를 찾고, 작품 내의 소통구조 중 현상적 청자가 어떤 역할을 하는지 묻는 문제이다. 작품의 정서를 찾으려면 먼저 시적화자 및 시적화자의 상황에 대한 이해가 필요하고, 그것을 바탕으로 현상적 청자와의 관계를 고려할 수 있다.
(가)의 정서는 쉽게 드러나는데, (나)의 정서는 작품의 내용을 잘 모르면 '억울함' 등으로 잘못 파악할 수 있는데, (나)의 중략 아래 부분에서 자신의 과오를 인정하고 있으므로 '억울함' 등의 정서가 아니다.
이 문제와 같이 시(시가)에서 시적화자를 현상적 화자, 숨은 화자로 나누고, 시적 청자를 현상적 청자, 숨은 청자로 나누어 이해하는 문제는 시의 소통구조를 이해하는데 필요하며, 앞으로도 다양한 문제로 출제될 수 있다.

문제 관련 배경지식

안도환 「만언사」

(1) 핵심정리
▷ 갈래 가사, 유배가사
▷ 성격 사실적, 애상적, 한탄적
▷ 표현 양반들의 점잖음이 아닌, 눈앞의 현실과 고충을 숨김없이 드러내는 어조를 사용함
▷ 주제 간난신고(艱難辛苦)의 유배 생활과 잘못을 뉘우치는 애절한 심정
▷ 의의 김진형이 지은 장편 유배가사인 「북천가」와 쌍벽을 이루는 장편 유배 가사

(2) 감상
유배 가사의 하나로 「사고향(思故鄕)」이라고도 한다. 조선 정조 때 대전별감이었던 안조환이 주색에 빠져서 국고금을 축낸 죄로 추자도로 귀양 가서 추위와 굶주림에 시달리며 자신이 지은 죄를 눈물로 회개하는 내용을 읊었다. 조위의 「만분가」, 김진형의 「북천가」 등과 아울러 유배 문학에 속하는 가사지만, 자신의 체험과 감정을 고스란히 표현한 사실적인 작품이며, 총 3종의 필사본이 전해지고 있는데 모두 한글로 쓰였다.
이 작품은 작자의 체험과 감상을 사실적인 표현으로 기술했다는 점에서 높은 평가를 받고 있다. 작자는 당파 싸움과 같은 정치적 상황으로 인해 유배당한 것이 아니라 개인적인 잘못으로 유배되었기 때문에 유배 생활의 억울함이나 연군지정보다는 유배 생활의 고통을 사실적으로 드러내는 데에 치중했다. 이 과정에서 사대부로서의 체면을 차리기보다는 자신이 처한 고난과 궁핍을 생생하게 묘사했으며, 서민이나 부녀자들이 썼음직한 표현으로 절절하게 신세 한탄을 하는 등 평민적 사실성을 드러내고 있다.
이 작품은 어머니 상을 당한 후부터 유배지로 가는 노정과 그 느낀 바, 유배지에서의 고통을 묘사하고 있는데, 이 작품이 서울에 전해지자 궁녀들이 읽고 눈물을 흘리지 않은 이가 없고, 이로 인하여 유배지에서 곧 소환되었다고 한다. 김진형이 지은 「북천가」와 더불어 유배 가사의 쌍벽을 이루며 연군적 서정성이 약화된 반면 유배 생활에서 느끼는 슬픔과 분노가 보다 구체적으로 형상화되었다. 여러 필사본이 전하며, 그에 따라 작자가 안조환, 안도환 등으로 기록되어 있다.
「만언사」라는 주가사와 「만언사답(만언답사)」, 「사부모」, 「사처」, 「사자」, 「사백부」로 구성되어 있고, 어둡고 힘든 유배 생활에서 겪었던 고생담을 사실적으로 묘사하고 있으며, 죄를 뉘우치는 애절한 심정을 노래하고 있다.

시적 화자 및 상황

- 2018년 기입형 A13 참고

2019 A   소설의 구성요소 - 사건(사회문화적 맥락) / 문학사적 맥락 - 1930년대 소설 유파의 특징

13. 〈보기〉는 (가)와 (나)를 문학사적 맥락에서 설명하기 위해 강 교사가 작성한 수업 자료이다. 〈보기〉를 참조하여 수업 내용을 〈작성 방법〉에 따라 서술하시오. [4점]

(가)

[앞의 줄거리] 극심한 취업난 속에서 대학을 졸업한 P는 신문사의 K사장에게 취직을 부탁하러 갔다가 거절당한다. K사장은 채용을 거절하기 위한 방편의 하나로 P에게 농촌 운동을 해 보라고 권유한다. 뚜렷한 목표나 실행 의지도 없이 겉으로만 농촌 운동 운운하며 선각자연하는 K사장에게 불쾌감을 느끼며 P는 거리로 나선다.

P는 포켓 속에 손을 넣고 잔돈과 지폐를 섞어 3원 남은 돈을 만지작거렸다. 그러면서 왼편 손으로는 손가락을 꼽아가며 3원을 곱쟁이 쳐 보았다.

6원 12원 24원 48원 96원 192원. 8원 모자라는 2백 원…… 4백 원 8백 원 1천 6백 원 3천 2백 원 6천 4백 원 1만 2천 8백 원. 8백 원은 떼어 버리고 2만 4천 원 4만 8천 원 9만 6천 원 19만 2천원 38만 4천 원 76만 8천 원 153만 6천 원……

3원을 18번만 곱집으면 153만 원이 된다. 153만 원 그놈이 있으면…… 이렇게 생각하매 어깨가 으쓱해졌다. 3원의 열여덟 곱쟁이가 150만 원이니 퍽 쉬운 일이다……

그놈만 있으면 백만 원을 들여서 50전짜리 16페이지 신문을 하나 했으면 위선 K 사장의 엉엉 우는 꼴을 볼 수가 있을 것이다.

그러나 아쉬운 대로 15만 원만 있어도 1만 5천 원 아니 1천 5백원만 있어도 아니 150원만 있어도 15원만 있어도 위선 방세와 전등 삯을 주고 한 달은 살아가겠다.

P는 한숨을 내쉬었다. 한 달? 한 달만 살고 나면 그담은 어떻게 하나?…… 그래도 몇백 원은 있어야지, 아니 몇천 원은, 아니 몇만 원은……

P는 늘 하는 버릇으로 이런 터무니없는 공상을 되풀이하였다.

그는 최근 이러한 공상을 하면서부터 취직을 시들하게 여겼다.

취직이 된댔자 사오십 원이나 오륙십 원의 월급이다. 그것을 가지고 빠듯빠듯 살아간들 무슨 아기자기한 재미가 있을 턱도 없는 것이다.

가령 근실히 해서 월괘저금(月掛貯金) 같은 것도 하고 집도 장만하고 여편네도 생기고 사장이나 중역들의 눈에 들어 지위도 부장쯤으로는 올라가고, 그리하여 생활의 근거도 안정이 되고 하면 지금 같은 곤란은 당하지 아니하겠지만, 그러나 P에게는 아직도 젊은 때의 야심이 있어 그러한 고식된 안정이나 명색 없는 생활은 도리어 피하고 싶었던 것이다. 좀 더 남의 눈에 띄며 좀 더 재미있고 그리고 자유로운 생활 —

물론 그는 지금이라도 누가 한 달에 30원만 줄 테니 와서 일을 해 달라면 마치 주린 개가 고기를 보고 덤비듯이 덮어놓고 덤벼들 것이다. 그러나 속으로는 그와 판판으로 배포를 부리고 있는 것이다.

- 채만식, 레디메이드 인생 -

(나)

나는 그러나 그런 이불 속의 사색 생활에서도 적극적인 것을 궁리하는 법이 없다. 내게는 그럴 필요가 대체 없었

다. 만일 내가 그런 좀더 적극적인 것을 궁리해 내었을 경우에 나는 반드시 내 아내와 의논하여야 할 것이고 그러면 반드시 나는 아내에게 꾸지람을 들을 것이고 —나는 꾸지람이 무서웠다느니보다도 성가셨다. 내가 제법 한 사람의 사회인의 자격으로 일을 해 보는 것도, 아내에게 사설 듣는 것도. 나는 가장 게으른 동물처럼 게으른 것이 좋았다. 될 수만 있으면 이 무의미한 인간의 탈을 벗어 버리고도 싶었다.

…(중략)…

11시쯤 해서 하는 아내의 첫 번 세수는 좀 간단하다. 그러나 저녁 7시쯤 해서 하는 두 번째 세수는 손이 많이 간다. 아내는 낮에 보다도 밤에 더 좋고 깨끗한 옷을 입는다. 그리고 낮에도 외출하고 밤에도 외출하였다.

아내에게 직업이 있었던가? 나는 아내의 직업이 무엇인지 알 수 없다. 만일 아내에게 직업이 없었다면, 같이 직업이 없는 나처럼 외출할 필요가 생기지 않을 것인데— 아내는 외출한다. 외출할 뿐만 아니라 내객이 많다. 아내에게 내객이 많은 날은 나는 온종일 내 방에서 이불을 쓰고 누워 있어야만 된다. 불장난도 못한다. 화장품 냄새도 못 맡는다. 그런 날은 나는 의식적으로 우울하였다. 그러면 아내는 나에게 돈을 준다. 50전짜리 은화다. 나는 그것이 좋았다. 그러나 그것을 무엇에 써야 옳을지 몰라서 늘 머리맡에 던져두고 두고 한 것이 어느 결에 모여서 꽤 많아졌다. 어느 날 이것을 본 아내는 금고처럼 생긴 벙어리를 사다 준다. 나는 한 푼씩 한 푼씩 고 속에 넣고 열쇠는 아내가 가져갔다. 그 후에도 나는 더러 은화를 그 벙어리에 넣은 것을 기억한다. 그리고 나는 게을렀다. 얼마 후 아내의 머리 쪽에 보지 못하던 누깔잠이 하나 여드름처럼 돋았던 것은 바로 그 금고형 벙어리의 무게가 가벼워졌다는 증거일까. 그러나 나는 드디어 머리맡에 놓던 그 벙어리에 손을 대지 않고 말았다. 내 게으름은 그런 것에 내 주의를 환기시키기도 싫었다.

-이상, 「날개」

〈보기〉

- 1930년 소설사의 특징
  - 계몽주의 문학, 프로 문학과 같은 주류적 흐름이 약화되고 소설의 경향이 다양화됨.
- 주요 경향
  - 현실을 충실하게 재하려 한 장편소설
  - 가족사 소설, 역사 소설과 같이 양식 탐구를 보여 주는 소설
  - 한국 농촌의 풍속도를 그린 소설
    ㉠ 식민지 현실을 냉소적, 우회적으로 비판하는 소설
    ㉡ 실험적인 기법으로 근대 문명에 대한 회의를 드러내는 소설
  - 도시 소시민들의 세태를 관찰하고 묘사한 소설
  - 한국적인 정서와 토속적인 세계를 형상화한 소설

〈작성 방법〉

- (가), (나)에서 인물을 성격화하는 데 '돈'이 어떤 기능을 하는지 각각 서술할 것.
- (가)는 ㉠, (나)는 ㉡의 경향에 속하는 작품으로 볼 수 있는 근거를 서술할 것.

📒 **예상 답안**

(가)에서 P가 돈을 간절히 원하지만 한갓 공상에 그칠 뿐이어서 P가 경제적으로 궁핍한 상황을 잘 드러내고, (나)에서 나는 돈이 있지만 그것의 경제적 활용에 무관심하여 돈이 나의 무기력하고 실의에 빠진 상황을 잘 드러낸다.

(가)는 기능공을 양산하는 일제의 파행적인 교육정책과 그로인해 주인공 P가 실업자가 된 후 직장을 구하지 못해 실업자가 된 상황을 비판적으로 드러내어 ㉠의 풍자 소설에 해당되고, (나)는 일제 강점기 전도된(=왜곡된) 도시의 상황과 무기력하게 살아가는 지식인의 내면 심리를 의식의 흐름 기법으로 제시하여 식민지 근대화에 대한 회의를 드러낸 ㉡의 모더니즘 소설(=심리 소설, 초현실주의 소설)에 해당된다.

> 문제해설

이 문제는 소설의 구성요소 중 사회문화적 맥락 속에서 제재(사건)인 '돈'의 의미를 묻고, 이어서 1930년대 소설에서 '풍자 소설'과 '모더니즘 소설'의 특징을 작품을 근거로 파악하는 문제이다.

두 문제 모두 문제와 답이 명료하게 드러난다.

이 두 문제 역시 앞으로의 시험에 이와 유사한 유형으로 출제될 수 있으므로, 작품에서 제재나 사건이 지닌 의미를 잘 파악하도록 하고, 또한 현대문학사의 유파 또는 문학 경향에 대해서도 작품의 근거를 통해 설명할 수 있게 학습하도록 한다.

> 문제 관련 배경지식

1930년대 문학

1. 1930년대 문학의 특징

(1) 일제의 탄압으로 인하여 민족주의 세력은 순수문학을 지향하게 되었으며 좌익 세력은 크게 위축되었음 (1930년대 초의 문학적 특징과 1930년대 중·후반의 문학적 특징 구분)
(2) 일제의 탄압으로 KAPF 해산과 구인회 형성 및 해외문학의 영향으로 계급성이 퇴조하고, 순수성 옹호 분위기가 팽배했고, '무엇'에서 '어떻게' 문제로 관심이 이전되게 됨 → 문학이 언어예술임을 자각하여 「방법상 문제」임을 주장
(3) 1930년대에 이르러 다양한 조류로 문학적 경향 분화 → 문학의 현대성 확립

2. 1930년대 소설의 특징

(1) 카프의 해체로 인한 소설관의 변화 - 주제 의식이 약화되고 다양한 기법 추구
: 풍자 소설 (채만식, 김유정), 세태 소설 (박태원, 채만식), 농민 소설 (이광수, 심훈, 이무영, 김유정, 김정한, 이기영), 역사 소설 (이광수, 박종화, 홍명희)
(2) 장편 소설의 활발한 창작 : 현실에 대한 탐구와 인물 전형의 창조 예 염상섭, 채만식, 강경애, 이기영, 심훈
(3) 도시를 배경으로 지식인의 고뇌와 허탈감을 그린 심리소설 예 모더니즘 - 이상, 박태원, 이태준
(4) 농촌을 제재로 한 소설의 확산 : 브나로드 운동의 영향과 일제의 경제적 수탈의 강화로 농촌 현실에 대한 관심 고조
예 심훈 「상록수」, 김유정 「동백꽃」, 김정한 「사하촌」 등
(5) 인간의 운명이나 아름다움의 세계를 그린 순수 소설 예 김동리, 황순원, 이효석
(6) 역사 소설의 유행 : 일제의 검열을 피해 민족의식을 우회적으로 고취하려는 의도로 쓰인 것과 흥미 위주로 쓰인 것이 있음 예 김동인 「운현궁의 봄」, 박종화 「금삼의 피」, 현진건 「무영탑」 등
(7) 그 밖에 풍자 소설, 세태 소설 등 다양한 소설이 나타남
(8) 모윤숙, 강경애 등 여성 소설가의 등장

3. 1930년대 소설의 유파

(1) 문학관의 변화 : 카프 해산 후 주제 의식의 약화와 함께 순수 문학 지향
(2) 모더니즘 소설 (= 심리 소설, 내성 소설)
  ① 문명사에 대한 위기의식(자본주의 또는 발달된 산업사회(도시문명)의 여러 가지 모순)에 대한 비판 등 지적 인식을 중시하며, 기존의 관습, 가치, 도덕, 신념 등 일체의 권위를 거부하고 새로운 미의식을 추구했던 예술적 경향이다.
  ② 1930년대의 우리나라에서는 모더니즘이 지닌 위의 문제의식이 없었다.
  ③ 플롯을 중심으로 한 서사성이 약화되고, 주인공의 행동이나 의식이 환경과 단절된 채 상호작용하지 못하고, 개인의 심리나 내면 의식(위 ①의 내용)을 주로 드러내는 경우가 많다. : 심리주의 소설 → 플롯이 해체되고 내면 의식이 주도 (일반 소설은 외부 사건 위주, 그러나 모더니즘 소설은 내면 의식이 중심이 됨)
  ④ 임화는 이러한 소설을 '내성 소설'이라고 하여 사실주의와 구분했다.
  ⑤ 기존의 전통적 문학 수법에서 벗어나 다양한 형식과 다양한 기법의 실험이 나타났다.
  ⑥ 외국 모더니즘 소설과의 차이
    ㉠ 서구 모더니즘이 지닌 문제의식이 부족하다.
    ㉡ 모더니즘 소설의 주인공은 외부 환경과 반응하지 못하고 내면 의식에 집착하는데(외국도 마찬가지), 그 이유가 서양의 모더니즘은 발달된 산업 사회에서 나타난 삶의 양상을 드러낸 것인데, 1930년대의 우리나라 소설은 시대 상황(일제 강점기)으로 인해 외부 환경과 단절되었기 때문이다(이상의 경우).

⑦ 작품 : 이태준의 소설, 이상 「날개」, 박태원 「소설가 구보 씨의 일일」, 손창섭, 장용학, 오상원의 작품, 최인훈 「광장」, 김승옥의 작품, 이청준의 일부 작품, 조세희 「난쏘공」 등

(3) 풍자 소설
① 식민지 체제의 사회·경제적 탄압이 빚는 모순과 부조리를 일제의 강압 통치와 검열 때문에 직접적으로 드러내지 못하고 풍자를 통해 우회적으로 비판하는 소설이다.
② 채만식은 부조리한 시대 현실이나, 부정적 인물을 풍자함으로써 당대에서 무엇이 긍정적인 것이고 지향해야 할 것인가를 암시했다.
③ 현실의 모순을 인식했지만, 문제의 해결에서는 한계를 드러냈다.
④ 당시 '풍자 소설'에 대한 논의가 많았으나, 「태평천하」, 「치숙」 등 채만식의 작품과 「만무방」, 「봄·봄」 등 김유정의 작품이 성과가 있었다.

(4) 세태 소설 (= 풍속 소설)
① 1938년 임화가 「세태소설론」에서 지칭한 것으로 어떤 특정한 시기의 풍속이나 세태의 단면을 묘사하는 것을 목적으로 하는 소설이다.
② 인간 삶의 다양한 양상이나 풍속 등을 관찰하여 카메라처럼 보여준다. ('카메라의 눈' 기법)
③ 묘사되는 현실의 풍부함은 인정할 수 있으나, 소설을 세부 묘사의 부분적 집합체로 격하시킴으로써 전체성을 상실하고, 작가의 사상성과 미적 형식을 포기했다는 지적을 받는다.
④ 그래서 임화, 김남천 등은 사실주의 소설에 이르지 못한 부정적인 의미로 파악했다.
⑤ 작품 : 박태원 「천변 풍경」, 채만식 「탁류」의 후반부

(5) 역사 소설
① 일제의 강압 통치로 현실의 문제를 다루지 못하고, 과거의 역사적 사실을 소재로 다룬 소설이다.
② 일제의 검열을 피해 우회적으로 역사의식을 고취하였다. 예 홍명희 「임꺽정」
③ 현실에서 벗어나 흥미 위주의 내용을 다루었다. 예 이광수, 박종화

(6) 순수 소설
① 카프 이후의 현실적 정치적 내용을 배제한 소설 전반의 특성을 말하기도 한다.
② 또는 김동인의 유미주의의 맥을 이으면서 현실적 정치적 내용에서 벗어나 자연 친화의 내용이나 인간 삶의 원형(운명), 아름다운 것을 추구하는 내용을 담고 있다.
③ 작품 : 김동리의 소설, 이효석의 후기 소설, 황순원의 소설 등

(7) 농촌 소설
① 배경
  ㉠ 일제의 수탈 속 궁핍한 농촌 현실에 대한 관심
  ㉡ 브나로드 운동의 확산
  ㉢ 일제의 암묵적 동조 (농촌의 열악한 상황)
② 농촌 소설 : 넓은 의미로 농촌을 배경으로 한 소설
③ 농민 소설 : 농민을 주인공으로 하여 농민의 생활상과 시대 현실에 대한 농민의 의식의 각성이 나타나는 소설
  예 이무영·박영준의 소설, 김정한 「사하촌」, 이기영 「고향」

2019 B 사회·문화적 맥락(=시대상황) / 소설의 인물·사건

4. (가)와 (나)는 긴밀한 상호 텍스트성을 보여 주는 연작 소설이다. 두 작품의 의미 구조상의 연관성을 〈작성 방법〉에 따라 서술 하시오. [4점]

(가)

사람들은 아버지를 난장이라고 불렀다. 사람들은 옳게 보았다. 아버지는 난장이였다. 불행하게도 사람들은 아버지를 보는 것 하나만 옳았다. 그 밖의 것들은 하나도 옳지 않았다. 나는 아버지·어머니·영호·영희, 그리고 나를 포함한 다섯 식구의 모든 것을 걸고 그들이 옳지 않다는 것을 언제나 말할 수 있다. 나의 '모든 것'이라는 표현에는 '다섯 식구의 목숨'이 포함되어 있다. 천국에 사는 사람들은 지옥을 생각할 필요가 없다. 그러나 우리 다섯 식구는 지옥에 살면서 천국을 생각했다. 단 하루도 천국을 생각해 보지 않은 날이 없다. 하루하루의 생활이 지겨웠기 때문이다. 우리의 생활은 전쟁과 같았다. 우리는 그 전쟁에서 날마다 지기만 했다. 그런데도 어머니는 모든 것을 잘 참았다. 그러나 그날 아침 일만은 참기 어려웠던 것 같다.

"통장이 이걸 가져왔어요."

내가 말했다. 어머니는 조각 마루 끝에 앉아 아침 식사를 하고 있었다.

"그게 뭐냐?"

"철거 계고장예요."

… (중략)…

㉠ 형은 괴로운 표정을 지었다. 형은 언제나 나보다 생각이 깊었다. 아는 것도 많았다. 학교를 그만두자 더 많은 책을 읽었다. 아버지가 난장이만 아니었다면 형은 학자가 될 사람이었다. 형은 틈만 있으면 책을 읽었다. 나는 형을 위해 기계에서 돌아 나오는 인쇄물을 접어다 주고는 했다. 아주 어려운 것도 형은 참고 읽었다. 돈을 타면 헌책방에 가서 사다 읽기도 했다. 책은 형에게 무엇이든 주었다. 형은 고민하는 사나이의 표정을 종종 지어 보이고는 했다. 내가 이해할 수 없는 것들을 공책에 옮겨 적기도 했다. 형의 공책에는 다음과 같은 것들도 적혀 있었다.

'폭력이란 무엇인가? 총탄이나 경찰 곤봉이나 주먹만이 폭력이 아니다. 우리의 도시 한 귀퉁이에서 젖먹이 아이들이 굶주리는 것을 내버려 두는 것도 폭력이다. / 반대 의견을 가진 사람이 없는 나라는 재난의 나라이다. 누가 감히 폭력에 의해 질서를 세우려는가? / 십칠 세기 스웨덴의 수상이었던 악셀 옥센스티르나는 자기 아들에게 말했다. "얘야, 세계가 얼마나 지혜롭지 않게 통치되고 있는지 아느냐?" 사태는 옥센스티르나의 시대 이래 별로 개선되지 않았다. / 지도자가 넉넉한 생활을 하게 되면 인간의 고통을 잊어버리게 된다. 따라서 그들의 희생이라는 말은 전혀 위선으로 변한다. 나는 과거의 착취와 야만이 오히려 정직하였다고 생각한다. / 햄릿을 읽고 모차르트의 음악을 들으면서 눈물을 흘리는 (교육받은) 사람들이 이웃집에서 받고 있는 인간적 절망에 대해 눈물짓는 능력은 마비당하고 또 상실 당한 것은 아닐까? / 세대와 세기가 우리에게는 쓸모도 없이 지나갔다. 세계로부터 고립되었기 때문에 우리는 세계에 무엇 하나 주지 못했고, 가르치지도 못했다. 우리는 인류의 사상에 아무것도 첨가하지 못했고…… 남의 사상으로부터는 오직 기만 적인 겉껍질과 쓸모없는 가장자리 장식만을 취했을 뿐이다. / 지배한다는 것은 사람들에게 무엇인가 할 일을 준다는 것, 그들로 하여금 그들의 문명을 받아들이게 할 수 있는 일, 그들이 목적 없이 공허하고 황량한 삶의 주위를 방황하지 않게 할 어떤 일을 준다는 것이다.'

- 조세희, 「난장이가 쏘아올린 작은 공」 -

(나)

아버지가 왜 그 따윌 생각해야 된단 말인가. 아버지가 바쁜 사람이라는 것, 그리고 아버지에게는 그런 것 말고도 계획하고, 결정하고, 지시하고, 확인할 게 수도 없이 많다는 것을 작은 악당은 몰랐다. 발육이 좋지 못해 우리보다 작고 약하지만 그 작은 몸 속에 모진 생각들만 처넣고 사는, 이런 부류들을 ㉡ 나는 잘 알고 있었다. 그들은 우리가 남다른 노력과 자본·경영·경쟁·독점을 통해 누리는 생존을 공박하고, 저희들은 무서운 독물에 중독되어 서서히 죽어 간다고 단정했다. 그 중독 독물이 설혹 가난이라 하고 그들 모두가 아버지의 공장에서 일했다고 해도 아버지에게 그 책임을 물어서는 안 되었다. 그들은 저희 자유의사에 따라 은강 공장에 들어가 일할 기회를 잡았던 것과 마찬가지로 언제나 마음대로 공장 일을 놓고 떠날 수가 있었다. 공장 일을 하면서 생활도 나아졌다. 그런데도 찡그린 얼굴을 펴 본 적이 없다. 머릿속에는 소위 의미 있는 세계, 모든 사람이 함께 웃는 불가능한 이상 사회가 들어 있었다. 그래서 늘 욕망을 억누르고, 비판적이며, 향락과 행복을 거부하는 입장을 취하고는 했다. 이상에 현실을 대어 보는 이런 종류의 엄숙주의자들은 생각만 해도 넌더리가 났다. 그중의 하나가 이제 살인까지 했는데 변호인은 그를 살려내기 위해 그와 같은 종류의 인간을 증인으로 불러냈다. 한지섭이었다. 그가 증언대로 올라가 양심에 따라 숨김과 보탬이 없이 사실 그대로 말하고 만일 거짓이 있으면 위증의 벌을 받기로 맹세한다고 했을 때, 나는 그가 조금 큰 악당이라는 것을 직감으로 알았다. 남쪽 공장에서 올라왔다는 그는 손가락이 여덟 개밖에 안 되었다. 아버지의 공장에서 두 개를 잃었을 것이다. 콧등도 다쳐 납작하게 내려앉았고, 눈밑에도 상처가 있었다. 나는 처음부터 그의 말을 듣지 않기로 했다. 증인으로 나온 사람에게 손가락이 여덟 개밖에 없다는 것 자체가 기분 나빴다. 잃은 두 개가 사물에 대한 그의 이해에 끼쳤을 영향을 나는 생각했다. 그는 객관적인 눈까지 잃었다. 나는 눈을 감았다.

- 조세희, 「내 그물로 오는 가시고기」 -

─────── 〈작성 방법〉 ───────

◦ ㉠이 ㉡의 계층에 결여되었다고 생각하는 자질을 (가)에서 찾아 쓰고, ㉡이 ㉠의 계층에 결여되었다고 생각하는 자질을 (나)에서 찾아 쓸 것.
◦ 가난에 대한 ㉠과 ㉡의 인식의 차이를 본문의 표현을 활용하여 서술할 것.

예상 답안

㉠형이 ㉡자본가 계층에게 결여되었다고 생각하는 자질은 '인간적 절망에 눈물짓는 능력'이고, ㉡나가 ㉠노동자 계층에게 결여되었다고 생각하는 자질은 '남다른 노력과 자본·경영·경쟁·독점' 등의 자질이다.

가난에 대해 ㉠형은 도시의 한 귀퉁이에서 굶주리는 것을 내버려두는 것은 폭력이라고 하여 사회적 모순(문제)으로 인식하고, ㉡나는 중독 독물이라고 하면서 자유의사에 따른 선택이라고 하여 개인의 문제(책임)로 인식하고 있다.

문제해설

이 문제는 조세희의 소설 두 편을 바탕으로 문학일반 '사회·문화적 맥락(=시대상황)'과 현대 소설 구성요소 '소설의 인물·사건' 등을 묻는 문제이다.

주의할 것은 첫 번째 문제는 인물이 아니라 그 인물이 속한 계층과 관련 있으므로 계층과 관련된 내용으로 답을 써야 한다는 점이고, 두 번째 문제는 인물의 인식의 차이이므로 각 인물의 인식에 해당하는 부분을 찾아 답을 써야 한다는 점이다.

이 두 문제 역시 앞으로의 시험에 이와 유사한 유형으로 출제될 수 있으므로, 작품에서 등장인물이 살고 있는 사회문화적 맥락을 잘 파악하도록 하고, 또한 그러한 사회문화적 맥락을 바탕으로 인물들의 의식이나 행동을 파악할 수 있도록 한다.

문제 관련 배경지식

난장이가 쏘아올린 작은 공

1. 핵심 정리

▷ 갈래 단편 소설, 연작 소설, 사실주의 소설
▷ 성격 사회비판적, 사회고발적, 은유적, 우화적
▷ 시점 1인칭 주인공 시점(각각 영수·영호·영희의 시점에서 서술됨)
▷ 문체 단문형 문체
▷ 배경 ① 시간 : 산업화가 한창이던 1970년대
         ② 공간 : 서울 재개발 지역
▷ 구성 세 부분으로 나뉘어져 있으며, 각각 영수와 영호, 영희의 시각으로 서술되는 복합적 구성
▷ 주제 도시 재개발 뒤에 숨은 소시민들의 고통과 좌절

2. 감상

이 작품은 도시 빈민의 궁핍한 생활과 자본주의 모순 속에서 노동자의 현실적 패배가 어떠한 방식으로 진행되는지 적나라하게 보여 주고 있는 소설이다. 같은 제목의 연작 열두 편 중에 대표작이라 할 수 있는 이 소설은 특히 1970년대 한국 소설의 기념비적 예광탄이라고 평가되는 작품이다. 이 글에 주인공으로 등장하는 도시 노동자의 여러 문제는 우리 사회가 당면한 엄연한 현실이다. 개발이라는 명목으로 철거되는 삶의 터전, 최저 생계비에도 못 미치는 임금 수준, 열악한 작업 환경, 가진 자의 억압과 술책 등 당시 사회의 모순을 짊어진 한 전형이다. 작가는 난쟁이 일가로 대변되는 가난한 소외 계층과 공장 근로자들의 삶의 조건과 모습을 파헤침으로써 70년대 이 사회의 가장 핵심적인 문제였던 우리의 노동 현실을 적나라하게 폭로하고 있다. 여기에 과거와 현재의 중첩(重疊), 환상적인 분위기의 조성, 시점의 잦은 이동 등의 기법적 새로움과 함께 서정적인 아름다움까지 보여 준다. 그리고 이 글의 결말은 난쟁이 일가의 패배로 끝난다. 아마도 그들은 그렇게 계속 살아갈 것이다. 그러나 영희의 절규는 더 이상은 '난쟁이'로 남지 않겠다는 강한 의지를 드러내고 있다. 영희는 '거인'을 꿈꾸고 있는 것이다.

3. 이 작품의 대립 구조

'난쟁이'로 표상되는 소외 계층이 주변부(공간적으로는 도시 외곽 철거민촌, 계층적으로는 비숙련 공장 노동자)로 밀려나 겪게 되는 비참한 생활상과 가진 자의 화려하고 타락한 생활상이 맞서 있는 이분법적 대립 구조 사이에 소시민의 회의와 방황 그리고 의식적 자각이 끼어 있는 것이 이 작품의 기본 구도이다. 하지만 '불안'과 '피로'에 짓눌린 소시민의 가정의 설정은 '가진 자 ↔ 못 가진 자'의 대립 구도를 확인하고 그 모순을 더욱 선명히 하기 위한 것이기에 부차적인 의미만을 지닐 뿐이다. 이 같은 이분법적 대립 구조는 70년대 한국 사회를 '착취 ↔ 피착취'라는 이분법으로 파악한 것인데, 이처럼 단순한 현실 인식을 받쳐주는 것은 '뫼비우스의 띠(3차원)', 안이 밖이고 바깥이 곧 안인 '클라인씨의 병(4차원)'이 암시하듯, 그 잘못된 구조 속에서 사는 우리는 모두 신조차도 예외없이 죄인이라는 강렬한 윤리관이다. 이러한 윤리관은 모든 등장 인물이 '가진 자 - 못 가진 자'의 대립 관계와 그 모순을 드러내는 역할을 맡는 것으로 설정되어 있음에서 분명히 드러난다.

내 그물로 오는 가시고기(조세희)

1. 핵심 정리

- 갈래 단편 소설, 연작 소설, 사회 소설
- 성격 사회고발적, 비판적
- 배경 ① 시간 : 1970년대
   ② 공간 : 은강시
- 시점 1인칭 주인공 시점(은강 그룹 회장 아들(경훈)의 시점)
- 표현 <u>자본가의 입장에서 노사문제를 바라봄으로써 그들의 위선과 잘못된 사고방식을 보여줌</u>
- 주제 자본가 계급의 비윤리성 비판과 노동자들의 비참상 고발

2. 줄거리

숙부를 은강 그룹의 회장으로 착각한 공원의 칼에 맞아 숙부는 죽었다. 사촌은 미국에서 아버지의 장례식에 참석하기 위해 왔다가 '나'(은강 그룹 경영주 아들 경훈)와 함께 법정에 참석한다. 범인은 은강 방직 기사로 일하던 난쟁이 가족 큰아들이었다. 사람이 죽은 엄연한 사실을 갖고 변호인 측은 은강 그룹 회장이 노동자의 억압의 중심 위치에 있었기 때문에 죽여야 했다는, 부정한 사회를 바로잡기 위해 어쩔 수 없었다는 투사적 논리까지 펴나간다. 변호인 측 증인으로 등장한 손가락이 여덟 개뿐이 없는 지섭은 난쟁이의 큰아들은 이상을 펴려다 고생을 했으며 지금도 난쟁이 큰아들과 자신이 상대하고 있는 것은 집단이 아니라 인간이라는 논리를 편다. 마음 약한 사촌은 그들의 논리에 열심히 귀 기울이고 무엇이 사실인가를 나에게 설명한다. 공판은 끝나고 사촌형은 떠났다. 재판 결과는 난쟁이 큰아들에게는 사형이 선고됐다. 재판이 진행되는 동안 기대를 품었던 공원들은 혼란과 착각에 빠졌고 재판에 승소할 것처럼 기세 등등하던 변호인은 낙담했다. 이번 일로 나는 공원들의 행복과 부모님이 내게 주신 사랑에 대해 다시 한번 생각해 본다.

3. 감상의 길잡이

「내 그물로 오는 가시고기」는 『난장이가 쏘아올린 작은 공』의 연작 12편 중 11번째 번에 해당하는 소설로, 영수가 은강 그룹 회장의 동생을 살해한 뒤의 이야기이다.

이 작품은 은강 그룹 회장의 손자인 경훈의 시점으로 이야기를 전개함으로써 경훈으로 대표되는 자본가의 비윤리성과 부도덕성, 자본가와 노동자 계급의 화해 불가능성 등을 역설적으로 드러내고 있다. 이것은 특히 경훈의 아버지가 "우리에겐 지켜야 할 게 많아"라고 말하는 대복과 경훈이 노동자들을 보면서 '나이보다 작은 몸뚱이에 감춘 적의와 오해 때문에 제대로 자라지 못할' 아이들이라고 단정하는 것 등에서 잘 드러난다.

소설의 마지막 대목에서 경훈이 꾸는 그물과 가시고기의 꿈 역시 마찬가지이다. 그물과 가시고기의 관계는 자본가와 노동자의 관계를 상징적으로 보여준다. 둘은 먹고 먹히는 관계이며, 생존을 위해서는 서로 대립하고 투쟁할 수밖에 없다. 이 점에서 "사랑으로 얻을 수 있는 것은 하나도 없었다."는 경훈의 의식은 이러한 관계에서 비롯되는 자연스러운 귀결이라 할 것이다.

4. 주요 내용

01. 시점

이 소설은 경훈이라는 은강 그룹의 세 아들 중 막내아들의 시점에서 서술된다. 그렇지만 절대 부유층의 이야기는 아니다. 이야기의 전체적 내용은 가난한 노동자들의 이야기이고 그런 그들이 돈에 억압되어 몸부림치는 이야기라 할 수 있다. 영수라는 난쟁이의 큰 아들이 은강그룹의 횡포에 의해 소설의 화자인 아버지를 죽이려다 숙부를 죽이고 재판을 받는 과정 그리고 그런 그들을 바라보는 화자의 관점이 이 소설의 흐름이다.

02. '그물'과 '가시고기'의 관계

그물과 가시고기의 관계는 자본가와 노동자의 관계를 상징적으로 보여준다. 둘은 먹고 먹히는 관계이며, 생존을 위해서는 서로 대립하고 투쟁할 수밖에 없다.

2019 B 　현대시 구성요소 - 시적화자의 상황과 시적화자의 태도 및 어조

5. (가), (나)의 문제 상황과 그에 대한 시적 화자의 태도를 〈작성 방법〉에 따라 서술하시오. [4점]

(가)
푸른 하늘을 제압하는
노고지리가 자유로왔다고
부러워하던
어느 시인의 말은 수정되어야 한다

자유를 위해서
비상하여 본 일이 있는
사람이면 알지
노고지리가
무엇을 보고
노래하는가를
어째서 자유에는
피의 냄새가 섞여 있는가를
혁명은
왜 고독한 것인가를

혁명은
왜 고독해야 하는 것인가를

- 김수영, 「푸른 하늘을」 -

(나)
누가 하늘을 보았다 하는가
누가 구름 한 송이 없이 맑은
하늘을 보았다 하는가.

네가 본 건, 먹구름
그걸 하늘로 알고
일생을 살아갔다.

네가 본 건, 지붕 덮은
쇠항아리,
그걸 하늘로 알고
일생을 살아갔다.

닦아라, 사람들아
네 마음속 구름
찢어라, 사람들아,
네 머리 덮은 쇠항아리.

아침저녁
네 마음속 구름을 닦고
티 없이 맑은 영원의 하늘
볼 수 있는 사람은
외경(畏敬)을
알리라

아침저녁
네 머리 위 쇠항아릴 찢고
티 없이 맑은 구원(久遠)의 하늘
마실 수 있는 사람은

연민을
알리라
차마 삼가서
발걸음도 조심
마음 아무리며.

서럽게
아 엄숙한 세상을
서럽게
눈물 흘려

살아가리라

누가 하늘을 보았다 하는가,
누가 구름 한 자락 없이 맑은
하늘을 보았다 하는가.

- 신동엽, 「누가 하늘을 보았다 하는가」 -

〈작성 방법〉

- (가), (나)에서 시적 화자가 인식한 문제 상황이 무엇인지 각각 서술할 것.
- (가), (나)에서 문제 상황에 대한 시적 화자의 태도를 어조를 중심으로 서술할 것.

예상 답안

(가)의 문제 상황은 1960년대 독재 상황에서 자유를 추구하는 과정이 쉽지 않으며 희생과 순수성이 요구된다는 것이고, 이에 대해 시적화자는 혁명 추구의 과정을 관조하는 태도로 반성적(=비판적), 성찰적 어조로 나타내고 있다. (나)의 문제 상황은 1960년대 독재 상황에서 우리 역사에서 아직 한 번도 진정한 자유를 누려보지 못했다는 것(=현재까지 독재 정치가 지속되고 있다는 것)이고, 이에 대해 시적 화자는 진정한 자유를 추구하기 위해 경건한 태도와 적극적, 의지적 어조로 나타내었다.

문제해설

이 문제는 현대시 구성요소를 통한 감상능력 중 시적화자의 상황과 그 상황에 대한 시적화자의 태도 및 어조 등을 묻는 문제이다.

시적화자와 시적화자의 상황 및 그에 대한 대응방식을 묻는 문제는 자주 출제된 문제이다. 이 문제에서는 그 대응방식을 어조와 곤련지어 설명하게 한 점이 특이하다.

이러한 문제 역시 시적화자 단독 또는 시적화자와 소설의 인물을 연관지어 다양한 문제로 출제할 수 있으므로, 시적화자와 화자의 상황을 파악하고, 인물들의 그에 대한 대응방법을 찾는 연습을 많이 할 필요가 있다.

문제 관련 배경지식

시적 화자 및 상황
- 앞의 자료 참고

시의 어조

1. 어조의 본질

(1) 어조의 개념
① 어조(語調, tone)란 '시적 화자에 의해 나타나는 목소리의 특성'으로 시의 제재나 독자에 대한 서정적 자아의 태도, 곧 개성적인 목소리의 성향을 말한다.
② 사람마다 음성·억양·강세·음색 등에 의한 어조가 다른 것처럼, 시에 나타나는 작가의 태도 역시 다른 것이다.
③ 어조는 내용에 따라, 화자의 특성에 따라, 화자의 정서적 거리에 따라, 화자의 대상에 대한 태도에 따라 다양하게 나타날 수 있으므로 다양한 관점을 고려한다.
④ 어조의 결정 요인
  ㉠ 서정적 화자   ㉡ 거리
  ㉢ 음악성(운율)   ㉣ 종결 어미 등

(2) 시적 화자 및 시적 상황
① 시 속에 나타난 목소리의 주인공을 '시적 화자'라고 한다.
② 작품 속에서 시적 화자가 어떤 상황에서 어떤 정서를 드러내는가에 따라 어조가 달라진다.

(3) 정서적 거리

① 시적 화자가 시적 대상에 대하여 느끼는 감정과 정서의 미적 거리를 '정서적 거리'라고 말한다.
② 시적 화자의 대상에 대하여 주관적인 감정을 적극적으로 드러냈는가, 대상과 객관적인 거리를 유지하는가, 또는 반감을 가지고 있는가에 따라, 정서적 거리가 가까운 거리, 균제·절제된 거리, 먼 거리로 나뉜다. 대체로 이렇게 나누지만, 독자에 따라 느낌에 차이가 있으므로 절대적인 것은 아니다.
③ 한 작품에서 정서적 거리는 대상이 무엇인가에 따라 달라질 수 있으므로 주의한다.
　　예 김광섭의 「성북동 비둘기」 – 비둘기 : 균제·절제된 거리
　　　　자연 파괴 행위 : 먼 거리 (비판적 거리)
　⊙ 가까운 거리 : 시적 화자가 시적 대상(제재)에 대해 심리적으로 가깝게 느끼거나 친밀감을 느끼는 거리이다.
　　　예 김소월의 「초혼」, 박재삼의 「추억에서」, 이호우의 「개화」 등
　⊙ 균제·절제된 거리 : 시적 화자가 시적 대상에 친밀감을 느끼지도 않고, 그렇다고 해서 미워하지도 않으면서 대상을 나름대로 인식하여 객관적 거리를 유지한다.
　　　비교 이상의 「거울」, 김광섭의 「성북동 비둘기」, 구상의 「초토의 시8」, 정지용의 「바다9」, 황지우의 「새들도 세상을 뜨는구나」 등
　⊙ 먼 거리 : 시적 화자가 대상에 대한 인식이나 느낌이 없이 단순 관찰하여 보여주거나, 대상에 대해 부정적·비판적 인식을 드러내는 경우이다.
　　　예 김광균의 「외인촌」·「추일서정」, 박목월의 「나그네」·「윤사월」, 오장환의 「성벽」 등

2. 어조의 양상

(1) 내용에 따라 – 하나의 시에 다양하게 나타날 수 있다.
① 고백　예 박재삼의 「추억에서」, 구상의 「초토의 시 8」
② 애원　예 김소월의 「진달래꽃」, 한용운의 「님의 침묵」
③ 기도　예 김현승의 「가을의 기도」·「눈물」, 김남조의 「설일」
④ 찬양, 감탄　예 고은의 「머슴 대길이」, 이호우의 「개화」
⑤ 반성　예 김수영의 「어느 날 고궁을 나오면서」
⑥ 분개　예 신동엽의 「껍데기는 가라」, 김지하의 「타는 목마름으로」
⑦ 풍자　예 김지하의 「오적」, 황지우의 「새들도 세상을 뜨는구나」
⑧ 해학　예 김용택의 「이 바쁜데 웬 설사」
⑨ 비판　예 김수영의 「눈」, 김광섭의 「성북동 비둘기」
⑩ 관조　예 김광섭의 「성북동 비둘기」
⑪ 교훈　예 김남조의 「설일」
⑫ 회화　예 김광균의 「외인촌」, 「뎃상」
⑬ 염세　예 박인환의 「살아 있는 것은」, 「목마와 숙녀」
⑭ 냉소　예 황지우의 「새들도 세상을 뜨는구나」

(2) 화자에 따라
① 여성적　예 김소월의 「진달래꽃」, 한용운의 「님의 침묵」, 윤동주의 「별 헤는 밤」 등
② 남성적　예 유치환의 「깃발」, 이육사의 「광야」·「교목」, 신동엽의 「껍데기는 가라」 등
③ 아이의 목소리　예 김소월의 「엄마야 누나야」, 기형도의 「엄마 걱정」, 김춘수의 「차례」, 곽재구의 「칠석날」 등

3. 어조의 기능

(1) 시의 어조는 시의 느낌, 시의 분위기를 만들어낸다.
　김소월의 「엄마야 누나야」는 맑고 밝은 소년의 목소리로 어릴 적 동경하는 마음의 고향과 같은 강변의 분위기를 잘 드러내었으며, 이육사의 「절정」은 날카롭고 냉정한 지사의 목소리로 억압적인 상황에 대한 인식과 극한 상황에 처한 분위기를 잘 드러낸다.

(2) 시의 어조는 시의 주제를 형성하는 데 중요한 역할을 한다.
　김광섭의 「성북동 비둘기」는 비판적 어조를 통해 현대 문명의 자연 파괴에 대한 비판이라는 주제를 드러내었고, 신동엽의 「껍데기는 가라」는 현재 처한 상황에 대해 분개하는 목소리로 우리 역사에서 부정적인 것을 배척하고 새로운

역사를 건설하자는 내용이 담겨있으며, 김현승의 「가을의 기도」는 명상적인 기도의 어조를 통해 경건한 삶에 대한 염원을 잘 드러내었다.

(3) **시의 어조는 시적 대상에 대한 심리적 거리를 느끼게 한다.**
　　김광균의 「추일서정」은 시적 화자가 시적 대상에 대해 무관심하게 관찰함으로써 대상에 대한 시적 화자의 정서가 드러나지 않지만, 박재삼의 「추억에서」는 '울엄매야 울엄매'라는 부분에서 시적 화자가 시적 대상인 어머니에 대한 깊은 애정을 보임으로써 심리적 거리가 가깝다.

(4) **시의 어조는 시인의 세계에 대한 태도를 드러낸다.**
　　김상용의 「남으로 창을 내겠소」에서 '왜 사냐건 웃지요'라는 구절은 듣는 이에게 친근함을 느끼게 하고, 인생에 대한 낙천성을 드러낸다.

김수영 「푸른 하늘을」

1. 핵심 정리
▷ 갈래　자유시, 서정시
▷ 성격　참여적, 의지적
▷ 표현　① 대상의 대비를 통해 주제를 부각
　　　　② 색채의 대조로 이미지를 형성
▷ 제재　노고지리, 푸른 하늘
▷ 주제　희생으로서 자유의 의미

2. 작품의 구조

구성 요소	구성 요소의 파악	그것이 지닌 의미·효과	주제와의 관련성
내용 요소	① 시적 화자 및 상황	시적 화자는 시인으로 볼 수 있으며, 노고지리가 하늘을 나는 자유가 그냥 얻어진 것이 아니라 희생과 노력의 대가임을 강조하여 혁명의 고뇌와 신중함을 드러내었다.	희생으로서의 자유의 의미
내용 요소	② 제재	'노고지리'는 진지하고 적극적으로 자유를 추구하는 존재로 볼 수 있다.	희생으로서의 자유의 의미
내용 요소	③ 참여시	1960년대 정치 현실을 비판하며 문학을 통해 참여하며 그것의 개선을 주장하는 시	희생으로서의 자유의 의미
형식 요소	① 시상의 전개	자유의 의미에 따라 '쉽게 얻어진 자유' - '행동이 가미된 자유' - '행동을 수반하면서 추구하기 힘든 구체적 자유'의 의미로 전개된다.	희생으로서의 자유의 의미
형식 요소	② 짧은 행 배열	2연에서 짧은 행 배열을 통해 의미를 끊어서 분명하게 드러내며 운율을 형성하는 효과가 있다.	희생으로서의 자유의 의미
표현 요소	① 대비	어느 시인의 말과 내 생각과의 대비를 통해 주제를 형상화하고 있다.	희생으로서의 자유의 의미
표현 요소	② 색채의 대조	푸른색(자유)과 붉은색(희생)의 선명한 색채 대조를 통해 중심 이미지를 형상화하고 있다.	희생으로서의 자유의 의미
표현 요소	③ 도치법	도치법의 사용하여 주제를 강조하고 있다.	희생으로서의 자유의 의미
표현 요소	④ 상징	'푸른 하늘', '노고지리', '비상', '어느 시인', '피의 냄새' 등은 상징이며 주제와 관련한 이미지를 효과적으로 드러내었다.	희생으로서의 자유의 의미

3. 감상
　이승만의 독재가 무너진 1960년 6월 15일에 지어진 것으로, 4·19 혁명의 정신을 자유를 통해 드러내었다. 자유를 얻기 위하여 겪어야 하는 투쟁과 시련을 '푸른 하늘의 종달새'에 비유하여 쓴 시이다.
　1연은 쉽게 얻어진 자유, 일상적 자유의 무의미성을 표출했다. 2연에서 상징적 구절을 통해 진정한 자유를 얻기 위해 필요한 투쟁과 혁명의 과정을 암시했다. 3연에서는 자유를 얻기 위한 투쟁의 어려움이 당위적이라고 할 수 있을 만큼 어려움을, 그래서 자유를 얻고자 하는 자는 모름지기 그 어려움을 감수해야 할 것을 단정적 어조로 표출했다. 혁명적 행위가 고독해야 하는 것이라고 정의함으로써 혁명이라는 미명하게 휩쓸리기 쉬운 타락상을 경계시키고 있다. 결국 시적 화자에게 있어 자유는 주어지는 것이 아니라 쟁취하는 것이다. 마지막 연은 일반 대중과의 연대감을 획득하지 못한 엘리트 의식의 표출로 오해받기도 하지만, 전체 문맥을 고려할 때 혁명에 수반되는 허탈감이나 승리의 기쁨 같은 일체의 감정을 배제함은 물론, 실패에서 오는 좌절까지고 견뎌낸다는 군건한 의지가 담겨 있는 표현임을 알 수 있다.

이 시를 통해 드러나듯이 자유는 김수영의 삶의 원리이면서 동시에 시의 형성 원리이다. 그것은 그의 초기 시편에서부터 그가 죽기 직전에 발표한 시들에 이르기까지 그의 끈질긴 탐구 대상을 이룬다. 그러나 그는 자유를 그것 자체로만 노래하지는 않는다. 그는 자유를 시적, 정치적 이상으로 생각하고 그것을 실현 불가능하게 하는 여건들에 대해 노래한다. 때로는 설움, 비애라는 소시민적 감정을 통해, 때로는 사랑과 혁명을 통해, 때로는 그것을 불가능하게 하는 적에 대한 증오와, 그 적을 그대로 수락할 수밖에 없는 자신에 대한 연민, 탄식으로 자유를 절규한다.

신동엽 「누가 하늘을 보았다 하는가」

1. 핵심 정리
▷ 갈래 자유시, 서정시
▷ 성격 현실 참여적, 격정적
▷ 어조 강한 신념과 의지를 드러내는 격정적 어조
▷ 표현 ① 대립적 이미지로 주제 부각
　　　　② 단정적이고 강렬한 명령형의 어조로 저항적 의미 표현
▷ 제재 하늘
▷ 주제 ① 구속과 억압을 벗어나기 위한 현실 극복의 의지
　　　　② 암울한 과거와 현실의 삶에 대한 극복 의지

2. 작품의 구조

구성 요소	구성 요소의 파악	그것이 지닌 의미·효과	주제와의 관련성
내용 요소	① 제목	이 시의 제목 '누가 하늘을 보았다 하는가'는 '하늘'을 본 사람이 없다는 의미를 강조하는 반어적 의문이 나타난다.	구속과 억압의 역사에 대한 비판과 밝은 미래에 대한 갈망
	② 제재	이 시의 제재는 '하늘'로 자유롭고 평화로운 세상을 상징하며 주제를 잘 드러낸다.	
	③ 투철한 역사 의식	1960년대 독재가 지속되는 상황에서 과거의 역사를 반추하면서 우리 역사에서 완전하게 자유롭고 평화로운 시기가 없었음을 드러내고, 그러한 세상을 추구하려 한다.	
형식 요소	① 수미상관	앞뒤가 같은 수미상관의 구조를 통해 주제를 강조하고 있으며 구조적 안정화에 기여한다.	
	② 반복	유사한 통사구조 및 연 구조를 통해 시의 운율을 형성한다.	
표현 요소	① 반복법	동일 시구의 반복을 통해 주제를 강조하고 있다.	
	② 행간 걸침	행간 걸침 기법을 통해 화자의 미세한 감정을 효과적으로 표현하고 의미의 다양한 울림을 얻는다.	
	③ 상징	'먹구름', '쇠 항아리', '구름' 등은 부정적 의미를 지닌 상징이고 '하늘'은 그것을 극복한 평화로운 세상을 의미하여 주제를 효과적으로 드러냈다.	

3. 감상
이 시는 우리 민족이 예로부터 현재까지 겪어 온 구속과 억압의 상황을 직시하게 함으로써, 이와 같은 상황을 극복하고 자유를 쟁취하기 위한 의지를 북돋우는 작품이다. 이 시에서 '하늘'은 자유롭고 평화로운 세상을 상징하는 핵심 시어로 계속 변화, 반복한다. 작품 속에서 '하늘'이 반복적으로 나타나는 것은 '누가 하늘을 보았다 하는가'라는 물음 속에서인데,

이 물음은 '아무도 하늘을 보지 못하고 살아 왔다'고 하는 뜻을 담고 있다. 이제까지 우리 민족은 구속과 억압 속에서 살아가면서 그것이 자유롭고 평화로운 삶('하늘')이라고 착각했다는 것인데, '지붕 덮은 쇠항아리'라는 무겁고 답답한 이미지의 표현이다. 그 구속과 억압을 형상화하고 있다. '먹구름'과 '쇠항아리'는 우리의 현실이 늘 짓눌린 삶이었다는 것을 상징적으로 보여주는 것으로 진정한 자유와 평화의 삶을 영위하는 '맑은 하늘'과 대립된 심상이다.

이 시는 이와 같이 1960년대 독재가 지속되던 우리 사회의 현실을 직시하라고 깨우치고 있는데, 이를 위해서는 '네 마음 속 구름'을 닦아 내고 찢어 버리는 노력이 수반되어야 한다. 시인은 우리가 이런 각성의 노력과 냉철한 현실 인식을 통해 자유와 평화('하늘')에 대한 '외경(畏敬)'의 자세를 얻을 수 있으며, 또한 민족에 대한 '연민(憐憫)'의 자세를 가지게 될 것이라고 말한다.

이 땅의 민중들이 한 번도 자유와 평화를 누리고, 마음껏 이상을 펼칠 수 있는 삶을 살아보지 못했다는 생각을 바탕으로 하여 쓰인 작품으로 한번도 제대로 자유를 누리지 못한 삶을 살아온 백성에 대한 따뜻한 애정에서 이 시는 출발한다. 시인은 '누가 구름 한 송이 없는 맑은 하늘을 보았다 하는가'라고 묻고 있는데 이는 현재 상황으로는 도저히 맑은 하늘을 볼 수 없음을 말하고 있다. 그러한 맑은 하늘은 1894년 동학 농민 혁명, 1919년 3·1 운동, 1960년 4·19 혁명에만 잠깐 빛이 났을 뿐이다. 시인은 진정으로 순수한 인간 본연의 마음, 이상적 현실을 염원하고 있는 것이다.

7 2020년 서술형 문제

| 2020 A | 소설의 인물 – 인물의 상황 / 문학내용학 – 작품에 나타난 트라우마의 특징 파악 |

5. (가), (나)를 읽고 〈작성 방법〉에 따라 서술하시오. [4점]

(가)
"그놈 또 왔다. 뭘 하고 있냐? 느이 오래빌 숨겨야지, 어서."
"엄마, 제발 이러시지 좀 마세요. 오빠가 어디 있다고 숨겨요?"
"그럼 느이 오래빌 벌써 잡아갔냐."
"엄마 제발."
어머니의 손이 사방을 더듬었다. 그러다가 붕대 감긴 자기의 다리에 손이 닿자 날카롭게 속삭였다.
"가엾은 내새끼 여기 있었구나. 꼼짝 마라. 다 내가 당할 테니."
어머니의 떨리는 손이 다리를 감싸는 시늉을 했다. 그때부터 어머니의 다리는 어머니의 아들이었다. 어머니는 온몸으로 그 다리를 엄호하면서 어머니의 적을 노려보았다. 어머니의 적은 저승의 사자가 아니었다.
"군관 동무, 군관 선생님, 우리 집엔 여자들만 산다니까요."
어머니의 눈의 푸른 기가 애처롭게 흔들리면서 입가에 비굴한 웃음이 감돌았다. 나는 어머니가 환각으로 보고 있는 게 무엇이라는 걸 알아차렸다. 가엾은 어머니, 차라리 저승의 사자를 보시는 게 나았을 것을…….
어머니는 그 다리를 어디다 숨기려는지 몸부림쳤다. 그러나 어머니의 다리는 요지부동이었다.
"군관 나으리, 우리 집엔 여자들만 산다니까요. 찾아보실 것도 없다니까요. 군관 나으리."
그러나 절체절명의 위기가 어머니에게 육박해오고 있음을 난들 어쩌랴. 공포와 아직도 한 가닥 기대를 건 비굴이 어머니의 얼굴을 뒤죽박죽으로 일그러뜨리고 이마에선 구슬 같은 땀이 송글송글 솟아오르고 다리를 감싼 손과 앙상한 어깨는 사시나무 떨듯 떨고 있었다.
가엾은 어머니, 하늘도 무심하시지, 차라리 죽게 하시지, ㉠그 몹쓸 일을 두 번 겪게 하시다니…….
"어머니, 어머니, 이러시지 말고 제발 정신 차리세요."
나는 어머니의 어깨를 흔들면서 울부짖었다. 어머니는 어디서 그런 힘이 솟는지 나를 검부러기처럼 가볍게 털어 내면서 격렬하게 몸부림쳤다.
"안된다. 안 돼. 이 노옴. 안 돼. 너도 사람이냐? 이 노옴, 이 노옴."
… (중략) …
다시 포성이 가까워지고 그들의 눈에 핏발이 서기 시작했다. 어머니는 앉으나 서나 그들이 곱게 물러가기만을 축수했다.
"그저 내자식 해코지만 마소서. 불쌍한 내 자식 해코지만 마소서."
마침내 보위 군관이 작별하러 왔다. 그의 작별 방법은 특이했다.
"내가 동무들같이 간사한 무리들한테 끝까지 속을 것 같소. 지금이라도 바른대로 대시오. 이래도 바른 소리를 못 하겠소?"
그가 허리에 찬 권총을 빼 오빠에게 겨누며 말했다.
"안된다. 안 돼. 이 노옴 너도 사람이냐? 이 노옴."
어머니가 외마디 소리를 지르며 그의 팔에 매달렸다. 오빠는 으, 으, 으, 으, 짐승 같은 소리로 신음하는 게 고작이었다. 그가 어머니를 획 뿌리쳤다.
"이래도 이래도 바른 말을 안 할테냐? 이래도."
총성이 울렸다. 다리였다. 오빠는 으, 으, 으, 으, 같은 소리밖에 못 냈다.
"좋다. 이래도 바른말을 안 할 테냐? 이래도."
또 총성이 울렸다. 같은 말과 총성이 서너 번이나 되풀이됐다.
잔혹하게도 그 당장 목숨이 끊어지지 않게 하체만 겨냥하고 쐈 댔다.

오빠는 유혈이 낭자한 가운데 기절해 꼬꾸라지고 어머니도 그가 뿌리쳐 나동그라진 자리에서 처절한 외마디 소리만 지르다가 까무러쳤다.

"죽기 전에 바른말 할 기회를 주기 위해 당장 죽이진 않겠다."

그 후 군관은 다시 나타나지 않았다. 며칠 만에 세상은 또 바뀌었다.

오빠의 총상은 다 치명상이 아니었는데도 며칠 만에 운명했다. 출혈이 심한 데다 적절한 치료를 받을 수가 없었기 때문이다.

- 박완서, 「엄마의 말뚝 2」-

(나)
트라우마(Trauma)는 충격적인 경험의 기억이 무의식 층위에 잠재되어 있다가 특정한 계기에 ⓒ부적응 행위를 촉발하는 기제이다. 이는 악몽이나 환각 또는 강박적인 상태에서, 정신적 외상에 관여된 경험을 지속적으로 재생시켜 극심한 고통을 유발한다.

――――〈작성 방법〉――――
- (가)에서 '나'가 ⊙처럼 생각할 수 있는 이유를 (나)의 관점에서 서술할 것.
- (나)의 ⓒ에 해당하는 행위를 (가)에서 2가지 찾아 서술하고, 그 공통된 의미를 (나)를 참고하여 서술할 것.

예상 답안

과거 어머니의 눈앞에서 인민군에게 자식이 비극적 죽음을 당한 기억이 트라우마로 어머니에게 잠재되어 있다가 다쳐서 수술한 후의 환각 또는 강박적 상태에서 어머니에게 그 비극이 다시 재생되고 있기 때문이다.

(가)에서 첫째, 어머니가 인민군 군관을 환각으로 보는 듯한 장면, 둘째, 붕대 감긴 자신의 다리를 자식으로 생각해 보호하려는 장면이 그러한데(나(딸)를 인민군으로 알고 밀치는 부분도 됨), 이는 한국전쟁 중 자식의 비통한 죽음으로 전쟁의 고통은 잊혀지지 않고 수십 년이 지난 현재까지 한으로 이어지고 있음을 의미한다.

문제해설

박완서의 「엄마의 말뚝 2」를 '트라우마'로 설명하는 문제이고, 전체가 비교적 평이한 문제이고 답도 분명하다고 생각한다.

문제 관련 배경지식

트라우마(trauma)

1. **트라우마의 개념**
   ① 외상후 스트레스 장애
   ② 충격적 경험을 한 사람들이 보이는 다양한 심리적·신체적 증상들의 총체
   ③ 전쟁, 국각폭력, 강간, 사고 등의 재난을 경험한 사람들이 과거의 경험을 떠올리면서 공포와 슬픔에 빠지는 심리적 억압(스트레스)

2. **트라우마의 종류(한국사회)**
   ① 한국전쟁으로 인한 것
   ② 고문이나 국가폭력에 의한 억압
   ③ 정치적인 이유에 의한 심리적 외상
   ④ 가정폭력이나 성폭력에 의한 심리적 외상
   ⑤ 세월호 사건으로 인한 외상 등 다양함

3. 트라우마의 해결 방법 - '망각의 해법'이 아닌 '기억의 해법' 추구
① 망각의 해법
  ㉠ 망각의 해법이 아니라 기억의 해법에서 해결책을 찾아야 함
  ㉡ 사건이 일어난 당시에만 관심을 갖다가 시간이 지나면 빨리 잊고 새로운 출발을 하자고 함
  ㉢ 그러나 트라우마는 잊는다고 해서 잊혀지는 것이 아님
② 기억의 해법
  ㉠ 심리적 외상을 준 사건이나 사고를 철저히 기억해서 다시는 그런 일이 없도록 하는 것이 제대로 된 해법임
  ㉡ 그래야 무너진 신뢰가 회족되고 현실을 받아들이게 됨 - 외상으로 파괴되었던 공동체를 횝곡할 수 있음.

> **참고**
>
> **'한(恨)'과 비교**
> (1) 한이란 삶의 행로에서 좌절과 절망을 경험한 사람들이 갖는 마음이나 정신적 상처와 아픔이다.
> (2) 상처와 아픔을 그대로 털어 놓으면 넋두리가 되고, 상처와 아픔을 예술로써 승화시켜 문자로 나타내면 문학이 된다.
> (3) 비장미를 드러내는 경우가 많고, 때로 숭고미와 결합하여 나타나기도 한다.
> (4) 한은 어두운 면과 밝은 면을 함께 지니는 경우가 많다.
> (5) 불행과 비참의 긴긴 터널을 지나서 마침내 행복한 결말에 당도하는 것이 한국적 한의 역설이다.
> (6) 개인적이거나 사회적으로 겪은 정신적·육체적 상처, 불행, 이별, 사별, 가난, 설움 등이 있다.
> (7) 콤플렉스(complex) - 무의식 속에 잠겨 있는 억압된 관념
> (8) 트라우마(trauma) - 외부에서 일어난 충격적인 사건으로 인해 발생한 심리적 상처(스트레스)

엄마의 말뚝(박완서)

1. 핵심 정리
▷ 갈래 연작 소설, 성장 소설
▷ 성격 회고적, 사실적
▷ 시점 1인칭 주인공 시점
▷ 배경 ① 시간 : 1940년대부터 6·25전쟁 당시와 1980년대
　　　② 공간 : 서울의 서대문 근처
▷ 표현 서술자인 '나'가 격동의 시기를 이겨 온 엄마의 집념을 회고적으로 서술
▷ 주제 6·25 전쟁의 비극과 분단 고통의 극복 의지

2. 줄거리
5남매의 어머니인 '나'는 '나만 없어 봐라. 집안 꼴이 뭐가 되나?' 하는 식의 안주인이다. 이는 집안에서 일어나는 크고 작은 불상사들이 하나같이 '나'가 집을 비운 사이에 일어났다는 사실에 근거한다.

그런데 어느 날, 친구 농장에 갔다가 돌아오면서 섬뜩한 예감에 사로잡힌다. 그것은 '나'가 여지껏 경험한 섬뜩함 중에서도 최악의 것이었다. 아니나 다를까 그 예감은 현실로 나타났다. 친정 어머니가 폭설로 미끄러운 빙판 길에서 넘어져 중상을 입었다는 전갈을 받은 것이다. 병원에 입원한 친정 어머니는 처음에는 완강하게 수술을 거부했다. 장시간의 수술 끝에 병실로 돌아온 어머니는 비정상적인 강단과 근력을 보이다가 정신 착란 증세를 일으킨다. 어머니는 그 착란 증세 속에서 효성이 지극했던 아들이 실어증에 걸린 데다 유혈이 낭자한 채 비극적으로 죽어간 한 맺힌 일들을 다시금 되살리고 있었다. 어머니는 누구보다도 곱게 늙으신 외모와는 달리 가슴 속 깊이 원한과 저주를 묻고 살아온 분이다. 그것은 다름 아닌 오빠의 비극적 생애 때문이었다.

한국전쟁 전 오빠는 한때 좌익 운동에 가담했다가 전향한 적이 있었다. 그 때문에 오빠는 적 치하의 서울에서 불안하게 살고 있었다. 오빠는 전향이라는 말에서 느껴지는 도덕적 열패감에 괴로워했다. 또한 그는 수도를 포기하고 한강을 건너가 버린 정부에 대한 불신과 원망, 고독 등으로 몸부림쳤다. 오빠는 이웃의 고발로 끌려갔다. 그러나 예상과는 달리 인민 궐기 대회에서 제일 먼저 의용군에 지원하였다. 이로 인해 어머니와 나는 혜택을 누렸었다. 그러나 석 달 만에 세상이 바뀌자, 우리 집은 빨갱이 집으로 지목되었고 그리하여 이웃의 극심한 박해가 뒤따랐다. 1·4 후퇴로 인해 오빠는 다시 돌아왔다. 피난이 어렵게 되자, 어머니는 서울에 와서 처음 말뚝 박은 산비탈 달동네로 피난했다. 그러나 은신의 허점이 드러나면서

인민군이 들이닥쳤다. 오빠는 인민군의 출현으로 실어증까지 보였다. 오빠는 정말로 정신적 불구자가 되어 가고 있었다. 오빠는 다시 후퇴하는 인민군 보위 군관에게 총상을 당한 뒤, 실어증을 회복하지 못한 채 유혈을 낭자하게 흘리며 죽었다. 어머니는 오빠의 시신을 화장하여 이북 고향 개풍군 땅이 보이는 바닷가에서 바람에 날려 보냈다.

아직도 투병중인 어머니는 오빠의 화장과 똑같은 방법의 사후 처리를 '나'에게 부탁했다.

3. 감상의 길잡이

「엄마의 말뚝」은 1980년부터 발표되기 시작해 세 편의 연작으로 되어 있는 소설로 세 편 모두 어머니라는 존재가 화자의 정신적 성장에 미치는 영향을 그리고 있으므로 성장 소설로 볼 수 있다.

일제 강점기부터 해방, 6·25 전쟁 등 민족의 수난기의 상황과 현대의 서울을 병치시켜 배경으로 하여 이로 인해 한 가족이 겪어야 했던 비극적 상황을 형상화하고 있으며, 어머니와 딸이 나누는 인간적 교감을 잘 보여 주며 박완서의 작가 의식이 큰 줄기를 차지하는 분단의 극복 의지가 한 가족의 비극을 통해서 분출되고 있다. 분단의 비극이 아직도 우리의 삶 속에서 꺼지지 않은 불씨로 시퍼렇게 살아 있다는 점을 작가는 한 어머니의 정신 착란의 외피 속에서 끄집어내고 있는 것이다. 화자가 몸소 분단의 희생자로서 자신의 목소리를 담고 있다는 점에서 더욱 절실하게 와 닿게 하고 있다. 그리고 개인과 민족의 관계가 오직 가족사 속에서 깊이 파악됨으로써 추상적이기 쉬운데, 이 작품에서는 분단 문제가 새로운 양상으로 전개되고 있다. 그것은 작가의 삶을 바라보는 눈과 그것을 형상화하는 능력이 남다른 경지임을 보여 준 것이다.

작가의 섬세하고도 유려한 문체와 빈틈없는 언어구사로 중년 여성의 심리를 세밀하게 잘 그려 내고 있다는 평가를 받고 있다.

4. 중요 내용 정리

01 '엄마의 말뚝'의 의미

이 작품에서 말뚝은 어머니와 가족들의 서울 입성을 의미하는 동시에 서울에서도 경제적으로 부유한 지역인 문안에서 살아가려는 엄마의 삶의 태도를 상징적으로 드러낸다. 또한 '나'가 엄마에게 느끼는 정신적 구속감을 의미하기도 하며, 오빠의 비극적 죽음에 초점을 맞추면 오빠의 죽음을 가슴에 말뚝처럼 박고 살아온 엄마의 한으로 볼 수도 있다.

02 '유언'의 의미

어머니는 오빠에게 그랬던 것처럼 죽으면 자신의 몸을 화장하여 고향 쪽을 향해 뿌려 줄 것을 '나'에게 미리 유언으로 남긴다. 이에 대해 '나'는 어머니의 이러한 유언이 분단이라는 괴물을 처치할 수 있는 유일한 수단이라고 생각하기에 이른다. 따라서 어머니의 화장 유언은 개인의 비극을 떠나 민족의 아픔을 극복할 수 있는 의지와 소망이 담긴 행위로 볼 수 있다. 즉 분단 극복의 개인적인 몸부림이라고 할 수 있다.

2020 A	고전문학사 – 이현보 「어부가」와 윤선도 「어부사시사」 전승 및 영향관계 문학교육 – 공감적·비판적 수용 찾기

9. 다음은 '고전 시가의 전승 및 창작 과정의 문학사적 맥락을 이해할 수 있다.'라는 학습목표를 달성하기 위한 수업자료이다. (가)~(다)를 읽고, 〈작성 방법〉에 따라 서술하시오. [4점]

(가)
구버는 천심녹수(千尋綠水⋯) 도라보니 만첩청산(萬疊靑山)
십장홍진(十丈紅塵)이 언매나 マ렛는고
㉠강호(江湖)애 월백(月白)ᄒ거든 더옥 무심(無心)ᄒ애라

〈제2수〉

장안(長安)을 도라보니 북궐(北闕)이 천리(千里)로다
어주(漁舟)에 누어신들 니즌 스치 이시랴
두어라 내 시름 아니라 제세현(濟世賢)이 업스랴

〈제5수〉

- 이현보, 「어부단가」-

(나)
취(醉)ᄒ야 누언다가 여흘 아래 ᄂ리려다
빈 미여라 빈 미여라
낙홍(落紅)이 흘러오니 도원(桃源)이 갓갑도다
지국총 지국총 어사와
인세홍진(人世紅塵)이 언메나 マ렛ᄂ니

〈춘사 제8수〉

창주오도(滄洲吾道)를 녜브터 닐럿더라
닫 디여라 닫 디여라
칠리(七里) 여흘 양피(羊皮) 옷슨 긔 얻더ᄒ니런고
지국총 지국총 어사와
삼천육백(三千六百) 낙시질은 손고븐 제 엇디턴고

〈동사 제9수〉

- 윤선도, 「어부사시사」-

(다)
　우리나라에는 옛날에 ㉡「어부사(漁父詞)」가 있었는데 어느 사람이 지은 것인지는 모르나, 고시(古詩)를 채집하여 가락을 붙인 것이다. 이를 읊으면 강바람과 해우(海雨)가 치아와 뺨 사이에 생겨나서, 사람으로 하여금 표연히 세상을 버리고 홀로 서게 하는 뜻이 있게 한다. 이러므로 농암 이현보 선생이 좋아하기를 게을리하지 않았으며, 퇴계 이황 선생도 끊임없이 감탄하며 완상하였다.
　그러나 음향이 서로 상응치 못하고 언어가 심히 완비되지 않았다. 대개 옛것을 채집함에 장애를 받음으로 하여 움츠리지는 부족함을 면할 수가 없다. 내가 그 뜻을 부연하여 우리말을 사용하여 「어부사시사」 각 1편 10장을 지었다.

- 윤선도, 「어부사시사 발문」-

─────────────── 〈작성 방법〉 ───────────────
- (가)의 ㉠과 대립적 관계에 있는 세계를 나타내는 표현을 (가)에서 찾아 쓰고, 그것이 내포하고 있는 의미를 서술할 것.
- (다)의 ㉡을 (나)의 작가가 공감적, 비판적으로 수용하여 자신의 작품을 창작했다고 할 때, (다)를 참고하여 (나)에 나타난 공감적, 비판적 수용 양상을 (나)의 구절을 활용하여 각각 서술할 것.

예상 답안

🚨 강호와 대립되는 세계 - 둘 다 가능할 듯

㉠강호와 대립적 관계를 나타내는 표현은 '십장홍진(十丈紅塵)'이다. 이것은 속세의 삶과 혼란스러운 정치 등을 의미한다.
㉠강호와 대립적 관계를 나타내는 표현은 '북궐'이다. (사대부는 물러나면 강호에서 강호한정하고), 벼슬길에 나아가 궁궐에서 연주충군(우국충절)하며 나라를 다스리는 것을 의미한다.

(다)의 ㉡을 (나)의 작가가 공감적으로 수용한 것은 '인세홍진(人世紅塵)이 언메나 ᄀ렷ᄂ니'에서 속세를 벗어나 가어옹이 되어 자연에서 강호한정하며 한가롭게 살아가는 삶이다.

🚨 비판적 수용 - 둘 다 가능할 듯

1. (다)의 ㉡을 (나)의 작가가 비판적으로 수용한 것은 'ᄇᆡ 미여라', '지국총 지국총 어사와' 등의 후렴을 통해 음향을 상응하게 했고, 'ᄇᆡ 미여라', '닫 디여라' 등에서 우리말을 사용하여 표현했다.
2. (다)의 ㉡을 (나)의 작가가 비판적으로 수용한 것은 '도원(桃源)이 갓갑도다', '창주 오도' 등에서 정치에 대한 관심을 완전히 끊고 자연에 완전히 귀의한 삶을 드러냈다.

문제해설

이현보의 「어부가」와 윤선도의 「어부사시사」를 바탕으로 시가의 전승 관계를 묻는 문제이다.

〈앞의 문제〉 복수 답안 가능

'㉠강호'와 '대립적 관계를 나타내는 표현'은 관점에 따라 2가지가 있다. 첫째 '강호'인 자연과 대립되는 세계는 '십장홍진'으로 속세를 의미하며, 일반적인 답이라고 생각한다. 둘째 '북궐'도 답이 될 수 있다고 생각하는데, '강호'를 사대부가 물러난 공간으로 본다면 '북궐'은 임금이 사는 곳이며, 사대부가 정치적 지향을 펴는 곳이다. '북궐'도 명확한 대립적 관계를 나타내는 표현(상징)으로 볼 수 있다고 생각한다.

〈뒤의 문제〉

(다)
우리나라에는 옛날에 ㉡「어부사(漁父詞)」가 있었는데 어느 사람이 지은 것인지는 모르나, 고시(古詩)를 채집하여 가락을 붙인 것이다. 이를 읊으면 **강바람과 해우(海雨)가 치아와 뺨 사이에 생겨나서, 사람으로 하여금 표연히 세상을 버리고 홀로 서게 하는 뜻**(강호한정하며 자연 속에서 한가롭게 살아가는 삶 - 공감적)이 있게 한다. 이러므로 농암 이현보 선생이 좋아하기를 게을리하지 않았으며, 퇴계 이황 선생도 끊임없이 감탄하며 완상하였다. 그러나 음향이 서로 상응치 못하고 언어가 심히 완비되지 않았다.(비판적) 대개 옛것을 채집함에 장애를 받음으로 하여 움츠러지는 부족함을 면할 수가 없다. 내가 그 뜻을 부연하여 우리말을 사용하여 「어부사시사」 각 1편 10장을 지었다.

'(다)를 참고하여 (나)에 나타난 공감적, 비판적 수용 양상을 (나)의 구절을 활용하여' 제시하는 조건을 잘 고려하여 답을 써야 한다. 공감적 수용은 한 가지로 명확하지만, 비판적 수용은 (다)의 내용 뒷 단락에서 '음향', '우리말 사용' 등에 초점을 맞추어 답을 쓸 수 있고, 앞 단락에서 자연에 귀의한 내용의 차이를 고려하여 답을 쓸 수도 있다고 생각한다.

공감적 비판적 감상(수용)

1. 공감적 읽기 – 작품 내용이나 상황에 대해 수용하며 읽기
(1) 공감적 읽기는 작품의 긍정적인 면이나 효과 등에 대해 공감적으로 읽음
(2) 공감적 읽기는 한계가 있거나 비정상적인 부분을 전제로 하기도 함
   ① 내용에 대한 공감적 읽기 – 작자의 관점, 태도, 주제 등의 한계, 문제점 등을 공감하기
   ② 상황에 대한 공감적 읽기 – 제시된 상황에 대해 공감하기
   ③ 형식에 대한 공감적 읽기 – 형식면의 한계, 미흡한 점 등을 공감하며 읽기

> **참고**
> 표현에 대한 공감적 읽기 – 시적 진술에 의한 표현 등이며 이것은 문학 언어의 특성이므로 굳이 다룰 필요가 없는 부분이기도 함

2. 비판적 읽기 – 작품이 지닌 문제나 한계에 대해 근거를 제시하고 비판하며 읽기
(1) 내용에 대한 비판적 읽기
   ① 작자의 관점, 주제, 작자의 태도 등
   ② 작품에 나타난 인물의 관점, 인식, 태도
   ③ 현실 인식의 한계, 제시한 전망의 한계 등
(2) 형식(표현)에 대한 비판적 읽기 – 형식, 표현 요소의 한계, 부족한 점 등
(3) 형상화에 대한 비판적 읽기 – 주제의 직접 제시

3. 창의적 읽기 – 작품에 제시된 내용을 바탕으로 작품의 내용이나 독자의 상황과 관련지어 자유로운 상상을 통한 읽기
(1) 내용에 대한 창의적 읽기 – 사건, 갈등, 결말 등
(2) 독자 자신의 삶과 관련지어 창의적 읽기

4. 공감적, 비판적 창의적 읽기를 통한 상호 소통 필요
(1) 개성 있는 안목을 갖게 되고 미적 가치를 찾아내는 능력을 기름
(2) 자신의 감상을 다른 사람과 교환하도록 함으로써 작품 감상 및 타자의 의견에 대해 개방적이고 포용적인 자세를 기름

어부가 관련 자료

1. 어부가(漁父歌)

어부가 배 저으며 부르는 노래의 총칭. 민요에서의 어부가는 '배따라기'라 하며, 특히 서도(西道)에서 부른다. 일반적으로는 민요보다 문인, 학자의 시를 지칭하는 용어이며, '가어옹(假漁翁)의 노래'이다. 그 명칭은 '어부가(漁父歌)·어부사(漁父詞)·어부사(漁父辭)' 등 여러 가지로 혼용하고 있다. 어부가 계통의 작품으로는 『악장가사』에 수록된 작자 미상의 「어부가」가 있다. 칠언(七言)의 한시로, 모두 12장으로 되어 있는데 후렴이 있다. 또한, 이현보의 작품인 장가와 단가의 「어부가」, 윤선도의 「어부사시사」가 있다. 일반적으로는 '어부가'라고 할 때는 조선조에 농암(聾巖) 이현보가 종래의 「어부가」 및 「어부 단가」를 개작하여 한 편으로 만든 「농암 어부가」를 가리킨다. 윤선도는 이 둘을 수용하여 「어부사시사」를 창작하여 조선 시대 강호가도의 시풍을 형성하였다. 이들 「어부가」는 고려 말, 조선 초 사대부들이 자연에 묻혀 지내면서 즐기던 노래로서 자연미의 발견에 큰 구실을 했다.

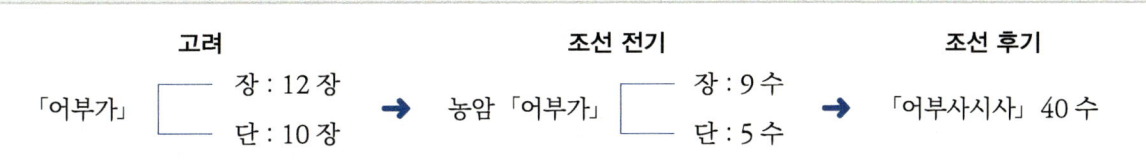

2. 농암 이현보의 「어부가」와 윤선도의 「어부사시사」

이현보가 살았던 16세기는 정치적 당쟁으로 혼탁한 시대였기 때문에 강호에 있으면서도 정치 현실을 완전히 망각하고 안주할 수 없었다. 따라서 강호의 삶과 즐거움을 노래하는 경우에도 지나친 자연미에 대한 감탄이나 감흥은 스스로 억제하였다. 반면, 윤선도가 살았던 17세기에는 사림이 정치적으로 승리하여 정치적 쟁투에 혐오감을 가진 사대부들에 의해 강호 시가가 창작되어 강호에서 누리는 여유로움과 풍류, 그리고 그 속에서의 기쁨과 흥(興)을 노래했던 것이다.

3. 「어부사시사」 작품 속 서정적 화자의 위치

이전의 「어부가」들은 모두 자연을 관조하고 그것을 완상하며 즐기는 관찰자의 시점, 혹은 유람자의 시점으로 어부의 생활을 읊고 있다. 이들 시적 화자는 실제의 어부가 아니라 강호자연을 즐기는 사대부의 위치에 있기 때문이다. 따라서 생산자의 관점에서 자연과의 투쟁을 문제 삼거나 어부 생활을 생계 수단으로 여기지는 않는다. 「어부사시사」의 작자 역시 이러한 관점에 있어서 관찰자나 유람자의 위치에서 완전히 자유롭지는 않다. 그러나 여기서 더 나아가 자연에서 추상된 관념의 내포, 즉 의미를 찾는 탐구자의 자세도 상당히 추구하고 있다. 또한, 자연을 묘사하는 대목이나 행위를 표현하는 수법도 매우 구체적이며 생생하다. 계절마다 어부의 일상도 원경에서 피상적으로 묘사되는 것이 아니라 근경에서 대단히 생생하게 그리고 있어 실감을 준다. 이것은 시적 주인공의 내면에서 우러나는 태도와 직결되는 문제로 강호에서 누리는 나날의 넉넉함과 아름다움에 관심을 집중시키면서 여기서 고양된 기쁨과 충족감이 곧잘 '흥'으로 표현되고 있다.

2020 A 시의 표현 - 공감각적 이미지 / 「성에꽃」 관련 제재 및 제재의 의미 파악

12. (가), (나)를 읽고 〈보기〉를 참고하여 시의 심상에 대해 이해한 바를 〈작성 방법〉에 따라 서술하시오. [4점]

(가)
아무도 그에게 수심(水深)을 일러준 일이 없기에
흰 나비는 도무지 바다가 무섭지 않다

청(靑)무우밭인가 해서 내려갔다가는
어린 날개가 물결에 절어서
공주처럼 지쳐서 돌아온다

삼월달 바다가 꽃이 피지 않아서 서글픈
나비 허리에 새파란 초생달이 시리다

- 김기림, 「바다와 나비」-

(나)
새벽 시내버스는
차창에 웬 찬란한 치장을 하고 달린다
엄동 혹한일수록
선연히 피는 성에꽃
어제 이 버스를 탔던
처녀 총각 아이 어른
미용사 외판원 파출부 실업자의
입김과 숨결이
간밤에 은밀히 만나 피워 낸

번뜩이는 기막힌 아름다움
나는 무슨 전람회에 온 듯
자리를 옮겨 다니며 보고
다시 꽃 이파리 하나, 섬세하고도
차가운 아름다움에 취한다
어느 누구의 막막한 한숨이던가
어떤 더운 가슴이 토해 낸 정열의 숨결이던가
일없이 정성스레 입김으로 손가락으로
성에꽃 한 잎 지우고
이마를 대고 본다
덜컹거리는 창에 어리는 푸석한 얼굴
오랫동안 함께 길을 걸었으나
지금은 면회마저 금지된 친구여.

- 최두석, 「성에꽃」-

〈보기〉

심상은 언어를 통해 주어진 감각 정보가 마음속에 그려 놓은 형상들이다. 시의 심상은 단순히 어휘 하나에 따라오는 효과가 아니다. 의미 있는 심상은 시행과 시 전체의 효과로 만들어진다. 심상은 일차적으로 시각, 촉각, 청각, 미각, 후각 등 인간의 지각 작용을 통해 형성된다. 또한 시적 표현을 통해 ㉠하나의 감각이 다른 감각으로 전이된 심상이 형성되기도 한다.

시적 심상은 비가시적인 것을 가시화하는 기능을 가진다. 대상이 눈앞에 실제로 존재하지는 않지만, 언어가 재현하는 대상에 대한 심상은 시적 상상과 결합해 새로운 의미를 불러온다.

가령, (나)의 '창에 어리는 푸석한 얼굴'은 단순히 얼굴의 상태를 묘사한 것으로 그치지 않는다. 이 얼굴은 화자의 현재 모습이기도 하며, 어제 버스에 탔던 사람들의 (㉡)와/과 (㉢)이/가 만들어 낸 흔적으로 이들의 삶을 가시화한다. 나아가 이 얼굴은 오랫동안 함께 길을 걸었으나 만나지 못하는 친구의 얼굴까지도 떠올리게 한다.

〈작성 방법〉

- 〈보기〉의 ㉠의 예를 (가)에서 찾아 쓰고, 그 심상이 가시화하는 의미를 서술할 것.
- 〈보기〉의 ㉡, ㉢에 들어갈 말을 (나)에서 찾고, 이를 활용하여 '성에꽃'의 의미를 서술할 것.

예상 답안

㉠의 공감각적 심상의 예는 (가)에서 '새파란 초생달이 시리다'이며, 시각의 촉각화를 통해 문명의 냉혹함, 불모성(현실의 비정함)을 가시화한다.

㉡은 입김, ㉢은 숨결(㉡ 한숨 ㉢ 정열)이며, 서민들의 입김과 숨결이 피운 성에꽃은 산업화된 힘겨운 세상 속 서민들의 삶이 조화되어 피어난 아름다움을 의미한다.

문제해설

최두석의 시 「성에꽃」와 김기림의 시 「바다와 나비」를 통해 공감각적 이미지에 대한 것과 시의 내용을 통해 제재의 의미를 파악하는 문제이다.

뒤의 문제에서 ㉡, ㉢에 들어갈 말은 '입김'과 '숨결'이지만, 시 내용을 잘 고려해 보면 15행의 '한숨', 16행의 '정열'도 답이 될 수 있다고 생각한다. 시의 내용 전개상 5행의 '어제 이 버스를 탔던' 사람들 중 15행의 '어느 누구'와 16행의 '어떤 더운 가슴'도 5행의 의미에서 단절되지 않고 연결되어 '한숨'이나 '정열'도 답으로 포함될 수 있다고 생각한다.

문제 관련 배경지식

시의 이미지

(1) 시각적 이미지 : 색채, 명암, 모양, 동작 등 시각에 의해 떠올리는 심상

> 예
> - 송화 가루 날리는 외딴 봉우리
> - 구겨진 넥타이처럼 풀어진 길
> - 단풍은 다홍으로 불이 붙는다.

(2) 청각적 이미지 : 소리를 나타내는 시어를 통해 듣게 한다.

> 예
> - 둥기둥 줄이 울면
> - 쨍하고

(3) 후각적 이미지

> 예
> - 백합향기 그윽한 여인
> - 매화향기 홀로 아득히
> - 그녀에게 장미꽃 내음이 난다.

(4) 미각적 이미지

> 예
> - 따뜻한 한 잔 술을 먹었거든
> - 집집마다 봄을 씹고 사는 마을

(5) 촉각적 이미지

> 예
> - 젊은 아버지의 서느런 옷자락
> - 떨리는 열 손가락 마디마디 에인 사랑

(6) 역동적 이미지
멈춰 있는 사물, 정적인 사물을 동적인 것으로 표현

> 예
> - 무거운 어깨를 털고 / 물상들은 몸을 움직이어 / 노동의 시간을 즐기고 있다.
>
> – 박남수, 「아침 이미지」

(7) 공감각적 이미지와 복합적 이미지

① 공감각적 이미지
표현된 하나의 대상에 감각의 전이가 이루어져 두 가지 이미지를 나타내는 표현(감각의 전이가 반드시 있어야 함)

> 예
> - 금으로 타는 태양의 즐거운 울림 (시각의 청각화)
> - 이것은 소리 없는 아우성 (시각의 청각화)
> - 관이 향기로운 너 (시각의 후각화)
> - 종소리의 동그라미 속에서 (청각의 시각화)
> - 가루 가루 가루의 음향이 된다. (청각의 시각화)

② 복합적 이미지
  ㉠ 표현된 하나의 사물이 동시에 두 가지의 감각을 지니는 표현
  ㉡ 표현에서 두 가지 사물이 나타나 그것이 각각 다른 이미지를 나타내는 경우

> 예 ㉠
> - 폭포가 요란한 소리로 떨어진다. (시각+청각)
> - 선생님이 뎅뎅 종을 친다. (시각+청각)
>
> ㉡
> - 술 익는 마을 (후각+시각)
> - 천둥은 먹구름 속에서 (청각+시각)

김기림 「바다와 나비」

(1) 핵심 정리

▷ 갈래 서정시, 주지시
▷ 성격 주지적, 상징적, 감각적
▷ 어조 객관적이고 간결하며 단호한 목소리
▷ 심상 시각적 심상, 공감각적 심상

▷ **제재** 나비, 바다, 초생달
▷ **주제** ① 새로운 세계에 대한 동경과 좌절감
　　　　② 순진하고 낭만적인 꿈의 좌절과 냉혹한 현실에 대한 인식
▷ **특징** ① 감정을 절제한 객관적인 태도
　　　　② 대상의 움직임에 대한 관찰을 통해 사건을 서술
　　　　③ 상징적 시어의 사용
　　　　④ 서글픔과 애처로움이 뒤섞인 관조적 미의식

(2) 작품의 구조

구성 요소	구성 요소의 파악	그것이 지닌 의미·효과	주제와의 관련성
내용 요소	① 시적 화자 및 화자의 상황	표면적으로는 나비가 청무우밭인 줄 알고 갔다가 실패하고 돌아오는 상황이지만, 이면적으로는 근대적인 것을 지향했다가 실패하고 돌아온 식민지 지식인의 쓰라린 경험을 담은 것으로 볼 수 있다.	낭만적 꿈의 좌절과 냉혹한 현실 인식
	② '청무우밭'과 '바다'	'청무우밭'은 이상의 세계, 동경의 세계이고, '바다'는 냉혹한 현실의 세계를 드러낸 것으로 이것의 대비를 통해 주제를 잘 드러낸다.	
	③ 즉물적 경향의 시	짧은 시간에 벌어지는 대상의 움직임에 대한 관찰을 통해 사건을 서술했다.	
형식 요소	① 각운	각 연을 '- 다'로 끝맺어 리듬감을 형성했다.	
	② 행 배열	1연과 3연은 2행, 2연은 3행을 배치했다.	
표현 요소	① 상징	흰나비(새로운 세계를 열망하는 존재), 바다(냉혹한 현실의 세계, 근대 문명의 삭막함), 청무우밭(나비가 동경하는 세계) 등을 통해 주제를 잘 드러냈다.	
	② 색채 이미지의 대조	흰색의 나비는 순수, 낭만을 가진 시적 화자로, 청색의 바다, 청무우밭, 새파란 초생달은 냉혹한 현실, 거대한 근대 문명의 이미지로 주제를 잘 드러냈다.	
	③ 이미지에 의한 감각적 표현(공감각적 표현)	<u>시각적 심상과 공감각적 심상(새파란 초생달이 시리다)을 사용하여 감각적으로 표현했다.</u>	
	④ 낭만적 아이러니에 의한 표현	2연 1행과 3연의 내용을 보면 이상적 세계에 대한 지향과 그 좌절을 낭만적 아이러니를 통해 효과적으로 드러내었다.	

(3) 감상

1939년 ≪여성≫에 발표된 3연으로 구성된 자유시로, 정제된 형식과 내용으로 해서 김기림의 시 가운데 손꼽히는 수작이다.

특히 '나비'의 이미지가 독특하다. 여기서 '나비'는 꿈을 가지고 여행을 하는 순진하고 가냘픈 존재를 이미지화한 것이다. 무섭게 들끓는 '바다'를 '청무우밭'으로 오인하는 낭만적 감정의 소유자로 '나비'는 설정되어 있다. 그 깊이를 미처 헤아리지 못하고, 그 거칠고 냉혹한 현실의 파도를 겪어보지 못한 낭만주의적 존재가 바로 그 '나비'이다. 1연에서는 바다의 두려움을 모르는 나비, 2연에서는 바다로 날아가다가 지쳐 돌아온 나비, <u>3연에서는 좌절을 겪은 서글픈 나비의 모습이 공감각적 심상을 통해 드러난다.</u>

아마도 이 '나비'의 이미지는 김기림 자신의 청년기적 자아를 표상하는 것일지도 모른다. 그리고 나아가서 이 땅의 근대적 지식인들 일반이 가지고 있던 어수룩하고 순진했던 낭만주의를 가리키고 있는 것인지도 모른다.

'바다'는 우리가 근대화를 향해 나아가기 위해서 거쳐야 하는 모험과 시련 그리고 동경, 탐색의 공간이었다. 최남선의 「해에게서 소년에게」 이후 이 '바다'는 우리 문학에서 근대화의 도정에 놓여있는 상징적인 이미지를 제공한다. 그런데 여기서는 그것의 단순한 꿈을 거부하고 그 꿈의 날개짓을 꺾어버리는 아찔한 심연과 냉혹함을 내보인다. 마지막 연에서 '나비 허리'에 걸린 '새파란 초생달'은 바로 그렇게 좌절된 꿈, 냉혹한 현실의 우울한 겨울밤 풍경을 그려준다.

최두석 「성에꽃」

(1) 핵심 정리
- 갈래 자유시, 서정시
- 성격 상징적, 현실 참여적
- 어조 그리움과 공감의 어조
- 제재 새벽 시내버스 차창에 서린 성에
- 표현 촉각적 이미지와 시각적 이미지로 성에를 아름답게 묘사
- 주제 서민의 삶에 대한 사랑과 시대 현실에 대한 아픔

(2) 작품의 구조

구성 요소	구성 요소의 파악	그것이 지닌 의미·효과	주제와의 관련성
내용 요소	① 시적 화자 및 화자의 상황	서민들에 대한 따뜻한 시선을 지니고 있는 시적 화자가 겨울 새벽 버스에 맺힌 성에꽃을 보면서 서민들의 삶에 대한 사랑을 드러낸다.	서민들의 삶에 대한 사랑과 시대 현실에 대한 아픔
	② 서민의 삶에 대한 관심	이러한 주제를 드러낸 작품으로 「사평역에서」(곽재구), 「내가 사랑하는 사람」 등이 있다.	
형식 요소	① 장면 전환	1~2연은 서민들의 모습을 서술하고 3연은 장면을 전환하여 친구의 모습을 서술했는데, 내용이 유기적으로 연결되지 않았다.	
표현 요소	① 은유법	2연에서 성에꽃을 '아름다움'으로 표현하여 은유법이 사용되고 있다.	
	② 상징	'성에꽃, 한숨, 이마' 등은 상징으로 의미를 효과적으로 드러낸다.	

(3) '성에꽃'의 의미
이 시에서 사용된 '성에꽃'은 유리창에 핀 성에를 의미한다. 그러나 단순히 유리창에 서린 지시적, 사전적 의미로서의 성에를 의미하는 것은 아니다. 그것은 늦은 밤이나 새벽, 시내 버스를 타고 차가운 삶의 현장을 다녀야만 하는 서민들의 입김과 숨결을 의미한다. 즉 서민들의 막막한 한숨, 또는 정렬의 숨결이 만나 피워 낸 아름다운 꽃인 것이다. 화자는 그 숨결을 통해 그들의 삶이 얼마나 고단하고 막막한지를 생각해 보게 된다. 그리고 그들의 고단한 삶을 역설적으로 아름다운 '성에꽃'을 피우는 아름다운 삶이라고 표현하고 있는 것이다. 이는 화자가 그 사람들의 삶을 자신에게 의미 있고 소중한 것으로 받아들이기 때문에 가능한 것이다.

(4) '창'의 의미
일반적인 시에서 '창'은 흔히 외부 세계와의 연결 통로 또는 매개체로 사용된다. 이 시에서도 이른 새벽 성에가 낀 버스의 창은 세상을 바라보는 통로가 된다. 비록 성에 낀 창을 통해 보는 세계가 차창 너머의 세계가 아닌, 같은 버스에 앉았을 서민들의 숨결을 통해 느끼는 세계라 할지라도 세계를 바라보는 통로임에는 분명하다. 그 창에 비친 세상의 풍경은 얼룩져 있고, 그것을 바라보는 시인의 마음은 막막하다. 그러나 그 막막하고 팍팍함에서 오는 슬픔을 '성에'의 아름다움을 통해 잊게 된다. 왜냐하면 '성에'는 동시대인들의 숨결과 입김, 즉 공동체 의식 그 자체를 의미하기 때문이다.

2020 B   사회문화적 상황 찾기 / 화자의 상황과 의식

5. 다음은 「누항사」의 일부이다. 〈보기〉를 참고하여 〈작성 방법〉에 따라 서술하시오. [4점]

어리고 우활(迂闊)홀 산이 니 우히 더니 업다
길흉화복(吉凶禍福)을 하날긔 부쳐 두고
누항(陋巷) 깁푼 곳의 초막(草幕)을 지어 두고
풍조우석(風朝雨夕)에 석은 딥히 셥히 되야
셔홉 밥 닷홉 죽(粥)에 연기(煙氣)도 하도 할샤
설 데인 숙냉(熟冷)애 뷘 빈 쇠일 뿐이로다
생애(生涯) 이러ᄒ다 장부(丈夫) 뜻을 옴길넌가
안빈일념(安貧一念)을 적을망정 품고 이셔
수의(隨宜)로 살려 ᄒ니 날로조차 저어(齟齬)ᄒ다
가올히 부족(不足)거든 봄이라 유여(有餘)ᄒ며
주머니 뷔엿거든 병(甁)의라 담겨시랴
빈곤(貧困)ᄒ 인생(人生)이 천지간(天地間)의 나ᄯᅢ니라
기한(飢寒)이 절신(切身)ᄒ다 일단심(一丹心)을 이질ᄂᆞᆫ가
분의망신(奮義忘身)ᄒ야 죽어야 말녀 너겨
우탁우낭(于橐于囊)의 줌줌이 모와 녀코
병과오재(兵戈五載)예 감사심(敢死心)을 가져 이셔
이시섭혈(履尸涉血)ᄒ야 몇 백전(百戰)을 지ᄂᆡ 연고
일신(一身)이 여가 잇사 일가(一家)를 도라보랴
일노장수(一奴長鬚)는 노주분(奴主分)을 이졋거든
고여춘급(告余春及)을 어ᄂᆡ 사이 싱각ᄒ리
경당문노(耕當問奴)ᄂᆞᆫ들 눌ᄃᆞ려 물ᄅᆞᆫ고
궁경가색(躬耕稼穡)이 ᄂᆡ 분(分)인 줄 알리로다

― 박인로,「누항사」―

〈보기〉

　16세기 말에서 17세기에 걸친 전란을 거치면서 조선 후기에는 경제적으로 몰락하거나 정치적으로 몰락한 양반층이 생겨났다. 박인로, 정훈 등과 같은 작가들도 이러한 계층에 속하는데 이들의 가사에도 변화하는 시대의 징후들이 나타나기 시작했다. 이들은 중앙 정계에 진출하지 못하고 소외된 지방의 한미한 사(士) 계층으로, 그 가운데 일부는 물적 기반이 미약하여 스스로 농사일에 종사해야 하는 처지로 내몰리기도 했다.

〈작성 방법〉

- 〈보기〉를 참고하여, 작가에게 삶의 전환을 가져온 계기가 된 사건과 이후 변화된 사회적 처지를 알려 주는 시어를 작품에서 각각 찾아 쓰고, 그 의미를 각각 서술할 것.
- 작품의 화자가 지향하는 삶과 그가 처한 현실 사이의 괴리에서 나타나는 양립적인 의식을 〈보기〉를 참고하여 서술할 것.

예상 답안

　작가에게 삶의 전환을 가져온 계기가 된 사건을 드러낸 시어는 '병과오재'이고 이것은 임진왜란 5년 동안의 전란 기간을 의미한다. 그 이후 변화된 사회적 처지를 알려 주는 시어는 '궁경가색'이며 몰락한 양반이 생겨나 직접 밭 갈고 농사를 짓게 된 상황을 의미한다.
　화자는 안빈낙도 강호한정 등의 유교적인 이상적 삶을 추구하려고 하지만, 임진왜란을 거치면서 경제적으로 몰락하여 현실은 너무 궁핍한 상황이어서 그 삶을 추구하지 못하고 이상과 현실의 괴리를 느끼고 있다.

> **문제해설**
>
> 조선 후기 변화된 현실을 담고 있는 박인로의 강호가사 「누항사」를 통해 조선전기 가사와의 차이 및 변화된 현실로 인한 심리적 갈등 등을 묻는 문제이다. 앞의 문제에서 가장 정확한 시어는 각각 임진왜란 5년을 의미하는 '병과오재'('몇 백전'보다 임진왜란 5년을 더 구체적으로 드러냈음)'와 몸소 밭 갈고 농사를 짓는 '궁경가색'이다.

작품 관련 배경지식

누항사

(1) 핵심 정리
- 작자 박인로(朴仁老)
- 갈래 가사. 은일(隱逸) 가사
- 연대 광해군 3년(1611)
- 성격 한정가(閑情歌)
- 표현 대구법, 설의법, 과장법, 열거법
- 제재 빈이무원(貧而無怨)의 삶
- 주제 ① 누항(陋巷)에 묻혀 빈이무원(貧而無怨)을 추구
  ② 산림에 묻혀 사는 선비들의 고절한 삶과 현실의 부조화
- 출전 『노계집(蘆溪集)』

(2) 감상

이 작품은 전원에 묻혀 빈이무원(貧而無怨)하고 안빈낙도하는 생활을 추구하지만 몰락한 양반의 처지에서 가난하여 그렇게 생활하지 못하는 상황을 사실적으로 묘사하여 현실과 이상의 괴리, 곧 낭만적 아이러니를 잘 드러낸 가사이다.

둘째 단락은 생애가 빈궁하여 추위와 배고픔으로 어려운 생활을 하던 중, 지난날의 분의망신(奮義亡身)하여 7년에 걸친 임진왜란 때 시체를 밟고 피의 강을 건너면서 백전 고투했던 일을 회상하고 있다. '전쟁하기 오 년 동안 감히 죽으려는 마음을 가지고 있어, 주검을 밟고 피를 건너 몇 백 번 싸움을 지냈던가?' 하는 구절은 임진왜란 때 수많은 공을 세우고 39세에 수군 만호로 제대한 용장의 결의와 기상이 보인다. 그러나 셋째 단락에서 늙은 종마저 도망가 버린 처량한 신세가 되어 몸소 농사를 짓고자 하나, 농기구조차 변변치 못해 낙심하는 모습이 처량하게 나타난다. 넷째 단락에서 소를 빌리러 갔다가 가난함의 수모만 당하고 오는 모양을 사실적으로 묘사하여 그 애처로움을 더욱 생생하게 그리고 있으며, 가난한 생활에 대한 안타까움과 동정심을 유발시켜 '공감'이라는 표현상의 효과를 불러일으키고 있다.

야박한 세태에 밭을 갈 생각은 그만두고 청풍명월을 벗삼아 대자연 속에서 절로 늙으며 시름을 달래고자 하는 작자의 모습과 도시락의 밥, 표주박의 물(簞食瓢飮)도 족하게 여기며 살겠다는 안분자족(安分自足)의 심정이 마지막 세 단락에서 잘 표현되고 있다.

몸소 농사를 짓고 자연을 향유하며 체면 따위에 구애받지 않는 모습에서 전통적인 유교사상과는 또 다른 도교적인 사상을 엿볼 수 있는데, 이것이 임진왜란 때 무수한 공을 세웠으면서도 당시 당파 싸움에서 쫓겨나 은거하게 된 이유가 아닐까 생각해본다.

(3) 「누항사」와 조선 후기의 사회

박인로의 '누항'은 세속적 생활을 영위해야 하는 곳이고, 밥을 끓이고 매운 연기를 맡아야 하는 곳이다. 그런 곳에서 안빈낙도하면서 살아야 하므로 여러모로 어려움을 겪는다. 그러나 안빈낙도하려는 장부의 뜻과 '누항'의 삶에서 겪는 상황은 서로 상충되고 점점 멀어진다. 이 괴리감은 박인로 자신에게 매우 절실한 문제가 된다. 이 괴리감이 가장 잘 드러나는 구절이 농우(農牛)를 두고 벌어진 일을 형상화하는 부분이다. 「누항사」에서 박인로는, 도학의 세계는 강호(江湖 : 속세와 분리된 자연)에서나 실현할 수 있다고 은연중 토로하고 말았다. 임진왜란 당시 백성을 구제하느라 잡았던 궁마(弓馬) 대신에 도학을 붙든 자신의 모습은 소를 빌리러 가서는 여지없이 희화화된다. '허위허위' 나아갔다가 '설피설피' 물러나왔다는 구절은 속세와 「누항사」의 자아 사이에 얼마나 깊은 단절이 있는지 보여 준다. 그가 도학에 대해 집착할수록 속세도 세속적 가치에 집착한다. 다가설수록 완강해지는 상대 앞에서 그는 강호를 결심한 것이다. 그 강호는 속세와 분리된 것이고, 도학은 세속적 가치와 분리된 것이다. 도학은 강호에, 세속적 가치는 속세에만 통하게 되니 각각 멀어진 것이다. 전란을 겪으면서 박인로는 스스로 농사를 지어야 했고 농우를 빌리러 나서야 했다. 그런 현실적 경험과 함께 도학을 실현해야 한다는

관념적 이상이 동시에 한 자리에 설 수 없다는 것, 곧 현실과 관념의 파탄을 경험하게 된 것이다. 모든 현실로부터 이상은 떠나 버리고 현실은 더 이상 현실로 생동하는 것이 아니라 가능성을 상실한 채 뻣뻣하게 경직된 '속세'로 변모하고 말았다.

화자의 상황		시대 현실
전쟁이 끝나고 고향에 돌아온 뒤 소도 없는 가난한 생활을 함		경제적으로 몰락한 양반 사대부의 가난한 삶의 현실
소를 빌려 농사를 짓고자 하나 소 주인에게 거절당하고 농사짓기를 포기함		직접 농사일을 해서 생활을 영위해야 하는 사대부의 달라진 위상

2020 B — 시의 형식 – 시상전개의 형식상 변화를 보이는 부분
시의 제재 및 상황 / '벼'의 속성과 관련하여 성찰한 삶의 태도

6. (나)는 '시의 시상 전개 양상에 대해 이해할 수 있다.'라는 학습목표에 따른 수업 중 학생과 교사 간 대화의 일부이다. (가), (나)를 읽고 〈작성 방법〉에 따라 서술하시오. [4점]

(가)
벼는 서로 어우러져
기대고 산다.
햇살 따가와질수록
깊이 익어 스스로를 아끼고
이웃들에게 저를 맡긴다.

서로가 서로의 몸을 묶어
더 튼튼해진 백성들을 보아라.
죄도 없이 죄지어서 더욱 불타는
마음들을 보아라. 벼가 춤출 때,
벼는 소리 없이 떠나간다.

벼는 가을 하늘에도
서러운 눈 씻어 맑게 다스릴 줄 알고
바람 한 점에도
제 몸의 노여움을 덮는다.
저의 가슴도 더운 줄을 안다.

벼가 떠나가며 바치는
이 넓디넓은 사랑,
쓰러지고 쓰러지고 다시 일어서서 드리는
이 피묻은 그리움,
이 넉넉한 힘……

— 이성부, 「벼」—

(나)

학생 : 선생님, 시는 시상의 전개 양상이 시의 의미와 연관이 된다는데, 이게 무슨 말인지 모르겠습니다. 그 둘의 긴밀한 관계를 뜻하는 것 같기는 한데, 시에서 이게 구체적으로 어떻게 이루어지는지는 잘 모르겠어요.

교사 : 「벼」를 예로 들어 볼까요? 모두 4연으로 구성된 시인데, 1연의 '저를 맡긴다', 2연의 '소리 없이 떠나간다', 3연의 '노여움을 덮는다' 등에서 각 연의 시상이 나타난다고 할 수 있어요. 그런데 2연에는 ㉠형식상 변화가 보이는 부분이 있어요. 이런 식의 변화를 통해 시상 전개의 단조로움을 줄이는 효과를 준다고 할 수 있겠지요. 그러면서도 셋째 연까지 제시된 '벼'에 관련된 시상이 4연에 모이는 점을 볼 수 있어요. 1~3연의 시상은 4연의 (㉡), (㉢),(㉣)(이)라는 단어에 연결되면서, '벼'의 속성과 관련하여 성찰한 삶의 태도를 시사한다고 할 수 있어요.

─── 〈작성 방법〉 ───

- (나)의 ㉠에 해당하는 예를 2가지 찾아, 형식상 변화를 서술할 것.
- (나)의 ㉡~㉣에 들어갈 말을 (가)에서 찾아 쓰고, '벼'의 속성과 관련하여 성찰한 삶의 태도에 대해 서술할 것.

예상 답안

2연에는 형식상 변화가 보이는 부분은 첫째, 1, 3연의 평서형과 다르게 명령형 어미를 사용하고 있으며 이로 인해 다른 전개를 보인다. 둘째, 다른 연과 달리 '보아라'라는 유사한 통사구조의 반복을 통해 시상 전개를 다르게 하고 있다. 셋째, 1, 3연은 '벼'로 시작하지만, 2연은 '벼'가 마지막에 제시되어 시상 전개가 달라진 점을 드러낸다.

㉡사랑, ㉢그리움, ㉣힘인데, 이것은 벼의 속성과 관련하여 이웃에게 베풀고 희생하며 너그럽게 살아가는 공동체적인 삶의 태도를 성찰하게 하고 있다.

문제해설

이성부의 시 「벼」를 통해 시상 전개 양상을 묻는 문제이다. 시상 전개 양상을 묻는 문제는 시의적절하고 필요하나 시상 전개 양상이 좀더 분명하게 드러나는 시를 제시했으면 하는 아쉬움이 든다.

앞의 문제에서 시상 전개와 관련된 형식상 변화를 찾는 것은 평소 이러한 감상이 필요한 부분이다.

문제 관련 배경지식

시상 전개방식

1. 시상 전개방식(구성, 시의 짜임)
① 행이나 연의 배열에 의해 나타나는 짜임이다.
② 시인이 주제를 효과적으로 표현하기 위해 적절한 구조를 취하게 된다.
③ 형태는 형식 요소에 포함하지만, 내용이나 주제와 밀접한 관련이 있다.
④ 최근 시험에서 형태의 파악 및 그 의미를 주제와 관련지어 이해하는 활동이 강조되고 있다.

2. 시상 전개방식의 종류 – 둘 이상의 구조가 한 작품에 나타날 수 있다.
① 기승전결 - 이육사의 「절정」, 한용운의 「님의 침묵」
② 수미상관(처음과 끝이 조금씩 바뀌는 경우도 있음) - 조지훈의 「승무」, 김영랑의 「모란이 피기까지는」, 김광균의 「와사등」 등
③ 선경후정 - 이육사의 「광야」, 「절정」, 조지훈의 「봉황수」, 한시
  * 선정후경 – 김소월의 「가는 길」
④ 시간적 순서 또는 대비 : 순행적(추보식) 구성 - 이육사의 「광야」, 신석정의 「꽃덤불」, 이황의 「고인도 -」
  * 역순행적 구성 – 윤동주의 「서시」, 백석의 「여승」
⑤ 정서의 이동 - 유치환의 「깃발」, 이용악의 「우라지오 가까운 항구에서」

⑥ 시선의 이동(아래-위, 왼쪽-오른쪽, 먼 곳-가까운 곳) - 조지훈의 「고풍의상」, 박목월의 「청노루」
⑦ 공간의 이동 또는 대비 - 유치환의 「생명의 서」, 김종길의 「성탄제」
⑧ 점층적 구성 - 정일근의 「바다가 보이는 교실」, 김현승의 「눈물」 앞 부분
⑨ 변증법적 구성 - 강은교의 「우리가 물이 되어」, 유치환의 「생명의 서」
⑩ 열거(나열)에 의한 구성 - 백석의 「모닥불」, 「여우난곬족」, 정지용의 「향수」
⑪ 반복에 의한 구성 - 김동환의 「산 너머 남촌에는」, 한용운의 「알 수 없어요」, 「찬송」, 백석의 「여우난 곬족」 등
⑫ 대칭적 구성 - 행 배열의 대칭 : 한용운의 「나룻배와 행인」, 김소월의 「산유화」
　　* 내용(제재)로 인한 대칭 : 이상의 「거울」, 김영랑의 「모란이 피기까지는」, 김소월의 「산유화」

이성부 「벼」

(1) 핵심 정리

▷ 갈래　자유시, 서정시
▷ 성격　예찬적, 상징적, 낭만적
▷ 표현　대상을 의인화하여 주제를 형상화
▷ 제재　벼
▷ 주제　① 공동체에 대한 자기희생의 정신
　　　　② 민중의 강인한 생명력과 공동체적 유대

(2) 작품의 구조

구성 요소	구성 요소의 파악	그것이 지닌 의미·효과	주제와의 관련성
내용 요소	① 시적 화자 및 상황	시적 화자가 벼를 관찰하거나 벼에 대해 인식한 내용을 민중들의 삶과 관련지어 제시했다.	민중의 강인한 생명력과 공동체적 유대
	② 소재	벼를 통해 공동체 의식에 바탕을 둔 민중의 모습을 드러내었다.	
형식 요소	① '기 - 승 - 전 - 결'	시 전체가 '기 - 승 - 전 - 결'의 구조 속에 주제를 형상화하고 있다.	
	② 현재형 어미의 사용	현재형 어미를 통해 장면을 구체적이고 생생하게 보여주며, 각운으로 운율 형성에 기여하였다.	
표현 요소	① 의인화	'벼'를 민중으로 의인화하여 주제를 형상화하는데 효과적이다.	
	② 상징	'벼, 햇살, 이웃들, 가을 하늘, 바람 한 점, 피 묻은 그리움' 등이 상징이며 의미를 효과적으로 드러냈다.	

(3) 감상

　이 시는 '벼'라는 생명 표상을 통해 민족, 민중의 공동체 의식을 나타낸 작품으로, 비유와 상징의 기법으로써 주제를 형상화시키고 있다. 일반적으로 이성부의 시에는 분노와 사랑의 감정이 함께 담겨 있다. 분노를 담고 있다는 것은 그의 시선이 내면세계나 자연과 같은 서정보다는 사회 현실에 더 많은 관심을 두고 있음을 알게 된다. 그런 까닭에 그의 시는 흔히 참여시로 분류된다. 그의 시 속에는 지난 역사 속에서 가혹하게 짓밟히고 고통 받는 사람들의 삶을 껴안고자 하는 일관된 의지가 나타나 있다. 다시 말해, 타인의 삶을 억압하고 고통스럽게 만든 역사적 현실에 대하여 깊은 관심을 나타내고 있다. 그러므로 그의 시에는 억압과 소외의 현실에 대한 고발과 함께 패배감을 극복하려는 현실 극복의 적극적인 의지가 담겨 있다.
　이 시의 핵심적 이미지인 '벼'는 공동체 의식에 바탕을 둔 민중, 민족의식과 생명 의지로 상징된다. '기 - 승 - 전 - 결'의 4연 구성의 이 시는 벼의 외면적 모습, 벼의 내면적 덕성, 벼의 내면적 태도, 벼에 대한 예찬의 과정에 따라 시상을 전개시키고 있다.
　1연의 '햇살 따가워질수록 / 깊이 익어 스스로를 아끼고'라는 구절에 온갖 고난을 이겨낸 민중의 모습이 형상화되어 있으며, '깊이 익어 스스로를 아끼고 / 이웃들에게 저를 맡긴다'는 구절에는 겸손한 자세로 이웃과 더불어 사는 민중의 삶이 나타나 있다.

2연에서 보듯, 이러한 민중들이 '서로가 서로의 몸을 묶'었을 때, '더 튼튼해진 백성들'이 된다는 것은, 개인이 공동체가 될 때 비로소 민중의 저력이 발휘됨을 의미한다. 그들은 아무 '죄도 없이 죄지'은 것처럼 권력에 짓밟혀 숨죽이며 살아온 사람들이다. 그렇지만 사회적 힘이 강해질 때면 그들은 바람에 흔들려 춤을 추는 벼와 같이 가슴에 세상을 향한 강렬한 저항의 불길이 일어나며, 자신들의 떠나야 할 때는 소리 없이 떠날 줄도 알고 있다. <u>2연은 다른 연과 달리 형식상 변화가 보이는 부분은 첫째, 1, 3연의 평서형과 다르게 명령형 어미를 사용하고 있으며 이로 인해 다른 전개를 보인다. 둘째, 다른 연과 달리 '보아라'라는 유사한 통사구조의 반복을 통해 시상 전개를 다르게 하고 있다. 셋째, 1, 3연은 '벼'로 시작하지만, 2연은 '벼'가 마지막에 제시되어 시상 전개가 달라진 점을 드러낸다.</u> 이를 통해 이런 식의 변화를 통해 시상 전개의 단조로움을 줄이는 효과가 있다.

3연은 2연의 부연 단락으로 민중들이 어질고 현명한 존재임을 보여 주고 있다. 하늘로 표상된 절대자를 향하여 서러움을 달랠 줄도 알고, 시련이 닥쳐올 때면 노여움을 삭일 줄도 안다. 그러나 그들은 무엇보다도 불의의 사회 현실에 대해 저항할 줄 아는 '더운 가슴'이 용솟음치는 민중들임을 강조하고 있다.

4연에는 고난과 시련에도 불구하고 역사의 주체로 일어서는 강한 민중의 생명력이 함축되어 있다. 비록 벼는 피 흘리며 베어지지만, 자기희생을 통해 이룩한 '넓디넓은 사랑'에 만족하며 조용히 쓰러진다. 쓰러짐이 끝이 아니라, 새로운 시작임을 아는 벼의 귀한 희생을 거쳐 새로운 벼가 탄생되듯, 이러한 연속성 속에서 인간의 삶이 유지되는 것을 민중들은 안다. 그러므로 그들은 서로의 처지를 이해하고, 서로의 아픔을 위로하는 삶의 동반자로서의 공동체 의식을 강화함으로써 역사의 주체로 일어설 수 있는 강한 힘을 얻게 되는 것이다.

(4) 벼와 민중의식

「벼」에서 그는 시의 전통적인 형식이나 문법을 그대로 지키려는 매우 보수적인 미학을 견지하되 그 속에 담고 있는 내용은 매우 진보적인 성향을 띤다. 우리 민족은 수천 년 간 '벼'를 재배해 왔다. 즉 '벼'는 우리와 오랫동안 지내왔으며, 김수영의 「풀」에서 '풀'과 마찬가지로 우리 민족적 삶의 뿌리이자 역사의 저력을 상징하는 데 적합하다. 시적 화자는 '벼'의 서로 어우러져 기대는 모습으로부터 공동체적 유대와 신뢰감을, 서로의 몸을 묶고 떠나는 모습으로부터 민중의 저력과 희생의 모습을, 서러움을 달래고 노여움을 삭이는 모습으로부터 민중의 현명함과 지혜로움을 발견하고 있다.

이 시는 공동체 의식에 기초한 민중 의식과 민족 의식, 생명 의식이 드러난 점에서 관심을 끈다. 이 점에서 이성부의 민족 의식, 민중 의식 그리고 생명 의식이 '벼'라는 상징을 통해서 잘 형상화된 작품이다.

2020 B 9~10번

[9~10] 다음 글을 읽고, 물음에 답하시오.

(가)
최 씨도 혼약 맺었다는 소식을 듣고 병이 차츰 나았다. 최 씨는 이런 시를 지었다.

惡因緣是好因緣　나쁜 인연이 좋은 인연 되어
盟語終須到底圓　우리의 언약 이루어졌네
共輓鹿車何日是　함께 사슴 수레 탈 날 그 언제일까
倩人扶起理花鈿　부축 받고 일어나 꽃 비녀를 꽂아 보네

드디어 좋은 날을 택하여 두 사람은 혼례를 치르고 부부가 되었다. 함께 산 뒤로 부부는 서로 사랑하고 공경하며 서로를 손님 대하듯이 온 정성을 다했다.

[중략 줄거리] 홍건적의 난이 일어나 최 씨는 죽고, 이생(李生)은 겨우 목숨을 건졌다.

이생은 발길을 돌려 최 씨의 집으로 갔다. 황량한 집에 쥐가 찍찍거리고 새들이 지저귀는 소리만이 들려왔다. 슬픔을 가눌 수 없어 작은 정자에 올라가 눈물을 훔치며 길게 한숨을 쉬었다.

날이 저물도록 이생은 덩그러니 홀로 앉아 있었다. 멍하니 예전에 최 씨와 함께 즐겁게 보낸 시간들을 회상하노라니 한바탕 꿈을 꾼 듯싶었다.

어느덧 밤 10시 무렵이 되었다. 달빛이 희미하게 들보를 비추었다. 문득 행랑 아래쪽에서 어떤 소리가 들려왔다. 멀리서부터 발자국 소리가 점점 다가오는 것이었다. 최씨였다. 이생은 최 씨가 이미 죽은 줄 알면서도 사랑하는 마음이 간절했던 까닭에 의심하지 않고 곧바로 이렇게 물었다.

"어디로 피해서 목숨을 건졌소?"

최씨는 이생의 손을 잡고 목놓아 통곡하더니, 이윽고 마음을 토로하였다.

— 김시습, 「이생규장전」-

(나)

[전략 줄거리] 수성궁 터에서 술에 취해 잠이 들었다 깬 유영은 김 진사와 운영을 만난다. 운영과 김 진사는 그들의 지난 이야기를 한다.

이레 뒤에 특은 우물에 빠져 죽었습니다. 그 뒤로 나는 세상사에 뜻이 없어, 몸을 깨끗이 씻고 새 옷으로 갈아입은 다음 조용한 방에 누웠습니다. 나흘 동안 먹지 않다가 한 번 장탄식을 하고는 마침내 일어나지 못했습니다.

적기를 마치고 붓을 놓았다. 운영과 김 진사는 마주 보고 슬피 울었는데, 울음을 그치지 못했다. 유영이 위로의 말을 건넸다.

"두 분이 다시 만나셨으니 소원을 이룬 셈이요, 원수 같은 종놈이 이미 죽었으니 분도 풀렸을 터인데, 어찌 그리도 하염없이 비통해하십니까? 다시 인간 세상에 나지 못한 것을 한스러워하시는 겁니까?"

김 진사가 눈물을 거두고 감사의 뜻을 표하며 이렇게 말했다.

"(A)우리 두 사람 모두 원한을 품고 죽었기에 염라대왕은 우리가 죄 없이 죽은 것을 가련히 여겨 인간 세상에 다시 태어나게 하려 했습니다. 그러나 지하의 즐거움도 인간 세계보다 덜하지 않거늘 하물며 천상의 즐거움이야 말해 무엇 하겠습니까? 이 때문에 우리는 인간 세계에 태어나기를 소망하지 않았습니다. 다만 오늘밤 서글퍼하는 것은 다른 이유에서입니다. 대군이 몰락하여 궁궐에 주인이 없어지자 새들은 슬피 울고 사람들의 발길도 끊어졌으니, 이것만 해도 참으로 슬픈 일이지요. 게다가 새로 전쟁을 겪은 뒤 화려하던 집은 잿더미가 되고 고운 담장은 무너져 내려 오직 섬돌의 꽃과 뜨락의 풀만 우거져 있습니다. 봄빛은 예전 모습 그대로이거늘 사람 일은 이처럼 바뀌었으니, 이곳에 다시 와 지난날을 추억하매 어찌 슬프지 않겠습니까!"

유영이 말했다.

"그렇다면 그대들은 모두 천상에 계신 분들인가요?"

김진사가 말했다.

"우리 두 사람은 본래 천상의 신선으로, 오랫동안 옥황상제를 곁에서 모시고 있었지요. 그러던 어느 날 상제께서 태청궁에 납시어 내게 동산의 과실을 따 오라는 명을 내리셨습니다. 나는 반도와 경실과 금련자를 많이 따서 사사로이 운영에게 몇 개를 주었다가 발각되고 말았습니다. 그래서 속세로 유배되어 인간 세상의 고통을 두루 겪는 벌을 받았지요. 이제는 옥황상제께서 죄를 용서하셔서 다시 삼청궁에 올라 상제 곁에서 시중을 들고 있습니다. 그러다가 때때로 회오리바람 수레를 타고 내려와 속세에서 예전에 노닐던 곳을 찾아보곤 한답니다."

… (중략) …

운영이 이어서 읊조렸다.

故宮花柳帶新春 옛 궁궐의 꽃과 버드나무는 새봄을 띠었고
千載豪華入夢頻 천 년의 호사 자주 꿈에 보이네
今夕來遊尋舊跡 오늘 밤 놀러 와 옛 자취 찾노니

> 不禁珠淚自沾巾 눈물이 수건 적심 금치 못하네

유영이 취하여 깜빡 잠이 들었다. 잠시 뒤 ㉠산새 울음소리에 깨어 보니, 안개가 땅에 가득하고 새벽빛이 어둑어둑하며 사방에는 아무도 보이지 않는데 다만 ㉡김 진사가 기록한 책 한 권이 남아있을 뿐이었다. 유영은 서글프고 하릴없어 책을 소매에 넣고 집으로 돌아왔다. 상자 속에 간직해 두고 때때로 열어 보며 망연자실하더니 침식을 모두 폐하기에 이르렀다. 그 후 명산을 두루 유람하였는데, 그 뒤로 어찌 되었는지는 알 수 없다.

- 「운영전」-

---

9. 2020 B   인물의 심리 및 상황 파악 / 환몽소설에서 꿈의 서사적 기능 및 심리에 미친 영향

9. (나)를 읽고, 작품에 대해 이해한 바를 〈작성 방법〉에 따라 서술하시오. [4점]

〈작성 방법〉

- 김 진사가 현재 서글퍼하는 이유를 [A]에서 찾아 서술할 것.
- (나)의 서사 구조를 고려할 때 ㉠, ㉡의 서사적 기능을 각각 서술하고, ㉡이 유영의 심리에 미친 영향을 서술할 것.

📝 예상 답안

김진사가 현재 서글퍼 하는 것은 과거 자신과 운영이 사랑을 하던 궁궐터가 쇠락하여 풀만 우거져 있어서 인생의 무상함을 느끼기 때문이다.

서사구조를 고려할 때, ㉠은 꿈을 깨게 하는 기능, ㉡은 만남의 증거물로서 겪은 일의 진실성을 강조하고, 외화와 내화의 연결을 매개하는 기능이 있다. ㉡은 유영에게 현세에서 이루어지지 않은 사랑에 대한 안타까움을 지니게 했고, 그에 대한 무상감과 허무감으로 인해 세상과 단절하게 했다.

문제해설

「운영전」을 통해 몽유록의 서사구조 및 그 특징을 묻는 문제이다. 비교적 평이한 문제이다.

✏️ 문제 관련 배경지식

환몽구조 소설

1. 환몽구조 소설의 특징
(1) '현실 - 꿈 - 현실'의 구조로 이어지는 소설을 말한다.
(2) 액자 구조로 볼 수 있지만, '꿈'의 요소가 있어야 한다.
(3) 몽유록계 소설과 몽자류 소설로 이어진다.

2. 환몽구조 소설의 특징을 지닌 작품
(1) 설화 : 「조신 설화」, 「한단지몽」
(2) 소설
   ① 몽유록 계열 : 「남염부주지」, 「용궁부연록」, 「원생몽유록」, 「강도몽유록」, 「달천몽유록」, 「운영전」, 유원표 「몽견제갈량」, 신채호 「꿈하늘」, 안국선 「금수회의록」 등
   ② 몽자류 소설 : 「구운몽」, 「옥루몽」, 「옥선몽」, 이광수 「꿈」 등

3. 몽유록계 소설과 몽자류 소설

고전 소설 중 꿈을 소재로 한 작품으로 「구운몽」과 같은 몽자류 소설과 「대관재몽유록」과 같이 몽유록으로 지칭되는 일군의 작품이 있다. 이들 작품은 모두 꿈을 소재로 한 만큼 '현실 - 꿈 - 현실'로 전환하는 환몽구조는 일치한다.

그러나 작품의 구성 방법과 등장 인물의 성격 및 주제의 설정이 서로 다르기 때문에 분류상 동질적인 작품으로 볼 수 없다. 즉 '몽유록류'는 일시적인 몽유 현상을, '몽자류' 소설은 인생을 하나의 몽유로, '몽유록'은 각성하는 순간 현실로 돌아오는 데 반하여 '몽자류'는 각성과 동시에 현실 생활은 일장춘몽으로 화하고 실제의 세계에 처한 자신을 깨닫게 되는 것이 다르다.

이와 같이 몽유록은 구조상 현실 세계와 몽중 세계로 양분되는 작품으로 어느 작품이든지 몽유자가 등장하여 몽중 세계에서 등장한 내용을 현실 세계에 전달하는 구실을 한다. 몽자류와 같이 몽유자의 전 생애를 통한 인생의 염원과 희구를 구현한다든지, 또는 어떤 과오에 대한 회한을 환기시키려는 것이 아니고, 부당한 현실 문제에 대한 비판과 풍자를 등장 인물을 통해 나타낸다. 그러므로 몽유록의 몽유자는 그 성격이 호방하고 개세(慨世)적인 인물로서 현실과 타협하기 어려운 것이 보통이다.

몽유록계 소설은 그 저작이 일시적인 유행에 그치지 않고 조선 초기부터 개화기에 이르기까지 이어졌으며, 몽자류 소설처럼 현실에 대한 허무 의식을 고취하려는 것이 아니고 부당한 현실 문제를 제기하여 비판하자고 한 점에서 소설사적 의의를 찾을 수 있다.

김시습 「이생규장전」

1. 핵심 정리
- 갈래 단편 소설, 전기 소설, 시애 소설, 명혼 소설
- 성격 낭만적, 전기적, 비극적, 환상적
- 제재 남녀 간의 사랑
- 주제 죽음을 초월한 남녀 간의 사랑
- 특징 ① 개인과 세계 사이의 갈등이 드러남
  ② 작가의 진보적 애정관이 드러남
  ③ 우리나라를 배경으로 우리나라 사람을 등장시킨 점에서 자주 의식이 드러남
  ④ 인간 욕망의 성취라는 인간적이고 현실적인 소망을 잘 반영하고 있음
  ⑤ 최랑이 죽기 전의 이야기와 죽은 후의 이야기로 이루어진 이중 구조

2. 감상

작품의 전반부는 현실적인 남녀 간의 연애와 결혼을 결구해 놓았고, 후반부에는 남주인공이 전란 중에 죽은 아내와 재회하는 '인귀교환 설화'와 결구해 놓고 있다. 전반부에 펼쳐진 이생과 최낭자의 사랑은 유교적 사회에서 용납될 수 없었던 것으로, 작자의 진보적 애정관을 반영하고 있다.

그런데 어렵게 성취한 그들의 사랑은 홍건적의 난리로 깨어지고 마는데 작자는 깨어진 두 사람의 사랑을 최낭자의 환신과 이생의 사랑이라는 전설적 구성으로 다시 이어 놓았다. 이것은 자신들의 사랑을 좌절시키려는 세계의 횡포에 대해 주인공들이 치열하게 저항하는 것이며, 그 극적 모습이 귀신과의 사랑이라고 할 수 있다. 즉 현실적으로 좌절된 사랑을 귀신과의 사랑으로 바꾸어서 성취하고 있는 것으로 여기에서 이 작품의 소설적인 면모가 드러난다.

이 작품은 『전등신화』의 영향을 받았음에도 불구하고 플롯이나 테마 면에서 독창성을 발휘하고 있다. 또한 등장 인물의 개성적인 성격이나 구성, 장면 묘사에 있어서도 소설다운 면모를 지니고 있어 『금오신화』에 실린 다른 작품에 비해 우수하다는 평가를 받는다.

작자 미상 「운영전」

1. 핵심 정리
- 작자 미상
- 배경 ① 시간적 : 조선 초기 ~ 중기
  ② 공간적 : 안평대군의 사궁인 수성궁, 천상계

▷ 갈래 염정 소설, 몽유 소설, 액자 소설, 고전 비극 소설
▷ 구성 액자식 구성, 몽유록의 형식
▷ 사상 신선 사상, 불교 사상, 무교 사상
▷ 주제 궁녀들의 구속적인 궁중 생활과 김 진사와 궁녀의 비극적 사랑, 중세의 윤리 의식을 벗어난 자유로운 사랑의 추구
 (인간성의 해방)
▷ 특징
 ① 고전 소설 중 유일한 비극 소설
 ② 작품 구성의 주된 매체가 '시(詩)'
 ③ 회상적 서술
 ④ 봉건적 애정관을 탈피한 자유연애 사상을 보여 줌
 ⑤ 등장 인물에 대한 개성적 성격 표현과 대화체의 문체를 사용함으로써, 생동감 있는 구성과 함께 작품에 흥미를 더함

2. 감상

이 작품은 안평대군의 사궁 수성궁을 배경으로 하여 궁녀 운영과 소년 선비 김 진사의 사랑을 다룬 염정 소설이다.
 궁녀인 운영과 궁외 사람인 김 진사가 조선의 봉건적 사회 제도의 모순된 현실을 뛰어넘어 인간 본능의 자연스러운 표출을 모색하여 사랑을 추구하다가 결국 한계에 부딪쳐 자살한 내용을 담은 일종의 비극 소설이다. 창작 연대는 선조대로 보는 견해와 실학사상이 싹튼 이후로 보는 두 가지 견해가 있으나 작품의 주제적 성격으로 보아 후자로 보는 것이 좋을 듯하다.
 이 작품의 원명은 「수성궁 몽유록」으로 유영이 안평대군의 옛날 궁에 들어가 놀다가 꿈속에서 궁녀 운영과 김 진사를 만나 그들의 슬픈 사연을 듣는 것을 표현한 꿈의 문학이라 할 수 있다.
 구성상 몽유록의 형식을 취하고 있는데, 유영이 수성궁에서 꿈을 꾸게 되고, 꿈속에서 김 진사와 운영의 이야기를 듣고 다시 꿈에서 깨어난다. 분량 면에서 80% 이상이 꿈속의 일을 다루고 있으며, 서술자인 유영이 꿈속에서 김 진사와 운영의 말을 듣는 액자형 구성을 택하여 작품 내부를 구성했으며, 몽유 소설 안에 다시 액자 소설이 들어 있는 점이 특이하다.
 또한 구성의 주된 매체가 시라는 점이다. 시가 주를 이루고 사건은 시를 뒤따르는 느낌이 주는 이 작품 속에는 20여 편의 아름다운 시가 들어 있다.
 여주인공 운영은 안평대군이 여러 궁녀들 가운데서도 가장 사랑하는 궁녀로 궁 밖의 출입을 일체 금하고 있다. 그런데도 불구하고 운영은 선비 김 진사를 열렬히 사모하여 생사를 건 모험적인 사랑을 나누고 결국 이 사실이 발각된 두 사람은 자살하고 만다는, 우리나라 고전 소설 중에서도 유일한 비극 소설이라 할 수 있다.
 고전 소설의 대부분이 행복한 결말로 끝나는 데 비해 이 작품은 심각한 주제를 비극적 전개를 통해 일관되게 구현한 입체적 구성을 취하고 있으며, 작품 창작 당시 조선 사회가 안고 있던 사회 문제나 인성 문제를 관념적으로 안이하게 처리하지 않고 조선 시대 궁중에 갇힌 궁녀들의 가련한 구속적 생활과 그들의 고민을 상세히 표현하고 있으며 이 속에서 궁중 생활을 벗어나 자유로운 일상생활로 돌아가려고 몸부림치는 궁녀들의 인간적 고뇌의 모습을 사실적으로 그려놓고 있다.
 또한 이 작품은 주인공들이 봉건 사회의 궁중이라는 두터운 장벽을 뛰어넘어 사랑을 위해 죽음을 택함으로써 봉건적 애정관을 탈피한 자유연애 사상을 보여주고 있으며, 작품과 기법 면에서도 등장 인물의 개성적 성격 표현과 함께 대화체의 문체를 사용함으로써 생동감 있는 구성과 함께 작품의 재미를 더한다.

3. 전체 구성

이 작품의 구성은 매우 독특하다. 유영이 술에 취해 잠들었다가 깨어나서 김 진사와 운영을 만나게 되고, 두 사람의 비극적 연애담을 다 듣고 나서, 다시 잠들었다가 깨어나는 구조로 되어 있다. 이와 같은 구성 방식은 몽유록(夢遊錄)의 일반적 구성 방식과 차이를 지닌다. 몽유록의 일반적 구성 방식은 현실에서 잠이 들어 꿈을 꾸고, 꿈속의 이야기가 펼쳐지다가 잠이 깨어 다시 현실로 돌아오는 방식이다. 이 때 이야기의 중심은 물론 꿈속의 사건에 놓인다.
 그런데 이 작품에서는 이야기의 중심 부분인, 유영이 김 진사와 운영을 만나 그들의 비극적인 사랑의 이야기를 듣는 부분이 유영이 잠을 깬 후에 이루어지는 것으로 되어 있다. 다시 말해 유영이 비극의 주인공들을 만난 것이 꿈속에서가 아니라 현실 속에서 이루어진 것으로 처리되어 있다. 그러나 김 진사나 운영이 현실의 사람이 아닌, 이미 죽은 사람의 환체(幻體)였다는 점에서 유영이 이들을 만난 것은 환상 체험이라 할 수 있으며, 따라서 이런 구성 방식도 작품에 보다 현실성을 부여하려는 몽유록의 발전된 형식이라 할 수 있다.
 비극적 결말로 두 연인의 정사(情死 : 사랑하는 남녀가 그 목적을 이루지 못한 채 함께 죽는 일)인 비극으로 처리한 유일한 소설. 환상적 구성으로 현실성을 부여하려는 몽유록의 발전된 형식이라 할 수 있다.

① 만남 : 현실에서 환상, 꿈으로
  ㉠ 선조 때 선비 유영이 안평대군의 옛집인 수성궁 터에 들어가 홀로 술잔을 기울이다가 잠이 들었다.
  ㉡ 유영이 밤중에 잠에서 깨어나 궁녀였던 운영과 김 진사를 만나 술을 마시며 대화를 하게 되었다.
② 비극적 사랑 : 이야기 속의 이야기, 꿈의 세계에서 과거를 회상
  ㉢ 풍류를 좋아하던 안평대군이 10명의 궁녀를 별당에 두고 시와 풍류를 배우게 한다.
  ㉣ 운영은 안평대군을 찾아온 김 진사에게 반하고, 둘은 서로의 연정을 편지로 주고받는다.
  ㉤ 운영은 궁 밖으로 빨래하러 나가는 틈을 이용하여 김 진사를 만나 회포를 푼다.
  ㉥ 이후, 운영은 밤마다 궁궐 담을 넘어 들어오는 김 진사와 사랑을 나눈다.
  ㉦ 안평대군이 이 사실을 알고 대로하여 궁녀들을 문책하니, 운영은 자책감 때문에 자결한다.
③ 이별 : 꿈의 세계에서 현실로 돌아옴
  ㉧ 김 진사는 절에 가서 운영의 명복을 비는 재를 올린 다음, 슬픔이 병이 되어 죽는다.
  ㉨ 김 진사와 운영은 슬픔을 억제하지 못하면서 자신들의 사랑을 세인(世人)에게 전해달라고 당부한다.
  ㉩ 유영이 다시 취중에 졸다가 산새 울음소리를 듣고 깨어 보니 김 진사와 운영의 일을 기록한 책만 남아 있다.
  (산새울음은 꿈을 깨게 하는 기능, 책은 만남의 증거물로서 겪은 일의 진실성을 강조하고, 외화와 내화의 연결을 매개하는 기능이 있다. 그리고 김진사가 기록한 그 책은 유영에게 현세에서 이루어지지 않은 사랑에 대한 안타까움을 지니게 했고, 그에 대한 무상감과 허무감으로 인해 세상과 단절하게 했다.)
  ㉪ 유영은 그것을 가지고 돌아와, 명산대천을 두루 돌아다녔는데, 그 마친 바를 알 수 없다.

---

10. 2020 B — 소설 하위 유형 – 애정전기 소설의 특징 / 적강 모티프의 기능·특징

10. (가), (나)를 읽고 〈보기〉를 참고하여, 〈작성 방법〉에 따라 애정 전기소설의 특징에 대해 서술하시오. [4점]

위의 9번 예문과 동일
(가) - 김시습, 「이생규장전」- / (나) - 「운영전」-

〈보기〉

(가)는 애정 전기소설의 서사 문법을 보여 주는 대표적인 작품이다. (나)는 (가)에서의 특징도 나타나지만, 애정 전기소설의 서사 문법과 다른 부분이 보이는데, 복잡한 인간관계의 설정, 악인형 인물의 등장, ⓐ적강 모티프의 사용, 작품 분량의 확대, 현실성의 강화 등이 그것이다.

〈작성 방법〉

∘ (가)에서 확인할 수 있는 애정 전기소설의 특징을 2가지 쓰고, 각각의 기능에 대해 서술할 것.
∘ (나)에서 〈보기〉의 ⓐ에 해당하는 부분을 찾아 첫 어절과 끝 어절을 쓰고, 그 기능을 서술할 것.

예상 답안

첫째, 이생과 최씨 처녀라는 재자가인이 서로 만나 시련을 겪으며 운명적 사랑을 이루는 내용을 통해 독자들에게 시련 끝에 얻는 사랑의 성취를 통해 감동을 주는 기능이 있고, 둘째, 죽은 최씨 처녀의 혼이 살아나 이생과 사랑하는 명혼(인귀교환) 모티프를 통해 삶과 죽음을 초월한 사랑이라는 주제를 드러내는 기능이 있다.
적강 모티프는 첫째 '우리 ~ 있었지요(한 문장)', 둘째 '우리 ~ 받았지요(몇 개의 문장)', 셋째 '그래서 ~ 받았지요(한 문장)' 등에서 찾을 수 있다. (나)에서 적강 모티프는 첫째, 천상계와 관련된 신이한 인물과 사건을 강조하여 비극적 사랑에 대한 안타까움과 위로를 드러내고, 둘째, 인물의 수난은 천상계에서 스스로 자초한 고통이며, 다시 천상으로의 회귀할 것을 드러내는 기능을 한다.

문제해설

「이생규장전」의 소설 유형적 특징을 설명하고, 「운영전」을 통해 적강 모티프에 대해 설명하는 문제이다.

앞의 문제는 무난하지만, 뒤의 문제에서 'ⓐ적강 모티프'를 찾는 문제는 〈작성방법〉의 조건이 정밀하지 못하여 둘 이상의 답이 있을 수 있다. 문제를 'ⓐ에 해당하는 부분'을 찾아 '첫 어절과 끝 어절'을 쓰라고 하였는데, '해당하는 부분'이 '하나의 문장'인지, '여러 문장'을 묶어서 찾는 것인지 모호하다. 보통 '첫 어절'과 '끝 어절'은 하나의 문장을 전제로 한다. 그런데 '해당하는 문장'이 아니라 '해당하는 부분'으로 되어 있어서 몇 개의 문장을 묶어서 답을 쓸 수도 있기 때문이다. 그래서 몇 가지 답이 나타날 수 있다. 첫째는 '우리 ~ 있었지요(한 문장)', 둘째는 '우리 ~ 받았지요(몇 개의 문장)', 셋째는 '그래서 ~ 받았지요(한 문장)' 등이 모두 답의 범위에 들 수 있다고 생각한다.

문제 관련 배경지식

애전 전기 소설

1. 애정 전기 소설의 특징
(1) 기이한 내용(傳奇 : 꿈, 도술, 천상계, 신선, 선녀, 귀신, 지옥, 용궁 등)을 담고 있다.
(2) 주인공이 재자가인(뛰어난 남성과 아름다운 여인)이다.
(3) 아름답고 화려한 문체로 이루어져 있다.
(4) 낭만적인 내용(남녀의 사랑)을 담고 있다.

2. 전기 소설의 특징을 지닌 작품
(1) 설화 : 「지귀 설화」, 「수삽석남」, 「김현감호」, 「조신 설화」, 「지네장터」, 「용소와 며느리 바위」
(2) 소설 : 『금오신화』(「이생규장전」, 「만복사저포기」, 「취유부벽정기」, 「남염부주지」, 「용궁부연록」), 채수 「설공찬전」, 신광한 『기재기이』, 「운영전」 등

적강 (謫降) 모티프

서사문학에서 '적강(謫降)'이란 천상적 존재가 천상에서 지은 죄로 말미암아 지상으로 유배오는 것을 말한다. 즉, 주인공이 적강의 동물로 태어나거나 인간으로 태어난 것은 천상에서 옥황상제에게 어떤 죄를 지었기 때문에 동물이나 인간으로 태어나는 벌을 받아서 지상에 등장하게 된 것이다. 적강화소는 천상계의 인물이 사소한 잘못을 저질러 그에 대한 처벌로 인간계에 내려온다는 내용으로 주로 고전소설에서 자주 등장하는 이야기의 한 요소이다.

적강 소설은 적강의 요소를 담고 있는 소설을 말하는데, 천상계에 살던 인물이 인간 세상에 내려오거나 지상계에서 사람으로 태어나는 것을 소재로 한 소설을 의미한다. 천상계의 인물이 지상계로 내려오거나 새롭게 태어나는 이유는 천상계의 선인(仙人)이 옥황상제에게 사실과 다르게 말한 죄, 옥황상제 앞에서 싸운 죄, 남녀 간의 애정 문제 등이다. 적강소설은 이러한 이유로 죄를 짓고 인간 세상을 추방되어 펼쳐지는 내용을 담고 있다.

적강소설의 특징 중 하나는 천상계에 살던 인물이 인간 세계에 내려와 신이한 능력을 발휘하거나 천상계의 도움을 받아 위기를 극복하는 내용이 드러난다는 점이다. 우리나라 소설에서는 고전소설에 적강의 요소를 담고 있는 대표적인 작품은 〈최고운전〉, 〈운영전〉, 〈숙향전〉, 〈숙영낭자전〉, 〈유충렬전〉등이 있다.

- [네이버 지식백과] 적강소설 [謫降小說] (두산백과 두피디아, 두산백과) 보충 정리

8 2021년 서술형 문제

2021 A B 번	현대시 내용, 형식 / 의성어·의태어 / 표현의 분위기 / 시의 내용 전개(관계 파악) / 긴 표현의 함축적 의미

9. 다음을 읽고, 작품에 대해 이해한 내용을 〈작성 방법〉에 따라 서술하시오. [4점]

> 바람의 따뜻한 혀가
> 사알짝, 우듬지에 닿기만 해도
> 갱변의 미루나무 그 이파리들
> 짜갈짜갈 소리 날 듯
> 온통 보석 조각으로 반짝이더니
>
> 바람의 싸늘한 손이
> 씽 씨잉, 싸대기를 후리자
> 갱변의 미루나무 그 이파리들
> 후둑후두둑 굵은 눈물방울로
> 온통 강물에 쏟아지나니
>
> 온몸이 떨리는 황홀과
> 온몸이 떨리는 매정함 사이
> 그러나 미루나무는
> 그 키 한두 자쯤이나 더 키우고
> 몸피 두세 치나 더 불린 채
>
> 이제는 바람도 무심한 어느 날
> 저 강 끝으로 정정한 눈빛도 주거니
> 애증의 이파리 모두 떨구고   ┐
> 이제는 제 고독의 자리에 서서   │ [A]
> 남빛 하늘로 고개 들 줄도 알거니   ┘
>
>   - 고재종, 성숙 -

〈보기〉

시적 형상화는 작게는 음운 단위에서부터 크게는 시상의 전체적 흐름에 이르기까지 다양한 층위에서의 정련을 통해 이루어진다. 음성 상징어는 음운적 특성을 통해 시적 분위기의 형성에 영향을 미치며, 주요 소재들의 유기적 관계 설정은 작품의 내적 맥락의 일관성을 형성하는 데 기여한다.

〈작성 방법〉

- 1연, 2연에서 음성 상징적 표현이 시적 분위기 형성에 기여하는 바를 각각 서술할 것.
- 3연의 시어 2개를 인용하여 '바람'과 '미루나무'의 관계를 쓰고, 이를 바탕으로 [A]의 함축적 의미를 서술할 것.

문제분석

I. 출제된 분야 및 문제 파악
1. 현대시 형식 운율 의성어·의태어에 나타난 음성 상징어의 분위기 관련 문제와 현대시 시의 내용 전개(대상간의 관계 파악) 문제 및 길게 이어진 표현의 함축적 의미를 묻는 문제
2. 잘 알려지지 않은 작품을 바탕으로 감상능력을 묻는 문제이며, 작품의 형식과 내용면의 특징을 함께 묻고 있는 좋은 문제.

II. 주목할 내용(답안) 및 의의·한계
1. 2015년 교육과정에서 강조한 문학능력을 중시하는 문제
2. 예상 답안 참고
3. 이 문제는 문학 학습에서 암기 위주로 공부했는지, 문학 감상능력을 위주로 했는지 판단할 하나의 시금석이 될 수 있는 문제임.(2014년 문제와 유사)

III. 문제 해결에 필요한 요소 및 앞으로의 출제 예상
1. 시감상을 위한 문학지식 및 문학감상 능력을 평가 ; 시 감상 이론 - 작품에 적용한 이해
2. 출제자에 따라 선호도가 달라지는 문제 - 언제든 출제될 가능성을 염두하고 감상능력을 길러가야 함.

예상 답안

1연 '사알짝'은 유음이나 양성모음으로 부드럽고 따뜻함을, '짜갈짜갈'도 유음이나 양성모음으로 맑고 경쾌함을 드러내어 따뜻하고 경쾌하고 생동감 있는 긍정적 분위기를 잘 드러낸다. 2연의 '씽 씨잉'은 차갑고 싸늘함을, '후둑후두둑'은 음성모음으로 매정하고 슬픔을 드러내어 고통과 시련의 부정적인 분위기를 잘 드러낸다.

미루나무에게 바람은 '황홀'을 주기도 하고, '매정함'을 주기도 하는 애증이 중첩된 관계이면서, 동시에 바람은 미루나무를 성숙하게 하는 관계이다 이를 바탕으로 보면 [A]는 황홀함과 매정함을 넘어 정신적 성숙, 성장을 이룬 존재라는 의미를 지닌다.

문제 관련 배경지식

「성숙」(고재종)

1. 핵심정리
- 갈래 자유시, 서정시
- 어조 명상적, 성찰적
- 제재 미루나무(의 성숙)
- 주제 삶에서 기쁨과 절망의 과정을 통한 존재의 성숙

2. 작품의 특징 - 대립적 이미지를 통한 시상의 전개
1) 시어의 대립
2) 의성어, 의태어를 통한 대조
3) 양성모음과 음성모음을 통한 대조

3. 감상

1995년에 발표된 고재종의 이 시는, 제목이 암시하듯이 한 생명체가 오랜 시간을 살면서 경험하기 마련인 고통과 환희의 감정들을 '성숙'이라는 관점에서 형상화한 작품이다.

이 시의 중심 제재는 강변의 미루나무이다. 시인은 자신의 일상생활의 반경 안에 위치한 한 그루의 미루나무를 지켜보면서 '성숙'이라는 인간적 가치에 대해 생각하기 시작한다. '성숙'이란 무엇일까? 우리의 상식과 달리 '성숙'이란 신체적인 발육 상태나 나이를 먹는 것으로 설명되지 않는 어떤 가치를 함축하고 있는 것이 분명하다. 그런 한에서 '성숙'은 '늙음'이나 '성장'과 분명하게 구별된다.

이 시는 시간의 경과에 따라 미루나무의 성장 과정을 통해 '성숙'한 인간에 이르는 삶의 방식을 성찰하고 있다. 감각적 이미지를 사용하여 생동감과 현장감을 나타내고 있으며, '짜갈짜갈', '후득 후드득' 등 음성상징어를 사용하여 생동감과 현장감을 주고 있다. 전체 4연 20행으로 이루어져 있으며, 내용에 있어서도 기-승-전-결의 분명한 변화 과정을 드러내고 있다.

이 시에서 시인이 주목하고 있는 것은 시간과 경험이다. 이 시의 1연은 미루나무가 봄 햇살을 받으며 '황홀'을 경험하는 순간을, 2연은 싸늘한 바람에 노출되어 '매정함'을 경험하는 순간을 각각 노래하고 있다. 이러한 대립적 이미지를 통해 시인이 말하려는 것은 좋음과 나쁨, 기쁨과 슬픔, 희열과 고통처럼 생명체에게 가해지는 극단적인 경험이다. 이러한 극단적 경험은 3연에서 합쳐서 '성숙'의 이미지로 재규정되고, 4연에서는 이런 성숙을 거친 미루나무의 고독한 모습을 통해 성숙한 인간에 이르는 길을 성찰하도록 요청하고 있다.

1연은 '바람의 따뜻한 혀'라는 표현으로 미루어 짐작하건대 '봄'을 배경으로 한 듯하다. 봄이 되자 따뜻한 바람이 불기 시작한다. 그 바람이 강변에 선 '미루나무 그 이파리들'에 닿고', 바람을 맞은 이파리들은 '짜갈짜갈'하는 특유의 소리를 내며 보석처럼 반짝인다. 이 상황을 3연에 등장하는 시어로 정리하면 '황홀'이라고 표현할 수 있다.

하지만 인간의 삶이 그렇듯이 '성숙'은 밝은 환희의 경험만으로 이루어지지 않는다. 거기에는 환희만큼이나 격렬한 고통의 경험들이 뒤따르기 마련이다. 2연의 첫 행에 등장하는 '바람의 싸늘한 손'은 1연의 '바람의 따뜻한 혀'와 대비되는 것으로, 미루나무에게 닥친 고통의 순간이라고 말할 수 있다. 추운 계절이 도래하여 바람이 미루나무를 뒤흔든다. 시인은 바람을 맞아 이파리가 떨어지는 모습을 미루나무가 '후둑 후두둑 굵은 눈물방울'을 강물에 쏟아낸다고 말하고 있다. 다시 이 상황을 3연에 등장하는 시어로 정리하면 '매정함'이라고 표현할 수 있다.

3연은 '황홀'과 '매정함'을 모두 경험한 미루나무에 관한 이야기이다. 미루나무는 따뜻한 바람과 차가운 바람을 모두 맞고 견디면서 시간을 보내면서 키가 '한두 자쯤 더' 크고 몸집도 '두세 치나 더' 불어났다. 시인의 눈에 비친 미루나무는 '황홀'과 '매정함'의 시간을 지나면서 내적으로 성장했다.

4연은 바로 그렇게 성장한 미루나무 이야기이다. 시인은 어느 날 '애증의 이파리 모두 떨구고/ 이제는 제 고독의 자리에서 남빛 하늘로 고개를 들 줄' 아는 미루나무를 목격한다. 한 번도 그 자리를 떠난 적이 없는 미루나무, 그러나 시인에게 그것은 이미 예전의 미루나무가 아니다. '황홀'과 '매정함'을 모두 견디며 살아온, 그리하여 '성숙'을 거친 존재에게서 느껴지는 성숙한 태도일 것이다. 이제 '성숙'한 미루나무는 더 '성장'해야 할 어떤 것이 아니라 고독의 자세로 의연하게 하늘을 올려다보는 경지에 이른 것이다. 하지만, 이 시에서 '고독'은 슬픔의 흔적이 아니라 '성숙'의 표지인 것이다.

시인은 이런 일련의 과정을 지켜보면서 그것이 미루나무만의 문제가 아니라 성숙한 인간에 도달하기 위해 우리가 필연적으로 거쳐야 할 단계임을 깨닫고 있다.

2021 A B 번   인물·사건 / 인물의 대화에 나타난 평가의 관점 / 사건 – 문맥적 의미 / 서술자(인물)의 의도

11. 다음을 읽고, '전우치전'에 대해 이해한 내용을 〈작성 방법〉에 따라 서술하시오. [4점]

> 전우치가 말했다.
> "제가 도술을 좀 할 줄 알아 선생께 보여 드리고 싶은데 괜찮겠습니까?"
> 화담 선생이 말했다.
> "좋을 대로 하시지요."
> 전우치는 밖으로 나가 무수히 많은 참새를 몰아 화담 선생이 앉은 자리 앞에서 높이 날아오르게 했다. 그러자 숭덕이 말했다.
> "기이하지 않습니까?"   [A]
> 누이동생 역시 창 안에서 지켜보고는 혀를 차며 감탄했다. 이때 화담 선생이 "핫!" 하고 기합을 넣자 참새 떼가 뜰 가운데로 내려오더니 복숭아 잎으로 변했다.
> 전우치가 이번엔 부적을 날렸다. 그러자 호랑이가 포효하며 동산에서 뛰어들었다. 눈을 치켜뜬 채 허연 이빨과 뻘건 잇몸을 드러내고 누린내 나는 입김을 뿜어내며 발톱을 세워 당장이라도 사람을 낚아채 물어뜯을 기세였다. 화담 선생이 다시 "핫!" 하고 기합을 넣자 호랑이는 별안간 전우치를 낚아채 물어뜯었다. 전우치가 쓰러지는 순간 호랑이는 사라졌다.
>
> 화담 선생의 아우와 누이는 놀랍고도 무서워 턱을 덜덜 떨며 전우치의 목숨을 살려 달라고 빌었다. 화담 선생이 말했다.

"너희들이 앞으로는 요사스런 도술에 홀리지 않을 수 있겠느냐?"

그러고는 부채로 전우치를 치자, 전우치가 기지개를 펴고 일어나더니 뜰 아래로 내려와 머리를 조아리며 사죄했다.

"선생의 도술이 이처럼 높으신지 헤아리지 못하고 작은 재주를 펴 보였으니 제가 죽을죄를 지었습니다. 제가 한 것은 요사스런 도술에 불과합니다. 그저 세상 사람들을 우롱하는 데나 쓰일 뿐이니, 선생께서 지니신 신선의 도술과는 감히 비교도 할 수 없습니다. 일전에 윤 승지에게 제 재주를 보인 적이 있었습니다만, 윤 승지가 공부한 것 역시 신선의 도술이었기에 제가 대패하고 말았습니다. 그런데 지금 선생의 도술은 또 윤 승지보다도 몇 곱절 뛰어나십니다."

화담 선생이 말했다.

"이른바 '신선의 도술'이니 '요사스런 도술'이니 하는 게 무언지는 잘 모르겠소. 나는 다만 올바름으로 사악함을 제압했을 뿐이오. 듣자니 당신이 요사스런 도술을 부리며 의롭지 못한 짓을 많이 벌이고 다닌다고 하더구려. 앞으로 서울에 있지 않고 멀리 깊은 산속에 숨어 살며 다시는 함부로 요사스런 도술을 부리지 않는다면 이쯤에서 그치겠지만, 만일 내 말을 따르지 않는다면 목숨을 잃을 것이오."

전우치가 머리를 조아리고 말했다.

"㉠삼가 가르침을 받들겠나이다."

이로부터 전우치는 자취를 감추어 세상에서는 그 종적을 알지 못했다.

[A]

… (중략) …

㉡나는 이렇게 논평한다.

"주자와 서화담이 어찌 잡된 술법을 좋아했겠는가? 이분들은 모든 이치와 학문에 통달했으므로 하지 않았던 것이지, 할 수 있는 능력이 없었던 것은 아니다. 주자가 『참동계(參同契)』를 풀이하는 글을 짓고, 서화담이 전우치의 술법을 제압하여 굴복시킨 일은 같은 이치이다. 하물며 군자는 정(正)이고 술사는 사(邪)이며, 군자는 양(陽)이고 술사는 음(陰)이니, 사가 정을 이기지 못하고 양이 음을 제압하는 것은 당연한 이치이다."

- 작자 미상, 전우치전 (한문본) -

〈작성 방법〉

- [A]에서의 대결 결과에 대한 '전우치'와 '화담 선생'의 평가 관점을 비교하여 차이점을 서술할 것.
- ㉠의 문맥적 의미를 쓰고, ㉡이 비판하고자 하는 바를 서술할 것.

문제분석

I. 출제된 분야 및 문제 파악
1. 사건과 인물의 대화를 통해 인물이 지닌 평가의 관점을 묻는 문제와 사건의 문맥적 의미 및 서술자(인물)의 의도를 묻는 감상능력 관련 문제.
2. 문제의 바탕이 되는 것은 인물 및 사건에 대한 이해인데, 그것에 나타난 인물의 관점을 묻는 형태로 출제 했음.

II. 주목할 내용(답안) 및 의의·한계
1. 소설에서 인물 및 사건의 특징, 특정한 부분의 문맥적 의미를 파악하는 감상능력 관련 기본적인 문제.
2. 예상 답안 참고
3. 낯선 부분이어서 지문의 의미 및 출제자의 의도를 정확하게 파악하고 답을 써야 함.

III. 문제 해결에 필요한 요소 및 앞으로의 출제 예상
1. 인물 및 사건에 대한 이해 - 인물에 대한 평가 관점 / 사건의 의미 등
2. 다른 작품에서 비슷한 유형으로 자주 출제될 수 있는 문제

예상 답안

[A]의 대결 이후, 전우치는 도술의 우열을 비교하여 신선의 도술과 요사스런 도술로 나누어 평가하는 관점이고, 화담 선생은 이와 달리 도술을 도덕적 기준으로 사악한 것과 올바른 것으로 나누어 평가하는 관점이다.

㉠의 문맥적 의미는 의롭지 않은 일에 요사스런 도술을 사용하지 않고 종적을 감추겠다는 것이다. ㉡의 '나'는 술법이 결코 바른 도리(정도)에 미치지 못하는데, 쉽게 술법에 쉽게 현혹되어 바른 도리를 등한시하는 태도를 비판한다.

문제 관련 배경지식

전우치전

(1) 핵심 정리
- 연대 미상
- 작가 미상
- 갈래 영웅 소설, 군담 소설(軍談 小說), 도술 소설, 사회 소설
- 시점 전지적 작가 시점
- 성격 전기적, 도술적, 영웅적
- 주제 빈민 구제와 당시 정치 비판과 전우치의 의로운 행동
- 특징 ① 전우치전은 실제 인물의 내력이 전설을 거쳐 소설화된 좋은 예이고, 문헌 설화를 바탕으로 하고 있으며, 사회 현실의 모순된 상황을 반영하였고, 이본에 따라 주제 의식에 많은 차이가 보인다.
  ② 실재하였던 전우치를 주인공으로 하여 쓴 소설이지만 그 도술행각을 그린 내용이 대단히 비현실적이며 초인적이고 황당무계하다. 그러나 작자는 당시의 부패한 정치와 당쟁을 풍자하고 그것을 흥미 본위의 표현 형식을 취할 필요가 있었을 것이다.

(2) 줄거리

개성에 사는 전우치는 신기한 도술을 얻고 숨어 살았는데, 해적의 약탈과 흉년으로 백성들이 비참한 지경에 이르자 천상 선관(天上仙官)으로 변신하여 왕에게 나타난다. 옥황상제의 명령이라면서 황금들보를 만들게 하고, 그 들보를 외국에 팔아 산 쌀 수만 섬으로 백성들을 구휼한다. 사실을 알게 된 임금이 크게 노하여 전우치를 잡아다가 국문(鞠問)한다.

이에 전우치는 도술로 맞서다가 왕에게,

"나의 죄를 다스릴 정신으로 백성을 다스리라"

고 충고하여 풀려난다. 그 뒤 도술로써 선행을 베풀며 전국을 돌아다니고 도적의 무리를 다스리는 등 공을 세운다. 이를 시기한 간신이 역적의 누명을 씌워 처형당하게 되자 전우치는 마지막 소원이라며 그림 1장을 그리게 해달라고 한다. 왕이 이를 허락하자 산수화 속에 나귀 1마리를 그리더니 나귀를 타고 그림 속으로 사라진다. 그뒤 전우치는 자신을 모해한 자를 도술로 골려주고 장난을 치며 돌아다닌다.

<u>과부를 짝사랑해 상사병이 든 친구를 위해 그 과부를 구름에 태워오다가 강림도령에게 질책을 당한다. 그뒤 화담 서경덕의 도학이 높다는 이야기를 듣고 찾아가 화담의 도술에 굴복하고 제자가 되어 태백산에 들어가 도를 닦았다고 한다.</u>

(3) 전우치전에 나타난 도술

'전우치전'에는 다른 고전 소설에서는 그 유례를 찾아볼 수 없는 수많은 도술 이야기들이 나온다. 몇 개만 예를 들면, 도술로 선전관이 되어 궁궐에 들어가 황금 들보를 바치게 하거나, 백사정 허참연에서 사이가 좋지 않았던 선전관들의 부인을 수청들게 함으로써 선전관들을 망신시키기도 한다. 또 호서땅 역모 사건에 연루되어 잡히자, 그림 속의 나귀를 타고 도주하기도 하고, 상사병을 앓는 친구를 위해 수절 과부를 데려오다가 강림도령을 만나 제지당하고 모습이 같은 여자를 데려다 주어 친구의 병을 구하기도 하는 등 이루 헤아릴 수가 없다.

이러한 도술 설화들을 눈여겨보면 전우치가 도술을 과시하고 싶어함을 엿볼 수 있다. 보통 사람의 눈을 속일 수 있는 초능력의 힘을 빌어 사소한 일에도 도술을 휘두른다. 일종의 장난거리로 다른 사람 앞에서 과시를 하고 있다. 의협심에서 가난한 자나 약한 자를 돕기 위해 도술을 부리기도 하지만, 자기에게 피해를 주는 자에 대한 복수의 수단으로 도술을 사용하기도 하여 도인의 경지에 이르지 못하고 있다.

2021 A B2 현대시문학사 / 현대시 -표현 / 시인의 시에 나타난 개인적·저항시적 경향 / 표상해주는 표현(이미지(비유·상징) - 응집된 구절(원관념)

12. 다음을 읽고, '한국 저항시의 특징'에 대해 〈작성 방법〉에 따라 서술하시오. [4점]

(가)
목숨이란 마치 깨어진 배 조각
여기저기 흩어져 마을이 구죽죽한 어촌보담 어설프고
삶의 티끌만 오래 묵은 포범(布帆)처럼 달아 매었다

남들은 기뻤다는 젊은 날이었건만
밤마다 내 꿈은 서해를 밀항하는 쩡크와 같아
소금에 절고 조수(潮水)에 부풀어 올랐다

항상 흐릿한 밤 암초를 벗어나면 태풍과 싸워 가고
전설에 읽어 본 산호도(珊瑚島)는 구경도 못 하는
그곳은 남십자성이 비춰 주도 않았다

쫓기는 마음 지친 몸이길래
그리운 지평선을 한숨에 기오르면
시궁치는 열대 식물처럼 발목을 오여쌌다

새벽 밀물에 밀려온 거미이냐
다 삭아 빠진 소라 껍질에 나는 붙어 왔다
먼 항구의 노정(路程)에 흘러간 생활을 들여다보며

— 이육사, 노정기 —

(나)
까마득한 날에
하늘이 처음 열리고
어데 닭 우는 소리 들렸으랴

모든 산맥들이
바다를 연모(戀慕)해 휘달릴 때도
차마 이곳을 범(犯)하던 못하였으리라

끊임없는 광음(光陰)을
부지런한 계절이 피여선 지고
큰 강물이 비로소 길을 열었다

지금 눈 나리고
매화 향기 홀로 아득하니
내 여기 가난한 노래의 씨를 뿌려라

다시 천고(千古)의 뒤에

백마 타고 오는 초인(超人)이 있어
이 광야에서 목 놓아 부르게 하리라

- 이육사, 광야 -

〈보기〉

이육사는 일제 강점기에 지사(志士)로서의 삶을 견결하게 유지하면서 민족 해방의 의지를 담은 작품은 물론이고 내면으로 침잠하는 회한을 진정성 있게 표현한 작품도 함께 보여 준다. 「자야곡(子夜曲)」, 「절정」, 「황혼」, 「꽃」 등이 대표적이다. 이러한 작품들을 보면, ㉠개인으로서 표랑하며 갖게 되는 번민이 ㉡지사로서의 역사적 전망과 공존하는 시 세계를 형성하고 있음을 알 수 있다. 그런데 이 두 가지 경향은 육사의 시에서 모순을 이루는 두 축이 아니라 대화적 긴장 관계를 형성하며 육사의 시를 다채롭게 해 주는 요인으로 볼 수 있다. 이육사와 유사한 시기에 작품을 발표한 윤동주의 시에도 ㉢개인의 번민이 지배적으로 나타난 작품과 ㉣희생적 의지의 자아가 두드러진 작품 등이 공존하고 있다. 「십자가」, 「간」, 「참회록」, 「쉽게 씌어진 시」 등의 작품이 그렇다. 이것이 이육사와 윤동주의 시가 문학사적으로 큰 의미를 갖는 이유이다.

〈작성 방법〉

◦ (가)에서 ㉠을 표상하는 표현들을 응집해 주는 구절을 찾아 쓰고, (나)에서 ㉡이 나타난 구절을 찾아 쓸 것.
◦ ㉢, ㉣의 경향을 보이는 작품을 〈보기〉의 윤동주의 작품 중에서 각각 1가지씩 찾아 그 이유를 서술할 것.

문제분석

I. 출제된 분야 및 문제 파악
1. 현대시 표현(상징)의 특징으로 표상해주는 표현(이미지(비유·상징)와 응집된 구절(원관념)) 찾는 문제와 현대시문학사 - 이육사·윤동주 시의 개인적 경향과 저항시적 경향을 묻는 문제
2. 앞의 문젠느 상징과 관련된 문제로 무리가 없지만, 뒤의 문제는 〈보기〉의 **설명 내용과 제시한 윤동주 시인의 작품**에서 문제가 있다고 생각함. (아래 〈주의〉 참고)

II. 주목할 내용(답안) 및 의의·한계
1. 중요하게 다룬 문학의 관점 파악하기 - 이육사 시 상징의 특징 / 이육사, 윤동주 시의 경향
2. 예상답안 참고
3. 몇 가지 한계를 지니는 문제라고 생각함.

III. 문제 해결에 필요한 요소 및 앞으로의 출제 예상
1. 상징적 표현의 원관념과 보조관념 / 현대시문학사 - 이육사·윤동주 시의 개인적 경향과 저항시적 경향
2. 주요 내용이 출제되어 반복 출제될 가능성 낮음

주의 위의 둘째 문제는 여러 논란이 있을 수 있는 문제이다. 관점에 따라 답이 다를 수 있기 때문이다.

먼저 ㉢과 관련하여 ㉢의 '개인의 번민이 지배적으로 나타난 작품'을 물었는데, 제시된 「간」, 「참회록」, 「쉽게 씌여진 시」, 「십자가」 4편 모두 '개인적 번민'과 '지사의 역사적 전망'을 지니고 있어 어느 한 편만 특정하여 개인적 번민이 두드러진다고 말하기 어렵다고 생각한다. 예시 작품으로 윤동주의 「길」, 「자화상」 등의 작품이 제시되었으면 좋았다는 생각이 든다.

그릭고 ㉣과 관련하여 〈보기〉의 '㉣ 희생적 의지의 자아가 두드러진 작품'이란 설명이 문제가 있다고 생각하고, 이로 인해 복수 답안이 가능할 듯하다.

㉣은 '윤동주의 시에도'로 된 부분이 있어서, 그 위의 ㉡의 의미에 대응되는 것으로 보아야 하는데, 그러자면 원래 '지사적 의지로 역사적 전망을 담아낸 시'로 제시하는 것이 좋았다고 생각한다. 더욱이 문제가 '한국 저항시의 특징'을 다루는 것이어서 반드시 ㉢의 의미에 대립되는 윤동주 시인의 '저항성'을 의미하는 내용이 제시되어야 하는데, 〈보기〉 ㉣의 설명에는 그러한 의미 제시가 부족하다.

그런데 더욱 문제가 되는 것은 '저항성'을 고려하지 않고 ㉣의 '희생적 의지의 자아가 두드러진 작품'은 '자기희생의 의지'가 주제인 「십자가」가 될 수도 있다.

📓 예상 답안

㉠을 표상하는 말은 (가)에 여러 이미지(=표상)로 드러나 있는데, 그것을 응집해 주는 것(=원관념)은 '<u>쫓기는 마음(혹은 항구의 노정)(모두 '떠도는 삶'을 의미)</u>'이다. (나)에서 지사로서의 역사적 전망은 해방에 대한 의지이며, 이것이 잘 드러난 구절은 '매화 향기'이다. (혹은 '백마 타고 오는 초인'인데, 이것은 구원자, 지도자의 의미에 더 가깝다.)

🚨 ㉢관련 〈둘째 문제는 정답을 특정하기 어려운 문제라고 생각한다.〉

제시된 윤동주의 시에서 <u>㉢개인의 번민이 지배적으로 나타난 작품은 「십자가」?, 「간」?이다. (꼭 특정하여 말한다면, 개인적으로 「십자가」, 「간」이 가깝다고 생각하지만, 4편 모두 개인적 번민과 지사의 역사적 전망을 지니고 있어 어느 한 편을 특정하여 개인적 번민이 두드러진다고 말하기 어렵다고 생각한다.)</u>

🚨 ㉣관련 〈복수 답안 가능〉

큰문제의 '저항시'를 고려할 때

㉣의 '희생적 의지의 자아가 두드러진 작품(㉢과 같이 지사의 역사적 전망)'을 고려하면, 「쉽게 씌어진 시」이다. (이 문제 역시 관점에 따라 다를 수 있다.)

큰문제의 '저항시'을 고려하지 않을 때

㉣의 '희생적 의지의 자아가 두드러진 작품'은 '자기희생의 의지'가 잘 드러난 '십자가'이다.

✏️ 문제 관련 배경지식

노정기(이육사)

1. 핵심정리

▷ **갈래** 자유시, 서정시
▷ **어조** 반성적, 성찰적
▷ **제재** 일제 강점기 청년 지식인의 고난의 삶의 과정
▷ **주제** ① 일제 강점기의 고난 청년의 민족 해방에 대한 지향
   = 절망적 상황에서 민족 해방의 의지를 잃지 않은 청년의 고달픈 삶
   ② 방황하며 떠도는 고달픈 젊은 날의 삶에서 이상향의 추구
▷ **특징**
   ① 대립적인 시어들이 화자의 현재와 이상의 괴리를 보여주고 있다.
   ② 각 연은 3행으로 구성되어 마지막 행은 '~(ㅆ)다'의 과거형으로 종결되어 지나온 과거의 삶을 되돌아보는 형태이나, 마지막 5연에서는 2행과 3행을 도치시켜 형태상의 변화를 주었다.
   ③ '노정기'라는 제목에서 알 수 있듯 전체적으로 지나온 과거의 삶을 되돌아보는 내용이다.
   ④ 표면적으로 척박한 현실 속에 살아온 삶의 유전을 되돌아보는 형식으로 진행되지만, 시인의 실제 현실과 연관 지어 보면 일제 강점기 조국을 빼앗기고 쫓기듯 살아온 시인 이육사의 고통스러운 여정을 의미한다.
   ⑤ 물(바다)의 이미지를 통해 떠도는 화자의 삶을 드러내고 있다.

2. 감상의 길잡이

이육사의 초기시는 조국의 상실이라는 극한적 상황에 의한 비극적인 자기 인식으로부터 출발하고 있어서, 초기시에서 주로 '어둠'의 이미지를 드러낸다. <u>조국을 잃고 세계와 단절되어 빛을 잃은 그가 어둠 속을 걸어온 자신의 삶의 역정을 노래한 대표적인 작품이 바로 이 〈노정기〉이다.</u>

이 시의 기저를 이루고 있는 시적 화자의 노정은 '물'의 흐름을 통하여 제시되고 있다. 그것은 어둠 속에서 '마치 깨어진 뱃조각'처럼 여기저기 유랑하고 있기에, '흩어져 어설퍼진' 마음으로 살아가는 그의 삶이야말로 다 부서진 티끌로만 남아 있다. 화자는 행여 젊은 날은 어떠했을까 하고 뒤돌아보지만, '꿈은 서해를 밀항하는 쩡크'와 같은 고통이었으므로 그는 '소금에 절고 조수에 부풀어'오른 상처만을 확인하게 된다. 화자의 젊은 시절은 고통스러운 항일 무장 독립 투쟁의 나날이었기 때문에, '남십자성이 비쳐주도 않'는 '흐릿한 밤'이요, '산호도는 구경도 못하는' 고달픔일 수밖에 없었을 것이다.

이 시에서 '산호도'는 그가 추구하는 이상적 세계로 볼 수 있지만 그의 시계(視界) 내에는 존재하지 않는 곳이다. 그래도

그는 그 막막한 곳을 찾아 '쫓기는 마음 지친 몸'을 이끌고 가려고 하지만, '새벽 밀물에 밀려온 거미'같이 '다 삭아 빠진 소라 껍질'에 붙어 살아온 그로서는 그저 물처럼 흘러가 버린 지난 삶의 역정을 반추하고 있을 뿐이다.

이 시에서는 이러한 삶의 역정을 '물'의 이미지로 형상화시키고 있다. '물'과 관련된 심상은 '배', '어촌', '포범', '서해', '밀항', '쩡크', '조수', '암초', '산호도', '밀물', '소라', '항구' 등으로, 특히, 마지막 시행의 '흘러간 생활'에서 '흘러간'이라는 '물'의 이미지를 그의 생활에 투사하여 귀결시킴으로써 화자는 이러한 노정을 통하여 비극적인 자기 인식을 하게 된다.

치열한 현실 인식을 바탕으로 한 이 시의 비극적 자기 인식은 마침내 적극적인 저항 의지로 표출되어 그 후 〈광야〉, 〈절정〉 등으로 가시화되고, 그 작품들은 항일 저항 문학의 기념비로 우뚝 솟게 된다.

2021 B 4~5번

[4~5] (가), (나)는 '공동체적 삶의 가치를 중심으로 문학 작품을 감상할 수 있다.'라는 학습 목표를 달성하기 위해 선정한 작품이고, (다)는 이와 관련한 교사들의 대화이다. 다음을 읽고, 물음에 답하시오.

(가)

낙엽 속에 파묻혀 앉아 깨금을 알뜰히 바수는 중실은 이제 새삼스럽게 그 향기를 생각하고 나무를 살피고 하늘을 바라보는 것이 아니었다. 그런 것은 한데 합쳐서 몸에 함빡 젖어들어 전신을 가지고 모르는 결에 그것을 느낄 뿐이다. 산과 몸이 빈틈없이 한데 얼린 것이다. 눈에는 어느 결엔지 푸른 하늘이 물들었고 피부에는 산냄새가 배었다. 바심할 때의 짚북데기보다도 부드러운 나뭇잎 — 여러 자 깊이로 쌓이고 쌓인 깨금잎 가랑잎 떡갈잎의 부드러운 보료 — 속에 몸을 파묻고 있으면 몸뚱아리가 마치 땅에서 솟아난 한 포기의 나무와도 같은 느낌이다. 소나무 참나무 총중의 한 대의 나무다. 두 발은 뿌리요 두 팔은 가지다. 살을 베이면 피 대신에 나무진이 흐를 듯하다. 잠자코 섰는 나무들의 주고받는 은근한 말을, 나뭇가지의 고갯짓하는 뜻을, 나뭇잎의 수군거리는 속심을, 총중의 한 포기로서 넉넉히 짐작할 수 있다. 해가 쪼일 때에 즐겨 하고 바람 불 때 농탕치고 날 흘릴 때 얼굴을 찡그리는 나무들의 풍속과 비밀을 역력히 번역해 낼 수 있다. 몸은 한 포기의 나무다. [A]

[중략 줄거리] '중실'은 머슴살이를 하던 중, 집주인인 김 영감으로부터 억울한 누명을 쓰고 쫓겨나 산에 들어와 산다.

거리의 살림은 전과 다름없이 어수선하고 지지부레하였다. 더 나아진 것도 없으려니와 못해진 것도 없다.

술집 골방에서 왁자지껄하고 싸우는 것도 전과 다름없다. 이상스러울 것은 그런 거리의 살림살이가 도무지 마음을 당기지 않는 것이다. 앙상한 사람들의 얼굴이 그다지 그리운 것이 아니었다.

무슨 까닭으로 산이 이렇게도 그리울까 편벽된 마음을 의심도 하여 보았다. 그러나 별로 이치도 없었다. 덮어놓고 양지쪽이 좋고 자작나무가 눈에 들고 떡갈잎이 마음을 끄는 것이다. 평생 산에서 살도록 태어났는지도 모른다.

김 영감의 그 후의 소식은 물어낼 필요도 없었으나 거리에서 만난 박 서방 입에서 우연히 한 구절 얻어 듣게 되었다.

병든 등글개 첩은 기어코 김 영감의 눈을 감춰 최 서기와 줄행랑을 놓았다. 종적을 수색 중이나 아직도 오리무중이라 한다.

사랑방에서 고시랑고시랑 잠을 못 이룰 육십 노인의 꼴이 측은하게 눈에 떠올랐다. 애매한 머슴을 내쫓았음을 뉘우치리라고도 생각되었다. 그러나 중실에게는 물론 다시 살러 들어갈 뜻도 노인을 위로하고 싶은 친절도 가지기 싫었다.

다만 거리의 살림이라는 것이 더한층 어수선하게 여겨질 뿐이었다.

산으로 향하는 저녁 길이 한결 개운하다.

- 이효석, 산 -

(나)

그날 할아버지는 장정 두 팔로 꼭 네 아름이라던 왕소나무 밑동을 조심스레 어루만지면서,

"이애야, 이 왕솔은 토정(土亭 : 李之菌) 할아버지께서 짚고 가시던 지팡이를 꽂아 놓셨는디 이냥 자란 게란다. 그쩍에 그 할아버지 말씀은, 요 지팡이 앞으루 철마가 지나가거들랑 우리 한산 이씨 자손들은 이 고을에서 뜨야 허리라구 허셨다는 게여…… 그 말씀을 새겨들어 진작 타관살이를 했더라면 요로큼 모진 시상은 안 만났을지두 모르는 것을……"

하던 말을 나는 여태껏 기억하고 있는 것이다.

… (중략) …

ⓐ이젠 완전히 타락한 동네구나 —. 나는 은연중 그렇게 중얼거리고 있음을 스스로 깨달았다. 마을의 주인(왕소나무)이 세상 뜬 지 오래라니 오죽해졌으랴 싶기도 했다. 하루에도 몇 차례씩, 더욱이 피서지로 한몫해 온 탓에, 해수욕장이 개장된 여름이면 밤낮 기적 소리가 잘 틈 없던 철로가에 서서, 그 숱한 소음과 매연을 마시다 지쳐, 영물(靈物)의 예우도 내던지고 고사(枯死)해 버린 왕소나무의 운명은, 되새기면 되새길수록 가슴이 쓰리고 아파 견딜 수가 없었다. 물론 왕소나무의 비운에 대한 조상(弔喪)만으로 비감에 젖어 있었다고는 말할 수 없겠지만 —. [B]

사실이 그랬다. 내가 살았던 옛집의 추레한 주제꼴에 한결 더 가슴이 미어지는 비감으로 뼈저려 하고 있었으니까. 비록 얼핏 지나치는 차창 너머로 눈결에 온 것이긴 했지만, 간살이 넉넉한 열다섯 칸짜리 꽃패 집의 풍채는커녕, 읍내 어디서라도 갈머리 쪽을 바라볼 적마다 온 마을의 종가(宗家)나 되는 양 한눈에 알겠던 집이 그렇게 변모할 수가 있을까 싶던 것이다.

그것은 왕소나무의 비운 버금으로 가슴을 저미는 아픔이었다. 이제는 가로세로 들쑹날쑹, 꼴값하는 난봉난 집들이 들어서며 마을을 어질러 놓아, 겨우 초가 안채 용마루만이 그럴듯할 뿐이었으며, 좌우에서 하늘자락을 치켜들며 함석지붕 날개와 담장을 뒤덮었던 담쟁이덩굴, 사철 푸르게 밭마당의 방풍림으로 늘어섰던 들충나무의 가지런한 맵시 따위는 찾아볼 엄두도 못 내게 구차스런 동네로 변해 버렸던 것이다.

실향민. 나는 어느덧 실향민이 돼 버리고 말았다는 느낌을 덜어 버릴 수가 없었다. 고향이랬자 무덤[墓]들밖에 남겨 둔 게 없던 터라 어차피 무심하게 여겨온 셈이긴 했지만, 막상 퇴락해 버린 고향 풍경을 대하니, 나 자신이 그토록 처연하고 협협하며 외로울 수가 없던 것이다.

- 이문구, 일락서산 -

(다)

교사 A : 선생님, 저는 산 과 일락서산 , 이 두 작품이 요즘 주목받고 있는 공존의 삶이랄까, 혹은 생태적 삶의 문제를 다루는 작품 같아요. 공동체의 항구적 존속을 위해서는 무엇보다도 생태 환경에 대한 기존의 인식을 바꿔 ㉠자연과 인간의 유기적 관계에 주목할 필요가 있다는 것이죠. 인간과 다른 생명 유기체 사이의 차이를 해체하고, 자연에 대한 지배 욕망을 버려야 하겠지요. 더불어 ㉡현대 물질문명의 부정성이 야기한 생태 문제도 심층적으로 탐색할 필요가 있을 것 같아요. 이와 함께 대립적인 성격을 띠고 있는 ㉢두 세계의 삶의 모습을 병치하여 특정 세계에 대한 욕망을 드러내는 장면이 흥미로웠습니다.

교사 B : 그렇군요. 저는 두 작품 중에서도 장소의 의미를 탐색하고 있는 일락서산 이 흥미롭더군요. 보통은 공간과 장소를 서로 다른 개념으로 이해하는데요. 추상적 성격을 띠는 공간(space)에 가치를 부여하면 장소(place)가 된다고 합니다. 이와 같은 의미의 장소는 개인과 집단에게 정체성과 안정감을 부여하지만, 특정 요인들에 의해 그동안 맺고 있던 진정한 애착의 관계가 허물어지는, 이른바 장소 상실(placelessness)로 이어질 수도

있죠. 특히 처음 방문한 관광지나 오랜만에 찾은 고향에 ㉢새로 생긴 특정 공간을 대하면서 두려움이나 불쾌감 곧 외부성(outsideness)의 감정을 경험하게 될 때, 장소 상실의 감정은 더욱 심화되죠. 한편, 오늘날은 다양한 교통수단을 활용하여 공간의 상품화 현상을 확대하죠. 자본이 추진하는 ㉤공간의 상품화는 가치가 부여된 기존의 장소를 추상적 공간으로 변형하고, 결과적으로 자아 정체성의 위기를 경험케 하는 것 같아요.

---

4. 2021 B 4번   사건·인물·관계의 파악 / 사건 – 조건에 맞는 의미 파악

4. (가), (나)에서 읽어 낼 수 있는 공동체적 삶의 가치를 〈작성 방법〉에 따라 서술하시오. [4점]

〈작성 방법〉
- ㉠의 관점에서 [A]를, ㉡의 관점에서 [B]를 분석한 결과를 포함할 것.
- (다)의 교사 A가 말한 ㉢이 (가)에서는 무엇으로 나타났는지 밝히고, ㉢에 대한 '중실'의 감정을 각각 서술할 것.

문제분석

Ⅰ. 출제된 분야 및 문제 파악
1. 현대소설에서 사건과 인물, 대상과 인물의 관계 등 인물의 상황을 파악하는 문제 및 대립적인 두 대상에 대한 인물의 감정을 파악하는 문제
2. 문제는 새로운 듯하지만, 기본은 〈조건〉을 바탕으로 작품 내용에 대한 충실한 이해에 있음. – 문제의 〈보기〉에 제시된 용어에 주의

Ⅱ. 주목할 내용(답안) 및 의의·한계
1. 소설에서 인물, 사건, 대화 등을 통한 상황의 파악, 인물의 심리 파악 등 자주 출제되는 문제임.
2. 예상 답안 참고

Ⅲ. 문제 해결에 필요한 요소 및 앞으로의 출제 예상
1. 소설에서 인물, 사건, 대화 등을 통한 상황의 파악, 인물의 심리 파악 – 감상능력(문학능력) 관련 문제
2. 기본적으로 소설에서 인물, 사건, 대화 등을 통한 상황의 파악, 인물의 심리 파악 등은 표현만 바뀌어 매년 출제되는 문제임.

예상 답안

[A]에서는 중실이 자연 속에서 살아가면서 스스로 한 그루의 나무가 되어 다른 나무와 혼연일체가 되어 느끼는 만족감, 행복감을 드러내어 ㉠의 자연과 인간의 유기적 관계를 드러내고, [B]에서는 산업화·도시화(근대화)로 인해 마을의 정신적이고 전통적인 가치를 상징하던 왕소나무가 사라진 현상을 통해 ㉡현대 물질문명의 부정성을 비판하면서 공동체적 삶의 가치를 드러낸다.

(가)에서 ㉢의 대립되는 두 세계는 속물적인 인간의 세계인 '거리'와 순수한 자연의 세계인 '산'이며, 중실은 인간의 세계에 대해 어수선하고 혼란한 감정, 부정적 감정을 드러냈고, 자연의 세계에 대해 평안과 만족, 행복의 감정, 긍정적 감정을 드러냈다.

5. 2021 B 5번
배경 – 조건에 맞는 의미 파악 / (장소 상실 – 공간의 상품화)

5. (다)의 교사 B의 말을 참고하여, '장소'의 서사화 양상을 〈작성 방법〉에 따라 서술하시오. [4점]

〈작성 방법〉

- (나)의 '나'에게 외부성의 감정을 느끼게 한 ㉢을 찾아 쓰고, ⓐ의 의미를 '장소 상실'의 관점에서 서술할 것.
- (나)에서 ㉤을 확대한 구체적 요인을 찾아 쓰고, '고을'의 변화에 대한 '할아버지'의 인식을 서술할 것.

문제분석

Ⅰ. 출제된 분야 및 문제 파악
1. 현대소설의 배경에서 배경이 지닌 의미를 제시한 용어에 맞추어 파악하는 문제
2. '장소 상실' – '공간의 상품화' 등 출제자가 제시한 용어의 의미를 〈보기〉에서 잘 이해하고 접근할 필요가 있는 문제임.

Ⅱ. 주목할 내용(답안) 및 의의·한계
1. 소설의 배경 – 현대소설의 배경에서 배경이 지닌 의미를 제시한 용어에 맞추어 파악
2. 예상 답안 참고

Ⅲ. 문제 해결에 필요한 요소 및 앞으로의 출제 예상
1. 현대소설의 배경 관련 문학 감상능력(문학능력)
2. 공간이 지닌 의미가 무엇인지, 혹은 사실주의 작품의 경우 공간의 사회문화적 의미를 묻는 문제가 다양하게 출제될 수 있음.

예상 답안

(나)의 '나'에게 외부성의 감정을 느끼게 한 '㉢새로 생긴 특정 공간'은 '해수욕장 혹은 '난봉난 집'(공간으로 볼 수 있다면 더 타당한 답)이라고 할 수 있다. 주인공은 마을을 지키던 왕소나무가 사라지고, 풍채가 좋던 옛집이 추레한 몰골이 되어버려서 'ⓐ타락한 동네'처럼 느끼므로 '장소 상실'의 의미를 드러낸다.

(나)에서 교통수단을 활용하여 ㉤공간의 상품화를 확대한 구체적 요인은 철마(철로)이다. 할아버지는 산업화(근대화)로 인해 철길이 생기고 해수욕장이 생기면서 '모진 시상'을 만나고 전통적 가치가 훼손된 것으로 보아 '고을'의 변화를 부정적으로 인식한다.

문제 관련 배경지식

소설의 배경

(1) 시간
① 인물이 행동하고 사건이 일어나는 기간이나 시대를 말한다.
② 현실 문제를 다룬 소설에서 시간적 배경은 시대적·사회적으로 의미가 있는 시간이 되며, 그 의미는 인물, 사건, 주제 등과 밀접한 연관이 있다.

(2) 공간
① 행동과 사건이 일어나는 자연 환경이나 생활 환경을 말한다.
② 현실 문제를 다룬 소설에서 공간적 배경 역시 시대적·사회적으로 의미가 있는 장소가 되며, 그 의미는 인물, 사건, 주제 등과 밀접한 연관이 있다.

(3) 시간과 공간이 지닌 의미의 파악
<u>배경은 시간이나 공간 그 자체보다 그것이 지닌 의미를 이해해야 주제와의 관련성을 쉽게 이해할 수 있다. 특히 현실 문제를 다룬 소설에서는 '어느 시대의 문제인가?, 어느 곳에서 일어난 문제인가?' 등의 질문이 갈등과 주제를 파악하는 데 중요하게 작용한다.</u>

이효석 「산」

(1) 핵심 정리
- 갈래 단편 소설, 서정 소설
- 성격 낭만적, 묘사적, 서정적
- 시점 3인칭 전지적 작가 시점
- 문체 묘사체, 산문체 (언문일치에 근접해 있으나 일부 문어체의 자취가 있음)
- 배경 ① 시간 : 1930년대 가을
  ② 공간 : 어느 산 속
- 특징 ① 등장 인물이 한 명으로 구성되어 있음
  ② 감칠맛 나는 언어 표현과 풍부한 묘사를 구사
- 주제 자연과 더불어 사는 소박한 삶과 자연에 대한 사랑

(2) 감상

'자연에의 동화'라는 이효석의 문학적 특징을 잘 보여주고 있는 이 작품은 이효석의 다른 소설에서 쉽게 볼 수 있는 인물, 곧 자연과의 교감을 느끼고 이에 만족해서 생활하는 인물을 서정적인 문체로 묘사하고 있다.

어떤 면에서 이 소설의 진정한 등장 인물은 '나무'인지도 모른다. 산오리나무, 물오리나무, 가락나무, 참나무, 줄참나무, 박달나무, 사수레나무, 떡갈나무 등 이루 헤아릴 수 없이 많은 나무가 등장한다. 주인공 '중실'은 이 모든 나무들을 한 가족처럼 인식하고 있는 것이다.

"…… 바심할 때의 짚북더기보다도 부드러운 나뭇잎 속에 목을 파묻고 있으면 몸뚱어리가 마치 땅에서 솟아난 한 포기의 나무와도 같은 느낌이다. 두 발은 뿌리요, 두 팔은 가지다. 살을 베이면 피 대신에 나무진이 흐를 것만 같다. 잠자코 섰는 나무들의 주고받는 은근한 말…… 해가 쪼일 때에 즐겨하고 바람 불 때 농탕치고 날 흐릴 때 얼굴 찡그리는 나무들의 풍속과 비밀을 역력히 번역해 낼 수 있다……."

그는 나무들이 마을의 인총(인구)보다도 많고 사람의 성(姓)보다도 흔하다고 생각한다. 즉, 나무들의 세계를 인간 세계로 여기고 자신을 나무처럼 여긴다.

특히, 간과할 수 없는 것은 '중실'이 산으로 쫓겨가는 행위의 작가적 의미이다. 시대 상황과 연결 지어 보면, 이는 이상향을 꿈꾸는 이효석이 신경향파 노선을 버리고 '산'으로 도피한 사실에 대응한다. 이는 김유정이 현실의 각박함을 유머와 해학으로 넘기는 것과 같은 이치이다.

그러나 이효석의 이 지극한 자연애는 인간이 인간으로서의 정체성을 확인하려다 실패한 뒤에 선택하고자 하는 참다운 조화의 태도는 아니다. 이효석의 자연, 즉 '중실'의 자연은 인간이 돌아가 의지해야 할 가치적 대상이기보다는 일시적 위안이나 망각의 '뒤안길'에 불과하다. 별을 하나 둘 세는 사이에 제 몸이 스스로 별이 됨을 느낀다는 마지막 대목은 인간과 자연의 문제가 아니라, 자연만이 있고 인간은 배제된 몽환의 세계임을 드러낸다.

결국, 작가는 '중실'이라는 등장 인물을 빌려서 서정성을 잠시 객관화했을 뿐이다.(시적 소설) 그런 점에서 이 작품은 엄밀한 의미의 소설은 아닌 것이다.

(3) 이효석 소설에서 자연과 인간의 조화

이효석이 자연에서 찾고 있는 최고의 가치는 인간과 자연과의 합일 상태를 이룰 때 얻어진다. 이 합일 상태가 달성된 예를 보여 주기 위해서 그는 옷을 완전히 벗어 버린 인간들이 바닷물 속이나 정원 속에서 노니는 원시적 광경을 그려 내기도 하지만, 그가 참으로 가치 있게 여기는 이상적 상태는 인간이 자연과 이루는 조화이다. 이 조화의 비전을 가장 잘 보여 주는 작품은 '산'이며, 별다른 플롯이 없이 주인공이 자기의 생각을 전개하고 있는 이 작품에서 인간은 자연 속에서 꿈꿀 수 있는 하나의 유토피아를 아낌없이 구가하고 있다.

한편, 「들」과 「소라」 같은 작품은 주인공들이 한때 몸담았던 좌익 이념에의 봉사를 완전히 몰각한 채 자연과 인간 사이의 조화를 이루어 내는 예를 보여 주므로 우리의 주목을 끌만하다. 그러나 인간, 성 그리고 자연 사이의 혼연일체 상태가 참으로 하나의 극치를 이루는 것은 「메밀꽃 필 무렵」이다. 특히 플롯이 엉성하기 짝이 없는 소설들을 여러 편 써서 독자들을 불만스럽게 한 이효석의 소설 문학에 식상한 독자들이라 하더라도 이 짜임새 있는 단편 속에서만은 인간과 자연과의 조화가 극치를 이루고 있는 것을 보고 경탄하지 않을 수 없을 것이다.

— 이상옥, 「이념 극복에서 자연 회귀로」 중에서

이문구 「일락서산」

(1) 핵심 정리
- 갈래 연작 소설, 사실주의 소설
- 성격 회고적, 자전적
- 시점 1인칭 주인공 시점
- 배경 ① 시간 : 60년대
  ② 공간 : 산업 근대화의 미명 아래서 점차 무너져 가는 전통적 농촌
- 주제 근대화 과정에서 사라진 전통적인 농촌공동체에 대한 회고와 아쉬움
- 특징 ① 1인칭 독백체로 서술된 독특한 문체와 구성 형태를 지닌다. 즉 일반적인 사건 전개의 필연성을 구성하는 것이 아니라 화자인 서술자가 이야기꾼들과도 같은 입장에서 자신의 삶의 체험을 직접 말하기 때문에 마치 수필과도 같은 인상을 준다. 특히 충청도의 방언과 구체적이면서도 일상적인 생활언어와 향토색 짙은 고유어를 잘 살려 씀으로써 잃어버린 고향을 찾고자 하는 안타까운 마음을 생생하게 느낄 수 있게 한다.
  ② 화자의 고향에 얽힌 추억을 서술하면서 유년 시절 경험한 농촌 공동체의 따뜻한 인정의 가치를 돌아보는 것은 급속한 산업화에 따른 농촌의 변화에 대해 생각하게끔 해 준다.

(3) 「일락서산」의 현실인식
이 작품은 근대화 과정 중에 사라져 가는 전통적인 농촌의 모습에 대한 안타까움을 드러내고 있다. 상징적인 이미지를 통해 과거의 마을 모습과 현재의 마을 모습이 선명하게 대조되면서 사라져 버린 옛것에 대한 향수를 더욱 자극한다.

왕소나무	대조	슬레이트 지붕의 구멍가게
고풍스러운 정신 상징 (풍요로웠던 농촌 공동체)	⇔	근대화·도시화로 인한 마을의 변화를 상징

(4) 현대 소설에 나타난 고향 상실 의식
1970년대부터 고향 상실과 회귀라는 모티프의 소설이 많이 나타나게 된다. 1960년대부터 진행된 근대화 정책과 산업화 현상은 농촌 인구의 도시 정착을 초래했고 농촌은 급속도로 붕괴되었기 때문이다. 이때 농촌을 떠나 도시로 이주한 이들은 산업화 이전의 농촌을 '고향'의 이미지로 각인하여 마음의 안식처로 삼게 된다. 그러나 이러한 고향은 실제로는 존재하지 않았다. 산업화라는 거대한 시대의 흐름 속에서 농촌도 옛 모습을 잃어 갔기 때문이다. 이러한 고향 상실 의식은 70년대 소설에서 두드러지게 나타난다. 이문구의 『관촌수필』이나 황석영의 「삼포 가는 길」 등이 그 예이다.

| 2021 B 8번 | 판소리계 소설 – 인물 / 이본에 따른 서술 방식 차이(서술(직접적) – 장면(간접적) 제시)인물의 역할 / 장면을 통한 인물의 형상화 |

8. 다음을 읽고, (가)와 (나)의 서사 전개에 대해 〈작성 방법〉에 따라 서술하시오. [4점]

(가)

　세월이 여류하여 십오 세의 당하여는, 용모 화려하고 효행이 탁월하여 이러한 소문이 원근의 낭자하니, 뉘 아니 칭찬하리오? 일일은 심청이 저녁밥을 빌러 가서 일세가 저무도록 종무소식 감감하니 심봉사 홀로 앉아 기다릴 제, 배는 고파 등의 붙고 방은 추워 턱이 덜덜 떨리는데, 원사의 쇠북 소리 은은히 들리거늘 날 저문 줄 짐작하고, 혼잣말로
　"우리 심청이는 무슨 일의 골몰하여 날 저문 줄 모르난고. 풍설의 막혀 그러한가, 강포한 사람을 만나 봉욕을 당하난가?"

- 작자 미상, 심청전 (경판본) -

(나)

　세월이 여류하야 십오 세의 당하더니, 얼굴이 추월하고 효행이 탁월하고 동정이 안온하야 인사가 비범하니 천생여질이라, 가르쳐 행할소냐? 여중의 군자요, 새 중의 봉황이라. 이러한 소문이 원근의 자자하니, 일일은 월평 무릉촌 장승상 댁 시비 들어와 ㉠부인 명을 받아 심 소저를 청하거늘, 심청이 부친께 엿자오대,
　"어른이 부르신즉 시비 함께 가 다녀오겠나이다. 만일 가서 더디어도 잡수시던 남은 진지 반찬 시저 상을 보와 탁자 위의 두었으니, 시장하시거든 잡수시요. 부디 나 오기를 기다려 조심하옵소서."
　하고 시비를 따라갈 제

… (중략) …

　심 소저 일어 재배하고 엿자오대,
　"명도 기구하여 낳은 지 초칠일 안의 모친이 불행하야 세상 버리시매, 눈 어둔 나의 부친 동냥젖 얻어 먹여 겨우 살았으니, 모친 얼굴도 모르매 궁천지통 끊길 날이 없삽기로, 나의 부모 생각하야 남의 부모도 공경터니, 오늘 승상 부인께옵서 권하신 뜻이 미천한 줄 헤지 않고 딸을 삼으려 하시니, 모친을 다시 뵈온 듯 황송감격하와 마음을 둘 곳이 전혀 없어, 부인의 말씀을 좇자 하면 몸은 영귀하오나, 안혼하신 우리 부친 조석 공양과 사철 의복 뉘라서 돌보리까? 구휼하신 은덕은 사람마다 있거니와 나에게 있어서는 남다른지라. 부친 모시옵기를 모친 겸 모시옵고 우리 부친 날 믿기를 아들 겸 믿사오니 내가 부친곳 아니시면 이제까지 자랐으며, 내가 만일 업게 되면 우리 부친 남은 해를 마칠 길이 없사오며, 오조의 사정 서로 의지하여 내 몸이 맞도록 길이 모시려 하옵니다."
　말을 마치매 눈물이 옥면의 젖는 거동은 춘풍세우가 도화의 맺혔다가 점점이 떨어지는 듯하니, 부인도 또한 긍측하여 등을 어루만지시며 가라사대,
　"효녀로다 네 말이여, 응당 그러할 듯하다. 노혼한 나의 말이 미처 생각지 못하였다."
　그렁저렁 날이 저물어지니 심청이 엿자오대,
　"부인의 착하신 덕을 입어 종일토록 모셨으니, 연광이 만하기로 일역이 다하오니 급히 돌아가 부친의 기다리시던 마음을 위로코져 하나이다."
　부인이 말리지 못하야 마음의 연연이 여기사, 채단과 피륙이며 양식을 후이 주어 시비 함께 보낼 적의,
　"네 부디 나를 잊지 말고 모녀간 의를 두면 노인의 다행이라."
　심청이 대답하되,
　"부인의 장하신 뜻이 이같이 미쳤으니 가르치심을 받자오리다."
　절하여 하직하고 망연히 오더니라. 이때의 심봉사 홀로 앉아 심청을 기다릴 제, 배 고파 등의 붙고 방은 추워 턱이 떨어지고, 잘 새는 날아들고 먼 데 절 쇠북 소리 들리니 날 저문 줄 짐작하고, 혼자 하는 말이,
　"내 딸 심청이는 무슨 일의 골몰하여 날이 저문 줄 모르난고. 주인의게 잡히어 못 오난가, 저물게 오는 길의 동무의게 잠착한가?"

- 작자 미상, 심청전 (완판본) -

―〈작성 방법〉―
- (가)와 (나)의 서술 방식상 특성을 비교하여 서술할 것.
- (나)의 인물 관계를 기능 측면에서 분석할 때 ㉠의 역할을 쓰고, ㉠이 '심청'의 인물 형상화에 기여하는 바를 서술할 것.

문제분석

Ⅰ. 출제된 분야 및 문제 파악
1. 고전소설 – 판소리계 소설 – 이본에 따른 서술 방식 차이(서술(직접적) – 장면(간접적) 제시)
   문제에서 의도하는 바가 무엇인지 핵심을 파악하기 어려운데, 판소리계 소설 장면의 극대화 / 서술(직접적) – 장면(간접적) 제시로 볼 수 있음
2. 인물 – 인물의 역할 / 장면을 통한 인물의 형상화
   – 인물 관련 문제에서 일반적이고 자주 등장하는 문제임

Ⅱ. 주목할 내용(답안) 및 의의·한계
1. 예상 답안 참고
2. 앞의 문제에서 문제 파악이 어려우며, 판소리 이본에 따른 차이를 묻는 문제 처음 출제되었음

Ⅲ. 문제 해결에 필요한 요소 및 앞으로의 출제 예상
1. 판소리계 소설 – 이본에 따른 서술 방식 차이(서술(직접적) – 장면(간접적) 제시) – 출제 의도를 이해하고 예문에서 그 특징과 원리 이해 및 적용 / 예문에서 인물의 역할 / 장면을 통한 인물의 형상화
2. 판소리계 소설 및 고전소설 이본의 차이 이해 / 이본이나 자료 간의 서술 및 문체 차이 이해
   인물 – 인물의 역할 / 장면을 통한 인물의 형상화 등은 장면 바꿔 다양하게 출제 가능

예상 답안

(가)의 경판본은 심청의 상황이나 심청의 효를 서술로 제시, 직접적으로 제시하고 (나)의 완판본은 장면 제시 혹은 장면의 극대화, 간접적으로 제시(장면 제시)했다. / ((가)의 경판본은 핵심 내용을 서술하는 고정체계면, (나)의 완판본은 고정체계면과 비고정 체계면을 함께 제시한 서술이다. / 비교 강조 – (가)와 (나)는 판소리 사설로서 리듬감을 살린 4음보 위주로 내용을 서술하고 있다.))

(나)의 인물 관계에서 '㉠부인'은 고난에 처해 있는 심청을 도와주는 조력자의 역할을 한다. '㉠부인'은 심청과의 대화와 장면을 통해 심청이 지닌 효를 직접 서술이 아닌 대화, 장면 등의 간접적 제시로 하여, 심청의 효를 구체적이고 생동감 있게 제시하는 효과가 있다.

작품 관련 배경지식

「심청전」의 이본

이 작품은 작자·연대 미상의 고전 소설로 국문 목판본, 필사본, 활자본으로 전하며, 개화기에는 이해조 등에 의해 「강상련(江上蓮)」이라는 신소설로 개조되기도 하였다. 수십 종의 이본이 있으나 그 중에서도 경판본 계열과 완판본 계열의 성격이 뚜렷이 구별된다. 시기상으로 경판본이 완판본에 앞서는 것으로 추정되며, 완판본 계열은 장 승상부인이나 뺑덕어미의 삽화가 추가되고 특히 심청의 투신 이후에 심 봉사가 골계화되는 등 줄거리의 부연, 확대가 심하다. 또 경판본은 대명 성화 연간 남군 땅을 배경으로 삼고 있으며 심청의 부모도 심현과 정씨라고 되어 있으며 청이 세 살 되던 해 어머니를 잃고 그 충격으로 심현이 앞을 못 보게 되는 등 완판 계열과는 내용상 차이를 보인다. 경판본이 작품 전체에서 효를 전적으로 강조하며 심청의 죽음을 피할 수 없는 것으로 제시하여 유교적 엄숙성과 숙명론적 운명관에 의해 지배되는 반면, 완판본은 훨씬 더 많은 등장 인물과 사건을 담고 있는데 장 승상부인처럼 심청이의 맹목적 효에 반대하면서 현실적 해결 방법을 제시하는 인물이 첨가되는가 하면 현실적이고 물질 지향적인 뺑덕어미라는 인물에 의해 심 봉사를 비속한 인물로 골계화시키기도 한다. 즉 완판본은 효를 지켜야 할 규범으로 받아들이고는 있으나, 한편으로 당대 현실에 대해서는 비판적이고 회의적인 태도를 취함으로써, 관념적 가치와 현실적 가치가 갈등·대립하는 모습을 보인다.

① 경판계 : 판소리의 영향을 보이지 않으며, 사건을 담담하게 서술해 나가는 문장체 소설
 ㉠ 이야기 전달에 주력. 인물 구성은 단조롭고 인물 간의 갈등이 중심 소재가 아니다.
 ㉡ 심청 외의 다른 인물은 개성이 없다. 선인과 악인 따로 없이 모두 선한 사람이다.
② 완판계 : 판소리와 깊은 연관을 가지는 판소리 사설의 정착물
 ㉠ 줄거리 전달과 함께 분위기 묘사에 주력하고 있다.
 ㉡ 작중 인물의 성격 다양하다.
 ㉢ 심 봉사 인물의 역할이 커지고 입체적이며, 다른 인물들도 개성이 있다.
 ㉣ 선인과 악인의 갈등이 개입된다.

2021 B 11번   하위 갈래 - 내용 - 시의 내용전개 파악 / 사대부 시가에 나타난 내용 파악

11. (가)~(다)는 교수·학습 상황이고 (라)는 학생의 학습 활동 결과이다. 학생의 학습 활동 결과에 대해 〈작성 방법〉에 따라 서술하시오. [4점]

(가) 성취기준
- [12문학 03-02] 대표적인 문학 작품을 통해 한국 문학의 전통과 특질을 파악하고 감상한다.

(나) 교수 내용의 요지

 자연 친화적 삶의 형상화는 한국 문학의 중요한 전통 중 하나로서, 조선 전기 사대부 문학에는 대표적으로 자연의 의미와 역할이 다음과 같이 나타난다.

 ㉠ 완상(玩賞)의 대상으로서 감흥이나 즐거움을 느끼게 함.
 ㉡ 정치 현실과 거리를 둔 공간으로서 연군의 정을 느끼게 함.
 ㉢ 도(道)의 구현체로서 삶의 모범을 보여 줌.
 ㉣ 학문의 공간으로서 수양의 환경을 형성함.

 이황의 〈도산십이곡〉은 '언지(言志)' 6수와 '언학(言學)' 6수로 구성되어 있는 연시조로서, '언지'에서는 주로 ㉠과 ㉡이, '언학'에서는 주로 ㉢과 ㉣이 우세하게 나타난다.

(다) 학습 활동

※ 다음은 이황의 〈도산십이곡〉의 일부를 순서 없이 배열한 것이다. [A]~[D]에 나타난 자연의 의미를 파악하여 '언지'와 '언학'으로 구분해 보고 그렇게 판단한 이유를 적어 보자.

[A]
유란(幽蘭)이 재곡(在谷)ᄒᆞ니 자연(自然)이 듯디 죠희
백운(白雲)이 재산(在山)ᄒᆞ니 자연이 보디 죠해
이 중에 피미일인(彼美一人)을 더욱 닛디 못ᄒᆞ얘

[B]
청산(靑山)은 엇제ᄒᆞ여 만고(萬古)에 프르르며

> 유수(流水)는 엇계ᄒ여 주야(晝夜)애 긋지 아니는고
> 우리도 그치지 마라 만고상청(萬古常靑)ᄒ리라
>
> [C]
> 연하(煙霞)로 집을 삼고 풍월(風月)로 벗을 사마
> 태평성대(太平聖代)에 병(病)으로 늘거 가뇌
> 이 중에 ᄇ라는 일은 허믈이나 업고쟈
>
> [D]
> 천운대(天雲臺) 도라드러 완락재(琓樂齋) 소쇄(瀟灑)ᄒ듸
> 만권(萬卷) 생애(生涯)로 낙사(樂事) ㅣ 무궁ᄒ얘라
> 이 중에 왕래풍류(往來風流)를 닐러 므슴 홀고

(라) 학습 활동 결과

구분	판단 결과의 이유	
[A]	'유란'과 '백운'을 보면서 감흥을 느끼는 가운데 임금으로 추정되는 '피미일인'을 그리워하는 마음이 나타난 것으로 보아, 언지에 포함될 것으로 보인다.	①
[B]		②
[C]	'연하'와 '풍월'로 표상되는 자연을 완상하면서 느끼는 즐거움이 태평성대를 누리고자 하는 태도로 이어지는 것으로 보아, 언지에 포함될 것으로 보인다.	③
[D]	자연과 어우러진 '천운대'와 '완락재'의 '소쇄'한 풍경을 보며 풍류를 즐기는 감흥이 나타난 것으로 보아, 언지에 포함될 것으로 보인다.	④

〈작성 방법〉

- ②에 들어갈 내용을 서술할 것.
- ①, ③, ④에서 적절하지 않은 내용을 찾고, 그 이유를 서술할 것.

문제분석

Ⅰ. 출제된 분야 및 문제 파악
1. 고전시가 - 하위갈래 이황 시조의 내용전개 파악 - '언지(言志)'와 '언학(言學)'
2. 도산십이곡은 중요한 작품으로 작품을 공부했다면, 암기로도 쉽게 풀 수 있는 문제임.

Ⅱ. 주목할 내용(답안) 및 의의·한계
1. 사대부 시조에 나타난 내용 파악
2. 예상 답안 참고
3. 문제의 의의 또는 문제 자체의 논리적 결함 혹은 복수 답안의 가능성 생각하기 - 문제를 내려보기

Ⅲ. 문제 해결에 필요한 요소 및 앞으로의 출제 예상
1. 사대부 시조의 내용, 특징, 흐름 이해
2. 시조와 가사는 고전시가의 가장 중요한 두 축임 - 사대부 시조와 가객 시조, 기녀 시조, 평민 시조 등의 내용 파악, 시조의 역사적 전개, 시조 형식, 가사와 시조의 갈래 특징, 영향을 받은 갈래와 영향을 준 갈래 등 매년 다양한 문제로 출제될 수 있음.

예상 답안

 '청산'과 '유수'는 쉼 없이 이어지는 부지런한 존재로 우리도 학문을 하면서 그렇게 성실하고 근면한 태도로 임해야 한다는 것으로 보아 '언학'으로 보인다.
 ④가 적절하지 않은데, ④는 '천운대'와 '완락재'의 '소쇄'한 풍경 속에서 만 권의 책을 읽으며 즐거움을 찾고, 그러한 학자와 교류하는 내용이어서 '언학'에 해당된다.

작품 관련 배경지식

구분	판단 결과의 이유
[A] 4연 언지	'유란'과 '백운'을 보면서 감흥을 느끼는 가운데 임금으로 추정되는 '피미일인'을 그리워하는 마음이 나타난 것으로 보아, 언지에 포함될 것으로 보인다.
[B] 11연 언학	'청산'과 '유수'는 쉼 없이 이어지는 부지런한 존재로 우리도 학문을 하면서 그렇게 성실하고 근면한 태도로 임해야 한다는 것으로 보아 '언학'으로 보인다.
[C] 2곡 언지	'연하'와 '풍월'로 표상되는 자연을 완상하면서 느끼는 즐거움이 태평성대를 누리고자 하는 태도로 이어지는 것으로 보아, 언지에 포함될 것으로 보인다.
[D] 7곡 언학	자연과 어우러진 '천운대'와 '완락재'의 '소쇄'한 풍경 속에서 만 권의 책을 읽으며 즐거움을 찾고, 그러한 학자와 교류하는 내용이어서 '언학'에 해당된다.

이황 「도산십이곡」

(1) 핵심 정리
▷ 작자 이황(李滉)
▷ 갈래 평시조, 연시조
▷ 연대 조선 명종 20년(1565년)
▷ 구성 전 6곡 언지(言志), 후 6곡 언학(言學) 전체 12수
▷ 성격 교훈적, 회고적
▷ 제재 자연, 학문
▷ 주제 자연 친화적 삶의 추구와 학문 수양에 대한 변함없는 의지
▷ 특징 ① 도학파의 자연 관조적 자세와 학문 정진에 대한 의지가 잘 나타남
　　　② 낯설고 어려운 한자어가 많이 사용됨
　　　③ 반복법, 설의법, 대구법 등을 통해 주제를 부각함
▷ 출전 『진본 청구영언』

(2) 감상
　이 작품은 총 12수로 전반부와 후반부로 나누어지는데, 전반부 6수는 자연의 감흥을 내용으로 하는 언지(言志)이고 후반부 6수는 학문 수양의 자세를 노래한 언학(言學)이다.
　퇴계가 관직에서 물러나, 도산 서원을 건립하고 후진 교육을 양성시키고 있을 때 지은 작품이다.
　이 작품은 이황(李滉)이 지은 연시조로서, 작가가 안동에 도산 서원을 세우고 학문에 열중하면서 사물을 대할 때 일어나는 감흥과 수양의 경지를 읊은 것이다. 모두 12곡으로 이루어졌으며, 작가 자신이 전 6곡(前六曲)을 언지(言志), 후 6곡(後六曲)을 언학(言學)이라 하였다. 전 6곡은 자연에 동화된 생활을 하면서 사물에 접하는 감흥을 노래한 것이고, 후 6곡은 학문 수양에 임하는 심경을 노래한 것이다.
　중국 문학을 차용한 것이 많고, 생경한 한자어가 많이 사용되어 문학적으로 볼 때에는 아쉬운 점도 있으나, 인간 속세를 떠나 자연에 흠뻑 취해 사는 자연 귀의 생활과 후진 양성을 위한 강학, 사색에 침잠하는 학문 생활을 솔직 담백하게 표현해 놓은 점이 훌륭하다. 한편, 이 작품의 끝에 붙인 발문(跋文)에 작자 자신이 이 노래를 짓게 된 연유와 우리나라 가요를 평하고 있다. 성리학 대가의 작품이라는 데서 시조의 성장과 발전에 유학자들이 기여했음을 입증할 만한 작품이다.

9 2022년 서술형 문제

2022 A 10번 | 시적 화자의 정서 - 대비되는 시적 공간 / 정서적 교감을 일으키는 소통 방식

10. 다음을 읽고 시적 화자의 정서에 대하여 〈작성 방법〉에 따라 서술하시오. [4점]

> 나는 북관(北關)에 혼자 앓어 누워서
> 어늬 아츰 의원을 뵈이었다
> 의원은 여래 같은 상을 하고 관공(關公)의 수염을 드리워서
> 먼 녯적 어느 나라 신선 같은데
> 새끼손톱 길게 돋은 손을 내어
> 묵묵하니 한참 맥을 짚드니
> 문득 물어 고향이 어데냐 한다
> 평안도 정주라는 곳이라 한즉
> 그러면 아무개씨 고향이란다
> 그러면 아무개씰 아느냐 한즉
> 의원은 빙긋이 웃음을 띠고
> 막역지간이라며 수염을 쓴다
> 나는 아버지로 섬기는 이라 한즉
> 의원은 또다시 넌즈시 웃고
> 말없이 팔을 잡어 맥을 보는데
> 손길은 따스하고 부드러워
> 고향도 아버지도 아버지의 친구도 다 있었다
>
> — 백석, 「고향」 —

―――――――――― 〈작성 방법〉 ――――――――――
- 대비되는 시적 공간을 제시하고, 이를 화자의 정서와 연결지어 각각 서술할 것.
- 화자와 '의원'의 정서적 교감을 일으키는 소통 방식 2가지를 작품 속 어구를 활용하여 서술할 것.

문제분석

Ⅰ. 출제된 분야 및 문제 파악
1. 시적 공간과 화자의 정서의 관련성을 묻는 문제와 화자와 대상 인물 간 교감을 일으키는 소통 방식을 묻는 문제인데, 전자는 자주 출제되는 문제이고, 후자는 나름대로 참신한 문제임
2. 과거에 공간의 의미나 시적 화자와 인물의 관계를 단순하게 묻던 유형에서 벗어나 새로운 시각으로 묻고 있다는 점에서 의미가 있음.

Ⅱ. 주목할 내용(답안) 및 의의·한계
1. 시적 공간과 화자의 정서 / 시적 화자와 대상 인물 간의 관계 이해

Ⅲ. 문제 해결에 필요한 요소 및 앞으로의 출제 예상
1. 출제된 분야의 문학지식 및 문학감상 능력
   - 시적 공간의 의미 파악 연습 필요 / 시적화자와 대상 인물 간의 관계를 다양한 시각으로 접근할 필요가 있음
2. 앞으로 이 문제와 관련하여 출제될 수 있는 부분 - 시적 공간의 의미를 묻는 문제가 출제될 수 있고, 시적화자와 대상 인물의 관계를 주목하는 다른 유형의 문제가 출제될 수 있음.

🚨 **복수 답안 가능하다고 생각함 : 두 번째 문제의 경우 아래 3가지가 다 가능할 듯**

📝 **예상 답안**

'북관'과 '평안도 정주(=고향)'가 대비되는데, '북관'은 타향으로 혼자 앓고 있는 외롭고 쓸쓸한 공간이고, '평안도 정주'는 고향으로 다정하고 따뜻한 공간이다.

화자와 '의원'의 소통은 첫째, 대화(언어적 표현)로 '아무개씨'를 각각 '막역지간'과 '아버지로 섬기는 이'라고 하여 친근한 정서적 교감을 일으킨다. 둘째, 웃음(비언어적 표현)으로 의원이 '웃음을 띠고', '넌즈시 웃고'에서 화자와 친근한 정서적 교감을 일으킨다. 셋째, '맥을 보는데(손길)'(신체 접촉, 촉감)인데, '손길은 따스하고 부드러워'에서 친근하고 따뜻한 정서적 교감을 일으킨다.

✏️ **문제 관련 배경지식**

백석의 「고향」

(1) 핵심 정리
▷ 갈래 자유시, 서정시
▷ 성격 서사적, 회고적, 감각적
▷ 제재 고향
▷ 주제 고향과 혈육에 대한 그리움
▷ 특징 ① 의원과 주고받는 극적인 대화를 통해 시상을 전개
       ② 고향에 대한 그리움을 서사적 형식을 빌려 전개
       ③ 산문적 성격

(2) 작품의 구조

구성 요소	구성 요소의 파악	그것이 지닌 의미·효과	주제와의 관련성
내용 요소	① 시적 화자 및 화자의 상황	시적 화자는 낯선 타향에서 외로움에 병이 들어 의원의 진찰을 받게 되고 그 의원이 자신이 아버지로 섬기는 이와 막역지간임을 알게 되고, 그 의원을 통해 고향을 깨닫게 된다.	고향과 혈육에 대한 그리움
	② 전통성	'나'와 '의원'을 통해 고향이라는 공동체를 지향하는 우리 민족의 삶을 드러냈다.	
	③ 화자와 의원의 소통	① 대화(언어적 표현)로 '아무개씨'를 각각 '막역지간'과 '아버지로 섬기는 이'라고 하여 친근한 정서적 교감을 일으킨다. ② 웃음(비언어적 표현)으로 의원이 '웃음을 띠고', '넌즈시 웃고'에서 화자와 친근한 정서적 교감을 일으킨다. ③ '맥을 보는데(손길)'(신체 접촉, 촉감)인데, '손길은 따스하고 부드러워'에서 친근하고 따뜻한 정서적 교감을 일으킨다.	
형식 요소	① 각운	주로 평서형 종결어미 '- 다'로 종결한다.	
	② 대화체	인물들 사이의 대화를 통해 둘의 만남에 극적 감동을 더했다.	
	③ 서사적 진술	서사적 진술을 통해 그리움의 정서를 형상화했다.	
표현 요소	① 비유	의원을 '여래 같은 상'과 '관공의 수염을 ~ 신선'으로 비유하여 의원의 인자하고 너그럽고 푸근한 인상을 표현했다.	
	② 상징	시 속에 드러나는 '고향'은 화자 개인의 고향의 의미뿐 아니라 우리 민족 전체의 '조국'을 상징한다.	

(3) 감상

　이 시는 연 구분이 없는 전 17행의 단연시 구조로 타향에서 병을 앓다가 병원을 찾아간 화자가 고향 이야기를 하다 화자가 아버지처럼 여기는 이(또는 아버지)와 의원이 친구 사이임을 알게 되어, 그를 통해 따스한 고향의 정을 느끼고 고향을 떠올리게 된다는 내용으로 고향에 대한 그리움과 그 고향이 불러일으키는 따스한 정서가 담겨 있다. 이러한 정서는 인물 간의 대화와 시적 상황을 압축적으로 서술하는 기법을 통해 드러내고 있다. 반면, 화자가 떠올리는 '고향'이 가족의 사랑과 이웃 간의 유대가 있는 공동체적 삶의 공간이라는 점은 반대로 화자의 현재 상황이 그만큼 공동체로부터 멀어져 있음을 알 수 있게 한다.

　이 시는 「여우난 곬족」의 연장선에 선 작품으로 백석 특유의 고향 정서가 잘 나타나 있는 작품이다. 「여우난 곬족」에서는 고향을 무대로 그 곳에서 벌어지는 토속적, 원형적인 삶의 모습을 서사적 구조를 통해 고향 정서를 보여 준 데 반해, 이 시는 인물들 사이에 주고받는 대화와 시적 상황을 압축적으로 서술하는 기법을 통해 나타내고 있다. 백석의 시는 무엇보다도 한국인의 원초적인 고향 개념을 환기한다는 점에서 의미가 깊다. 그의 시가 보여 주는 토속적 사투리와 현대적 가족 제도, 풍물의 세계는 단순한 풍물이 아니라 반드시 인간이 개입된 풍물로, 그는 이를 통해 우리 민족의 삶의 방식을 감동적으로 보여 준다. 이런 점에서 그의 시는 민족 정서가 점차 상실되어 가는 일제 치하에서 더욱 존재 의미를 가지고 있다. 한편, 백석의 시 세계의 주인공은 항상 공동체의 품속에 깊이 침잠해 있다. 그러므로 그러한 공동체적 세계로부터 멀어져 있는 시인의 현실적 세계와 대립됨으로써 고향이라는 공동체는 삶의 풍요로움을 더해 주는 세계로 형상화된다.

2022 A 11번 　　사건(모티프)의 의미 / 모티프의 상징적 의미

11. (가)를 (나)의 관점에서 이해한 내용을 〈작성 방법〉에 따라 서술하시오. [4점]

(가)
　공원 입구의 오른쪽으로 한 작은 가겟집이 비켜 앉아 있고, 그 가겟집 부근의 벚나무 가지들에 크고 작은 새장들이 줄줄이 매달려 있었다. 그리고 그 벚나무 가지들 중의 몇 곳에 그런 비슷한 광고 문구가 쓰인 현수막이 이리저리 내걸려 있었다.

　— 새들에게 날 자유를 베풉시다.
　— 자비로운 방생은 당신의 자유로 보답받게 됩니다.

　새장의 새를 사서 제 보금자리로 날려 보내게 해 주는 이른바 방생의 집이었다.

　사내는 비로소 긴 망각의 골목을 벗어져 나온 듯 거기서 문득 발길을 머물러 섰다. 그리고는 어떤 깊은 반가움과 안도감에 젖으며 고개를 두어 번 끄덕여 댔다. 사내의 그 마르고 지친 얼굴 위로는 잠시 어떤 희미한 미소 같은 것이 솟아 번지기까지 하였다.

　사내는 이윽고 다시 고개를 돌려 그가 걸어 나온 교도소 길목을 조심스럽게 한번 건너다보고 나서 그 방생의 집 쪽으로 길을 건너갔다.

　마침 그때 그 길 건너 가겟집에서는 공원을 찾아온 중년의 사내 한 사람이 흥정을 한 건 끝내 가던 참이었다. "이제 선생님께선 이 녀석에게 하늘과 숲을 마음껏 날 날개를 주신 겁니다. 그건 바로 이 녀석의 자유지요. 그리고 선생님 께서 이 녀석의 자유를 사신 것은 바로 선생님 자신의 자유를 사신 것입니다……."

　서른이 좀 넘었을까 말까, 하관이 몹시 매끈하게 빨려 내려간 얼굴 모습이 어딘지 좀 오만스럽고 인색스런 인상을 풍기는 데다가 차가운 백동테 안경알 속에서 눈알을 몹시 영민스럽게 굴려대고 있는 ㉠ 가겟집 젊은이가 방금 흥정이 끝난 새장을 그 중년의 고객에게 넘겨주고 있었다.

　[중략 줄거리] 교도소에서 출감한 늙은 사내는 공원을 벗어나지 않고 계속 서성거리며 새 가게를 관찰한다. 그는 동전을 주워 자신과 감방 동료들의 자유를 기원하며 계속 새를 방생한다.

사내는 그 소리에 어슴푸레 잠결에서 깨어나 머리 위에 뒤집어 쓰고 있던 야전잠바 자락을 밀어냈다. 한밤중에 웬 ⓒ 전짓불의 환한 빛줄기가 어두운 숲 속을 장대처럼 이리저리 훑고 있었다. 빛줄기는 때로 나뭇가지들의 한 곳에서 곧게 고정되고 한 사내의 그림자가 그때마다 나무 위로 올라가 빛줄기의 끝에서 열매를 따듯 잠든 새들을 집어 내렸다. 잠결에 빛을 맞은 새들은 눈먼 장님처럼 옴짝달싹을 못했다. 날개를 퍼득여 날아 보는 새들도 방향을 못 잡고 좌충우돌하였다. 나뭇가지에 부딪쳐 떨어지는 놈도 있었고 제물에 땅바닥으로 곤두박질쳐 내리는 놈도 있었다.

그림자는 끊임없이 빛줄기를 들이대며 잠든 새들을 사냥하고 있었다.

기이하게 손쉬운 새의 사냥법이었다.

— 녀석들이 그렇게 다시들 돌아오곤 하였군.

사내는 저절로 탄성이 새어 나왔다. 하지만 그 손쉬운 사냥법에 대한 사내의 감탄은 그리 긴 시간 계속될 수가 없었다.

조용한 어둠 속에 빛줄기가 너무 세찼기 때문이었을까. 한동안 숨을 죽인 채 어둠 속으로 그런 광경을 숨어 보고 있던 사내는 자기도 모르게 문득 가슴이 몹시 떨려 오기 시작했다. 빛줄기가 까닭 없이 두렵고, 빛줄기를 조종하고 있는 사내의 그림자가 무턱대고 무서워졌다. 아무래도 안 볼 것을 엿보고 있는 듯 사지마저 조그맣게 움츠러들고 있었다. 게다가 그 빛줄기는 이제 사내 쪽으로 자꾸만 가까이 거리를 좁혀 들고 있었다.

- 이청준, 『잔인한 도시』 -

(나)

이청준 소설은 폭력과 억압이 존재하지 않는 세계의 가능성을 다루고 있다. 집단과 개인의 관계, 권력과 자유의 문제는 그의 중요한 서사적 탐구 주제이다. 작가의 여러 소설들은 이 주제를 직접 재현하기보다는 주로 우의(allegory)적이고 관념적인 방식으로 서사화했다. 잔인한 도시 또한 권력과 자유의 문제를 이러한 방식으로 그렸다. 이는 ⓐ 해방-구속의 모티프 등을 통해 구체화된다.

〈작성 방법〉

- (나)의 ⓐ가 드러나는 대상을 (가)에서 찾아 쓰고, ⓐ의 구체적인 내용을 설명할 것.
- (나)의 관점에서 ㉠과 ㉡의 상징적 의미를 각각 서술할 것.

문제분석

I. 출제된 분야 및 문제 파악
1. 앞의 문제는 사건 전개에 나타난 '해방-구속'이 드러난 대상을 찾아 설명하는 문제이고, 뒤의 문제는 함축적 표현의 의미를 묻는 문제면서 매년 2문제 이상 출제되는 유형
2. 사건의 전개 과정을 묻는 문제는 익숙한 문제지만 그것을 모티프와 관련지었다는 점에서 의미가 있는 문제이고, 상징적 의미에서는 시적 상황(내용 전개)에 대한 사회문화적 배경(시대적 의미)을 고려하여 문제를 풀어가야 함.

II. 주목할 내용(답안) 및 의의·한계
1. 사건 전개 및 그것에 담긴 모티프(구조, 흐름) 파악 / 시가에서 함축적 표현 및 그 의미(사회 문화 배경 고려)
2. 예상 답안 참고

III. 문제 해결에 필요한 요소 및 앞으로의 출제 예상
1. 출제된 분야의 문학지식 및 문학감상 능력
 - 소설에서 사건 전개의 흐름 및 그것이 지닌 의미, 그리고 그것을 드러낸 모티프 파악
2. 앞으로 이 문제와 관련하여 출제될 수 있는 부분 - 소설에서 사건의 전개를 드러내는 문제는 다양하게 출제될 수 있고, 상징적 의미도 매년 유사한 형태로 많은 문제가 출제되고 있음

📝 예상 답안

(가)에서 ⓐ가 드러나는 대상은 '새'이다. '새'는 '방생의 집'이란 가게 주인(가겟집 젊은이)에게서 출소자에게 팔려 해방을 얻었지만, 밤에 가게 주인에게 다시 잡혀 '방생의 집'으로 되돌아가는 구속의 의미를 지닌다.

㉠의 상징적 의미는 개인의 자유를 보장하는 듯하면서도 교묘한 방법으로 억압하는 위선적인 권력이다. ㉡의 상징적 의미는 그러한 집단의 권력이 개인(새)에게 가하는 구체적이고 직접적인 억압과 폭력 등의 행위이다.

✏️ 문제 관련 배경지식

잔인한 도시(이청준)

1. 핵심정리
- 갈래 중편소설, 풍자소설, 우의(寓意) 소설
- 성격 비판적
- 시점 전지적 작가
- 배경 시간 : 1970-80년대
  공간 : 도시의 교도소 근처 공원
- 주제 1. 1970년대 독재 정치 현실에 대한 비판과 자유로운 세상에 대한 추구
  2. 1970년대 폭력적이고 억압적인 정치 현실에서 진정한 자유에 대한 추구

2. 줄거리

교도소를 출감한 노년의 한 사내는 교도소 근처 공원에서 새를 파는 젊은이를 본다. 새장수는 사람들에게 돈을 받고 새를 팔고, 사람들은 그 새를 사서 하늘로 방생한다. 사내는 공원에 떨어진 동전을 주워 모은 돈으로 옥중 동료들을 대신해 방생을 시작한다. 그리고 자신이 석방되는 날 면회 오도록 연락해 둔 아들을 기다리며 사내는 며칠을 공원 벤치에서 노숙을 한다.

어느 날 밤 사내는 새장을 떠나 공원 숲으로 날아간 새가 날갯죽지가 잘려 멀리 날아가지 못하고, 새장수는 그런 새를 플래시 불빛으로 잡는다는 것을 알게 된다. 새장수가 새를 잡던 어느 날 밤, 새장수에게 쫓기던 새 한 마리가 숲에서 자던 사내의 품속으로 숨어들어 오게 되는데 그 새는 이상하게도 사내를 겁내지 않았다. 그 새는 사내가 전에 방생한 새였다. 사내는 그 새가 자신을 기억하고 있다고 믿고 행복을 느낀다. 다음 날 새장수에게 갔다가 그 새를 발견한 사내는 6개월분의 노역비를 지불하고 그 새를 사서 고향으로 간다며 남쪽으로 향한다.

3. 의의 및 평가

이 작품은 제한된 시공간에서 제한된 자유를 누리는 존재를 '길'이라는 거대 구조 속에 형상화하고 있다. 또 작가의 다른 소설과 마찬가지로 '낙원 상실' 모티프를 바탕으로 하고 있다. 출감한 이후에도 정처를 찾지 못한 주인공과 더 이상 자유로움의 표상일 수 없는 새를 대비시켜 진정한 자유의 의미를 묻고 있다. 잔인하고 폭력적인 현대 사회의 이면을 비판한 이 작품은 제2회 이상문학상을 수상했다.

'잔인한 도시'는 1970년대 독재 상황의 폭력적이고 억압적인 세계에 대한 부정과 현대인의 소외 의식을 다양하고 복합적인 상징을 통해 형상화한 작품이다. 이 작품에서 출감한 사내는 새를 방생하는 행동을 하는데, 이것은 자신과 교도소 동료들이 갖지 못했던 자유를 갈망하고 대리 만족감을 느끼는 것으로 이해할 수 있다. 그러나 그의 갈망은 새 장수 젊은이의 비밀을 알고 좌절된다. 새 장수는 새의 날갯죽지 밑에 상처를 내어 멀리 날아가지 못하도록 만들고 밤에 새 사냥을 하여 다시 잡아들인 것이다. 그러나 작가는 사내가 새를 사서 남쪽으로 향하는 결말을 통해 현대 사회의 구조적 모순에 의해 개인의 자유 의지가 억압되기는 하지만, 그것을 극복하고 벗어나 진정한 자유를 추구하려는 인간에 대한 희망적 주제 의식을 보여주고 있다.

4. 공간의 상징적 의미

'잔인한 도시'는 작가가 생각하는 고향과 도시의 대비가 돋보이는 소설이다. 작품 속에서 노인이 새 장수 젊은이에게 새를 사서 방생한 '도시의 공원'은 거짓된 자유의 공간이다. 즉, 자유를 억압하는 잔인하고 위선적인 공간으로 현대 사회를 상징한다. 이를 깨닫고 노인이 향하는 '남쪽'은 도시와 대조를 이루는 곳으로 진실의 공간이며 자유의 공간이다. 즉, 정신적 구원을 얻을 수 있는 이상향을 상징하는 것이다.

2022 A 12번   인물의 의미 / 갈등에서 각 인물의 입장(관점) 파악

12. 다음을 읽고, 〈정수정전〉에 대해 〈작성 방법〉에 따라 서술 하시오. [4점]

임금이 장연을 불러 정수정의 표를 보이고 말하였다.

"경이 이전에 정수정과 언약한 적이 있느냐?"

장연이 대답하였다.

"아비 생시에 정흠과 정혼하여 빙물을 전하였으나 그사이 혼인 약속을 지키지 못하여 정수정에게 물었더니 수정이 제 누이가 죽었다고 하기에 신도 그렇게만 알고 있었고 정수정이 음양을 바꾸었는지는 전혀 몰랐습니다."

임금이 서안을 치며 말하였다.

㉠ "이런 여자는 참으로 고금에 드물다."

그러고는 표에 비답을 내렸다.

[A]
    경의 표를 보니 비답에 내릴 말을 생각하지 못하겠다. 부모형제가 없는 규중의 연약한 여자로서 기특한 생각을 내어 가문을 일으키고, 원수를 갚으려 만 리 전쟁터의 화살과 돌을 무릅쓰고 큰 공을 세워 돌아왔으니, 이는 팔 척 장정이라도 못할 일이다. 한낱 여자로서 이런 일을 하여 빛나는 이름이 천하에 진동하였다. 짐이 그 재주를 사랑하여 부마로 삼으려 했는데 이제 정체가 드러나니 도리어 국가의 불행이로다. 군신은 부자와 마찬가지니 청죄할 필요가 없다. 경등의 혼사는 짐이 맡아서 추진하겠다. 모든 직임은 환수하고 청주후는 식읍을 삼아 둘 것이니 경은 그리 알라.

정수정이 비답을 보고 다시 표를 올려 혼사와 식읍을 굳이 사양하였으나 임금이 끝내 허락하지 않으니 정수정이 마지못해 입궐하여 사은하였다.

[중략 줄거리] 정수정과 장연이 혼인한 후 북적이 일어나자, 정수정이 정북대원수를 제수받아 출전하여 북적을 물리친다.

정수정이 소와 양을 잡아 삼군을 잘 먹인 후에 또한 술을 내어 와 마시며 술에 취하였다.

[B]
    그러다가 문득 한 생각이 떠올라 좌우 군사에게 중군장 ㉡ 장연을 끌고 오라 호령하였다. 무사가 쇠사슬로 장연을 옭아매어 장대 아래에 데리고 왔는데, 장연은 무릎을 꿇고자 하지 않았다. ㉢ 정수정이 크게 화내며 말했다.

"도적이 국경을 침범하여 임금께서 근심하며 나에게 도적을 막으라 하셨다. 내가 임금의 명을 받아 밤낮으로 근심하는 차인데 그대는 어찌하여 막중한 군량미를 때에 맞추어 대령치 않았는가? 대장의 명령을 어긴 죄를 면하지 못할 것이다. 군법에는 사사로움이 없으니 그대는 나를 원망하지 말라."

㉣ 무사를 명하여 장연의 목을 베라 하였다. 장연이 크게 노하여 꾸짖었다.

"내가 비록 용렬하지만 그대의 남편이다. 소소한 혐의가 있다고 하여 군법을 핑계로 남편을 곤욕하는 것이 여자의 도리인가?"

이 말을 들은 정수정이 항복을 받으려는 뜻이 더욱 강해져 짐짓 꾸짖었다.

"그대는 일이 돌아가는 형세를 모르는구나. 국가의 중심을 맡았으니 그대는 이미 내 수하에 있는데 그대가 법을 어겼다면 어찌 부부의 의리에 구애되어 군법을 어지럽히 겠는가? 그대가 나를 초개같이 여기는데 나 또한 그대 같은 장부는 원하지 않노라."

하면서 무사를 재촉하였다.

- 『정수정전』 -

〈작성 방법〉

- ㉠과 같이 말한 근거를 [A]에서 2가지 찾아 쓸 것.
- [B]를 바탕으로 ㉣에 대한 ㉡, ㉢의 관점을 각각 서술할 것.

문제분석

Ⅰ. 출제된 분야 및 문제 파악
1. 앞의 문제는 표면에 드러난 내용으로 인물의 특징을 묻는 단순한 문제이고, 뒤의 문제는 갈등에 드러난 각 인물의 관점을 묻는 문제임
2. 인물의 특징을 묻는 문제는 익숙한 문제이고, 갈등에서 인물의 관점을 묻는 문제는 참신한데, 이 경우에도 사회문화적 배경(시대적 의미)을 고려하여 문제를 풀어가야 함.

Ⅱ. 주목할 내용(답안) 및 의의·한계
1. 평가(칭찬)에 나타난 인물의 특징 파악 / 사회문화적 배경(시대적 의미)을 고려하여 갈등에 나타난 인물의 관점(입장)
2. 예상 답안 참고

Ⅲ. 문제 해결에 필요한 요소 및 앞으로의 출제 예상
1. 출제된 분야의 문학지식 및 문학감상 능력
   - 소설에서 인물의 특징, 갈등에서 나타나는 인물의 관점
2. 앞으로 이 문제와 관련하여 출제될 수 있는 부분 – 소설에서 사건의 전개를 드러내는 문제는 다양하게 출제되고, 갈등에서 나타나는 인물의 관점을 묻는 문제도 감상에서 연습할 필요가 있음.

예상 답안

㉠과 같이 말한 근거는 당대는 가부장제 사회이고 남성 중심의 사회인데, [A]에서 첫째, 부모 형제 없는 여자가 홀로 가문을 일으켰다는 점, 둘째, 여성이 남장을 한 채 전쟁터에 나가 큰 공을 세운 점이라 할 수 있다.
[B]에서 ㉣에 대한 ㉡의 관점은 '남편'과 '아내'라는 중세 가부장제를 근거로 '아내'보다 '남편'인 자신이 우위에 있으므로 부당하다는 사적(개인적)인 관점이다. ㉣에 대한 ㉢의 관점은 '대장'과 '부하'라는 군법을 근거로 '대장이(상관이)' '부하'의 잘못을 엄벌한다는 공적(사회적)인 관점이다.

문제 관련 배경지식

정수정전(작자 미상)

1. 감상의 길잡이
- 작자 미상
- 갈래 고대 소설, 여성 영웅 소설, 군담 소설
- 구성 영웅의 일대기적 구성
- 제재 정수정의 영웅성
- 주제 여성인 정수정의 영웅적 활약상
- 특징 ① 남성보다 우월한 여성이 영웅으로 등장
  ② 남성 인물들이 통념적인 남성상을 지녀 권위적인 모습을 보이지만 여성 영웅에 굴복하는 모습으로 그려짐
- 의의 여성에게 우월성을 부여함으로써 가부장제의 모순을 벗어났으며, 전시기 내조형 여성 영웅 소설의 한계를 탈피

2. 줄거리

송나라 태종황제 시절 병부상서 겸 표기장군 정국공은 혈육이 없어 근심하다가 뒤늦게 딸 하나를 낳으니, 이름을 수정이라 하였다. 이 때 이부상서 장운에게 연이라는 아들이 있었는데, 정공이 장상서의 집에 놀러 왔다가 그 아들을 보고 청혼하니 그들은 그 자리에서 혼약하였다.

이 때 정공이 황제께 간신인 진공을 멀리하기를 간하니, 진공이 이를 알고 정공을 모해해 결국 절강으로 귀양가게 되었

다. 정공이 그곳에서 죽으니 부인 양씨도 죽고 잇따라 장상서도 죽었다. 의지할 곳 없게 된 수정은 남복을 하고 무예를 닦아 과거에 응시해 급제하였다. 정공에게 아들이 없음을 고하는 진공을 수정이 대칙하니, 상이 진공의 간교함을 깨닫고 강서로 귀양보냈다.

이미 과거에 급제해 한림학사가 된 장연을 만난 수정은 장연과 혼약한 사람이 죽은 자기 누이라고 하였다. 이 말을 믿은 장연은 위승상의 딸과 혼인하였다. 이 때 북방 오랑캐가 침범하니 정수정이 대원수가 되고 장연이 부원수가 되어 출정하였다. 기주에서 호왕 마웅과 부닥친 정수정은 적군을 쳐부수고 대승을 거두어 황성으로 회군하였다.

크게 기뻐한 황제가 정수정과 장연을 부마로 삼으려 하자 정수정은 더 이상 임금을 속일 수 없어, 표를 올려 사실을 밝혔다. 이에 황제는 수정을 청주후로 봉하고, 예부에 명해 장연을 정수정과 혼인시키고 또 공주와도 혼인시켰다. 모두 화락하게 지내던 중 정수정이 장연의 총희(寵姬) 영춘의 방자함을 징계해 목을 베자, 시어머니가 대로하고 장연 또한 수정에게 냉랭하게 대하였다.

이에 <u>수정은 청주로 돌아가 군사를 훈련시켰고, 철통골이 다시 침략하자 대원수가 되어 적을 쳐부수었다. 이 때 장연은 군량을 수송하는 책임을 맡았는데, 제때에 대지 못하자 수정은 장연을 결장(決杖) 열 번으로 다스렸다.</u> 황성으로 회군하던 도중 진공의 목을 베어 부모의 원수도 갚았다.

수정이 돌아오니 임금이 친히 마중을 나왔다. 시어머니인 태부인은 장연을 결장으로 다스린 사실을 알고 화가 났지만 수정의 권세를 알고 시녀를 보내어 화해를 청하니, 다시 일가가 화목하게 자손을 낳고 75세까지 수를 누리다가 동시에 채운을 타고 승천하였다.

3. 의의와 평가

조선 후기에는 남성 중심의 가부장제에 균열이 생겨 여성의 역할에 대한 새로운 인식이 나타났다. 하지만 여전히 가부장제 질서를 중시하는 분위기가 만연하여 가부장의 권위를 약화시키려는 것을 억누르는 태도 역시 강하게 나타났다. 이와 같은 사회상을 반영하고 있는 이 작품은 여성을 주인공으로 삼아, 가부장적 질서에 대응하며 사회에서 공적 역할을 수행하는 능력을 인정받는 새로운 여성상을 보여 주고 있다는 측면에서 이 소설은 여성 독자를 의식한 작품으로 볼 수 있다. 즉, 불행이 닥쳤을 때 여성들이 소극적으로만 대처해 그대로 감수하는 것이 아니고, 남장을 하고 과감하게 남성 세계에 뛰어들어 국가에 혁혁한 공로를 세우고, 또한 남편과 시어머니와 대등한 위치에 섬으로써 현실에서 오는 맹종의 열등감을 해소하려 하였다.

이 소설은 '여장군전(女將軍傳)'이라고도 하며, 여성 독자를 의식한 작품이다. 즉, 불행이 닥쳤을 때 여성들이 소극적으로만 대처해 그대로 감수하는 것이 아니고, 남장을 하고 과감하게 남성 세계에 뛰어들어 국가에 혁혁한 공로를 세우고, 또한 남편과 시어머니와 대등한 위치에 섬으로써 가부장제 사회 속에서 며느리가 맹종해야 한다는 열등감을 해소하려 하였다.

2022 B 8번   시대적 의미 드러난 부분 찾기 / 제재의 상징적 의미 파악하기

8. 다음을 읽고, 〈보기〉를 참고하여 시의 함축적 의미에 대하여 〈작성 방법〉에 따라 서술하시오. [4점]

(가)
막차는 좀처럼 오지 않았다
대합실 밖에는 밤새 송이눈이 쌓이고
흰 보라 수수꽃 눈시린 유리창마다
톱밥난로가 지펴지고 있었다
그믐처럼 몇은 졸고
몇은 감기에 쿨럭이고
그리웠던 순간들을 생각하며 나는
한줌의 톱밥을 불빛 속에 던져주었다
내면 깊숙이 할 말들은 가득해도
청색의 손바닥을 불빛 속에 적셔두고

모두들 아무 말도 하지 않았다
산다는 것이 때론 술에 취한 듯
한 두름의 굴비 한 광주리의 사과를
만지작거리며 귀향하는 기분으로
침묵해야 한다는 것을
모두들 알고 있었다
오래 앓은 기침소리와
쓴 약 같은 입술담배 연기 속에서
싸륵싸륵 눈꽃은 쌓이고
그래 지금은 모두들
눈꽃의 화음에 귀를 적신다
자정 넘으면
낯설음도 뼈아픔도 다 설원인데
단풍잎 같은 몇 잎의 차창을 달고
밤열차는 또 어디로 흘러가는지
그리웠던 순간들을 호명하며 나는
㉠ 한줌의 눈물을 불빛 속에 던져주었다.

- 곽재구, 『사평역에서』 -

(나)
산이 저문다.
노을이 잠긴다.
저녁밥상에 애기가 없다
애기 앉던 방석에 한 쌍의 은수저
㉡ 은수저 끝에 눈물이 고인다.

한밤중에 바람이 분다.
바람 속에서 애기가 웃는다.
애기는 방 속을 디려다본다.
들창을 열었다 다시 닫는다.

먼- 들길을 애기가 간다.
맨발벗은 애기가 울면서 간다.
불러도 대답이 없다.
그림자마저 아른거린다.

- 김광균, 『은수저』 -

〈보기〉

(가)는 사회·문화적 맥락을 참조하여 감상할 수 있다. 이 작품은 1980년대 초반 ⓐ 누구도 쉽게 비판의 목소리를 내지 못했던 시대의 분위기를 드러낸 작품으로 해석된다. 그런데 (가)에 나타난 시의 분위기는 마냥 암울하지만은 않다. 시적공간인 ⓑ '대합실'의 분위기를 '톱밥난로가 지펴지고 있었다'를 통해 형상화하고 있는 데서 알 수 있다.
(나)는 작품의 내적 맥락에서 그 의미를 이해할 수 있다. 이 시에는 주제를 환기하는 데 효과적인 이미지들이 구조화되어있다. 이를 유기적으로 해석함으로써 화자의 서정(抒情)을 읽어낼 수 있다.

─────────────── 〈작성 방법〉 ───────────────
◦ ⓐ가 나타나는 시행 1개를 (가)에서 찾아 쓰고, ⓑ를 서술할 것.
◦ '눈물'을 흘리게 하는 대상에 주목하여 ㉠, ㉡의 함축적 의미를 비교하여 서술할 것.

문제분석

Ⅰ. 출제된 분야 및 문제 파악
1. 앞의 문제는 사회문화적 배경이 드러나는 시행을 찾는 문제이고, 뒤의 문제는 함축적 표현의 의미를 묻는 문제면서 매년 2문제 이상 출제되는 유형
2. 둘 다 익숙한 문제이지만, 두 문제 모두 사회 문화적 배경을 고려해야 출제 의도에 따른 정확한 시행과 정확한 의미를 파악할 수 있음

Ⅱ. 주목할 내용(답안) 및 의의·한계
1. 시대 분위기가 드러나는 시행 찾기 / 동일한 시어의 함축적 의미 비교 시가에서 함축적 표현 및 그 의미(사회 문화 배경 고려)
2. 예상 답안 참고

Ⅲ. 문제 해결에 필요한 요소 및 앞으로의 출제 예상
1. 출제된 분야의 문학지식 및 문학감상 능력
   - 사회 문화적 배경을 고려한 작품 감상 – 시행과 시어의 함축적 의미 및 비교
2. 앞으로 이 문제와 관련하여 출제될 수 있는 부분 – 일반적인 유형이면서 다양하게 출제되고 있음

🚨 첫 번째 문제 복수 답안 가능(같은 의미를 지닌 시행 2개 있음)

예상 답안

ⓐ가 나타나는 시행은 '침묵해야 한다는 것을 모두들 알고 있었다'('<u>모두들 아무 말도 하지 않았다</u>'도 가능할 듯)'이다. ⓑ는 시적화자가 고달픈 사람을 위해 톱밥난로를 계속 지펴 주어 따뜻한 분위기이다.

눈물을 흘리게 하는 대상으로 ㉠은 80년대 독재 현실이란 사회적 문제로 고달픈 삶을 살아가는 서민들이며, 그들에 대한 연민과 연대의식(희망)을 드러냈고, ㉡은 개인적 문제로 사별한 애기이며, 자식을 잃은 부모의 슬픔을 드러냈다.

문제 관련 배경지식

곽재구 「사평역에서」

(1) 핵심 정리
- 갈래 자유시, 서정시
- 성격 애상적, 감각적, 회고적, 묘사적
- 어조 연민과 아픔을 드러내는 어조
- 표현 ① 기차역 대합실의 모습을 묘사적으로 드러냄
  ② 시각적 이미지와 그 대비를 효과적으로 사용
  ③ 쓸쓸한 소멸과 정처 없는 떠돎의 이미지를 담은 시어를 사용
- 특징 ① 차가움과 따뜻함의 이미지를 대조를 통해 시적 대상을 표현함
  ② 간결하고 절제된 어조로 표현함
- 제재 막차를 기다리는 기차역 대합실의 정경
- 주제 가난한 사람들의 삶의 애환과 그에 대한 연민

(2) 작품의 구조

구성 요소	구성 요소의 파악	그것이 지닌 의미·효과	주제와의 관련성
내용 요소	① 시적 화자 및 화자의 상황	'나'는 사평역 대합실에서 막차를 기다리며 주위 사람들을 보고 그들의 애환에 대해 생각하고 있다.	가난한 사람들의 삶의 애환과 그에 대한 연민
	② 시대 배경	1980년대 초 군사정권 하에서 소외된 민중들이 침묵하며 고달프게 살던 현실을 담고 있다.	
	③ 시적 화자의 따뜻한 마음	시적 화자는 민중들의 고달픈 현실에 안타까워하며, 그들을 위해 톱밥을 넣고 눈물을 흘리며 연대 의식을 보인다.	
형식 요소	① 간결하고 절제된 시어	간결하고 절제된 표현을 통해 시상의 집약이 이루어지고 리듬감이 잘 드러난다.	
	② '침묵'의 의미	㉠ 고달프고 힘겨운 삶 ㉡ 70-80년대 독재 정치하에서 억압적이고 부자유스러운 현실 상황	
표현 요소	① 대조적 이미지	차가움과 따뜻함의 이미지를 대조하여 통해 시적 대상을 표현했다.	
	② 공감각적 이미지	'눈꽃의 화음에 귀를 적신다'에서 눈 내리는 창 밖의 풍경을 공감각 이미지로 드러내었다.	
	③ 상징	'막차, 청색의 손바닥, 입술 담배 연기' 등은 민중들의 고달픈 삶을 드러내고, '설원'은 추억이나 그리움을 의미하여 내용을 잘 드러냈다.	

김광균 「은수저」

(1) 핵심 정리
▷ 갈래 자유시, 서정시
▷ 성격 사색적, 상징적
▷ 소재 은수저, 아기의 죽음
▷ 주제 아이를 잃어 슬퍼하는 부정(父情)

(2) 구성
- 1연 : 은수저에 고인 눈물 - 죽은 아이를 생각하는 슬픈 아버지의 심경
- 2연 : 애기에 대한 아버지의 환상
- 3연 : 떠나가는 자식에 대한 안타까운 부정(父情)

(3) 감상
 이미지즘 경향의 회화적 수법을 앞세운 이전의 시들과는 확연히 구분되는 김광균의 이 시는 자식 잃은 아버지의 뜨거운 부정(父情)을 잘 드러내 주고 있다. 시간의 흐름에 따른 추보식 구성의 이 시는 화자인 아버지가 저녁을 먹으며 아이의 부재를 확인하는 것에서부터 한밤중에 만난 죽은 아이의 환영과 죽음의 세계로 떠나는 아이의 모습을 순차적으로 보여 주고 있다.
 한편, 이 시는 자식을 잃은 아버지의 슬픔을 노래하고 있는 작품임에도 불구하고, 비통한 심경을 직접적으로 드러내는 시어는 '눈물' 하나밖에는 없다. 그러나 간결한 3연의 구성과 단문으로 행을 마감한 시 형식 속에는 자식을 그리워하며 피눈물을 흘리는 아버지의 아픔이 흠뻑 배어 있음을 느낄 수 있다.
 1연은 화자가 저녁 식사 시간에 아이의 죽음을 확인하는 모습이다. 저녁 식사 시간, 화자는 문득 아이가 없음을 깨닫는다. 정말 죽은 것이 아니라, 잠깐 어디를 간 것이라고 믿어 왔지만, 저녁 밥상을 받고 아이의 빈 자리를 보며 그제서야 아이의 죽음을 인정하게 된다. 그리고는 아이의 방석에 놓인 주인 없는 '은수저'를 보며 화자는 눈물을 흘린다. '저무는 산'과 '잠기는 노을'은 하강·소멸의 이미지로서 아이의 죽음을 상징하며, 아기를 '애기'로 표현한 것에서 더 짙은 아버지의

정을 느낄 수 있다. 은수저는 '수복강녕(壽福康寧)'을 빌며 그가 아이의 돌잔치 때 선물한 것인지도 모른다. 그러기에 화자는 그 은수저에서 더 깊은 절망감을 느끼는 것이다. '은수저'에서 '애기'를 떠올리고, 다시 그것은 '부정(父情)'으로 확대됨에 따라 마침내 '은수저 끝에 눈물이 고인다.'

2연은 한밤중에 화자가 아이의 환영(幻影)을 만나는 모습이다. 아이에 대한 그리움으로 잠을 이루지 못하는 화자는 들창을 열고 바람 부는 창 밖을 바라보고 있다. 그러던 중, 불어오는 바람과 함께 어디선가 방실방실 웃으며 방안을 들여다보는 아이의 환영을 만나게 된다. 그러나 화자가 반가워하기도 전에, 아이는 벌써 문을 닫고 총총히 사라져 버린다.

3연은 아이가 죽음의 세계로 떠나가는 모습이다. 화자는 '먼 들길'로 제시된 죽음의 세계로 '맨발 벗은' 채 울면서 가고 있는 '애기'를 목메어 부르지만, 아이는 '불러도 대답이 없'고 '그림자마저 아른거릴' 뿐이다. 천진난만한 모습이었던 2연의 '애기'가 3연에 와서는 사자(死者)의 모습으로 바뀌어 나타나 있다. 아무리 목메어 부르며 그리워하더라도 이젠 더 이상 이 곳 이승의 세계에서는 존재할 수 없는 아이임을 인정하고 깊은 절망 속으로 빠져드는 데서 진한 육친애를 느낄 수 있다.

정지용의 〈유리창〉과 동일한 소재를 다룬 작품이지만, 〈유리창〉보다 화자의 감정이 보다 직접적으로 나타나 있으며, 별다른 수사적 기교 없이 평이한 서술로 아픔을 토로하고 있다. 하늘이 무너지는 것 같은 아픔이지만, 그것을 절제하고 여과하는 시인의 인간적 성숙도를 짐작할 수 있다.

2022 B9 번 　　 인물의 상황과 심리 / 특정 부분에 나타난 인물의 태도

9. (가)는 '소설의 등장인물을 이해할 수 있다.'는 학습 목표를 성취하기 위해 선정한 작품이고, (나)는 해당 수업에서 이루어진 교사와 학생 간의 대화이다. (가), (나)를 읽고 소설의 등장인물에 대하여 〈작성 방법〉에 따라 서술하시오. [4점]

(가)
철썩, 앞집 판장 밑에서 물 내버리는 소리가 났다. 주먹구구에 골독했던 안초시(安初試)에게는 놀랄 만한 폭음이었던지, 다리 부러진 돋보기 너머로, 똑 먹이를 쪼려는 닭의 눈을 해 가지고 수챗구멍을 내다본다. 뿌연 뜨물에 휩쓸려 나오는 것이 여러가지다. 호박 꼭지, 계란 껍질, 거피해 버린 녹두 껍질.

"녹두 빈자떡을 부치는 게로군. 흥……."

㉠ 한 오륙 년째 안초시는 말끝마다 "젠장……"이 아니면 "흥!" 하는 코웃음을 잘 붙였다.

"추석이 벌써 낼 모레지! 젠장……."

안초시는 저도 모르게 입맛을 다시었다. 기름내가 코에 풍기는 듯 대뜸 입 안에 침이 흥건해지고 전에 괜찮게 지낼 때, 충치니 풍치니 하던 것은 거짓말이었던 것처럼 아래윗니가 송곳 끝같이 날카로워짐을 느끼었다.

안초시는 그 날카로워진 이를 빈 입인 채 빠드득 소리가 나게 한번 물어 보고 고개를 들었다.

하늘은 천리 같이 트였는데 조각구름들이 여기저기 널렸다. 어떤 구름은 깨끗이 바래 말린 옥양목처럼 흰빛이 눈이 부시다. 안초시는 이내 자기의 때 묻은 적삼 생각이 났다. 소매를 내려다보는 그의 얼굴은 날래 들리지 않는다. 거기는 한 조박의 녹두 빈자나 한 잔의 약주로써 어쩌지 못할, 더 슬픔과 더 고적함이 품겨 있는 것 같았다.

흑흑 소매 끝을 불어 보고 손끝으로 튀겨 보기도 하다가 목침을 세우고 눕고 말았다.

"이사는 팔하고 사오는 이십이라 천이 되지…… 가만…… 천이라? 사로 했으니 사 천이라 사천 평…… 매 평에 아주 줄여 잡아 오 환씩만 하게 돼두 사 환 칠십오 전씩이 남으니, 그럼…… 사사는 십륙 일만 육천 환하구……."

안초시가 다시 주먹구구를 거듭해서 얻어 낸 총액이 일만 구천 원, 단 천 원만 들여도 일만 구천 원이 되리라는 셈속이니, 만 원만 들이면 그게 얼만가? 그는 벌떡 일어났다. 이마가 화끈했다. 도사렸던 무릎을 얼른 곧추세우고 뒤나 보려는 사람처럼 쪼크렸다. 마코 갑이 번연히 빈 것인 줄 알면서도 다시 집어다 눌러보았다. 주머니에는 단돈 십 전, 그도 안경다리를 고친다고 벌써 세 번짼가 네 번째 딸에게서 사오십 전씩 얻어 가지고는 번번이 담뱃값으로 다 내어보내고 말던 최후의 십 전, 안초시는 주머니에 손을 넣어 그것을 집어내었다. 백통화 한 푼을 얹은 야윈 손바닥, 가만히 떨리었다. 서참위(徐參尉)의 투박한 손을 생각하면 너무나 얇고 잔망스러운 손이거니 하였다. 그러

나 이따금 술잔은 얻어먹고, 이렇게 내 방처럼 그의 복덕방에서 잠까지 빌려 자건만 한 번도, 집 거간이나 해 먹는 서참위의 생활이 부럽지는 않았다. 그래도 언제든지 한번쯤은 무슨 수가 생기어 다시 한번 내 집을 쓰게 되고, 내 밥을 먹게 되고, 내 힘과 내 낯으로 다시 한번 세상에 부딪쳐 보려니 믿어졌다.

초시는 전에 어떤 관상쟁이의 "엄지손가락을 안으로 넣고 주먹을 쥐어야 재물이 나가지 않는다"는 말이 생각났다. 늘 그렇게 쥐노라고는 했지만 문득 생각이 나 내려다볼 때는, 으레 엄지손가락이 얄밉도록 밖으로 쥐어져 있었다. ⓒ 그래 드팀전*을 하다도 실패를 하였고, 그래 집까지 잡혀서 장전**을 내었다가도 그만 화재를 보았거니 하는 것이다.

"이놈의 엄지손가락아, 안으로 좀 들어가아, 젠장."

하고 연습 삼아 엄지손가락을 먼저 안으로 넣고 아프도록 두 주먹을 꽉 쥐어 보았다. 그리고 당장 내어보낼 돈이면서도 그 십 전짜리를 그렇게 쥔 주먹에 단단히 넣고 담배 가게로 나갔다.

- 이태준, 『복덕방』 -

* 드팀전 : 베, 무명, 비단 따위의 천을 팔던 가게.
** 장전 : 장롱 따위를 파는 가게.

(나)
교 사 : 이태준 작가는 단편소설에서 인물·사건·배경 가운데 인물을 특히 중시했어요. 그러면 등장인물을 어떻게 이해할 수 있을까요? 인물의 언어와 행동 등의 여러 단서를 종합해 인물이 지닌 삶의 태도를 파악할 수 있어요. '안초시'의 삶의 태도를 보여 주는 부분들을 찾아볼까요?
학생A : 음, 말끝마다 "젠장……", "흥!"을 붙이는 말버릇이 있어요.
교 사 : 맞아요, 인물의 말투는 살아온 내력과 심리 상태를 반영합니다. 다른 부분도 찾아볼까요?
학생B : 매번 안경다리를 고치지 않고 담배 사는 데 써 버리는 행동에서도 인물에 대해 알 수 있어요.
교 사 : 네, ⓐ 돈벌이에 관한 '안초시'의 태도를 보여 주는 부분들도 있어요. '서참위'를 깎아내리면서 무슨 수가 생길 거라고 기대하는 것에서 그렇습니다. 또한 (ⓑ) 부분에서도 확인됩니다.

〈작성 방법〉

- (가)의 ㉠에 반영된 '안초시'의 처지와 그에 따른 심리 상태를 ㉡을 참고하여 각각 서술할 것.
- (나)의 ⓑ에 들어갈 내용을 (가)에서 찾아 쓰고, ⓐ의 내용을 서술할 것.

문제분석

I. 출제된 분야 및 문제 파악
1. 앞의 문제는 인물이 처한 상황(겪은 사건)과 심리를 묻는 문제이고, 뒤의 문제 역시 인물이 처한 상황을 드러낸 부분을 찾고 그것에서 나타나는 인물의 태도를 묻는 문제
2. 둘 다 소설에서 인물의 상황 심리, 태도 등에 관한 일반적인 문제임.

II. 주목할 내용(답안) 및 의의·한계
1. 사건 전개에서 인물의 상황 및 심리, 그리고 특정 상황에 나타난 태도 파악
2. 예상 답안 참고

III. 문제 해결에 필요한 요소 및 앞으로의 출제 예상
1. 출제된 분야의 문학지식 및 문학감상 능력
   - 소설에서 인물의 상황 및 그에 다른 심리, 인물의 상황 파악 및 태도 파악하기
2. 앞으로 이 문제와 관련하여 출제될 수 있는 부분 – 소설의 인물과 인물의 상황에 관한 문제는 이란적인 문제이면서 매년 유사한 형태로 문제가 출제되고 있음

🚨 두번 째 문제 ⓑ에 들어갈 내용 (가)에서 찾는 부분 복수 답안 가능할 듯

📝 예상 답안

'안초시'는 ⓒ에서 알 수 있듯 잘 살기 위해 여러 사업을 하지만 실패하고, 그를 핀잔하고 박대하는 딸에게 의존할 수밖에 없는 처지여서 현실에 대한 냉소와 불만의 심리를 드러낸다.

ⓑ에 들어갈 내용은 '주먹구구로 계산을 하며 천 원을 들여 일만구천 원을 만든다는 헛된 꿈을 꾸는' 부분이다. ⓐ는 노력하지 않고, 운에 기대어 헛된 꿈을 꾸는 허황된 삶의 태도이다.
(위의 ⓑ에 들어갈 내용은 돈벌이에 관한 안초시의 태도이므로 위의 답안 내용이 더 적절하다고 생각하지만, 다음 내용도 타당하다고 생각한다. ⓑ에 들어갈 내용은 '엄지손가락을 먼저 안으로 넣고 두 주먹을 꽉 쥐는' 부분이다.)

✏️ 문제 관련 배경지식

이태준의 「복덕방」

(1) 핵심 정리
- 갈래 단편 소설
- 성격 현실비판적, 사실적
- 시점 3인칭 전지적 작가 시점
- 배경 ① 시간 : 1930년대
         ② 공간 : 서울 변두리 복덕방
- 주제 근대화의 물결 속에서 소외된 세대의 좌절과 비애

(2) 내용 구조
① 개인과 사회의 갈등 : 시대의 흐름 속에 점차 밀려나는 구세대(주변부)와 근대화의 흐름 속에 이기적이고 물질을 추구하는 신세대(중심부)의 세대 간의 갈등
② 개인과 개인의 갈등 : 경제력이 없는 안 초시와 경제력이 있으면서도 아버지를 돌보지 않는 그의 딸 안경화와의 갈등
③ 근대화의 물결 속에서 사라져 가는 세대의 빈곤함과 좌절 등을 그렸으며, 일제 강점 하의 조선 민중이 겪고 있는 고통스럽고 우울한 삶의 한 단면을 세 노인의 삶을 통해 보여 줌

(3) 감상

이 작품은 근대화의 물결 속에서 사라져 가는 세대의 빈곤함과 좌절 등을 그린 이태준의 단편 소설로서, 일제 강점 하의 조선 민중이 겪고 있는 고통스럽고 우울한 삶의 한 단면을 세 노인의 삶을 통해 보여 주고 있다.

이 작품에 등장하는 노인들은 조선적인 가치와 질서에 매달려 있다가 근대화의 물결에 밀려나 복덕방 구석을 지키고 있다. 이 작품에서 이야기의 중심에 자리하고 있는 안 초시는 새로운 세상에서도 복락을 누리고 살기를 갈망하다가 좌절하는 인물로 그려진다. 그의 딸은 무용가로 출세하여 화려한 외양을 자랑하지만, 사실은 도덕적 타락과 물질적 탐욕만이 그 화려한 외관 속에 남아 있을 뿐이다. 이 작품에서 안 초시는 세속적인 영화의 유혹에 빠져들어 투기를 벌였다가 좌절 끝에 스스로 목숨을 끊는다. 결국 그가 그리던 새 세상의 영화는 인간의 윤리를 무너뜨리고 가치를 타락시키는 무자비한 횡포에 지나지 않는다. 그러므로 새로운 세상에서는 부도덕하고 속물적인 인간들에게만 특권과 영광이 부여되고 있는 것이다. 그런데 이 같은 반근대주의적 태도에도 불구하고 이 소설에서 감촉되는 것은 쓸쓸하게 뒷전으로 물러난 노인들의 추려한 모습과 거기에 깃든 인생의 슬픔이다.

이 작품은 세 노인을 통해 궁핍한 사회상을 드러냄은 물론, 이기적인 딸과 소심한 아버지를 통해 무너져 가는 가족 관계를 보여 주고 있다.

| 2022 B10 번 | 시적 화자의 지향 / 시적화자의 상황(심리 변화) 과정 파악하기 |

10. 다음을 읽고, 화자의 삶의 지향을 이해하여 〈작성 방법〉에 따라 서술하시오.[4점]

(가)
고산 구곡담(高山九曲潭)을 사름이 모로더니
주모 복거(誅茅卜居)ᄒ니 벗님닉다 오신다
어즈버 무이(武夷)를 상상ᄒ고 학주자(學朱子)를 ᄒ리라
(제1수)

오곡(五曲)은 어듸믹오 은병(隱屛)이 보기 됴타
수변 정사(水邊精舍)는 소쇄(瀟灑)홈도 ᄀ이업다
이 중에 강학(講學)도 ᄒ려니와 영월음풍(咏月吟風)ᄒ리라
(제6수)
- 이이, 〈고산구곡가〉 -

(나)
생평(生平)애 원ᄒᄂ니 다믄 충효뿐이로다
이 두 일 말면 금수(禽獸) ㅣ나 다라리야
ᄆᆞ음애 ᄒ고져 ᄒ야 십재황황(十載遑遑)ᄒ노라
(제1수)

출(出)ᄒ면 치군택민(致君澤民) 처(處)ᄒ면 조월경운(釣月耕雲)
명철 군자(明哲君子)는 이룰사 즐기ᄂ니
ᄒᄃᆞ며 부귀위기(富貴危機) ㅣ라 빈천거(貧賤居)를 ᄒ오리라
(제8수)
- 권호문, 〈한거십팔곡〉 -

〈작성 방법〉
◦ (가), (나)에서 화자의 미래에 대한 삶의 지향을 드러낸 말을 각각 찾아 쓰고, 그 의미를 설명할 것.
◦ (나)의 화자가 삶의 지향을 확립하기까지 고뇌의 과정을 알려주는 시어를 (나)에서 찾아 쓰고, 그 의미를 서술할 것.

문제분석

Ⅰ. 출제된 분야 및 문제 파악
1. 앞의 문제는 시적 화자의 상황 – 앞으로의 지향을 묻는 문제이고, 뒤의 문제는 시적 화자의 심리적 변화 과정을 드러내는 문제임
2. 문제의 바탕이 되는 것은 시적 화자의 상황인데, 둘째 문제의 경우 화자가 지향을 정하기까지의 심리적 과정을 소설에서 주인공의 심리 변화를 드러내는 문제와 유사한 면이 있음.

Ⅱ. 주목할 내용(답안) 및 의의·한계
1. 시적화자의 삶의 지향과 그 지향을 정하기까지의 심리적 과정
2. 예상 답안 참고

Ⅲ. 문제 해결에 필요한 요소 및 앞으로의 출제 예상
1. 출제된 분야의 문학지식 및 문학감상 능력
   - 시적 화자 및 시적 화자의 상황에 관한 일반적인 문제
2. 반복 출제되거나 앞으로도 출제될 가능성 – 시에서 시적화자가 지향을 정하기까지의 과정에 대한 인식도 필요함 문학 감상 능력(문학능력)

> **주의** 이 문제는 두 작품에 대한 배경지식을 가진 경우 쉬운 문제이지만, 제시된 지문으로만 파악한다면 헷갈릴 수 있는 문제라고 생각한다. (가)의 경우 일관되게 현재나 미래에나 학문에 정진하겠다는 입장을 드러낸 작품이지만 <u>6수의 끝 부분 때문에 모호한 면이 있어 답을 쓰기 어려웠을 듯하다.</u> (나)의 경우 충효(치군택민)를 추구하겠다며 십년을 방황하다가 강호한정, 안빈낙도하겠다는 미래 지향을 드러내는 작품이다.

예상 답안

(가)에서 화자의 미래의 지향을 드러낸 말은 '강학(=학주자)'이다. 이는 자연 속에서도 학문에 정진하면서 후학을 지도하는 삶을 지향하는 것이다. (나)에서 미래의 지향을 드러낸 말은 '빈천거'이다. 이는 속세에 대한 미련을 버리고 자연 속에서 안빈낙도하는 삶을 지향하는 것이다.

(나)의 화자의 삶의 지향을 확립하기까지 고뇌의 과정을 알려주는 시어는 '십재황황(十載遑遑)'이다. 이것은 화자가 안빈낙도의 삶을 지향하기까지 십 년이나 방황하며 길을 찾아 헤매었다는 의미를 담고 있다.

문제 관련 배경지식

한거십팔곡(권호문)

1. 핵심정리
- 작자 권호문(權好文)
- 갈래 연시조, 평시조
- 성격 유교적, 교훈적, 은일적
- 표현 대구법, 대조법
- 제재 자연에 은거하는 삶
- 주제 고산(高山)의 아름다운 경치와 강학(講學)의 즐거움
- 특징 <u>현실 세계의 벼슬에 대한 욕망을 벗어나 강호 자연의 삶을 선택하는 과정을 시간적 순서에 따라 전개함</u>
- 의의 ① 후기 강호가도의 전형적 작품
  ② 강호 한정의 추구가 무위자연을 위한 것이 아닌 현실의 근심을 잊기 위한 것임을 보여줌

2. 감상의 길잡이

<u>조선 선조 때 권호문이 지은 총 19수의 연시조 작품으로 벼슬길과 은거 생활의 갈등에서부터, 속세에 미련을 갖지 않고 강호의 풍류를 즐기며 살아가는 모습, 그리고 현실 세계를 초월한 자신의 모습을 그려내고 있다.</u> 다른 연시조 작품과는 달리 각 연이 독자적인 주제에 따라 개별적으로 노래되고 있는 것이 아니라, 전체가 의미상의 맥락을 가지고 유기적으로 연결되어 있어 시상의 흐름을 체계적으로 파악할 수 있다.

작자는 평생 자연에 머물며 자신의 유학자적인 이상을 펼치고자 했던 전형적인 처사로, 정치적 실패나 좌절 같은 쓰라린 체험 없이 스스로 은거하여 치사 한적(致仕閑寂)의 감회를 노래하였는데, 이러한 「한거십팔곡」은 오히려 강호 문학의 진정성을 더해 준다. 이 작품에서의 자연은 현실에 대한 상대적인 개념이나 일시적인 도피처가 아니라 언제나 작가가 함께 하고픈 물아일체의 공간으로 그려지고 있다. 이러한 자연에서의 삶을 통해 작자의 실존적 모습을 드러낸다는 점에서 문학사적 의의를 지닌다.

3. 작자의 삶과 창작 배경

권호문은 퇴계 이황에게 수학하고 그의 문인과 함께 강학했으며 퇴계의 사후, 그의 문집을 정리한 인물이다. 세간에서 그를 퇴계의 문인이라 칭하는 것도 이 때문이라 할 수 있는데, 그가 30세에 진사(進仕) 회시(會試)에 2등으로 합격하고도 벼슬길에 나아가지 않은 것 역시 이와 무관하지 않다. 그가 생존했던 시기에는 조식, 이항처럼 평생 동안 처사적 삶을 지향한 선비가 매우 많았다. 그것은 당대 사대부들이 그 시대를 혼탁하다고 여겨 출사를 꺼렸기 때문이다. 이 작품은 출사를 꺼리는 상황에서 자연에 은거하고 있는 자신의 모습을 노래한 것인데, 현실 정치에 참여할 것인가 자연에 은거할 것인가의 갈등에서 자연에 은거할 것을 선택하고, 그 선택에 후회가 없음을 자연과의 물아일체적인 삶의 서술을 통해 드러내고 있다.

11. 다음을 읽고, 〈흥부전〉에 대하여 〈작성 방법〉에 따라 서술 하시오. [4점]

(가)

　흥부가 칠산 조기 껍질을 벗겨 제비 다리를 싸고 실로 찬찬 동여 찬 이슬에 얹어 두니, 십여 일이 지난 후 다리가 완구하여 제 곳으로 가려 하고 하직할 제, 흥부가 비감하여 하는 말이,
　"먼 길에 잘 들어가고 명년 삼월에 다시 보자."
하니, 저 제비 거동 보소. 양우광풍 몸을 날려 백운을 냉소하고 주야로 날아 강남을 득달하니, 제비 황제가 보고 묻기를,
　"너는 어이 저느냐?"
　제비 여쭈되,
　"소신의 부모가 조선에 나가 흥부의 집에다가 집을 짓고 소신 등 형제를 낳았삽더니, 의외 대망의 변을 만나 소신의 형제 다 죽고, 소신이 홀로 아니 죽으려 하여 바르작거리다가 뚝 떨어져 두 발목이 자끈 부러져 피를 흘리고 발발 떠온즉, 흥부가 여차여차하여 절각이 의구하여 이제 돌아왔사오니, 그 은혜를 십분의 일이라도 갚기를 바라나이다."
　제비 황제가 하교하되,
　"그런 은공을 몰라서는 행세치 못할 금수라. 네 박 씨를 갖다가 주어 은혜를 갚으라."
하니, 제비 사은하고 박 씨를 물고 삼월 삼일이 다다르니, 제비 건공에 떠서 여러 날 만에 흥부 집에 이르러 넘놀 적에, 북해 흑룡이 여의주를 물고 채운 간에 넘노는 듯, 단산 채봉이 죽실을 물고 오동상에 넘노는 듯, 춘풍 꾀꼬리가 나비를 물고 세류 변에 넘노는 듯 이리 갸웃 저리 갸웃 넘노는 것 흥부 아내 잠깐 보고 낙락하여 하는 말이,
　"여봅소. 지난해 갔던 제비가 무엇을 입에 물고 와서 넘노 옵네."
　이렇듯 말할 제, 제비 박 씨를 흥부 앞에 떨어뜨리니, 흥부가 집어 보니 한가운데 보은표라 금자로 새겨 있다.
　　　　… (중략) …

(나)

　놀부 놈이 주야로 제비 집 앞에 대령하여 가끔가끔 만져 본즉 알이 다 곯고 다만 하나가 깨었는지라. 날기 공부 힘쓸 제 구렁배암 아니 오니, 놀부가 민망 답답하여 제 손으로 제비 새끼를 잡아 내려 두 발목을 자끈 부러뜨리고, 제가 깜짝 놀라 이르는 말이,
　"가련하다, 이 제비야."
하고 조기 껍질을 얻어 찬찬 동여 뱃놈의 닻줄 감듯 삼 층 얼레 연줄 감듯 하여 제 집에 얹어 두었더라. 십여 일 후에 그 제비 구월 구일을 당하여 두 날개를 펼쳐 강남으로 들어가니, 강남 황제 각처 제비를 점고할 제, 이 제비 다리를 절고 들어와 복지한대, 황제가 제신으로 하여금,
　"그 연고를 사실대로 아뢰라."
하시니, 제비 아뢰되,
　"작년에 웬 박 씨를 내어보내 흥부가 부자 되었다 하여 그 형 놀부 놈이 나를 여차여차하여 절뚝발이 되었사오니, 이 원수를 어찌하여 갚고자 하나이다."
　황제가 이 말 들으시고 크게 놀라 가라사대,
　"이놈이 제 전답 재물이 유여하되 동기를 모르고 오륜에 벗어난 놈을 그저 두지 못할 것이요, 또한 네 원수를 갚아 주리라."
하고 박 씨 하나를 보수표라 금자로 새겨 주니, 제비 받아 가지고 명년 삼월을 기다려 청천을 무릅쓰고 백운을 박차 날개를 부쳐 높이 떠 높은 봉 낮은 산을 넘으며, 깊은 바다 너른 시내며, 개골창 잔돌 바위를 훨훨 넘어 놀부 집을 바라보고 너훌너훌 넘놀거늘, 놀부 놈이 제비를 보고 반겨할 제, 제비 물었던 박 씨를 툭 떨어뜨리니, 놀부 놈이 집어 본다.

　　　　　　　　　　　　　　　　　　　　　　　　　　　－ 『흥부전』 －

─── 〈작성 방법〉 ───
• (가)와 (나)를 대비하여 볼 때 확인되는 이야기 구조 2가지를 쓰고, 이에 해당하는 (가), (나)의 내용을 서술할 것.

> **주의** 국어교육 부분에서도 구조(전개방식)을 강조했고, 문학의 시 소설에서도 계속 강조한 부분이 구조 파악(시의 경우 시상전개 방식, 소설의 경우 작품의 구조 특징)이었는데, 지난해는 시에서 올해는 소설에서 이러한 문제가 출제되었다. 구조 파악은 국어교육이나 문학에서 앞으로도 계속 출제될 수 있는 부분이다.
> 이 문제를 풀 때는 예문 제시 의도에 맞게 (가), (나)를 연관지어 구조를 파악해야 이야기 구조를 정확하게 파악할 수 있다. 이에 따라 아래와 같은 3가지 답안이 가능하다고 생각한다.

문제분석

Ⅰ. 출제된 분야 및 문제 파악
1. 소설의 구성(구조) - 고전소설에 나타난 구성(구조)
2. 일반적인 문제 - 최근 문학에서 구성(전개 방식) 관련 문제가 중요함

Ⅱ. 주목할 내용(답안) 및 의의·한계
1. 고전소설에 나타난 구성(구조)
2. 예상 답안 참고

Ⅲ. 문제 해결에 필요한 요소 및 앞으로의 출제 예상
1. 출제된 분야의 문학지식 및 문학감상 능력
   - 고전소설 현대소설의 구성(구조)에 대한 이해
2. 반복 출제되거나 앞으로도 출제될 가능성
   - 고전소설은 물론 현대소설 및 현대시 등에도 작품의 구조 혹은 전개방식에 관한 문제가 출제될 수 있음

예상 답안

(복수 답안 가능할 듯) 아래 3가지 모두 가능하다고 생각함

(가)와 (나)를 대비할 때 첫째, 모방담 구조가 드러난다. (가) '흥부'가 제비의 다리를 고쳐 박씨를 얻어 부자가 되자, (나)에서 '놀부'가 그것을 모방하여 '제비' 다리를 부러뜨려 고쳐주고 박씨를 얻어 실패하는 내용이 전개된다.

둘째, 권선징악 구조(=인과응보 구조)가 나타난다. (가)에서 선을 행하면 복을 받는 긍정적 결과가, (나)에서 악을 행하면 벌을 받는 부정적 결과가 반드시 뒤따르는 내용이 전개된다.

셋째, 선과 악의 대립구조가 나타난다. (가)는 선(선인)의 행위와 그에 대한 보은을, (나)는 악(악인)의 행위와 그에 대한 보은을 담아 선과 악의 대립으로 내용이 전개된다.

문제 관련 배경지식

흥부전

(1) 핵심 정리
- **작자** 미상
- **갈래** 판소리계 소설, 국문 소설, 설화 소설
- **성격** 풍자적, 해학적, 교훈적
- **배경** ① 시간 : 조선 후기
  ② 공간 : 경상, 전라도의 경계
- **시점** 전지적 작가 시점
- **배경 설화** 「방이 설화」, 「박 타는 처녀 설화」 등의 모방담 설화

▷ 주제 ① 형제간의 우애와 권선징악
　　　　② 빈부 간의 갈등(이면적 주제)
▷ 의의 ① 「춘향가」, 「심청가」와 더불어 3대 판소리계 소설로, 놀부와 흥부의 삶을 해학적으로 승화한 평민 문학
　　　　② 끊임없이 재생산되는 민중의 적층 문학
▷ 출전 세창 서관본 「흥부전」

(2) 흥부전의 기본 구조

1) 「흥부전」의 기본 구조
「박타는 처녀」, 「방이 설화」와 같은 모방담(반복 구조) - 모방담의 의미
① 선악의 가치 판별을 분명하게 한다.
② 궁극적으로 권선징악에 이르게 한다. → 민중의식이 드러난다.

2) 선과 악의 대립구조
선한 인물인 흥부와 악한 인물인 놀부의 대립구조가 나타나고, 선(선인)의 행위에는 보은을, 악(악인)의 행위에는 복수를 담아 대립의 내용이 전개된다.

3) 권선징악(인과응보)의 구조
선을 행하면 복을 받는 긍정적 결과가, 악을 행하면 벌을 받는 부정적 결과가 반드시 뒤따르는 내용이 전개된다.

(3) 「흥부전」의 인물상

「흥부전」에 등장하는 중심 인물은 흥부이지만 놀부가 차지하는 비중도 그에 못지않게 크다. 흥부와 놀부는 각기 다른 인생을 대변하는 인물이다. 흔히 흥부를 도덕적 인물로, 놀부를 반도덕적 인물로 평가하지만, 흥부를 가난을 타개할 의지나 능력도 없이 주어진 운명에만 자신을 맡기는 소극적 인물로 보기도 한다. 또한 놀부는 재산을 모으고 그것을 지키기 위해 노력을 기울이는 적극적인 인물로 보는 견해도 있다.

한편으로 흥부는 생계를 걱정해야 하는 선량한 노동자로, 놀부는 공동 사회에서 이익 사회로 이행하는 과정에서 나타나는 반도덕적 지주로 보기도 한다.

이들의 갈등과 대립을 한 가정 안에서의 대립으로 그린 것은 소설로서의 문제 제기를 실감나게 하기 위해서이다.

① 놀부의 인물상
　㉠ 도망한 노비의 자손이나 평민이하인 신분을 모델로 했다.
　㉡ 반도덕적, 반사회적 이익추구 행위를 통해 부를 축적한 상당한 규모의 부농이다.
　㉢ 부의 축적을 위해서는 독실한 생활을 하는 면모도 있다.
　㉣ 자수성가하여 자기들의 신분을 모르는 곳에서 양반과 통혼함으로써 신분상승을 하였다.

② 흥부의 인물상
　㉠ 몰락한 양반 또는 몰락한 양반이 유랑하는 농민의 처지에 떨어진 인물을 모델로 했다.
　㉡ 반사회적 행위로 부를 축적한 놀부에 의해 생산수단을 잃은 농촌 빈민으로 드러나 있다.
　㉢ 흥부가 인후한 마음가짐이나 성덕을 본받고 악한 일을 멀리하여 선량하려고만 할 때 그것은 이미 경제적인 난파를 자초하게 되는 엄연한 세태를 작가는 통찰하고 있다. (사회적 역리 현상)

10 2023년 서술형 문제

2023년 A형 10번 | 이방원과 고려 충신 시조에 드러난 작자들의 의도와 창작 맥락

10. 다음을 읽고, 시조의 창작 맥락과 관련하여 〈작성 방법〉에 따라 서술하시오. [4점]

(가)
태종[이방원]이 연회를 열고 정몽주를 이르게 하였다. 술판이 거나해지자 태종이 술병을 들고 세속의 노래 1수를 지어 회유하며 노래하였다.

이런들 어떠하며 저런들 어떠하리
㉠ 만수산(萬壽山) 드렁칡이 얽어진들 어떠하리
우리도 이같이 얽어져 백년까지 누리리라

- 『순오지』 -

(나)
고려 조정을 장차 혁파하려 할 적에 태종[이방원]이 재상들을 맞이하여 술잔을 기울이며 스스로 노래를 불러 제공(諸公)의 뜻을 시험하였다. 그 노래는 다음과 같다.

이런들 어떠하며 저런들 어떠하리
㉡ 성황당 뒷담장이 무너진들 어떠하리
우리도 이같이 하여 죽지 않음 어떠리

그러자 정몽주가 다음과 같이 노래하였다.

이 몸이 죽고 죽어 일백 번 고쳐 죽어
백골이 진토 되어 넋이라도 있고 없고
임 향한 일편단심이야 가실 줄이 있으랴

변안열(邊安烈)이 정몽주에 이어 다음과 같이 노래하였다.

[A]
내 가슴에 말[斗]만한 구멍 뚫고
길고 긴 새끼줄 꿰어
앞뒤로 끌고 당겨 갈고 쓸지라도
네가 하는 대로 내 마다치 않겠으나
내 임 빼앗고자 한다면
이런 일엔 내 굽히지 않으리라

- 『대은선생실기』 -

(다)
가슴에 구멍을 둥시렇게 뚫고 왼새끼를 눈 길게 너슷너슷 꼬아
그 구멍에 그 새끼 넣고 두 놈이 두 끝 마주 잡아 이리로 훌근 저리로 훌적 훌근훌적 할 적에는 나남즉 남대되 그는 아모쪼록 견디려니와

아마도 님 외오 살랴 하면 그는 그리 못하리라

- 『청구영언』(진본) -

―――――――――――――――〈작성 방법〉―――――――――――――――
◦ 창작 맥락을 고려할 때 밑줄 친 ㉠, ㉡에 함축된 의미를 비교하여 설명할 것.
◦ [A]와 (다)의 주제를 순서대로 제시할 것.

문제분석

I. 출제된 분야 및 문제 파악
1. 앞의 문제는 창작의 시대적 배경과 작품에 담긴 의미를 연관지어 묻는 문학사 문제이고, 뒤의 문제는 주제를 묻는 문제.
2. 두 문제 모두 조금 새로운 문제로 볼 수 있는데, 앞의 문제는 문학사와 관련 된 문제이다. 밑줄 부분의 의미 차이를 명확히 드러내야 한다. 뒤의 문제는 두 작품에서 유사한 표현 사용 뒤 그 주제를 묻는데, 역시 주제의 차이가 명확히 드러나야 출제자가 요구하는 정확한 답이 될 수 있다.

II. 주목할 내용(답안) 및 의의·한계
1. 고려 말기 시조 및 시가의 문학사적 배경 / 주제 파악
2. 예상 답안 참고

III. 문제 해결에 필요한 요소 및 앞으로의 출제 예상
1. 출제된 분야의 문학지식 및 문학감상 능력
   - 문학사적 배경을 고려한 작품 이해 / 공통적 표현 뒤의 주제 차이
2. 앞으로 이 문제와 관련하여 출제될 수 있는 부분 – 갈등이 있던시기 문학사적 배경과 작품 설명 출제될 수 있음 / 조선 건국 초기 – 고려 유신과 개국 공신 / 계유정난 – 사육신 시조 등

채점기준

- 1점 – 창작 맥락이 아래와 같이 맞으면 : 1점
- 1점 – ㉠, ㉡의 함축된 의미 차이(비교)가 맞으면 : 1점 (혹은 ㉠, ㉡의 의미 차이가 맞으면 : 각각 1점)
- 2점 – [A]와 (다)의 주제가 각각 맞으면 : 각각 1점

예상 답안

주의 위의 문제 ㉠, ㉡에 함축된 의미 '비교'에서 '비교'는 '차이'를 의미하는 것으로 볼 수 있음

창작 맥락은 ㉠, ㉡모두 이방원(태종) 충신인 정몽주를 회유하여 함께 하자는 것인데, ㉠은 조선의 미래의 밝고 긍정적인 이미지를 제시하여 함께 화합하자는 의미이고, ㉡은 고려를 어둡고 부정적인 이미지로 제시하여 함께 혁파하자는 의미이다.

([A]와 (다)는 모두 인간이 견딜 수 없는 극한 상황은 견딜 수 있지만,) [A]는 고려(왕)와 결코 이별할 수 없다는 충신의 굳은 의지가 주제이고, (다)는 님(연인)과 이별할 수 없어 늘 함께 사랑하며 살고 싶은 여인(연인)의 의지가 주제이다.

문제 관련 배경지식

이방원 「하여가」 1

1. 핵심정리
- 작자 이방원(李芳遠, 1367 ~ 1422)
  이성계 휘하에서 신진 정객들을 포섭하고, 구세력의 제거에 큰 역할을 함. 1400년(정종 2) 제 2 차 왕자의 난 이후 조선 제 3 대 왕으로 즉위하였고, 관제 개혁을 통하여 왕권 강화를 도모함
- 갈래 단시조, 평시조
- 성격 우회적, 회유적, 설득적
- 표현 설의, 반복, 직유, 상징법을 사용하여 주제를 표현함
- 주제 ① 유연한 삶에 대한 회유
  ② 정적(政敵)에 대한 회유
- 특징 현실에 대한 영합을 권유하고자 하는 자신의 의도를, 직설적인 말로 내비치지 않고 우거진 칡덩굴에 비유하여 조선의 미래의 발전적이고 긍정적인 상황 전개를 우회적으로 표출함

2. 감상
이방원이 고려의 충신 정몽주의 속셈을 떠보고, 그를 회유하기 위해 지었다고 전해진다. 정치적 복선을 깔고 있으면서도 아주 부드러운 어조를 바탕으로 우회적으로 설득하고 있다. 즉, 직설적인 말은 내비치지도 않고 비유를 동원해가며 상대방에게 시세에 영합하라고 은근하게 회유하는 것이다. 이 시조에 대해 정몽주는 「단심가」로 응답하였다.

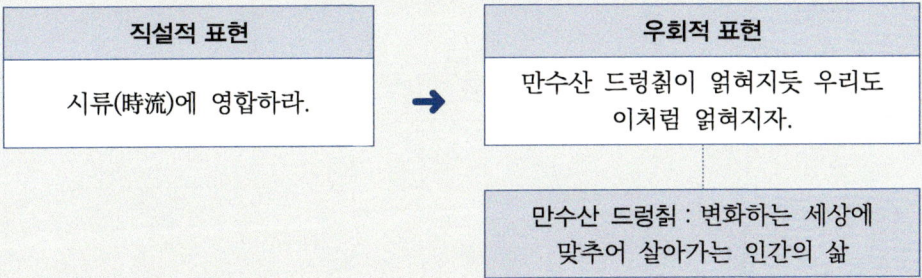

이방원 「하여가」 2

1. 핵심정리
- 갈래 단시조, 평시조
- 성격 우회적, 회유적, 설득적
- 표현 설의, 반복, 직유, 상징법을 사용하여 주제를 표현함
- 주제 ① 유연한 삶에 대한 회유
  ② 정적(政敵)에 대한 회유
- 특징 현실에 대한 영합을 권유하고자 하는 자신의 의도를, 직설적인 말로 내비치지 않고 고려의 상황을 무너지는 성황당 담장에 비유하여 어둡고 부정적인 상황에서 벗어나야 한다는 생각을 우회적으로 표출함

정몽주 「단심가」

1. 핵심정리
- 작자 정몽주(鄭夢周, 1337 ~ 1392)
  고려 말기의 문신·학자, 호는 포은. 1392년 이성계 일파를 제거하려 했으나 방원의 기지로 실패했으며, 이어 정세를 엿보려고 이성계를 찾아보고 귀가하던 도중 선죽교에서 방원의 부하 조영규 등에게 격살되었음. 문집에 『포은집』이 있음
- 갈래 단시조, 평시조
- 성격 화답가, 의지적, 직설적

▷ 표현 반복·점층·설의법으로 자신의 굳은 의지(변함없는 충성심)를 강조
▷ 주제 고려에 대한 충성심

2. 감상

고려 말 혁명을 일으키려는 계획을 세우고 있던 이방원이 정몽주의 속셈을 떠보려고 「하여가」를 불러 회유하자, 이에 대답해 불렀던 시조이다. 「하여가」가 암시적인 표현을 사용한 데 비해, 직설적인 표현을 사용하여 충절을 강조하고 단호한 의지를 드러내고 있다.

초장에서는 '죽음'이라는 극단적인 언어로 반복법과 점층법을 썼고, 이어 중장에서는 점층법이 극에 다다랐으며, 종장 앞부분에서 '님 향한 일편단심'으로 주제를 분명하게 제시한 후, 종장 뒷부분에서 설의법으로 화자의 변함없는 충성심을 비장하게 다짐하고 있다.

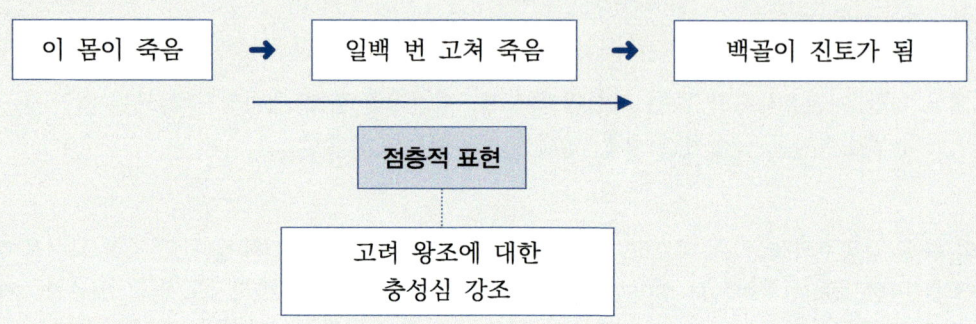

변안열의 시

1. 핵심정리
▷ 작자 변안열(邊安烈), 고려 말기의 문신
▷ 갈래 한시
▷ 성격 화답가, 의지적(뒷부분)
▷ 표현 시적 역설(견딜 수 없는 극한 상황), 가정
    1-4행 : 시적 역설
    5-6행 : 의지를 직접적으로 제시
▷ 주제 고려에 대한 변함없는 충성심

사설시조
▷ 작자 작자 미상
▷ 갈래 사설시조
▷ 성격 의지적
▷ 표현 시적 역설(견딜 수 없는 극한 상황), 가정
▷ 주제 사랑하는 님과 이별하고 싶지 않은 마음

2023년 A형 11번 | 서술자 개입 부분 / 작품의 송사와 관련한 부분에 드러난 당대 현실의 혼란상

11. 다음을 읽고, 〈작성 방법〉에 따라 서술하시오. [4점]

"서생 놈을 칼을 씌워 하옥하라."

사령이 형리의 분부를 받고는 큰칼을 씌우고, 그 몸을 검은 포승으로 묶고, 수족(手足)에다 차꼬를 채워 갔다. 서생을 모시고 따라온 쥐들은 일시에 슬피 탄식하고, 길가에서 보는 자들은 크게 비웃지 않은 자가 없으니, 차마 보기가 딱한 광경이었다. 사령이 데리고 가서 옥졸에게 넘겨주자, 옥졸이 옥에 끌고 들어가 단단히 가두고 나서 '돈 내라.'고 괴롭히니, 서대주는 가지고 온 물건을 옥의 수졸(守卒)에게 많이 주었다. 수졸들이 매우 기뻐하고는 큰칼을 풀어 편히 쉬게 하면서 마치 부리는 하인처럼 돌봐 주니, 돈이라도 많으면 존귀해진다고 할 수 있는 것이었다. 서대주가 피로에 지쳐 누워 있는데, 대서(大鼠)는 그 손을 주무르고, 중서(中鼠)는 그 다리를 안마하고, 동서(童鼠)는 그 허리를 밟으며 대주의 심란한 마음을 위로하고 약간의 대추와 밤 등속으로 시장기를 면케 하면서 밤을 새우니, 보는 자가 움켜잡고 웃지 않는 사람이 없었다.

다음날, 원님이 심문할 채비를 크게 차리고는 둘 모두를 잡아들여서 동서로 나누어 꿇어앉히고, 고소장에 근거하여 크게 꾸짖었다.

… (중략) …

"마침 사냥하러 나갔을 때, 소토산 왼편의 용강산 기슭에서 만나고도 인사조차 하지 않기에 그 행실머리 없음을 아주 심하게 꾸짖었습니다. 그 후로 자기의 잘못을 스스로 알지 못한 채 항상 분노의 마음을 품고는, 사리에 맞지 아니한 터무니없는 말로 저를 얽어매는, 도리에 어긋난 간악한 송사를 꾀했으니, 세상 천지에 이와 같은 맹랑하고 무뢰한 놈이 있겠습니까? 제가 비록 매우 졸렬하기는 하지만 역시 대대로 공훈이 있는 가문의 후손으로서, 이러한 무도하고 못난 놈한테 구차하게 고소를 당하여 선조의 공훈에 더럽힘을 끼치고 관정을 소란스럽게 하오니, 죽으려고 하여도 죽을 만한 곳이 없어서 사는 것이 죽는 것만 못하옵니다. 밝게 살피시는 원님께 엎드려 바라건대, 사정을 살피시어 원한을 풀어 주옵소서."

서대주가 옷섶을 고쳐 여미며 단정히 꿇어앉았는데, 뾰족한 입이 오물거리고 두 귀가 발쪽거리며 두 눈이 깜작거리면서 두 손 모아 슬피 빌고 눈물이 흘러내려 옷깃을 적시니, 보는 자가 더할 나위 없이 애처롭고 불쌍하다고 할 만한 것이었다.

원님이 서대주의 진술하는 말을 들으니 말마다 사리에 꼭 들어맞고, 형세가 본디부터 그러하여 죄를 주기도 어려워, 결박한 것을 풀고 씌운 큰칼을 벗겨 주고는, 술을 내려 주어 놀랜 바를 진정케 하고 특별히 놓아주었다. 타남주는 도리에 어긋난 간악한 소송을 한 죄로 몽둥이 세 대를 맞고 멀리 떨어진 외딴 섬으로 귀양을 가니, 서대주가 거듭거듭 절하고 머리를 조아리며 갔다.

후에 서대주가 수백의 여자를 취하여 자손이 번성하니, 주군·현읍·여항·향곡에 살지 않은 자가 없고, 그들은 다 도적질을 하여 살았다. 이에 세상의 어린 아이들, 부녀자들, 종들이 쥐를 만나기만 하면 모두 죽이니, 서대주가 사람을 다치게 하고 물건을 해친 것에 대한 응보가 아니겠는가! 반면 타남주는 본래 선량하고도 곧은 부류인지라, 비록 매우 지극한 원통함을 겪고도 한마디 변명조차 하지 않고 돌아갔는데, 장성의 화원(花垣)에 번성하게 사는 자손들이 나무 열매만 먹고 화곡(禾穀)은 축내지 않게 했다.

이에 사람들은 간혹 다람쥐를 보면 예뻐하지 해치려는 뜻이 없으니, 실로 이는 타남주의 음덕에 대한 보답이리라. 이로 본다면, 덕을 따르는 자는 창성하고, 덕을 저버리는 자는 망한 다는 것은 실로 거짓말이 아니다.

대저 서대주는 간사한 말과 뜬소문으로 교묘하게 원님을 속여서 죄가 있었음에도 죄를 면하고, 타남주는 성품이 곧아서 변명을 하지 않아 죄가 없었음에도 죄를 받았으니, 원님의 송사 처리가 어찌 그릇되지 않았으랴! 대개 송사 처리는 이같이 어려우니, 벼슬을 하는 자가 살피지 않으면 옳겠는가!

- 서대주전 (한문본) -

―――――――――――――――――――――― 〈작성 방법〉 ――――――――――――――――――――――
◦ 서술자의 개입이 처음으로 나타나는 부분의 첫 어절을 쓰고, 그 비판 대상을 밝힐 것.
◦ 송사에 나타난 당대 사회 현실의 부정적인 단면을 2가지 찾아 쓸 것.

문제분석

Ⅰ. 출제된 분야 및 문제 파악
1. 문학 –소설의 시점, 서술자 개입 / 사회문화적 맥락 –당대 사회 현실의 부정적인 단면
2. 문제 파악
   ① 서술자 개입이 처음 나타나는 부분이 아주 명확하지는 않은 부분이어서 답을 쓸 때 어려움을 겪을 수 있음
   ② 국문 소설인 '서동지전'과는 내용상 차이가 있어 예문 내용을 잘 보고 답을 써야 함.

Ⅱ. 주목할 내용(답안) 및 의의·한계
1. 시점 – 서술자 개입 / 사회문화적 맥락
2. 예상 답안 및 기출 문제 제시
3. 서술자 개입이 처음 나타나는 부분이 아주 명확하지는 않은 부분이어서, 두 번째 나타난 부분도 함께 제시했음.

Ⅲ. 문제 해결에 필요한 요소 및 앞으로의 출제 예상
1. 문학 –소설의 시점, 서술자 개입 / 사회문화적 맥락 – 예문을 통한 파악, 감상능력
2. 서술자 개입은 고전 소설과 현대 소설 비교 출제 가능하고, 현대 소설에서 시점 및 서술에 관한 문제 다시 출제될 수 있음.

채점기준

- 2점 – 첫 어절과 비판 대상이 맞으면 : 각각 1점
- 2점 – 송사에 나타난 당대 사회의 부정적인 단면이 2가지 맞으면 : 각각 1점

예상 답안

주의 ①이 조건에 맞는 정답이라 생각하지만, 서술자의 개입이 약한 면이 있어 ②를 답으로 할 수도 있다고 생각함.

①서술자의 개입이 처음으로 나타나는 부분의 첫 어절은 '차마/(서생을)'('차마 보기가 딱한 광경이었다')이고, 그 비판 대상은 서대주(서생)와 그를 따라온 쥐들이다. /[②(서술자의 개입이 처음으로 나타나는 부분의 첫 어절은 '수졸들이/(돈이라도)'('돈이라도 많으면 존귀해진다고 할 수 있는 것이었다')이고, 그 비판 대상은 수졸들과 부조리한 사회이다.)]

주의 아래와 같이 복수 답안이 가능하다고 생각하며 주의할 것은 한문본 「서대주전」과 국문본 「서동지전」은 내용이 많이 다르므로 주의해야 함..

첫째, 법 집행에서 관리들이 죄인과 뇌물을 수수하여 당시 관리들의 부정부패 및 타락상이 드러난다.
둘째, 강도질한 자는 풀려나고, 선량한 인물이 유배를 가므로 재판관(원님)의 무능으로 민중들이 고난을 겪는 현실이 드러난다.
셋째, 서대주가 타남주의 재산을 탈취행위는 양반이 평민들의 재산을 강탈하는 것이어서 양반층의 수탈과 횡포가 드러난다.

📝 **문제 관련 배경지식**

시점과 서술자 ☞ 2권 172-3쪽

(1) 시점(視點, point of view)
① 소설의 진행 양상이 어떤 인물의 눈을 통해 보여지는가 하는 관찰의 각도와 위치를 말한다.
② 누가 어떤 위치에서 사건을 보고 이야기하는가 하는 화자의 위치와 시각을 시점이라고 한다.
③ 시점의 분류 기준은 서술자의 위치, 서술자의 태도에 따라 결정될 수 있다. 한편 시점은 전체가 일치하는 경우가 있고, 그렇지 않은 경우가 있다.

(2) 서술자
① 작가가 아니라 작가가 만들어 낸 허구적 대리인이다.
② 서사 내용과 독자 사이에 개입하는 화자이다.
③ 서술자의 관점에 따라 이야기의 서술 방식과 효과가 달라진다.
④ 시점과 서술 방법은 밀접한 관련이 있다. 누가 보는가에 초점을 맞추면 시점과 관련이 있고, 누가 어떻게 말하는가에 초점을 맞추면 문체 또는 서술 방법과 관련이 있다.

(3) 서술자(제3자)에 따른 역할의 분류

서술자	시점	서술자 개입 여부 및 서술 방법		다루는 대상 및 특징
1인칭 서술자 ('나'가 등장)	주인공	서술자 개입 없음	모두 앎 (전지)	나가 나의 이야기 제시
		서술자 개입 있음	모두 알며 직접 말걸기 (현상적 청자 가정)	나가 사건 또는 심리에 대해 명령, 청유, 의문형으로 제시
			모두 알며 개입하여 알려줌	나가 사건 또는 심리에 대해 평서형으로 제시
	관찰자 (용어 주의)	(있음)	서술자 관찰 + 모두 앎	나가 타인의 이야기 다룸 (관찰 + 인물 심리 나의 생각으로 제시 가능 - 3인칭 관찰자와 다름)
3인칭 서술자	관찰자	없음	관찰 위주	인물, 사건, 배경, 대화 관찰 제시
	전지적	개입 없지만, 서술자가 알고 서술	선택적 전지	특정 인물(한 인물)의 심리
			전지적 시점	다양한(모든) 인물의 심리
			제한적 전지	일부 사건, 일부 정보
			전지적 시점	모든 사건, 충분한 정보
		서술자의 개입 있음 (서술자 자신의 심리, 생각 작품에 드러냄)	직접 말걸기 (현상적 청자 가정)	인물 또는 사건에 대한 서술자의 해설, 판단, 생각(심리)을 명령, 청유, 의문형으로 제시
			개입하여 알려줌	인물 또는 사건에 대한 서술자의 해설, 판단, 생각(심리)을 평서형으로 제시
				자유 간접 화법
				서술자의 감정(심리) 제시

➕ **서술자 개입이 나타나는 부분 - 일부**

'차마/(서생을)'('차마 보기가 딱한 광경이었다'): (인물 또는 사건에 대한 서술자의 판단, 생각(심리) 제시
'수졸들이/(돈이라도)'('돈이라도 많으면 존귀해진다고 할 수 있는 것이었다') : (인물 또는 사건에 대한 서술자의 해설, 판단 제시
보는 자가 움켜잡고 웃지 않는 사람이 없었다. : (인물 또는 사건에 대한 서술자의 해설, 판단 제시)

서대주전 (한문소설) 주의 국문본인 '서동지전'과는 내용상 차이가 있으므로 주의해야 함.

1. 핵심 정리
▷ 갈래 고대소설, 풍자소설, 우화소설, 송사소설
▷ 성격 풍자적, 우화적, 경세적
▷ 시점 전지적 작가시점
▷ 주제 사필귀정, 인과응보에 따른 권선징악
▷ 특징 - 허위의식에 젖어 있는 몰락한 양반 계층에 대한 비판
　　　 - 부정한 관리, 뇌물이 횡행하는 세태 풍자
　　　 - 몰락한 양반이 무위도식하다가 평민의 재산을 강탈하는 일을 서대주를 빗대어 비판
　　　 - 타남주는 선량하고 정직하지만 벌을 받아도 원망할 수 없었던 백성을 상징
　　　 - 원님은 무능하여 잘잘못을 판단하지 못하고 오판을 내리는 당시의 무능한 재판관을 풍자
　　　 - 죄인과의 뇌물수수 등의 묘사는 당시 관리들의 부정부패를 신랄하게 풍자

2. 줄거리
한문 필사본. 이 작품으로는 문선규본(文璇奎本)과 『문장(文章)』(제2권 제4호)에 수록된 것이 있으며, 이 두 작품은 동일계 이본이다. 쥐들의 소송사건을 소재로 한 의인소설은 이 작품 외에도 국문본인 「서동지전(鼠同知傳)」, 한문본인 「서옥기(鼠獄記)」가 있다. 이들은 소재만 비슷할 뿐, 주제나 구성이 판이하여 각기 다른 작가가 쓴 별개의 작품들이다.

중국 농서 소토산 바위 속에 큰 굴이 있었다. 수많은 종류의 쥐들이 그 곳에 살고 있었는데, 그 중 큰 쥐를 서대주(鼠大州)라 하였다. 하루는 서대주가 쥐들을 모아놓고, 흉년으로 인해 창고가 비었으니 앞으로 살아갈 묘책을 묻는다. 작은 쥐 한 마리가 나서서 남악산 타남주(鮀南州)의 무리들이 월동용으로 밤 50석을 가지고 있으니 그것을 훔쳐 오자고 말한다. 이에 서대주는 장사 50명을 골라 보낸다. 이때 타남주 일행은 산에서 밤 50석을 모아 가지고 돌아와 향연을 베풀어 즐기다가 모두 술에 취하여 쓰러져 잔다. 이 틈을 타서 쥐들은 밤 50석을 비롯한 온갖 보물을 탈취해 간다. 입고 자던 옷까지 빼앗긴 타남주의 무리들은 이것이 소토산의 강도 서대주 무리들의 소행임을 확인하고 관가에 고소한다.

타남주의 고소장을 받은 원님은 즉시 형리를 보내어 서대주를 잡아오게 한다. 형리가 서대주를 포박하여 끌고 나오려 하자, 서대주는 그를 성대하게 대접하고 뇌물까지 준다. 이로 인해 서대주는 자기 마음대로 의관을 정제하여 화려한 차림을 하고는, 나귀를 타고 유유히 형리를 따라 관가로 간다. 원님이 서대주를 국문하려 했으나 이미 날이 저물어 서대주를 옥에 가둔다. 밤에 서대주는 옥리에게 많은 돈을 주어 큰 칼을 풀고 편히 쉰다. 다음날, 원님이 서대주를 국문하는데, 서대주는 태연히 앉아서 교묘하게 말을 꾸며서 조리있게 대답하고 타남주의 고발은 날조라고 말한다. 이에 속아 넘어간 원님은 서대주를 술로 대접하여 돌려보내고, 오히려 타남주를 무고죄로 잡아들여 유배보낸다. 그 뒤 서대주는 여러 여자를 취해 자손이 번성하여 도처에 살았으나, 도둑질로 생활하니 사람들이 보기만 하면 죽여 버렸고, 타남주는 선량하고 곧으며 벌을 받았으나 원망하지 않았으며, 나무 열매를 먹고 화곡(禾穀)을 해치지 않으니 사람들이 보면 귀여워하였다.

3. 감상- 사회문화 맥락
이 작품은 쥐들의 소송사건을 통해 인간사회, 특히 조선시대 양반들의 위선적인 생활태도와 당시 재판관의 무능을 풍자, 폭로하고 있다. 죄인과의 뇌물수수 등의 묘사는 당시 관리들의 부정부패를 신랄하게 풍자하려는 작자의 의도를 잘 보여 준다.

이 작품의 주요 인물은 서대주·타남주·원님이다. 서대주는 조선 말엽 몰락한 양반을 비유한 것이다. 그리고 그의 탈취행위는 양반이 벼슬을 하지 못하여 생활의 방도를 타개하지 못하고 놀고 먹다가 궁해지면, 양반이라는 권세만 믿고 평민들을 억압하여 재산을 강탈하는 것을 상징한 것이라 볼 수 있다. 이와 대조적으로 타남주는 선량하고 정직하여 죄가 없어도 억울하게 벌을 받는 평민들을 대변한다. 원님은 무능하여 잘잘못을 판단하지 못하고 오판을 내리는 당시의 무능한 재판관을 풍자, 폭로하는 역으로 등장한다.

이와 같이, 서류들의 소송사건을 소설화한 것은 중국의 「서국설화(鼠國說話)」와 일본의 소설 「가쿠레사토[隱札里]」에서도 찾아볼 수 있다. 따라서 「서대주전」을 비롯한 서(鼠)의 의인류 소설들은 동양일대에 널리 유포되어 있던 서류의 소송 설화가 소설화된 것으로 보인다.

[출처: 한국민족문화대백과사전(서대주전(鼠大州傳))]

2023년 A형 12번 | 몽타주 구성 적용 설명 / 1인칭, 3인칭 시점의 교차 및 그로 인한 효과

12. 다음을 읽고, 작품의 형식적 특징에 대하여 〈작성 방법〉에 따라 서술하시오. [4점]

(가)

[A]
몸을 웅크리고 가마니 속에 쓰러져 있었다. 한 시간 후면 모든 것은 끝나는 것이다. 손과 발이 돌덩어리처럼 차다. 허옇게 흙벽마다 서리가 앉은 깊은 움 속, 서너 길 높이에 통나무로 막은 문틈 사이로 차가이 하늘이 엿보인다. 퀴퀴한 냄새가 코를 찌른다. 냄새로 짐작하여 그리 오래 된 것 같지는 않다. 누가 며칠 전까지 있었던 모양이군. 그놈이나 매한가지지, 하고 사닥다리를 내려서자마자 조그만 구멍으로 다시 끌어올리며 서로 주고받던 그자들의 대화가 아직도 귀에 익다. 그놈이라고 불린 사람이 바로 총살 직전에 ⊙내가 목격하고 필사적으로 놈들의 사수(射手)를 향하여 방아쇠를 당겼던 그 사람이었을까……. 만일 그 사람이 아니었다면 또 어떤 사람이었을까……. 몸이 떨린다. 뼛속까지 얼음이 박힌 것 같다.

소속 사단은? 학벌은? 고향은? 군인에 나온 동기는? 공산주의를 어떻게 생각하시오? 미국에 대한 감정은? 그럼…… 동무의 말은 하나도 이치에 당치 않소.

동무는 아직도 계급 의식이 그대로 남아 있소. 출신 계급을 탓하지는 않소. 오해하지 마시오. 그 근성이 나쁘다는 것뿐이오. 다시 한 번 생각할 여유를 주겠소. 한 시간 후, 동무의 답변이 모든 것을 결정지을 거요.

몽롱한 의식 속에 갓 지나간 대화가 오고 간다. 한 시간 후면 모든 것은 끝나는 것이다. 사박사박 걸음을 옮길 때마다 발밑에 부서지던 눈, 그리고 따발총구를 등 뒤에 느끼며 앞장서 가는 인민군 병사를 따라 무너진 초가집 뒷담을 끼고 이 움 속 감방으로 오던 자신이 마음속에 삼삼히 아른거린다. 한 시간 후면 나는 그들에게 끌려 예정대로의 둑길을 걸어가고 있을 것이다. 몇 마디 주고받은 다음, 대장은 말할 테지. 좋소. 뒤를 돌아다보지 말고 똑바로 걸어가시오. 발자국마다 사박사박 눈 부서지는 소리가 날 것이다. 아니, 어쩌면 놈들은 내 옷에 탐이 나서 홀랑 빨가벗겨서 걷게 할지도 모른다(찢어지기는 하였지만 아직 색깔이 제 빛인 미(美) 전투복이니까……). 나는 빨가벗은 채 추위에 살이 빨가니 얼어서 흰 둑길을 걸어간다. 수 발의 총성, 나는 그대로 털썩 눈 위에 쓰러진다. 이윽고 붉은 피가 하이얀 눈을 호젓이 물들여 간다. 그 순간 모든 것은 끝나는 것이다. 놈들은 멋쩍게 총을 다시 거꾸로 둘러메고 본대로 돌아들 간다. 발의 눈을 털고 추위에 손을 비벼가며 방 안으로 들어들 갈 테지. 몇 분 후면 그들은 화롯불에 손을 녹이며 아무 일도 없었던 듯 담배들을 말아 피우고 기지개를 할 것이다.

누가 죽었건 지나가고 나면 아무것도 아니다. 그들에겐 모두가 평범한 일들이다. 나만이 피를 흘리며 흰 눈을 움켜쥔 채 신음하다 영원히 묵살되어 묻혀갈 뿐이다. 전 근육이 경련을 일으킨다. 추위 탓인가……. 퀴퀴한 냄새가 또 코에 스민다. 나만이 아니라 전에도 꼭 같이 이렇게 반복된 것이다.

싸우다 끝내는 죽는 것, 그것뿐이다. 그 이외는 아무것도 없다. 무엇을 위한다는 것, 그것도 아니다. 인간이 태어난 본연의 그대로 싸우다 죽는 것, 그것뿐이라고 생각하였다.

[B]
북으로 북으로 쏜살같이 진격은 계속되었다. 수차의 전투가 일어났다. ⓒ그가 인솔한 수색대는 적의 배후 깊숙이 파고들어 갔다. 자주 본대와의 연락이 끊어지기 시작하였다.

초조한 소대원의 얼굴은 무전사에게로만 쏠려 갔다. 후퇴다! 이미 길은 모두 적에 의하여 차단되었다. 적의 어느 면을 뚫고 남하할 것인가? 자주 소전투가 벌어졌다. 한 명 두 명 쓰러지기 시작하였다. 될 수 있는 한 적과의 접근을 피하면서 산으로 타고 올랐다. 기아와 피로. 점점 낙오되고 줄어 가는 소대원, 첩첩이 쌓인 눈과 추위, 그리고 알 수 없는 방향을 더듬으며 온갖 자연의 악조건과 싸우지 않으면 안 되었다.

- 오상원, 유예 -

(나)
1950년대 '신세대' 작가들은 소설 창작에서 새로운 기법을 활용하고자 노력하였다. 특히 극작가로도 활동한 오상원은 소설 창작에서 영화의 표현 기법을 적용하였다. 영화의 몽타주는 연속적인 시간 속에서 일어나는 사건을 그대로 보여 주지 않고 따로따로 촬영된 숏(shot)들을 결합하여 보여 줌으로써 새롭거나 종합적인 의미를 창출하는 기법이다. ⓐ몽타주는 유예와 같이 인물의 의식의 흐름이 나타나는 소설에 흔히 적용된다.

―――――――――――――――――― 〈작성 방법〉 ――――――――――――――――――
◦ 인물의 의식에 떠오른 장면들의 구성에 주목하여, (나)의 밑줄 친 ⓐ가 [A]에 구현된 양상을 쓰고, 그 적용 효과를 설명할 것.
◦ (가)에서 밑줄 친 ㉠과 ㉡이 동일 인물임을 고려하여 [B]의 서술상의 특징과 효과를 설명할 것.

문제분석

I. 출제된 분야 및 문제 파악
1. 소설의 구성 / 1인칭- 3인칭 시점 교차의 특징
2. 문제 파악
   ① 몽타주 구성을 이해하고 예를 찾아 적용하는 문제로 개념이 미리 제시되어 어렵지 않음
   ② 「유예」의 1인칭 주인공 시점과 3인칭 전지적 시점의 시점 교체 특징과 그 효과에 대한 이해

II. 주목할 내용(답안) 및 의의·한계
1. 몽타주 구성 / 시점의 교체
2. 예상 답안 및 기출문제 제시

III. 문제 해결에 필요한 요소 및 앞으로의 출제 예상
1. 소설의 구성 - 몽타주 구성 / 소설의 시점 - 시점의 교체
2. 몽타주 구성이나 시점의 교체 등은 다시 출제되기 어렵지만, 소설의 구성에서 다른 다양한 구성이나, 시점 및 그 특징의 파악 등에 관한 문제는 다른 작품을 통해 다양하게 출제될 수 있음.

채점기준

- 2점 – ⓐ가 [A]에 구현된 양상 및 효과가 맞으면 : 각각 1점
- 2점 – ㉠, ㉡의 시점 및 그 효과가 맞으면 : 각각 1점

예상 답안

(나)의 ⓐ는 [A]에서, 지하에 쓰러진 장면, 몽롱한 의식 속에 인민군 병사들이 대화를 나누는 장면, 인민군과의 대화 장면, 한 시간 후 자신의 죽음 장면, 죽음 후 인민군들이 일상처럼 여기는 장면 등 여러 장면을 짜깁기하듯 결합하므로 몽타주 구성이다. 이렇게 여러 장면을 결합하여 생명을 무자비하게 살상하는 전쟁의 비극성에 대한 비판이라는 종합적 의미를 창출한다.

(가)에서 동일 인물을 ㉠은 1인칭 주인공 시점으로, ㉡은 3인칭 전지적 시점으로 드러냈다. 이러한 시점의 교차로 1인칭 시점은 내면의 고뇌를 잘 드러내고, [B]의 3인칭 전지적 시점은 '그(나)'가 겪은 사건의 전개를 제3자의 입장에서 객관적으로 잘 보여주는 효과가 있다.

문제 관련 배경지식

몽타주 구성

연속적인 시간 속에서 일어나는 사건을 그대로 보여주지 않고 따로따로 촬영된 숏(shot)들을 결합하여 보여 줌으로써 새롭거나 종합적인 의미를 창출하는 기법이다. 이야기를 전하기 위해 장면과 장면을 결합하거나, 또는 감동을 주거나 사고의 연계를 보여주기 위해 이미지를 나란히 연결하기도 한다. 각각 따로 촬영된 짧은 장면(쇼트)들을 연결하고, 여러 쇼트들의 연결로 새로운 의미를 창조해 내는 영화의 편집 기법이었는데, '꺼삐딴 리」, 「유예」 등의 소설에 적용하였다.

오상원 「유예」

1. 핵심 정리
▷ 갈래 단편 소설, 심리 소설, 전후 소설
▷ 성격 독백적, 실존적

▷ 시점 3인칭 전지적 작가 시점(주인공의 자의식이 깊어질 때 1인칭 주인공 시점으로 바뀜) - 1인칭 주인공 시점은 '나'의 고뇌를 잘 드러내고, 3인칭 전지적 시점은 전체적인 사건의 전개를 객관적으로 잘 보여줌)
▷ 배경 ① 시간 : 겨울, 한 시간이라는 삶의 유예 기간인 현재에서 출발하여 과거·미래를 거쳐 총살 직전의 현재
　　　② 공간 : 전쟁으로 폐허가 된 어느 마을의 움막과 눈 덮인 대지
▷ 주제 ① 전쟁이라는 극한 상황 속에서의 인간의 고뇌와 그에 맞서는 의지
　　　② 전쟁의 비극성과 비인간성

2. 줄거리
　인민군에게 잡힌 '나'는 죽음까지 한 시간의 유예 시간이 주어진 가운데 포로가 되기까지의 과정을 되돌아본다.
　북으로 진격을 계속하다가 너무 적의 배후 깊숙이 들어가게 된 '나'의 부대는 몇 번의 전투 끝에 선임 하사를 포함한 여섯 명만 남게 된다. 후퇴 전 마지막 전투에서 결국 '나' 혼자 살아남아 남하하다가 몇 번이나 정신을 잃는다. 불안과 절망, 피로와 굶주림, 추위와 고독 속에 일주일째 되던 날 저녁 험한 준령을 넘던 중 인적 없는 황량한 마을에서 아군이 북한군에게 처형되는 장면을 목격하고 적의 사수에게 총을 쏘았다가 적군에게 붙잡힌다. 적은 끊임없이 '나'를 회유하지만 '나'는 전향을 거부한다. 유예의 시간이 지난 후 적은 남쪽으로 뻗은 길을 걸어가라 하고 뒤에서 총을 겨눈다. '나'는 모든 것을 알지만 죽는 것은 아무것도 아니라고 생각하면서 죽음을 맞는다.

3. 감상의 길잡이
　1955년 〈한국일보〉 신춘문예 당선작이다. 한국전쟁 때 수색대 소대장으로 싸우다 인민군의 포로가 되어 총살을 앞둔 주인공이 한 시간이라는 삶의 '유예' 기간에 느낀 심리적 갈등을 그린 작품이다. 전쟁이란 상황 속에서 한 인간이 겪는 경험과 그 속에서 명멸하는 생각들을 서술해 나가는 의식의 흐름 수법을 택하고 있으며, 전쟁을 배경으로 하되 전쟁 자체의 비극성을 그리지 않았다는 점이 이채롭다.
　「유예」는 주인공이 포로가 되어 적군의 회유를 거부하고 처형당하기까지 그의 의식 속에 명멸하는 전쟁의 무의미성, 가치를 상실한 인간 생명에 대한 생각의 단편들이 주마등처럼 나타나고 있다. 주인공이 처한 현재 상황과 그와 관련된 주인공의 의식의 흐름에 초점을 맞추고 있어 긴박감과 함께 인간 생명에 대한 안타까움을 느끼게 한다.
　이 작품은 1인칭과 3인칭 시점을 교차시켜 가면서 주인공의 의식의 세계와 독백을 중심으로 사건을 진행시켜 나가고 있다. 주인공의 내면세계를 중점적으로 다루고 있기 때문에 시간의 순차성은 거의 무시되고 있다.
　이 작품은 철저하게 1인칭 독백 형식을 취하고 있다. 1인칭 독백 형식은 주로 과거 회상이 주조를 이루나 이 작품은 과거와 현재가 교차되면서 주로 현재의 상황을 진술하고 있다. 즉, 전쟁의 극한 상황 속에서 한 인물이 경험하는 인민군에게 잡혀 죽음을 눈앞에 둔 나의 내면적 심리의 갈등이 의식의 흐름의 형식을 통해 제시되고 있다. 다시 말하지만, 이 작품은 죽음의 무미함과 전쟁의 비극성을 드러내 준다. 전쟁의 극한 상황 속에서 한 인물이 겪는 경험과 그 속에 명멸하는 생각들을 서술해 가는 의식의 흐름 형식을 취하고 있다. 이 같은 현재형의 진술은 작품의 템포를 아주 박진감 있게 전개시킨다. 또한, 이 작품은 서술로 일관되는 특징을 지닌다. 화자의 주변 인물의 대화도 화자의 의식 속에서 재편성되어 간접화법으로 진행되고 묘사도 객관적이기보다는 화자가 바라본 주관의 세계로 그의 의식 속에서 재구성되고 있다.
　'나(그)'는 전쟁의 의미를 막연하게나마 이해하고 전쟁의 참혹함에 대하여 절망하여 전쟁 속에서 삶에 대하여 회의를 느끼는 인물이다. 이는 전후 세대의 공통된 인식이며 심리적 갈등이다. 이런 양상은 장용학의 「요한 시집」, 이범선의 「오발탄」, 선우휘의 「불꽃」 등에서도 나타난다.

4. 1인칭 시점과 3인칭 시점의 교차
　이 작품은 1인칭과 3인칭의 시점이 교차되면서 주인공의 의식 세계와 독백을 중심으로 사건이 전개되고 있다. 이 소설에서 '나'가 총살당하는 부분은 주로 3인칭 시점이 사용되어 주인공이 처한 상황을 객관적으로 파악할 수 있게 하였고, 주인공의 자의식이 깊어져 독백하는 부분은 1인칭 시점이 주로 사용되어 인물의 내면 심리를 효과적으로 드러내고 있다. 이러한 서술 방식을 통해 극도의 긴장 상황 속에서도 의연하게 자신의 모습을 지키려는 주인공의 의지를 잘 볼 수 있다. 즉 상황을 담담하게 받아들이고 꿋꿋하게 대처하려는 주인공의 내면을 직접 들여다보면서 동시에 그의 행동을 통해 나타나는 의지를 객관화하여 볼 수 있는 효과를 갖게 되는 것이다.

7. (가)와 (나)는 제재이고, (다)는 이를 학습하기 위한 교수·학습 계획이다. 〈작성 방법〉에 따라 서술하시오. [4점]

(가)
"지금 부셔버릴까"
"안돼, 오늘밤은 자게 하고 내일 아침에……"
"안돼, 오늘밤은 오늘밤은이 벌써 며칠째야? 소장이 알면……"
"그래도 안돼……"
두런두런 인부들 목소리 꿈결처럼 섞이어 들려오는
루핑집* 안 단칸 벽에 기대어 그 여자
작은 발이 삐져나온 어린 것들을
불빛인 듯 덮어주고는
가만히 일어나 앉아
㉠칠흑처럼 깜깜한 밖을 내다본다

— 이시영, 공사장 끝에 —

* 루핑집: 물막이천으로 지붕을 한 집.

(나)
남을 사랑하는 사람이 되고 싶었는데
남보다 나를 더 사랑하는 사람이
되고 말았다

가난한 식사 앞에서
기도를 하고
밤이면 고요히
일기를 쓰는 사람이 되고 싶었는데
구겨진 속옷을 내보이듯
매양 허물만 내보이는 사람이 되고 말았다

사랑하는 사람아
너는 내 가슴에 아직도
눈에 익은 별처럼 박혀 있고

나는 ㉡박힌 별이 돌처럼 아파서
이렇게 한 생애를 허둥거린다

— 문정희, 비망록 —

(다) 교수·학습 계획
- 단원 학습 목표 : 문학이 인간과 세계에 대한 이해를 돕고, 삶의 의미를 깨닫게 하며, 정서적 미적으로 삶을 고양함을 이해한다.

○ 교수·학습 내용

	문학의 (ⓐ)
1차시	• (가)에서 인물들이 처해 있는 상황 이해하기 • (가)의 상황을 ⓑ 산업화로 인해 소외된 사람들의 삶으로 확장하여 이해해 보기
	문학의 윤리적 기능, 미적 기능
2차시	• (나)에서 화자가 지향하는 삶의 모습과 그렇지 않은 현실의 모습을 파악하고, 화자의 성찰적 태도 이해하기 • (가)와 (나)에서 ⓒ 비유적 표현에 주목하여 그것이 불러일으키는 정서를 중심으로 작품 감상하기

〈작성 방법〉

○ 괄호 안의 ⓐ에 해당하는 말을 2어절로 쓰고, 밑줄 친 ⓑ의 내용을 밝힐 것.
○ 밑줄 친 ⓒ와 관련하여 밑줄 친 ㉠, ㉡이 형상화하는 의미를 각각 서술할 것.

문제분석

Ⅰ. 출제된 분야 및 문제 파악
1. 문학 일반론 – 문학의 기능 – 인식적, 윤리적, 미적 기능
2. 문제 파악
   문학의 기능 기본 개념을 알고, 그것을 작품에 적용하는 문제인데, 앞의 문제는 예를 찾아 설명해야 하고, 뒤의 문제는 비유적 표현의 정서적 의미 차이를 드러내야 함.

Ⅱ. 주목할 내용(답안) 및 의의·한계
1. 2012년, 2015년 교육과정 – 문학의 기능
2. 예상 답안 및 채점 기준 참고

Ⅲ. 문제 해결에 필요한 요소 및 앞으로의 출제 예상
1. 문학의 기능 – 인식적, 윤리적, 미적 기능에 관한 이해 및 적용 능력 필요
2. 문학의 기능은 다시 출제되기 어렵지만, 문학 내용학에서 문학의 갈래, 언어, 구조, 맥락, 감상 능력 등의 요소는 언제든지 출제될 수 있음

채점기준

- 2점 – ⓐ의 인식적 기능 및 ⓑ의 내용이 아래와 같이 맞으면 : 각각 1점
- 2점 – ⓒ와 관련하여 ㉠, ㉡의 의미를 맞게 밝혔으면 : 각각 1점

예상 답안

ⓐ에 해당하는 말은 '인식적 기능'이다. ⓑ의 내용은 산업화로 인해 도시 개발이 진행되면서 (가)에서처럼 루핑집에 사는 도시 빈민(철거민)이 개발로 인해 자기 삶의 터전을 강제로 빼앗기게 된 상황이다.

ⓒ와 관련하여, ㉠의 '칠흑처럼'은 개발로 인해 쫓겨나는 도시 빈민(철거민)이 처한 암담한 현실을 의미하고, ㉡의 '돌처럼'은 아름답고 소중한 삶을 살아가지 못하는(=이기적으로 살아가는) 자신에 대한 자책이나, 회한, 반성 등을 의미한다.

문제 관련 배경지식

문학의 기능

문학은 인간과 세계의 이해를 돕고, 삶의 의미를 깨닫게 하며, 정서적·미적으로 삶을 고양한다.

문학의 기능 (문학개론)	문학의 기능 (2009교육과정)	세부 내용 (2015 교육과정)	작품에서 파악할 내용
교시적 기능	인식적 기능	① 문학을 통한 인간 이해	시적 화자(주인공)나 등장 인물이 처한 현실적 상황, 삶의 태도 방식 이해·평가
		② 문학을 통한 세계 이해	작품에서 다루고 있는 사회적 배경 및 현실 문제(모순, 부조리) 이해
	윤리적 기능	③ 문학을 통한 삶의 성찰	인물의 행위나 사회 현실 문제에 대한 가치 판단을 통해 바람직한 방향(사회 / 독자)의 추구
쾌락적 기능	미적 기능	④ 문학의 정서적 즐거움	작품을 읽고 느끼는 흥미나 즐거움
		⑤ 문학의 미적 효과	형식, 표현 면의 구성 요소가 주는 효과 (아름다움)

「오우가」 (윤선도)

구분		교사의 지도 내용
문학을 통한 인간 이해	인식적 기능	• 「오우가」의 화자는 자연 속에서 자연을 벗으로 생각하며 자연이 지닌 장점을 예찬하고 본받으려는 삶의 태도를 보인다. • 「오우가」의 화자가 싫어하는 것은 '구름, 바람, 풀' 등 쉽게 변화하는 것이며, 이를 통해 화자가 불변의 가치를 중시한다는 점을 이해한다.
문학을 통한 세계 이해		• 이 작품은 자연의 가치를 찬양하고 있으므로, 그 시대가 자연과 인간이 서로 친화하는 시대였음을 파악할 수 있다. • 불변적 가치를 중시하거나 침묵을 중시하는 것은 작자가 이 시대 현실이 그렇지 못함을 비판하는 것으로 볼 수도 있다.
문학을 통한 삶의 성찰	윤리적 기능	• 나는 자연 친화적인 삶을 살고 있는가 반성해 본다. • 나는 지조와 절개를 지키며 살아가는가, 지조와 절개가 오늘날 어떤 의미가 있는가를 생각해 본다.
문학을 통한 정서적·미적 삶의 고양	미적 기능	오우가를 읽으면서 흥미나 정서적 즐거움을 느낄 수 있다. • '수, 석, 송, 죽, 월'의 다섯 사물을 의인화하여 그 자연물이 지닌 가치를 형상화했음을 파악한다. • 우리말의 어휘와 다양한 어미의 사용, 잘 다듬은 문장 구조 등에서 언어적 감각의 묘미를 느낄 수 있다.

➕ '문학의 기능' 비교

	개인적 기능		
감동	교훈적 기능	인식적 기능	인간 이해, 세계 이해
		윤리적 기능	삶의 성찰
	쾌락적 기능	미적 기능	정서적, 즐거움 (흥미)
			미적 요소

→

사회적 기능
① 타자 이해 소통 (인식적, 미적, 윤리적 가치 탐색) ② 인간다운 삶, 공동체의 문화 발전에 기여(공동체와 문제 의식을 공유)	실천

이시영 「공사장 끝에」

- **갈래** 자유시, 서정시
- **성격** 현실 비판적, 애상적
- **소재** 칠흙처럼 깜깜한 밖 – 산업화 시대 철거민(도시 빈민)이 처한 암울한 삶의 현실
- **주제** 도시 빈민(철거민)의 비참한 현실
- **특징** 대화형식으로 긴장감과 현장감을 강조함
  감정을 극도로 절제한 차분한 어조로 대상의 암담한 처지를 부각함
- **사회문화적 맥락**
  이 시는 1970~80년 주택 철거 현장에서 삶의 터전을 빼앗기게 된 철거민의 애환과 그들에게 폭력을 가하고 집을 헐어야 하는 인부들의 상황을 제시하여, 도시의 무허가 주택 빈민의 비극적이고 암담한 삶의 현실을 제시했다.

문정희 「비망록」

1. 핵심 정리
- **갈래** 자유시, 서정시
- **성격** 자기반성적, 고백적
- **제재** 화자의 자기반성
- **소재** 별: 아름답고 소중한 존재. 사랑하는 사람 / *돌: 이기적으로 살아온 삶에 대한 후회와 자책
- **주제** 나보다 남을 사랑하는 사람이 되고픈 소망
- **특징** ① 유사한 문장 구조를 활용하여 시상을 전개함.
  ② 담담한 어조를 통해 자신의 삶에 대한 반성을 드러냄.

2. 작품의 구성
[1연] 남을 사랑하고 싶은 사람이 되고 싶은 소망
[2연] 허물만 내보이는 사람이 된 화자의 현실
[3연] '별'처럼 소중하게 여겨지는 사랑하는 사람
[4연] '돌'처럼 응어리진 삶을 살아온 화자의 모습

3. 이해와 감상
이 시는 '남을 사랑하는 사람'이 되고 싶었지만 '남보다 나를 더사랑하는 사람'이 되고, '가난한 식사 앞에서 기도'를 하고 '밤이면 고요히 일기를 쓰는 사람'이 되기를 희망하였으나 '매양 허물만 내보이는 사람'이 된, (=자기를 위해 살아온) 화자의 고백과 자기반성이 담겨 있는 작품이다. 심지어 화자는 '별'처럼 소중하고 아름다운 사랑하는 사람보다 자신을 더 사랑했기에(이기적이고 자기중심적으로 살아왔기에) 그로 인한 후회가 '돌'처럼 가슴에 아프게 박혀 있다고 말한다. 화자가 그러한 삶을 살아왔기에 '허둥거리는 삶'에서 벗어나지 못했던 것이다.

이 시의 제목이 '비망록'인 것도 자신의 삶에 대한 반성을 기록하며 다시는 그러한 실수를 되풀이하지 않기 위한 화자의 다짐을 반영한 것이라 볼 수 있다.

2023년 B형 8번 | 제시된 예문 적용한 열전적 특징 2가지 / 제시된 예문과 다른 열전 특징 2가지

8. 다음을 읽고, 〈작성 방법〉에 따라 서술하시오. [4점]

(가)

　온달(溫達)은 고구려 평강왕 때의 사람이다. 얼굴이 못생겨 남의 웃음거리가 되었지만 마음씨는 밝았다. 집이 매우 가난하여 항상 밥을 빌어다 어머니를 봉양하였는데, 떨어진 옷을 입고 해어진 신을 신고 저잣거리를 왕래하니, 사람들이 그를 가리켜 바보 온달이라 하였다. 평강왕의 어린 딸이 울기를 잘하므로 왕이 희롱하기를 "네가 항상 울어서 내 귀를 시끄럽게 하니 커서는 대장부의 아내가 될 수 없으니 바보 온달에게나 시집보내야겠다." 하였다. 왕은 매양 그렇게 말하였는데, 딸의 나이 16세가 되어 상부(上部) 고씨(高氏)에게로 시집보내려 하니 공주가 다음과 같이 말하였다.

　"대왕께서 항상 말씀하시기를 '너는 반드시 온달의 아내가 된다.'고 하셨는데 지금 무슨 까닭으로 이전의 말씀을 고치시나이까? 필부도 식언(食言)을 하지 않으려 하거늘 하물며 지존하신 분께서야 더 말할 필요가 없습니다. 그렇기 때문에 임금은 헛된 말을 하지 않는다고 하는 것입니다. 지금 대왕의 명령은 잘못된 것이오니 소녀는 감히 받들지 못하겠습니다."

　왕이 노하여 말하였다.

　"네가 나의 명을 따르지 않는다면 진정 내 딸이 될 수 없으니 어찌 함께 살 수가 있으랴? 너는 갈 데로 가는 것이 좋겠다."

　이에 공주는 보물 팔찌 수십 개를 팔에 걸고 궁궐을 나와 혼자 길을 가다가, 한 사람을 만나 온달의 집을 물어 그 집에 이르렀다.

… (중략) …

　온달은 우물쭈물하며 결정을 내리지 못하였다. 그 어머니가 말하였다.

　"내 자식은 지극히 못나 귀인의 배필이 될 수 없고, 내 집은 지극히 가난하여 귀인의 거처할 곳이 못 되오."

　공주가 대답하였다.

　"옛사람의 말에 한 말 곡식도 방아 찧을 수 있고, 한 자 베도 꿰맬 수 있다고 하였습니다. 진실로 마음만 맞는다면 어찌 반드시 부귀한 후에야 함께 지낼 수 있겠습니까?"

　이에 금팔찌를 팔아 농토와 집, 노비, 우마와 기물 등을 사니 살림살이가 다 갖추어졌다. 처음 말을 살 때에 공주는 온달에게 말하였다.

　"아예 시장 사람들의 말은 사지 말고 꼭 국가의 말을 택하되 병들고 파리해서 내다 파는 것을 사 오도록 하시오!"

　온달이 그 말대로 하였는데, 공주가 매우 부지런히 먹여 말이 날마다 살찌고 건장해졌다.

　고구려에서는 봄철 3월 3일이면 낙랑의 언덕에 모여 사냥을 하고 하늘과 산천의 신에게 제사를 지내는데, 그날이 되면 왕이 나가 사냥하고, 여러 신하와 병사들이 모두 따라나섰다. 이에 온달도 기른 말을 타고 따라갔는데, 그 달리는 품이 언제나 앞에 서고 포획하는 짐승도 많아서, 그를 따를 만한 사람이 없었다. 이때 후주의 무제가 군사를 보내 요동을 치니, 왕이 군사를 거느리고 나가 싸울 때, 온달이 선봉장이 되어 수십여 명을 베자, 여러 군사가 승세를 타고 싸워 크게 이겼다. 왕이 가상히 여기고 칭찬하여 말하기를 "이 사람은 나의 사위다."하고, 예를 갖추어 맞이하며 작위를 주어 대형(大兄)을 삼았다. 그 후로 은총과 영화가 더욱 많아졌고, 위엄과 권세가 날로 성하였다.

　영양왕이 즉위하자 온달이 아뢰었다.

　"신라가 우리 한강 이북의 땅을 빼앗아 군현을 삼았으니, 백성들이 심히 한탄하여 일찍이 부모의 나라를 잊은 적이 없습니다. 원컨대 대왕께서는 어리석은 이 신하를 불초하다 하지 마시고 군사를 주신다면 가서 반드시 우리 땅을 도로 찾아오겠습니다."

　왕이 허락하였다. 떠날 때 맹세하기를 "계립현과 죽령 이서의 땅을 우리에게 귀속시키지 않으면 돌아오지 않겠다!" 하고, 나가 신라 군사들과 아단성 아래에서 싸우다가 화살에 맞아 죽었다. 장사를 행하려 하였는데 상여가 움직이지 아니하므로 공주가 와서 관을 어루만지면서 "사생(死生)이 이미 결정되었으니, 아아, 돌아갑시다!" 하였다. 드

디어 들어서 장사 지냈는데, 대왕이 듣고 몹시 슬퍼하였다.

- 『삼국사기』(열전) -

(나)
열전(列傳)은 실존 인물의 행적을 기록한 것이다. 역사 기록이니만큼 사실에 입각하고 있다. 열전은 입전(立傳) 인물만을 부각시키는 특징을 지닌다. 또한, 선행을 표창하고 악행을 경계함으로써 당대와 후세에 교훈을 얻게 하려는 목적을 가진다.

〈작성 방법〉

◦ (나)에 근거하여 (가)에 드러난 열전의 일반적인 특성 2가지를 서술할 것.
◦ (나)를 참조할 때, 열전의 일반적인 특성과 달리 (가)에서 확인되는 독특한 특성 2가지를 서술할 것.

문제분석

Ⅰ. 출제된 분야 및 문제 파악
1. 고전소설, 고전 문학사 – 열전의 특징
2. 문제 파악 – 작품에 나타난 열전의 특징을 묻는 문제인데, 자료 (나)에 '열전'의 내용이 미리 제시되어 있고, 그것을 바탕으로 '온달전'이 (나)의 내용과 공통점, 차이점을 묻는 문제이다. 열전의 특징이 (나)에 제시되지 않았으면 조금 어려운 문제가 될 수 있는데, 열전의 특징이 (나)에 제시되어 그것을 적용하면 쉬운 문제임.

Ⅱ. 주목할 내용(답안) 및 의의·한계
1. 고전소설, 고전 문학사 – 열전의 특징
2. 예상 답안 및 채점 기준 참고

Ⅲ. 문제 해결에 필요한 요소 및 앞으로의 출제 예상
1. 고전소설, 고전 문학사 – 열전의 특징
2. 열전 관련 내용은 수년 내에 다시 출제되기 어려움.

채점기준

- 2점 – (가)에 드러난 열전의 일반적인 특성 2가지가 맞으면 : 각각 1점
- 2점 – 일반적인 열전과 다른 (가)의 독특한 특성 2가지가 맞으면 : 각각 1점

예상 답안

주의 (나)의 '열전' 예문 근거로 답을 써야 함

(나)를 근거로 (가)에 드러난 열전의 일반적 특성은 첫째, 온달이라는 실존 인물의 행적을 기록한 것이라는 점, 둘째, 이다. 둘째, 약속을 지키려는 삶을 통해 당대와 후세에 교훈을 얻게 하려는 목적이 있다는 점을 들 수 있다.
(나)를 참조할 때, (가)가 열전의 일반적인 특성과 다른 점은 첫째, 입전 인물인 온달 뿐만 아니라 공주의 행적과 업적도 드러낸 점, (가)에서 온달이 말을 사육하는 설화 모티프, 온달이 죽은 후 상여가 평강 공주의 말을 듣고서야 움직인 이야기 등은 사실과 다른 비현실적(전기적) 요소를 드러낸 점 등이다.

문제 관련 배경지식

온달

1. 핵심정리
▷ **연대** 고구려 평강왕 때
▷ **성격** 역사적, 영웅적

▷ 문체 역어체, 설화체
▷ 제재 평강 공주와 온달의 사랑
▷ 주제 온달의 입신출세와 평강 공주의 주체적 삶의 태도
▷ 출전 『삼국사기』 권 45
▷ 특징 ① 전(傳)(열전) 형식의 설화
　　　　② 역사적 사실과 전래 설화를 결합한 일종의 역사적 설화
　　　　③ 자신의 삶을 개척해 나가는 주체적인 여성상을 부각시키고 있음

2. 감상

1) 구비 문학적 특징

「온달전」은 정사(正史)인 『삼국사기』에 실린 이야기로, 온달이라는 역사적 인물과 민간에서 전래되던 유사 설화가 결합되어 형성된 이른바 '역사 설화'라고 할 수 있다.

먼저, 「온달전」은 역사서인 『삼국사기』〈열전(列傳)〉의 하나이므로 그 내용은 객관적 사실로 이루어진 것으로 보아야 한다. 그러나 이런 이야기 자체는 설화로 민간에 전승되었다. 예컨대 숯을 구워 살아가던 총각이 우연히 찾아온 여자를 아내로 맞이해 살면서 부자가 되고 출세도 했다는 이야기와 비슷한 유형의 민담이 전승되어 왔다.

2) 「온달전」과 「서동 설화」의 공통점과 차이점

구분	온달전	서동 설화
공통점	• 남자 주인공은 미천한 신분인 데 반해, 여자 주인공은 공주 • 공주가 궁궐을 나와 남자 주인공을 만나게 됨 • 여자 주인공의 내조로 남자 주인공이 능력을 발휘하고 신분 상승을 이룸	
차이점	• 부녀 간의 갈등 구조 • 남자 주인공의 신이한 탄생 과정이 없음 • 평강 공주가 부왕의 명을 스스로 거역하고 궁궐을 나옴 • 공주가 온달을 찾아가 혼인	• 남녀 간의 신분적 갈등 구조 • 어머니가 용(龍)과 정을 통하여 서동을 낳음 • 선화 공주는 자신의 의지와 상관없이 궁에서 쫓겨남 • 서동에 의해 혼인하게 됨

> ➕ 『사기(史記)』〈열전(列傳)〉
>
> 사마천이 지은 『사기(史記)』의 〈열전(列傳)〉을 말한다. 인물의 행적을 서술하는 전(傳)의 한 형식으로, 특히 역사적으로 후세에 거울이 될 만한 특출한 인물들을 서술의 대상으로 하였다. 열전(列傳)은 실존 인물의 행적을 기록한 것으로, 역사 기록이니만큼 사실에 입각하고 있다. 열전은 입전(立傳) 인물만을 부각시키는 특징을 지닌다. 또한, 선행을 표창하고 악행을 경계함으로써 당대와 후세에 교훈을 얻게 하려는 목적을 가진다. 『사기(史記)』의 〈열전〉은 많은 인물의 전(傳)으로 되어 있는데, 백이와 같은 충신, 노자와 같은 사상가를 비롯하여 자객의 전, 혹리(酷吏 : 백성에게 가혹한 관리)의 전, 나아가 골계(滑稽)의 전까지 있다. 『사기』의 〈열전〉은 우리나라에서도 널리 읽혀 그 문학적 영향력이 매우 크다. 열전은 국가에서 편찬한 정사(正史)의 한 체제로 자리 잡게 되었는데, 엄밀히 말하면 문학과 역사의 중간 형태라고 할 수 있다.

전의 계승

```
중국 사마천 『사기』      〈열전(列傳)〉        ① 가계와 신분 : 도입
                      : 전(傳)의 형식       ② 성품과 행적 : 전개
      ⇩                                  ③ 죽음과 평론 : 결말

고려 김부식 『삼국사기』   〈열전(列傳)〉

      ⇩                                  ① 실전(實傳) : 실제 인물의 전기
   고려 후기            〈사전(私傳)〉        ② 탁전(託傳) : 사물이나, 호에 빗대어 쓴 전기
                                         ③ 가전(假傳) : 사물의 의인화 (문학성을 지님)
```

| 2023년 B형 9번 | 강호가사-시적화자의 공간 : 신선 세계와 신선으로 비유(선어) / 함축적 의미 및 그에 대한 시적화자의 태도 |

9. 다음은 성산별곡 본사의 일부이다. 〈작성 방법〉에 따라 서술하시오. [4점]

[A]
산듕의 칙녁(冊曆) 업서 사시를 모르더니
눈 아래 헤틴 경(景)이 철철이 절노 나니
듯거니 보거니 일마다 선간(仙間)이라
민창(梅窓) 아젹 벼틱 향긔예 줌을 끼니
션옹(仙翁)의 히올 일이 곳 업도 아니ᄒ다
울 밋 양디 편의 외씨를 쎄허두고
미거니 도도거니 빗김의 달화내니
쳥문고ᄉ(青門故事)*를 이제도 잇다 홀다
망혜(芒鞋)를 뵈야 신고 듁댱을 훗더니
도화 픤 시내길히 방초쥬(芳草洲)의 니어셰라
닷봇근 명경(明鏡) 둥 절로 그린 셕병풍(石屏風)
그림애를 버들 사마 셔하(西河)로 흠ᄭᅴ가니
도원은 어드매오 무릉이 여긔로다
남풍이 건듯 부러 녹음을 헤쳐 내니
졀 아ᄂᆞ 괴ᄭᅩ리ᄂᆞ 어드러셔 오돗던고
희황(羲皇) 벼개 우히 픗줌을 얼풋 ᄭᅵ니
공듕 저즌 난간 믈 우히 써잇고야
마의(麻衣)를 니믜 ᄎᆞ고 갈건(葛巾)을 기우 쓰고
구브락 비기락 보는 거시 고기로다
ᄒᆞᄅᆞ밤 비쯰운의 홍뵉년(紅白蓮)이 섯거 픠니
ᄇᆞ람긔 업셔셔 만산이 향긔로다
… (중략) …

[B]
공산의 싸힌 닙흘 삭풍이 거두 부러
쎼구름 거ᄂᆞ리고 눈조차 모라오니
텬공(天公)이 호ᄉᆞ로와 옥으로 고즐 지어
만슈쳔림(萬樹千林)을 ᄭᅮ며곰 낼셰이고
앏여흘 ᄀᆞ리 어러 독목교(獨木橋) 빗겻ᄂᆞ듸
막대 멘 늘근 즁이 어닉뎔로 간댓 말고
㉠ 산옹의 이 부귀를 ᄂᆞᆷ드려 헌ᄉᆞ마오
㉡ 경요굴(瓊瑤窟) 은세계(隱世界)를 ᄎᆞᄌᆞ리 이실셰라

- 정철, 성산별곡 -

* 쳥문고ᄉ: 진나라 소평이 청문 밖에 참외를 심고 살며 벼슬하지 않았다는 고사

〈작성 방법〉

- [A]에서 화자가 적막 산중에 살아가는 주인의 삶을 어떠한 모습으로 그려내고 있는지 공간과 인물의 측면에서 서술할 것.
- [B]에서 계절적 배경을 고려하여 밑줄 친 ㉠의 함축적 의미를 쓰고, 밑줄 친 ㉡에 담긴 화자의 심리를 서술할 것.

> 문제분석

Ⅰ. 출제된 분야 및 문제 파악
1. 문학 일반론 - 시적화자와 시적화자의 상황 / 화자의 상황에 담긴 함축적 의미
2. 문제 파악
   시적화자 및 화자의 상황을 기본으로 한 문제인데, 앞의 문제는 자료에서 비유된 인물과 공간을 찾아야 하고, 뒤의 문제는 함축적 표현의 의미와 표현에 담긴 시적화자의 상황 및 심리를 묻는 문제로 자주 출제되는 일반적 문제 형태임

Ⅱ. 주목할 내용(답안) 및 의의·한계
1. 문학 일반론 - 시적화자와 시적화자의 상황
2. 예상 답안 및 채점 기준 참고

Ⅲ. 문제 해결에 필요한 요소 및 앞으로의 출제 예상
1. 문학 일반론 - 시적화자와 시적화자의 상황에 대한 이해 및 적용 능력 필요
2. 문학 일반론 - 시적화자와 시적화자의 상황에 대한 문제는 매년 1~2문제 출제되며, 작품을 달리하여 언제든지 출제될 수 있으므로 이해와 적용 연습이 필요함.

> 채점기준

- 2점 - 주인의 삶을 공간과 인물의 측면에서 맞게 서술했으면 : 각각 1점
- 2점 - ㉠의 함축적 의미 및 ㉡에 담긴 화자의 심리가 맞으면 : 각각 1점

> 예상 답안

[A]에서 화자가 주인의 삶을 공간의 측면에서는 '선간', '도원'과 '무릉' 등에 비유하여 신선이 사는 곳으로 드러냈고, 인물의 측면에서는 '션옹'에 비유하여 신선으로 드러냈다.
 [B]의 계절이 겨울임을 고려할 때, ㉠의 의미는 나뭇가지마다 쌓인 눈꽃의 아름다운 경치이다. ㉡은 자신이 누리는 눈 내린 겨울 경치를 남들이 찾아와 어지럽힐까 경계하고 두려워하는 마음이다.

> 문제 관련 배경지식

성산별곡

1. 핵심정리
- 작자 정철(鄭澈, 1536 ~ 1593)
- 배경 창평 지곡리 성산(昌平芝谷里星山 : 전남 담양군 남면 지곡리)에서 처외재당숙(妻外再堂叔)인 김성원(金成遠)을 경모하여 그곳의 풍물(風物)을 4계절에 따라 읊은 작품
- 연대 명종 15년(1560)
- 문체 운문체, 가사체
- 성격 전원적. 풍류적
- 제재 성산(星山)의 사계절의 변화에 따른 풍경과 식영정 주인 김성원의 풍류
- 주제 성산(星山)의 풍물과 풍류. 절경(絶景) 속에서의 풍류 예찬
- 의의 송순의 「면앙정가(俛仰亭歌)」의 직접적인 영향을 받음
- 구성 ① 84절 169구
    ② '서사 - 본사[춘·하·추·동경(春·夏·秋·冬景)] - 결사'의 3단 구성

서사		엇던 디날 손이 星山(성산)의 머믈면서 ~
본사	춘사	梅窓(매창) 아젹 벼틱 香氣(향기)예 잠을 ᄭᆡ니 ~
	하사	南風(남풍)이 건듯 부러 綠陰(녹음)을 헤텨 내니 ~
	추사	梧桐(오동) 서리들이 四更(사경)의 도다 오니 ~
	동사	空山(공산)의 싸힌 닙흘 朔風(삭풍)이 거두 부러 ~
결사		山中(산중)의 벗이 업서 漢紀(한기)를 싸하 두고 ~

2. 해설

명종 15년(1560) 작자가 25세 때 창평 지곡리 성산에서 처외재당숙(妻外再堂叔)인 김성원(金成遠)을 경모(敬慕)하여 그곳의 풍물을 4계절에 따라 읊고, 서하당(棲霞堂)의 주인 김성원의 풍류도 함께 노래한 것이다.

모두 84절 169구로 되어 있으며, 내용은 ① 서사(序詞), ② 춘경(春景), ③ 하경(夏景), ④ 추경(秋景), ⑤ 동경(冬景), ⑥ 결사(結詞)로 나뉜다. 보편성이 모자란다는 점도 있으나, 작자의 개성과 얼이 풍부하게 나타나 있는 작품이다. 작품집 『송강가사(松江歌辭)』에 실려 전하고 있다.

이 작품의 내용은 서사에서 김성원과 성산(星山)에 대하여 읊고, 본사에서는 사계절에 따른 아름다운 경치를 노래하였으며, 결사에서는 독서, 음주(飮酒)와 탄금(彈琴) 등 주인 김성원의 풍류 생활을 부러워하는 것으로 짜여 있다.

3. 시상의 전개

① 서사(序詞) : '디날 손'이 '성산(星山)'에서 생활하는 이유를 '식영정 주인'에게 묻는 것부터 시작하여, '텬변(天邊)의 씻는 구름'을 '주인'의 모습에 견주면서 '정자(亭子)' 주변의 운치 있는 자연환경과, 무한히 반복되며 '철철이 절노나'는 사철의 자연 경관을 선경(仙境)에 비유하고 있다.

② 춘사(春詞) : '청문고사(靑門故事)'를 인용하면서 봄날 자신을 신선에 비유하여 '션옹(仙翁)의 히욜 일' 즉, 산중(山中) 생활을 노래하고, '방초주(芳草洲)'를 무릉도원에 비기면서 봄날 한가로운 마음으로 자연을 즐기는 삶의 여유를 노래하고 있다.

③ 하사(夏詞) : 성산의 한가로운 여름 경치 속에서 '괴꼬리' 노랫소리에 '풋줌'을 깨어 '공듕(空中) 저즌 난간(欄干)'에서 '고기'를 보며 즐기는 내용이다. '홍빅년(紅白蓮)'의 향기 속에 인간 만사를 모두 잊고 '틱극(太極)을 뭇줍는 둧', '옥 ᄌ(玉字)를 헤혓는 둧'하며 진리를 탐구하고 신선이나 된 듯 느끼면서 대자연의 품속에서 안온한 삶을 누리는 내용이 전개되고 있다.

④ 추사(秋詞) : '은하(銀河)를 씌여 건너 광한전(廣寒殿)의 올랏는 둧'한 기분으로 오동나무에 환한 달이 걸린 풍경을 읊고, '조대(釣臺)' 아래 배를 띄워 배 가는 대로 맡겨 '용(龍)의 소'에 이르는 뱃놀이의 풍류가 목동들의 '단적(短笛)' 소리에 한층 운치가 더해짐을 노래하고 있다.

⑤ 동사(冬詞) : 온 산 가득 눈으로 뒤덮인 새로운 겨울 성산(星山)의 풍경을 그렸다. 성산의 겨울 경치에 매료되어 '늘근 즁'에게조차 '눕ᄃ려 헌ᄉ 마오'라고 당부하며, 자연 속의 삶을 지키고자 하였다. 그러나 자연을 즐기는 마음의 부귀를 혼자서만 누리려 함은 아니었을 것이다. 속세의 유혹으로부터 행여나 마음을 잃고 흔들릴까 저어하는 몸짓이 아닐까 한다.

⑥ 결사(結詞) : 험하디 험한 세상의 모든 시름 접어 두고 '술'과 '거믄고'로 '손'과 '주인'도 잊을 정도로 도도한 흥취에 젖은 산 속 풍류를 노래하고 있다. 어찌 보면 아무래도 잊기 어려운 현실에 대한 강한 미련을 드러낸 것으로도 보인다. 'ᄆᆞ음의 미친 시름'이 다름 아닌 현실에의 갈등으로 생각되며, 때를 기다리며 자연 속에 웅크리고 있는 모습이 연상되기 때문이다. 성산의 자연 속에 묻혀 지내는 '쥬인(主人)'을 '손'이 '댱공(長空)의 썻는 학(鶴)'에 빗대어 '진선(眞仙)'이라고 칭송하면서 작품을 매듭짓고 있다.

11. 다음을 읽고, 〈작성 방법〉에 따라 서술하시오. [4점]

　이러한 마음의 투쟁은 날을 거듭할수록에 격렬해 갔다. 수택이가 자기의 피에는 흙의 전통이 흐르고 있다고 생각한 것은 한 착각이었다. 누르면 누를수록에 문화에 주린 도회인의 반항은 억세 갔다. 포근포근한 흙을 밟는 평범한 감촉보다도 가죽을 통해서 오는 포도(鋪道)의 감촉이 얼마나 현대적인가 했다. 그것은 마치 필 대로 핀 낡은 지폐를 만질 때와 빠작 소리가 그대로 나는 손이 베어질 것 같은 새 지폐를 만질 때의 감촉과의 차이와도 같았다. 사람에게서나 자연에서나 입체적인 선(線)의 미가 그리웠다.
　'아니다. 참자. 흙과 친하자!'
　수택은 벌떡 일어났다. 참새 떼가 '와아' 하고 풍긴다. 이 젊은 도회인이 도회의 환상에 사로잡힌 동안 참새 떼들은 양양해서 벼 톨을 까먹고 있었던 것이다.
　"우여 우이!"
　건너 다랑이로 옮겨 앉는 참새를 쫓아서는 두둑을 달리었다. 참새 떼는 적어도 수백 마리는 되는 것 같았다. 한 마리가 한 알씩만 까먹었대도 수백 톨을 까먹었을 것이다. 그는 달리다 말고 벼 이삭에 눈을 주었다. 누렇게 익은 벼 포기들이 생기가 없다. 그때 울컥하고 가슴에 치미는 것이 있다. 증오였다. 도시 생활에서 세련이 된 현대인의 증오였다. 이 ⊙ 갖은 정성과 피와 땀으로 가꾼 곡식을 장난하듯 까먹고 다니는 참새에 대한 증오가 현기증이 날 정도로 머리에 찬다.
　… (중략) …
　도합 스물두 마지기에서 사십 석이 났다. 사십 석에서 스물닷 섬이 소작료로 제해졌다. 사십 석에서 스물닷 섬 — 열닷 섬. 그의 지식은 처음 긴요하게 쓰여졌다.
　그러나 이 지식은 정확성을 갖지 못한 것이었다. 거기서 비료대로 한 섬 두 말이 제해졌고, 아내와 계집아이들의 설사를 치료한 쌀값으로 장리변을 쳐서 열두 말이 떼였다. 지세도 작인과 지주가 반분해서 물기로 되어 있다. 지세로 또 몇 말인지 떼였다. 그는 말질을 하는 되감고가 바로 지주나 되는 것처럼 그의 손목이 미웠다. 우르르 덤비어 되감고의 목덜미를 잡아 낚고 볏더미 속에다 꾹 처박고 싶은 충동을 이를 악물고 참는 것이었다.
　수택은 아버지를 쳐다보았다. 그 옴팡하니 들어간 눈에서는 황혼을 뚫고 무시무시한 살기 띤 빛이 발하는 것이었다. 그는 방공 연습을 할 때의 그 휘황한 몇 줄의 탐조등 광선을 연상하였다. 김 영감은 꼼짝도 않고 한자리에 서 있었다. 볏더미를 보는가 하면 그렇지도 않았다. 마름을 노리는가 하면 그것도 아닌 것 같았다. 영감은 내년 이때까지 살아갈 길을 궁리하는 것이었다.
　"자, 짊어져라!"
　수택은 깜짝 놀랐다. 남은 벼 여남은 섬이 가마니에 채워졌다. 전혀 자신은 없었으나 벼 이백 근을 못 지겠노란 말도 하기 싫어서 지겟발을 디어 밀었다.
　"엇차."
　옆에서는 벌써 지고 일어나서 성큼성큼 걸어간다. 그도 '엇차' 소리를 쳤다. 땅띔도 않는다.
　"자, 들어 줄 게니, 엇차."
　그는 있는 힘을 다해서 무릎을 세우려 했다. 그러나 오금은 뜨는 둥 마는 둥 하다가 그대로 폭 꺾인다. '안 되겠느니', '다른 사람이 지라느니' 이론이 분분하다. 그래도 그는 아버지의 명령이 떨어지기까지는 버티었다. 이를 북북 갈며 기를 썼다. 힘을 북주었다. 오금이 떨어졌다. 그러나 다리가 허청하며 모여 선 사람들의 '저것 저것' 소리를 귓결에 들으며 그대로 픽 한쪽으로 넘어가고 말았다. 넘어간 순간,
　"에이끼, 천치 자식."
　하는 김 영감의 소리와 함께 빗자루가 눈앞에 휙 한다. 머리에 동였던 수건이 벗겨졌다.
　"나오게, 내 짐세. 나와."
　하는 누군지의 말을 영감의 호통 같은 소리가 삼키었다.
　"놔두게! 놔둬! 나이 사십이 된 자식이 벼 한 섬 못 지는가. 져라 져, 어서 일나!"
　그는 이를 악물고 또 힘을 북 주었다. 오금이 번쩍 떴다. 뒤뚝뒤뚝 몇 걸음 옮겨 놓는데 눈과 콧속이 화끈하며

무엇인지가 흘렀다. 그러나 그는 그것이 무엇인지를 몰랐다.

"저 피! 코피 쏟는군. 내려놓게!"

하는 동리 사람들 소리 끝에,

"놔들 두게! 제 손으로 지은 제 곡식을 못 져다 먹는 것이

있단 말인가! 놔들 두게."

수택은 눈물과 코피를 좍좍 쏟아 가면서도 그래도 자꾸 걸었다. 내일은 우리 논 닷 마지기의 타작이다! 그는 이런 생각을 억지로 즐기려 노력을 했다.

- 이무영, 제1과 제1장 -

〈작성 방법〉

- '수택'에게 '참새에 대한 증오'와 유사한 감정을 유발하는 존재를 작품에서 찾아 쓰고, 그 이유에 대해 밑줄 친 ㉠을 활용하여 서술할 것.
- 제목(제1과 제1장)이 함축하고 있는 주제 의식을 '흙'이라는 말을 포함하여 제시할 것.

채점기준

- 2점 – 증오를 유발하는 존재 및 그 이유를 ㉠을 통해 서술했으면 : 각각 1점
- 2점 – 제목이 함축하고 있는 주제 의식을 '흙'이라는 말을 포함하여 제시했으면 : 2점

예상 답안

주의 복수 답안으로 '되감고', '지주', '되감고와 지주' 모두 답이 된다고 생각함.(근거 : '그는 말질을 하는 되감고가 바로 지주나 되는 것처럼 그의 손목이 미웠다.' 부분과 앞 부분의 지주 소작료 마흔 섬 중 스물 다섯 섬 부분)

수택에게 증오감을 유발하는 존재는 '되감고'이다. 그 이유는 수택이 ㉠의 갖은 정성과 피땀으로 가꾼 곡식을 여러 가지 세금 명목으로 수탈해 가기 때문이다.(=수택에게 증오감을 유발하는 존재는 '지주'이다. 그 이유는 수택이 ㉠의 갖은 정성과 피땀으로 가꾼 곡식을 과도한 소작료와 세금으로 수탈해 가기 때문이다.)

제목 '제일과 제일장'이 함축하고 있는 주제 의식은 '도시에서 살던 지식인이 농촌으로 귀향하여 흙에서 농사를 짓는 시작, 출발, 첫걸음'을 의미한다.

문제 관련 배경지식

1930년대 소설의 특징

(1) 카프의 해체로 인한 소설관의 변화 – 주제 의식이 약화되고 다양한 기법 추구
: 풍자 소설 (채만식, 김유정), 세태 소설 (박태원, 채만식), 농민 소설 (이광수, 심훈, 이무영, 김유정, 김정한, 이기영), 역사 소설 (이광수, 박종화, 홍명희)

(2) 농촌을 제재로 한 소설의 확산 : 브나로드 운동의 영향과 일제의 경제적 수탈의 강화로 농촌 현실에 대한 관심 고조
예 심훈 「상록수」, 이무영 「제일과제일장」, 박영준 「모범경작생」, 김유정 「동백꽃」, 김정한 「사하촌」, 이기영 「고향」 등

1930년대 농촌 소설

(1) 배경
① 일제의 수탈 속 궁핍한 농촌 현실에 대한 관심
② 브나로드 운동의 확산
③ 일제의 암묵적 동조 (농촌의 열악한 상황)

(2) 농촌 소설 : 넓은 의미로 농촌을 배경으로 한 소설
   예 이광수, 심훈, 이무영, 박영준, 김유정 등의 소설
(3) 농민 소설 : 농민을 주인공으로 하여 농민의 생활상과 시대 현실에 대한 농민의 의식의 각성이 나타나는 소설
   예 김정한 「사하촌」, 이기영 「고향」 등(이무영, 박영준과 김유정의 「만무방」 등은 일부 농민 소설의 성격도 지님)

이무영 「제일과제일장」

1. 핵심정리
- 갈래 장편 소설, 농민 소설, 계몽 소설
- 성격 목가적
- 시점 3인칭 전지적 작가 시점
- 배경 ① 시간 : 1930년대 후반기
       ② 공간 : 일제 강점하 샘터 마을
- 주제 흙에 대한 애정과 농촌의 현실
- 특징
  ① 계몽성보다는 전통적 한국 농민들의 흙에 대한 열정과 삶의 모습을 제시
  ② 제목인 '제일과제일장'은 농촌에서 새로운 삶의 시작, 첫걸음을 의미한다.(추가한 내용)
  ③ 930년대 농촌 소설: 귀농 지식인을 주인공으로 한 전원적(귀향형) 농촌 소설

2. 감상
이 작품은 속편으로 쓰여진 「흙의 노예」로 이어지는 일종의 연작 소설로, 이무영 자신의 자전적 체험을 기록하고 있다. 이 작품의 농민 소설로서의 특색은 다음 세 가지로 집약될 수 있다.
① 주인공 '수택'은 농민보다 우월하다는 영웅 의식으로서가 아니라, 도회 생활을 청산하고 농민과 동일해지려는 의식을 가지고 있다, ② 주인공 '수택'이 문필가 겸 농민이다, ③ 「흙」, 「상록수」 같은 작품처럼 계몽 의식이 존재하지 않는다는 점 등이다.

귀향을 하고 나서 농촌에서 '수택'의 생활은 불편함의 연속이다. 고된 노동, 꽁보리밥 식사, 힘에 부치는 농사일의 적응 과정에서 '수택'은 때때로 회의에 빠진다. 그는 농촌 생활을 '퇴화'라고 자탄하기도 하고, 자신을 '패배자'라고 자학한다. 그는 의식적으로 풀과 흙에 사랑을 쏟아 붓는다. 이때, 고통을 이겨내게 된 결정적 동인 역시 '흙내'였다. 그러나 바로 이것이 이 소설의 긴장감을 이완시키는, 다시 말해서 리얼리티의 약화를 초래하는 요소이다.

농촌 공동체를 마음의 고향으로 가지고 있는 한국인에게 본원적인 인간의 가치를 일깨워 주고자 하는 작가의 의도가 지나친 나머지 도시와 농촌, 이기적인 개별자들과 사랑의 공동체라는 이원적 대립 구조는 지나치게 단순화되어 있다. 농촌이 절대선의 세계로 이상화되어 있을 뿐, 1930년대 한국 농촌의 경제적 궁핍이나 그 궁핍이 가져온 가치의 훼손 등에 대한 반성과 전망은 거의 들어 있지 않다. 「흙」의 '허숭'과 같은 관념적 이념에 들든 계몽적 면모의 인간형은 물론 아니지만, '수택' 역시 '흙내'로 표상되는 농촌적 세계관에 대한 작가 관념적 이상화가 빚어낸 인물인 것이다.

3. 농민 소설로서의 특색
① 주인공 '수택'은 농민보다 우월하다는 영웅 의식으로서가 아니라, 도회 생활을 청산하고 농민과 동일해지려는 의식을 가지고 있음
② 주인공 '수택'이 문필가 겸 농민임
③ 「흙」, 「상록수」 같은 작품처럼 계몽 의식이 존재하지 않음
④ <u>제목인 '제일과제일장'은 농촌에서 새로운 삶의 시작, 전원적 삶의 첫걸음을 의미한다.</u>

4. 중요 내용 정리
01 「제일과 제일장」에 드러난 농촌의 의미
이 작품에서 이무영은 농촌을 '현실적인 공간'으로 이야기한다. 이 작품에 나타난 농촌은 안락한 자연을 제공하는 쉼터나 풍요로운 결실을 거두는 즐거움의 공간이 아니다. 이 작품 속의 농촌은 현실적인 삶의 모습이 드러나는 공간이다. 이곳은 땀과 노력이 가득 차 있는 노동의 현장인 셈이다.

아버지 김 노인은 수택을 새벽부터 깨워 일을 시킨다. 땅을 대하는 일은 거짓이 있을 수 없으며, 흘린 땀만큼 거둘

수 있다는 아버지의 믿음 때문이다. 아내가 흘리는 눈물은 농촌에서의 삶이 허영이나 낭만이 아닌 '현실'임을 일깨워준다. 수택은 귀향 초기에 농촌에서의 삶을 이해하지 못한다. 수택의 귀향은 처음엔 어느 정도 낭만에 치우친, 이상적 감정에 이끌린 것이었다. 도시 생활에서 느낀 우울과 소설을 쓰지 못하는 허탈감에서 오는 욕구 불만에 대한 반발과 반작용이었을지도 모른다. 그러나 이제 그는 땀흘리는 삶의 소중함을 깨닫게 된다.

농촌은 도시보다 열등한 삶의 공간이 아니다. 농촌과 농민을 소재로 하는 많은 소설들이 신학문을 배운 자, 도시의 세련된 모습을 갖춘 지식인에 의해 농촌이 지도되고 계몽되는 과정을 그리고 있는 것에 반해, 이 소설에 등장하는 농촌은 그러한 지식인의 얕은 사명감에 의해 주도되고 있지 않다. 수택이 고향의 경치가 별로 볼 것 없는, 즉 보잘것없는 자연처럼 느껴진다고 말하자 아버지 김 노인은 수택의 목덜미를 잡아 가랑이 사이에 밀어 넣으면서, 겉으로 그냥 보기에 보잘것없어 보이는 이곳을 제대로 본다면 도시와는 비교할 수 없는 진실하고 건강한 삶이 존재하고 있음을 알게 된다고 말한다.

이 작품에서 농촌과 농민은 더 이상 도시와 도시인의 기준으로 낮추어 평가되는 그런 대상이 아니다. 오히려 도시보다 우월한 삶의 공간, 그곳이 바로 농촌인 것이다.

02 농민 문학의 등장 배경

농민 문학이란 농촌의 문제와 농민의 삶을 그린 문학을 말한다. 한국문학사에서 농민 문학은 1930년대와 1970년대에 특히 활발하게 나타났다.

1930년대에 농민 문학이 활성화되었던 배경에는 더욱 가혹해진 일본의 경제 수탈 정책이 놓여 있다. 당시 조선의 전체 인구 중 80%가 농민이었으므로 일제의 경제 수탈은 농촌과 농민을 대상으로 할 수밖에 없었던 셈이다. 토지는 소수의 일본인 지주와 친일 지주의 손에 집중되었고, 대부분의 농민은 소작농의 처지로 떨어졌다. 농민들은 궁핍에 시달렸고, 만주나 간도 등지로 유랑의 길을 떠나는 지경에까지 이르렀다. 일제의 수탈에 맞서 농민들은 농민조합을 결성하고 소작쟁의를 벌였다. 그리고 학생과 지식인들은 1920년대 천도교 중심의 조선 농민사의 활동을 시작으로 YMCA나 YWCA의 계몽 운동, 1929년 조선일보사의 문자 보급 운동 등으로 이어지는 농민 계몽 운동을 벌이며 적극적으로 농촌 문제에 참여하였다. 이 과정에서 많은 작가들이 계몽 운동과 농촌의 실상을 작품화함으로써 1930년대에 '농민 문학'이라는 한 흐름을 형성하게 되었다.

03 이무영의 단편집 『흙의 노예』

이무영(李無影)의 단편 소설집이다. 1944년 7월 조선출판사에서 발행되었다. 화가 정현웅이 장화(裝畵)를 맡았다. 이 작품집에는 이무영 자신의 서(序)와 「제일과 제일장」, 「흙의 노예」, 「안달소 전」, 「누이의 집」, 「모오지도(慕午之圖)」, 「문서방(文書房)」, 「딸과 아들과」 등 모두 7편의 단편이 실려 있다. 제목을 통해서도 알 수 있듯이 이 작품집의 작품들은 대체로 농촌을 배경으로 농민들의 삶을 형상화하는 이무영의 작품 세계를 잘 보여주는 작품들이다. 이들 수록 작품 중 표제작인 「흙의 노예」는 1940년 4월 ≪인문평론≫에 발표된 단편 소설로 「제일과 제일장」의 속편이다. 농촌에 정착한 주인공 수택이 직접적으로 궁핍한 농촌현실에 부딪쳐 가는 이야기가 형상화되고 있다. 다소 낭만적으로 인식하고 동경했던 농촌을 현실적, 구체적 농촌으로 인식하는 과정인 것이다. 특히 주인공 수택의 눈을 통해서 본 아버지 김 영감, 즉 한 가난한 농부의 일대기가 이 소설의 중요 골격이다. 흙에 대한 애착과 사랑을 간직한 김 영감은 평생 흙을 위해 살다가 마침내 땅을 위해 목숨까지 바친, 말 그대로 '흙의 노예'였다. 농사를 지으면서 소설을 쓰겠다는 주인공은 흙의 노예처럼 살아온 아버지 김 영감에 대해 동질감과 연대감을 가지게 된다. 이 작품에서 죽도록 땅을 파서 자작농이 된 김 영감의 몰락상은 1930년대 농촌 궁핍화의 쓸쓸한 비가(悲歌)이다. 그의 몰락은 도시화, 기계문명, 물가상승, 학교, 자동차 등 자본주의적 시장경제의 확대가 농촌에 미친 결과이다. 작품 속에서 작가는 이농 문제, 소작농의 실태, 야학, 고리대금업자의 횡포 등도 간접적으로 시사하고 있다.

CHAPTER 04 문학 논술형 기출문제 풀이 및 배경지식

1 2014년 논술형 문제

2014 B 논술   고전시가 내용 – 시적 화자 및 화자의 상황 / 소설의 인물 – 인물관계

2. 다음은 고전문학에 나타난 남녀 관계의 특징을 파악하기 위해 수업에서 활용한 작품이다. 〈보기〉의 지시에 따라 한 편의 글로 논술하시오. [10점]

(가)
이 몸 삼기실 제 님을 조차 삼기시니
ᄒᆞᆫ싱 연분(緣分)이며 하늘 모를 일이런가
나 ᄒᆞ나 졈어 잇고 님 ᄒᆞ나 날 괴시니
이 ᄆᆞᆷ 이 ᄉᆞ랑 견졸 ᄃᆡ 노여 업다
평ᄉᆡᆼ(平生)애 원(願)ᄒᆞ요ᄃᆡ 한ᄃᆡ 녜쟈 ᄒᆞ얏더니
늙거야 므ᄉᆞ 일로 외오 두고 글이는고
엇그제 님을 뫼셔 광한뎐(廣寒殿)의 올낫더니
그 더ᄃᆡ 엇디ᄒᆞ야 하계(下界)예 ᄂᆞ려오니
올 저긔 비슨 머리 얼킈연 디 삼년(三年)이라
연지분(臙脂粉) 잇ᄂᆡ마는 눌 위ᄒᆞ야 고이 홀고
ᄆᆞ음의 ᄆᆡ친 실음 텹텹(疊疊)이 싸혀 이셔
짓ᄂᆞ니 한숨이오 디ᄂᆞ니 눈물이라
… (중략) …
댜른 히 수이 디여 긴 밤을 고초 안자
쳥등(靑燈) 거른 겻ᄐᆡ 뎐공후(鈿箜篌) 노하 두고
꿈의나 님을 보려 ᄐᆡᆨ 밧고 비겨시니
앙금(鴦衾)도 ᄎᆞ도 출샤 이 밤은 언제 샐고
ᄒᆞᄅᆞ도 열두 때 ᄒᆞᆫ 둘도 셜흔 날
져근덧 ᄉᆡᆼ각 마라 이 시름 닛쟈 ᄒᆞ니
ᄆᆞ음의 ᄆᆡ쳐 이셔 골슈(骨髓)의 ᄢᅦ텨시니
편쟉(扁鵲)이 열히 오나 이 병을 엇디ᄒᆞ리
어와 내 병이야 이 님의 타시로다
ᄎᆞ하리 싀어디여 범나븨 되오리라
곳나모 가지마다 간 ᄃᆡ 죡죡 안니다가
향 므든 놀애로 님의 오시 올므리라
님이야 날인 줄 모ᄅᆞ셔도 내 님 조ᄎᆞ려 ᄒᆞ노라

— 정철,「사미인곡(思美人曲)」

(나)

[앞의 줄거리] 춘풍은 주색잡기로 재산을 탕진하나 춘풍 처의 노력으로 집을 다시 일으킨다. 그러나 장사를 하겠다며 평양에 간 춘풍은 기생 추월에게 돈을 다 빼앗기고 사환 신세가 되고 만다. 이에 남장(男裝) 비장(裨將)이 된 춘풍 처가 평양에 가 춘풍이 추월한테서 다시 돈을 돌려받게 해 주고 몰래 집으로 돌아온다.

이때 춘풍의 아내 문밖에 썩 나와서 춘풍의 손을 붙잡고,
"어이 이리 더디 오셨소? 장사에 사망 많아 평안히 오시니까?"
춘풍이 반기면서,
"그 사이에 잘 있었는가?"
하고, 열두 바리 실은 돈을 장사해 남긴 듯이 여기저기 들여놓고 의기양양하는구나. 춘풍의 차담상을 별로히 차려 드리거늘, 춘풍이 온 교태 다할 적에 기구하고 볼 만하다. 콧살도 찡그리며 입맛도 다셔 보고 젓가락도 그릇 박으며 하는 말이,
"생치(生雉) 다리도 덜 구웠으며, 자반에도 기름이 적고 황육(黃肉)조차 맛이 적다. 평양으로 갈까 보다. 호조 돈 곧 아니었다면 올라오지 아니 했지. 내일은 호조 돈을 다 바치고 평양으로 내려갈 제, 너도 함께 따라가서 평양 감영 작은집의 그 음식 먹어 보소."
온갖 교만 다 할 적에 춘풍 아내 춘풍을 속이려 하고 황혼을 기다려서 여자 의복 벗어 놓고, 비장 의복 다시 입고 흐늘거려 들어오니, 춘풍이 의아하여 방안에서 주저주저 하는지라. 비장이 호령하되,
"평양에 왔던 일을 생각하라. 네 집에 왔다 한들 그 다시 그만이랴?"
춘풍이 그제야 자세히 본즉, 과연 평양에서 돈 받아 주던 호계 비장이라. 깜짝 놀라면서 문밖에 뛰어 나려 문안 여짜오되, 호계 비장 하는 말이,
"평양에서 맞던 매가 얼마나 아프더냐?"
춘풍이 여짜오되,
"어찌 감히 아프다 하오리잇가? 소인에게는 상(賞)이로소이다."
호계 비장 하는 말이,
"평양에서 떠날 적에 너더러 이르기를, 돈을 싣고 서울로 올라오거든 댁에 문안하라 하였더니, 풍문 소식 하기로 매일 기다리다가 아까 마침 남산 밑에 박 승지 댁에 가 술을 먹고 대취하여 종일 놀다가 홀연히 네가 왔단 말을 듣고 네 집에 돌아왔으니, 흰 죽이나 쑤어 달라."
한대, 춘풍이 제 아내를 아무리 찾은들 있을쏘냐? 제가 손수 죽을 쑤랴 하고 죽쌀을 내어 들고 부엌으로 나가거늘, 비장이 호령하되,
"네 아내는 어디 가고, 나에게 내외(內外)를 하느냐?"
춘풍이 묵묵부답하고 혼잣말로 심중에 생각하되, '그립던 차에 아내를 만났으니 우리 둘이 잠이나 잘 자볼까 하였더니 아내는 간 데 없고, 비장은 이처럼 호령하니 진실로 민망(憫惘)하나 어찌할 수 없구나.'
호계 비장 내다보니, 춘풍의 죽 쑤는 모양이야 우습고도 볼 만하다. 그제야 죽상(鬻床)을 드리거늘, 비장이 먹기 싫은 죽을 조금만 먹는 체하다가 춘풍에게 상째로 주며 하는 말이,
"네가 평양 감영 추월의 집에 사환으로 있을 때에 다 깨진 헌 사발에 누룽밥에 국을 부어서 숟가락 없이 뜰 아래서서 되는 대로 먹던 일을 생각하여 다 먹어라."
하니, 춘풍이 그제야 아내가 어디서 죽 먹는 모습을 볼까 하여 여기저기 살펴보며 얼른얼른 먹는지라. 그제야 춘풍 아내 혼잣말로,
'이런 거동 볼작시면 누가 아니 웃고 볼까? 하는 행실 저러하니 어디 가서 사람으로 보일런가? 아무커나 속이기를 더하자니 차마 그리 우스워라. 이런 꼴을 볼작시면 나 혼자 보기 아깝도다.'
이런 거동 저런 거동 다 본 연후에, 호계 비장 의복 벗어놓고 여자 의복 다시 입고 웃으면서,
"이 멍청아!"
춘풍의 등을 밀치면서 하는 말이,

"안목이 그다지도 없소?"

춘풍이 어이없어 하는 말이,

"이왕에 자낸 줄 알았으나 의사(意思)를 보자 하고 그리 하였노라."

하고 그날 밤에 부부 둘이 원앙금침 펼쳐 덮고 누웠으니 아주 그만 제법일세. 그럭저럭 자고 나서 그 이튿날 호조 돈을 모두 다 바치고 상덕(上德)하니, 수만 냥 재산으로 노비 전답 다시 장만하여 의식이 풍족하고 유자생녀(有子生女)하여 화연평생(和然平生) 좋을시고. 그릇된 것 없이 지냈으니, 대저 일개 여자로서 손수 남복하고 호계 비장 내려가서 추월도 다스리고 춘풍 같은 낭군도 데려오고 호조 돈도 수쇄(收刷)하고 부부 둘이 종신토록 살았으니 만고의 해로(偕老)한 일이로다.

- 작자 미상, 「이춘풍전(李春風傳)」

〈보기〉

1. (가)의 시적 화자와 (나)의 '춘풍 처'가 처한 상황이 어떠한지 제시하고, 둘의 문제 해결 방식을 대비해 서술할 것 (단, (가)의 시적 화자는 여성임을 전제로 함)
2. (가)의 시적 화자와 대비해 (나)의 '춘풍 처'와 같은 인간형이 갖는 시대적 의미를 제시할 것

예상 답안

(가)의 여성 화자는 임과 이별한 후 신세를 한탄하며 슬퍼하는 상황이고, (나)의 '춘풍 처'는 위기에 처한 남편을 구해줬음에도 불구하고 남편이 집에 와서 아내에게 거짓말을 하면서 교만한 태도로 대하는 상황이다. 이 상황에서 (가)의 여성은 "임이 나인 줄 몰라도 범나비가 되어" 임을 따르려는 일편단심의 태도를 보여주고, (나)의 '춘풍 처'는 남편보다 지위가 높은 비장으로 변해 남편의 잘못된 태도를 꾸짖어 바로잡는다. 이를 대비할 때 (가)의 여성 화자는 이별의 상황을 참고 견디며 말없이 따르려는 소극적·수동적·간접적 해결 방식을 보여주고, (나)의 '춘풍 처'는 남편의 교만한 태도를 변화시키는 적극적·능동적·직접적인 해결 방식을 보여준다.

(가)의 여성 화자는 임과 이별했지만 임에 대한 절대적 사랑이나 일편단심의 마음을 인고하는 여인상이고, (나)의 '춘풍 처'는 남편의 잘못된 처사에 적극적으로 맞서 바로잡는 진취적이며 적극적인 여인상이다. 이러한 인간형을 시대적 의미와 관련지으면, (가)의 여인상은 가부장권이 강하던 중세 봉건 시대의 윤리와 가치를 지녔다. 이에 비해 (나)의 여인상은 조선 후기 가부장제, 남존여비 등의 봉건 윤리가 붕괴되는 시대상을 반영했다. 또한 여성이 사회에 적극적으로 참여하면서 여성의 지위 상승 및 합리적인 능력이 존중받는 근대적 윤리와 가치를 보여준다.

문제해설

논술형 시험이 없어진 현재의 상황에서 이 문제는 서술형 문제 2개를 합쳐놓은 형태로 이해하면 된다.

이 문제는 고전산문과 고전시가를 함께 제시하여 시적 화자 및 소설의 인물이 각각 어떤 상황인지 그리고 문제 해결 방식이 어떠한지를 밝히는 문제이다. 이러한 문제 유형은 자주 출제되는 유형이다.

두 번째 문제 조건인 '춘풍 처'의 인간형을 묻는 것은 '시대적 의미'라는 말에 주목해야 한다. 이것은 중세를 벗어나 근대적 성격을 지닌 요소를 찾아 제시하도록 한다.

문제 관련 배경지식

1. 소설의 인물

(1) 인물의 성격 파악
작품 속의 인물은 대개 욕망이나 욕구 또는 희망과 같이 자신이 추구하는 바를 갖고 있다. 이것이 개개인마다 다르기 때문에 개인의 성격을 나타낸다. 인물의 성격은 대화와 행동을 통해 드러나므로 인물의 성격을 파악하기 위해서는 대화와 행동을 주목할 필요가 있다.
① 인물의 대화는 어떤 상황(사건, 선행 대화)에 대한 인물의 반응이므로, 대화에서 성격을 파악하기 위해서는 그 상황(사건, 선행 대화)을 잘 파악해야 한다.
② 인물의 행동 역시 그것을 독립적인 행위로 보지 말고, 사건 전개 상황에서 그 행동이 어떤 의미를 지니는지 파악해야 성격이 드러난다.
③ 인물의 성격을 파악하면 다른 인물의 성격과 비교하여 인물 간의 관계를 드러낼 수 있다.

(2) 인물의 현실 대응 방식 파악
인물의 현실 대응 방식은 인물에게 주어진 상황이나 문제 또는 갈등 등에 대해 인물이 어떻게 대응하느냐의 문제이며, 이러한 대응 방식이 작게는 인물의 성격을 드러내고 크게는 주제를 드러내게 된다.
① 상황이나 문제 또는 갈등 등에 대해 인물의 대응 방식은 기준에 따라 다양하게 파악될 수 있다.
② 적극적/소극적, 긍정적/부정적, 의지적/체념적 등으로 나타나며, 이러한 대응 방식은 인물의 성격 및 주제와 밀접한 관련이 있다.

(3) 서술자의 인물에 대한 태도 파악
독자들은 소설 속에 그려진 인물의 성격과 행동 방식에 관심을 갖는다. 그러다가 서술자에 관심을 갖게 되면 서술자가 인물에 대해 어떤 태도를 보이는지 파악할 수 있다. 서술자는 다음과 같은 내용을 통해 인물에 대한 태도를 드러낸다.
① 서술자가 주로 그려내는 사건이나 행위 (인물의 긍정적인 면 또는 부정적인 면)
② 인물에 대한 서술자의 정서적 거리 (가깝고 친근함 또는 멀고 비판적임)
③ 인물의 생각이나 행위에 관한 표현 (비유와 상징 / 반어 / 냉소·풍자 등)

인물에 대한 태도는 한 가지가 아니라 다양하게 나타날 수 있다.

2. 시적 화자 및 화자의 상황

(1) 시적 화자
① 시 속에 나타난 목소리의 주인공을 '서정적 자아' 또는 '시적 화자'라고 한다. 시적 화자는 주제를 효과적으로 나타내기 위해 의도적으로 설정한다.
② 시인은 시에서 주제를 가장 잘 드러내기 위해 시적 화자를 설정한다. 그렇기 때문에 시적 화자를 파악하는 것은 가장 기본이 되며, 시적 화자가 누구인지에 따라 그 정서가 달라질 수 있다.
③ 시에 나타나는 목소리의 주인공은 '탈(Persona)'로서 시인과는 구별된다. 실제적 발화자가 아니라 시인의 제2의 자아, 허구적 자아이며, 시인에 의해 창조된 허구적 인물로 존재한다.
④ 시적 화자는 작품 내의 존재이기 때문에 허구적이지만, 끊임없이 실제적 발화자인 시인과 동일화되고자 한다.
⑤ 시인은 서정적 자아를 설정하여 세계에 대한 작가 자신의 태도를 표명한다.

(2) 시적 화자의 상황
① 시적 화자의 상황에서는 시적 화자가 어떤 시·공간 배경 속에서 어떤 일을 겪고 있는가에 관한 내용을 이해해야 한다.
② 시적 화자가 처한 상황은 개인적 문제로 인한 상황일 수도 있고, 사회적 문제로 인한 상황일 수도 있다.
③ 시적 화자가 처한 상황에서 어떤 태도를 보이는가에 따라 시적 화자의 태도 또는 현실 대응 방식이 드러나게 된다. 이것은 개별 작품에서도 물을 수 있지만, 두 작품을 비교하여 이러한 내용을 물을 수도 있다. 개별 작품에서 아래와 같이 3가지로 구분하여 인식하면 시험 문제에 효과적으로 대응할 수 있다.

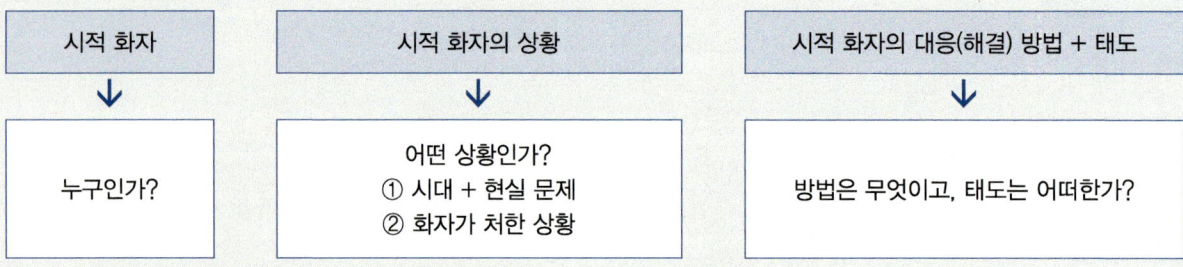

3. 정철의 「사미인곡」

(1) 핵심 정리
- 작자 정철(鄭澈, 1536 ~ 1593)
- 갈래 서정 가사, 양반 가사, 연군 가사
- 연대 선조 18 년 ~ 22 년(1585 ~ 1589)
- 구성 ① 서사, 본사, 결사의 3 단 구성
  ② 본사는 '춘원(春怨) - 하원(夏怨) - 추원(秋怨) - 동원(冬怨)'으로 구성
- 문체 운문체, 가사체
- 주제 연군지정(戀君之情)
- 의의 ① 「속미인곡」과 더불어 가사 문학의 극치를 이룬 작품
  ② 고려 속요 「정과정」의 맥을 잇는 연군지사

(2) 감상

임금을 사모하는 연주지사(戀主之詞)인 이 노래는 작자 자신을 여자로 비유하여 임금을 '임'이라 설정하고, 남편과 생이별하는 상황에서 그리움을 노래하는 형식으로 엮었다. 특히 서사에서 여인의 심정이 잘 표현된 부분인 '연지분(臙脂粉) 잇니마는 눌 위호야 고이홀고'와 '인싱(人生)은 유흔(有限)혼듸 시룸도 그지업다'의 상호 관계, 그리고 '염냥(炎凉)이 째를 아라 가는 둣 고뎌 오니'는 흘러가는 세월의 덧없음과 임에 대한 여인의 그리운 심정이 잘 나타나 있다.

본사의 '춘한(春恨)'은 봄이 되어 제일 먼저 피는 매화를 임에게 보내고 싶은 간절한 심정이 중심을 이루고 있다. 그리고 '암향(暗香)'과 '달' 등의 소재로 시각적·후각적 표현을 하고 있으며, 기쁨과 슬픔의 감정을 조화롭게 배치하여 마치 한 폭의 동양화를 보는 듯한 느낌을 갖게 한다.

'하한(夏恨)'에서는 '나위', '슈막', '부용', '공쟉' 등의 소재를 통하여 외로움으로 몸부림치는 화자의 모습을 잘 보여주고 있다. 예를 들어 공작 병풍으로 새롭게 바꾸어 둘러 두는 것은 고독으로부터 조금이나마 벗어나고자 하는 노력의 표현이다. 또한 '백옥함(白玉函)', '원앙금' 등의 미화법으로 임에 대한 알뜰한 정성까지 나타내고 있다.

'추한(秋恨)'을 보면 가을이라는 계절 속에서 '기러기'에 감정을 이입해 자신의 그리움과 외로움을 나타냈고, '북극성'을 임금에 비유하여 당쟁으로 분분한 세태를 비판하면서 희망적인 정치가 이루어지길 기원하는 뜻도 나타내고 있다. 그런데 '달'이나 '북극성'을 임금에 비유하는 기법은 왕을 중심으로 하는 유교 사회에서 흔히 있는 표현법이었다.

'동한(冬恨)'은 임의 추위를 따뜻한 봄볕으로 녹여 덜어주고자 하는 임에 대한 갸륵한 정성과 외로움이 묘사되어 있다. 임에 대한 아무 소식도 듣지 못하고, 하루 밤낮을 덧없이 보내는 작자의 외로움과 애환의 눈물은 차디찬 원앙 이불을 적신다. 특히 '전공후 > 꿈 > 앙금 > 긴밤'에서 뼛속 깊이 파고드는 고독의 점층이 잘 표현되고 있다.

'동한'에서 '사룸은ㅋ니와 놀새도 긋처 잇다'는 당나라 시인인 유종원의 「강설(江雪)」이란 시의 구절, '천산조비절 만경인종멸(千山鳥飛絶 萬徑人縱滅)'에서 따온 말이다.

결사의 '출하리 싀어디여 범나븨 되오리라'라는 점층적 표현을 사용해 지극한 연모의 심정을 절정으로 끌어올리고 있다. 임이 나를 모르더라도 나는 임을 따르겠다는 이 작품의 결론은, 그대로 한 여인의 절절한 애정의 표현이자 신하로서의 간절한 일편단심의 충정을 함축하고 있다.

(3) 「사미인곡」에서 작자가 화자를 여성으로 설정한 이유

이 노래의 서정적 자아는 임금을 향하는 절실한 마음을 여성적 목소리로 표현하고 있다. 이러한 여성 화자의 목소리는 우리 시가 문학의 오랜 전통을 이은 것으로 고려 속요나 기녀들의 시조에서 많이 나타난다. 버림받은 신하가 임금의 은총을 기원하는 뜻을 담은 시가에서 여성을 화자로 설정하는 이유는 시인이 전달하고자 하는 뜻을 더욱 절실하게 표현할 수 있기 때문이다. 이를 통해, 독자나 청자는 생활에서 우러난 체험적인 정서로 쉽게 받아들이고 공감하게 되고, 그만큼 작품에 그려진 정서가 구체성을 얻게 되는 효과가 있는 것이다.

4. 작자 미상 「이춘풍전」

(1) 핵심 정리
▷ 작자 미상
▷ 갈래 세태 소설, 풍자 소설
▷ 성격 풍자적, 교훈적, 해학적
▷ 주제 ① 허위적인 남성 중심의 사회 비판과 진취적 여성상의 제시
② 기생에게 매혹된 양반 풍자
▷ 특징 ① 두 인물(춘풍과 춘풍의 처)의 상반된 생활 태도와 갈등을 통해 주제를 드러냄
② 물질 중심적인 새 가치관이 형성되어 가던 시대상을 반영
▷ 출전 필사본 「이춘풍전」

(2) 감상
「이춘풍전」은 정확한 창작 연대와 작자를 알 수 없는 세태 소설(世態小說 : 그 사회의 풍속·인심·유행 등을 묘사한 소설)이다. 조선 시대 말기, 즉 19세기의 작품으로 추측되며, 세태 소설이라는 이 작품의 갈래에서 볼 수 있듯이 그 당시 사회상을 풍자와 해학으로 풀어낸 서민 문학이라 할 수 있다. 또한 판소리로 가창되었을 가능성이 있는 작품이다.

「이춘풍전」과 같은 세태 소설이 창작될 당시, 사회는 이미 곪을 대로 곪아 버린 여러 가지 모순에 심한 몸살을 겪고 있었다. 정치적으로는 당파 논쟁의 혼란이 극에 달해 소수 양반 가문만이 모든 관직을 독점하는 현상까지 벌어졌다. 그리하여 결국 많은 몰락 양반이 발생했고, 더 나아가 관직을 사고파는 일까지 생겨났다. 또한 농촌에 널리 퍼진 광작(廣作 : 넓은 면적의 토지를 혼자서 경작함) 현상은 영세 농민을 농촌에서 몰아내는 결과를 가져왔다. 이러한 현실은 농촌뿐 아니라 도시에서도 마찬가지였다. 도시에서는 도고(都賈 : 한 가지 물품을 대량으로 취급하는 독점적 도매상) 상인들이 상공업을 지배하고 부를 축적하여 영세업자들을 몰아내는 지경에 이르렀던 것이다.

이렇게 어지러워진 사회 속에서 문학, 특히 소설은 많은 변화를 겪었다. 중국을 배경으로 과장된 인물과 허황된 사건을 소재로 하던 기존 소설에서 벗어나 새로운 방향을 모색하기 시작한 것이다. 그리하여 이제는 「배비장전」이나 「삼선기(三仙記)」처럼 무대를 국내로 하고 잘난 척해도 별 수 없는 인물을 등장시켜, 기존의 관념을 파괴하는 작품이 창작되기 시작하였다. 이러한 작품들은 특히 사회에 대한 불신을 그 내용으로 하여 그 당시 세태를 풍자하고 있다. 그리고 주로 기생에게 매혹된 양반들을 주인공으로 하고 있는 것이 특징이다.

(3) 대립적 인물과 갈등의 전개
① 춘풍과 부인 김씨는 상반된 생활 태도를 보인다.
㉠ 춘풍 : 허랑방탕하여 착실하지 못한 인물
㉡ 부인 김씨 : 현명하고 합리적인 사고를 통해 현실을 타개해 나가려는 의지와 행동력을 갖춘 인물
② 성격이 상반된 두 사람의 갈등
㉠ 춘풍이 재산을 탕진했을 때, 아내가 나서서 기울어진 가세를 재건함으로써 갈등이 해소된다.
㉡ 그러나 춘풍은 또다시 허랑방탕한 기질을 못 버리고 기생 추월에 의해 비소한 존재로 전락되었다가, 다시 아내의 힘으로 제자리를 찾는다.
㉢ 그러나 이번에도 춘풍은 각성하지 못하고 아내 앞에서 위선과 허위에 찬 모습을 보여 준다.
㉣ 이에 아내가 실상을 폭로하자 그는 마침내 성실성을 갖게 된다.
㉤ 대립적이던 두 사람의 태도가 동질화되면서 갈등이 해소된 것이다.
③ 갈등 과정에서 진취적 여성상이 부각되고 춘풍에 대한 풍자가 나타난다.
④ 「이춘풍전」은 주인공이 허랑방탕하며 불성실하고 불합리한 태도를 떨쳐버리고, 성실하며 합리적인 인물로 변모하는 과정을 그린 작품이다.

(4) 「이춘풍전」의 인물에 나타난 사회상
① 「이춘풍전」 역시 기생에게 매혹된 양반을 주인공으로 하고 있는 세태 소설로 다락골에 사는 이춘풍이라는 양반 건달

이 공연히 뽐내다가 기생에게 매혹되어 비참한 지경에 이르게 된 것을 아내가 구출해 주는 이야기다. 이 작품에 등장하는 인물들은 그 당시 사회상을 반영하는 전형적 인물로 구성되어 있다. 「이춘풍전」은 양반의 허세와 위선이 가득하고 돈이면 무엇이든 가능한 세상, 그리고 여성들이 억압받는 사회 현실을 풍자와 해학으로 풀어 나가고 있다.

② 주인공 이춘풍은 훤칠한 풍채, 말끔하고 미끈한 차림으로 기생 몇 명쯤은 문제가 아니다. 그리하여 부모가 물려준 돈은 물론 아내가 바느질을 하여 번 돈까지 모두 술과 여자와 노름으로 날려 버린다. 그것도 모자라 결국 호조(戶曹)에서 빌린 많은 돈을 기생과 어울리며 다 써버리고 만다. 이러한 춘풍에게는 선비가 지켜야 할 도리나 윤리 의식이라고는 없다. 다만 위선과 허세에 가득 찬 모습만 보일 뿐이다.

③ 춘풍을 홀리는 기생 추월은 돈을 위해서라면 무슨 일이든지 할 수 있는 여성으로 그려진다. 춘풍이 돈을 많이 가지고 있을 때는 온갖 교태를 부리며 홀리다가 수천 냥 돈을 탕진하고 나자 "청루 물정 몰랐던가. 평양 기생 추월 소문 못 들었던가. 자네가 가져온 돈냥 혼자 먹었던가."라고 말하며 문 밖으로 내쫓아 버린다.

④ 춘풍의 아내는 모범적인 여인의 전형이다. 그러면서도 조선 시대 여인들은 실제로 하지 못하는, 상상에서나 가능한 일을 하는 여중호걸이다. 소극적이며 순종적인 여인이 아니라 남편을 구하기 위해 적극적으로 나서는 새로운 시대의 여인상인 것이다.

⑤ 아내 김씨는 가부장적 제도에 순종만 하는 여인은 아니다. 또, 춘풍의 방탕한 삶은 풍자의 대상이 되고 있다. 이를 근거로 「이춘풍전」을 '남성의 무능을 폭로하고 진취적 여성상을 부각시킨 작품' 또는 '몰락한 양반들의 위선적이고 방탕한 생활을 풍자한 작품'으로 해석하여 가부장제를 벗어난 근대적 여인상으로 보기도 한다

⑥ 남존여비의 사회에서 자신의 신세를 한탄하면서 부당한 중세적 구속에서 벗어나고 싶어 하는 여성들은 다행히 「이춘풍전」 같은 소설이 있어서, 규범에서의 탈출과 남녀의 지위 역전을 상상을 통해 간접적으로 경험할 수 있었다.

2 2015년 논술형 문제

2015 B 논술 | 문학능력(감상) 및 소설의 인물 - 인물이 처한 상황 및 대응방식 - 교육적 의의

2. 다음 작품을 읽고, 〈보기〉의 지시에 따라 한 편의 글로 논술하시오. [10점]

(가)

　만력 임진년(1592)의 난리에 정생은 사군(射軍)으로 뽑혀서 왜적을 막는 데 들어갔다. 정유재란(1597) 때에 총병(總兵) 양원(楊元)이 남원에 주둔하고 있었다. 정생은 남원 성중에 있었다. 홍도 또한 남복을 하고 남편을 따라다녔는데 군중에서는 그녀가 여자인 줄을 알지 못했다. 당시 아들 몽석은 할아버지를 따라서 지리산 속으로 피난을 가 있었다.

　남원성이 왜군에게 함락당할 때 정생은 총병의 군대를 따라 빠져나와서 홍도와는 서로 헤어지게 되었다. 정생은 홍도가 명군을 따라갔으려니 짐작하고 명군을 따라서 중국으로 들어갔다. 구걸을 하며 두루 찾아 절강(浙江) 땅에까지 이르렀다.

[중략 부분 줄거리] 남장한 홍도는 왜적에게 붙잡혀 상선을 타고 돌아다니며 조선으로 돌아올 기회를 찾고 있었다. 절강에서 재회한 정생과 홍도는 거기 정착해 둘째 아들 몽진을 낳았다. 이후 정생은 또다시 명나라 군사로 참전해 죽을 위기를 겪고 간신히 고향으로 돌아갈 수 있었다.

　한편, 중국에 남아 있던 홍도는 1년 후에 가산을 전부 팔아 조그만 배 한 척을 사서 아들 몽진과 며느리를 데리고 절강을 떠났다. 중화, 왜, 조선의 세 나라 복색을 미리 준비해 두었다. 바다에서 중국 사람을 만나면 중화 복색을 하고 중국 사람이라 자칭하고, 왜인을 만나면 왜의 복색을 하고 왜인이라 자칭하며, 한 달하고 스무닷새를 걸려서 제주의 추자도 바깥 바다의 가가도란 곳에 정박하였다. 양식은 겨우 여섯 홉밖에 남아 있지 않았다. 홍도가 아들 몽진에게 말했다.

"우리가 배 가운데서 굶어 죽으면 필야 고기밥이 될 터이니, 섬에 올라가 목매어 자결하느니만 못하다."

그 며느리는 기어이 말렸다.

"우리가 한 홉의 쌀로 미음을 끓여 마시면 하루의 주림을 면할 수 있을 것입니다. 그러니 남은 양식으로 6일은 버틸 수 있습니다. 동쪽 하늘을 바라보니 은은히 비치는 것이 육지가 멀지 않은 듯하니 굶주림을 참고 살기를 구하는 것이 옳습니다. 요행히 지나가는 배라도 만나 육지에 닿는다면 십중팔구 살 수 있지요."

몽진 모자는 이 말을 따랐다. 5, 6일이 지나서 마침 통제영 사수선(斜水船)이 닿았다. 홍도는 남편과 남원에서 헤어지게 된 경위로부터 절강에서 다시 만난 사실, 그리고 남편이 출정을 했다가 전사하게 된 일까지 두루 이야기하니, 사수선의 사람들이 듣고 모두들 놀라움을 금치 못했다. 그리고 홍도의 작은 배를 사수선 후미에 매달고 항해하여 순천 땅에 내려주었다.

- 유몽인, 「어우야담(於于野談)」

(나)

　내가 이제 옛날 처녀의 본을 받아 내 몸을 팔아 돈만 얻으면 아버지와 오라버니는 옥에서 나오시렷다. (옥에서 나오시면 나를 칭찬하시렷다.) 세상 사람이 나를 효녀라고 칭찬하렷다. 옛날 처녀 모양으로 책에 기록하여 여러 처녀들이 읽고 나와 같이 울며 칭찬하렷다. 그러나 내가 내 몸을 팔아 부모와 형제를 구원하지 아니하면 이 어른과 세상 사람이 다 나를 불효한 계집이라고 비웃으렷다. 또 그 동안 이 집에 있어 보니 그 부인도 본래 기생이요, 그 처녀도 지금 기생 공부를 한다 하매 매일 놀러 오는 기생들도 다 얼굴도 좋고 옷도 잘 입고 마음들도 다 착한데 …… 하였다. 기생이란 다 좋은 처녀들이어니 하였다. 더구나 그 기생들이 다 글씨를 잘 쓰고 글을 잘 아는 것을 보고, 기생들은 다 공부도 잘한 처녀들이라 하였다. 그래서 영채는 결심하였다. 그리고 그 사람께, "저는 결심하였습

니다. 저도 기생이 되렵니다. 저도 글을 좀 배웠습니다. 그래서 그 돈으로 아버지를 구원하려 합니다." 하고 영채는 알 수 없는 기쁨과 일종의 자랑을 감각하였다. 그 사람은 영채의 등을 만지며, "참 기특하다. 효녀로다. 그러면 네 뜻대로 주선하여 주마" 하였다.

　이리하여 영채는 기생이 된 것이라. 영채는 결코 기생이 되고 싶어서 된 것이 아니요, 행여나 늙으신 부친을 구원할까 하고 기생이 된 것이라. 기실 제 몸을 판 돈으로 부친과 형제를 구원치만 못할 뿐더러 주선하여 주마 하던 그 사람이 영채의 몸값 이백 원을 받아 가지고 집과 아내도 다 내어버리고 어디로 도망을 갔건마는, 또 영채가 그 부친을 구하려고 제 몸을 팔아 기생이 되었단 말을 듣고 그 아버지가 절식 자살을 하였건마는 — 그러나 영채가 기생이 된 것은 제가 되고 싶어 된 것이 아니라, 온전히 늙으신 부친과 형제를 구원하려고 하였다.

- 이광수, 「무정」

(다)
어느 사이에 나는 아내도 없고, 또,
아내와 같이 살던 집도 없어지고,
그리고 살뜰한 부모며 동생들과도 멀리 떨어져서,
그 어느 바람 세인 쓸쓸한 거리 끝에 헤매이었다.
바로 날도 저물어서,
바람은 더욱 세게 불고, 추위는 점점 더해 오는데,
나는 어느 목수네 집 헌 삿을 깐,
한 방에 들어서 쥔을 붙이었다.
이리하여 나는 이 습내 나는 춥고, 누굿한 방에서,
낮이나 밤이나 나는 나 혼자도 너무 많은 것같이 생각하며,
딜옹배기에 북덕불이라도 담겨 오면,
이것을 안고 손을 쬐며 재 위에 뜻 없이 글자를 쓰기도 하며,
또 문밖에 나가지두 않고 자리에 누어서,
머리에 손깍지베개를 하고 굴기도 하면서,
나는 내 슬픔이며 어리석음이며를 소처럼 연하여 쌔김질하는 것이었다.
내 가슴이 꽉 메어올 적이며,
내 눈에 뜨거운 것이 핑 괴일 적이며,
또 내 스스로 화끈 낯이 붉도록 부끄러울 적이며,
나는 내 슬픔과 어리석음에 눌리어 죽을 수밖에 없는 것을 느끼는 것이었다.
그러나 잠시 뒤에 나는 고개를 들어,
허연 문창을 바라보든가 또 눈을 떠서 높은 천장을 쳐다보는 것인데,
이때 나는 내 뜻이며 힘으로, 나를 이끌어가는 것이 힘든 일인 것을 생각하고,
이것들보다 더 크고, 높은 것이 있어서, 나를 마음대로 굴려 가는 것을 생각하는 것인데,
이렇게 하여 여러 날을 지나는 동안에,
내 어지러운 마음에는 슬픔이며, 한탄이며, 가라앉을 것은 차츰 앙금이 되어 가라앉고,
외로운 생각만이 드는 때쯤 해서는,
더러 나줏손에 쌀랑쌀랑 싸락눈이 와서 문창을 치기도 하는 때도 있는데,
나는 이런 저녁에는 화로를 더욱 다가 끼며, 무릎을 꿇어보며,
어니 먼 산 뒷옆에 바우 섶에 따로 외로이 서서,
어두어오는데 하이야니 눈을 맞을, 그 마른 잎새에는,
쌀랑쌀랑 소리도 나며 눈을 맞을,
그 드물다는 굳고 정한 갈매나무라는 나무를 생각하는 것이었다.

- 백석, 「남신의주 유동 박시봉방」

―――――――――――――――――――――〈보기〉―――――――――――――――――――――
1. (가) ~ (다)에서 '홍도', '영채', '나'가 처한 상황의 공통점을 파악한 후, 그 상황에 대한 인물의 대응 방식을 각각 서술할 것
2. 문학 작품을 통해 다양한 인물의 삶의 방식을 이해하는 활동이 갖는 교육적 의의를 서술할 것

예상 답안

(가)는 임진왜란이라는 전쟁 중에 가족과 이별한 홍도 일가가 겪는 고난의 상황을 드러냈고, (나)는 아버지와 오빠가 감옥에 갇혀 있는 상황에서 자신을 희생하려는 상황이 드러나 있으며, (다)는 일제 강점기 가족과 헤어진 유이민의 방황과 고뇌가 드러나 있다. (가)~(다)는 모두 가족과 이별한 상황에서 인물들이 겪는 수난이나 내적 고민을 드러내고 있다.

인물의 대응 방식에서 (가)의 '홍도'는 수난의 상황에 맞서지 못하고 좌절한 채 포기하려는 태도를 보이고 있다. (홍도는 전체 작품에서는 적극적 성격이지만 제시된 지문에서는 포기하려고 하고 오히려 며느리가 적극적 태도를 보임) (나)의 '영채'는 아버지와 오빠를 위해 자신을 희생하여 문제를 적극적으로 해결하려는 태도를 보인다. (다)의 '나'는 자신이 처한 문제에 대해 좌절하다가 그것을 운명으로 알고 수용하려는 태도를 보이고 있다. (마지막 행에 초점을 맞추면 '극복의 의지, 결심' 등으로 해석할 수도 있음)

(가)~(다)를 통해 다양한 인물의 삶의 방식을 이해하는 활동을 하면 첫째, 독자가 겪어보지 못한 다양한 삶을 간접적으로 체험(추체험)하여 세계와 인간에 대한 인식의 폭을 넓힐 수 있다. 둘째, 다양한 인물의 삶에서 문제 해결의 지혜를 배우고, 독자 자신의 삶에 대해 성찰하며 바람직한 삶의 양상에 대해 생각할 수 있다. 셋째, 타자(상대)의 처지에 대해 이해하고 공감하고 배려할 수 있으며, 이를 통해 공동체 유대감을 형성할 수 있다.

문제해설

이 문제 역시 서술형 문제를 2개 제시한 형태로 보면 된다. 고전산문과 현대소설 그리고 현대시가 결합된 문제이다. 과거에는 산문에서도 고전과 현대의 결합이 없었는데, 고전과 현대를 결합하여 제시한 것은 문학사의 연속성 이해를 위해 좋은 시도라고 생각한다.

문학내용학의 소설의 인물 중 인물의 상황과 대응 방식을 서술하는 문제와 다양한 인물의 삶의 방식을 이해하는 활동이 갖는 교육적 의의를 묻는 문제가 출제되었다. 전자는 일반적인 문제이며 감상 능력이 필요한 문제이고, 후자는 문학 교육과 관련된 문제이다. 논술형 문항으로는 너무 쉽고 단순한 문제이며, 문학 교육의 내용을 깊이 적용하지 못하는 한계가 있다.

이 문제에서 문제가 되는 것은 첫째, (가)의 경우 전체 작품을 대상으로 할 때와 제시된 지문만을 대상으로 할 때 답이 달라질 수 있다는 점이다. 최근 문제가 제시된 지문만을 바탕으로 하기 때문에 지문을 위주로 답해야 하지만, 이러한 혼란이 발생하지 않게 문제 및 지문을 엄선하여 제시할 필요가 있다. (다)의 경우도 '운명에 굴복·수용'이라는 점과 마지막 부분의 '결심, 의지' 모두 답이 될 수 있다. 문제를 좀 더 구체적으로 한정할 필요가 있다.

문제 관련 배경지식

1. 소설의 인물 / 2. 시적화자와 화자의 상황 - 모두 위의 2014년 논술형 문제 참고

3. 유몽인 「어우야담」

(1) 핵심 정리

▷ 연대 조선 후기
▷ 작자 유몽인
▷ 형식 한문 단편 소설
▷ 주제 홍도라는 주인공의 신의와 전쟁으로 인한 한 가정의 수난
▷ 인물 홍도라는 여인은 전반부에서 스스로 정생을 택해 혼인하는 점에서 중세 가부장제를 벗어난 적극적 여성의 면모를 보이고, 다른 문제에서 역시 적극적이지만, 고국으로 돌아오는 배 안에서는 상황이 어려워지자 좌절하는 모습을 드러내기도 한다.

▷ 특징 1. 이 작품은 홍도라는 주인공의 신의와 전쟁으로 인한 한 가정의 수난을 중국과 우리나라를 배경으로 하여 그리고 있다.
2. 임진왜란을 시대배경으로 하면서 남녀간의 애정을 다루었으며, 우리나라와 중국을 동시에 무대에 등장시키는 특이한 방법을 쓰고 있는 점이 특징이다.
▷ 출전 『어우야담』

(2) 감상

조선 선조(宣祖) 때의 문장가인 어우당(於于堂) 유몽인(柳夢寅)이 지은 야담설화집 『어우야담(於于野談)』에 수록된 한문 단편 소설이다.

이 작품은 홍도라는 주인공의 신의와 전쟁으로 인한 한 가정의 수난을 중국과 우리나라를 배경으로 하여 그리고 있다. 임진왜란을 시대배경으로 하면서 남녀 간의 애정을 다루었으며, 우리나라와 중국을 동시에 무대에 등장시키는 특이한 방법을 쓰고 있는 점이 특징이다.

(3) 줄거리

남원에 살고 있는 정생(鄭生)이라는 사람이 같은 마을에 사는 처녀 홍도와 의혼(議婚)하였으나 홍도의 아버지는 정생이 불학무식하다 하여 거절하였다.

홍도는 부모에게 간청하여 정생과 혼인하여 그 다음해에 아들 몽석(夢錫)을 낳았다. 선조 때 임진왜란으로 정생이 종군하여 남원을 지킬 때 홍도는 남장으로 남편을 따라갔으며, 몽석은 할아버지를 따라 지리산으로 들어갔다.

정생과 홍도는 헤어졌다가 중국에서 만나 절강(浙江) 땅에서 살면서 아들 몽진(夢眞)을 낳아 중국 여자에게 장가를 들였다. 그 뒤 난리를 만나 정생은 고국으로 돌아오는 길에 몽진의 장인을 만나 함께 남원으로 돌아와 몽석과 같이 모였다. 홍도는 몽진 부처를 데리고 제주도를 거쳐 남원으로 돌아와 한 집이 행복하게 지냈다.

4. 이광수 「무정」

(1) 핵심 정리

▷ 갈래 장편 소설, 계몽소설, 126회의 연장체 소설
▷ 성격 계몽적, 민족주의적, 설교적
▷ 문체 구어체(언문일치)
▷ 배경 ① 시간 : 개화기 ~ 일제 강점 이후
② 공간 : 서울, 평양, 삼랑진 등
▷ 주제 자유연애와 민족의식의 고취
▷ 특징 ① 당시 시대적 진취성 (계몽주의)이 나타남
② 구도덕적인 여인의 정절과 기독교적 순결성이 미묘하게 잘 얽혀 있음
③ 구조가 교사와 학생 관계로 나타남
(형식 - 선형, 형식 - 하숙집 노파, 병욱 - 영채 사이가 사제 관계와 같음)
▷ 의의 우리나라 최초의 근대 장편 소설
▷ 인물
• 이형식 : 고아 출신. 개인과 민족, 혹은 선형과 영채라는 두 문제를 놓고, 고민하는 한국 근대 지식인의 전형적 인물
• 박영채 : 전통적 유교 교육을 받은 인종의 여성에서, 자아 각성을 통하여 근대적 윤리관을 갖춘 여성으로 변화하는 입체적, 유동적 인물
• 김선형 : 신교육 여성이나 피동적인 삶을 영위하는 수동적이고 온순한 인물

(2) 감상

이 작품은 근대 지향 의식으로 인해 한국 소설사에서 최초의 근대적 장편 소설로 평가된다. 근대적 인간형인 이형식을 등장시켜 조선의 봉건적 폐습을 타파하고 근대 사회를 지향하는 의식을 드러내고 있다. 뚜렷한 근대적 언어 의식에 의해 쓰여졌다는 점 또한 한글 문체를 처음으로 완성했다는 평가를 받고 있다. 최초의 연애 소설이라는 점에서 문학사에서 중요하게 취급되기도 한다. 여기서 연애는 단순한 남녀 간의 사랑이 아니라 개성을 발휘하는 근대적 인간의 한 면모라는 점에서 의의를 지닌다.

이 소설의 주제 의식은 신교육과 자유연애로 지약되는데, 자유연애에서 비롯된 인물 간의 애정적, 개인적 갈등이 홍수라는 상황에 처하여 민족의 계몽이라는 과제를 깨달으며, 집단적, 이상적 국면에서 해결되고 있다. 즉, 이형식을 놓고 벌였던 애정의 갈등은 도탄에 빠진 조선 민족을 구하고 교육해야 한다는 계몽의 필요성 아래서 화해된다. 애정 관계가 계몽에 같이 나서는 동지라는 관계로 치환됨으로써 해결되는 것이다.

〈매일신보〉에 연재되어 선풍적 인기를 누렸으며 민족주의 사상의 고취, 신교육의 필요성 역설, 자유연애의 강조, 근대화의 과제 제시 등 계몽적 주제를 담고 있으면서도 삼각관계라는 흥미 있고 대중적인 인물 구조를 택함으로써 대중성과 계몽성을 조화시키고 있다.

(3) 관련 부분 줄거리

서울 경성 학교 영어 교사 이형식은 김 장로의 딸 선형의 영어 가정 교사로 초빙된다. 선형이 다음 해 미국 유학을 앞두고 매일 한 시간씩 영어 과외 공부를 받게 된 것이다.

그 첫날 이형식이 오후 3시부터 한 시간 가르치고 그의 하숙에 돌아와 보니, 뜻밖에도 박영채가 찾아와 있었다. 영채는 고아로 자란 형식이 어릴 때 가르침을 받은 스승이요, 친자식처럼 돌보아 주었던 은인인 박 진사의 딸이다. 박 진사는 상해에서 새로운 사조와 학문을 갖고 들어와 청년 운동의 선두에 나선 우국 지사였다. 그는 민족을 위하여 가산을 다 바치고, 몸과 마음까지도 바쳤다. 10여 년 전 박 진사 댁에서 고락을 같이하여 온 은인의 딸인 영채가 뜻밖에 찾아오니 형식은 눈물이 앞서고, 과거의 일이 궁금했다.

박 진사와 그의 아들은 애매한 죄로 옥에 갇히고, 영채만이 홀로 남아 있다가 형식의 소식을 듣고 찾아온 것이었다. 이 때, 형식의 머릿속에는 행복한 선형과 불행한 영채, 이 두 사람의 영상이 엇갈렸다. 영채는 온갖 고생을 다 겪은 끝에 마지막에는 아버지를 옥에서 구제하기 위해 기생이 되었다. 그러나 어느 때나 형식을 잊은 적이 없었고, 비록 유혹 많은 화류계이기는 하나, '너는 형식의 아내가 되라.'는 아버지의 말씀을 간직한 채 형식을 위하여 몸과 마음을 깨끗하게 지켜 왔다. 형식을 만난 영채는, 형식이 그녀를 구원해 줄 상황이 아닐 뿐더러, 능력 또한 없는 것을 알고 상심하여 돌아간다.

형식은 영채에 대한 의무와 선형에 대한 사랑으로 인해 갈등을 느끼게 된다.

다음 날 아침, 형식의 제자 김종렬 군과 이희경 군이 찾아와 배 학감의 파렴치함을 규탄하며 동맹 휴학을 하겠다고 한다. 형식은 학생들을 달래며 이 일을 배 학감에게 말하지만, 배 학감은 오히려 형식이 학생들을 선동하고 있다고 몰아세운다. 형식은 학생들이 배 학감을 규탄하게 된 구체적인 이유가 월향이라는 평양 출신 기생 때문이라는 것을 알고, 그녀가 영채가 아닌가 생각한다. 그러나 그녀가 영채라 하더라도 구해 낼 길이 없는 자신의 처지를 비관한다.

(4) 문학사적 의의

① 작가는 이형식·박영채·김선형 세 인물의 삼각관계를 중심으로 소설을 썼다.
　　그들은 당시 우리 청년들의 실제 모습이다. 구도덕의 표상인 영채와 신여성 선형 사이에서 갈등하는 지식인 이형식의 모습은 당대의 풍속적 갈등을 예리하게 포착한 것이다.
② 계몽주의와 민족주의의 결합 : "교사형 구조의 도입"
　　형식은 교사로서 학생들을 적극 지도해 왔다. 병욱은 구도덕에 매여 있는 영채를 새롭게 눈뜨게 한다. 그런데 이러한 계몽주의로는 형식·영채·선형의 삼각관계가 해소되지 않는다. 이 갈등의 해소는 민족주의로 가능했다. 즉, 수재민들을 위한 자선 음악회를 계기로 민족 현실에 눈뜨게 되고 민족을 구원하기 위해 힘써야 한다고 합의함으로써 이 갈등을 극복하고 있다.
③ 근대 소설의 문체 확립에 기여 : 묘사를 중시한 것, 과거형의 시제를 일부 사용한 것, 구어체 문장을 사용한 것 등은 근대적 문체를 확립에 기여했다고 할 수 있다.
④ 인물의 성격 창조와 심리묘사가 탁월하다.
⑤ 문학사적으로 볼 때, 「무정」은 이인직의 「혈의 누」의 전통을 잇고 있다.
　　특히 주인공이 고난을 극복하고 자아(自我)의 각성에 이르는 과정은 매우 유사하다.

5. 백석 「남신의주 유동 박시봉방」

(1) 핵심 정리
▷ 갈래 자유시, 서정시
▷ 성격 서사적, 독백적, 반성적
▷ 제재 자신의 근황 (고향의 상실)

▷ 주제 무기력한 삶에 대한 반성과 새로운 삶에 대한 의지
▷ 특징 ① 편지를 써 내려가는 듯한 구성
       ② 연의 구분이 없음

(2) 짜임 분석
- 1 ~ 8행 – 외로운 떠돌이 신세가 됨
- 9 ~ 19행 – 지나온 시절에 대한 회한과 한탄
- 20행 ~ 끝 – 운명으로 수용 후 새로운 삶에 대한 의지

(3) 작품의 구조

구성 요소	구성 요소의 파악	그것이 지닌 의미·효과	주제와의 관련성
내용 요소	① 시적 화자와 화자의 상황	고향을 떠나 방황하는 화자가 남신의주 유동의 어느 방에서 무기력하게 살아가는 자신의 모습을 돌아보고 반성하며 운명으로 수용하여 새로운 삶의 의지를 다지고 있다.	자신의 삶에 대한 성찰
	② 어조	담담한 독백체의 어조를 통해 자신의 삶을 관조적으로 드러냈다.	
형식 요소	① 편지의 형식	편지의 형식을 빌려 화자가 자신의 상황이나 내면을 솔직하게 드러내었다.	
	② 운율	산문적 서술 형태이나, 쉼표의 적절한 사용을 통한 내재율을 지닌다.	
표현 요소	① 상징	고난과 시련을 상징하는 '바람', '추위', '싸락눈' 등과 삶의 희망을 의미하는 '갈매나무' 등을 통해 주제를 드러내었다.	
	② 열거법	대등한 사건을 나열함으로써 상황과 사유를 분석적으로 드러냈다.	
	③ 시어	평안도 사투리를 사용하여 향토적 정서를 환기한다.	

(4) 감상
　이 시는 가족과 떨어져 객지에 홀로 나와 생활하면서 조용히 자신의 삶을 성찰하는 작품으로, 한국이 낳은 가장 아름다운 서정시의 하나로 손꼽히기도 한다. 다소 특이한 느낌을 주는 이 시의 제목에서 '남신의주'와 '유동'은 지명(地名)을 뜻하며, '박시봉'은 화자가 기행지에서 세를 든 주인집 이름에 해당한다. 결국 이 시는 남신의주 유동에 있는 박시봉이라는 사람의 집에 세들어 사는 화자가 자신의 근황과 심경을 편지 쓰듯 적어 내려가는 형식이라 할 수 있다. 작품의 문맥으로 볼 때, 박시봉이라는 사람은 목수 일을 하는 사람임을 알 수 있으며, 화자가 그 곳에서 가족과 떨어져 자신이 지나온 삶을 되새기고 있다. 그런 만큼 우리는 이 시에서 홀로 객지에서 외롭게 생활하는 화자의 절실한 내면을 생생하게 접할 수 있게 된다.
　화자는 슬픔과 어리석음으로 점철된 자신의 지난 삶을 되새김하는 소처럼 회상하면서, 끝없는 비애와 영탄에 빠져들고 있다. 그런데 화자는 자신이 그렇게 살아온 것이 인간의 의지를 넘어선 운명론에 의해 결정된 것이라고 생각한다. 그런 탓으로 화자는 자신의 슬프고 부끄러운 삶을 자신의 숙명으로 받아들이면서 체념을 하기에 이른다. 즉 삶에 대한 운명론적, 수동적 세계관에 갇혀 있는 것이다. 그러나 그는 그런 가운데서도 어둡고 슬픈 현실 속에서, 눈을 맞고 서 있는 '굳고 정한 갈매나무'처럼 굳세고 깨끗하게 살아갈 것을 다짐하고 있다. 이렇게 볼 때, 이 시는 현실에 맞서는 치열한 의식을 보여 주고 있지는 못하지만, 현실의 아픔을 수용하고 그것을 마음 속 깊이 새기면서 현실의 고통을 극복하겠다는 굳건한 삶의 자세를 제시하고 있다고 볼 수 있다. 여기에서 토속적 세계의 구현에 국한되지 않는 백석 시의 또 다른 면모를 발견하게 되며 한국인의 내면 깊숙이 자리잡고 있는 인생관의 한 단면을 읽을 수 있게 된다. 한편으로는 이러한 시상의 전개 과정을 통해 일제 식민지 치하에서 자신의 무기력한 현실 대응 방식을 반성하는 지식인의 모습을 확인할 수도 있다.

3. 2016년 논술형 문제

2016 B 논술   문학능력(감상 능력) 및 소설의 인물의 상황, 삶의 태도 / 현대시 표현 – 비유와 상징

8. (가)와 (나)를 활용하여 "작품 속 인물들의 삶과 생각을 이해하고 평가하면서 자신을 성찰한다."라는 학습 목표를 구현하기 위한 학습 활동을 구안하고자 한다. 〈작성 방법〉에 따라 한 편의 글로 논술하시오. [10점]

(가)
4·19가 나던 해 세밑
우리는 오후 다섯 시에 만나
반갑게 악수를 나누고
불도 없이 차가운 방에 앉아
하얀 입김 뿜으며
열띤 토론을 벌였다
어리석게도 우리는 무엇인가를
정치와는 전혀 관계없는 무엇인가를
위해서 살리라 믿었던 것이다
결론 없는 모임을 끝낸 밤
혜화동 로터리에서 대포를 마시며
사랑과 아르바이트와 병역 문제 때문에
우리는 때 묻지 않은 고민을 했고
아무도 귀 기울이지 않는 노래를
누구도 흉내 낼 수 없는 노래를
저마다 목청껏 불렀다
돈을 받지 않고 부르는 노래는
겨울밤 하늘로 올라가
별똥별이 되어 떨어졌다
그로부터 18년 오랜만에
우리는 모두 무엇인가 되어
혁명이 두려운 기성세대가 되어
[넥타이]를 매고 다시 모였다
회비를 만 원씩 걷고
처자식들의 안부를 나누고
월급이 얼마인가 서로 물었다
치솟는 물가를 걱정하며
즐겁게 세상을 개탄하고
익숙하게 목소리를 낮추어
떠도는 이야기를 주고받았다
모두가 살기 위해 살고 있었다
아무도 이젠 노래를 부르지 않았다
적잖은 술과 비싼 안주를 남긴 채
우리는 달라진 전화번호를 적고 헤어졌다
몇이서는 포커를 하러 갔고
몇이서는 춤을 추러 갔고

몇이서는 허전하게 동숭동 길을 걸었다
돌돌 말은 달력을 소중하게 옆에 끼고
오랜 방황 끝에 되돌아온 곳
우리의 옛사랑이 피 흘린 곳에
낯선 건물들 수상하게 들어섰고
플라타너스 가로수들은 여전히 제자리에 서서
아직도 남아 있는 몇 개의 마른 잎 흔들며
우리의 고개를 떨구게 했다
부끄럽지 않은가
부끄럽지 않은가
바람의 속삭임 귓전으로 흘리며
우리는 짐짓 중년기의 건강을 이야기했고
또 한 발짝 깊숙이 늪으로 발을 옮겼다

— 김광규, 「희미한 옛사랑의 그림자」

(나)

[이전 줄거리] Y학교 교사인 '석'에게 6·25 발발 이후 소식을 몰랐던 친구 '조운'이 갑자기 나타난다. 개성이 뚜렷하고 자존심이 강한 작가였던 '조운'은 전쟁을 겪으며 성공한 사업가로 변신하여 '석'의 앞에 나타난 것이다. '석'은 '조운'으로부터 그동안 '조운'이 겪었던 일과 그를 따르던 작가 지망생 '미이'에 관한 이야기를 듣게 된다. 부유한 집안의 딸로서 재기발랄했던 '미이'는 항상 검정 넥타이를 매고 다니던 '조운'에게 화려한 무늬의 넥타이를 선물한다. 전쟁 중에 헤어졌던 이들은 전쟁 후 우연히 만나게 되는데, '조운'은 그동안 '미이'의 집안이 몰락한 사정을 알게 되고 그녀를 도와주려 한다.

나는 미이의 가족을 구해야겠다는 생각이 더욱 간절했네. 그러나 미이와 자주 만나는 사이 처음의 순수했던 생각보다도 야심이 더 앞을 섰다는 것을 고백하네. 술과 계집이 마음대로였던 내 생활이라, 미이에 대해 밖으로 나타나는 태도도 좀 다르다고 미이 자신이 눈치 챘을 것일세.

나는 다방을 하나 차려 줄 것에 생각이 미치었네. 이것이면 내 힘으로 자금 유통이 되고, 미이의 명랑성도 센스도 살릴 수 있고, 수입 면도 문제없다고 생각했네. 이 계획을 말했더니, 처음에는 그럴싸하게 듣고, 얼굴에 희망의 불그레한 홍조까지 떠올리던 미이였으나, 다음 날 5일간의 생각할 여유를 달라는 것이었었네. 더 생각할 여지도 없는 일일 터인데 망설이는 것이 수상쩍었으나, 그러마 하고 나는 동아 극장 옆에 있는 마침 물려주겠다는 다방 하나를 넘겨 맡기로 이야기가 다 되었었네. 그 닷새 되는 날이 오늘이고, 정한 시각에 연락 장소인 다방엘 갔더니, 레지*가 내민 것이 종이 꾸러미였네. 펴 보고 놀라지 않을 수 없었네. 다른 길과 달라 간호 장교이고 보니, 생활 방편을 위한 것이 아님이 대뜸 짐작이 갔고, 더욱 나의 뒤통수를 때린 것이 검정 넥타이 였었네. 그러면 미이가 첫날 다방에서 '사명 운운' 했던 것은 그 길을 말함이었던가? 나는 부끄럽기 짝이 없었네. 검정 넥타이를 들고 나는 비로소 3년 동안 내가 정신적으로 타락의 길을 걷고 있었다는 것을 뼈아프게 느끼었네. 미이가 말하는 그 사명을 찾는 길, 사명을 다하는 일을 나는 사변이라는 외적인 격동 때문에 포기하고 만 것일세. 가장 잘 생각하는 척하던 나는 가장 바보같이 생각했고, 부박하다고 세상을 모른다고 여기었던 미이는 사변에서 키워졌고 굳세어졌고, 올바른 사람이 된 것일세. 이렇게 생각하자 나는 천야만야한 낭떠러지를 굴러 떨어지는 듯했네. 구르면서 걷어잡으려고 한 것이 친구의 구원이었네. 자네를 찾은 것은 이 때문일세…….

조운의 긴 이야기를 듣고 난 석은, 여기 올 때까지 그렇게 호기심을 끌었고 기대의 대상이 되었던 그에게는 이젠 아무런 흥미도 가지지 않았다. 더욱이 그의 고민 같은 것은 문제도 아니었다.

석의 뇌와 마음은 강렬한 미이의 인상으로 꽉 차 있었다.

그리고 미이가 조운의 마음에 던져준 충격 이상의 충격을 석도 받지 않을 수 없었다.

안주가 좋아서만이 아니었다. 그 강렬한 배갈*도 석을 취하게 하지 못했다.

역시 마음이 미이로 말미암아 팽팽 차 있었기 때문이었다.

조운의 차로 집에 돌아와서도 석은 큰소리를 탕탕 치거나 울거나 하지 않았다. 얌전하게 자리에 들어가 가족들을 들볶지 않았다.

그의 엄숙한 태도에 가족들은 술을 먹었다고 잔소리를 할 수 없었다.

자리에 누워 그는 생각하였다.

'조운의 말대로 조운은 사변의 압력으로 그의 사명을 포기했고, 사변을 통하여 미이는 용감하게 시대적 요구에 응할 수 있는 사람으로 변하였다. 그러면 나는?'

눈을 감았다 뜨며 석은 중얼거렸다.

"사명을 포기치도 그것에 충실치도 못하고 말라가는 나는? 나도 사변이 빚어낸 한 타입이라고 할까?"

― 안수길, 「제3인간형」

* 레지 : 다방 종업원
* 배갈 : 고량주. 국술의 일종

〈작성 방법〉

- (가)의 '넥타이'와 (나)의 '검정 넥타이'의 내포적 의미를 포함하여 (가)의 화자와 (나)의 '조운'이 자신의 삶에 대해 성찰하는 내용이 무엇인지 설명할 것
- (가)의 화자와 (나)의 '조운'의 삶의 태도를 평가하기 위한 학습 활동으로 독서 토의를 하려고 할 때, 설정할 수 있는 토의 주제 1가지를 의문문 형식으로 제시하고 그 이유를 밝힐 것
- (가), (나)를 읽고 학습자가 자신의 삶을 성찰할 수 있게 하는 구체적 학습 활동을 1가지 제시하고 그 이유를 밝힐 것

예상 답안

(가)의 '넥타이'는 '현실에 얽매어 살아가는 삶, 현실에 안주하는 삶'을 의미하며, 시적 화자는 순수한 젊은 날의 가치와 열정을 잊어버리고 넥타이를 매고 현실에 안주하는 소시민적 태도에 대해 성찰하고 있다. (나)의 '검정 넥타이'는 문학에 대한 자부심과 작가 의식을 지닌 채 작가의 길을 걷던 삶을 의미하며, '조운'은 문인의 길을 버리고 세속적 성공을 거둔 상황에서 자신이 과거에 지니고 있던 작가의 사명인 '검정 넥타이'의 가치를 잃어버린 점에 대해 성찰하고 있다.

두 번째 문제 조건은 아래와 같이 두 개의 예상답안으로 제시할 수 있다.
(1) (가)의 시적 화자와 (나)의 '조운'의 삶의 태도를 평가하기 위한 토의 주제로 '인물들이 처음 지녔던 의지나 가치를 유지하고 있는가?'를 설정할 수 있다. (가)의 시적 화자는 순수했던 젊은 날의 열정을 상실한 채 소시민이 되었고, (나)의 '조운'은 전쟁 후 작가의 길을 버리고 세속적 성공에 안주하는 인물이 되었기 때문이다.
(2) (가)의 시적 화자와 (나)의 '조운'의 삶의 태도를 평가하기 위한 토의 주제로 '인물들이 어떻게 변했으며, 변화한 이유가 무엇인가?'를 설정할 수 있다. (가)의 시적 화자는 순수한 열정을 상실한 채 소시민이 되었는데 그 원인은 현실에 얽매이다 세상에 길들어졌기 때문이고, (나)의 '조운'은 세속적 성공에 안주하는 인물이 되었는데 한국전쟁을 겪으면서 작가의 길을 버렸기 때문이다.

세 번째 문제 조건은 아래와 같이 두 개의 예상답안으로 제시할 수 있다.
(1) (가)와 (나)를 읽고 학습자가 자신의 삶을 성찰할 수 있도록 하는 학습 활동은 '학습자 자신의 삶에서 의지(가치)를 정해놓고 지키지 못한 사례에 대해 발표하기(글(반성문, 감상문)로 쓰기)'를 제시할 수 있다. (가)의 시적 화자와 (나)의 '조운'이 상황의 변화에 따라 처음의 의지를 상실했기 때문에 그 점에 초점을 맞추어 자신의 삶을 성찰할 수 있다.
(2) (가)와 (나)를 읽고 학습자가 자신의 삶을 성찰할 수 있도록 하는 학습 활동은 '학습자 자신이 현재 추구하는 가치는 무엇이고, 그 가치가 흔들릴 때 어떤 대응이 필요한지 발표하기(글로 쓰기)'를 제시할 수 있다. (가)의 시적 화자와 (나)의 '조운'이 상황의 변화에 따라 처음의 의지를 상실했기 때문에 학습자는 그러한 변화의 상황을 미리 알고 그 상황이 되면 어떻게 대응할지 생각하면서 자신의 삶에 대해 성찰할 수 있다.

문제해설

서론은 생략하고 3개의 서술 문제가 제시된 것으로 생각하고 학습하면 서술형 시험에 도움이 되는 문제이다.
이 문제는 문학능력(감상 능력)에서 소설의 인물과 시의 시적 화자가 삶에 대해 성찰하는 내용을 파악하고, 그와 관련된 토의 주제와 구체적인 학습 활동을 제시하는 문제이다. 문학 감상과 문학 교육이 결합된 문제이다.
이 문제에서 〈작성 방법〉의 두 번째 및 세 번째 문제 조건은 관점에 따라 다른 답이 가능하므로 복수 답안을 제시하였다.

문제 관련 배경지식

1. 소설의 인물 / 2. 시적화자와 화자의 상황 – 모두 위의 2014년 논술형 문제 참고

3. 김광규, 「희미한 옛사랑의 그림자」

(1) 핵심 정리
▷ 갈래 자유시, 서정시
▷ 성격 회고적, 자기 성찰적, 서사적
▷ 제재 중년의 삶
▷ 주제 순수와 열정을 잃어버린 중년의 삶에 대한 회한
▷ 표현 ① 일상을 나열하여 현실감을 획득하고 있음
　　　　② 과거와 현재의 대비를 통해 주제를 형상화하고 있음
　　　　③ 소박한 일상어로 시적 이미지를 형상화하고 있음

(2) 작품의 구조

구성 요소	구성 요소의 파악	그것이 지닌 의미·효과	주제와의 관련성
내용 요소	① 시적 화자	젊은 시절 4·19를 겪은 중년의 남성인 시적 화자가 18년이 지나 기성세대가 되어 옛날의 순수함을 잃어버리고, 옛날 혁명을 꿈꾸던 그 시절을 그리워 한다.	순수했던 젊은 시절에 대한 회상과 소시민으로 살아가는 삶에 대한 부끄러움과 서글픔
	② 소시민의 일상	소시민의 일상을 그대로 나열하여 현실감을 획득	
	③ 시대 배경	1960년에 4·19 혁명이 일어났지만, 완전한 혁명이 되지 못하고, 유신 독재가 1970년대 말까지 이어지는데, 이러한 긴 시간을 배경으로 하여 4·19 혁명에 적극적으로 참여했던 청년이 18년이 지난 오늘날 현실에 안주하는 소시민이 되어 있는 모습을 보여준다.	
형식 요소	① 기 - 서 - 결	시 전체가 기(1~19행) - 서(20~37행) - 결(38~끝)의 구조 속에서 내용을 전개하고 있다.	
	② 시어	평범한 일상어를 사용하여 쉽게 전달되고 내용이 생동감이 있게 느껴지게 한다.	
표현 요소	① 대조	㉠ 과거의 모습과 현재의 모습을 대비하여 표현하여 주제를 효과적으로 드러내었다. ㉡ '노래'와 '이야기'를 대조적으로 제시하여 젊은 날의 삶과 오늘의 삶을 대조하여 제시하였다.	
	② 상징 - 플라타너스, 가로수	시간의 흐름에도 변하지 않는 존재이며, 이 시에서 나에게 부끄러움을 느끼게 하고 이 시를 쓰게 한 매개이다.	
	③ 상징 - 넥타이	젊은 날의 가치를 잃어버리고, 현실에 얽매어 살아가는 삶, 현실에 안주하는 삶	

(3) 감상

이 시에는 화자가 중심이 된 간단한 줄거리가 담겨 있다. 4·19가 일어나던 무렵, 젊은 혈기와 '때문지 않은' 순수로 살던 화자는, 20년 가까운 세월이 지난 어느 '세밑', 중년의 '혁명이 두려운 기성세대'가 되어 옛 추억이 서린 곳에서 동창들을 만난다. 그들은 '적잖은 술과 비싼 안주를 남기'고 전화번호가 달라진 만큼, 각 분야에서 어느 정도의 부와 지위를 얻은, 비교적 성공적인 삶을 영위하는 중년이 되어 있다. 월급이 대화의 전부가 되고, 물가가 고민의 주종을 이루는 소시민의 중년이 되어 버린 그들은, '늪'같은 일상적 생활에서 벗어나기 위해 '옛사랑'을 노래하던 젊음을 떠올려 보기도 하지만, 결국은 '포커'나 '춤'으로 대표되는 향락적 세계를 즐길 뿐이다.

그러므로 행여 누가 들을까 두려운 마음으로 '익숙하게 목소리를 낮추어 / 떠도는 이야기를 주고받'는 그들의 모습에서 우리는 서로의 마음을 열지 못한 채, 그저 '살기 위해 살고 있는' 소시민적 생활인의 모습을 발견할 수 있다. 그들에게 순수와 젊음을 반추시켜 주는 것은 더 이상 존재하지 않고, 다만 '플라타너스 가로수'만이 간신히 남아 그들을 반겨 주지만, 그들은 더 이상 '하얀 입김 뿜으며 / 열띤 토론을 벌일' 수 없는 자신들을 확인할 뿐이다. '부끄럽지 않은가 / 부끄럽지 않은가'라며 꾸짖는 것 같은 바람 소리를 들으면서도 '또 한 발짝 깊숙이 늪으로 발을 옮기'는 화자의 무거운 발자국에서, 우리는 유수 같은 세월 속에 젊음과 열정, 순수와 이상을 잃어버리고 거의 맹목적일 만큼 현실적인 삶을 살아가는 중년의 소시민적 의식 구조를 엿볼 수 있다.

4. 안수길,「제삼인간형」

(1) 핵심 정리

▷ 갈래 단편 소설
▷ 배경 6·25전쟁, 부산 – 6·25 전쟁을 전후로, 변화되고 부조리한 현실에 대한 인물들의 다양한 삶의 모습
▷ 경향 사실주의
▷ 시점 전지적 작가 시점
▷ 어조 자조적(自嘲的), 반성적
▷ 제재 6·25 동란을 겪는 지식인의 고뇌
▷ 주제 – 지식인의 좌절과 방황 그리고 새 인간형의 탐구
   – 현실의 부조리한 인물에 대한 비판 의식
   – 전쟁으로 인해 피폐해져 가는 인간형과 새로운 각성으로 거듭 태어나는 인간형의 대비
▷ 등장 인물
  • 조운 : 시대적 변화에 민감한 인물. 본명은 최춘택. 자기 성찰에 충실했던 작가였으나 전쟁 중 자동차 사업가로 변신, 안일한 삶을 추구한다. 역시 '미이'에게서 강한 인상을 받는다. '독특한 철학적인 문제를 난삽(難澁)한 문제로 표현하는' 작가로서 개성이 강한 인물. <u>문학에 대한 결백성과 자신에 대한 충실성을 인정받아 존경을 받는 인물. 6·25가 발발하자 문학을 버리고 사업에 손을 대어 돈을 버나 생활에 여유가 생기면서 생각도 얕아지고, 술과 여자를 가까이 한다. 곧, 반세속적 → 세속적 인물(로 변신)</u> : 제 1인간형
  • 미이 : 시대적 요구가 무엇인지 정확하게 아는 진실한 문학소녀. 모 회사 중역의 딸. 조운을 사모하는 철부지 문학소녀였으나 전쟁 중 가족의 죽음 및 파탄을 겪으며 신념의 인간으로 성숙, 조운의 경제적 도움을 거절하고 간호 장교의 길을 택한다. 이 때 '조운선생'이라고 쓴 봉투와 검은 넥타이를 조운에게 보낸다. : 제 2 인간형
  • 석 : 어떤 부류에도 끼지 못하는 인물. 전쟁 전에는 작가로 활동, 피란지 부산에서 생계 유지를 위해 교사가 됨. 친구 '조운'이 들려준 '미이'의 삶의 태도에 감명을 받는다. 그런데, 자신의 어떤 하나의 일에도 충실치 못하는 모습에 대한 자책으로 괴로워한다. 제 3 인간형

(2) 감상

이 소설은 역사의 소용돌이 속에 인간이 어떻게 변모되는가를 살핀 것으로, '어떻게 사느냐?' 하는 문제를 제기한 작품이다. 지식인의 고민상을 다룬 이 소설은 1953년 [자유세계]지에 발표하고, 1954년 [을유문화사]에서 같은 표제로 단행본이 발행되었다. 6·25 전쟁을 겪는 지식인의 고민상을 사실적으로 그린 문제작이다.

이 작품은 안수길의 기념비적 소설로, 초기의 이민(移民) 생활을 다룬 만주 체험 소설에서 벗어나 있다. 〈제3인간형〉 이전의 작품을 살펴보면, 그의 만주 체험을 빼놓을 수 없던 것이 사실이다. 하지만, 이 작품은 만주 체험과 무관한 내용으로 되어 있다. 또 다른 하나는, 작품 활동의 중단에서 오는 작가적인 의식이다. 그는 이 작품이 있기까지 3년 동안 작품 활동을

중단하였다. 그리고 그가 만주 콤플렉스에서 헤어났다는 것은, 또 다른 작가로의 출발을 의미하는 것이다.

따라서, 이 작품의 내용에서도 보듯이 작가의 한계가 무엇인지 그는 잘 알고 있다. '조운'과 같은 작가가 되기를 원하지 않았기 때문에 조운을 비판할 수 있었고, 미이와 같은 양심을 가지기를 원했기 때문에 미이라는 인물이 설정되지 않았나 하는 생각은 의심할 여지가 없다.

그러므로, 이 작품은 문학사적인 가치 외에, 안수길 자신의 문학적 태도를 결정하는 중요한 작품이라 할 수 있다. 이에 대해 안수길 자신은 "사변을 통한 지식인의 세 개의 형을 그려 보았다. 세 번째의 인물은 작가가 모델로 되었으나, 그것은 개인적인 '나'가 아니라 전형으로서의 '나'라는 점을 말하려고 했다"고 말하고 있다.

이 작품은 6·25와 피난 생활이라는 특수한 상황 속에서 사람들이 어떻게 살아가고 있는가를 살핀 작품이다.

이 작품에는 세 사람이 등장한다. 한때 작가였다가 6·25 사변 후 상인으로 전락한 '조운', 그를 따르는 '미이'라는 문학소녀, 작가이면서 교원인 '석'의 변화하는 인간형을 그린 소설로, 지식인을 제3 인간형으로 표현했다. 크건 작건 역사적 현실 속에서 확고한 사명감으로 인생의 방향을 잡고 살아가는 두 인물과 이도 저도 아닌 한 인물 등 3 인간형을 대조, 부각시킨 작품으로 발표되자마자 문단의 큰 평판을 받았고 작가는 이 작품으로 자유문학상을 수상했다.

첫째, 작가 '조운'. 그는 '독특한 철학적인 명제를 난삽한 문체로 표현하는' 작가로서 개성이 뚜렷하다. 더욱이 자신에 충실하고 문학에 대한 결백성을 굳게 지켜 존경을 받는다. 세속적인 것에 초연하고 세상일을 진지하게 생각하기 때문에 동료들뿐 아니라 문학소녀들 사이에도 존경의 대상이 된다. 그런데 6·25가 일어나자 '조운'은 문학을 버리고 사업에 손을 대어 돈을 번다. 몸이 불어나고, 생활에 여유가 생기면서 깊이 생각하는 일도 없어졌고, 술과 여자 속에 살아간다. 6·25 전 반세속적이었던 그가 철저하게 세속적인 인물로 변신한 것이다.(제 1인간형)

둘째, 문학소녀 '미이'. 회사 중역의 외동딸로 입는 것, 말하는 것, 행동하는 것 하나하나가 부박(浮薄)한 일면이 있는 아가씨였다. 문학을 하겠다고 '조운'을 따라 다니는 '미이'는 6·25가 일어나 집안이 몰락하고 부산으로 피난을 가서 밑바닥 생활을 하면서 성숙한 인간으로 변모하고, 인간의 소명(召命)이 무엇인가를 깨닫는다. '조운'의 경제적인 도움을 거절하고 간호 장교 시험을 치른다.(제 2 인간형)

셋째, 작가요 교사인 '석'이. 그는 6·25 전에는 신문사에 근무하면서 작품을 써 왔다. 6·25가 일어나 부산으로 피난을 가서는 '생활을 위하여' 교사로 취직하지만, 교사로도 충실하지 못하고 작가로서도 그렇지 못하여 늘 번민 속에 있다. 그래서 그는 "조운의 말대로 조운은 동란의 압력으로 그의 사명을 포기하였고, 동란을 통하여 '미이'는 용감하게 시대적 요구에 응할 수 있는 사람으로 변하였다. 나는……사명을 포기하지도 못하고 그것에 충실하지도 못하고 말라 가는……나도 동란이 빚어낸 한 타입이라고 할까?" 라는 자책감에 빠진다.(제 3인간형)

이 소설은 역사의 소용돌이 속에 인간이 어떻게 변모되는가를 살핀 것으로, '어떻게 사느냐?' 하는 문제를 제기한 작품이다.

전쟁은 모든 것을 바꾸어 놓는다. 시대의 흐름을 바꿔놓고, 사람들의 의식을 바꿔놓음으로써 역사의 물줄기를 예상치 못한 방향으로 돌려놓기도 한다. 제삼인간형은 6·25전쟁을 통해 변모해 가는 세 사람의 모습에 초점을 맞추어 이야기를 전개하고 있다. 동시에 전쟁을 겪어 나가는 지식인의 좌절과 고뇌를 사실적으로 그려내고 있기도 하다. 주인공 '석'은 소설가로, 언제나 위대한 소설을 써서 그의 문학적 업적을 성취하고자 하지만, 전쟁으로 인하여 생계를 유지하기 어렵게 되자 교원 노릇을 하게 되고, 그로 인하여 심신이 피폐해 가게 된다. 그는 생계의 압박 때문에 문학적 의욕을 상실하게 될지도 모르는 정신적 위기를 맞은 상태에서 번민하고 고뇌한다. 그의 친구 '조운'은 죽음의 고비를 넘기는 극한 상황 속에서 새로운 가치관을 갖게 됨으로써 문인의 길을 버리게 된다. 언제나 논리적이고 비판적이어서 지적 작품만을 쓰던 조운은 현실과 타협하고 돈을 버는 일에 모든 의미를 주어버리게 된다. '미이'는 좀 부박(浮薄)해 보일 정도로 명랑한 성격의 소유자였으나 난리를 겪으면서 속이 든 모습으로 변모한다.

이 세 사람은 각기 전쟁을 통해 새로운 모습으로 변모하지만, 작가의 의도는 '미이'의 모습을 그 시대의 바람직한 인간상으로 본 것 같다. 고민만 할 뿐 실천이 없는 나약한 지식인 '석'과 현실적인 평안을 구하는 '조운'은 그 시대가 낳은 병리적(病理的)인 인간상이다. 이러한 인간상을 극복하는 하나의 방안으로 제시된 것이 '미이'라는 인간상이다. 제삼인간형은 세 종류의 인간을 뜻한다기보다는 부조리한 인간상을 극복하고 새롭게 태어나는 인간의 모습을 뜻하는 것으로 보아야 한다.

4 2017년 논술형 문제

2017 B 논술 | 국문학 일반 – 한국 문학과 자연 / 한국 문학의 특질과 전통 및 한국 문학의 연속성

8. 다음은 '자연관을 중심으로 한국 문학의 특질을 파악한다.'라는 학습 목표를 달성하기 위하여 선정한 작품들이고, 〈보기〉는 이와 관련된 학습 활동이다. 학습 활동의 교수·학습 내용을 〈작성 방법〉에 따라 한 편의 글로 논술하시오. [10점]

(가)
구룸 빗치 조타 ᄒᆞ나 검기를 ᄌᆞ로 ᄒᆞᆫ다
ᄇᆞ람 소ᄅᆡ 몱다 ᄒᆞ나 그칠 적이 하노매라
조코도 그츨 뉘 업기는 믈뿐인가 ᄒᆞ노라
〈제2수〉

더우면 곳 픠고 치우면 닙 디거늘
솔아 너는 얻디 눈서리를 모ᄅᆞᄂᆞᆫ다
九泉의 불희 고ᄃᆞᆫ 줄을 글로 ᄒᆞ야 아노라
〈제4수〉

자근 거시 노피 떠서 萬物을 다 비취니
밤듕의 光明이 너만 ᄒᆞ니 또 잇ᄂᆞ냐
보고도 말 아니 ᄒᆞ니 내 벋인가 ᄒᆞ노라
〈제6수〉

– 윤선도, 「오우가」

(나)
꿈을 아느냐 네게 물으면,
푸라타나스,
너의 머리는 어느덧 파아란 하늘에 젖어 있다.

너는 사모할줄을 모르나,
푸라타나스,
너는 네게 있는것으로 그늘을 느린다*.

먼 길에 올제,
호을로 되어 외로울제,
푸라타나스,
너는 그 길을 나와 같이 걸었다.

이제 너의 뿌리 깊이
영혼을 불어 넣고 가도 좋으련만,
푸라타나스,
나는 너와 함께 신(神)이 아니다!

수고론 우리의 길이 다하는 어느날,
푸라타나스,
너를 맞어 줄 검은 흙이 먼—곳에 따로이 있느냐?
나는 오직 너를 지켜 네 이웃이 되고 싶을뿐,
그곳은 아름다운 별과 나의 사랑하는 창(窓)이 열린 길이다.

- 김현승, 「푸라타나스」

*느린다 : 늘인다.

〈보기〉

학습 활동

1. (가)와 (나)에서 자연(물)에 대한 시적 화자의 인식을 파악해 보자.
   (1) (가)의 주요 소재들이 인간의 특정한 덕목을 표상하고 있다면, 각각이 어떤 인간상을 찬양하고 있는지 파악해 보자.
   (2) (나)의 주요 소재가 시적 화자에게 어떠한 의미인지를 파악해 보자.
   (3) (가)와 (나)에서 자연(물)에 대한 시적 화자의 인식이 어떻게 같고 다른지를 비교해 보자.
2. (가)와 (나)에 나타난 자연관을 중심으로 한국 문학의 특질을 파악해 보자.

〈작성 방법〉

◦ 서론에서는 제시된 학습 목표의 문학 교육적 의의를 밝힐 것
◦ 〈보기〉에 제시된 '학습 활동'의 모범적인 답을 포함할 것
◦ 서론, 본론, 결론의 형식을 갖추되, 결론은 생략 가능함

예상 답안

1. 서론

① 우리 문학은 고전문학이나 현대문학 모두 자연을 제재로 한 작품이 많으며, 이런 작품에는 나름의 자연관이 나타난다. ② 고전시가와 현대시에 나타난 자연관을 비교하여 공통점과 차이점을 파악하면 한국 문학의 특질이 무엇인지 알 수 있고, ③ 우리 조상과 현대인의 자연에 대한 인식이 어떻게 변화되거나 전승되는지 알 수 있다. ④ 그리고 고전문학과 현대문학의 연속성을 확인하여 이식문학론을 극복할 수 있다. ⑤ (가)와 (나)에 나타난 자연물을 중심으로 한국 문학의 특질을 살펴보자.

주의 여기서 '특질'은 '전통'과 유사한 의미로 사용한 듯하다. 서론에서 ②, ③이 문학 교육적 의의이며, 서론은 ②~④의 내용 중 하나와 ⑤를 제시하면 된다.

2. 본론 (편의상 번호를 붙였음)

학습 활동 '1-(1)' : (가)의 '제2수'는 구름이나 바람과 달리 늘 변함없이 흘러가는 물을 통해 근면, 성실, 부지런함의 덕목을 드러내고 부지런하며 성실한 인간상을 찬양한다. '제4수'는 눈서리를 모르고 늘 푸른 소나무를 통해 지조, 절개 등의 덕목을 드러내며, 지조 있고 강직한 인간상을 찬양한다. '제6수'는 달이 세상을 널리 비추는 것과 세상을 보고도 말 안하는 것을 통해 광명과 밝음의 덕목 및 침묵과 신중함의 덕목을 함께 드러낸다. 이를 통해 밝고 건강하면서도 신중하고 사려 깊으며 침묵할 줄 아는 인간상을 찬양한다.

학습 활동 '1-(2)' : (나)의 '푸라타나스'는 꿈을 지니고 있으면서 남을 도울 줄 아는 인물이며 늘 나와 같이 살아왔고 또 살아갈 친구, 동반자 또는 이웃이라는 의미를 지닌 존재이다.

주의 1-(3)의 경우, 공통점 두 가지와 차이점 세 가지를 제시했는데, 차이점의 경우 앞의 두 가지가 핵심적인 답이 될 수 있다.

학습 활동 '1 - (3)' : (가)와 (나)에서 첫째, 시적 화자는 모두 자연물을 의인화하여 나의 친구로 인식하고 있다는 점, 둘째, 시적 화자에게 바람직한 삶이나 가치(덕목)에 대해 일깨워주는 긍정적 존재라는 점이 공통점이다. 하지만 첫째, (가)에서 시적 화자는 자연물을 멀리 또는 밖에 있으면서 우러러보는 존재로 인식하고, (나)의 시적 화자는 자연물을 가까이 있으면서 함께 어울려 살아가는 존재로 인식한다는 점에서 차이가 있다. 둘째, (가)의 시적 화자는 자연물을 일상이나 생활과 유리된 관념적 존재로 인식하고 있고, (나)의 시적 화자는 자연물을 생활이나 일상과 관련된 구체적 대상으로 인식한다는 점에서 차이가 있다. (셋째, (가)의 시적 화자는 자연물을 흠이 없는 완벽에 가까운 이상적(도덕적, 당위적) 존재로 인식하고, (나)의 시적 화자는 자연물을 흠이 있고 실수가 있는 현실적 존재로 인식한다는 점이 차이점이다.)

학습 활동 '2' : (가)와 (나)의 자연관을 중심으로 볼 때, 첫째, 우리 문학은 자연물을 소재로 하되 그것을 의인화하여 자연에 대한 친근감을 드러냈다는 점, 둘째, 자연물 자체가 지닌 외형이나 속성을 바탕으로 그와 관련 있는 인간적 가치를 부여하여 인간화된 자연으로 표현하고 있다는 점이 한국 문학의 특질이다.

3. 결론 : 생략 가능 (채점에 포함 안 됨)

위에서 (가)와 (나)에 나타난 자연물이 지닌 의미 및 그에 담긴 인식의 공통점과 차이점을 살펴보았고, (가)와 (나)에 나타난 자연관을 중심으로 한국 문학의 특질을 살펴보았다. 이를 통해 고전시가와 현대시에서 자연물에 대한 인식이 어떻게 같고 다른지 알 수 있으며, 자연관과 관련된 한국 문학의 특질을 파악할 수 있다. 이 과제를 이 작품 외의 다른 다양한 작품에도 적용하면 자연관에 관한 우리 문학의 특질을 더욱 깊이 이해할 수 있을 것이다.

문제해설

이 문제는 서론 – 본론 – 결론의 형식으로 제시해야 하는 문제인데, 최근 서술형 시험에서는 서론, 본론을 제외한 문제의 조건을 서술형처럼 보고 학습하면 된다.

이 문제는 국문학 일반에서 '한국 문학과 자연', '한국 문학의 특질과 전통', '한국 문학의 연속성' 등과 관련된 문제이다. 고전문학에서 자연과 관련된 문제는 자주 출제되므로 주목할 필요가 있다. 한국 문학의 특질 및 고전문학과 현대문학을 연속 선상에서 이해하는 문제도 자주 출제되므로 주목할 필요가 있다.

문제 관련 배경지식

1. 한국 문학과 자연

(1) 자연물의 시적 형상화 방식
① 자연물의 외형이나 속성에 인간적 가치를 부여하여 작자의 의도(주제)를 표현하는 방식이다.
② 자연물에 인간적 가치를 부여하여 긍정하거나 비판한다.
③ 인간화된 자연으로 나타난다.

(2) 자연의 공간적 의미
① 강호한정하며 한가롭게 살아가는 삶의 공간이다.
② 학문을 닦고 심신을 수양하는 장소이다.
③ 생활의 터전, 노동의 현장인 공간이다.
④ 작자가 현실을 벗어나 지향하고자 하는 이상 세계이다.
⑤ 민족적 삶의 터전이다.

(3) 자연(물)과 관련된 내용(겹치는 경우도 있음)
① 강호한정하는 삶
② 학문 수양
③ 생활(농사 또는 노동)의 터전
④ 이상 세계
⑤ 민족
⑥ 신앙 또는 속신의 대상

(4) 자연물의 표현 방식
① 의인화
② 우의
③ 감정이입
④ 비유와 상징 등

2. 윤선도 「오우가」

(1) 핵심 정리
▷ 작자　윤선도(尹善道, 1587 ~ 1671)
　　　　조선 선조 ~ 현종 때의 문신
▷ 갈래　평시조. 연시조(6수)
▷ 연대　조선 인조 때
▷ 성격　찬미적(讚美的)
▷ 제재　수·석·송·죽·월(水·石·松·竹·月)
▷ 주제　① 오우(五友)인 수·석·송·죽·월(水·石·松·竹·月)을 기림
　　　　② 다섯 자연물의 덕을 예찬
▷ 특징　① 우리말의 아름다움이 잘 나타남
　　　　② 대상의 속성에 인간적 가치를 부여하여 동경과 예찬의 근거로 삼음 – 인간화된 자연
　　　　　 (물 : 불변성, 바위 : 영원성, 소나무 : 지조, 대나무 : 절개, 달 : 광명과 과묵함)
▷ 출전　『고산유고(孤山遺稿)』

(2) 감상
　고산(孤山)이 56세 되던 해, 영덕의 유배지에서 돌아와 해남 금쇄동에 은거할 무렵에 지은 6수로 된 연시조로「산중신곡(山中新曲)」안에 들어 있다.「오우가(五友歌)」는 모두 6수로 되어 있는데, 수·석·송·죽·월(물水·石·松·竹·月 : 바위, 소나무, 대나무, 달)의 다섯을 벗으로 하여, 물의 영원성, 바위의 변하지 않는 생명성, 소나무의 변함없는 푸름, 대나무의 곧음, 달의 광명과 침묵 등을 이미지화하여 지은이의 자연에 대한 사랑과 관조의 경지를 이들 작품 속에 담아내고 있다.
　이 작품은 우리말의 어휘와 어미, 문장 등을 잘 다듬는 시인의 언어적 감각에 의해 완벽하게 구현이 되고 있으며, 자연에 대한 우리 선조들의 사상과 정신이 잘 응축되어 있는 작품으로 볼 수 있다. 특히, 자연과 인간이 하나로 어우러진 물아일체(物我一體)의 경지를 잘 그려내고 있다.
　제 1 수는 이 작품의 서시(序詩)로서 초, 중장은 문답식으로 다섯 벗을 나열하였다. 자연과 벗이 된 청초하고 순결한 자연관을 순우리말의 조탁(彫琢)으로 잘 표현하였다. '쏘 더ᄒᆞ야 머엇ᄒᆞ리.'에서 작자의 동양적 체관(諦觀)을 발견할 수 있다.
　제 2 수는 물의 영원성을 기린 노래이다. 구름과 바람은 가변적(可變的)이요, 순간적(瞬間的)이라 한다면, 물은 영구적(永久的)이다. 물은 구름이나 바람과 달리 깨끗하고 항시 그치지 않는다는 점에서 고산이 좋아하는 자연이 되고 있다.
　제 3 수는 바위의 변하지 않는 생명성을 찬양한 노래이다. 꽃이나 풀이 가변적이고 세속적이라 한다면, 바위는 영구적이요, 철학적이다. 꽃이나 풀이 부귀영화의 상징이라면, 바위는 초연(超然)하고 달관(達觀)한 군자의 모습이다.
　제 4 수는 소나무의 변함없는 푸름에서 꿋꿋한 절개를 느껴 찬양한 노래이다. 소나무는 역경에서도 불변하는 충신(忠臣)과 열사(烈士)의 상징으로 여긴다. 여기에서도 절의(節義)의 모습으로서의 소나무를 기리면서, 자신의 강직한 고절(高節)을 나타내었다.
　제 5 수는 대나무의 푸름을 찬양하여, 아울러 그가 상징하는 절개를 나타낸 것이다. 대나무는 사군자(四君子)의 하나로 옛 선비들의 굳은 절개를 상징하는 상징물로서 사랑을 받아온 것이다.
　제 6 수는 달(月)을 노래한 것인데, 달이란 작은 존재로 장공(長空)에 홀로 떠서 세상만 비출 뿐 인간의 미·추·선·악을 꼬집지도 헐뜯지도 않아 좋다고 했다. 이는 병자호란 때 왕을 호종(扈從)치 않았다고 해서 반대파들로부터 논척(論斥)을 받고 영덕에 유배되기까지 한 고산(孤山)으로서는 말없이 장공에 떠서 보고도 말 아니하고 오직 세상만 골고루 비춰 주는 달만이 벗이라고 할 만하다.

3. 김현승 「푸라타나스」

(1) 핵심 정리
- 갈래 자유시, 서정시
- 성격 서정적, 명상적
- 어조 고독하면서도 친근하고 맑은 어조
- 심상 서술적, 감각적 심상
- 표현 의인법, 감정이입법
- 제재 플라타너스의 자태
- 주제 고독한 영혼의 반려를 염원

(2) 짜임 분석
- 1연 - 파아란 꿈을 가진 플라타너스
- 2연 - 플라타너스의 넉넉한 사랑
- 3연 - 나의 반려자인 플라타너스
- 4연 - 플라타너스에게 영혼을 불어넣어 주고 싶은 심정
- 5연 - 영원한 반려자가 되기를 염원함

(3) 작품감상의 구조

구성 요소		구성 요소의 파악	그것이 지닌 의미·효과	주제와의 관련성
내용 요소	①	시적 화자 및 화자의 상황	시적 화자는 플라타너스를 의인화하여 그것을 친근한 대상처럼 느끼면서 이야기하고 있다.	고독한 영혼의 반려자가 되어 주는 플라타너스
	②	소재	주변에서 흔히 볼 수 있는 '플라타너스'를 소재로 친근함을 드러내었으며, 푸라타너스를 나의 동반자나 반려처럼 여기고 있다.	
형식 요소	①	반복	'플라타너스'란 단어를 반복적으로 사용하여 친근함을 드러내고, 운율 형성에 기여한다.	
표현 요소	①	시적 허용	'파아란', '호올로' 등의 시적 허용을 통해 운율을 형성하면서, 의미를 강조하고 있다.	
	②	감정이입	나의 감정을 플라타너스에 이입하여 대상을 친근하게 드러내고 주제를 효과적으로 드러낸다.	

(4) 감상

1953년 ≪문예≫지에 실린 시로 자연을 소재로 하여 감정이입의 기법으로 정서를 표출해 온 우리 시가의 전통을 계승했다. 플라타너스를 단순한 식물로서 바라보지 않고 인간과 같은 생의 반려로 형상화하였다.

이 시는 플라타너스를 의인화하여 꿈과 덕성을 지닌 존재로 예찬하고 인생의 반려(伴侶)로 삼아 생에 대한 고독과 우수, 그리고 꿈을 간직한 사랑의 영원성을 노래하고 있다. 또한 간결한 시어를 구사하여 시상을 압축하고 있으며, 리듬감 있는 운율로 시적 감각을 최대한 살리고 있다.

1연에서 시적 화자는 '꿈을 아느냐'고 '플라타너스'에게 묻는다. '플라타너스'는 아무런 말도 하지 않지만 하늘을 지향하여 높이 자라고 있는 모습을 통해 말을 하지 않아도 이미 꿈을 갖고 있다는 것을 화자는 알아낸다. 2연에서 '플라타너스'를 보다 깊게 관찰하여 그가 비록 사랑의 감정은 없지만, 헌신적이고 넉넉한 사랑의 모습을 스스로 실천하고 있음을 발견한다. 3연과 4연에서 화자는 자신이 외로울 때 함께 동반해 준 '플라타너스'에게 영혼을 불어넣어 하나로 합일하기를 소망하지만, 인간은 유한한 존재라는 근원적 한계를 깨닫게 된다. 5연에서 화자는 생의 마지막 순간까지 '플라타너스'와 이웃하며 서로 바라보며 지켜주는 영원한 동반자가 되기를 소망한다.

화자는 인생을 고독한 인간의 행로(行路)로 보고 플라타너스라는 가로수의 모습을 통해 서로 말없이 돕고 곁에서 지켜주는 동반자의 의미를 생각하고 있는 것이다.

(5) '플라타너스'가 상징하는 의미

이 시에서 '플라타너스'는 높게 자라는 수직적 특성을 통해 꿈을 가진 존재로 상징되고 있으며, 빨리 자라 그늘을 만드는 속성을 통해 헌신적인 사랑을 가진 존재로 상징되고 있다. 또한 '플라타너스'는 외로운 화자에게 삶의 동반자가 되어 준다. 가로수가 되어 우리의 길을 지켜주었던 것처럼 인생길의 반려자가 되어 인간의 고독을 함께 하고 있는 것이다.

5 2019년 논술형 문제

2019 B 논술 | 문학일반 – 사회문화적 맥락 / 역사적 상황의 형상화

8. 다음은 김 교사가 박씨부인전을 제재로 시행한 문학 수업의 형성 평가 계획과 평가 도구 및 결과 자료이다. 김 교사의 수업에 대하여 동료 교사의 입장에서 분석한 내용을 〈작성 방법〉에 따라 한 편의 글로 논술하시오.[10점]

[평가 계획]
- 단원 학습 목표 : 작품에 반영된 역사적 상황을 바탕으로 문학 작품을 이해하고 감상할 수 있다.
- 평가 중점 : 지식보다는 사고력에 초점을 맞추어 평가한다.

- 평가 목표

평가 목표	해당 문항
1. 작품에 반영된 역사적 상황과 실제의 역사적 상황 사이의 같은 점과 다른 점을 비교할 수 있는지를 평가한다.	서술형 1
2. 문학이 역사적 상황을 형상화한 방식을 중심으로 작품을 감상할 수 있는지를 평가한다.	서술형 2

[평가 도구 및 결과 자료]
- 평가 제재

[앞의 줄거리] 추한 외모로 태어나 이시백과 결혼한 박씨 부인은 인간의 액운을 다 면하고 아버지의 도술로 미인으로 변신한 뒤 병자호란을 예측하고 준비한다. 자객으로 조선에 온 호국의 공주를 혼내고, 조선을 침입한 호국의 부원수 용골대를 죽인다. 용울대는 전쟁을 끝내고 귀국하는 길에 동생 골대의 원수를 갚기 위해 박씨 부인의 거처를 침범하나, 계화를 앞세운 박씨 부인의 도술 앞에서 제압당한다.

호장 등이 갑주를 벗어 안장에 걸고 손을 묶어 팔문진 앞에 나아가 복지 청죄하여 가로되,
"소장이 천하에 횡행하고 조선까지 나왔으되 무릎을 한 번 꿇은 바가 없더니, 부인 장하에 무릎을 꿇어 비나이다." 하며 머리 조아려 애걸하고 또 빌어 가로되,
"왕비는 아니 모셔 가리이다. 소장 등으로 길을 열어 돌아 가게 하옵소서."
하고 무수 애걸하거늘, 부인이 그제야 주렴을 걷고 나오며 대질 왈,
"너희 등을 씨도 없이 함몰하자 하였더니, 내 인명을 살해 함을 좋아 아니하기로 십분 용서하나니 네 말대로 왕비는 모셔 가지 말며, 너희 등이 부득이 세자 대군을 모셔 간다 하니 그도 또한 천의를 좇아 거역지 못하거니와, 부디 조심하여 모셔 가라. 나는 앉아서 아는 일이 있으니, 불연즉 내 신장과 갑병을 모아 너희 등을 다 죽이고 나도 북경에 들어가 국왕을 사로잡아 설분(雪憤)하고 무죄한 백성을 남기지 않으리니, 내 말을 거역지 말고 명심하라."
한대, 울며 다시 애걸 왈,
"소장의 아우의 머리를 내어 주시면 부인 덕택으로 고국에 돌아가겠나이다."
부인이 대소 왈,
"옛날 조양자는 지백의 머리를 옻칠하여 술잔을 만들어 이전 원수를 갚았으니, 나도 옛날 일을 생각하여 골대 머리를 옻칠하여 남한산성에 패한 분을 만분지일이나 풀리라. 너의 정성은 지극하나 각기 그 임금 섬기기는 일반이라. 아무리 애걸하여도 그는 못하리라."
울대 차언을 듣고 분심이 충천하나, 골대의 머리만 보고 대곡할 따름이요 하릴없어 하직하고 행군하려 하니,

부인이

다시 일러 왈,

"행군하되 **의주(義州)**로 행하여 임 장군을 보고 가라."

울대 그 비계(祕計)를 모르고 내념에 혜오되,

'우리가 조선 임금의 항서를 받았으니 서로 만남이 좋다.'

하고, 다시 하직하고 세자 대군과 장안 물색을 데리고 의주로 갈새, 잡혀가는 부인들이 하늘을 우러러 통곡하여 왈,

"박 부인은 무슨 복으로 화를 면하고 고국에 안한히 있고,

우리는 무슨 죄로 만리타국에 잡히어 가는고? 이제 가면

하일 하시에 고국산천을 다시 볼꼬?"

하며 통곡유체(慟哭流涕)하는 자가 무수하더라. 부인이 계화로 하여금 웨어 가로되,

"인간 고락은 사람의 상사라. 너무 슬퍼 말고 들어가면 삼년지간에 세자 대군과 모든 부인을 모셔 올 사람이 있으니, 부디 안심하여 무사 득달하라."

위로하더라.

- 「박씨부인전」 -

◦ 평가 문항 및 답안

[서술형 1] 윗글에 형상화된 역사적 상황을 ㉠ 한국사 교과서에 기술된 병자호란의 경과와 비교하여 서술하시오. (학생 답안 생략)

[서술형 2] 〈보기〉의 설명을 참고하여, 「박씨부인전」과 〈보기〉의 시조를 감상한 내용을 '질문'의 항목별로 쓰시오.

〈보기〉

병자호란이 남긴 상처의 문학적 형상화는 갈래별로 다소 다른 양상을 보인다. 박씨부인전 등의 소설에서는 주로 호란 이후에 과거의 기억을 재구성하는 방식으로, 시조에서는 이와 더불어 호란 당시의 직접적인 경험에서 비롯되는 정서를 형상화하는 방식으로도 이루어졌다. 봉림대군이 지은 다음의 시조가 이를 보여 준다.

청석령(靑石嶺) 지나거냐 **초하구(草河口)** ㅣ 어듸미오
호풍(胡風)도 춤도 출샤 구즌비는 므스 일고
아므나 내 행색(行色) 그려 내여 님 계신 듸 드리고쟈

질 문

질문 3: 윗글의 '의주', 〈보기〉의 시조의 '청석령', '초하구'는 모두 한양에서 칭나라로 가는 도정에 있는 실제의 지명이다. 이러한 지명들은 각 작품에서 문학적 형상화에 어떤 기여를 하는가? (단, 〈보기〉의 설명을 인용할 것.)

↳ 잘 모르겠어요ㅠ.ㅠ

질문 4: 윗글에서 박 부인을 초월적인 능력의 소유자로 형상화함으로써 얻는 효과를 역사와 문학의 관계를 중심으로 추론하면?

↳ 병자호란에서 패배했다는 역사적 사실을 부인하고 문학적 상상력을 바탕으로 조선이 승리한 것으로 그려 냄으로써 전란의 상처를 치유하고자 하였다.

〈작성 방법〉

- 서론에는 '단원 학습 목표'가 형성 평가 상황에서 어떤 역할을 하는지 서술할 것. (단, 결론은 생략 가능함.)
- '평가 목표'를 '목표 1'과 '목표 2'의 순서로 배열한 이유와 그 효과를 분석하여 서술할 것.
- '평가 중점'을 참고하여 '서술형 1'의 발문에서 ㉠을 명시한 김 교사의 의도를 추론하여 서술할 것.
- 김 교사가 '서술형 2'의 '질문 3'에서 의도한 모범적인 답안이 무엇일지를 추론하여 서술할 것.
- '질문 4'에 대한 학생 답안의 부족한 점을 보완할 학습 지도 방안을 서술할 것.

예상 답안

형성평가의 상황에서 단원 학습목표는 해당 차시의 수업을 평가하는 준거(기준)가 되고, 평가 제재, 평가 문항과 답안을 제시하는 기준이 된다.

목표 1은 지식을 사실적으로 읽고 비교하는 이해 활동이고, 목표 2는 학습자가 목표1의 지식을 바탕으로 주체적으로 작품을 감상하는 감상 활동이다. 이 두 가지 목표는 한꺼번에 달성하기 어렵기 때문에 과제를 나누어 위계적(순차적)으로 제시하여 전체 목표가 쉽고 효과적으로 달성하게 한다.

평가중점에서 지식보다 사고력에 초점을 맞추어 평가한다고 했는데, ㉠『한국사』 교과서에 기술된 병자호란의 경과와 비교하게 명시한 것은 실제 역사와 작품에 반영된 역사가 많은 차이가 있으므로 학생 스스로 비교하면서 차이가 나는 이유 등에 대해 학생들의 사고력을 극대화할 수 있기 때문이다.

'의주', '청석령', '초하구'는 모두 한양에서 청나라로 가는 실제 지명인데, 이 지명들은 병자호란이 남긴 상처와 관련이 있고, 그 후 여러 사람이 청나라에 포로로 잡혀간 직접적인 경험이나 과거의 기억의 장소를 제시하여 당시의 상황(사실)이나 정서를 구체적이고 현장감 있게(신빙성 있게, 사실적으로) 느끼게 한다.

질문 4에서 답한 학생은 (문학이) '병자호란에서 패했다는 역사적 사실을 부인하고'라는 부분이 문제인데, 문학에 반영되는 역사는 사실 그대로가 아니라 작가가 현실을 반영하며, 또한 작가의 꿈(상상)을 허구적으로 반영하여 형상화할 수도 있다는 점(=역사와 문학의 관계)을 제대로 이해하지 못하고 있으므로, 이 작품이 역사를 허구적으로 형상화한 방법에 대해 이해하도록 지도한다.

문제해설

이 문제는 문학일반에서 작품의 사회문화적 맥락에 관한 문제이고, 문학과 역사의 관계 및 역사적 상황을 어떻게 형상화하는지 파악하는 문제이다.

이 문제를 풀어갈 때 주의할 점은 '질문'이나 '작성 방법' 등 문제 전반이 '작품에 반영된 역사적 상황을 바탕으로 문학 작품을 이해하고 감상'한다는 것을 전제로 하면서 이에 따라 '평가 목표 1, 2'를 고려하여 그 관점에 맞게 답을 써야한다는 점이다. 평가목표에 주의하지 않으면 '질문 4'에 보완할 내용을 '여성 영웅의 등장 및 그 의의' 등을 제시하여 큰 줄기에서 벗어난 내용으로 답하기 쉽다.

문학의 사회문화적 맥락을 묻는 문제는 최근 계속 되풀이 출제되고 있다. 2019년 올해 문제에도 여러 문제가 출제되었다. 계속 강조되는 부분이다. 문학에 반영되는 역사는 사실 그대로가 아니라 작가가 현실을 반영하며, 또한 작가의 꿈(상상)을 허구적으로 반영할 수도 있다는 점을 이해하도록 한다.

문제 관련 배경지식

1. 문학의 맥락 – 사회 문화적 맥락
① 문학 텍스트에 반영된 당대의 사회·문화적 요소를 말한다.
② 텍스트 내의 사회·문화적 맥락과 텍스트 밖의 사회·문화적 맥락은 다를 수도 있다.
③ 독자와 동시대의 작가가 쓴 문학은 작가와 독자가 사회·문화적 상황을 공유하지만, 지난 시대의 문학이나 고전문학은 사회·문화적 상황을 공유하기 어렵다.
④ 사실주의 문학론, 반영론 등과 관련이 있으며, 작품에서 파악할 때는 '시대 + 현실 문제'의 내용으로 제시해야 작품의 사회·문화적 맥락이 분명하게 드러난다.

2. 작자 미상, 「박씨부인전」

(1) 핵심 정리
▷ 작자 미상
▷ 갈래 역사 소설, 군담 소설, 전쟁 소설, 여걸 소설
▷ 성격 영웅적, 전기적(傳奇的), 역사적
▷ 배경 ① 시간 : 병자호란
　　　　② 공간 : 한반도 전역
▷ 주제 ① 박씨 부인의 영웅적 기상과 재주 (청나라에 대한 적개심과 복수심)
　　　　② 병자호란으로 인한 치욕적인 패배와 고통을 상상 속에서 복수하고자 하는 민중들의 심리적 욕구가 반영
　　　　③ 남성보다 우월한 여성을 내세워 봉건적 가족 제도 하에서 규범에 얽매여 살아야 했던 여성들의 억압된 삶을 해소하고자 하는 욕구의 반영
▷ 특징 여성 주인공의 입장에서 병자호란을 재구성하여 남성 중심의 세계관 비판
▷ 의의 패배의 사실을 허구적 승리로 바꾸어 민족의 자긍심을 고취

(2) 감상
「박씨전」의 시대적 배경이 되고 있는 병자호란은 조선 역사상 유례없는 치욕적 사건으로, 정치적·경제적으로 큰 손해를 끼쳤으며 민중들에게 극심한 고통을 주었다. 야인(野人)이라고 경멸하던 만주족에게 패배한 만큼 민중들의 분노는 이루 말할 수 없었다.

이 소설은 현실적인 패배와 고통을 상상 속에서 복수하고자 하는 민중들의 심리적 욕구를 표현한 작품이다. 또한 이 소설의 특이한 점은 남성보다도 여성인 박씨를 주인공으로 하고, 박씨가 초인간적인 능력을 가진 비범한 인물이나 남성인 이시백은 평범한 인물로 표현하여, 여성이 남성보다 우위에 있다는 점이다. 이는 가부장제 하의 삼종지의(三從之義)에 억압되어 살아야 하였던 봉건적인 가족 제도에서 정신적으로 해방되고자 하는 여성들의 욕구와, 여성도 남성 못지않게 우수한 능력을 갖추어 국난을 타개할 수 있다는 의식을 반영한 것이라 할 수 있다.

그리고 이 소설은 변신 모티프를 가지고 있어서 주목할 만하다. 변신 모티프는 작품의 구성상 사건 전개의 전환점의 구실을 하고 있다. 박씨의 변신은 비범한 부덕(婦德)과 부공(婦功)은 물론, 신묘한 도술로써 여성의 우수한 능력을 보이는 계기가 된다. 또한 변신 모티프는 박씨가 전생에 지은 죄로 인하여 추한 탈을 쓰고 태어났다고 하는 징벌 의식을 나타내고 있다. 징벌에서 구제됨으로써 박씨는 남편을 비롯한 시집 식구들과 다른 사대부 부인들의 사회에 받아들여진다. 따라서 박씨의 변신은 입사식(入社式)의 의미를 가지기도 한다. 박씨가 후원의 피화당에서 삼 년 동안 홀로 기거하는 기간은 시집을 위시한 사회의 구성원이 되기 위해서 거쳐야 할 관문에 해당한다. 이 관문을 통과함으로써 박씨는 명실상부한 아내와 며느리로서 받아들여지게 된다.

(3) 박씨전의 사회문화적 배경
1623년 3월 광해군 정권을 무너뜨린 인조반정은 조선의 외교 정책에도 큰 전환점을 가져왔다. 폐위된 광해군은 신흥 강국 후금과 전통의 맹방 명나라 사이에서 중립 외교 정책을 펼쳤는데 인조반정을 성공시킨 서인들은 이를 신랄하게 비판해 왔다. 임진왜란 때 조선을 도운 명나라의 은혜를 무시하고 오랑캐국이라 멸시했던 후금과 외교 관계를 맺은 사실은 반정의 주요한 명분 중의 하나였다. 그렇기 때문에 인조반정 이후 인조와 집권 세력은 전통적인 외교 노선인 친명배금(親命拜金:명나라와 친교를 맺고 후금을 물리침)정책을 고수하였다.

그러나 후금은 이제 오랑캐라 멸시받는 작은 나라가 결코 아니었다. 명나라를 능가하는 군사 강국으로 성장한 후금은 조선 침공에 나섰으니, 이것이 바로 1627년의 정묘호란이다. 강화도로 피난간 조정은 세의 불리함을 깨닫고 후금과 형제 국가 임을 골자로 하는 강화를 맺고 겨우 전쟁의 확대를 막았다. 하지만 정묘호란 이후에도 후금에 대한 강경책은 끊임없이 제기되었다. 내부의 국방력을 제대로 점검해 보지도 않은 상황에서 조선은 계속 명분을 앞세운 외교 정책을 고수했으며, 이는 후금을 더욱 자극하였다. 1636년 12월 후금은 국호를 청으로 바꾸고 중국 중원 지배의 야망을 현실화하면서 황제 태종이 직접 조선 침공에 나섰다. 병자호란의 시작이었다. 별다른 방어 없이 우왕좌왕하던 인조와 조정 대신들은 서둘러 강화도 피난길에 나섰지만 청의 빠른 진격 속에 피난길도 끊겨 버렸다. 서둘러 피난간 곳이 남한산성. 청의 대군에 포위당한 조선 조정은 의병들의 참전을 기대했지만 그마저 용이하지 않았다.

찬바람이 유난히도 매서웠던 1637년 1월 30일 아침, 산성에서의 격론 끝에 인조는 항복을 주장하는 주화파들의 입장을 받아들여 남한산성을 내려오게 된다. 청나라 장수 용골대와 마부대는 조선 국왕 인조가 빨리 성 밖으로 나올 것을 재촉하였다. 참담하고도 비통한 표정이 얼굴에 가득한 채로 인조는 삼전도(지금의 잠실 석촌호수 부근)로 향했다. 그곳에는 전쟁의 승리자 청 태종이 거만한 자세로 앉아 있었고 곧이어 치욕적인 항복 의식이 행해졌다. 인조는 세자와 대신들이 지켜보는 가운데 청나라 군사의 호령에 따라 '삼배구고두'(三拜九叩頭: 세 번 절하고 머리를 아홉 번 조아림)의 항복례를 마쳤다. 야사에는 인조의 이마에 피가 흥건히 맺혔다는 이야기가 전해질 정도로 당시의 비참했던 상황에 조선의 온 백성은 치를 떨며 분노했다.

이것이 바로 1636년 12월의 병자호란으로 남한산성에 피난을 갔던 조선 국왕이 40여 일 만에 역사상 가장 굴욕적인 항복을 한 삼전도의 치욕이다. 그것도 이전까지 오랑캐라고 업신여겼던 청나라에 대한 치욕이었기에 국왕, 신왕, 백성 모두가 참담한 패배 의식에 빠졌다. 전쟁의 여파로 인조의 두 아들인 소현세자와 봉림대군이 인질로 잡혀 가고 수많은 조선인들이 포로로 끌려 가 청나라 노예 시장에 팔리는 등 패전국의 아픔을 톡톡히 겪었다.

『박씨전』은 바로 이러한 병자호란을 시대 배경으로 탄생한 소설이다. 국왕과 조정 대신들 모두가 무기력하게 당했던 호란의 치욕적 패배. 그리고 이 패배를 통쾌하게 설욕해 줄 수 있는 영웅의 탄생을 모두 갈망하고 있던 바로 그 시대에 박씨는 소설 속 주인공으로 나타난 것이다.

(4) 현실의 패배와 소설 속 승리

병자호란은 조선 역사상 유례 없는 치욕적인 사건이었다. 정치적·경제적 손해는 물론이고, 백성들에게도 돌이킬 수 없는 패배 의식을 심어 주었으며 민족의 자존심에 엄청난 상처를 남겼다. 청에 포로로 잡혀 가 노예 시장에 팔려 갔다가 겨우 돌아온 여성들은 환향녀(還鄕女), 즉 '화냥년'이라는 치욕스러운 이름만 얻었고, 조정은 이들과의 이혼을 요구하는 사대부들의 목소리로 들끓었다.

병자호란 이후 북벌이 대세가 되었지만 북학의 선구적인 흐름도 나타났다. 그 갈림길에서 북학 의지가 컸던 소현세자가 의문의 죽음을 당하고 봉림대군이 즉위하면서 청을 물리쳐야 한다는 '북벌'은 완전히 국시(國是)로 자리잡게 되었다. 그러나 효종은 북벌 계획에 혼신의 힘을 쏟다가 그 꿈을 이루지 못한 채 1659년(효종10) 세상을 떠나고 만다.

『박씨전』은 이러한 시대적 배경에서 출현하여 오랑캐에게 유린당했다는 분노와 고통을, 소설이라는 가상의 공간에서나마 복수하고 싶어하는 민중의 욕구를 잘 표현하였다. 특히 가부장적 사회 질서 속에서 억압된 채 살아간 여성을 주인공으로 설정하고 이 여성에게 초인적인 능력을 부여함으로써 보다 통쾌하게 청나라에 복수하도록 하였다.

패배한 전쟁 병자호란은 소설『박씨전』을 통해 승리한 전쟁으로 탈바꿈하였다. 조선의 장수들과 국왕까지 마음껏 짓눌렀던 청나라 장수들이 조선의 여걸 박씨 앞에서 무릎을 꿇고 항복함으로써 현실에서 당한 치욕과 분노를 대신 풀어 준 것이다. 소설이라는 가상의 세계에서나마 민족적 자존심을 회복해 보고자 했던 조선 사람들의 열망, 이 열망은 추녀에서 절세미인으로, 평범한 여인에서 영웅 여걸로 변신한 신비의 여인 박씨를 통해 새롭게 구현되었던 것이다.

-〈고전소설 속 역사여행〉중에서, 신병주, 노대환 엮음, 돌베개

중등 국어 임용
시험 대비

최병해 전공국어
문학
서답형 10개년
기출문제풀이
2014~2023 기출문제 풀이 및 배경지식

초판 1쇄 발행 2023년 03월 15일

편저 최병해
발행인 이항준 **발행처** (주)법률저널
등록일자 2008년 9월 26일 **등록번호** 제15-605호
주소 151-862 서울 관악구 복은4길 50 (서림동 120-32)
대표전화 02)874-1144 **팩스** 02)876-4312
홈페이지 www.lec.co.kr
ISBN 978-89-6336-780-4
정가 24,000원